东方学术文库

从历史中汲取力量

上海市社会科学界联合会　编

第五十五卷

上海市社会科学界第十九届学术年会文集
（2021年度）

上海人民出版社

前　言

上海市社会科学界学术年会由上海市社会科学界联合会于2003年发起创办,至今已是第十九届。年会一直秉承这样的宗旨:聚焦经典学术,构筑交流平台,展示文化魅力,繁荣社会科学,营造公正、开放、活跃、民主的学术氛围,为上海市社会科学界构筑高层次、权威性、品牌化的学术文化公共平台。多年来,年会充分发挥大型学术论坛参与广泛、学术规范、形式多样的特色和优势,在繁荣发展上海城市文化、促进社会科学界的交流融合以及服务专家学者的理论研讨等方面,发挥了积极作用。

本届学术年会围绕庆祝中国共产党成立100周年,开展了一系列学术活动。本卷文集所收录的学术论文均从本届年会应征论文中遴选产生,内容涵盖哲学社会科学相关学科领域。真诚感谢本市社科界各单位对学术年会给予的大力支持,感谢所有关心、支持和参与学术年会工作的各位领导和专家学者。同时,感谢上海人民出版社的同志为文集出版工作所付出的辛勤劳动。

目　录

中国共产党党内监督百年实践历程及其基本经验[①]

邬思源

党内监督，是指党的组织内部通过党组织、党员群众、党员干部、纪检监察机关依据党的章程和其他党内法规，从思想、组织、作风、纪律等方面对党组织和党员执行党的路线、方针、政策和党规党纪情况的监察、督促、惩戒和评价，是党的自我约束和自我完善。党内监督的实质是对权力的约束。中国共产党自建党至今一贯重视党内监督。百年来，党内监督走过了不平凡的历程，其中既有挫折带来的教训，更有成绩所积累的经验。重温并科学总结百年来中国共产党党内监督的历史，对于当今党内监督制度建设与反腐倡廉建设有着重要的现实意义。

一、 百年来中国共产党党内监督的历程

（一）新民主主义革命时期中国共产党党内监督的产生与形成

建党伊始，中国共产党即开始了党内监督理论与实践的探索。党的一大的决议初步制定了党的纪律。党的二大、三大、四大通过的党的章程均规定了党的纪律。党的五大后，1927 年 6 月中共中央政治局会议通过的《中国共产党第三次修正章程决案》在“纪律”一章中提出“严格党的纪律是全体党员及全体党部最初的最重要的义务”，并规定了纪律处分的具体内容和处罚方式，从内容和形式对纪律处分的规定进行了明确。

《中国共产党第三次修正章程决案》中专门增加了“党的建设”一章，首次在党章上明确提出民主集中制原则，使民主集中制的贯彻得到了制度保证。规定：

① 本文系国家社科基金项目后期资助项目《中国共产党成立以来党内监督制度及其实践经验研究》（课题号：20FDJB002）及 2020 年度中央高校基本科研业务费重点项目《中国共产党自我革命的百年实践历程及其经验研究》（课题号：2232020B-01）阶段性成果。

各级党部最高的机关为全体党员大会及代表大会，并对民主集中制的具体内容作了新的规定，主要是党的执行机关必须选举产生等。①党内的民主批评的认识与实践有了发展。延安时期，中国共产党开展了大规模的整风运动，这一运动既是马克思主义的教育运动，也是党内监督的批评与自我批评的运动。

建党伊始，中国共产党开始了对巡视制度的探索。1922 年 7 月党的二大通过的《中国共产党章程》第十五条规定："中央执行委员会得随时派员到各处召集各种形式的临时会议，此项会议应以中央特派员为主席。"②这里的"特派员"即为后来的巡视员的最初表述。大革命失败后，中国共产党提出了通过巡视加强对革命工作特别是武装暴动工作指导的重要思路。1928 年，中央制定了《巡视条例》。1931 年 5 月，中共中央通过了《中央巡视条例》，标志着中国共产党党内巡视制度的正式形成。这一制度虽然本身存在一些缺陷，在执行过程中也出现一些偏差，但总的来说，这一制度在实践中指导恢复地方党组织，促进了群众运动的发展；加强了党的组织建设，较好地保障了中央决策在地方得到贯彻落实；解决了党内纠纷，保障了党内思想统一。

党的五大之前，我们党没有专门的党内监督机构。党的五大选举产生了最早的党内专门监督机构——党的监察委员会。党的五大后，中央政治局通过的《中国共产党第三次修正章程决案》对党的监察委员会的地位作用等作了具体规定。这次党章修正案增设了纪检监察机关。修正章程规定："为巩固党的一致及威权起见，在全国代表大会及省代表大会选举中央及省监察委员会。"③修正章程对党委委员与监察委员的任职、权限和对决议如何解决作了明确规定。党的七大章程中列了"党的监察机关"一章，对监察委员的产生、职权作了规定。由于严峻而紧张的战争环境，这些规定在革命战争年代并没有真正付之执行。

（二）新中国成立至改革开放之前的党内监督的曲折前行

新中国成立后，以毛泽东为代表的中国共产党人在理论和实践方面继续推进党内监督。成立了党的各级纪律检查机关，明确了党的纪律检查领导体制。1955 年，调整建立了党的监察委员会。党的纪律检查、监察机构的建立与完善，为开展

---

① 《建党以来重要文献选编（1921—1949）》第 4 册，中央文献出版社 2011 年版，第 268 页。

② 《建党以来重要文献选编（1921—1949）》第 1 册，中央文献出版社 2011 年版，第 166 页。

③ 《建党以来重要文献选编（1921—1949）》第 4 册，中央文献出版社 2011 年版，第 274 页。

党的纪检监察提供了必要的组织条件和人力资源。逐步完善和健全各种处理党的组织与党员的有关制度。较长时期地开展了声势浩大的批评与自我批评。逐步发展民主监督,重视集体领导原则,并力图将其制度化,发挥党的代表大会的作用。

社会主义改造基本完成以后,中国共产党努力扩大党内民主,探索社会主义建设条件下党内监督的新方式。其间,党内监督曲折发展,其中既有成功的探索,形成了好的机制和制度,也出现不少失误。“文化大革命”时期,党的专门监督机关逐渐瘫痪乃至最后被撤销,党内监督各方面受到严重破坏。

(三)改革开放新时期党内监督的恢复与发展

党的十一届三中全会后,党内监督得到恢复和发展。一是党内监督走向专门化。1977 年 8 月召开的党的十一大关于修改党章的报告正式提出了恢复党的纪律检查机关,并在修改后的党章中对有关问题作了明确规定。党的十一届三中全会选举产生了新一届中央纪律检查委员会。在改革开放和发展社会主义市场经济体制过程中,党内不正之风与消极腐败现象蔓延,监督任务日益繁重与艰巨。党中央进一步加大监督力度,并在改革党内监督领导体制和充实党内监督职能方面相继采取了一系列举措。党中央、国务院作出了纪检机关与行政监察机关合署办公的决定。1996 年,建立巡视制度,选派部级干部到地方和部门巡视。自 2006 年起,实行部分省的纪委书记由中央提名或委派,这些举措对于提高纪委监督的独立性与有效性具有积极作用。二是党内监督走向制度化。党根据改革开放的新形势,制定了许多关于党员干部,特别是党员领导干部的行为准则。建立和完善了党内监督的各类行为规范。2003 年 12 月,《中国共产党党内监督条例(试行)》以中央文件形式首先在党内颁布。三是监督走向民主化。从党的十二大开始,中国共产党按期召开全国代表大会。进行了党代会常任制试点。在完善党的选举制度方面,实现了从单一的等额选举发展到差额选举,从单一的间接选举转向直接选举与间接选举相结合,从封闭式的干部产生形式到干部的任前公示等。选举制度日益趋于科学与完备,日益注重民意。在保障党员权利制度方面,2004 年 9 月颁布了《中国共产党党员权利保障条例》。在健全党的集体领导制度方面,党的十六大与十七大修订的党章都明确提出:凡属重大问题都要按照集体领导、民主集中、个别酝酿、会议决定的原则,由党的委员会集体讨论,作出决定;委员会成员要根据集体的决定和分工,切实履行自己的职责,等等。

（四）新时代中国共产党党内监督的全面推进

新时代以来，以习近平同志为核心的党中央以强烈的历史责任感、深沉的使命忧患感、顽强的意志品质，着眼于新的形势和任务，将全面从严治党纳入“四个全面”战略布局，把党风廉政建设和反腐败斗争作为全面从严治党的重要内容，在理论和实践方面以前所未有的力度和举措推进党内监督。在党内监督的理论建设方面，党的十八大以来，以习近平同志为核心的党中央准确把握党所处的时代方位，继承、发展、创新了党的党内监督思想，这集中反映在习近平总书记关于党内监督的论述当中。在党内监督的制度建设方面，制定《中国共产党党内监督条例》，做好党内监督的顶层设计；将巡视作为党内监督的战略性制度安排；全面加强党的纪律建设，用严明的纪律管党治党，提出了党的纪律制度建设的原则和党的纪律建设的着力点，将党的政治纪律建设放在纪律建设的首位，以创新精神推进党的纪律检查体制改革，推进党的纪律检查双重领导体制具体化程序化制度化，改革完善派驻监督制度，规范纪检监督执纪行为，加强纪检监察队伍的自身建设。党内监督领导体制改革与党外监督制度建设特别是国家监察体制改革同向同行。在制度执行方面，制度已经不再是“稻草人”，而是成为一柄柄监督利剑。无论是坚决执行中央八项规定精神，维护党的政治纪律，还是监督执纪问责等，其力度都是党的十八大以前所未有的。

新时代的党内监督实践取得成效显著，主要反映在：党内政治生活气象更新，党内政治生态明显好转，树立起忠诚干净担当的价值导向；党内监督理论建设有了新的飞跃。出台了一批标志性、关键性、基础性的法规制度，使党内监督制度实现科学化与系统化。党内监督制度的执行力有了极大提升。新时代的党内监督实践，标志着我们党已经走出了一条具有中国特色的党内监督的新道路。以党内监督制度为重心，已经初步构建起具有中国特色的社会主义监督体系。

二、百年来中国共产党党内监督的基本经验

（一）坚持党的领导，保证党内监督的正确方向

新民主主义革命时期，党先后设立了隶属党的领导的党内监督机构。新中国成立后，中国共产党设立了党的纪律检查委员会，在领导体制上明确规定纪委

为党委下属的一个职能部门，中央纪律检查委员会在中央政治局领导下工作，地方各级纪委在各级党委会指导和领导下进行工作。党的第一任纪委书记朱德在多次讲话中强调党的纪律检查工作，必须“保证党的集中统一领导”。①1982年党的十二大通过的党章规定：“党的中央纪律检查委员会在党的中央委员会领导下进行工作。党的地方各级纪律检查委员会在同级党的委员会和上级纪律检查委员会的双重领导下进行工作。”这一双重领导体制一直延续至今。这鲜明地体现了党内专门监督必须坚持党的领导的原则。2003年颁布的《中国共产党党内监督条例（试行）》明确规定了党的各级委员会在党内监督方面应履行的首要职责就是“领导党内监督工作”。2016年10月党的十八届六中全会通过的《中国共产党党内监督条例》的第一条就指明了制定该条例的目的就是“坚持党的领导，加强党的建设，全面从严治党，强化党内监督，保持党的先进性和纯洁性”，并将“维护党中央集中统一领导”等作为党内监督的主要内容之一。党内监督历史雄辩证明，党的领导是党内监督的定海神针，是党内监督的压舱石。

（二）紧密结合党的基本路线，围绕党的中心工作开展党内监督

党内监督不能离开党的基本路线和党的中心工作孤立进行。新民主主义革命时期，党的主要任务是团结和带领全国人民实现“站起来”的目标，这一时期，党内监督围绕这一中心任务和总路线开展防变反腐、反奸反特、清除腐化、反对分裂等工作，监督党员干部严格遵守党纪党法。新中国成立后，党的工作中心逐渐转移到实现革命转变、进行社会主义革命和建设等任务上来，党内监督的重心则随之转移到防止党内成员骄傲自满、蜕化变质，反对破坏团结、搞个人专制，巩固新生政权和党的执政地位上来。党的十一届三中全会作出了将党和国家的工作重心转移到社会主义现代化建设上来的战略决策，提出了实行改革开放的一系列方针政策，党内监督由此开辟了一条围绕改革开放和经济建设来“维护党规党法，切实把我们的党风搞好”的新路子。②改革开放新时期，党内监督服从于社会主义初级阶段的基本路线和基本纲领，服务于党的建设新的伟大工程的战略目标和总体要求，把支持改革开放、促进经济建设、贯彻落实“三个代表”重要思想和

---

① 《朱德选集》，人民出版社1983年版，第317—318页。

② 《邓小平文选》第2卷，人民出版社1994年版，第147页。

科学发展观，同党风廉政建设的深入开展结合起来，同推进党的执政能力和保持党的先进性、纯洁性建设结合起来，为巩固党的执政地位提供了有效的制度保障。

中国特色社会主义进入新时代，我国社会主要矛盾已经转化为人民日益增长的美好生活需要和不平衡不充分的发展之间的矛盾。习近平总书记在党的十九大报告中指出："我国社会主要矛盾的变化，没有改变我们对我国社会主义所处历史阶段的判断，我国仍处于并将长期处于社会主义初级阶段的基本国情没有变，我国是世界最大发展中国家的国际地位没有变。"①党的十八大以来，以习近平同志为核心的党中央提出了"四个全面"的战略布局，党内监督服从服务于党和国家大局，卓有成效地开展工作，党内政治生活气象更新，党内政治生态明显好转，纪律建设全面加强，党在革命性锻造中浴火重生，焕发出新的强大生机活力。

（三）坚持理论创新，用发展着的马克思主义指导党内监督实践

加强党内监督具有长期性、艰巨性和复杂性，在不同历史时期有不同的特点，需要在指导思想上与时俱进，用发展着的马克思主义指导党内监督实践。

毛泽东强调干部要严以律己，率先垂范，以身作则，言传身教。主张加强对党员干部的监督，严厉打击和惩处那些位高权重的腐败分子。主张依靠人民群众通过民主的方式实现对权力的监督。毛泽东经常告诫全党同志，权力来自人民，为了保持党政机构廉洁奉公，人民群众有权利通过各种方式来制约监督党和政府，他认为唯此才能走出"人亡政息"的历史周期律。邓小平在总结历史经验教训的基础上，主张摒弃"大规模的群众运动"的监督方式，注重制度化与法制化。针对新时期腐败现象的蔓延，邓小平提出在加强教育和惩治的同时，需要强化专门监督制度建设。邓小平主张从"改革党和国家的领导制度"层面思考解决权力的监督制约问题。在建立社会主义市场经济体制这一新的历史条件下，江泽民提出了依法治国的方略，特别强调监督的重点是党的各级领导干部，要加强对权力运行的监督，要重视舆论监督作用及其机制建设。胡锦涛围绕党的执政能力建设和党的先进性建设，提出了"标本兼治、综合治理、惩防并举、注重预防"的战略方针，强调加强党内监督的制度化建设，完善与创新党内监督体制机制。

党的十八大以来，习近平总书记敏锐把握世情、国情和党情，以宽广、深厚的

① 《十九大以来重要文献选编》（上），中央文献出版社 2019 年版，第 9 页。

视野和眼光,以强烈的忧患意识和担当精神,高度重视党内监督,提出党内监督在党和国家各种监督形式中是最根本的、第一位的监督;实行党内监督有利于使监督的制度优势充分释放出来;加强党内监督是对干部更好的爱护;强调完善与创新党内监督的领导体制;将巡视制度作为党内监督的战略性制度安排;突出政治监督的首要地位;强调聚焦关键少数与"管"大多数相结合,着力加强对领导干部特别是一把手行使权力的监督。明确党内监督责任,健全党内监督责任体系。

(四)在推进党内监督的制度建设过程中,将思想建党置于同等地位

建党伊始,中国共产党已经注意到了党员的思想教育工作。但此时党内思想教育还十分零碎。将思想教育系统性地上升到无产阶级政党的"思想建党"的高度,作出首创性贡献的是毛泽东。1929 年红四军召开的古田会议通过了毛泽东起草的《中国共产党红军第九次代表大会决议案》。其中心思想就是如何用无产阶级思想建设共产党,建设红军。《决议案》分析了红四军党内种种不正确思想的来源,并提出了纠正的办法。新中国成立初期,中国共产党开展了多次集中的思想教育运动。这些运动是对全党干部的普遍的马克思主义教育活动,也是严格的党内监督活动。改革开放后,20 世纪 80 年代中期,党中央开展了一次全面而系统的整党。从 20 世纪 90 年代末至党的十八大之前,中国共产党开展了"讲学习、讲政治、讲正气"的"三讲"教育和保持共产党员先进性的集中教育活动。党的十八大以来,党中央先后开展了党的群众路线、"三严三实"、"两学一做"、"不忘初心、牢记使命"等主题教育,注重集中性教育与经常性教育相结合,形成了行之有效的经常性的思想教育工作机制,有力促进了全党思想上的统一、政治上的团结、行动上的一致,推动了全面从严治党不断向纵深发展。

(五)始终将政治监督放在首位,坚决维护党的政治纪律

中国共产党成立伊始,就已经认识到政治监督的重要性,将政治监督放在特别重要的位置。党的一大党纲确立了从严治党的政治基因。党的二大至党的七大通过的党的章程中都有关于党的政治纪律方面的规定。党的七大通过的《中国共产党党章》特别提出:"在党内不容许有离开党的纲领和党章的行为,不能容许有破坏党纪、向党闹独立性、小组织活动及阳奉阴违的两面行为。"①新中国成

① 《建党以来重要文献选编(1921—1949)》第 22 册,中央文献出版社 2011 年版,第 535 页。

立初期,针对党内发生的高岗、饶漱石进行分裂党的活动、破坏党的团结严重事件,1954 年 2 月,党的七届四中全会通过《关于增强党的团结的决议》,提出了"党的团结是党的生命,是马克思列宁主义的基本原则"的重要论断。改革开放后,党中央强调,在坚持党的十一届三中全会以来党制定的路线、方针、政策,在坚持党的基本路线这一根本问题上,必须完全一致。

进入新时代,以习近平同志为核心的党中央对于政治纪律建设的重要性有了全新的认识,扭转了过去相当一部分党组织习惯于把防线只设置在反对腐败上,认为只要干部没有腐败问题,其他问题就都可忽略不计,没必要加以追究,也不愿意加以追究的错误看法和做法。强调政治纪律是各级党组织和全体党员在政治方向、政治立场、政治言论、政治行为方面必须遵守的规矩,是维护党的团结统一的根本保证。

建党以来,中国共产党对于党内违反党的政治纪律的行为给予应有的处理,从而保证了党的政治纪律的严肃性。进入新时代,以习近平同志为核心的党中央突出抓政治纪律和政治规矩。严肃查处公开发表违背中央精神的言论和有令不行、有禁不止的行为,解决无视政治纪律和政治规矩的"七个有之"问题,增强了领导干部政治警觉性和政治鉴别力。

(六)强调抓"关键少数"和管"大多数相结合"

早在新民主主义革命时期,中国共产党就重视抓关键少数,这关键少数就是党的领导干部特别是党的高级干部。新民主主义革命时期,中国共产党毫不留情、严肃处理违反党纪的领导干部。抗战时期,在处理黄克功一案中,毛泽东在给雷经天的信中说,正因为黄克功不同于一个普通人,是一个多年的共产党员、红军干部,所以"不能不执行比较一般平民更加严格的纪律"。①新中国初期,对于大贪污犯刘青山、张子善的处理,毛泽东头脑清醒、态度坚决。毛泽东认为,正因为他们二人的地位高、功劳大、影响大,所以才要下决心处决他们。1956 年党的八大会议上,邓小平在《关于修改党的章程的报告》中提出:"需要向党的干部提出更严格的要求",因为他们比普通党员负有更高的责任。"他们应当首先学会永远不脱离群众,永远不自满和不害怕困难,勇于接受自下而上的批评。"②改

① 《毛泽东文集》第 2 卷,人民出版社 1993 年版,第 39 页。

② 《邓小平文选》第 1 卷,人民出版社 1994 年版,第 250 页。

革开放之初，针对少数领导干部，利用职权，谋求私利、搞特殊化的情况，邓小平提出："为了整顿党风，搞好民风，先要从我们高级干部整起。"①并及时出台了《关于高级干部生活待遇的若干规定》，给高级干部的生活待遇定下了规矩，并要求各部门严格执行。1989 年 6 月，邓小平再次尖锐指出："要整好我们的党，实现我们的战略目标，不惩治腐败，特别是党内的高层的腐败现象，确实有失败的危险。"②江泽民提出领导干部要在思想、作风建设中作出表率。胡锦涛强调："要加大监督力度，突出监督重点，前移监督关口，加强对领导干部特别是主要领导干部行使权力的监督。"③改革开放以来，中央严肃查处了王宝森、陈希同、陈良宇等高级领导干部违纪违法案件。中国共产党成立后党所组织的较大规模的整风运动和改革开放后党所组织的集中教育等活动中，其中绝大多数是从党的高级干部开始的。党的十八大后，我们党在从严治党方面坚持发扬我们党的历史上行之有效的好经验好做法，在重视抓关键少数的同时，灵活运用马克思主义的"两点论"和"重点论"的基本原理，总结出了从严治党实践中的"坚持抓'关键少数'和管'绝大多数'相统一"这一重要经验。这一经验同样适应于党内监督实践。

中国共产党之所以重视抓"关键少数"，是因为"关键少数"在党和国家治理过程中发挥着决定性作用。他们是宣传、贯彻执行党和国家方针政策的中坚力量，是党和国家事业发展的骨干，在中国共产党治国理政中起着"肩扛千斤万石之责"的决定性作用。"关键少数"在党内监督中发挥着"头雁效应"，他们负有领导责任，但同时负有示范责任。党的十八大以来，习近平多次强调指出，加强党内监督，必须以领导干部特别是高级干部作为重点对象。"把这部分人抓好了，能够在全党作出表率，很多事情就好办了。"④当然，在强调抓"关键少数"的同时，也需要将大多数管好。因为广大党员是党的队伍的主体，"管住这个'绝大多数'，全面从严治党才能保持良好氛围和环境。"⑤中国共产党成立以来所制定的有关党内监督的规章制度如党章、准则、条例、意见等，向广大党员提出了普遍

① 《邓小平文选》第 2 卷，人民出版社 1993 年版，第 219 页。

② 《邓小平文选》第 3 卷，人民出版社 1993 年版，第 180 页。

③ 《胡锦涛文选》第 3 卷，人民出版社 2016 年版，第 300—301 页。

④ 《十八大以来重要文献选编》（下），中央文献出版社 2018 年版，第 416 页。

⑤ 《十九大以来重要文献选编》（上），中央文献出版社 2019 年版，第 189 页。

性要求，用严格教育、严明纪律管住大多数，同时对“关键少数”特别是高级干部提出更高更严的标准，进行更严的管理和监督。强调“老虎”“苍蝇”一起打，任何违反党纪国法的领导干部和一般党员群众，均应接受党纪国法的制裁。

（七）坚持党内监督与外部监督相结合

中国共产党是全国各族人民利益的忠实代表，党的利益与人民的利益是完全一致的，党除了工人阶级和最广大人民群众的利益，没有自己特殊的利益。习近平指出：“勇于自我革命，是我们党最鲜明的品格，也是我们党最大的优势。中国共产党的伟大不在于不犯错误，而在于从不讳疾忌医，敢于直面问题，勇于自我革命，具有极强的自我修复能力。”①

中国共产党重视党内监督，也重视来自外部的监督。新民主主义革命中的苏维埃时期，中国共产党在革命根据地建立各级常设的人民监察机构，内部专门设立控告局。在抗战时期，建立“三三制”抗日民主政权，重视发挥各级参议会的民主监督作用。重视人民群众对党和政府的监督。新中国成立初期，政党之间的监督通过中国人民政治协商会议这一形式实现了制度化。在中央人民政府内部设立人民监察委员会。建立了国家的最高法律监督机关人民检察署，1954 年将人民检察署改为人民检察院。号召人民群众通过报纸等方式对党和国家实行监督。改革开放新时期，外部监督机构、体制和机制得到恢复、建立、完善和发展。逐步建立了专业监督机构。人民代表大会的监督权和监督原则在《宪法》中得到体现，人民代表大会对同级国家机关的监督不断加强。社会监督越来越受到人民群众的高度重视，广大群众通过各种新闻媒体和批评、举报等方式揭露国家机关工作及其工作人员的失职、渎职等违纪违法或腐败行为。党的十八大以来，外部监督不断得到强化和完善。人大监督方面，着力完善监督工作机制，加强了对宪法法律实施和“一府两院”工作的监督。国家监察体制改革迈开重大步伐。在实施巡视制度中，把自上而下的组织监督和自下而上的民主监督结合起来，把党内监督和群众监督、舆论监督等进行有效衔接，形成了强大的监督合力。

（作者为东华大学马克思主义学院教授）

---

① 《十八大以来重要文献选编》（下），中央文献出版社 2018 年版，第 589 页。

中国共产党百年来应对风险挑战的历史经验

韩洪泉

自1921年至2021年,中国共产党已走过百年征程。一百年风华正茂,忆往昔岁月峥嵘。2021年2月,习近平总书记在党史学习教育动员大会上强调指出:"世界上没有哪个党像我们这样,遭遇过如此多的艰难险阻,经历过如此多的生死考验,付出过如此多的惨烈牺牲。""我们党一步步走过来,很重要的一条就是不断总结经验、提高本领,不断提高应对风险、迎接挑战、化险为夷的能力水平。""要更好应对前进道路上各种可以预见和难以预见的风险挑战,必须从历史中获得启迪,从历史经验中提炼出克敌制胜的法宝。"①一部中国共产党的百年历史,就是一部在危境中诞生、在困境中奋起、在绝境中突围、在逆境中前行的历史。在这一百年的大多数时间里,中国共产党面临着各种各样、大大小小的艰难和危机、风险和挑战、遏制和打压甚至是围攻和杀戮。踏平坎坷成大道,越是艰险越向前。一百年来,中国共产党以坚定的理想信念、坚强的决心意志、坚毅的能力智慧,带领中国人民一次次攻坚克难、闯关涉险,在危机中育新机,在压力中蓄动力,在逆境中辟新境,在变局中创新局,不断从胜利走向新的胜利。筚路蓝缕,以启山林;前事不忘,后事之师。中国共产党应对风险迎接挑战化险为夷、求得生存获得发展赢得胜利的百年征程,创造了弥足珍贵的历史经验,对党领导全国人民奋力夺取全面建设社会主义现代化国家新胜利、实现中华民族伟大复兴中国梦具有重要的现实启示。

一、"只要跟党走一定能胜利"的坚定信念,是党应对风险挑战的根本保证

中国共产党的领导,是党领导革命、建设和改革事业取得胜利的根本保

---

① 习近平:《在党史学习教育动员大会上的讲话》,《求是》2021年第7期。

证，也是党领导人民攻坚克难化危为机的根本保证，集中体现为科学理论的指导、理想信念的指引，以及党坚强有力的全面领导。革命战争年代，在一次次挫折和失败后，在一次次危机和困难前，广大党员和群众坚信"只要跟党走，一定能胜利"，紧密团结在党的周围浴血奋斗、前仆后继，最终迎得了革命的胜利。20世纪30年代反"围剿"失败后，党和红军不得不进行长征，在极端困难的情况下胜利完成了战略转移，创造了世界历史上的奇迹。当时在西北负责"剿共"的张学良对部下说："我们都是带兵的人，谁能把这个军队带成这个样？不都带没有了？为什么他们能做到？""那就是因为他们真有他的主义、思想，他们是一致的。而我们，则不过是混饭吃罢了。"①新中国成立后邓小平指出："过去我们党无论怎样弱小，无论遇到什么困难，一直有强大的战斗力，因为我们有马克思主义和共产主义的信念。有了共同的理想，也就有了铁的纪律。无论过去、现在和将来，这都是我们的真正优势。"②改革开放以来的历史，也深刻地证明了这一点。习近平总书记在全国抗击新冠肺炎疫情表彰大会上的讲话中深刻指出："正是因为有中国共产党领导、有全国各族人民对中国共产党的拥护和支持，中国才能创造出世所罕见的经济快速发展奇迹和社会长期稳定奇迹，我们才能成功战洪水、防非典、抗地震、化危机、应变局，才能打赢这次抗疫斗争。"③中国共产党领导是中国特色社会主义的本质特征和最大优势，正因为有了党的领导，全国人民才有了统一思想、统一意志、统一行动的依据和保证，汇聚起万众一心、无坚不摧的磅礴力量，奠立了战胜困难、胜利向前的根本基础。

二、"全心全意为人民服务"的根本宗旨，是党应对风险挑战的力量源泉

人民群众是社会变革的决定性力量。中国共产党自成立之日起，就始终坚

① 郭冠英：《世纪行过——谈制作〈张学良〉经过》，《传记文学》2000年第2期。

② 《邓小平文选》第3卷，人民出版社1993年版，第144页。

③ 习近平：《在全国抗击新冠肺炎疫情表彰大会上的讲话》（2020年9月8日），《人民日报》2020年9月9日。

持以人民为中心的根本立场,把全心全意为人民服务作为根本宗旨,在全部工作中坚持和贯彻群众路线。群众的智慧和力量是无穷的,正是因为党始终与人民群众生死相依患难与共,才赢得了人民群众的衷心拥护和坚定支持,并成为在艰险处境中赢得胜利的力量源泉。毛泽东说过:“要得到群众的拥护吗?要群众拿出他们的全力放到前线上去吗?那末,就得和群众在一起,就得去发动群众的积极性,就得关心群众的痛痒,就得真心实意地为群众谋利益,解决群众的生产和生活问题。”①抗日战争时期,美国记者埃德加·斯诺通过其亲身观察的体验指出:“中国的游击区开展了中国历史上规模最大的群众动员和群众教育。领导这种运动的游击区政权之所以能够存在和壮大,是因为他们赢得了农民,特别是青年农民的真心拥护。”②陈毅曾说过,淮海战役的胜利是人民群众用小推车推出来的。这是对人民战争伟力的生动表述。改革开放以来,尤其是党的十八大以来,党中央鲜明提出以人民为中心的发展思想,深入开展群众路线教育实践活动,强调为人民谋幸福是中国共产党人的初心,把人民对美好生活的向往作为党的奋斗目标,进一步彰显了保障民生增进福祉的中国智慧,也进一步健全了依靠人民攻坚克难的中国制度。

三、“团结一切可以团结的力量”的政治优势,是党应对风险挑战的重要法宝

中国共产党以马克思主义为指导,以实现共产主义为目标,所从事的是人类历史上的光荣事业、正义事业。得道多助,失道寡助,正义事业的胜利需要强大力量的汇聚,团结真正的朋友以对付共同的敌人是党不断赢得胜利的前提条件。一百年来,中国共产党始终把统一战线和统战工作摆在重要位置,在国内外团结最广大的力量为实现共同目标而奋斗,从而在艰难危险的处境中争取了一场场胜利,创造了一个个奇迹。抗日战争时期,党积极推动建立了以国共合作为中心的最广泛的抗日民族统一战线,并始终高举抗日民族统一战线的旗帜,坚决维

---

① 《毛泽东选集》第1卷,人民出版社1991年版,第138页。

② 〔美〕埃德加·斯诺:《斯诺文集》第3卷,宋久等译,新华出版社1984年版,第404页。

护、巩固、发展统一战线,维护了团结抗战的大局,成为全民族抗战的中流砥柱,夺取了抗日战争的最后胜利。新中国成立后很长时间里,在美国、苏联两个超级大国主导的世界冷战格局中,中国面临来自多方的公开的和潜在的军事压力、侵略威胁和战争挑衅。党和国家在十分复杂的国际环境中开展外交工作,在国际上广交朋友,以诚意赢得了亚非拉广大发展中国家的支持。1971 年 10 月,第 26 届联合国大会以 76 票赞成、35 票反对、17 票弃权的压倒性多数通过第 2758 号决议,恢复中华人民共和国在联合国的一切合法权利,极大地提高了党和国家的国际地位,在外交上实现了重大突破、打开了困难局面。进入新时代,习近平总书记多次强调人心是最大的政治,把凝聚国内国际的人心,壮大共同奋斗的力量作为党的事业胜利的基础,通过耐心细致的工作找到最大公约数、画出最大同心圆,团结一切可以团结的力量,调动一切可以调动的积极因素,凝聚起攻坚克难继续前进的磅礴伟力。

四、"站起来富起来强起来"的综合实力,是党应对风险挑战的内在底气

中国共产党建立之初,全国只有 50 多名党员,力量十分弱小。在其后很长时间里,与国内外强大的敌人相比,力量上也处于绝对劣势,因此在革命斗争中常常面临严峻的生存危机。大革命失败后,党开始独立领导武装斗争,由弱到强,以弱胜强,历经 20 多年艰苦斗争,终于取得了新民主主义革命的胜利。新中国成立以来,在党的领导下,社会主义革命和建设时期的创业奠基,改革开放以来的快速发展,从站起来、富起来到强起来的历史跨越,使党、国家、军队的建设都取得了辉煌成就,也为新中国 70 多年来战胜一次次艰难险阻、取得一场场重大胜利提供了最有力的底气。邓小平曾指出:"为什么'六·四'以后我们的国家能够很稳定?就是因为我们搞了改革开放,促进了经济发展,人民生活得到了改善。"①近年来我们成功应对重大危机的实践一再证明,新中国成立以来在党的领导下积累起的综合实力,为我们攻坚克难提供了雄厚的基础。2020 年新冠

① 《邓小平文选》第 3 卷,人民出版社 1993 年版,第 371 页。

肺炎疫情发生后，在党的领导下迅速开展了全方位的人力组织战、物资保障战、科技突击战、资源运动战，取得了抗疫斗争的决定性胜利，这从根本上得益于新中国成立以来特别是改革开放以来长期积累的综合国力，得益于危急时刻能够最大限度运用我们的综合国力。如今，有着 9 000 多万党员的大党，成为世界第二大经济体和制造业、货物贸易、外汇储备第一大国的中国，就是我们在前进道路上战胜一切困难的最大底气。

五、"集中力量办大事"的鲜明特色，是党应对风险挑战的制度优势

制度优势是一个政党、一个国家最大的优势。集中力量办大事，是党领导下社会主义制度的最大优势和典型特征，也是抵御风险挑战、战胜困难危机的重要保证。一个政党是否先进、领导力是否坚强，一个国家的制度是否成功、是否优越，一个重要衡量标准就是看在重大困难挑战面前，能不能号令四面、组织八方、集中力量、高效应对、同舟共济、共克时艰。20 世纪五六十年代是党的历史上形势最为严峻和压力最为重大的时期之一，在党的统一领导下，全国人民顾全大局、齐心协力，度过了艰难的三年困难时期，而且发挥举国体制的优越性，付出艰辛努力，克服重重困难，相继研制成功原子弹、氢弹、导弹以及人造地球卫星，使中国真正立于强国之列。在历次重大的抗洪、抗震、抗疫等行动中，党中央坚强领导、高效指挥，使我们的制度优势显示出非凡的组织动员能力、统筹协调能力、贯彻执行能力，充分发挥了集中力量办大事、办难事、办急事的独特优势，谱写了一方有难、八方支援的壮歌。2008 年四川汶川特大地震发生后，党中央第一时间作出部署，举全国之力投入抢险救灾，举全国之力加快恢复重建，以"一省帮一重灾县"的原则建立起对口支援机制，原定三年完成的灾区重建任务在两年内即告完成。2015 年底，党中央、国务院作出打赢脱贫攻坚战的决定。在习近平总书记亲自指挥和党中央的坚强领导下，各级党组织和政府迎难而上，奋力攻坚，真正做到了全党一条心、全国一盘棋，如期夺取脱贫攻坚战的胜利，创造了世界瞩目的中国奇迹，赢得了国际社会的广泛赞誉。

六、"胆子要大步子要稳"的改革方针，是党应对风险挑战的科学方法

与时俱进是马克思主义的理论品格，改革创新是中国共产党的成功之道。改革开放是决定当代中国命运的关键一招，也是战胜前进道路上艰难险阻的制胜法宝。40 多年来，在党的领导下，从农村到城市，从农业到工业，从经济领域到政治领域及其他各个领域，进程蹄疾步稳，图景波澜壮阔，开辟了一条中国特色社会主义建设发展的新道路。邓小平说过："我们的方针是：胆子要大，步子要稳。"①这是改革开放的一条重要方法论和宝贵经验。胆子要大，就是改革再难也要向前推进，敢于担当，敢于突破，敢于啃硬骨头，敢于涉险滩，敢于在重围和逆境中"杀出一条血路来"。步子要稳，就是方向一定要准，行驶一定要稳，尤其是不能犯颠覆性错误。胆子大不等于蛮干，步子稳不等于保守，而是要把二者统一起来、结合起来，既要加强顶层设计，注重战略安排，又要摸着石头过河，加强试点探索，不断推广成熟经验。重视战略安排，是步子要稳的一个具体体现，也是党治国理政的一条基本经验。从党的一大到十九大，从"一五"计划到"十四五"规划，从"四个现代化"战略目标提出到"两步走"战略考虑、"三步走"战略设想、"新三步走"战略目标再到"两个阶段"战略安排，反映出的是党领导国家和人民在改革开放中乘风破浪奋力前行的稳健步伐和美好远景。

七、"狭路相逢勇者胜"的斗争精神，是党应对风险挑战的意志力量

中国共产党领导的革命、建设和改革事业，无时无处不面临着矛盾和斗争，只有以英勇无畏的革命精神迎难而上，才能赢得斗争的胜利和事业的发展。毛泽东的秘书胡乔木曾说过："我在毛主席身边工作 20 多年，记得有两件

① 《邓小平文选》第 3 卷，人民出版社 1994 年版，第 113 页。

事是毛主席很难下决心的。一件是1950年派志愿军入朝作战，再一件就是1946年我们准备同国民党彻底决裂。”①在1950年的那个秋天，要不要出兵朝鲜、敢不敢抗击美国的侵略，成为对刚刚执政的中国共产党的一场至关重要的严峻考验。经过艰难的决策，党中央决定出动志愿军入朝作战，以正义之师行正义之举，开始了“抗美援朝，保家卫国”的伟大斗争。习近平总书记指出：“抗美援朝战争，是在交战双方力量极其悬殊条件下进行的一场现代化战争。”②尽管当时中美两国国力相差巨大，但历时两年多的抗美援朝战争，中朝人民取得了最后胜利，迫使不可一世的侵略者在停战协定上签字，不仅打出了国威军威，也充分展示了中国共产党和中国人民不畏强暴的钢铁意志。新中国成立70多年来，不论是进行维护国家主权和领土完整的斗争，还是应对各种重大风险挑战，不论是改革中的“刮骨疗毒”“壮士断腕”，还是抗击重大自然灾害和疫病的万众一心、众志成城，党都团结带领全国人民以“狭路相逢勇者胜”的大无畏精神，一不怕苦、二不怕死，迎难而上、顽强拼搏，渡过了一个个难关，夺取了一场场胜利，把艰难险阻踩在了脚下，也给那些霸权、霸道、霸凌的行径以有力的反击。

八、“原则性与灵活性相结合”的方法策略，是党应对风险挑战的政治智慧

坚定的原则性与高度的灵活性相结合，是中国共产党策略思想的一个基本点，也彰显了党战胜艰险克服危机的政治智慧。对此美国学者曾评论说：“适应形势和保持灵活是（共产党的）生存之道。”③原则性主要体现在坚持马克思主义的科学指导和正确方向，坚持党的正确领导和基本原则；灵活性主要体现在适应时代发展变化和国际国内形势，适应党的使命任务要求，有针对性地、创造性地开展工作，做到具体问题具体分析，坚持以我为主大胆创新、你打你的我打我的。

① 胡乔木：《胡乔木回忆毛泽东》，人民出版社2015年版，第92页。

② 习近平：《在纪念中国人民志愿军抗美援朝出国作战70周年大会上的讲话》，《人民日报》2020年10月24日第2版。

③ 《中共执政成绩引世界思考》，《环球时报》2010年7月1日第1版。

没有坚定的原则,也就丧失了工作的根基和方向。没有灵活的策略,也就丧失了工作的活力和实效。抗日战争时期,国民党顽固派先后发起三次反共高潮,使全国团结抗战的局面限于严重的危机之中。党在严峻的形势面前,一方面坚持抗战、团结、进步的原则,另一方面对蒋介石集团实行又联合又斗争、以斗争求团结的政策,制定了"发展进步势力,争取中间势力,孤立顽固势力"的策略总方针,在对顽固势力的斗争中,强调要坚持"人不犯我,我不犯人,人若犯我,我必犯人"的自卫立场和"有理、有利、有节"的原则。这些方法策略的提出及实行,对党领导抗战争取胜利发挥了关键作用。20 世纪 80 年代末 90 年代初,面对以美国为首的西方国家掀起的反华浪潮,邓小平提出了冷静观察、稳住阵脚、沉着应付、韬光养晦、善于守拙、决不当头、有所作为等一系列指导方针,坚持原则,处变不惊,妥善应对,逐步打破了西方国家的所谓制裁,并在 90 年代初迎来了新的发展机遇。

九、"打一仗进一步"的纠错能力,是党应对风险挑战的关键因素

在领导革命、建设、改革的过程中,在面对困难、风险、挑战的决策时,中国共产党也犯过错误、走过弯路。党的高明之处在于,能够注重总结经验,能够正视自身错误,能够汲取历史教训,做到吃一堑长一智、打一仗进一步。新民主主义革命时期,"左"倾错误的频繁发生和恶性发展,使革命事业遭遇了重大挫折,给党的力量造成了重大损失。随着党对中国革命特点规律认识的不断深化和革命实践经验的不断积累,几次"左"倾错误均得到了纠正,党领导中国革命在理论上和实践上都实现了历史性飞跃。20 世纪五六十年代,党在领导社会主义建设、探索社会主义道路的过程中,发生了严重失误,直至发生"文化大革命"这样严重的错误。党凭借自己的力量,依靠广大人民群众,不断纠正探索中的失误,特别是 1978 年底召开的中央工作会议和党的十一届三中全会,从根本上纠正了指导思想的"左"倾错误,实现了新中国成立以来党和国家历史上具有深远意义的伟大转折,进入了党领导改革开放和社会主义现代化建设的新时期。对此习近平总书记曾深刻指出:我们党对自己的失误和错误历来采取郑重的态度,

“一是敢于承认，二是正确分析，三是坚决纠正，从而使失误和错误连同党的成功经验一起成为宝贵的历史教材。”①他多次强调的“既不走封闭僵化的老路，也不走改旗易帜的邪路”，正是在深刻总结历史经验教训基础上做出的科学判断和决策。

十、“听党指挥能打胜仗作风优良”的人民军队，是党应对风险挑战的战略支撑

“没有一个人民的军队，便没有人民的一切。”②以武装的革命反对武装的反革命，是中国革命的特点和优点。巩固国防和强大军队，是实现中华民族伟大复兴中国梦的战略支撑。人民军队是中国共产党所创立和缔造的，并始终在党的绝对领导之下，一路披荆斩棘、克敌制胜，为党和人民建立了历史功勋。在党领导的22年武装革命斗争中，人民军队克服了各种难以想象的艰难困苦，打败了国内外异常凶恶的敌人，夺取了土地革命战争、抗日战争、解放战争的伟大胜利，为建立新中国奠定了牢固根基。新中国成立后，人民军队积极投身社会主义革命和建设，全面履行保卫祖国、保卫人民和平劳动的职能，胜利进行抗美援朝战争和多次边境自卫作战，为巩固新生人民政权、形成中国大国地位、维护中华民族尊严提供了坚强后盾。在改革开放的历史新时期，人民军队有力服务和保障国家改革发展稳定大局，有效应对国家安全面临的各种威胁，坚决打击一切形式的分裂破坏活动，为履行新时代新使命作出了重大贡献。听党指挥、能打胜仗、作风优良，是党在新时代强军目标的基本内涵，也是人民军队在党的领导下攻坚克难的红色基因。人民军队不但在争取革命战争胜利和维护国家领土主权完整的斗争中责无旁贷，而且在党领导的历次攻坚克难实践中冲锋在前，发挥了生力军作用。进入新时代，国家安全的内涵和要求发生了深刻变化，但军事手段始终是保底手段，起着定海神针的关键作用。

---

① 习近平：《在纪念毛泽东同志诞辰120周年座谈会上的讲话》，人民出版社2013年版，第12页。

② 《毛泽东选集》第3卷，人民出版社1991年版，第1074页。

结　语

回望过去的百年,中国共产党走过千山万水,历经千辛万苦,战胜千难万险,创造了举世瞩目的奇迹,也使自己站上了一个新的历史起点。习近平总书记指出:“我们现在所处的,是一个船到中流浪更急、人到半山路更陡的时候,是一个愈进愈难、愈进愈险而又不进则退、非进不可的时候。”①中国特色社会主义进入新时代,形势环境变化之快、改革发展稳定任务之重、矛盾风险挑战之多、对我们党治国理政考验之大都是前所未有的。毋庸置疑,当前和今后一个时期,摆在全党和全国人民面前的使命更光荣、任务更艰巨、挑战更严峻、形势更险恶。我们必须铭记历史昭示,坚持以党的领导为根本,坚持以人民为中心,坚持以发展为要务,坚持以斗争为前提,坚持以党建为引领,增强“四个意识”,坚定“四个自信”,做到“两个维护”,在党的坚强领导下汇聚起磅礴力量、凝聚起最大共识,从容应对各种复杂局面和风险挑战,谱写攻坚克难化危为机新篇章,夺取全面建设社会主义现代化国家新胜利。

(作者为国防大学政治学院副教授)

① 习近平:《在庆祝改革开放40周年大会上的讲话》,《人民日报》2018年12月19日。

中国共产党早期党校政策的形成及运作(1921—1927)

张仰亮

党校作为中共轮训党员干部的学校,是培养干部人才的摇篮和锤炼党员党性的熔炉,为中共革命提供了可靠的人才支撑和思想保证。中共党校制度移植于苏俄,但在建党初期由于党员人数较少、组织问题尚不明显,并未专门成立党校。之后因党员增多后出现了党员思想政治觉悟不高、干部人才紧缺等问题,中共于 1925 年前后开始推行党校教育。中共早期创办党校的历程可谓举步维艰,因为在北洋政府统治时期,中共在严峻复杂的政治环境下举办全国性的中央党校几无可能,但各地党组织还是充分利用地缘环境和自身实际需要,举办了形式各样的党校或训练班。

学界对中共早期党校有了不少的研究,相关研究主要聚焦于中共提出创办中央党校及中共安源地委党校、中共北方区委党校、中共上海区委党校等早期几个著名的党校,论证了各党校的创办条件、组织形态和主要贡献等。①但是,限于史料的不足,以往研究对中共早期党校制度的成因尤其是在各地具体实践的关注较为薄弱,还有较大的探讨空间。为此,本文欲利用各地革命历史文件汇集、档案汇编、时人回忆录和文集等资料对 1921—1927 年间中共党校制度的形成缘

---

① 据笔者管见所及,学界主要论述中共早期党校教育的论著主要有以下几篇:李蓉:《试论中共五大提出创办中央党校的计划》,《上海党史与党建》2017 年第 9 期;朱华:《上海早期党校初探》,《上海行政学院学报》2009 年第 2 期;黄兆康、张春坦:《中国共产党早期高级党校的干部培训》,《唯实》2011 年第 7 期;金再及:《北方区委党校创办时间考》,载《党史资料丛刊》第 3 辑,上海人民出版社 1985 年版,第 69—72 页;沈庆林:《北方区委创办的党校不是第一所》,载中国革命博物馆党史研究室:《党史研究资料》第 3 集,四川人民出版社 1982 年版,第 272—273 页;邵沪权、黄爱国:《中共安源地委党校创办成因及其意义》,《萍乡高等专科学校学报》2011 年第 4 期;邵蔚旸、黄爱国:《关于中国共产党第一所党校创办时间考订》,《党史文苑》2014 年第 16 期;李庆刚:《北京党校:我党创办的第一所高级党校——兼说我党早期两所党校的创办及其理念》,《北京日报》2016 年 3 月 7 日;王仲清:《党校教育历史概述(1921—1924)》,中共中央党校出版社 1992 年版。

起、运行实态、存在的问题及改进的举措等问题作一史实梳理和论证,以期揭示中共早期党校制度与具体实践之间的张力及其与中共的因应。

一、早期党校政策的形成

十月革命后苏俄经验开始系统地传入中国,并为中国早期马克思主义者所学习和借鉴。特别是 1920 年 4 月共产国际代表维经斯基来华后建立了从苏俄邮寄书刊的机制,将苏俄革命经验较为完整地引介给中国早期马克思主义者,出版了诸如《俄罗斯苏维埃联邦社会主义共和国宪法》《劳动法令》《俄国共产党纲领》等红色书刊。①很显然,俄共的建党经验、政党制度和法令法规给蹒跚学步的中共提供了可资借鉴的经验,以俄为师成为中国早期马克思主义者的一致呼声。故而,中共早期借鉴苏俄建党经验既是以俄为师的必然结果,也是有效开展中国革命的现实需要。

苏俄的党校制度肇始于俄共(布)前身的俄国社会民主工党时期。1910 年 1 月,流亡在外的俄国社会民主工党首次提出了"在国外建立党校"的设想。②时至俄共(布)时期,俄共(布)对党校制度的构想更加完善和缜密。1919 年 3 月俄共(布)在八大时规定:成立中央直属的高级党校,并制定地方党校统一的教学计划和教学大纲。③1921 年 3 月俄共(布)十大提出新党员必须经过短期训练班的学习,并为此制订了近一年的建设计划,建立 1 所中央直属的两年制党大学、4 个高级党大学和高于省级苏维埃的党务干部学校,每个省城成立 1 个有 2—3 班的党务干部学校,并在半数以上的县区成立党务干部学校。④1922 年俄共(布)十一大

① 《维连斯基—西比利亚科夫就国外东亚人民工作给共产国际执委会的报告》(1920 年 9 月 1 日),载中共中央党史研究室第一研究部译:《共产国际、联共(布)与中国革命档案资料丛书》第 1 册,北京图书馆出版社 1997 年版,第 41 页。

② 《俄国社会民主工党中央委员会全体会议》(1910 年 1 月 2 日—23 日),载中共中央马克思、恩格斯、列宁、斯大林著作编译局译:《苏联共产党代表大会、代表会议和中央全会决议汇编》第 1 册,人民出版社 1964 年版,第 306 页。

③ 《俄共(布)第八次代表大会》(1919 年 3 月 18—23 日),载中共中央马克思、恩格斯、列宁、斯大林著作编译局译:《苏联共产党代表大会、代表会议和中央全会决议汇编》第 1 册,人民出版社 1964 年版,第 568 页。

④ 《俄共(布)第十次代表大会》(1921 年 3 月 8 日—16 日),载中共中央马克思、恩格斯、列宁、斯大林著作编译局译:《苏联共产党代表大会、代表会议和中央全会决议汇编》第 2 册,人民出版社 1964 年版,第 92—93 页。

对党校的办学定位和培养目标有了新的认识,提出必须不断提高党员的"马克思主义修养水平","这个任务主要应由党校、苏维埃和党务干部学校系统——从政治常识学校到高级党校来实现"。①1924年俄共(布)十三大对党校的课程设置作了明确的规定,认为所有的教学课程应"尽量涉及阐明当前斗争和革命建设的任务",即"研究党的历史、党的纲领、党的建设问题、党的策略和苏维埃的政策"。②应当说,俄共(布)在十月革命胜利后,为其大规模推行党校实践提供了相对稳定的政治环境和必要的办学条件,并积累了较为丰富的办学经验。

中共最初对党校制度的认识和理解就是源于俄共(布)的办学经验,并经历了逐渐深化的过程。中共一大对党内教育尚未关注。1922年7月,中共二大通过了《关于共产党的组织章程决议案》,认为"个个党员都要在行动上受党中军队式的训练"③。不过,囿于党员人数较少、党内组织问题尚不明显,所以举办党校一事并未提上议事日程。1923年11月,中共在三届一次会议上通过了《教育宣传问题议决案》,提出小组作为党员训练的基本单位,各小组以《向导》《前锋》为基本材料,围绕现实政治问题、党纲草案展开讨论。决议案还初步制定了党内教育的组织体制,中央教育委员会成为指导党员教育的最高机构,对各地党组织的疑问进行答复,各地方党、团组织相应地推选一名教育委员,负责提供党内教育所需的各种材料和指定从事政治演讲的演讲员,每月向中央教育委员会进行工作汇报。④直到1924年5月10日至15日,中共在中央扩大执行委员会会议时才正式提出了举办党校的设想,认为"党内教育的问题非常重要","要急于设立党校养成指导人才"。⑤

---

① 《俄共(布)第十一次代表大会》(1922年3月27日—4月2日),载中共中央马克思、恩格斯、列宁、斯大林著作编译局译:《苏联共产党代表大会、代表会议和中央全会决议汇编》第2册,人民出版社1964年版,第205页。

② 《俄共(布)第十三次代表大会》(1924年5月23日—31日),载中共中央马克思、恩格斯、列宁、斯大林著作编译局译:《苏联共产党代表大会、代表会议和中央全会决议汇编》第2册,人民出版社1964年版,第482页。

③ 《关于共产党的组织章程决议案》(1922年7月),载中共中央文献研究室、中央档案馆编:《建党以来重要文献选编(一九二一——一九四九)》(第一册),中央文献出版社2011年版,第162—163页。

④ 《教育宣传问题议决案》(1923年11月),载中共中央文献研究室、中央档案馆编:《建党以来重要文献选编(一九二一——一九四九)》(第一册),中央文献出版社2011年版,第355—356页。

⑤ 《中国共产党扩大执行委员会会议文件》(1924年5月10日—15日),中国社会科学院近代史研究所现代研究室编:《"二大"和"三大"——中国共产党第二、三次代表大会资料选编》,中国社会科学出版社1985年版,第280页。

其实,中共举办党校与各地党组织大量吸收新党员后出现了党员党性缺失、违反党纪的行为不无关系。中共上海区委向中共中央报告时就提出:上海党组织“内部组织涣散,等于没有组织”。①地处中共中央驻地的上海区委尚且如此,其他地方的党组织也就可想而知。如中共汉口地委的情况就不容乐观,其称“汉口党员的训练异常缺乏”,在47名党员中“懂组织与党义的占最少数”,党员“不知服从纪律与党纲”为其应尽职责,并有“忽视小组会议”的现象。②1923年6月,中共中央总书记陈独秀在三大报告时总结道:“我们党内存在着严重的个人主义倾向。党员往往不完全信赖党”,“党内的同志关系很不密切”。③6月20日,共产国际代表马林在致共产国际的信函中也指出:中共的党组织“很不健全,对党员的教育完全被忽略了”。④

此外,干部人才紧缺也是中共需要直面的棘手问题。因为早期党机关的健全一般要符合两个条件,一是“组织的完善与合乎需要”,二是“工作人力之充分与负责”,但党组织“往往仅具有其形式”,问题的根源在于“人力之不足”。据中共中央组织部统计,按照现在需要,全国应有区委干部35人,地委或部委干部160人,特别支部干部160人,共计355人,但现在仅有干部120人左右。⑤可见,干部人才紧缺成为制约中共革命发展的一大瓶颈,培养革命急需干部人才成为当务之急。

中共在四大时对党员教育问题的认识更为深入,并明确要求各地党组织开办党校。1925年1月,中共中央在四大上对党内教育问题作了自我检讨,认为过

---

① 《中共三届一次中央执行委员会各委员报告》(1923年11月),载中共中央文献研究室、中央档案馆编:《建党以来重要文献选编(一九二一——一九四九)》(第一册),中央文献出版社2011年版,第340页。

② 《汉口地方报告》(1924年5月),载中共中央文献研究室、中央档案馆编:《建党以来重要文献选编(一九二一——一九四九)》(第二册),中央文献出版社2011年版,第40—41页。

③ 《在中国共产党第三次全国代表大会上的报告》(1923年6月),载中共中央文献研究室、中央档案馆编:《建党以来重要文献选编(一九二一——一九四九)》(第一册),中央文献出版社2011年版,第243—244页。

④ 《致共产国际执行委员会的信》(1923年6月20日),载中共中央党史研究室第一研究部译:《共产国际、联共(布)与中国革命档案资料丛书》第2册,北京图书馆出版社1997年版,第477页。

⑤ 《组织问题议决案》(1926年7月),载中共中央文献研究室、中央档案馆编:《建党以来重要文献选编(一九二一——一九四九)》(第三册),中央文献出版社2011年版,第283页。

去"党中教育做得极少",党报上"很难找到教育党员关于党的政策的讨论文字",以致部分党员对党产生了"误解"和"不满意"。会议还认为:除支部担负一部分党内教育任务外,"于可能时更有设立党校有系统地教育党员"的必要,由中央统一供给教材。①1925年10月,中共召开了中央执行委员会扩大会议,会议通过了《宣传问题决议案》,决议案规定群众运动"一定要有一种鼓动和宣传的人才","开办各地党校确是一种重要的工作"。决议案解释道:党内只能开办两种形式的党校,一是区委主办的高级党校,教育"一班政治智识较高的同志和已经有工作经验的同志",培养"能够办党的、能够做成负责任工作的人才",毕业期限至多3个月;二是各地委或部委主办的普通党校,培养"群众的鼓动员",以工人党员为主,毕业期限至多为1个月或1个半月。②可见,中共党校教育的设置原则和基本规范大体沿袭了俄共的党校制度。中共的党校虽然对党员干部也是分级分类培养的,但层级明显较少,其中区委设立高级党校,主要培养有工作经验和知识程度较高的高级干部,地委或部委设立的普通党校主要培养基层干部或骨干党员。

二、 党校制度的实施与成效

中共建党前,中国早期马克思主义者就成立了劳动学校、工人学校等补习性质的业余学校。其中影响较大的就是北京共产主义小组在长辛店举办的劳动补习学校,由"社会主义者"授课,成为接近工人、教育工人的重要途径之一。③中共建党后,其在第一个决议里就提出了组织工人学校,旨在"提高工人的觉悟",使之"逐渐变成工人政党的中心机构"。④1921年10月,中共创办了第一所培养妇

---

① 《对于宣传工作之议决案》(1925年1月),载中共中央文献研究室、中央档案馆编:《建党以来重要文献选编(一九二一——一九四九)》(第二册),中央文献出版社2011年版,第255—257页。

② 《宣传问题议决案》(1925年10月),载中共中央文献研究室、中央档案馆编:《建党以来重要文献选编(一九二一——一九四九)》(第二册),中央文献出版社2011年版,第529—530页。

③ 《北京共产主义组织的报告》(1921年7月),载中共中央文献研究室、中央档案馆编:《建党以来重要文献选编(一九二一——一九四九)》(第一册),中央文献出版社2011年版,第11—12页。

④ 《中国共产党第一个决议》(1921年7月),载中共中央文献研究室、中央档案馆编:《建党以来重要文献选编(一九二一——一九四九)》(第一册),中央文献出版社2011年版,第5页。

女干部的学校——上海平民女校，中共中央宣传主任李达任校长，学校于次年2月10日正式开学，其课程“除了社会科学的一般常识外，也教文学、英语等，但主要是妇女运动”，被沈雁冰称为“党办的第一个学校”。①嗣后，各地党组织在上海、北京、广州、济南、武汉、长沙等地均成立了工人补习性质的业余学校。比较而言，地处工人集聚地的上海举办工人业余学校最为有力，上海党组织认为：依照现在工人的知识程度，若使他们提高政治觉悟，“非多做教育功夫不可”，所以就在杨树浦、吴淞、南市、上海大学等地设立了党办的工人夜校。②虽然以上业余学校均由党办，教员也多由中共党人兼任，甚至灌输马克思主义理论，但由于补习学校的学员多为工人群众，并非中共党员，还不能将其称之为党校，准确来说是党办的教育工人的业余补习学校。

与此同时，中共早期也利用创办学校来教育和发展进步青年。1921年8月，毛泽东等人创立了培养革命干部的新型学校——湖南自修大学。该校采取自学为主，兼及教员辅导、共同研究的教学方法，注重引导学生参加社会实践和学习马克思主义理论，在开办两年间共有200余名进步青年进校学习，并培养出李维汉、陈赓、贺尔康、易礼容、毛泽覃等革命骨干。据李维汉回忆：该校成为“湘区党组织的一个宣传文化阵地，也是掩护党组织秘密活动的一个地点”，不少学员“参加党和团的工作”。③此外，由国民党创办、中共党人广泛参与管理和教学的上海大学亦是著名的红色学府，并培养出杨尚昆、李硕勋、秦邦宪等革命骨干，成为“培养革命干部的学府”④。显然，这两所学校的共同特点是深受中共党人的熏陶和影响，甚至由中共党人直接参与创办，成为学习和传播马克思主义的重镇，为中共培养了大量革命骨干。不过，由于两所学校的学员构成、课程设置和办学目标与普通学校并无根本差异，并非严格意义的党校，可与早期工人业余党校一起视为中共党校的前身。

其实，在中共创建初期由于党员人数较少，并没有严格意义上的党校，各地

① 茅盾：《我走过的道路》（上），人民文学出版社1981年版，第224页。

② 《上海地方报告》（1924年5月），载中共中央文献研究室、中央档案馆编：《建党以来重要文献选编（一九二一——一九四九）》（第二册），中央文献出版社2011年版，第38页。

③ 李维汉：《回忆与研究》（上），中共党史出版社1986年版，第37页。

④ 周启新：《革命的大学——上海大学》，载钟叔河、朱纯：《过去的学校（回忆录）》，湖南教育出版社1982年版，第500—519页。

党组织对党员的教育主要在小组(支部)会议中开展的。如在1923年,中共上海区委将党员划分为四组,“指定教育宣传员若干人,轮流到各组或大会(二、三组合开的会)讲演”,其中第一期演讲人及讲题为“理论及党纲二人,瞿秋白、邓中夏;政治二人,林伯渠、张国焘;经济二人,张国焘、刘宜之;劳动三人,王振一、王荷波、甄南山”。①再如中共安源地委通过召开小组会议的形式对党员进行教育,各小组根据党纲和党章进行政治演讲,并以《工人周刊》为材料展开讨论。②因此,在中共建党初期党小组(或支部)会议成为教育党员的主要途径和载体。

中共最早以“党校”命名的应该是中共安源地委党校。安源作为中国工人运动的重要发源地,早在1922年1月,李立三就在安源创办了工人补习学校,在讲授文化知识的同时,也向工人宣传马克思主义理论。1923年“二七”惨案后,安源的工人教育事业得到进一步的发展,工人补习学校暨子弟学校发展到7所,另有6个工人读书处。③三大后,中共安源地委在工人补习学校内为党员、团员专门开设了“特别班”,为工人“领袖”开展“主义与政治上之训练”。④“特别班”成为中共安源地委党校的前身。1924年下半年,中共中央教育宣传委员会委员蔡和森、团中央宣传部主任恽代英、团中央特派员林育南相继到安源巡视,对该地的党、团教育给予了较大关注。其中,林育南“特别注重”党、团内部训练,并多次召集安源党、团负责人开会,“多系关于教育训练方面问题”。⑤在此情况下,安源党、团地委决定联合组织“安源工人教育计划委员会”,由中共安源地委书记汪泽楷兼任委员长,共同举办党校。1924年12月,中共安源地委党校正式成立,刘少奇任校长。1925年8月15日,团安源地委的一份报告中提到了与党组织合办党校的情况,称“此间学校系与大学合办,由两方各指派三十人到课,分甲、乙两班,

① 茅盾:《我走过的道路》(上),人民文学出版社1981年版,第238页。

② 《湘区报告》(1924年5月),载中共中央文献研究室、中央档案馆编:《建党以来重要文献选编(一九二一——一九四九)》(第二册),中央文献出版社2011年版,第49页。

③ 安源路矿工人运动纪念馆编:《安源路矿工人运动史》,上海社会科学院出版社1993年版,第212页。

④ 《中共中央局报告附件节录:湖南区委报告》(1923年11月),载中共萍乡市委《安源路矿工人运动》编纂组编:《安源路矿工人运动》(上),中共党史资料出版社1991年版,第224页。

⑤ 《林育南致宗菊信》(1924年11月1日),载中共萍乡市委《安源路矿工人运动》编纂组编:《安源路矿工人运动》(上),中共党史资料出版社1991年版,第300页。

功课为:政治经济浅说(即秋白、王伊维所译之政治常识)、俄共党史、少运史,每周授课三次(六小时)”①。

相较之下,中共北方区委党校是中共创办最早的高级党校之一。据多次当选中共中央委员的罗章龙回忆:中共北方区委一向“对党员教育非常重视”,要求党员“建立革命生活,学习时事理论”。②“为加强党的思想建设和组织建设”,1925 年 10 月中共北方区委在北京创办了区委党校,“学员主要为北京的党员、团员,也有从北方其它省市来的”,学习时间为一个月,李大钊、赵世炎、陈乔年、肖子璋、刘伯庄等人担任教员,主要讲授“马列主义基本理论、党的基本知识”和“土地与农民”。③党校公开取名北京职业补习学校,由罗亦农主持党校工作。在教学课程方面,罗亦农讲授《政治经济学常识》《历史唯物主义》《世界革命史》,赵世炎讲授《共产党在民主革命阶段的任务》《职工运动》《农民运动》《列宁主义》《殖民地半殖民地民族解放斗争》,陈乔年讲授《马克思阶级斗争的理论》《党的建设》《国际形势和共产主义运动的概况》,另外“肖子璋作了关于青年团的任务和青年学生运动的专题报告,刘伯庄作了关于党的国共合作政策等问题的专题报告”④。

上海作为工人阶级的聚集地、中共的诞生地和中共中央的驻扎地,备受中共中央重视。特别是“五卅”运动后,上海的党员人数从五卅前的 200 人迅速增加至 1 080 人,党员干部的教育问题被提上日程。⑤1925 年 8 月 21 日,上海区委认识到:新党员和支部书记“都幼稚”,所以决定成立“地方经常学校”,由老党员“每周抽出一点时间任训练工作”,分“书记班”和“支部书记班”两种形式。⑥8 月

① 《团安源地委关于党、团合办党校情形的报告》(1925 年 8 月 15 日),载中央档案馆、湖南省档案馆编:《湖南革命历史文件汇集:群团文件(1925 年)》,1984 年,第 226 页。

② 罗章龙:《椿园载记》,生活·读书·新知三联书店 1984 年版,第 120 页。

③ 李葆华:《回忆父亲李大钊的一些革命活动》,载徐兴信、李权兴:《乐亭文史资料》第 8 辑,政协乐亭县委员会 1999 年版,第 7 页。

④ 彭健华:《关于一九二五年春北方区创办党校的回忆》,载《党史资料丛刊》第 1 辑,上海人民出版社 1983 年版,第 114—119 页。

⑤ 参见中共上海市委组织部、中共上海市委党史资料征集委员会、中共上海市委党史研究室、上海市档案馆编:《中国共产党上海市组织史资料》(1920.8—1987.10),上海人民出版社 1991 年版,第 22 页。

⑥ 《上海地委会议记录——地委改组为区委、委员名单及分工》(1925 年 8 月 21 日),载中央档案馆、上海市档案馆编:《上海革命历史文件汇集:上海区委会议记录(1923 年 7 月—1926 年 3 月)》乙 1, 1989 年,第 123 页。

28 日,上海区委通过了《成立党校案》,党校人数为 40 人,由区委宣传部负责筹办。①在 10 月前后,上海区委党校在上海大学附中成立,学员从各支联(部委的前身)和支部选派,其中工人党员占三分之二以上,旨在"实际革命工作中训练及造就一般各种工作之人材",每周举行 2 次,共计 4 个小时。②不过,这期的区委党校并非严格意义上的高级党校,因为其训练对象既有各支联的负责人,也有各支部的骨干党员,且培养的是"一般各种工作之人材"。在 1926 年上半年,上海区委又举办了两期真正意义上的高级党校,主要培养部委干部。对此,上海区委宣传部部长尹宽总结道:"区委共举行过两届党校,听讲者多为各部委负责共约六十余人。"③

除了安源、北京、上海举办了各级党校外,长沙、武昌、广州等建党较早的地区也举办了区委党校。中共湖南区委对"党员的理论教育和训练也比较重视",在 1925 年根据中央通知,其与团湖南区委"联合举办了多期暑假和寒假党校",向党员讲授党的基本知识和马克思主义理论。④1926 年 1 月 21 日至 2 月 6 日,中共湖南区委联合团湖南区委在长沙创办了区委党校,由曹典琦任校长,共有学员 56 人,其中有 26 人来自外县,女学员 15 人。⑤1926 年 11 月,中共湖南区委与中共湖北区委联合在武昌举办了两湖党校,从湘区、鄂区各挑选 40 人。⑥据曾在两湖党校学习的刘英回忆:"为了培养干部以适应大革命迅猛发展的需要,党中央

① 《上海区委会议记录——关于"九七"运动、组织报告、工农报告及妇委改组等》,载中央档案馆、上海市档案馆编:《上海革命历史文件汇集:上海区委会议记录(1923 年 7 月—1926 年 3 月)》乙 1,1989 年,第 130 页。

② 《上海区委组织报告》(1925 年 9 月 27 日),载中央档案馆、上海市档案馆编:《上海革命历史文件汇集:中共上海区委文件(1925 年—1926 年)》甲 1, 1986 年,第 43—45 页;另见《上海区委会议记录——"九七"游行事变、审查赴苏名单及杭州民校问题》(1925 年 9 月 8 日),载中央档案馆、上海市档案馆编:《上海革命历史文件汇集:上海区委会议记录(1923 年 7 月—1926 年 3 月)》乙 1, 1989 年,第 139 页。关于上海区委首届党校成立的具体时间并无记录,笔者根据史料判断应在 1925 年 10 月前后。

③ 《上海区委宣传部关于沪区宣传工作的报告》(1926 年 7 月 31 日),载中央档案馆、上海市档案馆编:《上海革命历史文件汇集:中共上海区委宣传部组织部等文件(1925 年 8 月—1927 年 4 月)》甲 3, 1986 年,第 331 页。

④ 李维汉:《回忆与研究》上,中共党史出版社 1986 年版,第 143 页。

⑤ 参见王仲清:《党校教育历史概述(1921—1924)》,中共中央党校出版社 1992 年版,第 34 页。

⑥ 《颜昌颐同志报告——关于湘鄂军政形势、组织及其内部冲突、我党组织、工作及工农运动状况》(1926 年 11 月 9 日),载中央档案馆、湖南省档案馆编:《湖南革命历史文件汇集:省委文件(1923 年—1926 年)》,1983 年,第 116 页。

于1926年冬在武昌建立了中央两湖党校，彭述之任校长，讲课的有苏俄顾问鲍罗廷和恽代英、项英等中央领导同志，要湖南、湖北各送四十人去学习。"①可见，在北伐期间湖南、湖北作为农民运动的主要地区，两湖党校的创办受到了中共中央的高度重视和大力支持，甚至直接由共产国际代表和中共中央的领导人亲自授课，一度被称为"中央两湖党校"。中共广东区委作为中共"最大的一区"，地处当时国民革命的中心地，为"提高同志知识，培养工作人才"，其于1926年9月举办了区委党校，"党校自九月一日开始至今尚未中断"。②中共广州区委书记陈延年称："我们有许多短期的党校课程，在一段时期之内设立了许多党校。"③

必须说明的是，由于北洋当局对革命活动镇压甚严，中共无法公开活动，非但举办全国性的中央党校几无可能，就是举办区委党校也往往举步维艰。为适应复杂严峻的政治环境，各地党组织常常以开办训练班这一较为灵活和隐蔽的形式代替党校，其中高级训练班由地委或部委举办，低级训练班由各个支部单独或联合举办，成为中共党校的重要组成部分。湘区是中共较早举办高级训练班的地区，早在1923年、1924年中共湖南区委就"在长沙办过干部训练班"④。此外，由于上海的工人党员较为集中，便于组织管理，沪区成为举办高级训练班、低级训练班最为普遍的地区之一。早在1925年8月，上海区委已在引翔港、小沙渡、印刷三个支联（或工会）成立了高级训练班。⑤9月27日，中共上海区委再次要求各支联（部委）选择工人党员20名或40名开办高级训练班，"以期造就每支联中之中心党员"。⑥以中共上海闸北部委为例，其训练班分高级与低级两种。

① 刘英：《刘英自述》，人民出版社2012年版，第12—13页。

② 《中共粤区党组织状况和农民运动的报告》（1926年12月），载广东省档案馆、中共广东省委党史研究委员会办公室编：《广东区党、团研究史料（1921—1926）》，广东人民出版社1983年版，第491—493页。

③ 《中共广东区委书记陈延年关于广东情况的介绍》（1927年2月22、26日），载中央档案馆、广东省档案馆编：《广东革命历史文件汇集：（1927—1928）》，1982年，第19页。

④ 李维汉：《回忆与研究》上，中共党史出版社1986年版，第143页。

⑤ 《上海区委会议记录——关于"九七"运动、组织报告、工农报告及妇委改组等》（1925年8月28日），载中央档案馆、上海市档案馆编：《上海革命历史文件汇集：上海区委会议记录（1923年7月—1926年3月）》乙1，1989年，第130页。

⑥ 《上海区委组织报告》（1925年9月27日），载中央档案馆、上海市档案馆编：《上海革命历史文件汇集：中共上海区委文件（1925年—1926年）》甲1，1986年，第43页。

高级训练班由支部书记、干事等组织之,低级训练班由各支部党员轮流组织之,有时数个支部联合组织。①

需要提及的是,由于党员人数较少或教员紧缺等原因,党、团合办训练班的情况十分普遍。中共济南地委和团济南地委就“合办”了高级训练班,“先训练各支部书记及小组长,使成为一批能领导工作人材”。②中共四川临时省委也曾联合团组织在重庆合办了短期的高级训练班,除5名党干部外,还有长寿、涪州、江津、南溪等地的团干部参加。③

此外,各地党组织还根据实际工作需要举办了形式不一的专门训练班,意在培养革命急需的特殊干部。如中共上海区委还举办了学生运动训练班、失业工人党员训练班、组织员训练班、国民运动训练班、活动分子大会等专门的训练班。其中,学生运动训练班是由中共上海区委与团上海区委合办,意在培养学生运动干部,举办过两期,每期学员30余人。④为培养农运干部,中共广东区委从1924年7月至1926年5月举办了6期农民运动讲习所,其中第6期农民运动讲习所有来自20个省、市的327名学员,周恩来、彭湃、恽代英、萧楚女、张秋人等中共各级干部亲自授课。⑤其实,举办专门训练班并非为地方党组织所独有,中共中央也曾举办过专门训练班。1926年2月中央军委成立后,为“解决军委与外地通讯联络”的问题,就成立过通讯技术训练班,“培养通讯技术人员”,将外文资料翻译成中文进行讲解,由中央军委技术书记颜昌颐负责,解决了技术干部缺乏的“燃眉之急”。⑥

---

① 《闸北部委最近宣传工作计划》(1926年1月),载中央档案馆、上海市档案馆编:《上海革命历史文件汇集:上海区委各部委文件(1925—1927)》甲4, 1987年,第156页。

② 《齐兰试卷第二号——济南地委宣传部三月份工作报告》(1926年3月31日),载中央档案馆、山东省档案馆编:《山东革命历史文件汇集》甲种本第二集,1995年,第117页。

③ 《四川临时省委宣传部向中央的报告——内部的机构及所做的工作》(1927年11月),载中央档案馆、四川省档案馆编:《四川革命历史文件汇集:省委文件(1926年—1927年)》,1984年,第290页。

④ 《上海区委宣传部关于沪区宣传工作的报告》(1926年7月31日),载中央档案馆、上海市档案馆编:《上海革命历史文件汇集:中共上海区委宣传部组织部等文件(1925年8月—1927年4月)》甲3, 1986年,第337页。

⑤ 王仲清:《党校教育历史概述(1921—1924)》,中共中央党校出版社1992年版,第34—35页。

⑥ 余沈阳:《王一飞传略·文存》,中共党史资料出版社1988年版,第27—28页。

总体来看,各地党组织举办的各级党校或训练班取得了较好的成效,主要体现在两个方面:其一,使受训党员干部的思想政治觉悟得到较大提升。党员干部通过训练班提高了政治理论水平和工作积极性的同时,也增强了党员对组织的凝聚力和向心力。中共四川临时省委就认为:通过举办训练班取得"得到相当的成绩","第一,使同志对于党的新政策有相当的认识;第二,提高了他们的革命情绪;第三,引起他们研究党的新策略的兴趣;第四,增加了他们做党的工作的方法。"①其二,为中共培养了革命急需的干部人才。如中共北方区委党校的学员毕业后不少成为地方党、团组织的革命骨干,据《共青团北方区委工作总报告》记载:中共北方区委党校的学员分配给团组织的有王为铭等人,其中"王为铭为唐山书记,穆秉衡为张家口书记,王敬臣为保定地方书记,胡英初为包头书记,高洪光为哈尔滨书记,于兰田为天津学委书记"②。对于中共党校教育的成效,维经斯基不无兴奋地表示:"党的教育工作在全会后也比以前安排得更好了,在这方面我们取得了某些成绩。"③

三、 党校教育实施过程中的一些问题

虽然各地党组织的党校实践取得了较好的成效,但在实施过程中存在的问题亦不容忽视。以推行党校教育较好的中共上海区委为例,及至 1926 年 7 月除区委举办过三期党校外,只有闸北部委举办过两期高级训练班,其余如曹家渡、南市、小沙渡、杨树浦、浦东、法租界等部委只举办过一期高级训练班,而且每期开办三四次即中止,并未如数举办。④1926 年 7 月,上海区委总结道:"党内教育

---

① 《四川临时省委宣传部向中央的报告——内部的机构及所做的工作》(1927 年 11 月),载中央档案馆、四川省档案馆编:《四川革命历史文件汇集:省委文件(1926 年—1927 年)》,1984 年,第 291 页。

② 参见李庆刚:《北京党校:我党创办的第一所高级党校——兼说我党早期两所党校的创办及其理念》,《北京日报》2016 年 3 月 7 日。

③ 《维经斯基的书面报告》(1925 年 11 月 11 日),载中共中央党史研究室第一研究部译:《共产国际、联共(布)与中国革命档案资料丛书》第 1 册,北京图书馆出版社 1997 年版,第 737 页。

④ 《上海区委宣传部关于沪区宣传工作的报告》(1926 年 7 月 31 日),载中央档案馆、上海市档案馆编:《上海革命历史文件汇集:中共上海区委宣传部组织部等文件(1925 年 8 月—1927 年 4 月)》甲 3, 1986 年,第 336 页。

工作还是很欠缺,区委党校两届尚不完满,各部高低级训练班也未普遍施行。"①推行党校教育较好的地区尚且如此,其他地区的情形也就可想而知。如地处中原腹地的中共河南省委特派员到渑池、陕州调查后发现,渑池"一切工作皆个人活动,内部训练更谈不到",陕州"过去全未注意"党内教育。②接任中共湖北省委书记的罗亦农也反映:"过去(湖北)省委几无宣传工作,不但无经常的群众宣传,训练工作更加谈不上。"③

其实,即使已经举办了党校教育的地区,由于革命理论与斗争实际相脱节,教育成效也会大打折扣。虽然中共湖南区委举办过多期党校或训练班,但党员干部仍普遍存在"思想理论水平低"的情形,中共湖南区委书记李维汉认为:湘区"在革命实践中,我们积累了许多感性知识,但缺乏理论的指导,不善于分析综合,不能上升到理性认识,从理论上说明问题和解释问题"。④中共上海区委第一期高级党校由于讲授的内容多为抽象的政治理论,与当前的斗争实际隔离较远,"一方面使听者不能有实际的行动的思想,另一方面不能应付目前紧张的各种斗争"⑤。此外,由于许多工农党员文化水平普遍不高,接受革命理论的能力较弱,致使训练工作颇为周折。1926 年 11 月,中共湖南区委与中共湖北区委联合举办了两湖党校,但"鄂区所选学习的人程度甚差",最后不得不分成两个班分别训练。⑥当然,也有的党员自恃资格较老,对党内训练不以为然,甚至还有一些新党

① 《上海区委宣传部关于沪区宣传工作的报告》(1926 年 7 月 31 日),载中央档案馆、上海市档案馆编:《上海革命历史文件汇集:中共上海区委宣传部组织部等文件(1925 年 8 月—1927 年 4 月)》甲 3, 1986 年,第 340 页。

② 《刘明佛对豫西工作视察报告——关于郑州、洛阳、渑池、陕州的工农运动及郑州状况》(1927 年 7 月 15 日),载中央档案馆、河南省档案馆编:《河南革命历史文件汇集:省委文件(1925 年—1927 年)》,1984 年,第 53、57 页。

③ 《中共湖北省委工作计划决议案》(1927 年 10 月),载《罗亦农文集》,人民出版社 2011 年版,第 335 页。

④ 李维汉:《回忆与研究》上,中共党史出版社 1986 年版,第 144 页。

⑤ 《上海区委宣传部关于沪区宣传工作的报告》(1926 年 7 月 31 日),载中央档案馆、上海市档案馆编:《上海革命历史文件汇集:中共上海区委宣传部组织部等文件(1925 年 8 月—1927 年 4 月)》甲 3, 1986 年,第 332 页。

⑥ 《颜昌颐同志报告——关于湘鄂军政形势、组织及其内部冲突、我党组织、工作及工农运动状况》(1926 年 11 月 9 日),载中央档案馆、湖南省档案馆编:《湖南革命历史文件汇集:省委文件(1923 年—1926 年)》,1983 年,第 116 页。

员将训练教材随意泄露他人。中共陕西省委就提道:“一般比较老的同志多有轻视党的训练,不求进步者”,“西安的新同志过多,不易保守秘密,常将党籍及重要文件自动的向人泄露。”①

党校举办不力势必影响到党员思想政治觉悟的提高和干部人才的培养质量,导致党员干部行动散漫的现象滋生蔓延。中共早期领导人张国焘就对湖北党务有过直观的评价,他认为由于党员“过去未受训练”,以致党务“涣散”。②新党员未接受系统的政治教育和组织训练,也会使其缺乏开展工作的精神动力和实践能力。如湖北黄梅的党员“大都入党不久,未受相当训练,很难活动”③。还有就是,党员干部若长期缺乏思想政治教育更会误入歧途,陷入思想散漫和贪污浪费的泥潭不可自拔。如陕西党组织的党员“恋爱的风气很盛,以至怠工、贪污、对团体不忠实诸种表现”④。1926 年 7 月,中共中央颇为无奈地表示:“党员数量虽然增加而质量确是退化了”,党员“缺乏理论及确定的革命人生观”,特别是“很少能将理论活用到实际工作上去”,有的负责干部“有雇佣劳动倾向”,有的党员干部出现“贪官污吏化”,从中央到支部“指导训练的力量均不充分”。⑤

在这里有必要对党校教育问题产生的原因作一解析。各地党校未能如期开办或开办后成效有限,教员和教材的缺乏无疑是最重要的两个原因。以地处大西南的四川党组织为例,由于四川党组织长期与中共中央交流不便,出现了“材料与教员均感缺乏”的困境,影响了党内教育的开展。⑥地处大西北的陕

① 《陕西省委第一次扩大会议的党务报告》(1927 年 9 月 26 日),载中央档案馆、陕西省档案馆编:《陕西革命历史文件汇集(1927 年—1929 年)》,1992 年,第 146 页。

② 《特立自汉口来信——关于军事、政治、党务工作情况》(1926 年 10 月 25 日),载中央档案馆、湖北省档案馆编:《湖北革命历史文件汇集:省委文件(1926 年—1927 年)》,1983 年,第 18 页。

③ 《中共湖北省委关于湖北农民暴动经过之报告》(1927 年 10 月),载中央档案馆、湖北省档案馆编:《湖北革命历史文件汇集:省委文件(1926 年—1927 年)》,1983 年,第 204 页。

④ 《陕西省委第一次扩大会议的党务报告》(1927 年 9 月 26 日),载中央档案馆、陕西省档案馆编:《陕西革命历史文件汇集(1927 年—1929 年)》,第 146 页。

⑤ 《中共中央局向中央执行委员会扩大会议的政治报告》(1926 年 7 月),载中共中央文献研究室、中央档案馆编:《建党以来重要文献选编(一九二一——一九四九)》(第三册),中央文献出版社 2011 年版,第 272 页。

⑥ 《四川临时省委给中央的信——关于干部、经费、宣传与军训材料的要求》(1927 年 11 月 7 日),载中央档案馆、四川省档案馆编:《四川革命历史文件汇集:省委文件(1926 年—1927 年)》,1984 年,第 351 页。

西党组织大体亦是如此,其称"至于高级的训练班或党校虽拟举办,但以工作忙迫,人力不充,终未实现。"①其实,不仅地处边远省区的党组织感到教员和教材缺乏,就连临近中共中央驻地的党组织也存在此种困境。中共湖南区委就提道:开办党校"惟教员教材甚缺乏"②。中共上海区委有时也会因为教员不足进而影响训练班的开办,其表示"高级训练班完全因人力的关系至今未完全实行"③。

实际上,由于各地党组织情形各异,制约党校开办的因素也略有差别,往往是多重因素交织在一起的。政治环境复杂严峻是制约各地党组织开展党校教育的一大桎梏。④中共北方区委第一期党校结束后,本打算"再继续办几期,但由于北京环境日趋恶劣","又感一时没有适当的人负责主持","所以一期结束后,就没有再继续办了"。⑤中共山东区委同样表示:"在山东政治环境之下",加上"党的宣传人才太缺乏","不容许办比较长期的训练班。"⑥可见,在北洋政府的统治下,各地党组织要防备北洋当局的政治压迫和肆意破坏,开办党校并非易事。

由于工人党员需要在工厂做工,空闲时间相当有限,将其召集起来进行集中培训并不容易,即使颇费周折集中起来,学员也难以善始善终。其实,党员干部召集困难的问题早就存在,如中共安源地委党校举办两周后"因各同学工会工作和自身工作事务太忙,实无暇到课",党校不得不重新改组,仅保留能上课的

---

① 《陕西省委第一次扩大会议的党务报告》(1927年9月26日),载中央档案馆、陕西省档案馆编:《陕西革命历史文件汇集(1927年—1929年)》,1992年,第143页。

② 《颜昌颐同志报告——关于湘鄂军政形势、组织及其内部冲突、我党组织、工作及工农运动状况》(1926年11月9日),载中央档案馆、湖南省档案馆编:《湖南革命历史文件汇集:省委文件(1923年—1926年)》,1983年,第116页。

③ 《上海区委宣传部关于沪区宣传工作的报告》(1926年7月31日),载中央档案馆、上海市档案馆编:《上海革命历史文件汇集:中共上海区委宣传部组织部等文件(1925年8月—1927年4月)》甲3, 1986年,第336页。

④ 参见忻平、张仰亮:《合力与消解:中共中央长期驻于上海及最终迁离的动因》,《史学集刊》2018年第1期。

⑤ 彭健华:《关于一九二五年春北方区创办党校的回忆》,载《党史资料丛刊》第1辑,上海人民出版社1983年版,第119页。

⑥ 《中共山东区委王复元关于山东党务情形的报告》(1927年7月26日),载中央档案馆、山东省档案馆:《山东革命历史文件汇集》(甲种本第二集),1995年,第256—257页。

30 人编为 1 班，功课只授“‘经济浅说’及解释大学大会之重要决议案”，但最后“考查成绩，能稍得到效果者不过十人”。①同样，中共上海区委的低级训练班是面向支部全体成员，由于工人党员做工繁忙并无过多空闲时间，这样一来不少支部的低级训练班只能在支部会议上划出三四十分钟来训练党员，所以低级训练班的开办断断续续，甚至敷衍了事。②全国学生联合总会党团书记李硕勋就认为：区委专门办党校，“使听讲者不做工，供饭，恐能力不够”③。

此外，主管党校教育的各级宣传部的组织不健全亦多少影响了党校教育的举办成效。据曾任中共中央宣传部秘书的郑超麟回忆：“在上海时，不仅我不懂得什么宣传工作，连部长自己也不懂得。”④中央宣传部对本职工作尚且一知半解，地方上的宣传部面临的困境更多。中共上海区委宣传部主任尹宽抱怨道：“非有相当理论研究的人负责办经常的党校及各部委办高级训练班”，现在宣传部仅有 3 人，人手太少。⑤当然，影响党校教育成效的原因甚为复杂，资金缺乏、交通不便也是举办党校的一大障碍。如福建党组织“过去工作因无钱无人及与中央的交通关系不灵”，以致“同志少受训练”。⑥中共琼崖特委的干部由于居住分散，“因交通问题，不能聚集各县市委同志（负责的）而训练之，只派员到他们那里去指导和训练”⑦。

---

① 《团安源地委关于党、团合办党校情形的报告》（1925 年 8 月 15 日），载中央档案馆、湖南省档案馆编：《湖南省革命历史文件汇集：群团文件（1925 年）》，1984 年，第 226 页。

② 《上海区委宣传部关于沪区宣传工作的报告》（1926 年 7 月 31 日），载中央档案馆、上海市档案馆编：《上海革命历史文件汇集：中共上海区委宣传部组织部等文件（1925 年 8 月—1927 年 4 月）》甲 3，1986 年，第 337 页。

③ 《上海区委主席团会议记录——讨论开办党校问题、各部委及工会人员调动问题等》（1926 年 6 月 4 日），载中央档案馆、上海市档案馆编：《上海革命历史文件汇集：上海区委会议记录（1926 年 4 月—1926 年 6 月）》乙 2，1989 年，第 208 页。

④ 郑超麟著、范用编：《郑超麟回忆录》上，东方出版社 2004 年版，第 218 页。

⑤ 《上海区委全体委员会议记录——传达讨论中央扩大会议精神及研究上海区委的整顿工作等》（1926 年 7 月 23 日），载中央档案馆、上海市档案馆编：《上海革命历史文件汇集：上海区委会议记录（1926 年 7 月—1926 年 9 月）》乙 3，1989 年，第 137 页。

⑥ 《陈少微关于福建党的情况报告》（1927 年 12 月 26 日），载中央档案馆、福建省档案馆编：《福建革命历史文件汇集：省委文件（1927 年—1928 年上）》，1983 年，第 29 页。

⑦ 《中共琼崖特委十二月份总报告——暴动情况及党的组织、宣传、经费问题》（1928 年 1 月 9 日），载中央档案馆、广东省档案馆编：《广东革命历史文件汇集：中共琼崖、南路特委文件（1927—1935）》，1983 年，第 19 页。

四、 对党校教育问题的针对性改造

共产国际(苏俄)对中共党内教育问题十分关注。1926年春,以联共(布)中央委员、苏联红军政治部主任布勃诺夫为团长的苏联视察团来华考察,他视察后表示:中共"在扩大自己的队伍方面迈出了很大的步伐","如果对党组织进行必要的党的政治教育,那么党组织的力量就会得到增强"。①对此,布勃诺夫还专门致函共产国际代表鲍罗廷,称中共应把"党内教育任务放到首位"②。1926年11月,共产国际七大亦强调:中共目前重要任务"即是扩大、加紧、改进并增强党内的教育训练工作"。③显然,共产国际的指导意见促使中共对党内教育问题更加重视。陈独秀在中共五大上感叹道:现在"党内教育跟不上党的发展"。④所以,在1927年前后中共中央对党校教育存在的问题进行了针对性的改造,主要从以下三个方面:

首先,重组党校、党报的领导机构,完善教材编纂工作,并提出设立中央党校的设想。党报作为各级党校和训练班的惯用教材,之于党校教育的重要性不言而喻。"为使中央各出版物能有定期的审查",以此加强对各地方和各团体出版物的指导,中共中央决定成立党报委员会(即编辑委员会),由《向导》《新青年》《劳农》《党报》《中国青年》《中国工人》《中国妇女》等中央机关报的主任编辑组成,每月至少开会一次,报告中央及各地(各团体)机关报的出版编辑情况,并"加以审查"。⑤1927年5月,中共中央党报委员会正式成立,由刚当选中共中央政治

---

① 《布勃诺夫在广州苏联顾问团全体人员大会上的报告》(1926年3月24日),载中共中央党史研究室第一研究部译:《共产国际、联共(布)与中国革命档案资料丛书》第3册,北京图书馆出版社1998年版,第165页。

② 《布勃诺夫给鲍罗廷的信》(1926年3月27日),载中共中央党史研究室第一研究部译:《共产国际、联共(布)与中国革命档案资料丛书》第3册,北京图书馆出版社1998年版,第185页。

③ 《共产国际第七次扩大执行委员会会议中国问题决议案》(1926年11月),载中共中央书记处编:《六大以前——党的历史材料》,人民出版社1980年版,第632页。

④ 《陈独秀在中国共产党第五次全国代表大会上的报告》(1927年4月29日),载中共中央党史资料征集委员会、中共中央党史研究室编:《中共党史资料》(第三辑),中共中央党校出版社1982年版,第55—56页。

⑤ 《关于宣传部工作议决案》(1926年7月),载中共中央文献研究室、中央档案馆编:《建党以来重要文献选编(一九二一——一九四九)》(第三册),中央文献出版社2011年版,第285—286页。

局常委的瞿秋白任书记。为加强对各级党校的指导,中共中央党校委员会亦同时成立,也由瞿秋白兼任书记,党校委员会成为领导全党党校教育的最高机关,负责指导党员的思想政治教育和干部人才的培养。①

为进一步满足各级党校对教材的需求,中共中央对中央机关报进行了改版,使其更加切合现实斗争的需要。中共中央要求《向导》"不可太重于分析的论述",应该多"宣传各地工农运动的意义",还要求《党报》应根据中央及地方的党内生活和工作经验,"以为训练同志之材料及指导"。②其实,各地党组织本身也灵活编纂了一些教材,并使其更加通俗化、地方化和实用化。如中共广东省委规定党校教材由各地负责干部根据《省委通讯》,"更浅白的做成材料去教育同志"。③

值得注意的是,陈独秀还提出了在武汉举办中共中央党校的设想,他解释道:"如果中央成立党校,讲师会更好一些,而如果各地成立党校,会更方便一些。据我看,前一种意见较好。中央有个计划,打算成立一个设立两个部并拥有五百人的党校。总之,这项工作现在非常重要。如果我们能在武汉守住,我们就在这里成立党校。"④5 月 22 日,中共中央正式决定在武昌开办中共中央党校,由张秋人、陈潭秋、任作民等人组成中央党校筹备处,准备招收学员 300 人,每期学习半年。6 月 23 日,中共中央批准了中央党校的筹办预算和每月经费,由尹宽担任教务副主任,张秋人为事务主任,并准备于 7 月 20 日开学。⑤中共创办中央党校之举得到了共产国际(苏俄)的赞许和支持,6 月 9 日联共(布)召开中央政治局会议,其在谈及中国问题时指出:"有必要组建中央党校,为此拨出必要的经费。"⑥

---

① 参见中共中央组织部、中共中央党史研究室、中央档案馆编:《中国共产党组织史资料》第 1 卷,中共党史出版社 2000 年版,第 45 页。

② 《关于宣传部工作议决案》(1926 年 7 月),载中共中央文献研究室、中央档案馆编:《建党以来重要文献选编(一九二一——一九四九)》(第三册),中央文献出版社 2011 年版,第 285—286 页。

③ 《中共中央南方局和广东省委联席会议经过情形》(1927 年 10 月),载中央档案馆、广东省档案馆编:《广东革命历史文件汇集:中共广东省委文件(1927 年)》,1982 年,第 121 页。

④ 《陈独秀在中国共产党第五次全国代表大会上的报告》(1927 年 4 月 29 日),载中共中央党史资料征集委员会、中共中央党史研究室编:《中共党史资料》(第三辑),中共中央党校出版社 1982 年版,第 55—56 页。

⑤ 王仲清:《党校教育历史概述(1921—1924)》,中共中央党校出版社 1992 年版,第 41 页。

⑥ 《联共(布)中央政治局会议第 110 号(特字第 88 号)记录》(1927 年 6 月 9 日),载中共中央党史研究室第一研究部译:《共产国际、联共(布)与中国革命档案资料丛书》第 4 册,北京图书馆出版社 1998 年版,第 312 页。

很显然,此时中共对党校教育的认识更进一步,并准备设立有固定地点的中央党校集中轮训全党高级干部。遗憾的是,中央党校的设想尚未付诸实践,就因汪精卫分共而被迫中止。

其次,培养革命急需的干部人才,弥补教员紧缺的困境。一般而言,各级党、团干部均为各级党校和训练班的教员主体,所以充足的干部人才对开展革命活动和推行党校教育至为关键。1926 年 7 月,中共中央在执行委员会扩大会议上指出:当下工运人才“极为缺乏”,特别是下级干部人才,应在上海、天津、广州、汉口等地设立职工运动训练班来训练下级干部人才,并在上海、广州设立一个高级训练班,“养成全国高级指导人才”。①为响应中共中央的号召,各地党组织再次掀起举办党校和训练班的热潮。如中共河南省委“为培养干部人材起见”,决定在确山、驻马店、许昌、彰德、郑州、杞县等处分别举办 10 人左右的短期训练班,为期 1 周或 2 周,由省委“供给编辑训练材料与方法”。②此外,北伐以来随着农民运动的日渐高涨,中共对农运干部的需求大为增加,培养农运干部成为一时之急。为此,中共中央在武汉期间为适应两湖农民运动渐趋高涨的形势,专门举办了中央农民运动讲习所。讲习所由周以栗担任教务主任,毛泽东、恽代英、彭湃、方志敏、夏明翰等人担任教学工作,共有 800 多名学员,讲习所除向学员讲授马列主义基本理论外,还进行军事训练、农村调查等。③

与此同时,中共还考虑让共产国际(苏俄)代为培养党校急需的教员,以缓解教员紧缺的问题。1927 年 1 月 28 日,谭平山向共产国际建议“从中山大学中国学生当中抽调一批人专门作为教师来进行培训”,共产国际则考虑苏俄通过派遣教员在中国“组织训练班的办法全力帮助中国共产党”,并决定派库丘莫夫赴华调查中共党校的开办情况,计划招收 500 名中国学员。④在革命实践中锻炼和培

---

① 《职工运动议决案》(1926 年 7 月),载中共中央文献研究室、中央档案馆编:《建党以来重要文献选编(一九二一——一九四九)》(第三册),中央文献出版社 2011 年版,第 298 页。

② 《河南省委关于农民运动决议案》(1927 年 9 月),载中央档案馆、河南省档案馆编:《河南革命历史文件汇集:省委文件(1925 年—1927 年)》,1984 年,第 121 页。

③ 王仲清:《党校教育历史概述(1921—1924)》,中共中央党校出版社 1992 年版,第 35—36 页。

④ 《共产国际执行委员会远东书记处会议记录》(1927 年 1 月 18 日),载中共中央党史研究室第一研究部译:《共产国际、联共(布)与中国革命档案资料丛书》第 4 册,北京图书馆出版社 1998 年版,第 70 页。

养干部人才亦成为各地党组织解决干部问题的重要途径之一。中共上海区委表示:“教育与训练最紧要是靠负责同学在群众中行动及一切实际活动工作中行之,决不是单靠室内学院式的讲章所能收效。”①中共湖北省委同样认为:训练干部“只有训练班是不够的,而是要抽出活动分子在工作中训练,而不应马上即提到高级指导之地位上”。②

蒋介石发动“四一二”政变后,紧接着汪精卫也很快与中共分道扬镳,国民党对中共开始了残酷的政治迫害,中共随之用武装暴动予以强力回应。1927 年 8 月 7 日,中共中央召开紧急会议,提出了“土地革命”的口号,并确定了“武装暴动的总方针”。③在此情况下,培养适应武装暴动的军事人才成为中共面临的新课题和新任务,各地党组织纷纷将目光转向对军事人才的培养上。10 月 15 日,中共四川临时省委表示:“本党应目前革命的新需要,由组织群众进而作武装暴动的准备了,惟现时感觉党内组织武装的人材非常缺乏,我们应在各种可能机会之中,尽量选择同志之忠实勇敢可靠者,施以关于军事知识的培养。”④11 月 27 日,中共湖北省委也认为:“以后新入党之同志必先受武装训练……预备作领导军队之干部人材。”⑤

最后,加强对新党员的思想政治教育。其实,在 1927 年前后中共开始大量吸收工农群众入党,由于新党员的政治觉悟良莠不齐,对新党员的思想政治教育问题显得格外重要。1927 年 1 月 19 日,共产国际指示中共中央:“发展新党员的工作应与提高党员政治水平和普遍加强党的队伍的工

---

① 《上海区委通告,枢字第二号——介绍同志入党及入党仪式问题》(1925 年 8 月 29 日),载中央档案馆、上海档案馆编:《上海革命历史文件汇集:中共上海区委文件(1925 年—1926 年)》甲 1,1986 年,第 3—4 页。

② 《中共湖北省委常委会议记录——过去省委的策略的错误及军事、党的支部、工运工作的讨论》(1927 年 11 月 26 日),载中央档案馆、湖北省档案馆编:《湖北革命历史文件汇集:乙种本(1927 年—1932 年)》,1985 年,第 9 页。

③ 《政治议决案》(1928 年 7 月 9 日),载中央档案馆编:《中共中央文件选集(一九二八)》第 4 册,中共中央党校出版社 1989 年版,第 306 页。

④ 《四川临时省委通告——关于培养军事干部的知识》(1927 年 10 月 15 日),载中央档案馆、四川省档案馆编:《四川革命历史文件汇集:省委文件(1926 年—1927 年)》,1984 年,第 218 页。

⑤ 《中共湖北省委扩大会议讨论记录——关于军事动作、工人运动、党的组织问题》(1927 年 11 月 27 日),载中央档案馆、湖北省档案馆编:《湖北革命历史文件汇集:乙种本(1927 年—1932 年)》,1985 年,第 13 页。

作同时进行。”①为此,中共对新党员的培训工作也有所重视,由于湖南、湖北、江西三省“新的党员骤然增加”,中共中央就及时提醒道:如果我们不对新党员开展政治教育,“结果必使新党员对党失信仰而离开党”,所以要求三省党组织在各地开办低级训练班,“常用党员大会作政治报告,以后随时召集活动分子会议,在工作中训练工作的同志”。②

各地党组织对新党员也相继开展了思想政治教育。如陕西省“因三月来组织发展太快,所以一般党员的政治见解与党内知识水平线非常低落”,中共陕西省委“为普遍的提高党员的教育”,要求“各地多举行新同志训练班、高级训练班、农村工作同志训练班,大约每个新入党的知识分子都受过很简单的此种特别训练”。③其中,“西安的新同志训练班在四月内举办过三次,受训练者为知识分子,约百人,五月内分由三个部委各开班训练新加入的同志”④。为“专门训练新同志”,中共四川临时省委也要求“各地即日开办训练班一班,召集新同志及十分不明瞭党义的同志,授以党的主义、组织、纪律等课,使同志普遍都能明瞭党义,接受纪律”,“每月开办一次”。⑤

五、余　论

综上,中共早期在极其复杂严峻的政治环境下推行党校教育,绝非易事。中共根据主客观条件的变动灵活采取党校与训练班相互补、培养干部和训练党员同时并举的办学模式,使党员的思想政治觉悟得到一定提升的同时,还培养了大量革命急需的干部人才,促进了中共革命的新发展和新高涨。虽然中共早期的

---

① 《共产国际执行委员会政治书记处〈关于中国共产党的组织任务〉的决议》(1927 年 1 月 19 日),载中共中央党史研究室第一研究部译:《共产国际、联共(布)与中国革命档案资料丛书》第 4 册,北京图书馆出版社 1998 年版,第 78 页。

② 《关于湘鄂赣三省党务议决案》(1926 年 12 月),载中共中央文献研究室、中央档案馆编:《建党以来重要文献选编(一九二一——一九四九)》(第三册),中央文献出版社,2011 年,第 514 页。

③ 《陕西省委第一次扩大会议的党务报告》(1927 年 9 月 26 日),载中央档案馆、陕西省档案馆编:《陕西革命历史文件汇集(1927 年—1929 年)》,1992 年,第 143 页。

④ 同上书,第 146 页。

⑤ 《四川临时省委宣传部工作计划》(1927 年 9 月),载中央档案馆、四川省档案馆编:《四川革命历史文件汇集:省委文件(1926 年—1927 年)》,1984 年,第 138—139 页。

党校教育还存在着一些不足，诸如流于形式、理论与实际相脱节、指导机构不健全等问题。应该看到的是，即使中共早期可以借鉴苏俄的党校经验和办学模式，毕竟中国复杂严峻的政治环境与苏俄渐趋稳固的政治环境有着本质的差异，中共党校教育不但要面对严酷的政治环境，还要克服教员教材紧缺、资金不足、党员干部文化水平低下等现实困难，所以推行党校实践的任务十分艰巨。难能可贵的是，中共及时根据主客观环境的变动，对党校教育实践过程中的问题进行了针对性的改造，甚至设想建立从中央党校到地方党校的完整教育体系。

虽然中共对党校教育问题的针对性改造因国共分裂而遭遇顿挫，有的甚至未及实践便夭折，已成立的党校教育也因为国民党当局的蓄意破坏而损失惨重。还应该看到的是，中共是一个有着马克思主义信仰的革命政党，其自身的信念和韧性又促使其在危境中化险为夷，并披荆斩棘，以“直挂云帆济沧海”之势再出发。因为中共早期的党校教育为中共革命培养并储蓄了革命急需的干部人才，形成了日益严密的组织网络，还铸就了中共党人百折不挠的革命信念和战斗意志，为中共大革命失败后东山再起提供了重要的人才支撑和思想保证。同时，中共早期的党校教育也为苏区时期和延安时期举办更高层次的党校教育积累了办学经验，如早期形成的锻炼党员党性和培养干部人才的办学目标、理论联系实际的教学方法、分层分类的办学模式等经验至今仍在沿用。

（作者为华东师范大学马克思主义学院讲师）

论习近平新时代中国特色社会主义经济思想的方法论基础*

严金强

“习近平新时代中国特色社会主义经济思想”是2017年12月中央经济工作会议首次提出的新经济范畴,是党的十八大以来推动我国经济发展实践的理论结晶,是马克思主义政治经济学中国化的最新成果,是指导新时代我国经济发展如何适应和引领新常态、实现经济向高质量发展、建设现代化经济体系的根本遵循和行动指南。围绕这一理论定性,理论界进行了深入和广泛的研究,对其理论内容和思想内涵的探究主要聚焦在党对经济工作的集中统一领导、五大发展理念、以人民为中心的发展思想、新的社会主要矛盾、新的发展格局、经济进入高质量发展阶段、经济新常态与供给侧结构性改革等思想要素方面,并且从理论逻辑上进行了种种学理性分析,其中涉及逻辑起点、逻辑主线以及逻辑终点等基本问题。探讨过程中也存在一定的分歧,关于逻辑起点就有“商品论”“制度论”,关于逻辑主线则有“发展论”“以人民为中心论”“共享发展论”,关于逻辑终点有“共同富裕论”“美好生活论”“现代化强国论”等。我们认为习近平新时代中国特色社会主义经济思想作为一个不断创新发展的开放性经济思想,虽然还没有形成一个完整的逻辑体系,但是已经具有明晰的逻辑线索和框架的雏形。对此进行学理性分析,应该沿着马克思主义政治经济学的基本理论逻辑,以马克思主义唯物史观为方法论基础,依据这个逻辑基础才能勾勒出习近平新时代中国特色社会主义经济思想的逻辑脉络。

一、 唯物史观是马克思主义政治经济学的方法论基础

科学的方法论总是能够指导人们朝着正确的方向去探索世界和认识世界,

---

* 本文系教育部重大攻关项目“习近平新时代中国特色社会主义经济思想研究”(18JZD003)的阶段性成果。

它使人们不会被事物的发展变化所迷惑,不会因为历史事件的偶然出现而打断科学探索道路。唯物史观是马克思主义的方法论基础与理论核心,列宁称唯物史观是“唯一的科学的历史观”,认为“社会科学的唯一科学方法即唯物主义的方法”。马克思主义政治经济学①正是以唯物史观作为方法论基础,从唯物史观的基本原理出发,深刻揭示了生产力与生产关系、经济基础与上层建筑之间动态演变规律,进而揭示人类社会发展变化规律。

首先,唯物史观是马克思主义政治经济学理论体系建构的逻辑基础,是马克思主义政治经济学的理论内核与精髓。

唯物史观的创立使马克思逐步明确了政治经济学的研究对象是社会生产关系。马克思通过分析社会生产关系内在结构中生产、交换、分配和消费的辩证关系,认为具有“一定社会性质”的生产在社会经济运行过程中起决定性作用。他又将社会生产关系纳入社会运行整体系统中进行研究,阐述了生产力与生产关系、经济基础与上层建筑之间的相互制约关系。以此出发,说明资本主义社会经济制度产生、发展和衰亡的历史过程,揭示资本主义社会经济制度下发生的不以任何个人意志为转移的经济运行规律,从而构建起政治经济学理论体系。

马克思运用唯物史观找到了商品这个使用价值和价值的统一体,并从商品中找到并确立了价值这一范畴。通过分析商品、价值和劳动的内在关系,从商品的二因素到劳动二重性,从劳动二重性到抽象劳动,彻底解决了古典政治经济学的局限,使劳动价值论变为科学。

在劳动价值论的基础上,马克思分析了资本主义特殊的生产方式,从劳动者与生产资料相互分离的历史条件,到劳动力成为商品,从商品生产所有权规律到资本主义占有规律,从绝对剩余价值生产到相对剩余价值生产。马克思沿着历史的逻辑阐释了资本主义生产关系的本质是资本对劳动的剥削,揭示了剩余价值生产的奥秘,创立了科学的剩余价值理论。

马克思又在剩余价值理论的基础上,分析了资本自身的生产过程,即资本积

---

① 从广义的角度来看,马克思主义政治经济学包括经典马克思主义政治经济学和当代中国马克思主义政治经济学,中国特色社会主义政治经济学是当代中国马克思主义政治经济学在改革开放以来的新发展。习近平新时代中国特色社会主义经济思想作为当代中国马克思主义政治经济学在新时代的最新成果,本文将放在第二部分进行阐述。

累过程,从简单再生产到扩大再生产,从剩余价值的资本转化到资本积累,从资本积累与发展生产力的相互促进关系到资本主义积累的一般规律。揭示了资本主义生产和积累的内在矛盾,创立了资本积累理论,并进一步揭示了生产关系一定要适应生产力发展的规律,从而使社会主义由空想变为科学。

在揭示了资本主义生产关系的本质的基础上,马克思进一步从生产领域拓展流通领域,分析了资本的再生产和流通,从个别资本运动的连续性到社会总资本再生产和流通的实现条件。又从生产和流通过程拓展到包括生产、流通和分配在内的资本主义生产的总过程,依托于唯物史观,从本质到表象,从抽象到具体,一步步接近资本主义生产关系的现实层面,从而建立起了政治经济学理论体系的大厦。

其次,唯物史观是马克思主义政治经济学区别于资产阶级政治经济学特别是现代西方主流经济学的根本标志。

方法论的差异是马克思主义政治经济学与资产阶级政治经济学的本质区别,马克思主义政治经济学方法论的精髓是唯物史观,就是从唯物的、历史的视角看待经济事物,来揭示经济事物的本质形态和最一般的发展变化的规律。如从唯物的角度探讨经济事物的本质,其经济事物本质就是客观存在的;从历史的角度探讨经济事物,其任何经济事物又都不是永恒的,而是一个发展变化的过程。相反,现代主流西方经济学的实质是现代西方哲学在经济领域应用的产物,遵循唯心主义和个体主义方法论,认为人的意志是万物的基础和本原,将经验事实和实际效用作为探究的范围和目标。

方法论分歧决定了两者的理论分野,马克思主义政治经济学将生产资料所有制作为社会生产关系的核心,将生产资料所有制的变革作为社会发展的动力。阐述了雇佣劳动关系是资本主义生产关系得以运行的基础,提出劳动价值论、剩余价值论、资本积累论、资本流通理论和社会再生产理论、生产价格理论等基本经济原理,对资本主义生产关系的产生、发展以及消亡的进程进行了系统阐述和理论推导。马克思主义政治经济学不拘泥于对特定生产关系和特定社会形态的固化分析,而是将社会生产关系的发展变化作为其理论特质。

相反,现代西方主流经济学并没有从经济运行的本质出发,而是从经济运行的表象出发,试图构建经济变量之间的表层逻辑关系。将资本主义生产关系视为一成不变的永恒制度，认为建立在私有制基础上的市场经济和追求利润率最大化为目标的资本主义是人类社会终极状态。在此基础上，现代西方主流经济学以利己动机和个人主义为出发，演绎出自由市场能够带来个人利益和整个社会福利的最大化，无视社会在财产占有上的平等性，提倡资本不受限制，政府最小化的政策和治理逻辑。

最后，唯物史观作为马克思主义的精髓思想，也构成了当代中国马克思主义政治经济学的方法论基础。

根据马克思在《〈政治经济学批判〉序言》中的相关阐述，马克思主义政治经济学唯物史观的方法论原则可以归结为四个基本命题①：(1)从生产力与生产关系的矛盾运动中阐释社会经济关系的演变；(2)以生产资料所有制为核心和基础，分析和决定着社会生产关系的性质；(3)依据与生产力相适应的生产关系的总和所构成的社会经济基础，解释政治和法律制度等上层建筑；(4)在历史形成的社会经济基础的整体制约中分析人的经济行为。这就是马克思主义的精髓思想，也是马克思主义的基本原则。虽然长期以来，理论界对于如何坚持和继承马克思主义有较大的分歧，但是，我们主张坚持马克思主义的基本原则就是要坚持马克思主义精髓思想，也就是坚持马克思主义的唯物史观。

唯物史观强调一切思想理论都要以时代条件和经济基础变化为依据，不同时代产生不同的经济理论。中国在革命、建设和改革时期所形成的经济思想都是马克思主义政治经济学与当时实践相结合的产物，是唯物史观在不同历史时期的贯彻和应用，是当代中国马克思主义政治经济学的重要组成部分。

在革命时期和建设时期，以毛泽东为代表的中国共产党人在充分调研和分析中国半殖民地半封建社会基本国情，特别是当时中国社会经济结构和阶级构成的前提下，将马克思主义政治经济学的基本原理与中国革命实践相结合，创造性地提出新民主主义革命理论和农村包围城市的革命道路，创立了新民主主义经济理论；又结合新民主主义社会的基本国情，对农业、手工业和资本主义工商业进行全方位的社会主义改造，并积极推进工业化，开展社会主义经济建设，形

---

① 详见林岗：《坚持马克思主义的根本是坚持马克思的方法论原则》，《经济研究》2016年第3期。

成了内容丰富的社会主义改造和经济建设理论。在改革开放时期，以邓小平为代表的中国共产党人在重新确立社会主义初级阶段基本国情的前提下，将马克思主义政治经济学基本原理与中国改革实践相结合，创立了社会主义初级阶段理论、社会主义改革开放理论、社会主义市场经济理论、社会主义所有制理论、社会主义收入分配理论等中国特色社会主义经济理论，以江泽民、胡锦涛为代表的中国共产党人又将这一经济理论继续往前推进。

中国经济理论与实践表明，当代中国马克思主义政治经济学的发展与创新从根本上来说是将马克思主义唯物史观与中国经济实践相结合。坚持和发展马克思主义政治经济学的核心就是科学运用马克思主义的方法论。正如恩格斯所指出的："马克思的整个世界观不是教义，而是方法。它提供的不是现成的教条，而是进一步研究的出发点和供这种研究使用的方法。"①

二、 唯物史观是习近平新时代中国特色社会主义经济思想的方法论基础

唯物史观不仅是经典马克思主义政治经济学和当代中国马克思主义政治经济学的方法论基础，也是习近平新时代中国特色社会主义经济思想的方法论基础，这是由习近平新时代中国特色社会主义经济思想的理论特质、思想内涵和价值指向决定的。

首先，习近平新时代中国特色社会主义经济思想，作为马克思主义政治经济学中国化的理论成果，其方法论基础必然也是唯物史观。

习近平新时代中国特色社会主义经济思想作为新时代马克思主义政治经济学中国化的理论成果，正是秉承了马克思主义政治经济学的方法论原则，以党的十八大以来我国社会生产力的新变化、科技和产业革命新动向、全面深化改革的新实践为依据，将唯物史观方法论原则的基本原理运用于新时代社会经济的各个领域，提炼和总结符合新时代条件和要求的社会主义经济建设新理论和新规律，开拓了当代中国马克思主义政治经济学的新境界。这一经济思想正是坚持

① 《马克思恩格斯选集》第4卷，人民出版社2012年版，第742—743页。

和运用辩证唯物主义和历史唯物主义的世界观和方法论，继承和发展唯物史观的基本原理，分析新时代全面深化改革的伟大实践所形成的当代中国马克思主义政治经济学的理论成果。

一是继承和发展唯物史观关于生产力的决定性作用的基本原理。坚持生产力是推动社会进步的最活跃、最革命的要素，强调社会主义的根本任务是解放和发展生产力；将科技创新作为生产力发展的关键因素，强调“坚持创新在我国现代化建设全局中的核心地位”；注重人才是创新的根基，创新驱动实质上是人才驱动；坚持创新作为改革发展的动力之源，将科技创新作为经济发展的新动能，强调创新驱动发展战略，是实现经济高质量发展前提和基础。

二是继承和发展唯物史观关于生产资料所有制作为生产关系基础的原理。将生产资料所有制作为在变革社会生产关系中起到决定性作用的因素；强调要坚持和完善社会主义基本经济制度，坚持和重申“两个毫不动摇”的重大方针；坚持公有制主体地位不能动摇，国有经济主导作用不能动摇，必须理直气壮做强做优做大国有企业和国有资本；巩固和完善农村集体土地所有制和基本经营制度，深化农村土地制度改革，完善承包地“三权”分置制度。

三是继承和发展了唯物史观关于上层建筑建立在经济关系的基础之上的基本原理。注重制度建设，把握根本经济制度、基本经济制度和重要经济制度的区分，将上层建筑的完善置于生产力与生产关系的相互关系理论中加以考量；改革更多面对的是深层次的体制机制问题，要求加强改革顶层设计，加强改革的系统性、整体性、协同性；强调党对经济工作的集中统一领导；发挥集中力量办大事的制度优势和建立完善新型举国体制。

由此可见，习近平新时代中国特色社会主义经济思想与马克思主义政治经济学是一脉相承的，唯物史观是两者共同的方法论基础。

其次，唯物史观的基本原理也充分贯穿到了习近平新时代中国特色社会主义经济思想的主要内容和基本框架之中。

习近平总书记曾经指出：“我们党现阶段提出和实施的理论和路线方针政策，之所以正确，就是因为它们都是以我国现时代的社会存在为基础的。”①这集

① 习近平：《坚持历史唯物主义不断开辟当代中国马克思主义发展新境界》，《求是》2020年第1期。

中体现了唯物史观“社会存在决定社会意识的”基本原理。党的十八大以来，我国经济进入了新常态，社会主要矛盾发生了转变，解决发展不平衡不充分问题成为经济工作的主要方面，经济由高速增长向高质量发展转变。面对新问题和新情况，需要有新理念新举措，以创新、协调、绿色、开放、共享五大新发展理念为主要内容和基本框架的习近平新时代中国特色社会主义经济思想，遵循了唯物史观的方法论原则，为实现经济高质量发展提供了思想和理论武器。

习近平新时代中国特色社会主义经济思想以新发展理念为其逻辑框架，既反映了新发展阶段对发展观的深刻变革，也是对马克思主义唯物史观的遵循和贯彻，主要体现在：(1)坚持创新作为改革发展的动力之源，特别是将科技创新作为经济发展的新动能，强调创新驱动发展战略。这是对生产力在整个社会经济发展和制度变迁中的决定性作用的贯彻和肯定。(2)坚持协调发展作为调节社会生产关系的基本方法，注重科学有效处理政府与市场关系、公有制经济与非公有制经济的关系、城乡关系、区域关系、产业关系以及发展与安全的关系等，推动经济平衡发展。这是对事物是普遍联系的，事物及事物各要素相互影响、相互制约的唯物史观基本原理的运用。(3)坚持绿色发展理念，将绿色发展贯穿到经济社会发展的各个领域，推动绿色生产方式和生活方式变革，实现将生态优势转化为经济优势。这是对唯物史观强调人与自然是生命共同体的基本遵循，贯彻了马克思主义关于人与自然关系的思想。(4)坚持以人民为中心的发展思想，强调改革发展的一切成果应由人民共享，实现人们的美好生活。体现了对群众史观的基本遵循，对人民创造历史的地位和作用的深刻认识。(5)秉承开放理念，强调充分吸收人类社会的物质和文明成果，推动建设开放经济体系和构建人类命运共同体，将一国的发展纳入全球经济体系中加以考量，是对唯物史观中经济全球化发展趋势的深刻把握。

最后，习近平新时代中国特色社会主义经济思想的具体理论和基本方略恰恰是马克思主义政治经济学和科学社会主义基本原理在新时代的发展和应用。

基于唯物史观方法论基础研究资本主义经济关系及其演变趋势所形成的马克思主义政治经济学和科学社会主义基本原理，深刻揭示了资本主义经济运行规律、社会经济形态演变规律和人类社会发展规律。在当前中国经济处在新发展阶段，面临实现社会主义现代化的关键时期，习近平新时代中国特色社会主义经济思想将马克思主义政治经济学和科学社会主义基本原理运用于当代中国具体实际,形成有利于转变发展方式、优化经济结构、转换增长动能、建设现代化经济体系的具体理论和基本方略。这些理论和方略是建立在唯物史观方法论基础之上的马克思主义政治经济学和科学社会主义基本原理的具体运用。

以现代化经济体系为基本框架,这些理论和方略主要包括:(1)关于所有制关系的理论和方略。在马克思社会生产关系理论基础上,继续坚持和完善社会主义基本经济制度,坚持以公有制为主体、多种所有制经济共同发展的所有制,确保我国社会主义性质,同时又与我国社会主义初级阶段的基本国情相适应。(2)关于社会主义市场关系的理论和方略。结合我国生产力发展要求和现代化经济体系建设需要,强调继续坚持社会主义市场经济改革方向,加快完善产权制度和要素市场化配置为重点的社会主义市场经济体系,充分发挥市场在资源配置中的决定性作用,形成经济高质量发展的微观基础。(3)关于收入分配的理论和方略。在马克思关于生产与分配关系理论基础上,继续坚持和完善由所有制关系决定的,按劳分配为主体、多种分配方式并存的分配制度,在促进经济效率的同时,更加强调分配公平,逐步实现全体人民共同富裕的目标。(4)关于经济发展的理论和方略。基于中国经济发展进入新常态和新发展阶段的判断,提出深化供给侧结构性改革、推动经济高质量发展的理论和政策,坚持和完善"四化"同步发展和区域协调发展的战略,形成农地"三权分置"理论和制度。(5)关于对外经济关系的理论和方略。继续坚持全球化是经济发展的必然趋势,对外开放是经济发展的必然结果,实行高水平的对外开放,在"两个大局"背景下,形成以国内大循环为主体、国内国际双循环相互促进的新发展格局。(6)关于生态环境保护与经济发展之间关系的理论和方略。将生态与经济看作一个系统加以把握,注重协调经济发展与环境保护的关系,把生态环境保护作为经济发展的基本前提,提出保护生态就是保护生产力,"绿水青山就是金山银山"的生态理念。(7)关于经济体制的理论和方略。在发展社会主义市场经济中充分发挥政府和市场的双重作用,既要发挥市场在资源配置中的决定性作用,也要更好发挥政府作用,既要坚持社会主义市场经济体制,又要坚持集中力量办大事的制度,形成有效市场和有为政府的优势效应。

三、习近平新时代中国特色社会主义经济思想方法论基础与逻辑体系的关系

习近平新时代中国特色社会主义经济思想是由逻辑起点、逻辑主线、逻辑终点、逻辑保障和逻辑引领等各个逻辑要素组成的一个完整的逻辑体系。唯物史观不仅是探索逻辑起点的方法论基础,与以人民为中心的逻辑主线、人民美好生活的逻辑终点、基本经济制度的逻辑保障、党的领导的逻辑引领等也具有密切的联系。只有以唯物史观为方法论基础,才能构建起习近平新时代中国特色社会主义经济思想的整个逻辑体系。

首先,只有以唯物史观为方法论基础才能科学探索逻辑起点。

马克思运用唯物史观的方法找到了寻找政治经济学逻辑起点的一般方法。作为理论体系的出发点和起始范畴的简单的、抽象的范畴,同时又是从复杂的具体的现实要素中寻找得来的,必然带有一定的现实痕迹,反映不同时代和不同的历史发展阶段的特征。以《资本论》为主要载体的马克思主义政治经济学正是以资本主义市场经济社会中最为普遍存在,且最简单的“商品”作为分析的起点和出发点。同样地,建立公有制为主体基础上的社会主义市场经济,“商品”亦是最普遍、最大量的现象,也是相对基本和简单的范畴。因而遵循马克思主义政治经济学唯物史观的方法论基础,中国特色社会主义政治经济学的逻辑起点也应该是“商品”。同时,从唯物史观的角度来看,完整的分析过程应该先从具体和复杂的现实中抽象出简单的范畴,然后将抽象的规定在思维行程中导致具体的再现。探索习近平新时代中国特色社会主义经济思想的逻辑起点,必须建立在唯物史观的科学方法论基础之上,根据我国具体现实,抽象出能够反映中国特色社会主义经济制度、体现中国特色社会主义生产关系的一般要素和简单范畴。作为新时代中国特色社会主义政治经济学的最新成果,习近平新时代中国特色社会主义经济思想也根植于中国改革开放的大地上,因此,这一经济思想体系既具有改革开放以来形成的中国特色社会主义政治经济学的一般性,也具有党的十八大以来中国特色社会主义政治经济学新发展的特殊性。

为此,我们认为尽管依据马克思主义唯物史观的方法,“商品”是中国特色社

会主义政治经济学和习近平新时代中国特色社会主义经济思想的逻辑起点,但是,体现"商品"背后的特殊经济利益关系及其矛盾运动的展开却是商品这一普遍和简单元素的更深层次。所谓的经济利益是使用价值和价值的统一体,从"叙述起点"的维度来看,习近平新时代中国特色社会主义经济思想的逻辑起点是使用价值形态的特殊商品,这个商品是中国特色社会主义市场经济条件下的最普遍、最简单的范畴。从"研究起点"的维度来看,习近平新时代中国特色社会主义经济思想的逻辑起点是特色商品所负载的特殊价值关系,即特殊利益关系。这里就包含了生产关系的规定性,在我国现阶段就表现为不同所有制经济的利益关系、不同市场主体的利益关系、区域之间和城乡之间的利益关系等等。然而,从叙述和研究视角所概括出来的逻辑起点不是分离的,而是具有统一性,即在我国现阶段,存在着"公有商品""私有商品"以及"混合商品"等不同性质的"特殊商品"。虽然是简单抽象的范畴,但这本身包含着中国特色社会主义生产关系,反映着公有制经济与非公有制经济以及共同发展的所有制关系,即特殊的经济利益关系。

其次,只有以唯物史观为基础才能导出以人民为中心的逻辑主线。

唯物史观强调人民群众是实践的主体,是历史的创造者。马克思主义将人类历史的发展看作是一个自然的历史过程,是不以单个人的意志为转移的,是由无数个单个力的平行四边形的合力产生的整体结果。恩格斯曾经指出:"到目前为止的历史总是象一种自然过程一样地进行,而且实质上也是服从于同一运动规律的。但是各个人的意志,虽然都达不到自己的愿望,而是融合为一个总的平均数,一个总的合力。"①正是从唯物史观的这一原理出发,马克思主义政治经济学通过揭示资本主义经济关系的矛盾运动规律,认为资本主义社会在取得特定历史时期社会进步的同时,随着生产力的发展,建立在生产资料私有制基础上的资本主义生产关系将变成阻碍其发展的根本所在。资本主义社会中的少数资本家对广大劳动者的剥削是导致这一基本矛盾存在的关键环节,而私有制是其根源。只有打破资本对劳动的剥削,消灭私有制,让广大的劳动者获得解放,社会生产力才能够重新获得解放。而打破这一矛盾的根本途径就是作为劳动者的无

---

① 《马克思恩格斯选集》第4卷,人民出版社2012年版,第478页。

产阶级,他们将通过"剥夺剥夺者"的革命方式推翻资产阶级的统治,建立劳动者联合起来的生产资料社会所有制。马克思认为广大的无产阶级和劳动阶级是解决资本主义基本矛盾的主体,是打破资本主义发展桎梏的最主要动力,并且最终也会取得胜利。

在中国革命、建设和改革的实践过程中,党和国家高度重视人民群众在其中的重大作用,将唯物史观的这一原理作为党的理论创新和实践创新的重要出发点。革命时期,中国共产党将工农联盟作为革命的主体力量,走了农村包围城市的道路,建立新中国。接着又以广大的劳动者阶级为主体,开展社会主义改造,从而引导人民群众进行了轰轰烈烈的社会主义建设。随着对社会主义探索的不断深入,我们党意识到必须通过改革开放,解放和发展社会生产力,才能满足人民日益增长的物质文化需要。随着新时代社会主要矛盾的转化,以习近平同志为核心的党中央坚定遵循群众史观,坚持以人民为中心的发展思想,由全体人民共建共享发展成果。在经济上追求高质量发展目标,努力建设现代化经济体系,把群众对高质量产品、优美环境需要作为经济建设的重点和方向。在实践中积极实施供给侧结构性改革,落实生态文明建设新理念,不断推进民生保障和改善事业,推动社会治理体系建设,发挥广大人民群众的积极性。以人民为中心的发展思想是新时代群众史观的集中体现,也是对唯物史观的深刻诠释和现代拓展。只有将唯物史观作为党的创新理论的方法论基础,才能更好地坚持和落实以人民为中心的发展思想。

第三,只有以唯物史观为基础才能导出实现人们美好生活的逻辑终点。

唯物史观认为人类社会是不断向前发展的,历史发展规律总是表现为一个阶级推翻另一个阶级,共产主义将会通过无产阶级革命而取代资本主义,从而彻底消灭阶级对立,最终实现人的全面自由发展。资本主义社会作为人类社会发展中的现代形态,其取得的物质文化成果可谓是空前的,"资产阶级在它的不到一百年的阶级统治中所创造的生产力,比过去一切世代创造的全部生产力还要多,还要大"①。但是,资本主义所取得的成就并不能掩盖资本主义社会的基本矛盾,更不能取消社会历史发展的规律。马克思主义政治经济学正是从物质资

---

① 《马克思恩格斯文集》第2卷,人民出版社2009年版,第21页。

料生产出发，围绕剩余价值的生产、实现和分配，揭示和阐发了资本主义积累的一般规律，认为在资本主义基本矛盾的影响下，资本积累一方面会造成财富在少数资本家手里堆积，另一方面创造财富的劳动者不断贫困化。这种伴随劳动异化的贫富两极分化是资本主义发展的必然结果，而只有建立在生产资料公有制基础上的社会主义才能够打破两极分化的制度枷锁，最终实现全体人民共同富裕。唯物史观为这一目标的实现奠定了坚实的理论和思想基础，以唯物史观为基础建立的社会主义制度为实现这一目标创造了制度性条件。

中国共产党在建党百年的历程中，始终遵循唯物史观所揭示的科学社会主义原理，将消灭剥削压迫、实现社会公平正义和人的自由全面解放作为奋斗目标。革命和建设时期，中国共产党将推翻三座大山作为实现人民幸福的首要任务，同时通过消灭私有制实现生产资料全民所有制，确保了劳动者能够不受剥削，平等占有生产资料。改革开放后，通过调整生产关系，大大促进了生产力的发展，人民生活水平得到快速提高，同时注重保障和改善民生，让改革成果更多惠及到全体人民。党的十八大以来，习近平总书记发出“人民对美好生活的向往就是我们奋斗的目标”的号召，并且提出共享发展理念，强调发展的根本目的是为了增进民生福祉，实现人民的美好生活。党的十九大报告作出社会主要矛盾已经发生转化的论断，把满足人民对美好生活的需要作为新时代党的工作重心和最终目标。社会主要矛盾的转变意味着社会生产力和社会发展阶段在程度上迈进了新时代，但我国仍然是发展中国家，仍然处在社会主义初级阶段。中国共产党人追求的共产主义最高理想，只有在社会主义社会充分发展和高度发达的基础上才能实现。因而，我们要全面掌握历史唯物主义的世界观和方法论，深刻认识到实现共产主义不是一蹴而就的，是逐步实现阶段性目标的历史过程。

第四，只有以唯物史观为基础才能导出基本经济制度的逻辑保障。

唯物史观认为，同社会生产力发展的一定阶段相适应的生产关系的总和构成社会经济基础，而经济制度正是经济基础的集中体现。作为社会生产关系的总和，经济基础或经济制度正是政治经济学的研究对象，正如列宁所强调的：“马克思的主要著作《资本论》就是专门研究现代社会即资本主义社会的经济制度的。”①

① 《列宁全集》第2卷，人民出版社1995年版，第443页。

一方面，经济制度由物质生产力决定，“社会的物质生产力发展到一定阶段，便同它们一直在其中运行的现存生产关系或财产关系（这只是生产关系的法律用语）发生矛盾”①。这意味着有什么样的生产力水平，便要求有相应的经济制度与其相适应。与此同时，生产关系及其总和的经济制度又对社会生产力起着反作用，在一定时期甚至具有决定性的影响。另一方面，经济制度又决定着这一社会的政治制度、法律制度和人们的社会意识等上层建筑，“随着经济基础的变更，全部庞大的上层建筑也或慢或快地发生变革”②。作为经济制度的基础的生产关系，又由生产资料所有制关系、人们在生产中的地位和相互关系以及分配关系三个部分组成。生产关系的这三个组成部分形成一定社会的基本经济制度，作为其中最基本的、具有决定性作用的生产资料所有制关系是根本经济制度。

唯物史观的这一原理表明了经济制度特别是基本经济制度是维系社会生产关系结构和性质，反映社会生产力发展状况，又决定上层建筑变革方向的基础和保障。改革开放以来，为了适应生产力发展要求，我国对生产关系和基本经济制度进行了深刻变革，建立了“公有制为主体、多种所有制经济共同发展，按劳分配为主体、多种分配方式并存，社会主义市场经济体制等社会主义基本经济制度”③。这一基本经济制度把公有制经济和按劳分配为主体作为制度前提，遵循了科学社会主义基本原则，保障了社会主义经济性质；同时又允许多种所有制经济、多种分配方式和市场资源配置方式的存在，能确保与现有的生产力水平相适应，进而推动实现经济高质量发展。社会主义基本经济制度“既体现了社会主义制度优越性，又同我国社会主义初级阶段社会生产力发展水平相适应”④，这是中国共产党以唯物史观为原则，结合中国实际，创建的科学的制度保障。

第五，只有以唯物史观为基础才能导出坚持党的领导的逻辑引领。

唯物史观科学地揭示了在经济基础与上层建筑的辩证统一关系中，经济基

① 《马克思恩格斯选集》第2卷，人民出版社2012年版，第2—3页。

② 同上书，第3页。

③ 《中国共产党第十九届中央委员会第四次全体会议文件汇编》，人民出版社2019年版，第37—38页。

④ 同上书，第38页。

础的决定性作用和上层建筑的反作用关系。党的领导制度作为上层建筑，在革命和建设中起着巨大的作用。马克思主义经典作家历来重视无产阶级政党对革命的领导作用。马克思指出："无产阶级在反对有产阶级联合力量的斗争中，只有把自身组织成为与有产阶级建立的一切旧政党不同的、相对立的政党，才能作为一个阶级来行动。"①这不仅是唯物史观所揭示的基本原理，也是国际共产主义运动和各国革命实践所证明的历史结论。党的领导对于社会主义政权巩固和国家建设来说同样重要，列宁指出无产阶级政党领导国家政权的必然性，强调"党是直接执政的无产阶级先锋队，是领导者"②。新中国成立后，在一个积贫积弱的中国要建设社会主义，没有任何经验可以借鉴，这就需要由先进分子组成的中国共产党来领导无产阶级和广大人民群众。对此，毛泽东就曾经指出："党是无产阶级的先锋队和无产阶级组织的最高形式，他应该领导一切其他组织，如军队、政府与民众团体。"③邓小平更加明确指出："在中国这样的大国，要把几亿人口的思想和力量统一起来建设社会主义，没有一个由具有高度觉悟性、纪律性和自我牺牲精神的党员组成的能够真正代表和团结人民群众的党，没有这样一个党的统一领导，是不可能设想的。"④

经济基础与上层建筑的相互关系又体现为经济与政治的有机统一性，经济是政治的基础，政治是经济的集中表现。改革开放后，我国把工作重心重新转移到了经济建设上，坚持党对经济工作的领导，成为中国特色社会主义经济建设的基本原则。党对经济工作的集中统一领导，一方面能够确保我国经济朝着正确的方向发展，从而保证人民根本利益和社会发展的整体利益，另一方面能够发挥集中力量办大事的优势，积极应对各种风险和挑战，确保经济稳定发展。在党的领导下，我国找到了一条适合国情和发展阶段的中国特色社会主义经济建设道路，形成了行之有效的中国特色社会主义基本经济制度。与此同时，经济建设的实践也表明，这套基本经济制度只有在党的领导下才能够巩固，并将制度优势转化为治理效能。正如习近平总书记指出的，"我们是在中国共产党领导和

---

① 《马克思恩格斯选集》第2卷，人民出版社1995年版，第611页。

② 《列宁选集》第4卷，人民出版社1995年版，第423页。

③ 《中共中央文件选集》第13册，中共中央党校出版社1991年版，第427页。

④ 《邓小平文选》第2卷，人民出版社1994年版，第341页。

社会主义制度的大前提下发展市场经济，什么时候都不能忘了‘社会主义’这个定语”①，而“社会主义市场经济优越性在哪里？就在四个坚持。四个坚持集中表现在党的领导”②。由此可见，以唯物史观出发进行的经济理论创新与改革实践，必然需要党的领导起到引领作用。

总之，唯物史观遵循人民群众是实践主体、是历史创造者的群众观，遵循彻底消灭阶级对立、实现人的全面自由发展的发展观，遵循生产力与生产关系、经济基础与上层建筑之间对立统一的矛盾观，遵循无产阶级政党在社会主义革命和建设中发挥领导作用的政党观。这与习近平新时代中国特色社会主义经济思想坚持以人民为中心的发展思想，以实现人民美好生活为价值追求，以社会主义基本经济制度为发展保障，以党对经济工作的集中统一领导为最高引领是高度一致的。在新时代，只有坚持以唯物史观作为方法论基础，才能导出习近平新时代中国特色社会主义经济思想的全部逻辑要素，才能将这一完整的理论体系系统全面地阐述和勾勒出来。

（作者为复旦大学马克思主义学院副教授）

① 《习近平关于社会主义经济建设论述摘编》，中央文献出版社 2017 年版，第 64 页。

② 《邓小平年谱（1975—1997）》下卷，中央文献出版社 2004 年版，第 1363 页。

立党百年来中国共产党对民族精神的重塑研究

焦连志

中国共产党成立已届百年,中国共产党领导中国人民从根本上改写了近代中国落后挨打的屈辱命运,找到了以社会主义救中国的伟大道路,实现了从站起来到富起来,再到强起来的历史跨越,迎来了中华民族伟大复兴的光明前景。

从中华民族精神发展史的角度来看,中国共产党将马克思主义引入中国,为中华民族的民族精神注入了新的灵魂,并在领导中国革命、建设和改革的伟大实践中挺立了中华民族的民族精神,从根本上重塑了中华民族的民族精神,引领着中华民族走向伟大复兴。

一、 近代中国的国势衰颓与民族精神的衰败

中国是世界文明古国,五千年一脉相承的文明顽强绵延,创造了灿烂的古代文明,奠定了民族自信和文化自信的坚实底气。

近代中国逐步沦为了半殖民地半封建社会,曾经的"天朝上国"被"蛮夷之国"打翻在地,在强大而先进的西方资本主义制度面前一败涂地,"天朝上国"的傲慢自大心态开始在西方列强先进的技术、军事、经济等各方面的冲击下土崩瓦解。民族精神也在"三千年未有之大变局"中衰落到了空前的低谷,陷入"万马齐喑"之境地,被结结实实地扣上了"东亚病夫"的帽子。近代中国国势之衰颓与民族精神的衰败交织在一起,达到了一个无以复加的程度。

面对西方国家对中国一次次的侵略以及接踵而来的各种空前的屈辱和深重的苦难,中国的民族意识、民族精神逐渐觉醒。特别是甲午战败之后,泱泱大国败于"蕞尔小国",空前地激起了民族危机意识。如果说两次鸦片战争还只是惊醒了一小部分开明官僚和士绅,甲午战败则空前地激发了民族危机意识。如康有为所言:"吾国四千余年大梦之唤醒,实自甲午战败割台湾偿二百兆以后始也。"

接踵而来的瓜分狂潮更使中华民族各阶级阶层普遍产生了亡国灭种的危机感。

救亡中华民族，振兴中华民族成为二十世纪中国历史的主旋律，也在危机中振奋了中华民族自强不息、顽强抗争的民族意识和民族精神，成为中国人民战胜国内外一切侵略者和压迫者的重要精神动力。如孙中山后来评价义和团运动时曾说道："经过那次血战之后，外国人才知道中国还有民族思想，这种民族是不可消灭的。"强大的民族精神以及由此所支撑的中华民族不屈不挠的抗争是西方列强不能灭亡中国的根本原因。

二、 中国共产党成立以来对民族精神的塑造

中国共产党一百年来领导中国革命、建设和改革的伟大历史进程既是战胜前进道路上的一切艰难险阻、争取中华民族光明未来的伟大进程，也是中华民族精神力量的成长过程，不仅从国民心理上、从民族精神层面上彻底涤荡了近代以来自卑懦弱、堕落沉沦、麻木不仁等心理精神因素，振奋了中华民族爱国爱民、自强不息、坚强刚毅、奋斗牺牲的优秀民族精神品质，而且在精神价值和文化价值上植入了马克思主义的精神之魂和文化之魂，从根本上重塑了民族精神，也进一步筑牢了中华民族伟大复兴的精神大厦。

1. 中国共产党在领导革命时期对民族精神的重塑

伟大的"五四"运动是中国新旧民主主义革命的分水岭，"五四"运动之后马克思主义在中国的广泛传播及其与工人运动的结合最终诞生了中国共产党。旧的主义、旧的主张和道路，最终证明都无法救中国，中国只能走新的道路。"十月革命一声炮响，给我们送来了马克思列宁主义。十月革命帮助了全世界的也帮助了中国的先进分子，用无产阶级的宇宙观作为观察国家命运的工具，重新考虑自己的问题。走俄国人的路——这就是结论。"以马克思主义救中国，这是中国共产党给中国人民指明的一条新的道路，也是历史的选择、人民的选择。中国共产党高举了马克思主义的旗帜，以马克思主义为武器来观察和思考中国命运，有了马克思主义这一先进理论的指引，中国人在精神上"由被动转入主动"①，为中

① 《毛泽东选集》第4卷，人民出版社1991年版，第1516页。

国人民的革命斗争和党的最终奋斗目标指明了前进的方向。

在艰苦卓绝的革命斗争中，中国共产党人以对马克思主义无比忠贞的信仰，以感天动地的爱国主义精神、忘我无私的集体主义精神、可歌可泣的英雄主义精神，战胜了革命道路上的无数艰难险阻，以巨大的付出和牺牲赢得了新民主主义革命的伟大胜利，战胜了国内外的各种敌人，迎来了新中国的诞生，谱写了中华民族解放史上最光荣的一页。在这一过程中，涌现了无数的英雄模范人物，在他们身上集中体现着中国共产党领导中国人民光荣革命的伟大精神品质，并汇聚形成了井冈山精神、长征精神、延安精神、抗战精神、西柏坡精神等，为中华民族的民族精神注入了新的内涵和特质，极大地改变了中国人民的精神面貌。毛泽东在《论反对日本帝国主义的策略》一文中这样讲："中华民族有同自己的敌人血战到底的气概，有在自力更生基础上光复旧物的决心，有自立于世界民族之林的能力！"中国共产党领导中国人民在光荣而伟大的革命斗争中所形成的伟大精神极大地振奋了中国人民的精神，让中华民族的民族精神浴火重生，凤凰涅槃，让中华民族在民族精神层面上达到了一个新的高度。

2. 中国共产党在社会主义建设时期对民族精神的重塑

新中国的诞生揭开了中国历史的新篇章，彻底结束了旧中国积贫积弱、一盘散沙、备受屈辱的状态，一个曾经创造了灿烂辉煌的文明的古老民族在经历了一个多世纪的衰败以及因此遭遇了诸多的苦难之后，终于涅槃重生。毛泽东在天安门城楼上喊出了中华民族20世纪的最强音——"中国人民从此站立起来了"，彻底宣告了一个旧时代的结束，一个新时代的来临。新中国诞生后，面对旧中国留下的满目疮痍的烂摊子，面对西方的敌视、孤立和封锁，毛泽东在全国政协第一届全体会议上豪迈地说："我们有一个共同的感觉，这就是我们的工作将写在人类的历史上，它将表明：占人类总数四分之一的中国人从此站立起来了。……中国人民的不屈不挠的努力必将稳步地达到自己的目的。"党领导中国人民在马克思主义的指导下，将马克思主义与中国建设实际相结合，开启了伟大的社会主义革命和建设的新征程。

抗美援朝战争的胜利，极大地提高了新中国的国际地位，也极大地提振了中国人民建设新国家的热情和信心。社会主义改造基本上奠定了社会主义各方面的制度基础，推动了中国历史上最伟大和最深刻的社会变革，为中国大规模的社会主义现代化建设创造了制度条件。中国的工业化和现代化进程在苏联的援助下起步,中国人民以"敢教日月换新天"的豪迈魄力、以"六亿神州尽舜尧"的精神风貌,以建设新国家的极大热情,全面投入到了社会主义现代化建设的伟大事业之中,在很短的时间里面就建立了比较独立和完整的工业体系和国民经济体系,在工业、农业、国防和科学技术等各个领域都取得了突飞猛进的发展,取得了"当惊世界殊"的巨大发展成就。并在这一同国家贫困落后面貌作斗争的伟大实践中形成了新中国的铁人精神、雷锋精神、焦裕禄精神、"两弹一星"精神等,这些精神成为带有鲜明时代印记的中国精神符号,构筑了那个红色年代新中国的精神家园,也将中国精神拓展和升华到一个崭新的高度,成为那个时代鼓舞和激励人心的强大精神力量。

3. 中国共产党改革开放新时期对民族精神的重塑

改革开放是决定当代中国命运的关键抉择。社会主义改革特别是经济体制改革在社会主义运动史上是一项全新的事业,需要在马克思主义的指导下,从中国社会主义建设实际和世界发展大势出发,大胆进行改革突破,需要敢"闯"敢"冒"的精神,最终突破了传统的将计划与市场视为两种社会制度本质区别的局限性认识,逐步确立了社会主义市场经济体制改革的方向。在经济体制改革的同时,国家各个方面的体制改革也伴随着经济体制改革而不断推进,社会主义制度日益健全和完善,社会主义制度重新焕发了生机和活力,社会主义现代化建设也取得了巨大的发展成就,使中国在短短几十年的时间里,取得了其他国家需要几个世纪才能取得的发展成就,对人类发展和进步事业作出了巨大的贡献。

在改革开放的新实践中,党和人民"敢"字当头、"冒"字当头,在改革实践中大胆突破前人,锐意改革创新,在"摸着石头过河"的实践探索中,逐渐克服了旧体制、旧观念的束缚,也走出了传统社会主义建设模式,逐步找到了以社会主义市场经济体制改革为中心的全面改革开放的新道路,从而实现了马克思主义与中国建设实际相结合的第二次历史性飞跃,开辟了中国特色社会主义发展道路。在这一过程中,党领导人民的探索精神、创新精神、实事求是精神在改革开放的具体实践中逐步形成了小岗村精神、深圳精神、载人航天精神等,同样也涌现了体现这些精神的一大批英雄模范人物,鼓舞和激励着党和人民在改革开放的新实践中锐意探索,不断前行。这些精神最终汇聚成了以改革创新为核心的与时俱进、开拓创新、求真务实、奋勇争先的时代精神，这一时代精神为中国精神注入了新的内涵，将中华民族的民族精神提升到了一个新的高度，极大地丰富和发展了改革开放新时期的民族精神。

4. 新时代中国共产党对民族精神的重塑

经过党和人民的不懈努力，中国特色社会主义已经步入了新时代，经济总量跃居世界前列，国家综合国力显著提高，人民生活总体上实现了从温饱到小康的历史性跨越，正在实现第一个一百年奋斗目标的基础上，向实现第二个一百年奋斗目标而奋斗。中华民族伟大复兴不仅体现在综合国力的发展、科技水平提升以及军事力量等的提升，同时也体现为中华民族民族精神在新时代的伟大复兴。中华民族民族精神的伟大复兴是中华民族伟大复兴的重要体现，也是实现中华民族伟大复兴所要追求的重要目标，只有实现了中华民族民族精神的伟大复兴，也才能更好地和更持久地支撑中华民族伟大复兴，如习近平总书记所指出的："我们要建设的社会主义现代化强国，不仅要在物质上强，更要在精神上强。精神上强，才是更持久、更深沉、更有力量的。"①只有实现了精神上复兴的伟大民族，才能真正算得上实现了民族复兴的伟大目标。

在中华民族奋力实现民族伟大复兴的新征程中，中国发展的国际国内环境发生了重大的变化，中国和西方力量的对比正在发生着显著的变化，蓬勃发展中的中国不仅使20世纪陷入低潮的社会主义运动步出低谷，而且引领了社会主义运动在21世纪的复兴，中国也正日益走近世界舞台的中心，以其日益增长的综合国力和世界影响力对世界发展做出越来越大的贡献。党的十九大报告指出，今天，我们比历史上任何时期都更接近、更有信心和能力实现中华民族伟大复兴的目标。但中华民族伟大复兴，绝不是轻轻松松、敲锣打鼓就能实现的。在新时代，我们仍然面临着许多新的时代挑战，党要领导人民进行许多带有新的历史特点的伟大斗争，伟大的斗争需要伟大的精神的支撑，在伟大的斗争中也一定会酝酿伟大的精神。在新时代社会主义建设的实践中，同样也涌现出了"不忘初心为民造福的好干部"廖俊波、"新时代海归报国的楷模"黄大年、"默默奉献为国铸

① 《民族精神：中华民族奋勇前行的不竭动力》，载求是网 http://www.qstheory.cn/dukan/qs/2020-05/15/c_1125987787.htm，2020年5月15日。

剑的核潜艇之父”黄旭华等一大批英雄模范人物，塑造了新时代的爱国精神、奉献精神、劳模精神等等，这些精神必将激励着中国人民不懈奋斗，继续推进党和人民的伟大事业。

三、 中国共产党重塑民族精神的意义

1. 传承了爱国主义为核心的民族精神，赓续了爱党爱国爱社会主义相统一的爱国主义精神

爱国主义是中华民族民族精神的核心，是中华民族五千年来维系国家统一、民族团结的重要精神纽带，也是中华民族最厚重的民族精神基因。在中华民族每一次面临重大灾难和危机的时候，以爱国主义为核心的民族精神是激励中华民族战胜一切困难和挑战，赢得光明未来的重要精神武器。爱国主义是一种对国家对民族的深厚情感，尽管时代不同，但这种对国家对民族的深厚情感是不变的；但是爱国主义又是一个历史范畴，在不同的时代，爱国主义也往往打上了阶级和时代的烙印，也具有不同的内容和形式。中国共产党传承了中华民族最优秀的文化基因，在领导人民光荣奋斗的伟大历史进程中，不断丰富和发展了爱国主义的民族精神，并在爱国主义的伟大精神旗帜之下，带领人民走上了社会主义道路，在最深刻的社会变革的基础上实现了最广泛的社会团结，在社会主义道路的基础上开拓了建设社会主义现代化强国的伟大道路。中国共产党所奋斗的一切，都是为了人民，人民就是江山，江山就是人民，离开了党的领导，就没有人民的地位，就没有中国现代化建设的伟大成就，因此，在当代中国，爱党爱国爱社会主义是完全统一的，这为爱国主义注入了新的内容，必将支撑着中华民族在党的领导下，为实现社会主义现代化和民族复兴的伟大目标而不懈奋斗。

2. 将民族精神打上了马克思主义的鲜亮底色，为民族精神注入了新的灵魂

马克思主义虽然诞生于西方，但马克思主义是人类文明的结晶，它体现了对人类社会发展规律的深刻洞察，是指引世界各民族各国家走向解放，最终实现人类解放的伟大理论。自从马克思主义被引介到中国，就立刻被中国先进知识分子用来作为思考国家前途和命运的理论，马克思主义理论和工人运动的结合，促成了改变中国历史的“大事变”，迎来了中国共产党的诞生。中国共产党以马克

思主义为自己的指导思想，将马克思主义写在了自己的旗帜上，将这一最先进的理论作为指引中国人民团结奋斗，振奋中国人民的精神，带领人民走向解放的重要指南。在波澜壮阔的革命斗争中，在如火如荼的社会主义建设年代，在改革开放的新实践以及新时代社会主义现代化建设的新实践中，不断发挥着马克思主义理论对实践的重要指导作用，并在伟大的实践中不断丰富发展了马克思主义，也在新时代的伟大实践中丰富了新时代的民族精神，在不同的历史时期都塑造了带有时代内容和时代印记的伟大精神，这些精神都进一步丰富了民族精神，也发展了民族精神，让在20世纪陷入低谷的民族精神浴火重生，在面临中国文化本位还是全盘西化的争论抉择之下，指明了中国文化和中国精神的马克思主义发展方向，并为民族精神打上了马克思主义的鲜亮底色，为民族精神注入了新的灵魂。

3. 赋予民族精神以伟大使命，成为实现中华民族伟大复兴的精神支撑

数千年来中国能够战胜前进道路上的一切困难，靠的就是中华民族伟大的民族精神。总结历史，展望中华民族伟大复兴的光明未来，习近平深情地总结道："经过几千年的沧桑岁月，把我国56个民族、13亿多人紧紧凝聚在一起的，是我们共同经历的非凡奋斗，是我们共同创造的美好家园，是我们共同培育的民族精神。"中国共产党领导中国人民接力奋斗所赓续的伟大事业，所续写的气贯长虹的壮丽史诗，所依赖的正是伟大的民族精神。作为中华民族优秀传统文化的继承者，中国共产党人也继承了以爱国主义精神为核心的中华民族的伟大民族精神，并在中国革命、建设和改革的伟大实践中，不断丰富和发展了中华民族的民族精神。2018年，习近平用"伟大创造精神、伟大奋斗精神、伟大团结精神、伟大梦想精神"深刻阐释了中华民族精神的内涵。民族精神是一个民族生命力和凝聚力的重要体现，也是支撑民族奋斗前行的强大精神支撑。当代中国正走在建设社会主义现代化强国的康庄大道上，每一个中国人都要胸怀中华民族伟大复兴的远大梦想，在百年未有之大变局中深刻把握民族精神在新时代的伟大奋斗、伟大斗争中的历史作用。实现伟大的梦想，必须要有伟大的精神，实现中华民族伟大复兴的中国梦，必须要弘扬民族精神，在新时代，我们党赋予民族精神以新的伟大使命，就是要成为实现中华民族伟大复兴的精神支撑，为中华民族伟大复兴中国梦的实现贡献精神力量。

4. 秉持人类命运共同体理念，拓展了中华民族民族精神的世界视野

中国共产党诞生以后，中国共产党领导人民通过浴血奋斗，终于彻底结束了屈辱的近代史，并带领人民在社会主义道路上展开了伟大的奋斗。新中国的成立不仅让中国人民从此在政治上站立起来，而且也在精神上真正站立起来，中华民族的精神在社会主义道路下日益焕发出新的生机和活力。经过党带领人民一百年来的不懈奋斗，中国社会主义现代化建设已经取得了举世瞩目的发展成就，中国从国将不国到再一次走向世界舞台的中心，中国不断增长的综合国力，中国在经济、科技、国防、教育等系列领域取得的巨大成就振奋了中国人民的信心，中国发展的外溢效应也体现在进一步激发了中国人民的民族自豪感，中国人民也越来越对自己的国家有信心，也越来越相信中国能够对人类作出自己的贡献。早在20世纪50年代，毛泽东就豪迈地提出："中国应当对于人类有较大的贡献。"中国提出的构建人类命运共同体的理念就延续了毛泽东等老一辈革命家的理想，体现了中华民族精神中睦邻亲邻、协和万邦、兼善天下的精神传承。日益强起来的中国将会自觉肩负自身的历史使命，在努力解决好自身发展课题的同时，更好地肩负起对人类的责任，为人类发展作出更大的贡献。站在新时代的坐标上，我们可以看到，日益强大的中国也从精神上重塑着中国人看待自己国家、看待世界的态度，在很大程度上拓展了中华民族民族精神的世界视野，也进一步提升了新时代中华民族的民族自信心。

四、结　语

中国共产党领导中国人民历经革命、建设和改革的历史既是一部争取民族独立和解放、国家富强和人民富裕的光荣奋斗史，也是中华民族精神在伟大实践中浴火重生的伟大精神成长史，体现着中华民族精神力量的成长。民族精神的成长是民族发展的精神血脉、是民族复兴的伟大标识，它为国家崛起鼓劲，为民族复兴铸魂，这既是一个古老民族摆脱近代百年苦难的历程，也是一个民族精神意志的奋发昂扬的过程，是中华民族精神力量的成长，成为中华民族伟大复兴的精神之基。

殷忧启圣，多难兴邦。"中国人是讲精神、尚精神的人，中国是重精神、守精

神的国度,中华民族是写精神、传精神的民族。……正缘于此,在中国精神的支撑下,中华文化才绵延不绝,中华文明才灿烂辉煌,中华民族才能够巍然屹立于世界民族之林。"①精神的传承是中华文化传承的筋骨血脉,是中华文化活生生的精气神的绵延,也是塑造中华魂、民族魄的中轴和根本,是凝聚和团结中华民族战胜一切艰难险阻,书写民族奋斗史诗的精神支撑。在新时代我们要进一步传承民族精神,让新时代的民族精神成为鼓荡中华民族前进的风帆的号角,支撑着中华民族继往开来,不断前行。

(作者为上海电力大学马克思主义学院教授)

① 宇文利:《弘扬新时代伟大抗疫精神》,《中国青年报》2020年6月1日。

自我革命：百年大党永葆生机活力的内在基因密码

刘　芳

在世界政党史上，像中国共产党这样走过百年历程、在最大的社会主义国家执政70多年、拥有9 100多万党员的世界上最大的马克思主义执政党，至今依然生机勃勃、风华正茂，可以说是史无前例、绝无仅有的。其中一个根本的原因就是，始终保持马克思主义革命党的政治本色，根据党在不同历史时期担负历史使命和党的自身建设形势的变化，以高度的理论自觉、政治自觉、思想自觉、行动自觉不断地对党自身进行着革命性锻造，也就是在于始终能够在坚守"初心使命"中勇于自我革命，这无疑是中国共产党强大生命力的内在精神密码。时逢党的百年华诞，认真总结我党自我革命的历史经验，潜心探索新时代自我革命的特点规律，深入推进党的伟大自我革命，对于立足新发展阶段，贯彻新发展理念，构建新发展格局，推进高质量发展，有着极其重要的意义。

一、 自我革命的本质是主体在主动意义上和自觉意义上的自我扬弃、自我反思、自我超越

回望百年历史，中国共产党成立之初作为一支非常弱小的政治力量，之所以能够在各种政治力量的反复较量中脱颖而出，始终走在时代前列、成为中国人民和中华民族的主心骨，根本原因就在于我们党始终发扬了自我革命精神，保持了勇于承认并改正错误的锐气，一次次拿起手术刀来革除自身病症，一次次靠自己解决了自身问题。与此形成鲜明对照的是，在世界政党政治史上，不少大党老党曾经显赫一时，但随着历史的发展，却逐步黯淡失色，甚至销声匿迹，最终被历史淘汰。其根本原因就在于没有自我革命的自觉和勇气，陷入了"革他人命容易、革自己命难"的历史困境。正如恩格斯曾经说过的，除了无产阶级政党具有这种

政治自觉外,“哪里还有另外一个政党敢于这样做呢!”①

马克思主义认为,自我革命是自我否定、自我反思、自我超越的一种积极的、主动的革命性行为。从哲学意义上讲,自我革命的深层本质是“主体在主动意义上和自觉意义上的自我扬弃,即事物发展过程中的‘否定之否定’”②。中国共产党的自我革命是“革自己的命”,其本质是重塑自己的现代性和提升执政的合法性。即通过自身的不断革命,不仅能够避免“被革命”,更为重要的是卓有成效地强化了中国共产党的领导力量,确保党始终成为中国特色社会主义事业的坚强领导核心。

勇于自我革命是马克思主义政党固有的政治基因和鲜明品格,是党的自身建设和发展的内在要求。马克思和恩格斯在《共产主义者同盟中央委员会告同盟书》中就写道,无产阶级政党要“不间断地进行革命”③。马克思就曾明确指出,无产阶级革命与其他革命不同之处,就在于“经常自己批判自己”④。他们进一步指出,革命之所以必需,不仅是因为没有任何其他的办法能推翻统治阶级,而且还因为推翻统治阶级的那个阶级(无产阶级——引者注),只有在革命中才能抛掉自己身上一切陈旧的肮脏的东西,才能成为社会的新基础。列宁高度认同马克思主义政党自由的党内批评,认为这是马克思主义政党科学对待自己的重要原则,并将其切实贯彻到革命和建设实践中去。

中国共产党把马克思主义自我批判的鲜明政治品格运用到中国革命、建设和改革的实践中,始终做到坚持真理、修正错误、勇往直前。新民主主义革命时期,毛泽东就在党内强调,我们党“必须有‘承认错误并且改正错误’的这样一条原则”⑤,而“批评与自我批评”就是我们党一贯倡导的党的三大优良作风之一。改革开放初期,党中央在《关于建国以来党的若干历史问题的决议》中强调,“我们党敢于正视和纠正自己的错误,有决心有能力防止重犯过去那样严重的错误”。进入新时代,习近平指出:“我们党对自己包括领袖人物的失误和错误历来

① 《马克思恩格斯选集》第4卷,人民出版社1995年版,第706页。

② 曲青山:《曲青山党史论集》下卷,中国人民大学出版社2017年版,第1031页。

③ 《马克思恩格斯选集》第1卷,人民出版社1995年版,第368页。

④ 同上书,第588页。

⑤ 《毛泽东文集》第3卷,人民出版社1996年版,第361页。

采取郑重的态度,一是敢于承认,二是正确分析,三是坚决纠正,从而使失误和错误连同党的成功经验一起成为宝贵的历史教材。”①

在波澜壮阔的百年历史征程中,中国共产党紧紧依靠人民,创造了令人刮目相看的人间奇迹,取得了举世瞩目、彪炳史册的辉煌业绩,实现了中华民族的百年夙愿,已然屹立于世界民族之林,日益走近世界舞台中央。但在不同的历史阶段,面对不同的矛盾和使命任务,不可避免地要对存在的这样或那样的问题进行刀刃向内的自我革命,与时俱进地解决自身存在的突出问题。比如,1939 年 10 月,毛泽东在《〈共产党人〉发刊词》中首次提出党的建设是一项“伟大的工程”②。1942 年的延安整风运动,使全党达到了空前的团结,为抗日战争和全国革命的胜利奠定了坚实的思想基础。毛泽东曾在党的“七千人大会”上说:“处在这样一个时代,我们必须准备进行同过去时代的斗争形式有着许多不同特点的伟大的斗争。”③又如,在新中国成立后,就面临着党员干部被拉拢腐蚀的危险而进行反腐斗争;改革开放之初,针对“两个凡是”的错误思想,在全党全国开展轰轰烈烈的真理标准讨论,等等。这些都是党不断进行自我革命的生动体现和伟大成果。

新的历史条件下,针对党依然面临着极大的风险与挑战,“四大考验”、“四种危险”始终存在的现实状况,习近平强调指出,必须“坚持问题导向,以自我革命的政治勇气,着力解决党内存在的各种问题”④。党的十八大以来,以习近平同志为核心的党中央以巨大的政治勇气和雷霆万钧之势开启了新一轮自我革命。比如,实施八项规定转变作风、全面规范党内政治生活、坚决查处一系列重大腐败案件,扎紧制度笼子加强党内监督、深入开展党的群众路线教育实践活动和“两学一做”学习教育,以及 2019 年在全党广泛深入开展的“不忘初心、牢记使命”主题教育,都是在新的历史条件下继续进行的自我革命。正是靠着伟大的自我革命,我们党实现了又一次“凤凰涅槃”,实现了党心军心民心的空前凝聚,开创了中国特色社会主义新局面。也正是由于在近百年的不懈奋斗中铸就了自我

---

① 习近平:《论中国共产党历史》,中央文献出版社 2021 年版,第 57 页。

② 《毛泽东选集》第 2 卷,人民出版社 1991 年版,第 602 页。

③ 《建国以来毛泽东文稿》第 10 册,中央文献出版社 1996 年版,第 32 页。

④ 习近平:《在学习〈胡锦涛文选〉报告会上的讲话》,《人民日报》2016 年 9 月 30 日。

革命的实践品格，我们党才从不讳疾忌医，勇于解剖自己，产生了极强的纠错机能和修复机制，形成了非常强大的自我修复能力。可见，一部中国共产党历史，既是我们党通过自我革命坚持真理、修正错误的历史，也是在伟大社会革命中不断推进自我革命，实现自我净化、自我升华的历史。在这个意义上说，勇于自我革命是我们党发展壮大、长盛不衰的内在动力，也是党领导革命、建设和改革的根本经验，更是我们党永葆生机活力、始终走在时代前列的重要法宝。

二、中国共产党始终勇于自我革命的客观必然性和现实可能性

自我革命体现了我们党持之以恒、始终如一解决自身存在问题的思想定力、政治定力和战略定力，反映了党对新时代要建设一个什么样的执政党的清醒认识，也诠释了我们党勇于并善于进行伟大自我革命的内在基因和政治品格。无论从理论还是从实践来看，这一自我革命都有其客观必然性和现实可能性，且已经成为我们党自身建设的一个核心元素和行动自觉。

首先，自我革命是马克思主义政党的本质要求。党的革命性是无产阶级实现自身解放和解放全人类的根本特征和属性。马克思曾经指出，“经常自己批判自己”是无产阶级革命与其他任何革命不同的地方。恩格斯认为：“伟大的阶级，正如伟大的民族一样，无论从哪方面学习都不如从自己所犯错误的后果中学习来得快”①；“这种无情的自我批评引起了敌人极大的惊愕，并使他们产生这样一种感觉：一个能够这样做的党该具有多么大的内在力量啊！”②在马克思、恩格斯看来，自我批判性是无产阶级政党的必备品质和政治品格，同时又给予无产阶级政党无所畏惧的勇气和力量。列宁明确指出：“共产党人的责任不是隐讳自己运动中的弱点，而是公开地批评这些弱点，以便迅速而彻底地克服它们。”③为此，列宁还提出了党内思想交流的重大原则，即批评自由与行动一致，并将其切实贯彻到苏维埃政权的建设过程之中。马克思主义经典作家这些论述明确告诉我

① 《马克思恩格斯选集》第4卷，人民出版社1995年版，第432页。

② 同上书，第706页。

③ 《列宁选集》第4卷，人民出版社1995年版，第235页。

们,无产阶级只有在伟大社会革命中不断“革自己的命”,才能实现解放自己、最终解放全人类的历史使命。可见,党的自我革命不是一时一地之事,也不是一蹴而就之功,而是始终伴随着党的使命和事业,随着时代和历史任务的变化而不断推向深入。

党成立百年、全国执政70多年来,如何保持革命精神,开创未来,是我们党在不同历史时期始终重视并着力解决的一个重大课题。1949年3月,在中国革命胜利前夕,面对进城这一新的“大考”,毛泽东在党的七届二中全会上提出“两个务必”,指出“中国的革命是伟大的,但革命以后的路程更长,工作更伟大,更艰苦”①,要求全党继续保持和发扬革命精神。十一届三中全会以后,面对把工作重点转移到社会主义现代化建设上来的艰巨任务,邓小平要求广大党员干部“发扬革命和拼命精神”,强调“革命精神是非常宝贵的,没有革命精神就没有革命行动”②。

党的十八大以来,以习近平同志为核心的党中央,认真总结党的历史经验,立足当下面临的实际情况,紧密结合新的使命任务,深入思考马克思主义政党建设中的这一根本性问题,对党的自我革命做出了一系列新论断、新部署。2017年2月,习近平在省部级主要领导干部学习贯彻十八届六中全会精神专题研讨班开班式上指出,要做到兴党强党,就必须以勇于自我革命精神打造和锤炼自己。只有努力在革故鼎新、守正出新中实现自身跨越,才能不断给党和人民事业注入生机活力。这就明确我党的自我革命,就是旨在清除一切损害和销蚀党的先进性和纯洁性的因素,清除一切侵蚀党的健全肌体的病毒,以此不断增强党的政治领导力、思想引领力、群众组织力、社会号召力,永葆党的旺盛生命力和强大战斗力。

其次,自我革命是我们党的性质和根本宗旨的内在诉求。中国共产党人的初心和使命,就是为中国人民谋幸福,为中华民族谋复兴。党的自我革命的目标就是不断增强党的自我净化能力,解决一党长期执政下自我监督这一世界性难题,通过行动回答“窑洞之问”,跳出“其兴也勃焉,其亡也忽焉”的历史周期律,确保不管历史条件怎么变化,党的性质和宗旨永不改变。

---

① 《毛泽东选集》第4卷,人民出版社1991年版,第1438页。

② 《邓小平文选》第2卷,人民出版社1994年版,第146页。

我们党之所以与生俱来就有自我革命的勇气，是由党的无产阶级政党性质和根本宗旨决定的。因为我们党除了国家、民族、人民的利益，没有任何自己的特殊利益。马克思认为，“在无产阶级和资产阶级的斗争所经历的各个发展阶段上，共产党人始终代表整个运动的利益”，“他们没有任何同整个无产阶级的利益不同的利益”，而是要“为绝大多数人谋利益”①，实现“环球同此凉热”的历史重任，为建设共产主义社会而奋斗终生。《中国共产党章程》规定：中国共产党除了工人阶级和最广大人民群众的利益，没有自己特殊的利益。百年来，不论时代条件、形势任务、内外环境等发生怎样的变化，我们党坚持全心全意为人民服务的根本宗旨始终没有变，而是一以贯之并不断赋予其新的时代内涵，在为实现最高理想的奋斗实践中不断得以升华。党的十八大以来，习近平总书记多次强调“我们的党是全心全意为人民服务的政党”，并郑重承诺“人民对美好生活的向往，就是我们的奋斗目标”。这既是以习近平同志为核心的党中央对政党宗旨、执政目标、执政理念高度统一的铿锵誓言和时代宣示，又是我们党能够做到勇于自我革命的根本缘由和必然逻辑。正如习近平指出的：“我们党之所以有自我革命的勇气，是因为我们党除了国家、民族、人民的利益，没有任何自己的特殊利益。不谋私利才能谋根本、谋大利，才能从党的性质和根本宗旨出发，从人民根本利益出发，检视自己；才能不掩饰缺点、不回避问题、不文过饰非，有缺点克服缺点，有问题解决问题，有错误承认并纠正错误。”②也正是因为没有自己的私利私心，我们可以自豪地说，只有中国共产党才有这种勇于自我革命的资格、自信和深厚底气。

复次，自我革命是由党所具有的内在的革命性基因决定的。我们党作为长期执政党，创造出“地球上最大的政治奇迹”足令当今世界刮目相看，为什么还要强调自我革命？这是由我们党所坚持的马克思主义辩证法决定的，亦即中国共产党具有的革命性基因决定的。唯物辩证法认为，任何事物都包含着肯定和否定两个方面，辩证的否定是事物从自身中发展出来的否定，即此事物通过其内在矛盾而达到对自身的否定，事物正是通过这种自我否定而是实现“自己运动”③

① 《马克思恩格斯选集》第1卷，人民出版社1995年版，第285、283页。

② 《习近平在省部级主要领导干部学习贯彻十八届六中全会精神专题研讨班开班式上发表重要讲话》，《人民日报》2017年2月14日。

③ 《马克思恩格斯选集》第4卷，人民出版社1995年版，第243页。

（马克思语）、自我发展的。正如马克思所说："辩证法在对现存事物的肯定的理解中同时包含对现存事物的否定的理解……辩证法不崇拜任何东西，按其本质来说，它是批判的革命的。"①我们党自产生以来就具有这种革命性基因，因革命而生、为革命而兴，勇于自我否定、自我革命，不断实现自我完善、自我提高。因为我们党作为马克思主义政党，从诞生那天起就把马克思主义作为指导思想镌刻在自己的旗帜上。而马克思主义的一个重要特征就是批判性和革命性，在否定之否定中不断提升，在不断革命中砥砺前进，在辩证扬弃中实现发展壮大。自我革命的实质是党的自我扬弃和辩证否定，既是一种实践行动，也蕴含着丰富的精神内涵和品格，是政治勇气、创新精神和崇高追求的统一。这些精神品格在不同层面展现了自我革命的内容和特质，使党正是通过自身这种自我否定式"自我革命"来激浊扬清，革除积弊，健全肌体，进而不断实现自我净化、自我壮大、自我超越。正如习近平所指出的："勇于自我革命，是我们党最鲜明的品格，也是我们党最大的优势。"②

三、 新时代深入推进党的自我革命的基本蹊径

党的十九大明确把"勇于自我革命"作为党的建设新的目标要求。2019 年 6 月 24 日习近平总书记主持中共中央政治局第 15 次集体学习时又振聋发聩地指出，"越是长期执政，越不能忘记党的初心使命，越不能丧失勇于自我革命精神"，强调全党要"牢记初心使命，把党的自我革命推向深入"。这既标志着党对自身建设规律的历史性把握，也彰显着我们党把执政党先进性建设落实到全面建设社会主义现代化国家的实践性提升。因此，自觉适应新时代自我革命的特点规律，发扬我党在革命建设和改革中一以贯之的自我革命精神，深入推进党的伟大自我革命，确保党的伟大事业不断取得新胜利，就成为新时代党的自身建设的一项极其重要的任务。

第一，在初心使命的引领中保持自我革命的正确方向。党的初心使命既鲜

① 《马克思恩格斯选集》第 2 卷，人民出版社 1995 年版，第 112 页。

② 《习近平在省部级主要领导干部学习贯彻十八届六中全会精神专题研讨班开班式上发表重要讲话》，《人民日报》2017 年 2 月 14 日。

明昭示着人民立场和价值本位，也郑重宣示了自我革命的根本目的。党的自我革命就是要坚守人民利益至上和“以人民为中心”发展思想，这就内在规定着自我革命的唯一正确方向。我党一经诞生，就把实现共产主义作为最高理想，自觉地担负起实现中华民族伟大复兴的历史使命。党对这一伟大历史使命的自觉担当，生动体现了其始终在伟大理想指引下砥砺前行、锻造自己的恒心和毅力，这种与使命担当强烈呼应的自我革命的价值坚守与追求，在党栉风沐雨的百年发展历程中得到充分彰显，这也是集中标示着党进行自我革命始终坚持的正确方向。

性质宗旨、理想信念、奋斗目标就是党的初心，也是党员宣誓入党时应具备的初心。使命是初心的具体化、行动化。我们所恪守的“初心”，涵盖和统摄着践行宗旨的忠诚之心、对理想信念的坚定之心、对奋斗目标的执着之心、对历史和人民的敬畏之心，以及忧党忧国忧民的忧患之心和为人民谋福祉的责任之心。当今世界正经历“百年未有之大变局”，国内外形势正在发生深刻复杂变化，来自各方面的风险挑战前所未有，更加鞭策激励我们党必须永远坚守初心，不辱使命。与此同时，从坚守自我革命方向视角看，坚守初心还要对精神懈怠、能力不足、脱离群众、消极腐败等多重危险怀有警惕之心，对走僵化封闭老路和改旗易帜邪路的怀有戒备之心，对国内外各种风险挑战怀有预警之心。这样，才能防止自我革命以自我利益为中心，而是始终坚持以人民利益为中心，把人民放在心中最高位置。也只有这样，我们党才能长期执政，国家才能长治久安，人民才能生活幸福。为此，习近平强调指出：“党的初心和使命是党的性质宗旨、理想信念、奋斗目标的集中体现，越是长期执政，越不能丢掉马克思主义政党的本色，越不能忘记党的初心使命，越不能丧失自我革命精神。”这就深刻诠释了党的初心和使命与人民的根本利益的一致性，是广大人民拥护和支持党的根本原因，也是我们党执政合法性的依据。偏离了党的初心和使命，就偏离了人民的根本利益，就会丧失执政的合法性，就偏离了自我革命的正确方向。

第二，在解决突出问题中持续激发自我革命的强大动力。唯物史观认为，每个时代总有属于它自己的问题，“问题就是时代的口号，是它表现时代精神状态的最实际的呼声”①。把握时代脉搏、聆听时代声音，回答时代课题，正确地解决

① 《马克思恩格斯全集》第40卷，人民出版社1982年版，第289—290页。

时代发展所面临的各种重大现实问题,促进社会全面进步,既是自我革命的目的初衷,也是自我革命的内在驱动力。如果说使命引领是中国共产党自觉进行自我革命的正向动因,那么,一个又一个重大现实问题横亘在我们砥砺前行的征途上,必然又是党自觉进行自我革命的倒逼驱动。因此,新时代党的自我革命既是因重大现实问题的倒逼而展开和推进,又是在不断解决重大现实问题的进程中不断得以深化。党的自我革命的推进深度,决定了重大现实问题的解决力度与程度;同时,重大现实问题的不断解决,又是服从、服务于伟大事业的强力推进,因而充分体现了新时代党的自我革命必然是使命引领与问题倒逼的双向驱动、同向发力。

当前,我国发展进入各种挑战不断积累甚至集中显露的时期,经济、政治、文化、社会、生态文明建设和国防军队建设、港澳台工作、外交工作、党的建设等各方面的挑战越来越复杂,已显露和潜在的矛盾与问题也越来越多。面对繁重的改革建设任务和来自外部的和来自内部的各种严峻挑战,面对已经发生和潜在的各类风险,我们必须挺直腰杆、迎难而上,应对挑战,努力变挑战为机遇,努力化险为夷、化危为机、危中寻机,牢牢把握工作主动权,做到善于在危机中育先机、于变局中开新局。比如,面对新时代我国社会主要矛盾已经转化为人民日益增长的美好生活需要和不平衡不充分的发展之间的矛盾,我们就要直面矛盾、化解矛盾,并善于抓住主要矛盾,抓矛盾的主要方面,着力解决好发展不平衡不充分问题,更好满足人民日益增长的美好生活需要,不断增强人民群众的获得感、幸福感和安全感。再如,在长期执政条件下,各种弱化党的先进性、损害党的纯洁性的因素无时不有,各种违背初心和使命、动摇党的根基的危险无处不在。对此,我们就要通过刀刃向内的自我革命,严加防范、及时整治,防止积重难返,小问题变成大问题、小管涌沦为大塌方,甚至可能酿成全局性、颠覆性的灾难。为此,习近平特别强调,党面临的"四大考验"具有长期性和复杂性,党面临的"四种危险"具有尖锐性和严峻性。我们面临的任务越繁重,风险考验越大,越是要发扬自我革命精神,推进全面从严治党,坚持不懈同自身存在的顽瘴痼疾作斗争,不断自我净化、自我革新、自我提高,保证党永葆生机活力。党的历史表明,党领导人民干革命、搞建设、抓改革,从来都是为了解决中国的现实问题。新时代通过解决好改革发展稳定中的各种问题、党的建设自身问题、人民群众反映的突出问题,就会激发出我们党不断自我革命的强大动力。

第三，在净化党内政治生态中优化自我革命的质量效益。自我革命是净化党内政治生态的现实需要，净化党内政治生态是党的自我革命的题中应有之义，也是党自我革命的重要价值目标导向。党内政治生态，系指党内各种要素之间的相互联系和相互作用以及由这种联系和作用所引发形成并弥漫于党内各种活动空间的政治氛围。这种联系和作用处于和谐有序状态，并由此形成积极健康、生动活泼的政治氛围，就是良好的党内政治生态，反之则不然。党内政治生态对党内政治生活和各方面建设所具有统摄和引领作用。它既关系党的团结统一和整体凝聚力，关系党员干部的健康成长，又是党的优良作风形成的基础，体现着党的纪律状况。在此意义上说，党内政治生态带有根本性，成为党实现自我革命的重要条件。中国共产党先进性的一个本质特征就是党能够通过自我革命，以刀刃向内的勇气，解决自己内部存在的各种问题。而这种自我革命的实现，与党内政治生态状况息息相关。党的十八大以来，党风廉政建设取得了显著成效，党内政治生态空前改善，但是，应该清醒地看到，一些地方和部门正气不彰，“明规矩”名存实亡、“潜规则”大行其道的现象仍然存在；在党内搞小山头、小圈子、小团体，培植私人势力，结成利益集团的现象也时有发生；有的地方和部门任人唯亲，跑官要官、买官卖官、拉票贿选等屡禁不止。这种恶浊的政治生态唯有通过自我革命才能彻底净化，这就既要有清醒的自我认知，实事求是地认识和评价党的组织内部存在的问题，科学准确把握问题的根结所在，又要敢于对党内存在的各种不良现象进行坚决斗争。尤其是要拿起批评和自我批评的武器，彻底摒除党内各种不健康因素，对于党内存在的各种腐败现象，以零容忍的态度坚决予以清除。而要做到这一切，党内就要有良好的政治生态。可见，党的自我革命是营造良好党内政治生态的必由之路，而党内政治生态又是实现党的自我革命的必要条件，二者相辅相成，相得益彰，共同助推自我革命的良性有序运行，提高自我革命的效益质量。也正是在此意义上，习近平特别强调要全面净化党内政治生态，以增强党内政治生活的政治性、时代性、原则性、战斗性。这种党内政治生活的战斗性就是一种革命性，是党的自我革命的生动体现。而通过党内政治生活的“革命性”净化，全面优化政治生态，就能为党员干部营造风清气正的从政环境。这既是自我革命的重要价值目标取向，也是我们所追求的自我革命的质量与效益。

第四，在不断推进监督体制机制中夯实自我革命的制度根基。曾经在革命环境和土壤中孕育并生成的革命精神，仍然是当前推动中国共产党人自我变革、开拓前行的强大精神动力。然而，精神的感召和助推是一种柔性动力支撑，还需要刚性的制度规约予以政治保障。所谓“没有规矩不成方圆”就是这个道理。新时代党还需要依据党章等党内法规的有效规约来进一步保障自我革命的常态化推进。因为“党章是党的总章程，集中体现了党的性质和宗旨、党的理论和路线方针政策、党的重要主张，规定了党的重要制度和体制机制，是全党必须共同遵守的根本行为规范”。要确保这些重要制度的贯彻落实，尤其要加强监督，实现监督的全覆盖、全程化、全员化。

加强监督本身就是加强党的全面建设的重要制度，对贯彻落实其他各项制度有着极其重要的保证作用，因而是推进党的自我革命的重要抓手。新时代党的自我革命的有效推进，既离不开党的自我监督，也离不开人民群众和党外人士对于党的组织和党员的监督，这就要把党内监督与群众监督有机结合起来，“积极畅通人民群众建言献策和批评监督渠道，充分发挥群众监督、舆论监督作用”。2013 年习近平在十八届中央纪律检查委员会第二次全体会议上指出：“任何人都没有法律之外的绝对权力，任何人行使权力都必须为人民服务、对人民负责并自觉接受人民监督。”此后，他多次强调群众监督的重要性，并明确要求各级领导干部要主动接受各方面监督。只有织密群众监督之网，才能让“隐身人”无处藏身，也才能助推党的自我革命取得实效。因此，新时代推进党的自我革命，就要加强党内监督力度和广度，这是关键所在。只有党内监督有效有力，其他监督才能发挥作用。同时，也要以党内监督来带动群众监督，从而实现党内监督与群众监督的协同配合、联动推进。

我们党历来重视加强党内监督。特别是党的十八大以来，党内监督更是利剑高悬、威力倍增，体现出强大的震慑力。2016 年颁布的《中国共产党党内监督条例》，就是党中央对强化新形势下党内监督做出的顶层设计，为加强和规范党内监督、推进党的自我革命指明了方向，提供了基本遵循。只要我们认真贯彻落实，就能在推进监督体制机制中不断夯实自我革命的制度基石，为推进新时代党的自我革命提供可靠的制度保障。

（作者为国防大学政治学院教授）

中国共产党人精神谱系的科学品格与时代价值

张春美

今年是中国共产党成立100周年。百年大党风华正茂,中国共产党取得的成就举世公认。回顾历史,习近平总书记指出:“在一百年的非凡奋斗历程中,一代又一代中国共产党人顽强拼搏、不懈奋斗,涌现了一大批视死如归的革命烈士、一大批顽强奋斗的英雄人物、一大批忘我奉献的先进模范,形成了井冈山精神、长征精神、遵义会议精神、延安精神、西柏坡精神、红岩精神、抗美援朝精神、‘两弹一星’精神、特区精神、抗洪精神、抗震救灾精神、抗疫精神等伟大精神,构筑起了中国共产党人的精神谱系。我们党之所以历经百年而风华正茂、饱经磨难而生生不息,就是凭着那么一股革命加拼命的强大精神。”①独特的精神谱系,是中国共产党最鲜明的特质和特点。就像人类基因图谱一样,精神谱系集聚了中国共产党的坚定信念、根本宗旨和优良作风,形塑着共产党人不畏强敌、不惧风险、敢于斗争、勇于胜利的精神品格,建立起共产党人“为谁而生”、“如何活着”、“为何这样活着”的精神坐标,是立党兴党强党的丰厚滋养。

一、 建构共产党人精神谱系的政治自觉

精神是与物质相对应一个概念,它包含三个层次的内容:人的心理、意向或意愿;人的觉悟、自觉意识或自我意识;具有明确的理想、信念、原则的个体意识和社会意识。②精神的意义与人的存在无法相分。人的存在,不仅在实然层面关注“人是什么”,而且在应然层面关切“人意味着什么”,精神就为“成就何种形态的人”提供了一种超验性指引。

① 习近平:《在党史学习教育动员大会上的讲话》,《求是》2021年第7期。

② 张曙光:《论作为现实和理论问题的“精神”》,《哲学研究》2003年第12期。

中国共产党人的精神谱系，是中国共产党在马克思主义指引下领导人民进行革命、建设和改革伟大实践凝练而成的精神结晶，是中国共产党人的情感、意志、性格、能力、思想品质、道德情操、人生态度、价值取向、理想追求和行为方式等总和。这一精神谱系，不是从天上掉下来的，也不是从书本上抄来的，有着重要的理论来源和实践基础。

1. 马克思主义政党对于精神力量的觉醒

马克思认为，人的精神源自人的实践活动，又对实践有强大的引领作用，是支撑主体生存和发展的内在力量。“光是思想力求成为现实是不够的，现实本身应当力求趋向思想。”①在革命实践中，马克思主义政党要制定科学的革命方略，更要发挥精神的能动力量，以实现“改变世界”目的。列宁就非常重视精神对马克思主义政党的积极作用，面对“马克思主义靠什么维持和加强”这一政党建设基本问题，列宁认为，“靠无产阶级先锋队的觉悟和它对革命的忠诚，是靠它的坚韧不拔、自我牺牲和英雄气概。”②工人阶级及其政党要具有团结精神、牺牲精神、斗争精神和国际主义情怀，这是无产阶级政党及先进分子应具备的精神品质。

一百年前的上海，一群年轻的中国先进分子，在石库门房子里，做了一件开天辟地的大事情：创建了以马克思主义为理论指南的中国共产党。中国共产党的诞生，深刻改变了近代以后中华民族发展的方向和进程，深刻改变了中国人民和中华民族的前途和命运，深刻改变了世界发展的趋势和格局。从传播马克思主义到与工人群众结合，从“起而效仿”苏俄布尔什维克党到建立中国共产党，从酝酿成立党的早期组织到制定民主革命纲领和第一部章程，光荣而艰辛的建党实践，锻造出领导中国前进的全新政治力量，展现了马克思主义政党对于精神力量的政治自觉。

2. 马克思主义中国化与共产党人的精神自觉

在纷繁复杂的历史境遇中，中国共产党人选择了以马克思主义为自己的精神信仰，并坚持把马克思主义同中国实际相结合，作为伟大实践的指导思想和精

---

① 《马克思恩格斯文集》第1卷，人民出版社2009年版，第13页。

② 《列宁选集》第4卷，人民出版社2012年版，第135—136页。

神支撑,展开为人民谋幸福、为民族谋复兴的伟大实践。

党的一大提出党的最高纲领后,中国共产党根据中国实际提出了最低纲领。1922 年 6 月,中共中央发表《中国共产党对于时局的主张》,第一次就中国民主革命重大问题发表自己的政治主张。不久之后,党的二大进一步阐明了中国革命的性质、对象、动力、策略、任务和目标,明确提出反帝反封建的民主革命纲领,实现了马克思主义同中国实际的初步结合。

在新民主主义革命时期,以毛泽东为代表的中国共产党人总结经验教训,开创"农村包围城市、武装夺取政权"中国特色革命道路,实现了马克思主义与中国实际第一次结合。在改革开放新的历史时期,以邓小平为代表的中国共产党人坚持解放思想、实事求是、一切从实际出发,深刻揭示了"走自己的路"这一马克思主义中国化的基本规律,开辟了中国特色社会主义道路。党的十八大以来,以习近平为代表的中国共产党人坚持在实践中不断丰富和发展马克思主义,中国特色社会主义进入新时代。

在推进马克思主义中国化的进程中,中国共产党人不断用马克思主义真理的力量来激活中华优秀传统文化,推进马克思主义与中华民族精神品格的结合,使中华文明再次迸发出强大精神力量。中国共产党人中华优秀传统文化中的大同社会追求与共产主义理想,摩顶放踵与艰苦奋斗精神,舍生取义与英雄主义气概,知行合一与实事求是,自强不息与独立自主等精神财富,深刻影响着中国共产党人的精神谱系生成,成为共产党人精神谱系的民族标识。

3. 精神生活的理性反思与主体自觉

所谓主体自觉,是指行为主体对自身理念、工具、方法和资源等方面特性的觉悟、认同运用。共产党人的主体自觉,体现为革命主体展开精神生活的理性反思,并将自发的无产阶级革命意识提升为自觉的革命意识,不断推进革命。这一理性反思,聚焦于"共产党人究竟是什么样的人"这一人生哲学基本问题,在"认识自我、改造自我、完善自我"的自我革命实践中,共产党人思考人类生命存在的价值和意义,对共产党人的理想信仰、精神向往、思想观念等精神要素进行抽象概括,铸就起崇高的思想理念、坚定的政治立场、顽强的意志品格等精神品格。

基于精神生活理性反思形成的精神谱系,具有三大作用。一是定向作用,它规定着共产党人实践的目的和方向,指导着共产党人对理想道德的选择,决定着共产党人具体行为目标的取舍和人生力量的释放。二是规范作用,它是共产党人投身于社会主义事业建设的思想道德标准,是共产党人进行自我教育、自我改造、自我约束和自我提高,以达到共产主义的思想境界的文化基石。三是激励作用,它是共产党人净化灵魂、完善自我的"催化剂"、奋发向上的力量源泉和征服艰难险阻的精神支柱。

二、 中国共产党人精神谱系的思想样貌

中国共产党人精神谱系,是对精神本身及其所反映的实践活动的涵盖,是对一切属人世界中精神现象的总结,是中国共产党人领导中国人民在革命、建设、改革的伟大历程中培育、继承和凝练、发展起来的。它标注着一个百年大党为中国人民谋幸福、为中华民族谋复兴不断奋斗的精神基因,书写着中国共产党带领中国人民实现从物质到精神的全面主动、变革中国社会的英雄史诗,从历史演进、理论逻辑与建构方法等方面展现了思想样貌。

1. 共产党人精神谱系的历史演进

谱系,一般是指记述宗族衍脉或者同类事物的历代系统的历史记录,包括世系次第、传承序列及个体排位等内容。共产党人精神谱系积淀着中华民族最深沉的精神追求,代表着中国共产党人独特的精神标识,犹如一条红线,贯穿于百年党史,动员和感召了中国人民谱写了一曲曲胜利凯歌,树立起一座座不朽精神丰碑。

新民主主义革命时期,半殖民地半封建的中国社会蕴藏着强大的革命力量,中国共产党在马克思主义与工人运动的结合中孕育而生。开天辟地、敢为人先的首创精神,便在中国工人阶级的先锋队、中华民族的先锋队中生长扎根。这种伟大建党精神,是中国革命的精神之源。以此为逻辑和历史起点,中国共产党不断探索马克思主义中国化的道路,实现了马克思主义与中国实际相结合,将自身建设成为"用科学理论和革命精神武装起来的"政党,在领导中国人民救亡图存的革命道路上,孕育产生了井冈山精神、苏区精神、长征精神、延安精神、抗战精神、沂蒙精神、红岩精神、西柏坡精神等,这些革命精神激励革命志士前仆后继、奋勇向前,取得了新民主主义革命的胜利。

社会主义革命和建设时期，凭借着强大的领导力、凝聚力和生命力，中国共产党在百废待兴中，带领全国各族人民应对内外挑战，坚持独立自主、自力更生、艰苦奋斗，完成了社会主义革命，确立了社会主义基本制度，掀起了社会主义革命和建设的一波波高潮，形成了抗美援朝精神、好八连精神、大庆精神、大寨精神、红旗渠精神、雷锋精神、焦裕禄精神、"两弹一星"精神等，这些革命精神为推进社会主义革命、探索社会主义建设提供了强大的精神力量和坚实的精神保障，凝聚起了推进中国社会主义建设的磅礴力量，促使中国从一个落后的农业国发展成为一个具有相对独立、完整工业体系的发展中大国，为中国特色社会主义的开创提供了物质基础、宝贵经验和精神启示。

改革开放和社会主义现代化建设时期，中国共产党坚持解放思想、实事求是的马克思主义思想路线，不断深化对社会主义本质、党的建设、社会主义发展等重大问题的认识，成功开创、坚持和发展了中国特色社会主义，形成了中国特色社会主义理论体系。中国革命精神在改革开放和社会主义现代化建设过程中得到继承发展，形成了特区精神、孔繁森精神、女排精神、载人航天精神、北京奥运精神、世博精神、抗震救灾精神、抗击"非典"精神、新时代北斗精神、抗疫精神、中国载人深潜精神、探月精神、脱贫攻坚精神等。改革开放逐步走向深入，中国特色社会主义伟大事业取得世人瞩目的成就。

在百年砥砺奋进的征程中，中国共产党以马克思主义为精神旗帜，深深扎根中国大地，生动反映人民期盼，深刻体现时代要求，主动发挥精神能动性，凝练形成了 90 多种凝聚人心、鼓舞斗志的具体"精神"。这些精神，在不同发展阶段表现形式各异，但都承载着非凡的红色历史和伟大的红色文化，进而建构起共产党人艰苦奋斗、牺牲奉献、开拓进取的精神谱系，开显了深沉持久的精神伟力。

2. 知、情、意、行：共产党人精神谱系的核心要义

信仰信念：精神谱系的灵魂核心。对共产主义的信仰，对中国特色社会主义的信念，对中国人民不倦的情怀，是共产党人的政治灵魂，是共产党人经受住任何考验的精神支柱，更是共产党人精神谱系的灵魂核心。中国共产党之所以定名为"共产党"，根本在于中国共产党创建之时，就旗帜鲜明地把社会主义和共产主义确立为自己的奋斗目标。一百年来，不管形势和任务如何变化，不管遇到什么样的惊涛骇浪，中国共产党继承光大中华优秀文化和伟大民族精神，坚持以马

克思主义的真理力量和实践力量武装自己，深化对中国化马克思主义既一脉相承又与时俱进理论品质的认识，自觉担负起中华民族伟大复兴的历史使命，用信仰的旗帜将中华民族空前凝聚在一起，团结带领全国人民开辟伟大道路，建立伟大功业，铸就伟大精神，创造了中华民族发展史、人类社会进步史上伟大奇迹，增强了做中国人的志气、骨气和底气。

为民情怀：精神谱系的政治本色。江山就是人民，人民就是江山。为人民而生，因人民而兴，始终与人民有福同享、有难同当，有盐同咸、无盐同淡，是共产党人至真至善的初心使命。70 多年前，毛泽东在延安窑洞前响亮地喊出“为人民服务”。这绝非空洞的说教，而是对中国共产党人核心价值的凝练。“我们的共产党和共产党所领导的八路军、新四军，是革命的队伍。我们这个队伍完全是为着解放人民的，是彻底地为人民的利益工作的。”①完全，就是百分之百，共产党人除了为人民服务，再也没有任何其他别的目的。彻底，就是贯彻到底，不管在什么时候，不管做什么工作，共产党人都应该为人民谋利益。这就是全心全意的核心要义。人民群众是我们的根、本，一旦脱离群众，中国共产党就会失去生命力。“我们是全心全意为人民服务的党，追求老百姓的幸福。路很长，我们肩负的责任很重，这方面不能有一劳永逸、可以歇歇脚的思想。唯有坚定不移、坚忍不拔、坚持不懈，才能无悔于时代、不负人民。”②

革命意志：精神谱系的党性品质。人生信念的实现，不是一蹴而就，是在克服各种艰难困苦中完成的。一定意义上讲，人只要有了坚定的意志、精神和觉悟，就能克服物质障碍，按理想来铸造历史现实。坚强的革命意志，是共产党人克服困难、获得成功的必要条件，更是激励自己顽强拼搏、不断进取、争取胜利的强大动力。情绪高涨、斗志昂扬，攻坚克难就红红火火；情绪低落、胸无斗志，干什么也难有起色。秉持攻坚克难的意志品质，共产党人才能赢得人心，不断从胜利走向胜利。

知行合一：精神谱系的人格力量。作为共产党人顽强拼搏、不断进取、争取胜利的精神成果，精神谱系并不是停留在思想理论和主观意识层面，而是内化为

① 《毛泽东选集》第 3 卷，人民出版社 1991 年版，第 1004 页。

② 《习近平论治国理政》第 3 卷，外文出版社 2020 年版，第 136 页。

共产党人的世界观、价值观和人生观，并转化为实际行动中的价值取向、纪律作风、先锋模范作用等方面，在具体的人、具体的行为中展现了共产党人“精气神”的实践品格。回顾百年党史，可以看到，有“宁肯少活20年，拼命也要拿下大油田”的铁人王进喜，有“心中装着全体人民，唯独没有自己”的优秀县委书记焦裕禄，有“甘当螺丝钉、乐于助人”的好战士雷锋，有“干惊天动地事，做隐姓埋名人”的科学家邓稼先……从抛头颅、洒热血的革命先烈，到勇于付出、甘于奉献的当代模范，共产党人将思想的天马行空与做事的脚踏实地结合起来，将信念的坚守与现实的行事结合起来，展现了“凡人不凡”的精神品格。精神的力量，造就了“大写的人”的精神图像：“一个高尚的人，一个纯粹的人，一个有道德的人，一个脱离了低级趣味的人，一个有益于人民的人。”①

共产党人的精神谱系以马克思主义为灵魂，传承创新以爱国主义为核心的民族精神，描画了共产党人“从哪里来”、“到哪里去”的精神路线图，展现了精神的超越性力量。这一次次向人们彰显，共产党人的脊梁不是骨头，而是不朽的精神。

3. 建构方法：“具体—抽象—具体”的辩证法

共产党人精神谱系的建构与完善，不是抽象的理论演绎，也不是居高临下的说教，而是立足千百万党员的精神风貌，运用马克思主义关于“具体—抽象—具体”辩证法，由具体的人抽象出共产党人的精神特质，并在此基础上进行综合形成的。

从人的认识规律来看，人总是先从实在的“具象”分析开始，再从中找到感性事物背后那种抽象的本质规定。任何看似抽象的范畴都有一定具体的内容，都可以作为某个既定总体的抽象的某一方面的关系而存在。立足于共产党人的感性现实，从具体蒸发出事物的抽象规定，再借助社会实践，完成了从抽象下降到具体的认识运动。这一“具体—抽象—具体”认识过程，不再是一个纯粹的理性运动，而是将需求、情感、意志等非理性因素和阶级、政治、文化等社会因素综合在一起，根据主体的需要，把价值认识和事实认识结合起来，在存在与本质、历史与价值、个体与社会等多重关系的辩证把握中，揭示出共产党人的精神特质，勾

① 《毛泽东选集》第2卷，人民出版社1991年版，第660页。

勒出共产党人的精神谱系，达到了一种在“想象的真实中获得真实的想象”的境界。

运用“具体—抽象—具体”辩证法，共产党人在“现象—本质”的结构中，采用以小见大的方式，以“凡人不凡”的叙事，化抽象的精神力量为直观的现实体验。比如，毛泽东在《为人民服务》一文中，以张思德为范例，概括了共产党人“为人民服务”的本质属性和具体表现，标刻出了“我是谁、为了谁、怎么做”的价值路径，体现了关于人的塑造的哲学反思和现实考量，实现一种回溯到人的精神生活层面的深度描述，揭示共产党人平凡行动背后的意义支撑，形象地回答了“好的行为应该是怎样的”以及“为什么应该这样做”的价值命题，在精神层面揭示出共产党人呈现的真正的“人”之本质。

三、 感悟精神伟力，赓续共产党人的精神血脉

精神是一个政党赖以长久生存的灵魂。独特的精神谱系，铭刻着百年大党砥砺奋进的精神密码，是中国共产党永葆先进性、具有强大生命力的精神之源，为立党兴党强党、实现中华民族伟大复兴提供了丰厚滋养。

1. 补足精神之钙，挺直共产党人的精神脊梁

对马克思主义的信仰，对社会主义和共产主义的信念，是共产党人的政治灵魂，是共产党人经受住任何考验的精神支柱。坚定“三信”，归根结底就要抓牢马克思主义世界观这一“总开关”。总开关常年失修，就会带来精神缺钙的问题，就会得软骨病，就挺不起精神脊梁。拧紧“总开关”，要坚持马克思主义立场观点方法，增强用党的创新理论武装全党的政治自觉。

一为“寻根究底”，牢记“我们从哪里来”。马克思主义是我们认识世界、把握规律、追求真理、改造世界的强大思想武器，是我们党和国家必须始终遵循的指导思想。不忘初心，继续前进，要永远保持建党时中国共产党人的奋斗精神，永远保持对人民的赤子之心，永远坚守共产党人的信仰。

一为“超凡脱俗”，把握“我们向哪里去”。感悟马克思主义的真理力量和实践力量，从精神谱系中汲取勇气和力量，发扬老一辈革命家“宜将剩勇追穷寇，不可沽名学霸王”的革命精神，发扬“为有牺牲多壮志，敢教日月换新天”的奋斗精

神，将革命事业进行到底。

2. 坚守人民立场的定力，永葆共产党人初心使命

以百姓心为心，与人民同呼吸、共命运、心连心，是中国共产党人的初心，也是中国共产党人的恒心。

一是坚持“为民”的价值取向。执政环境在变，中国共产党人为民服务的根本宗旨不能变，要始终坚持全心全意为人民服务的根本宗旨、执政为民的执政理念和努力为人民谋福祉的领导价值观。

二是永葆“爱民”的革命情怀。党性和人民性从来都是一致的、统一的，中国共产党人要怀有仁爱之心、关爱之心，时时处处想着人民，事事处处维护人民的利益。

三是把握“惠民”的工作导向。准确了解人民群众所思、所盼、所忧、所急，将党的优良作风融入国家治理工作之中，做到民有所盼、我之所向；民有所呼、我有所应；民有所忧、我有所为；民有所恶，我必祛除。

四是胸怀“敬民”的敬畏之心。要以居安思危的政治清醒、坚如磐石的战略定力、勇于斗争的奋进姿态，敢于担当责任，勇于直面矛盾，善于解决问题，努力创造经得起实践、人民、历史检验的实绩。

3. 保持艰苦奋斗的昂扬精神，赓续共产党人精神血脉

历史和现实一再证明，一个执政党进行社会革命不容易，进行自我革命更不容易，而不进行自我革命就必然被历史淘汰。一路走来，我们党带领人民进行伟大社会革命的同时，不断进行自我革命，在革命性锻造中坚定地走在时代前列。

以充满激情的锐气，保持干事创业的劲头。人是一个有激情的存在物。激情、热情是人强烈追求自己的对象的本质力量，更是共产党人永不懈怠的精神状态。充满激情，要保持旺盛的工作热情和创业冲动，以“一辈子做好事不做坏事”的执着，用一生诠释共产党人的使命和担当。

以富于创造的志气，创造再起宏图的传奇。要勇于打破思维定式，树立敢为天下先的胆魄，敢闯人之所未闯、创人之所未创。坚决破除一切阻碍改革创新的体制机制障碍，同一切因循守旧、故步自封、顽固保守、不思进取的思想和行为坚决斗争，勇于扬弃自己，在时代潮流中抢占先机、走在前头。

以勇于担当的勇气，应对爬坡过坎的挑战。共产党人要保持清醒的头脑，不

做思想上的“糊涂虫”，不做政治上的“墙头草”，不做行动上的“两面人”。发扬逢山开路、遇河架桥的精神，积极寻找克服困难的具体对策，成为带领人民战风险、渡难关的主心骨。

百年大党的精神谱系，是中国共产党的革命意志、思想境界、力量源泉的光辉写照，它是中国共产党砥砺奋进、生生不息的精神密码，更是引领中国共产党人不断奋进的精神旗帜。伟大精神谱系蕴涵着不竭的精神伟力，必将激励中国共产党人在新时代牢记初心使命、推进中华民族伟大复兴历史伟业，迎来实现中华民族伟大复兴的高光时刻。

（作者为中共上海市委党校教授）

“传家宝”与“基本功”：党开展调查研究的历史、经验与理论*

——中国共产党建党百年调查研究史回溯

李　飞

中国共产党成立至今已然走过百年。作为一个历经世事沧桑的百年大党，中国共产党的历史就是一部不断进行调查研究的历史。在长期的革命、建设和改革实践中，调查研究与党的成长、壮大、发展形影相随。作为谋事之基、成事之道，调查研究一直是我党秉承的优良传统，是党密切群众的基本方法，是实事求是思想路线付诸实践的重要抓手，更是将马克思主义普遍真理同中国革命具体实际相结合的有力武器。纵观整个国际共产主义运动史，像我党这样从事调查研究的时间之长，数量之多，规模之大，重视程度之高，经验之丰富并不多见。进入新时代，全面总结百年来我党开展调查研究的历史经验，对于把握世情、国情、党情的深刻变化，夺取新时代中国特色社会主义伟大胜利，实现中华民族伟大复兴的中国梦具有十分重要的历史意义和实践指向。

一、 中国共产党开展调查研究的历史回溯

（一）党初创前后——“踏着人生社会的实际说话”

1922 年 1 月，刚刚成立不久的中国共产党在《先驱》发刊词中就旗帜鲜明地提出，必须把“努力研究中国的客观的实际情形，而求得一最合宜的实际的解决中国问题的方案”作为刊物的第一任务。①而“第一任务”的确立显然与党的早期领导人注重对中国国情的探索密切相关。十月革命一声炮响，马克思主义传入

---

* 本文系国家社科基金项目“新时代征兵动员能力提升的军事管理学研究”（18BGL294）的阶段性成果。

① 《发刊词》，载《先驱》第 1 号，1922 年 1 月 15 日。

中国后,如何实现马克思主义普遍真理与中国革命具体实际的结合开始成为摆在中国共产党人面前的关键课题。在一个半封建半殖民地的东方古国如何进行无产阶级革命以实现国家独立和民族解放,马克思主义并没有提供现成的答案。因此,中国共产党自诞生之日就面临着深入了解中国社会具体国情的艰巨任务,而调查研究就成为必需且有力的手段方法之一。

中国共产党在成立之前及初期曾围绕工人、农民的经济社会状况做过大量的调查研究。在这一过程中,党的早期领导人在进一步了解中国社会的同时,也在广大工人农民中间传播马克思主义。作为中国共产党创始人之一,陈独秀在1920年曾委托郑凯卿、包惠僧等人对汉口工人的状况进行了调查,并在《新青年》上连续刊登全国各地工人状况的调查报告。蔡和森第一个明确提出应该把调查研究作为建党的重要准备工作。1920年9月,他在法国给毛泽东写信商讨建党事宜时指出:"现在组织研究宣传部之外,更可组织一调查统计部,研究宣传部调查统计部与出版物三者现在可打成一片而潜在从事。比如我在外国可调查俄国及各国的情形,你在国内可调查各省情况,将人口、土地、产业、交通、劳动状况、经济、教育等列为统计,此种材料与研究的著作,皆在一种出版物上发表。"① 何叔衡明确表示"三年以内,要往国内各地调查一次"②。

毛泽东是党内开展调查研究的真正践行者,其丰富的调查实践和卓越的理论建树已成为我党的宝贵财富。毛泽东从青年时代就倡导通过调查研究来了解中国国情。他不满足于书本知识,认为不仅要读"有字之书",更要读"无字之书",主张采取游学考察的方式来了解社会,逐渐认识了中国农村极不平等的社会关系和广大农民的深重苦难。此外,毛泽东还利用各种机会调查城市、了解工人。他在长沙办工人夜学,到北京近郊的长辛店铁路工厂和萍乡安源煤矿深入调查工人状况,在密切交往中广泛传播民主革命思想。毛泽东提出要"踏着人生社会的实际说话",号召人们"引入实际去研究事实和真理"③。他时刻以一种调查研究者的敏感度审视着中国社会的走势,在给友人周世钊的一封信中提道:"吾人如果要在现今的世界稍为尽一点力,当然脱不开'中国'这个地盘。关于

① 《蔡和森文集》上,人民出版社2013年版,第75页。

② 《新民学会文献汇编》,湖南人民出版社1980年版,第148页。

③ 孙克信等编:《毛泽东调查研究活动简史》,中国社会科学出版社1984年版,第10页。

这地盘内的情形，似不可不加以实地的调查，及研究。”①更为关键的是，毛泽东在调查研究中努力找寻着一条将马克思主义普遍真理与中国实际相结合的道路。“俄罗斯研究会”成立后，毛泽东等人一方面广泛搜集俄国革命的相关材料，并派人赴俄国进行实际调查研究；另一方面又加大对国内的社会调查力度，进一步深化了对当时中国工农状况的认识。从某种意义上讲，正是在对中国国情的实际调查研究中，我党的早期领导人才从革命民主主义者逐渐转变为坚定的马克思主义者。这不仅为建党做好了充分的思想准备工作，也为党初创时期组织发动工农运动积累了宝贵经验。

（二）革命战争时期——“没有调查，没有发言权”

国共首次合作后，农民运动得到迅速发展，党对农民在中国革命中的重要作用也有了更深的认识。作为早期专门考察农民运动的著作，《海丰农民运动报告》是我党调查研究史上无法回避的作品。从 1922 年至 1924 年间，彭湃广泛深入农民中间开展调查研究，注重运用马克思主义关于阶级斗争的原理分析海丰社会的阶级状况，阐述农民运动发展历程，有力推动了当地农民运动的开展。②1924 年至 1926 年，由彭湃等人倡议，以国民党名义开办，实际由共产党领导的广州农民运动讲习所致力于培养农民运动干部。特别是在毛泽东担任第六届所长期间，讲习所的整个教学工作始终坚持理论联系实际的学风，并将社会调查研究列为一项重要课程。随着革命实践的深入，毛泽东对中国国情特别是民主革命的中心问题也有了更为深刻的认识。③1925 年 12 月，经过大量实地调查，毛泽东完成了《中国社会各阶级的分析》。1927 年 1 月 4 日至 2 月 5 日，他行程 1 400 多华里，实地考察了湖南湘潭、湘乡、衡山、醴陵、长沙等五县的农民运动情况，获得了大量一手材料，2 月 16 日写信给党中央，提出应立即解决农民的土地问题。3 月发表《湖南农民运动考察报告》，厘清了党内外对土地问题的模糊认识，回应

---

① 《毛泽东早期文稿（一九一二年六月——一九二〇年十一月）》，湖南人民出版社 2008 年版，第 428 页。

② 彭湃：《海丰农民运动报告》，国防大学图书馆 1926 年影印版。

③ 毛泽东认为，“农民问题乃国民革命的中心问题，农民不起来参加并拥护国民革命，国民革命不会成功；农民运动不赶速地做起来，农民问题不会解决；农民问题不在现在的革命运动中得到相当的解决，农民不会拥护这个革命”。参见《毛泽东文集》第 1 卷，人民出版社 1993 年版，第 37 页。

了对农民运动的责难,提出了解决中国民主革命的中心问题——农民问题的理论与政策。土地革命时期,在极为艰难的条件下,毛泽东利用战斗间隙多次深入农村与群众座谈交流,完成了《寻乌调查》《兴国调查》《长冈乡调查》《才溪乡调查》等一系列调查报告。①此外,这一时期撰写的《反对本本主义》(原题为《调查工作》)和《关心群众生活,注意工作方法》等著作字里行间都渗透着浓重的调查研究思想。特别是毛泽东在1930年5月发表的《反对本本主义》中第一次从认识论的高度提出了"没有调查,没有发言权"的科学论断。②他认为,"马克思主义的'本本'是要学习的,但是必须同我国的实际情况相结合。我们需要'本本',但是一定要纠正脱离实际情况的本本主义。""怎样纠正这种本本主义?只有向实际情况作调查。""离开实际调查就要产生唯心的阶级估量和唯心的工作指导,那末,它的结果,不是机会主义,便是盲动主义。"③因此,他提倡运用座谈会、实地走访等调查方式来克服本本主义、形式主义,认为调查是解决问题的出发点,"调查就像'十月怀胎',解决问题就像'一朝分娩'。调查就是解决问题"④。这标志着以毛泽东为代表的中国共产党人已经逐步摆脱教条主义、主观主义的藩篱,对马克思主义中国化的认知水平进入了一个新高度,为党制定各项政策、把准航向发挥了重要作用。

全面抗战时期党的调查研究工作与整风运动是紧密联系在一起的。随着相持阶段的到来,局势渐趋稳定,为了提高全党的马列主义水平,纠正党内各种非无产阶级思想,以1941年5月毛泽东在延安高级干部会议上所作的报告——《改造我们的学习》为标志,整风运动逐步展开。在这篇报告中,毛泽东要求在全

---

① 其中以《寻乌调查》规模最大。1930年5月,红军攻下寻乌县城后,毛泽东经过多天调查完成了《寻乌调查》一文,为确定土地分配中限制富农的"抽肥补瘦"原则提供了实际依据。他写道:"关于中国的富农问题我还没有全般了解的时候,同时我对于商业状况是完全的门外汉,因此下大力来做这个调查。"参见《毛泽东文集》第1卷,人民出版社1993年版,第118页。

② 1931年4月2日毛泽东在《总政治部关于调查人口和土地状况的通知》中,对"没有调查,没有发言权"的论断作了补充和发展,提出"我们的口号是:一,不做调查没有发言权。二,不做正确的调查同样没有发言权"。参见《反对本本主义》注释,载《毛泽东选集》第1卷,人民出版社1991年版,第118页。

③ 《毛泽东选集》第1卷,人民出版社1991年版,第111—112页。

④ 同上书,第110—111页。

党推行调查研究的计划，并将其视为“转变党的作风的基础一环”①。同年8月，党中央向全党发布了《中共中央关于调查研究的决定》和《中共中央关于实施调查研究的决定》两个文件，要求在中央、地方及部队均须设置调查研究机关。文件明确指出：“我党现在已是一个担负着伟大革命任务的大政党，必须力戒空疏，力戒肤浅，扫除主观主义作风，采取具体办法，加重对于历史，对于环境，对于国内外、省内外、县内外具体情况的调查与研究。”“系统的周密的社会调查，是决定政策的基础。”②这标志着延安时期中国共产党全面开展农村社会调查研究工作，党的调查研究组织系统也逐步得以确立。③当时著名的调查有1941年9月至11月开展的固临调查④、1941年12月至1942年1月林伯渠组织的甘泉、富县调查等。在这其中以张闻天率领的“延安农村调查团”在陕北、晋西北的调查研究活动最具有代表性。从1942年1月至1943年3月，调查团先后完成神府调查、兴县调查、米脂县杨家沟调查、绥德工商业调查等，张闻天于3月27日以书面报告形式向党中央提交了此次调查的全部总结报告，即《出发归来记》，对调查研究在党的各项工作中的重要作用作了精辟系统的论述。这一时期，毛泽东将自己以往所作的12篇调查报告集结成《农村调查》一书出版，以便为全党干部“指出一个如何了解下层情况的方法”⑤。他在撰写的序言和后记（即《〈农村调查〉的序言和跋》）中明确指出：“要了解情况，唯一的方法是向社会作调查，调查社会各阶级的生动情况。对于担负指导工作的人来说，有计划地抓住几个城市、几个乡村，用马克思主义的基本观点，即阶级分析的方法，作几次周密的调查，乃是了解情况的最基本的方法。只有这样，才能使我们具有对中国社会问题的最基础的知识。”⑥1941年9月在延安对中央妇委和西北局联合组成的妇女生活调查团的

---

① 《毛泽东选集》第3卷，人民出版社1991年版，第802页。

② 《毛泽东文集》第2卷，人民出版社1993年版，第360—361页。

③ 中共中央文献研究室、中央档案馆编：《建国以来重要文献选编》第18册，中央文献出版社2011年版，第530—535页。此外，1942年3月中央书记处还专门颁发了《关于检查调查研究决定执行程度的通知》，用以检查1941年文件的贯彻落实情况。

④ 固临调查是当时所有调查中较早进行的。1941年9月—11月，中共中央西北局李卓然带领调查组成员前往固临县的两个区开展调查，其结论为中央正式提出“发展经济，保障供给”，并决定开展大生产运动提供了重要依据。

⑤ 《毛泽东选集》第3卷，人民出版社1991年版，第791页。

⑥ 同上书，第789页。

讲话中也提到了"关于农村调查"方法的问题。①这是继《反对本本主义》和《〈农村调查〉的序言和跋》之后对农村调查工作的进一步论述。此后,毛泽东在《整顿党的作风》和《反对党八股》中也都对调查研究工作进行了重点强调。可以说,党中央对调查研究的重视贯穿于延安整风运动的始终,在确立实事求是的辩证唯物主义思想路线的同时,使全党思想达到了统一,真正实现了党内团结。

(三)社会主义建设时期——"大兴调查研究之风"

新中国成立后,党的工作重心开始转移到政权巩固和经济建设上来。为此,党领导广大人民群众对经济社会发展状况进行调查研究,制定了党在过渡时期的总路线,完成了三大改造,社会主义制度初步建立。毛泽东亲自组织了对一些重大问题的调查研究,特别是关于合作化和十大关系问题。②在1956年,毛泽东历时一个半月同三十四个部门负责人讨论,听取工作汇报,写出了著名的《论十大关系》一文,对社会主义建设需处理好的关键问题作了科学判断。"大跃进"运动失败后,社会主义建设处于低潮,面对国内严峻的经济形势和党内存在的浮夸虚报等现象,毛泽东将其原因归结为"首先是因为情况不明。情况不明,政策就不正确,决心就不大,方法也不对头。……最近几年吃情况不明的亏很大,付出的代价很大。大家做官了,不做调查研究了","只凭想像和估计办事"③。他明确要求,"各级党委,不许不作调查研究工作。绝对禁止党委少数人不作调查,不同群众商量,关在房子里,作出害死人的主观主义的所谓政策"④。对此,毛泽东在党的八届九中全会前后强调要恢复实事求是的优良传统。他希望1961年成为一个调查年,大兴调查研究之风。1961年3月23日在广州召开的中央工作会议通过的《关于认真进行调查工作问题给各中央局,各省、市、区党委的一封信》⑤指出,一切从实际出发,不调查就没有发言权,必须成为全党干部的思想和行动的首要准则。要求县以上党委领导,首先是第一书记,把深入基层亲身进行

---

① 《毛泽东文集》第2卷,人民出版社1993年版,第380—384页。

② 《毛泽东文集》第8卷,人民出版社1999年版,第261页。

③ 同上书,第233、253页。

④ 同上书,第272页。

⑤ 信中还附上了遗失30多年,此前不久被重新发现的毛泽东1930年所写《调查工作》(标题改为《关于调查工作》,后改为《反对本本主义》)一文。

有系统的典型调查，当作领导工作的首要任务。广州会议结束后，毛泽东、刘少奇、周恩来、朱德、邓小平、陈云、习仲勋等领导同志也分赴各地开展调查研究。如周恩来《关于食堂和评工记分等问题的调查》①、刘少奇的湖南省宁乡县和长沙县调查、朱德的江西山区农村调查、陈云关于上海青浦农村的调查、习仲勋的河南长葛县调查以及中央领导同志经过反复调查形成的“工业七十条”“农村工作六十条”“教育十六条”等。这种从中央到地方各级领导广泛开展调查研究的做法对走出三年自然灾害，恢复全党实事求是传统起到了积极的推动作用。

（四）改革开放和现代化建设时期——“实践是检验真理的唯一标准”

改革开放后，以邓小平为核心的新一代领导集体面对“文化大革命”后百废待兴的局面，鲜明地提出“解放思想，实事求是”的思想路线，党的调查研究工作进入了一个新的历史阶段。邓小平经常深入基层实地考察，对关系经济社会发展全局的重大问题进行调查研究。他鲜明指出，先做调查研究，然后才有发言权。“我们办事情，做工作，必须深入调查研究，联系本单位的实际解决问题”②，领导干部“不要随便发表意见，首先要认真调查研究，学习下面的实际经验”③。“离开调查研究，任何天才的领导者也不可能进行正确的领导。”从“解放思想，实事求是”到“一个中心，两个基本点”，从社会主义本质论到“三个有利于”判断标准，再到社会主义市场经济等一系列重大命题无不是广泛调查研究的结果，并逐步形成了中国特色社会主义理论。习仲勋主政广东期间，在多个场合反复强调要解放思想找出路，实事求是谋发展。他特别重视调查研究，要求“县委书记一定要深入基层调查研究”，听取汇报一再要求基层干部讲实话真话，很多时候直接到一线找不同人士谈话，听取群众意见④，体现了党从群众来到群众去的工作路线。

党的十三届四中全会后，面对世界局势的新变化，以江泽民为核心的第三代领导集体大力提倡调查研究，多次从坚持党的思想路线、政治路线、组织路线的高度，强调论述调查研究的重大意义。1993 年 7 月 5 日，江泽民在全国省、自治

---

① 《周恩来选集》下卷，人民出版社 1984 年版，第 314—315 页。

② 《邓小平文选》第 2 卷，人民出版社 1994 年版，第 123 页。

③ 《邓小平文选》第 3 卷，人民出版社 1993 年版，第 7 页。

④ 严宏伟、邱然：《习仲勋与群众路线》上册，中共中央党校出版社 2015 年版，第 29、30、37 页。

区、直辖市党委政策研究室主任会议上所作的《全党要大兴调查研究之风》报告中指出:“尽管我们现在进行调查研究的对象、内容、手段、条件都发生了新的变化,但调查研究在党的决策工作和全部领导工作中的地位和作用,不仅丝毫没有改变,而且更为重要。为了适应改革和发展的需要,调查研究的工作只能全面加强,决不可有任何削弱。”①作为前所未有的新事物无现成经验可供借鉴,因此,相对社会主义革命时期,改革时期更需要发扬党进行调查研究的优良传统。他明确指出,“历史经验说明,各种问题的解决都取决于正确的决策,而正确的决策来源于对客观实际的周密调查研究。如果不了解实际情况,凭老经验、想当然、拍脑袋,把自己的主观愿望当作客观现实,就不可能作出正确的决策。因此,越是领导职务高的同志,越要亲自下功夫对重大问题进行调查研究。这是别人无法代替的。没有调查就没有发言权,没有调查就更没有决策权。”“谋事在人,成事也在人。可以这样说,坚持做好调查研究这篇文章,是我们的谋事之基、成事之道。”②

进入新世纪,党的建设面临诸多新挑战。对此,以胡锦涛为总书记的第四代领导集体进一步发扬了我们党高度重视调查研究的优良传统,攻坚克难、化解问题。胡锦涛强调,“加强调查研究,是贯彻解放思想、实事求是的思想路线和党的群众路线的必然要求,也是改进党的作风、实现科学决策、提高领导水平的重要途径。”③他要求各级领导干部要坚持和完善调查研究制度,“经常深入实际、深入基层,调查研究,虚心向群众学习,遇事同群众商量,决不能搞官僚主义、形式主义、命令主义。”④2010 年中共中央办公厅印发的《关于推进学习型党组织建设的意见》要求,“建立健全调查研究制度,省部级领导干部到基层调研每年不少于 30 天,市、县级领导干部不少于 60 天,领导干部要每年撰写 1 至 2 篇调研报告”⑤。正是在这种理念的指引下,我们党才能在复杂的国内外形势面前始终保持清醒的头脑,把握正确的政治方向,推动社会主义事业不断前进。

---

① 《江泽民文选》第 1 卷,人民出版社 2006 年版,第 306 页。

② 同上书,第 308—309 页。

③ 《胡锦涛文选》第 1 卷,人民出版社 2016 年版,第 525 页。

④ 同上书,第 280 页。

⑤ 习近平:《谈谈调查研究》,《学习时报》2011 年 11 月 21 日。

（五）社会主义新时代——“没有调查，就没有发言权，更没有决策权”

党的十八大以来，以习近平同志为核心的新一代中央领导集体高度重视调查研究工作。习近平指出：“重视调查研究，是我们党在革命、建设、改革各个历史时期做好领导工作的重要传家宝。”①早在担任河北正定县委书记期间，习近平就经常深入群众开展调查研究；他在宁德工作时提出调查研究下基层的要求，了解群众疾苦，解决群众难题。主政浙江期间，习近平曾一针见血地指出：“为什么我们现在有些决策的针对性和可操作不强，说到底，根子还是在于调查研究少了一点。”他强调，“正确的决策，绝对不是一个人或者一堆人，不作调查研究，坐在房子里苦思冥想就能产生的，它要在人民群众改革发展的实践中才能产生”。领导干部在对重大问题进行决策之前，“一定要有眼睛向下的决心和甘当小学生的精神，迈开步子，走出院子，去车间码头，到田间地头，进行实地调研，同真正明了实情的各方面人士沟通讨论，通过‘交换、比较、反复’，取得真实可信、扎实有效的调研成果，从而得出正确的结论”。②2011 年 11 月，习近平在中央党校秋季学期第二批入学学员开学典礼上专门以《谈谈调查研究》为题作了讲话，从调查研究的重要性、方法、建立完善相关制度等方面进行了系统深入阐述。

在担任党的总书记后，习近平多次就国家机关干部深入基层，拜群众为师，倾听群众心声作出重要指示。他以身作则推动全党大兴调查研究之风，切实解决广接地气的问题，并将“改进调查研究”作为中央八项规定的第一条，强调开展系统周密的调查研究，始终是我们党制定政策的基础、解决问题的关键。习近平指出，“调查研究是谋事之基、成事之道。没有调查，就没有发言权，更没有决策权”。研究问题、制定政策、推进工作，刻舟求剑不行，闭门造车不行，异想天开更不行，必须进行全面深入的调查研究。③这既是对调查研究认识的深化，也是对领导干部中存在的作风漂浮、拍脑袋决策现象的警示。进入新时代，习近平强调要完成十九大确定的各项目标任务，就必须在全党大兴调查研究之风。④在十九

① 习近平：《谈谈调查研究》，《学习时报》2011 年 11 月 21 日。

② 习近平：《之江新语》，浙江人民出版社 2007 年版，第 154 页。此外，在本书中共有三篇短评专门论述调查研究，即：《调研工作务求“深、实、细、准、效”》《调查研究就像“十月怀胎”》和《调查研究要点面结合》，意在要求领导干部深入基层深入群众提高调查研究能力。

③ 《习近平总书记系列重要讲话读本》，学习出版社、人民出版社 2014 年版，第 181 页。

④ 《习近平谈治国理政》第 3 卷，外文出版社 2020 年版，第 500 页。

届中央政治局首次民主生活会上,他明确指出:调查研究是我们党的传家宝,是做好各项工作的基本功。要在全党大兴调查研究之风,推动党中央大政方针和决策部署在基层落地生根①,让惠及百姓的各项工作实起来。实际上,每逢做出事关全局和长远的重大决策前,习近平总是身体力行、事必躬亲,深入一线调查研究,召开座谈会广泛听取意见建议。据公开报道统计,仅2020年习近平在国内考察调研就达到13次之多,足迹遍及云南、北京、湖北、浙江、陕西、山西、宁夏、吉林、安徽、湖南、广东、江苏等地。为做好“十四五”规划编制工作,习近平先后多次召开座谈会,强调要开门问策、集思广益,把加强顶层设计和坚持问计于民统一起来,切实把社会期盼、群众智慧、专家意见、基层经验充分吸收到“十四五”规划编制中来。习近平对年轻干部的调查研究能力给予厚望,2020年10月10日在中央党校(国家行政学院)中青年干部培训班开班式上,他强调“调查研究是做好工作的基本功”,要求各级领导干部特别是年轻干部要“提高调查研究能力”,用好调查研究这个法宝,把各项工作做好。上述重要论述和行动既充分体现了新时代党对调查研究这一优良传统的继承发扬,也彰显了我党立党为公、执政为民的性质宗旨。

二、 中国共产党开展调查研究的理论内涵与实践指向

在大兴调查研究之风的1961年,毛泽东明确提出:“民主革命阶段,要进行调查研究,社会主义革命和社会主义建设阶段,还是要进行调查研究,一万年还是要进行调查研究工作。”②时隔50年后,习近平再次强调:“调查研究不仅是一种工作方法,而且是关系党和人民事业得失成败的大问题。重视调查研究,是我们党在革命、建设、改革各个历史时期做好领导工作的重要传家宝。马克思主义的辩证唯物主义、历史唯物主义世界观和方法论,党的实事求是的思想路线,党的从群众中来、到群众中去的根本工作路线,都要求我们的领导工作和领导干部必须始终坚持和不断加强调查研究。”③

---

① 参见《十九大后政治局首次民主生活会 习近平提这6点要求》,载人民网 http://politics.people.com.cn/n1/2017/1227/c1001-29731818.html。

② 《毛泽东文集》第8卷,人民出版社1999年版,第262页。

③ 习近平:《谈谈调查研究》,《学习时报》2011年11月21日。

（一）调查研究是马克思主义中国化的基本前提

邓小平有一句名言，“马克思列宁主义的普遍真理与本国的具体实际相结合，这句话本身就是普遍真理”①。如何实现这种结合，中国共产党人在探索的征程上走过弯路，甚至遭遇过重大挫折。如上所述，中国特殊的国情决定了无论是革命、建设还是改革，在马克思的经典著作中都没有现成的答案，面临着“全世界共产党人所没有遇到过的一个任务”，只能“根据自己的经验来解决”②。因此，自建党伊始，深入了解中国具体国情，实现马克思主义中国化、本土化就成为中国共产党人面临的永恒课题，而调查研究则是达成这一目标的基本前提和关键手段。

注重调查研究是马克思主义内在的理论品格和科学方法论。作为无产阶级革命理论的创立者，马克思和恩格斯非常重视调查研究。他们对社会的敏锐洞悉离不开对各个阶级特别是底层工人、农民的调查研究，《资本论》《英国工人阶级状况》等著作无不闪耀着调查研究的光芒。马克思指出，“研究必须充分地占有材料，分析它的各种发展形式，探寻这些形式的内在联系。只有这项工作完成以后，现实的运动才能适当地叙述出来”③。他们把调查研究置于所创立的辩证唯物主义和历史唯物主义的基础之上，在赋予其特有的理论品格之外，也使之成为一种科学的方法论。

加强调查研究是共产党人深入了解中国国情的有效途径。“中国革命斗争的胜利要靠中国同志了解中国情况”④，中国人在自己的土地上干革命、搞建设、促改革必须紧紧依托中国的特殊国情，需要对中国社会的历史和现状有充分的了解把握，在此基础上提出中国方案，调查研究则是实现这种认知的有效方式，否则就容易犯教条主义、经验主义的错误。实际上，中国共产党关于调查研究的很多论述都是同教条主义直接交锋斗争的成果。如为了厘清党内外对土地问题的认识，回应对农民运动的责难，毛泽东历时一个多月，在实地调查五个县的基础上完成《湖南农民运动考察报告》。为了纠正“大跃进”和人民公社化运动失

---

① 《邓小平文选》第1卷，人民出版社1994年版，第258—259页。

② 《列宁选集》第4卷，人民出版社2012年版，第79—80页。

③ 《马克思恩格斯选集》第2卷，人民出版社2012年版，第93页。

④ 《毛泽东选集》第1卷，人民出版社1991年版，第115页。

败后造成的严重负面影响,在深刻反思检讨的基础上,从中央到地方各级领导主动深入基层开展调查研究,使 1961 年成为调查年的同时,其制定的各项措施也使国民经济社会发展逐渐步入正轨。

坚持调查研究是马克思主义中国化理论创新的推进器。坚持马克思主义不是墨守成规、停滞不前,创新才是马克思主义的内在要求。党领导全国各族人民之所以能取得举世瞩目的成就,根本的是把马克思主义基本原理同中国具体实际结合起来,运用马克思主义的立场、观点、方法,正确地认识中国国情,创造性地解决革命、建设和改革中的各种问题。这个结合的过程,始终是以调查研究为前提、为依据的。从毛泽东思想、邓小平理论,到"三个代表"重要思想、科学发展观,再到马克思主义中国化最新理论成果——习近平新时代中国特色社会主义思想,调查研究在实现理论与实际结合的过程中发挥了至关重要的作用。可以说,调查研究是实现这一结合的中心环节,促进了马克思主义理论与时俱进。

(二)调查研究是坚持党的实事求是思想路线的根本途径

实事求是,是毛泽东对辩证唯物主义和历史唯物主义世界观、方法论所作的高度概括,也是毛泽东思想的出发点、根本点。习近平指出,实事求是,是中国共产党人认识世界和改造世界的根本要求,是我们党的基本思想方法、工作方法和领导方法,是党带领人民推动中国革命、建设、改革事业不断取得胜利的重要法宝。坚持实事求是,就是坚持一切从实际出发来研究和解决问题,坚持理论联系实际来制定和形成指导实践发展的正确路线方针政策,坚持在实践中检验真理和发展真理。①坚持实事求是的基础是了解实际、掌握实情,这就需要发扬党善于调查研究的优良传统,在扎实系统收集资料的基础上,以实践性、客观性、长期性的视角去把握时代变化和社会发展趋势,探求其内在的规律性,使思想、行动、决策符合客观实际。因此,调查研究是坚持实事求是态度的中心一环。没有调查就没有发言权,同样也没有决策权。我们党是靠实事求是发展起来的,实践反复证明,坚持实事求是,坚持一切从实际出发,就能兴党兴国;违背实事求是,一味信奉所谓的本本和经验,就会误党误国。周恩来强调,"进行调查研究,必须实事求是"②。

---

① 《坚持实事求是的思想路线》是习近平同志 2012 年 5 月 16 日在中央党校春季学期第二批入学学员开学典礼上的讲话,参见《学习时报》https://www.ccps.gov.cn/xxsxk/zyls/201812/t20181216_125677.shtml。

② 《周恩来选集》下卷,人民出版社 1984 年版,第 313 页。

邓小平指出,“一个党,一个国家,一个民族,如果一切从本本出发,思想僵化,迷信盛行,那它就不能前进,它的生机就停止了,就要亡党亡国”①。因此,警惕教条主义、经验主义,按照实际情况决定工作方针,这是一切共产党员所必须牢记的最基本的思想方法、工作方法②,调查研究则是实现这一思想方法、工作方法的主要手段,是坚持党的实事求是思想路线的根本途径,这不仅涉及认识水平问题,更是关涉党性问题。③

(三)调查研究是从群众中来、到群众中去根本工作路线的实施方式

作为无产阶级政党,中国共产党来自人民、植根人民、服务人民,根基在人民、血脉在人民、力量在人民④,代表的是最广大人民群众的根本利益,党的性质、宗旨决定了党的各项路线、方针、政策必须坚持以人民为中心、人民至上的理念。要了解群众诉求,反映人民意志,需始终坚持从群众中来、到群众中去的根本工作路线。“治政之要在于安民,安民之道在于察其疾苦。”坚持调查研究,是我们党保持同人民群众密切联系的重要渠道。但在日常实践中,不少领导机关和干部“高高在上,不接近群众,不重视调查研究,不了解工作的真实情况。他们往往不是从客观的实际条件和人民群众的具体实践出发,来考虑和决定他们的工作,而是从不确切的情况出发,从想象和愿望出发,主观主义地来考虑和决定他们的工作”⑤。从这个意义上讲,调查研究对于贯彻群众路线,践行马克思主义思想路线具有非常重要的意义。因此,调查研究被视为“转变党的作风的基础一环”⑥。作为领导干部,必须明白“群众是真正的英雄,而我们自己则是幼稚可笑的”,因而需要有甘当小学生的精神,放下架子,俯下身子,迈开步子,深入基层,去倾听群众的呼声,了解群众的期盼,对群众“最盼、最急、最忧、最怨”的问题更要抓住不放,主动调研。⑦正如毛泽东所言,“坚决走群众路线,一切问题都要和群众商量,然后共同决定,作为政策贯彻执行。各级党委,不许不作调查研究

① 《邓小平文选》第2卷,人民出版社1994年版,第143页。
② 同上书,第114页。
③ 习近平:《谈谈调查研究》,《学习时报》2011年11月21日。
④ 《习近平谈治国理政》,外文出版社2014年版,第367页。
⑤ 《邓小平文选》第1卷,人民出版社1994年版,第221页。
⑥ 《毛泽东选集》第3卷,人民出版社1991年版,第802页。
⑦ 《习近平谈治国理政》,外文出版社2014年版,第426页。

工作。绝对禁止党委少数人不作调查,不同群众商量,关在房子里,作出害死人的主观主义的所谓政策"①。马克思主义的生命力在于其鲜明的大众性和强烈的实践性,深入群众问计于民对于党加强思想政治建设,勇于自我革新,时刻保持正确航向意义重大。

(四)调查研究为领导决策科学化现代化提供重要依据

调查研究在革命、建设和改革的各个历史时期为党提高领导能力、制定科学的路线方针政策发挥了重要作用。正确的决策来源于对客观实际周密的调查研究,没有调查就没有发言权,没有调查就更没有决策权。进入新时代,作为领导工作的一项基本功,调查研究能力依然是领导干部整体素质和能力的一个组成部分,对于年轻干部而言更是如此。

一是要坚持调查研究贯穿科学决策的始终。习近平大力倡导把调查研究贯彻于决策全过程,以最大化降低决策失误的风险。陈云有一句名言,"领导机关制定政策,要用百分之九十以上的时间作调查研究工作,最后讨论作决定用不到百分之十的时间就够了"②。他还强调,片面性总是来自忙于决定政策而不研究实际情况,为什么我们现在有些决策的针对性和可操作不强,说到底,根子还是在于调查研究少了一点。毛泽东也指出:"实际政策的决定,一定要根据具体情况,坐在房子里面想象的东西,和看到的粗枝大叶的书面报告上写着的东西,决不是具体的情况。倘若根据'想当然'或不合实际的报告来决定政策,那是危险的……所以详细的科学的实际调查,乃非常之必需。"③由此可见,科学的决策取决于调查研究的科学性,现代决策特别是重大战略的决策必须遵循科学严谨的程序,开展扎实可靠的调查研究,找准问题、有的放矢,为最终政策制度的出台提供有效依据。

二是要保证调查研究制度化。制度化既可以保证调查研究在现代领导决策中持续发挥作用,也是我党能够长期致力于调查研究的重要原因。习近平明确指出,要保证调查研究经常化、制度化,并要求各级领导机关"坚持和完善先调研后决策的重要决策调研论证制度",经常督促领导干部执行我们党关于调查研究

① 《毛泽东文集》第 8 卷,人民出版社 1999 年版,第 272 页。

② 《陈云文选》第 3 卷,人民出版社 1995 年版,第 189 页。

③ 《毛泽东农村调查文集》,人民出版社 1982 年版,第 182—183 页。

的制度规定。①其实，早在《红军第四军党代表工作大纲》中党就已经确立了调查研究制度。1958年毛泽东在《工作方法六十条》（草案）中，对领导干部调查研究的时间、方法等作了明确规定，成为调查研究制度化的重要保证。1961年1月下发的《党政干部三大纪律八项注意（草案第二次修正稿）》中，将“没有调查没有发言权”写进“八项注意”之中②，把调查研究作为纪律来执行。这些都对当今的领导决策具有非常重要的借鉴和启示意义。

三是要创新调查研究方式方法。调查研究方式方法的创新是保证领导决策科学化的重要环节。就基本方法而言，毛泽东将矛盾分析法和阶级分析法作为研究农村社会的两个出发点。他明确指出，“用马克思主义的基本观点，即阶级分析的方法，作几次周密的调查，乃是了解情况的最基本的方法”③。就具体方法而言，注重直接调查与间接调查相结合，典型调查与普遍调查相结合，在实践中使用实地访问法、开调查会、深入解剖等定性方法以及数据统计等定量方法。如典型调查就为我党广泛运用，1941年《中共中央关于调查研究的决定》就将典型调查视为决定政策的基础，一些文件还将典型调查看作是“了解情况的最重要、最基本的手段”④。邓小平强调要“善于运用典型调查的方法，研究群众的情况经验和意见”。在实践中发现典型，总结基层和群众创造的好的东西，“拿来加工提高作为全国的指导”。习近平也指出，“深入开展调查研究，解剖麻雀，发现典型”⑤。再比如开调查会，作为开调查会的高手，毛泽东曾分列了七项调查的技术，为有效开展调查研究提供了思路和方法。⑥在新的历史条件下，调查研究方法也要与时俱进。习近平指出，“在运用我们党在长期实践中积累的有效方法的同时，要适应新形势新情况特别是当今社会信息网络化的特点，进一步拓展调研渠道、丰富调研手段、创新调研方式，学习、掌握和运用现代科学技术的调研方法，如问卷调查、统计调查、抽样调查、

---

① 习近平：《谈谈调查研究》，《学习时报》2011年11月21日。

② 《中共中央文件选集》第36册，人民出版社2013年版，第150—151页。

③ 《毛泽东选集》第3卷，人民出版社1991年版，第789页。

④ 《毛泽东农村调查文集》，人民出版社1982年版，第16页。

⑤ 《习近平谈治国理政》第3卷，外文出版社2020年版，第520页。

⑥ 《毛泽东选集》第1卷，人民出版社1991年版，第116—118页。

专家调查、网络调查等,并逐步把现代信息技术引入调研领域,提高调研的效率和科学性”①。要做到“点面结合”,“既要抓点、搞好典型调查,也要注重调查研究对象的广泛性,不能以点盖面,以偏概全,只见树木,不见森林”②。由此从整体上来把握客观事物,从大量个体中探寻一般规律,使领导决策建立在充足的事实依据之上。

三、结语与展望

重视调查研究是一个马克思主义政党的政治本色。回顾建党百年调查研究史,可以说,调查研究与党的革命、建设和改革事业休戚相关、形影相随。自建党伊始,我们党就面临着如何将马克思主义普遍真理与中国革命具体实际相结合的历史课题,调查研究从那时起就已经融入党的机体和基因之中,成为我党披荆斩棘、破除艰难险阻的有力武器和闪亮名片。实践反复证明,什么时候全党从上至下重视调查研究,方针政策符合客观实际,党和人民的事业就会顺利;什么时候忽视调查研究,致使主观与客观相脱离,党和人民的事业就会遭受损失甚至重大挫折。因此,作为党的一个基本工作方法和领导制度,坚持调查研究不仅是辩证唯物主义认识论的基本要求,也是党保持同人民群众密切联系的重要渠道,直接关系党和人民事业的得失成败。

作为一个历经世事沧桑的百年大党,中国共产党的历史就是一部不断进行调查研究的历史。作为谋事之基、成事之道,调查研究一直是我党秉承的优良传统,是党密切群众的基本方法,是实事求是思想路线付诸实践的重要抓手,更是将马克思主义普遍真理同中国革命具体实际相结合的有力武器。习近平指出,当今世界正经历百年未有之大变局,我国发展的内部条件和外部环境正在发生深刻复杂变化。我们要保持经济社会持续健康发展,必须深入研判、深入调查、科学决策。只有这样,我们才能在瞬息万变、波诡云谲的世界格局中洞悉规律,校准航向,保持定力,推动中国特色社会主义伟大事业不断前进。

---

① 习近平:《谈谈调查研究》,《学习时报》2011 年 11 月 21 日。

② 习近平:《之江新语》,浙江人民出版社 2007 年版,第 166 页。

建党百年之际，我们也进入了“十四五”时期，开启了全面建设社会主义现代化国家新征程。站在新时代的历史起点，调查研究依然是我们推进各项事业顺利实施的重要法宝。在党的建设、国家大政方针以及人民群众生产生活等方面经常、广泛、深入开展调查研究，努力把真实情况掌握得更多、把客观规律认识得更透，为统筹推进“五位一体”总体布局，协调推进“四个全面”战略布局打下扎实的工作基础，为实现中华民族伟大复兴的中国梦保驾护航。

（作者为国防大学政治学院讲师）

中国共产党执政认同建构的主题演进与实践展开*

刘 伟

政治认同不仅是马克思主义政治哲学的基本范畴，也是现代政治共同体建构的重大实践命题。在政治系统发展过程中，认同总是与危机相伴提出的，不管是新生政权还是持续发展的政治系统，都必须时刻关注潜在危机，强化危机意识。危机意识与忧患意识贯穿了中国共产党百年发展历程和执政求索的始终。中国共产党历来重视对执政危机的警觉，从延安窑洞中黄炎培和毛泽东对谈“执政周期律”到中国共产党入京时毛泽东提出“赶考精神”，从七届二中全会中共中央向全党敲响“两个务必”的警钟到改革开放以来提出“四大考验”“四种危险”，我们党高度重视现代国家治理与发展进程中政治系统的发展状态。中国共产党始终关注不同执政阶段上的危机形势，构建了不同重点的执政认同，以有效的政治决策和认同建构应对不同的认同危机，有效防范和处理了执政安全风险，维系和巩固了政治系统的有效运转，保持了长期的政治稳定和社会发展。

一、信任危机视角下的制度绩效与制度认同建构

一个新生政权在建立之初的中心工作就是巩固和发展新生政权，伴随社会制度变革的推进及其在社会生活中的贯彻，政治系统信任危机成为首要问题。美国学者李普塞特把这一问题概括为政治制度的合法性和有效性，表征的是公民对现有政治制度的认可程度及其效能的满意度，其正向效应是“政治系统使人

* 本文系国家社科基金项目“新时代社会主义意识形态凝聚力和引领力提升研究”（项目批准号：18CKS046）和教育部高校思想政治工作创新发展研究中心（上海交通大学）理论研究课题（项目批准号：DFY-LL-2020073）的阶段性成果。

们产生和坚持现存政治制度是最适宜制度之信仰的能力”①。我国社会主义革命与建设时期的核心工作就是巩固和发展新生的社会主义政权，其政治认同建构的重点就是以政治绩效和制度认同应对信任危机。因此，社会主义革命与建设时期，中国共产党执政认同的建构主题，体现为信任危机视角下的政治绩效与制度认同建构，核心工作就是巩固和发展新生的社会主义政权，其执政认同建构的重点就是以政治绩效和制度认同应对信任危机。以“人民当家作主”的政治制度安排、经济公有与分配共有的经济制度建构、民族平等和民族团结制度的实施，巩固了新生的社会主义国家政权，为经济社会的恢复与发展提供了根本价值遵循，而且为当代中国一切发展进步奠定了根本政治前提和制度基础。

（一）“人民当家作主”的政治制度安排

1949 年中华人民共和国成立后，新旧社会处在交替之中，新旧思想博弈也非常激烈。中国共产党首要考虑的战略问题，就是如何在发展经济的同时巩固无产阶级政权。新的国家政体能否反映人民的意志，与人民民主专政的国体相适应，是这个时期政治认同建构的关键性问题。采用什么样政体关涉人民根本利益，进而影响人民对政治体制的认同与支持。对此毛泽东提出，“我们采用民主集中制，而不采用资产阶级议会制”②，根本原因在于“只有民主集中制的政府，才能充分地发挥一切革命人民的意志”，而且在实践展开中，“只有这个制度，才既能表现广泛的民主，使各级人民代表大会有高度的权力；又能集中处理国事，使各级政府能集中地处理被各级人民代表大会所委托的一切事务，并保障人民的一切必要的民主活动”③。基于这样的战略考量，以毛泽东为代表的中国共产党人创造性地建构了一套以人民代表大会制度为根本的政治制度体系，确立多党合作和政治协商的基本政治制度，把政党协商、人大协商和政府协商有机统一起来，把选举制和选拔制结合起来，以政治领导和协商民主的制度安排为核心进行政治认同建构，奠定了人民制度认同的基础。

---

① 史卫民等：《政治认同与危机压力》，中国社会科学出版社 2014 年版，第 9 页。

② 《毛泽东文集》第 5 卷，人民出版社 1996 年版，第 136 页。

③ 《毛泽东选集》第 3 卷，人民出版社 1991 年版，第 1057 页。

（二）经济公有与分配共有的经济制度建构

政治系统的绩效很大程度体现在生产力和生产关系的协调上。生产力从根本上反映了政治系统的有效性，即能否提供良善的生活资源，为个体生存和发展提供基本保障。生产关系、特别是分配关系反映了社会成员在政治系统中所能获得的资源、服务等利益满足情况。因此，二者都是政治系统维系和发展致力于解决的战略问题。新中国成立初期，新生社会主义政权的巩固和发展面临双重任务，一方面需要整顿和恢复国家经济的发展，另一方面又要改造社会经济成分以符合制度体系的本质属性。对此，毛泽东提出了社会主义改造和社会主义建设同时并举的方针，通过对农业、手工业和资本主义工商业的和平有步骤地改造，逐步确立了社会主义公有制经济。这一经济制度建构过程，充分发挥了利益综合在社会矛盾调和中的作用，有序分配了不同社会阶层在政治体系中的获得感，为维护政治稳定和社会秩序奠定坚实基础。

（三）民族平等和民族团结政策的实施

新中国成立后采取什么样的国家结构形式，如何协调和处理不同民族的关系和不同民族发展的模式，是政治认同建构的重要要求。民族成员在法律、政治、经济、社会、文化等方面的权利实现有无有效的制度保障，直接关涉少数民族对新生社会主义政权的承认与支持，是政治系统认同危机的重要方面。毛泽东认识到，“国家的统一，人民的团结，国内各民族的团结，这是我们的事业必定要胜利的基本保证”①。以毛泽东为代表的中国共产党人，基于我国统一的单一制国家特点和多元一体的民族复杂状况，结合少数民族大杂居、小聚居的特点，创造性地发展了马克思主义的民族国家理论，创造了有别于民族自决的民族自治概念，并以制度化和法律化的形式确立了少数民族地区实行区域自治的战略举措。通过设置自治机关、行使自治权、培养少数民族干部等，落实各民族政治地位平等和经济文化权利平等的制度安排。把民族区域自治制度作为基本政治制度写入《共同纲领》和《宪法》，使之法律化和制度化，妥善处理了国家统一和少数民族自治的关系，建立了统一国家内部地方性的民族区域自治，以制度认同锻造民族团结和国家统一，赢得了各族人民对中国共产党的拥护与支持。

---

① 《中国共产党第十七次全国代表大会文件汇编》，人民出版社 2007 年版，第 204 页。

总的来讲,社会主义革命与建设时期的制度建构,不仅巩固了新生的社会主义国家政权,为经济社会的恢复与发展提供了根本价值遵循,而且为当代中国一切发展进步奠定了根本政治前提和制度基础。

二、 发展危机视角下的政策变革与道路认同建构

国家治理体系的变革对政治系统的稳定性至关重要。能否适应时代局势变化和国家发展状况的变化,因时因势因地实现政治系统的调整和变革,是抑制危机爆发的重要前提。现代化进程中的危机总体上是一种“发展危机”,发展危机反映的实质问题是社会成员对执政党变革现有发展状态、推动经济社会长续发展的能力水平的信任度和满意度,体现着社会成员对国家发展道路、发展目标、发展成果分配的关注。改革开放以来中国共产党执政认同的建构范式体现为发展危机视角下政策变革与道路认同建构,核心工作是以国家治理体系的变革实现政治系统的稳定性。改革开放时期的发展危机处理体现为,以政党自我革命和经济绩效提升为核心,以国家富强与人民富有为显性目标的政治认同建构。通过政党自我革命重塑执政形象、政治路线调整与渐进式改革推进、经济中心工作和“共同富裕”目标提出等,适应时代局势变化和国家发展状况的变化,因时因势因地实现政治系统的调整和变革,提振政治系统的效能,维护人民对社会主义制度的发展信心和满意度,抑制危机爆发。

(一) 政党自我革命重塑执政形象

发展危机在执政向度上体现为社会成员对现有执政体系的信任度,其解决方案是通过政党执政效力提升和执政形象重塑,使社会成员坚信执政党是当下最适应领导国家发展的政党。发展危机实际上体现了执政党在长期执政过程中形成的执政惰性,即“一个政党在长期执掌国家政权的过程当中逐步丧失自我革新的动力,逐渐失去公共政策的调适能力、党内腐败的自愈能力以及根植社会的组织能力,进而导致精英分裂、组织解体、认同流失,并最终丧失执政权力”①。

① 陈家喜、滕俊飞:《比较视域中的马来西亚政党体制转型:执政惰性的理论视角》,《河南社会科学》2020 年第 1 期。

其借鉴意义在于执政党在长期执政过程中须正确处理好政治系统的稳定性和变革性的关系,以主动变革应对内外部形势变化。中国共产党在社会主义建设和改革进程中对于发展危机的化解,集中体现在历史转折节点上政党通过自我革命对执政形象的重塑。中国共产党在经历社会主义建设探索时期后,政治系统的效能开始迟滞,民主和法制因为决策失误和破坏性的社会动员遭到破坏,人民的政治认同开始下降,隐性的政治危机开始显性化。在党和国家历史转折的关头,中国共产党以自我革命的政治勇气修正过往执政教训,准确评价领导人的贡献与失误,停止以阶级斗争为纲,扭转时局,破除了“两个凡是”的僵化思想,以思想路线调整推动政治路线和组织路线的变革,开启改革开放和社会主义渐进性的市场化历程,以自我革命调整国家发展的航向标,推动伟大社会革命,展现了一个先进政党的自我纠偏能力。

(二)政治路线调整与渐进式改革推进

发展危机在制度向度上体现为对现有社会政治制度合理性和有效性的认同度,其解决方向是在变革中整合制度效能以重塑社会主义制度权威及其影响力。有学者将发展危机视为一种政治系统发展的结构性危机,即政党内部结构、机制和内部关系,在形式和客观条件发生变化的情况下不能适应党的任务的转变,从而致使执政党面临困境。①有学者认为,政党执政认同的发展危机根源于政党功能的退化,是政党在许多领域的功能失效进而被其他组织或机构替代的结果。②正如邓小平所指出,“再不实行改革,我们的现代化事业和社会主义事业就会被葬送”③。在新的历史起点,中国共产党需要直面“中国向何处去”这一关乎旗帜和道路的重大时代命题。面对国家发展内外部形势的变化,中国共产党通过制度变革和制度效能提升回应了两次历史转折点的执政关切,以及时果断的政治路线调整和坚定决绝的改革开放解答了政党发展的结构性危机。

第一,在政治稳定性中实现政治系统的跃迁。“政治稳定的实质是一种实现

---

① 王长江:《政党的危机——国外政党运行机制研究》,改革出版社 1996 年版,第 42 页。

② W. Lance Bennett, *The Governing Crisis: Media, Money, and Marketing in American Elections*, New York: St. Martin's Press, 1992; H. Reman & I. Budge, *Parties and Democracy: Coalition Formation and Government Functioning in Twenty States*, Oxford University Press, 1990, p.114.

③ 《邓小平文选》第 2 卷,人民出版社 1994 年版,第 150 页。

有目的的变迁的能力,因为稳定意味着在对付变迁着的情况时的一种适应能力。与此相反,不稳定则意味着这样一种公共政策,它要么过于僵硬呆板无法促成社会中各种价值的动态平衡,要么过于游移不定无法向一种目标前进。”①中国共产党以高超的智慧解决了历史转折时期“中国向何处去”的战略方向问题。基于政权稳定和执政体系长续性的科学考量,战略性地作出了渐进式改革的顶层设计,以有计划有目标的稳定性变革推动国家发展的主题演进,开启了社会主义改革开放波澜壮阔的历史工程。中国共产党以实事求是的精神掷地有声地向国人宣告,我们不走改旗易帜的邪路,也不走封闭僵化的老路。社会主义中国的改革不是推倒重来,而是社会主义制度的自我完善和发展。改革坚持的基本构架是以硬核维护为基点,调整外部保护带,破除不适宜经济基础的政治上层建筑和思想上层建筑。

第二,在开放的政治系统中保持社会主义政权的根本方向。中国共产党的改革开放避开了其他社会主义国家改革的极端化倾向,保持了改革目标的有限性、改革强度的适度性和改革过程的渐进性。中国共产党所领导的改革开放不仅蕴含了经济发展从“一大二公”向社会主义市场经济迈进的经济逻辑,而且蕴含了政治发展告别阶级斗争为纲的中心工作,重新恢复了社会主义民主政治发展的先进逻辑,是经济属性和政治属性的统一。与此同时,改革开放不拘泥于本本主义,而是以持续的理论创造作为扩大政党的阶级基础,从而捍卫政党的组织属性和国家政权的社会主义属性,把中国特色社会主义推向21世纪。

(三)以经济建设为中心提出“共同富裕”目标

发展危机在经济向度上体现为社会成员对现有经济发展模式和成效的认可度,其解决方向是以有效的经济战略和成果贡献模式提振社会成员的信心和认同感。一个国家经济发展成效与执政体系呈现深度关联,内蕴了执政稳定性和持续性的政治逻辑。世界执政党执政的历史经验表明,国家经济发展效应越好、经济增长速度越快,执政党获得的认同程度越高,执政时效越长。世界老牌大党墨西哥革命制度党的下台就充分印证了这一理论论断。站在历史转折点,中国

---

① [美]鲁恂·W.派伊:《政治发展面面观》,任晓、王元译,天津人民出版社2009年版,第80—84页。

共产党审时度势,准确把握世界政党兴衰的基本规律和国家长治久安的科学论断,作出了以经济建设为中心的战略决断,国家全面工作向经济中心工作看齐,全力保证社会主义发展的经济基础提升,并以"共同富裕"深化"贫穷不是社会主义"的基本论断,深刻诠释了中国共产党执政体系下社会主义的本质要求。

"共同富裕"突出了中国共产党执政为民的初心与使命。"共同富裕"表明中国共产党关注经济发展成果分配的自然随机状态,从一开始就思索发展成果惠及不同群体的结果差异可能引发的执政危机。尽管经济发展成就是维系政党执政的核心要素,但是因经济发展成果分配不均造成贫富差距分化导致执政党失去执政地位的历史事实屡见不鲜。执政近 50 年的印度国大党和执政长达 71 年墨西哥革命制度党垮台的历史教训,以鲜活的事实印证了中国共产党以全民共建共享强化执政认同的科学性。"共同富裕"不仅是中国共产党执政为民的初心,更应是掷地有声的实践。以"共同富裕"作为经济改革的追求有力破解了社会成员对中国共产党执政认同的分化,以明确的人民性意识形态巩固不同社会阶层对中国共产党执政地位的认同。将国家富强与人民富有作为共同价值目标,嵌入改革开放实践逻辑的起点,彰显了社会主义的本质要求,实现了个体认同与集体认同的内在统一。

三、 整合危机视角下的利益共享与政党认同建构

现代国家发展的内部冲突主要体现为"权利与供给的冲突",政治、经济、社会、文化权利得不到有效满足,往往会导向冲突性话语和行为的生成。随着国家发展进程的推进,开放性发展和国家发展总体层次提升,人们对经济再分配、政治权利通畅、社会承认提出更高要求,而实际政治系统运行中权利供给和权利需求增长的不平衡,往往会产生对抗性结果,呈现出一种整合性危机。整合危机表现为社会成员的利益诉求多元化和升级化;利益诉求的满足不断嵌入政治绩效的评价机制;发展空间压缩使得忍耐性开始降低、忍耐的时间缩短。在这种情况下,利益使影响政治认同的复杂性增强,直接影响社会成员对政党能力、政党绩效、政党地位的认可。因此,在整合危机的解除中经济再分配、政治权利通畅、社会承认是政治认同建构的重要手段。中国特色社会主义进入新时代以来,我国

执政认同建构的主题应该是整合危机视角下的利益共享与政党认同建构。我们不仅需要关注利益的取向和表达，而且要关注利益的获得和利益的保障，以及关注社会成员的获得感。严厉反腐行动中再造政党先进性，全面消除绝对贫困和缩小发展差距，以民族复兴和美好生活为内核完善执政目标体系，成为新时代政治认同建构的基本进路。

（一）严厉反腐行动中再造政党先进性

利益与需求的满足是执政认同的基础，利益认同表现为社会成员对政党能力、政党绩效、政党地位的认可。整合危机内在包含了社会民众对执政党有无能力为人民谋幸福、能否全心全意为人民服务的信任危机。而政党腐败与特权现象表明政党内部和人民群众的疏离，突出反映了政党利益和群众利益的对立，从根本上侵蚀着政党执政的阶级基础，其直接后果是认同流失，并最终丧失执政权力，构成了最大的执政威胁。在中国共产党百年发展历程中，党中央始终视贪污腐败等侵害人民利益的现象为大敌人，坚持做到权为民所用，情为民所系，利为民所谋。中国共产党清醒地认识到，只有不断实现自我革命，解决内生性的执政安全危机，方能跳出治乱兴衰的历史周期律。正如习近平所指出，“我们党作为执政党，面临的最大威胁就是腐败”①。“近年来，一些国家因长期积累的矛盾导致民怨载道、社会动荡、政权垮台，其中贪污腐败就是一个很重要的原因。大量事实告诉我们，腐败问题越演越烈，最终必然会亡党亡国！”②可见，严厉反腐不仅是党内政治生态净化的必然要求，也成为党和国家生死存亡的关键所在。

党的十八大以来，中国共产党忧思党风廉政建设和反腐败斗争，注重反腐败的顶层设计和战略规划，印发了《建立健全惩治和预防腐败体系 2013—2017 年工作规划》，先后修订制定了《中国共产党廉洁从政准则》《中国共产党纪律处分条例》《中国共产党巡视工作条例》《中国共产党党内监督条例》和《关于新形势下党内政治生活的若干准则》等 140 多部党内法规制度，以严格的制度化实践把权力关进制度的笼子里，秉公用权，以雷厉风行彰显重典治乱的决心，用实际成效取信于民。中国共产党刀刃向内，刮骨疗伤，既打老虎又打苍蝇，坚持反腐败

① 习近平：《在庆祝中国共产党成立 95 周年大会上的讲话》，《人民日报》2016 年 7 月 2 日。

② 习近平：《紧紧围绕坚持和发展中国特色社会主义学习宣传贯彻党的十八大精神》，《人民日报》2012 年 11 月 19 日。

斗争无禁区、全覆盖、零容忍，着力营造不敢腐、不能腐、不想腐的政治氛围，向世人证明中国共产党敢于直面问题、纠正错误，勇于从严治党、捍卫党纪。与此同时，不断推进主题教育实践，从“三严三实”到“两学一做”，再到“不忘初心，牢记使命”主题教育，以思想建党和制度建党双向驱动政党自我革命，以实际行动表明中国共产党有能力进行自我革新、自我净化和自我完善，重塑政党先进性，赢得人民的拥护与支持。

（二）全面消除绝对贫困并致力于缩小发展差距

贫困是困扰人类发展的千古难题，反贫困始终是任何一个执政党治国安邦的关键大事。中国共产党百年前就开启人民解放之宏业，执政 70 多年来把摆脱贫困摆在治国理政的突出位置，与民协力将脱贫攻坚视为一场旷日持久的人民战争，出台了一系列超常规政策举措，构建了一整套行之有效的政策体系、工作体系、制度体系，攻坚克难接续奋斗。①终于在建党百年重要时刻达成现行标准下 9 899 万农村贫困人口全部脱贫，完成了消除绝对贫困的艰巨任务，使 14 亿人口进入小康社会，实现了中华民族千年目标大计，深刻凝聚了广大人民群众的信任与赞赏，为新时代执政地位的巩固奠定了坚实的社会基础。中国共产党用行动向世人证明“贫穷不是社会主义”不是一句空洞的口号。

更为重要的是，在区域性整体贫困得以解决的新起点，中国共产党接续发力成立国家乡村振兴局，助推人民美好生活需要，更是向世人重申中国共产党执政体系下社会主义的本质要求不只是消除贫困，而是要实现共同富裕。一个人的富裕不是社会主义的富裕，民族复兴的路上一个都不能少。以乡村振兴为新起点，持续缩小城乡区域发展差距，实质上是坚持民族复兴、国家富强基础在于人民幸福的执政理念，表明中国共产党全心全意为人民服务根本宗旨。正如习近平所指出，“脱贫摘帽不是终点，而是新生活、新奋斗的起点。解决发展不平衡不充分问题、缩小城乡区域发展差距、实现人的全面发展和全体人民共同富裕仍然任重道远”②。随着时代发展步伐加快，社会发展空间压缩，社会成员忍耐性开始降低，忍耐的时间缩短。中国共产党在新百年征程中更应该顺应时代形势和人民诉求，把促进全体人民共同富裕摆在更加重要的位置，以更加务实有为的执

---

①② 习近平：《在全国脱贫攻坚总结表彰大会上的讲话》，《人民日报》2021 年 2 月 26 日。

政实践，让广大人民群众更有获得感、幸福感、安全感。

（三）完善以民族复兴和美好生活为内核的执政目标体系

利益实现状况影响社会成员对执政党的政治认同。中国共产党清醒地认识到，“江山就是人民，人民就是江山”①。执政党能否有效推动社会经济长期稳定发展并实现利益分配朝富足和均衡方向发展，不仅是政党绩效的展现，也是执政认同建构的基本遵循。特别是利益共享的制度安排是化解利益整合危机的关键所在，政治系统发展进程中，共识性的“集体利益”是促进系统关键性决策和主线化发展的动力源，而社会成员的差异化的“个体利益”能否得到有效关照，从根本上影响着政治系统的稳定。进入新时代以来，我国社会成员的利益诉求不再简单停留在物质文化需求，而是对于美好生活的需要，人们开始追求更好的发展条件和发展空间。新的利益需求不断产生，原有利益诉求不断升级，并逐步上升为政治诉求，利益诉求的满足不断嵌入政治绩效的评价机制中。

在此背景下，中国共产党不仅提出中华民族伟大复兴的战略，而且把“人民对美好生活的向往”作为政党奋斗目标，抓住了社会成员个体利益和集体利益交混中真实的利益取向和总体性的利益取向，以此为根据在执政理念和治理实践上落实了共识性“集体利益”的多样化的“个体利益”的综合建构。其中，中华民族伟大复兴的国家发展战略抓住了社会成员的共识性“集体利益”，是执政认同建构的基准线。而“永远把人民对美好生活的向往作为奋斗目标”，实质上看到了社会成员利益发展的多样化形态和人民群众对执政党的信任与期待，从根本上抓住了人民群众更深层次的经济利益、政治利益和文化利益，反映了新时代中国共产党治国理政需要深化的区域和领域。可见，新时代中国共产党的政治认同建构实际上是以民族复兴、国家强盛与国民幸福的结构目标体系为引领，以利益共享为出发点实现了个体利益和集体利益的综合，强化了利益共同体的升级建构，兑现了中国共产党坚持初心和使命的政治承诺，实现了强执政基础的政治认同建构。

总而言之，回顾中国共产党百年发展历程和七十多年执政历程，从新生政权

---

① 习近平：《习近平在党史学习教育动员大会上强调：学党史悟思想办实事开新局　以优异成绩迎接建党一百周年》，《人民日报》2021 年 2 月 21 日。

的信任危机到历史转折中的发展危机，再到新时代的整合危机，中国共产党不仅通过执政认同建构赢得人民的支持，建立了稳定的社会支持系统，而且善于塑造执政认同，凝聚共识性力量支撑国家建设和政权巩固。中国共产党的执政认同建构，在塑造组织凝聚力和战斗力、保持政治地位巩固和社会政治稳定、整合社会力量推进社会主义事业等方面起到了关键性作用，建立了深厚的党执政的阶级基础和群众基础，保持了党的长期执政地位和社会长期稳定，成为新时代中国共产党长期执政的重要法宝。

（作者为上海交通大学马克思主义学院副教授）

善于把握历史机遇是中国共产党铸就历史伟业的重要秘诀

王公龙

善于把握历史机遇是中国共产党成功的重要秘诀。在百年奋斗历程中，我们党始终以马克思主义基本原理分析把握历史大势，正确处理中国和世界的关系，善于抓住和用好各种历史机遇，始终保持历史主动，推动党和国家事业不断向前发展。当前，我国已进入新发展阶段，深刻总结和传承弘扬我们党在百年历程中成功把握历史机遇的宝贵经验，对于牢牢把握我国发展的重要战略机遇期，全面建设社会主义现代化国家，具有重要的理论和现实意义。

一、 能否把握历史机遇事关党的前途命运

所谓历史机遇，是指事物发展的过程中，由必然性和偶然性等因素所引发的可能促使事物取得突破性进展的历史性机会和条件。历史机遇往往是事物发展的转折点。把握历史机遇，就是敏锐察觉并科学判断事物发展的必然性和偶然性，充分运用有利于事物发展的历史条件，推动事业打开新局面。抓住了历史机遇，实践主体就能赢得主动，乘势而上，事业就会迎来大发展、大跨越；反之，抓不住或者错失机遇，实践主体就可能裹足不前，逐渐陷入战略被动，甚至被历史所淘汰。

中国共产党是在世界风云处于激烈变幻时期、中华民族处于艰难危险时刻而诞生的。在百年的历程中，我们党历经千难万险，遭遇一个个重大历史考验。能否在历史关键节点判断准、利用好历史机遇，事关党能否由小变大、由弱变强，成功唤起并引领中国人民，担负起推动中华民族走向伟大复兴的历史重任。

首先，把握历史机遇，有助于成功探索出中国革命和建设的正确道路，彻底改变中华民族的悲惨命运。近代以来，由于西方列强入侵，由于封建统治的腐败，中国逐渐成为半殖民地半封建社会，山河破碎，生灵涂炭，中华民族不仅遭受

着前所未有之苦难，而且处于一蹶不振的颓势状态之中。面对中华民族日益被动的困境，中国共产党要根本性扭转其发展的历史轨迹，并将其引向伟大复兴的光明大道，就必须高度重视把握一次次难得的历史机遇，尽可能抓住发展的有利时机，在革命战争年代找到符合中国实际的革命道路，在社会主义建设时期探索出适合中国国情的发展道路，带领中国人民逐步完成争取民族独立、人民解放和实现国家富强、人民幸福的历史任务。

其次，抓住历史机遇，及时制定和实施赢得民心的政策和主张，有利于最大限度争取人民的支持。“江山就是人民，人民就是江山，人心向背关系党的生死存亡。”①要赢得人民支持，既要始终保持马克思主义政党的人民立场和人民情怀，更要在历史发展的关键阶段把握国际国内形势发展大势，在历史发展的关键时刻及时制定顺民意、得民心的政策，充分调动人民群众的积极性、主动性和创造性。在革命战争年代，党准确判断和把握中国社会的主要矛盾，充分利用国内阶级斗争的特殊形势，把中国革命的重点放在农村，通过“打土豪、分田地”，最大限度赢得人民的支持，开辟农村包围城市、武装夺取政权的革命道路；在革命胜利后，党积极主动地把握世界社会主义大发展的历史机遇，利用好执掌政权的有利条件和人民投身社会主义建设的高昂热情，大力发展社会主义事业，不断地汇聚起推动中国社会伟大变革的磅礴力量。

再次，借助历史机遇，有利于在严峻复杂的国际国内环境中发展壮大。在百年奋斗历程中，中国共产党不仅要时刻面对来自国内的各种风险和挑战，而且要时刻面对外部环境中的各种压力和考验。要在险恶环境的夹缝中求生存，在压力下逆势发展，闯过一道道险关，就必须在革命、建设、改革等历史发展的转折时期，及时把握住一个个稍纵即逝的历史机遇，顺势而为，乘势而上，制定和实施新的发展战略，不断实现党和国家事业的大发展，从而为自身发展壮大争取机会，创造条件。

二、 中国共产党在把握历史机遇中保持历史主动

在百年的奋斗历程中，中国共产党之所以能够由小变大，由弱到强，带领中

① 习近平：《在党史学习教育动员大会上的讲话》，《求是》2021 年第 7 期。

国人民在革命、建设和改革的不同历史阶段，铸就辉煌历史业绩，一个重要的原因在于：在一个个重大历史关头，成功抓住和用好了各种难得的历史机遇。

党的诞生就是顺应世界发展大势、成功把握历史机遇的结果。十月革命的胜利，社会主义的兴起，是20世纪初的世界大势。十月革命一声炮响，给中国送来了马克思列宁主义。在中国先进分子看来，十月革命标志着世界无产阶级革命时代的到来，预示着资本主义一统天下局面的终结和社会主义历史新纪元的开启。俄国用马克思列宁主义指导实践，取得了革命的成功，充分证明这一理论的科学性。俄国与中国有相同或相似的国情，都是人民遭受封建压迫严重的国家，都是生产力水平不发达的国家。既然俄国革命可以成功，中国选择俄国革命的道路，自然也有成功的希望。更何况，1919年3月，共产国际在莫斯科成立。列宁在致共产国际第一次代表大会的开幕词中指出，帝国主义战争以后的事变进程不可避免地促进了无产阶级的革命运动，革命在全世界已经开始并正加紧进行。在这场战争中找到了一种能使无产阶级实现自己的统治的实际形式，即实行无产阶级专政的苏维埃制度。①俄国无产阶级革命的新鲜经验以及共产国际关于推动各国无产阶级革命的主张，对于苦苦探索中华民族出路的中国先进分子而言，无疑是极大的鼓舞。正如瞿秋白所说："中国这样黑暗悲惨的社会里，人人都想在生活的现状开辟一条新道路，听着俄国旧社会崩裂的声浪，真实空谷足音，不由得动心。"②中国也可能也有必要把握世界无产阶级革命的历史机遇，"走俄国人的路"，开辟中国革命的崭新道路。1921年诞生的中国共产党就是"从这个世界大势中产生，走在了时代前列"③。

抗日民族统一战线策略的制定顺应了国际国内矛盾的转化。"九一八"事变后，中华民族和日本帝国主义之间的矛盾日趋尖锐，成为中国社会必须面对和解决的主要矛盾。1935年日本帝国主义制造"华北事变"后，中华民族面临更为严重的生存危机，整个华北危在旦夕。在中华民族面临生死存亡的紧要关头，如何挽救民族危亡，如何联合尽可能多的力量进行抗日民族战争，成为摆在中国共产党和中国人民面前的最紧迫的问题。从国际范围看，随着日本法西斯势力的抬

① 徐光春主编：《马克思主义大辞典》，长江出版传媒、崇文书局2018年版，第595页。

② 《瞿秋白文集·文学编》第二卷，人民文学出版社1986年版，第248页。

③ 习近平：《在党史学习教育动员大会上的讲话》，《求是》2021年第7期。

头，日本侵华引起了东亚国际关系的变化，帝国主义内部的矛盾“达到了空前紧张的程度”①，这“在中国共产党和中国人民面前提出了中国的抗日民族统一战线和世界的和平阵线相结合的任务。这就是说，中国不但应当和……苏联相联合，而且应当按照可能，和那些现时愿意保持和平而反对新的侵略战争的帝国主义国家建立共同反对日本帝国主义的关系”②。为了争取国际上对中国抗日的同情和支持，有必要区别对待法西斯侵略国家和西方民主国家。在此背景下，中国共产党根据国际国内主要矛盾深刻变化的新形势，主动调整政策和策略，适时提出建立抗日民族统一战线的主张。1935 年 8 月，中共驻共产国际代表团草拟了《中国苏维埃政府、中国共产党中央为抗日救国告全体同胞书》（即《八一宣言》），不久公开发表。宣言呼吁全国各党派、各军队、各界同胞，不论过去和现在有任何政见和厉害的不同，有任何敌对行动，都应当停止内战，集中一切国力去为抗日而奋斗。《八一宣言》突出中日民族矛盾，扩大了抗日民族统一战线阵营的范围，表明中国共产党的政治策略开始新的转变。③1935 年 12 月的瓦窑堡会议，我们党不失时机地制定了抗日民族统一战线的政策。会议指出，党的策略路线是发动、团结与组织全中国全民族一切革命力量去反对当前主要的敌人——日本帝国主义与蒋介石。④1936 年 12 月西安事变发生后，党中央从抗战大局出发积极推动事变的和平解决。西安事变的和平解决，成为时局转换的枢纽。自此以后，十年内战的局面基本结束，国内和平初步实现。在抗日的前提下，国共开始第二次合作，共同反对日本帝国主义的侵略。我们党最终团结带领人民赢得了抗日战争伟大胜利。

中华人民共和国的成立和巩固，是顺应时代大潮的产物。在 1949 年 3 月召开的党的七届二中全会上，毛泽东同志明确指出：“我们不能设想，没有苏联，没有欧洲的和美国的工人运动吸引美帝国主义的力量在西方，我们中国革命也能胜利。我说，东方的空气比较稀薄，而西方的气压很重，我们就在东方冲破帝国

---

① 中央档案馆编：《中共中央文件选集》，第 10 册，中共中央党校出版社 1991 年版，第 598 页。

② 《毛泽东选集》（一卷本），人民出版社 1968 年版，第 233 页。转引自陶文钊：《中美关系史》（1911—1949）上卷，上海人民出版社 2004 年版，第 185 页。

③ 中共中央党史研究室：《中国共产党历史》第一卷（1921—1949）上册，中共党史出版社 2002 年版，第 412 页。

④ 同上书，第 417 页。

主义力量比较薄弱的这一环。中国革命胜利以后的巩固也是一样，帝国主义是要消灭我们的，没有各国无产阶级，首先是苏联的援助，巩固是不可能的。"①毛泽东同志的上述论断深刻阐释新中国成立前夕，中国共产党提出"另起炉灶"、"打扫干净屋子再请客"和"一边倒"三条方针的深刻历史背景。首先，美国"扶蒋反共"的本质昭然若揭。解放战争期间，美国撕下虚伪的面具，公开支持国民党政权打内战，千方百计阻挠中国革命的胜利。美国国务院在1948年8月发表的《美国与中国的关系》白皮书中，详细地叙述了抗日战争末期至1949年的5年间，美国实施扶蒋反共政策，千方百计地反对中国人民，结果遭到失败的经过。②新中国成立后，以美国为首的西方资本主义国家继续采取对华敌视政策，政治上孤立，经济上封锁。中国要保持完全中立的路线与美苏平行发展关系，就会导致完全的自我封闭，重回闭关锁国的状态。其次，国际力量对比发生了有利于社会主义阵营的深刻调整。刚刚经历了第二次世界大战的资本主义世界，已经元气大伤，各种矛盾日益突出。而社会主义则不断发展壮大，亚非拉民族解放运动风起云涌，出现了"东风压倒西风"的气象。在《论人民民主专政》一文中，毛泽东就"一边倒"政策分析说："一边倒，是孙中山的四十年经验和共产党的二十八年经验交给我们的，深知欲达到胜利和巩固胜利，必须一边倒。""中国人民不是倒向帝国主义一边，就是倒向社会主义一边，绝无例外。骑墙是不行的，第三条道路是没有的。我们反对倒向帝国主义一边的蒋介石反动派，我们也反对第三条道路的幻想。"③再次，新中国的发展和安全问题亟待解决。新中国在经济上继承的是一个千疮百孔的烂摊子，迅速稳定经济形势，使自己在经济上从而在政治上站稳脚跟，无疑是党执政的当务之急。国际上，美国"扶蒋反共"政策失败后继续与中国人民为敌，拒绝承认新中国，对新中国实行政治孤立、经济封锁和军事包围。为了巩固新生的革命政权，保卫来之不易的民族独立，并为恢复国民经济和随后开始的向社会主义过渡争取有利的国际环境，新中国只能在战略上选择

① 《毛泽东文集》第5卷，人民出版社1996年版，第262页。

② 毛泽东曾为新华社撰写了《丢掉幻想，准备斗争》《别了，司徒雷登》《为什么要讨论白皮书?》《"友谊"，还是侵略》《唯心历史观的破产》等评论文章，揭露美国对华政策的帝国主义本质，批评了国内一部分资产阶级知识分子对于美国帝国主义的幻想。参见《毛泽东选集》第4卷，人民出版社1991年版，第1483页。

③ 《毛泽东选集》第4卷，人民出版社1991年版，第1473页。

对苏“一边倒”。为此，新中国不仅同苏联和其他社会主义国家迅速建交，还先后与十几个民族独立国家和资本主义国家建交。1950年2月中国与苏联签订的《中苏友好同盟互助条约》，“这有利于新中国放手进行国内建设和中苏共同对付可能的帝国主义侵略，争取和维护世界和平”。①在“一边倒”的格局下，中国取得了抗美援朝战争的胜利，参加了1954年的日内瓦会议，以大国的姿态登上了国际舞台。

作出改革开放的重大决策，是基于对时代潮流变化的深刻洞察。②十一届三中全会后，我们党确立了解放思想实事求是的思想路线，做出实现党和国家工作中心转移到经济建设上来的历史性决策。但到底采用何种方针政策才能迅速改变我国经济落后的面貌成为急待解决的问题。邓小平在正确分析国际国内形势的基础上，抓住时代主题转换的历史机遇，毅然决定实行改革开放。首先，时代主题的转换就是历史机遇。由于受到帝国主义的封锁、遏制和威胁，在新中国成立后的相当长时期内，我们党视“战争与革命”为时代的主题。党的十一届三中全会后，我们党改变了战争不可避免并迫在眉睫的观点，认为世界大战一时打不起来。这主要是因为有资格打世界大战的超级大国美国和苏联关系出现缓和，核武器对双方的行为起着重要制约作用，经济和科技在世界竞争中的地位日益突出。③到80年代中期，根据国际形势的发展变化，邓小平明确提出了“和平与发展是当代世界的两大问题”的判断，④认为我国发展正在面临一个十分难得的赶上时代的历史机遇。其次，对外开放就是创造历史机遇。20世纪70年代末80年代初，世界经济科技快速发展，我国刚刚经历了“文化大革命”，整个国家发展同国际先进水平的差距明显拉大。粉碎“四人帮”后，走出国门的中国领导人在了解国际形势的同时，无不强烈感受到中国同发达国家在经济、科技、管理等方面正在拉大的差距，无不对中国当时的落后状况感到痛心疾首。实施改革开放，缩小与西方国家间差距，跟上时代潮流，已是当务之急。中国实行开放政策，就是要“争取利用国际上的资金和先进技术，来帮助我们发展经济”。⑤

① 本书编写组：《中国共产党简史》，人民出版社、中共党史出版社2021年版，第150页。

② 习近平：《在党史学习教育动员大会上的讲话》，《求是》2021年第7期。

③ 《邓小平文选》第2卷，人民出版社1993年版，第127页。

④ 《邓小平文选》第3卷，人民出版社1993年版，第105页。

⑤ 《邓小平文选》第2卷，人民出版社1993年版，第405页。

要“利用国际和平环境更多地吸收对我们有用的东西，这对加速我们的发展比较有利”。①事实证明，邓小平抓住历史机遇所制订的改革开放的方针政策，既扭转了我国长期贫穷落后的局面又大大解放了人们的思想，为我国社会主义建设创造了较为宽松的国际国内环境，特别是为社会主义市场经济道路的探索，推动中国经济融入世界经济体系，促进我国生产力的大发展创造了新的历史机遇。

三、自觉运用历史经验把握重要战略机遇期

“虽有智慧，不如乘势”。在百年奋斗历程中，中国共产党始终高度重视从历史长河、时代大潮、全球风云中分析演变机理、把握历史机遇，保持历史主动，并积累了十分宝贵的历史经验。自觉运用这些历史经验，无疑有助于在新发展阶段牢牢把握重要战略机遇期，实现党和国家事业的大发展。

第一，自觉运用马克思主义辩证思维科学判断历史机遇。马克思主义辩证思维是我们党成功把握历史机遇的强大思想武器。正是基于辩证思维，我们党始终保持强烈的认识和把握历史机遇的意识，努力在动态变化的形势中、在严峻挑战的危机中积极寻求发展壮大的历史机遇，一次次实现绝境逢生。历史充分证明，历史机遇往往并不少见，关键在于主体的人能否充分运用自己的智慧和才能去发现机遇并抓住机遇，促进事物的发展。当前，随着我国综合国力的日益壮大，我国发展的战略环境正在发生深刻复杂的变化，来自外部的压力有增大之势，未来不排除遭遇各种形式重大风险甚至是惊涛骇浪。在巨大的压力面前，要克服各种形式的悲观情绪和消极心态，就必须自觉运用马克思主义唯物辩证法分析和判断形势，正确把握主要矛盾和矛盾的主要方面，从变局中发现机遇，从危机中寻找机遇，始终保持强大的自信和定力。习近平总书记指出：“当今世界正经历百年未有之大变局，但时与势在我们一边，这是我们定力和底气所在，也是我们的决心和信心所在。”②当前有必要进一步强化人们的机遇意识，自觉运用马克思主义辩证思维分析矛盾和问题，切实从危机中发现机遇，善于将危机转

① 《邓小平文选》第2卷，人民出版社1993年版，第128页。

② 《习近平在省部级主要领导干部学习贯彻党的十九届五中全会精神专题研讨班开班式上发表重要讲话》，《人民日报》2021年1月12日。

化为机遇，下好先手棋，打好主动仗。

第二，从“两个大局”的互动关系中敏锐把握历史机遇的新内涵和新特征。历史机遇从来不是孤立存在的，而是内外环境深刻互动的产物。寻求历史机遇离不开对世界大势的分析和判断，离不开对国际国内环境的统筹把握。随着国际国内环境的变化，历史机遇的主要内涵和表现形式都会发生新的变化。当前，中华民族伟大复兴的战略全局和世界百年未有之大变局相互联系之紧、彼此互动之深前所未有，这势必会对重要战略机遇期的发展和变化以深刻的影响。党的十九届五中全会强调：“当前和今后一个时期，我国发展仍然处于重要战略机遇期，但机遇和挑战都有新的发展变化。”①在此背景下，要牢牢把握重要战略机遇期，就必须深入研究当下历史机遇的新内涵和新特征，敏锐把握新冠疫情冲击下国际环境的新变化，培育强大国内市场，实行更高水平对外开放，加快构建以国内大循环为主体、国内国际双循环相互促进的新发展格局，重塑我国国际合作和竞争新优势。

第三，在创新思维方式中主动塑造历史机遇。历史机遇不是等来的，而是可以通过实践主体的自身努力积极塑造出来的。随着国内外形势的深刻变化，实践主体改变自身过时的思维方式和思维惯性，选择新的战略和政策，有助于塑造和培育新的发展机遇。抗日民族统一战线是我们党自己主动制定的。改革开放的历史性决策源自我们党确立解放思想实事求是的思想路线。历史一再证明，历史机遇可以通过主动塑造而形成。在中国综合国力大幅提升的当下，我们党比历史上任何时期都更有条件和能力主动塑造历史机遇。进入新发展阶段，要在变化的国际国内形势中把握战略机遇期，就必须充分发挥中国共产党人的主动性和创造性，不断强化开拓创新的勇气和胆魄，不仅要做到准确识变、科学应变，更要强化主动求变的意识，通过自我加压，主动造势，顶风开船，才能在危机中育先机、于变局中开新局。

第四，在动荡变革的形势下及时抓住历史机遇。“机不可失，时不再来”。历史机遇不是始终处于固定不变的状态，有时稍纵即逝。历史机遇本身所呈现的

---

① 《中共中央关于制定国民经济和社会发展第十四个五年规划和二〇三五年远景目标的建议》，《人民日报》2020年10月30日。

特殊性，要求人们必须善于敏锐地识别机遇并适时抓住机遇，才能为事物发展创造有利条件。必须看到，重要战略机遇期始终处于变动不居之中。唯有以时不我待的机遇意识，不断增强新发展阶段各项工作谋划的前瞻性、决策的及时性和执行的果断性，才能及时抓住宝贵的历史机遇加快发展，不断增强我国的综合优势和战略主动性，维护并延长我国发展的重要战略机遇期。

第五，在防范和应对各种风险挑战中充分利用历史机遇。机遇和挑战是矛盾的统一体，往往相伴而生。把握历史机遇，必然要求直面矛盾和风险，着力提高防范和应对风险挑战的能力。中华民族伟大复兴，绝不是轻轻松松、敲锣打鼓就能实现的，必然会面对各种可以预见和难以预见的风险和挑战。当今世界正经历百年未有之大变局，新冠肺炎疫情全球大流行使这个大变局加速变化，世界进入动荡变革期。当前和今后一个时期是我国各类矛盾和风险易发期，各种风险因素明显增多。为此，必须把防范和应对各种风险和挑战放在更加突出的位置，始终坚持统筹发展和安全，树立底线思维，有效防范化解各类风险挑战，确保十四五规划和 2035 远景目标的如期实现，为全面建设社会主义现代化国家、实现中华民族伟大复兴奠定坚实的基础。

（作者为中共上海市委党校教授）

百年来党的干部工作的重要成就与宝贵经验

郭　玮

政治路线确定后，干部是决定性因素。党的干部人才队伍是党的事业的骨干，是党的路线、方针、政策的制定者和贯彻执行者，是人民的公仆，是群众的组织者和领导者。干部队伍建设的状况如何，干部队伍各方面的素质如何，直接关系到党的路线发展政策能否得到贯彻和落实的问题，关系着党的领导和社会主义现代化建设兴衰成败的问题。建党百年来，党的干部工作取得了重要成就。不仅为党的革命、建设和改革事业发展提供了坚强的组织保证，也为新时代的党的干部工作提供了重要的经验借鉴。

一、 民主革命时期的干部工作

新民主主义革命时期是党团结和带领人民群众进行争取民族独立和人民解放的时期。这一时期，党的干部工作经历了一个从无到有、从摸索前行到日益成熟的过程，我们党在干部的选拔任用、教育管理、监督使用等方面，取得了重要成就，培养和造就了一大批能贯彻党的理论、路线和方针政策的干部队伍，为革命的胜利提供了坚强的保障，也为新中国成立后的干部工作提供了基本遵循。

（一）成立了干部工作机构和确立了干部工作的方针

1921 年中国共产党创立之初，就在中央局设立了专门的组织机构，由中央局组成人员张国焘任组织主任。此后，中央一直设有专门的组织机构、配备专门人员，1924 年 5 月，中央设立了中央组织部。1925 年 1 月，党的四大通过了对于组织问题之议决案，提出了进一步加强中央组织部的要求，规定新的中央须特别注意设立一有力的中央组织部，实际上真能指导地方之党的组织。四大以后，党进一步加强了中央组织部的工作，规定组织部的中心工作之一是分配全党人才于适当地位。专门的组织机构的建立和加强，为做好干部工作奠定了重要的基础。

1937年,毛泽东在延安召开的党的全国代表大会上所作的报告中指出:党的干部要懂得马克思主义列宁主义,有政治远见,有工作能力富于牺牲精神,能独立解决问题,在困难中不动摇,忠心耿耿地为民族、为阶级、为党而工作。这段论述实际上是对整个土地革命战争时期党选人用人的实践经验的高度概括和总结,对正确地选人用人具有重要指导意义。

(二)不断探索对干部的教育

建党初期,为加强对党员干部的教育,各级党组织积极创办印发多种党内报刊,出版了大量宣传马列主义和关于中国革命问题的书籍。1925年10月,中央扩大执行委员会会议再次强调了教育和训练党员的重要性,决定开办地委之下的普通党校和区委之下的高级党校,与此同时,党还选送青年到农民运动讲习所和黄埔军校学习,选派优秀共产党员、共青团员到苏联学习,其中许多人后来成为党的优秀领导者。在土地革命战争初期,各级党组织还创办了各种干部学校,对党员干部进行比较系统的马列主义教育和各种专业知识教育。1935年,中央政治局通过了关于延安干部学校的决定和关于在职干部教育的决定,创办了中央党校、抗日军政大学、陕北公学等干部教育培训机构,延安出现了吃小米饭、攻理论山的学习热潮。解放战争时期,党继续坚持了干部教育第一的方针,通过开办或扩大军政学校、中等学校以及各类专门学校,举办速成学校或训练班等方式训练大批能够管理军事、政治、经济、党务、文化教育等各方面工作的干部,同时不断提高他们的理论水平。据统计,仅1949年各解放区就有20多万人参加干部学校的学习。

(三)逐步形成了以党管干部为前提的分层分类管理

在根据地时期,各党组织举办了各种短期训练班,开设了政治常识、党的建设、苏维埃建设、实习等课程,以分类的干部管理体制。1938年,中央决定在敌后的各中央分局、区、地、县、市、分区的党委设立组织部,集中管理干部的考察、征调和分配工作。1942年实行党的一元化领导后,各级党委直接指派干部和分配行政干部更加趋于制度化。在党管干部的前提下,适应革命形势发展变化的需要,党在干部工作实践中逐步探索形成了一套比较系统的分层分类的双重干部管理体制。一是地方干部与军队干部分类管理。1938年后,已经开始出现了地方干部与军队干部在管理上的分工。1941年10月,中央明确规定,除了军队干部由中央军委总政治部管理外，中央与各地的领导干部由中央组织部统一管理。二是地方领导干部与一般干部分层分类管理。领导干部由党委、政府管理，一般干部由政府的人事部门管理。各级政府及其部门的主要领导主要是通过各级参议会选举产生，一般干部则由各级政府及政府部门的主要领导直接挑选和任命。三是地方干部实行双重管理。领导干部既由上级党委、政府管理，也由同级党委管理，一般干部既由本级管理，也由上级政府人事部门管理。

（四）大力培养选拔优秀青年干部、少数民族干部、妇女干部和党外干部

民主革命时期特别是抗战时期，为适应抗战形势发展的需要，党有针对性地加大了不同方面干部的培养选拔力度。重视培养选拔优秀的青年干部。党注意通过召开积极分子会议、开办短期训练班和举行座谈会等形式培养和发现优秀青年人才。抗战初期，从全国各地奔赴延安、追求革命真理的大批爱国青年，经过学习培训进入党的干部队伍并在斗争实践中不断成长进步，使党的干部队伍获得了源源不竭的新生力量。重视培养少数民族干部。1937 年在中央党校办起少数民族班。1941 年 9 月，中共中央在延安创办了民族学院作为培养少数民族干部的专门机构。重视培养选拔优秀妇女干部。这一时期，培养选拔女干部被摆到了党的干部工作的重要位置。1939 年 2 月，中共中央作出的关于开展妇女工作的决定继续强调：注意于女党员的吸收和女干部的培养。另外根据抗日根据地政权建设的需要，在各级党组织的领导下，一大批拥护愿意与共产党人合作抗日的进步人士、开明绅士通过选举等多种方式参与到基层政权之中。不仅如此，党还注意给党外干部以应有的权力和地位，积极支持党外干部放手大胆工作。如 1941 年 11 月，党外进步人士李鼎铭提出精兵简政的意见后，中央立即接受，并于 12 月发出精兵简政的指示。

（五）加强对干部监督整顿，不断纯洁干部队伍

通过清理蜕化变质分子和肃反等措施整顿干部队伍。在土地革命前期，为了维护和保持党在思想上、政治上、组织上的统一，巩固和加强党对革命事业的领导，党加大了对党员干部队伍的整治力度，果断处理了一些闹不团结、搞宗派活动等出现严重思想、政治问题的干部。在各革命根据地通过肃反的形式清除了一些混进党员干部队伍的地主、富农分子。这些举措对于保持党员干部队伍纯洁性、增强党的革命性、提高党的战斗力，起到了积极作用。与此同时，需要指

出的是，由于缺乏在严峻的战争环境和复杂的阶级斗争条件下同隐蔽的敌人进行斗争的经验，特别是由于“左”倾教条主义的干扰，有的地方在整顿干部队伍时出现了偏差。主要是一些领导者错误地以对敌斗争的方式来对待同志，制造了许多冤假错案，大批党的优秀干部被无辜杀害，直接导致了肃反严重扩大化的错误。为了解决一些基层党员干部思想作风不纯等问题，1947 年下半年，中央工作委员会在西柏坡召开的全国土地会议上决定，结合土改在全党范围内开展整党整风运动，其中把解决个别干部存在的严重官僚主义、强迫命令、脱离群众等问题作为重点之一。到 1949 年初，整党工作基本结束。通过这次整党，使广大基层干部受到了深刻教育，在思想上、政治上、作风上都得到了很大提高，为推动土改运动的深入开展、巩固和发展解放区提供了有力保障。

二、 社会主义革命和建设时期的干部工作

新中国诞生后，党根据执政和社会主义建设事业的需要，采取了一系列加强和改进干部工作的政策举措，不断提升了干部队伍建设的质量和水平，为完成执政建国的历史使命提供了坚强保障、创造了有利条件。

（一）确立了在党的统一领导下分部分级的干部管理体制

1953 年 4 月，中央组织部发出关于政府干部任免手续的通知，规定干部的考核、审查、提名、任免等工作不再由人事部进行，而由党委或党委组织部进行，明确把干部管理权限集中到各级党委及党委组织部，进一步强化了党管干部的制度。同年 11 月，中央又下发了关于加强干部管理工作的决定，提出“逐步建立在中央及各级党委统一领导下、在中央及各级党委的组织部统一管理下的分部分级管理干部的制度”。分部管理是指将全体干部划分为军队、文教、计划和工业、财贸、交通运输、农林水利、党外干部、政法、党群等九类，在中央及各级党委组织部统一管理下，由中央及各级党委的各部分别负责管理；分级管理是指在中央及地方各级党委之间分工管理各级干部。1955 年，中央又下发了关于干部分管后有关干部任免、调动应注意事项的通知，中央管理的干部职务名称表的决定等文件，进一步规范了干部管理权限、范围和程序，完善了分部分级干部管理体制。

（二）不拘一格选拔任用干部

新中国成立之初，党多渠道启用新干部，通过教育、改造原国民党政府机关职员，同时从大批招收的青年知识分子和工人中选拔了大量新干部，经短期训练培养后安排到了党和政府的各级领导岗位。经过努力，党的干部队伍迅速扩充。这一阶段，为了团结一切可以团结的力量共同建设新中国，党高度重视加强党与非党人士之间的合作。其中，黄培炎、傅作义、沈雁冰等党外人士还担任了中央政府部门、机构的第一任正职。同时，为适应建立民族自治机关对少数民族干部的大量需求，党还把培养选拔少数民族干部摆到了重要位置。1949 年 11 月，毛泽东在给西北局的指示中提出各级政权机关均应“大量地吸收回族及其他少数民族能够和我们合作的人参加政府工作”。1951 年 2 月，中央下发的《关于进一步加强统一战线工作的指示》要求，各地“把推行区域自治和训练少数民族自己的干部当作中心工作”。1954 年 2 月，中央统战部又制定了关于县、市以上地方各级人民代表大会制实行时安排民主人士和人民代表大会实行后人民民主统一战线组织问题的补充意见。上述政策的出台，有效调动了广大党外干部参加国家建设事业的积极性。

（三）广开渠道培养训练干部

新中国成立初期，针对新老干部不适应新中国建设事业发展需要的实际，党先后出台了关于在职干部学习问题的通知等一系列政策文件，对干部教育培训工作作出安排部署，使干部教育培训工作卓有成效的开展，形成了以党校为核心、覆盖全国的干部教育培训体系，进一步丰富了干部教育培训内容。这一阶段，党对知识分子提出并实行了“团结、教育、改造”的政策，积极改造提高知识分子干部，组织知识分子学习《社会发展史》和《新民主主义论》等文献；大力培养教育年轻干部，主要从思想教育和实际斗争锻炼两个方面着手促使年轻干部健康成长；重视培养教育妇女干部，创造条件帮助妇女干部提高政治、文化、理论与业务水平与工作能力。此外，党对培养少数民族干部极为重视，专门由政务院制定了关于培养少数民族干部试行方案。

（四）采取集中运动的方式清理整顿干部队伍

1951 年 12 月，中央先后作出了关于实行精兵简政、增产节约，反对贪污、反对浪费和反对官僚主义的决定，发出了关于反贪污斗争必须大张旗鼓地去进行的指示，要求各地“在进行反对贪污和反对浪费的斗争中，同时开展一个反对官僚主义的斗争”。指示各地采取严厉措施惩办贪污分子、浪费分子和官僚主义分子。“三反”运动到1952年6月结束，教育挽救了一批犯错误的干部，提拔了一批优秀干部，坚决果断地清理了以刘青山、张子善为代表一大批蜕化变质分子。据不完全统计，其间共查出贪污分子和犯有贪污错误的人约120万人，其中约有40余人被判处死刑。

（五）加强干部调整配备

党继续坚持任人唯贤的干部路线，并创造性地发展了德才兼备的思想，提出了又红又专的干部标准，紧紧围绕社会主义建设事业的需要选用干部。一是适应“大跃进”的需要大规模调整补充干部。1958年3月，中央组织部在关于当前各省、市、自治区需要干部情况和解决意见的报告中提出，在工农业生产和各项工作“大跃进”的新形势下，采取从中央机关抽调一批干部、地方有计划地调整一批干部、有计划有准备地提拔一些优秀干部的办法解决干部缺乏的问题。二是在国民经济出现严重困难时大量精简干部。1960年7月，中央一级机关开始了精简工作。三是适应加强地方政治工作的需要抽调军队干部到地方工作。1964年5月，中央组织部、解放军总政治部联合发出了《关于从军队抽调五千三百名干部到地方政治机构工作的通知》，决定从解放军中抽调5 000名连以上干部到地方政治机构和企业、事业政治机构工作。四是高度重视培养选拔年轻干部和知识分子干部。1965年11月，中央批示同意了中央组织部关于培养提拔新生力量参加县、地、省领导工作的报告，要求各级党委大胆培养提拔新生力量，强调对特别优秀的可以破格提拔。同时，党高度重视选拔任用知识分子干部，1964年，中央专门批示同意了《中央组织部关于科学技术干部管理工作条例试行草案》的报告，同年5月，中共中央、国务院转发了内务部关于进一步对使用不当的高等学校毕业的干部进行调整的工作，对管好用好知识分子干部提出了明确要求。

三、改革开放和社会主义现代化建设新时期党的干部工作

改革开放初期，全国大规模平反纠正冤假错案，一大批无辜遭受株连的干部和群众得到平反。在平反冤假错案和纯洁干部队伍的同时，党中央高度重视培

养接班人问题。党中央把贯彻落实干部队伍“四化”方针,实现干部队伍整体性新老合作与交替。一大批政治素质好、文化程度高、有专业知识的年轻干部走上各级领导岗位,各级领导班子结构发生了很大变化,活力大大增强。

（一）全面平反冤假错案

“文化大革命”的十年,造成了大量的冤假错案,大批忠诚于党的事业的干部被打倒。党的十一届三中全会结束后,党中央就公开为彭德怀、陶铸平反,由此开始了全面复查平反冤假错案的工作。为了扫清平反工作中的障碍,澄清认识上的混乱,1979 年 1 月,中共中央纪律检查委员会第一次全体会议特别强调在平反工作中要坚持实事求是,有错必纠。对于冤案、错案、假案,都要坚决纠正过来。在党中央的领导下,全国开展了大规模的平反冤假错案工作,绝大部分冤假错案在短时间内得到解决,大批有丰富工作经验的老干部重新回到工作岗位,使改革开放得到了人力上的支持。

（二）重视中青年干部队伍建设

1980 年 8 月,邓小平在中央政治局扩大会议明确提出了实现干部队伍“四化”。为了实现干部队伍的“四化”目标,必须建立健全干部离退休等一系列干部人事制度。1982 年 2 月 20 日,中共中央颁布了《关于建立老干部退休制度的决定》。《决定》对省部级领导的最高任职年龄作出了明确规定。同时,《决定》创造性地制定了退居二线制度。《决定》的颁布妥善解决了新老干部适当交替的问题,为社会主义现代化建设宏伟事业的顺利实现提供了组织保障。

（三）干部教育培训工作步入正轨

1982 年 10 月 3 日,为了推进干部教育培训工作,《中共中央、国务院关于中央党政机关干部教育工作的决定》颁布。《决定》明确要求中央党政机关要立即着手把干部教育工作规划好、组织好。《决定》第一次规定干部使用要与干部培训一致起来,要求考察干部时,必须把学历、学习成绩作为重要依据。之后,党中央又颁布了一系列有关干部教育培训的制度。同时,为给干部教育培训创造便利条件,中央和地方投入大量人力和物力,不断加强各级党校建设。同时,党中央还十分重视干部教育培训的制度化建设。不仅相继建立健全了领导干部学习进修制度,颁布了《党政领导干部选拔任用暂行条例》,规定了提拔担任党政领导职务的干部必须经过 3 个月以上的培训；而且《国家公务员暂行条例》中对国家公务员的培训也作出了明确规定，公布了《中国共产党党校工作暂行条例》，下发了《中共中央关于面向 21 世纪加强和改进党校工作的决定》，建立了党委（党组）中心组学习制度等。由于认真执行了这些制度、规定，并注意搞好培训与使用的结合，使干部教育培训逐步实现了规范化、制度化、科学化。

（四）建立后备干部制度

1982 年，党的十二大提出了建设各级领导班子第三梯队的重大战略决策，标志着我们党的后备干部制度有了一个新的重大发展。1983 年中共中央组织部发布的《关于建立省部级后备干部制度的意见》，成为改革开放初期后备干部制度建设的重要指导文件，后备干部制度正式确立。建立后备干部制度是党的第二代中央领导集体在总结国际国内共产主义运动在干部队伍建设方面经验教训基础上，所作出的一项重要决策。后备干部制度的建立适应了新时期建设中国特色社会主义历史重任的需要，是实现干部“四化”建设的基础，是推进社会主义现代化事业顺利实施的重要组织保证。

（五）初步实施了公务员制度

实行国家公务员制度，有利于坚持党管干部的原则，有利于造就德才兼备的高素质干部，有利于提高政府的工作效率和国家行政管理的稳定性。1988 年 3 月，为了贯彻党的十三大实行国家公务员制度的既定方针，进一步加强政府人事工作，党中央决定成立国家人事部。人事部的成立标志着国家公务员制度开始向实施阶段过渡。为了贯彻落实党的十三大提出的建立和完善新的企业人事制度，使优秀企业家和各种专门人才脱颖而出，党中央进一步加大了企业的干部人事制度改革。1988 年 5 月 21 日，中央组织部、人事部制定印发了《关于全民所有制工业企业引入竞争机制改革干部人事制度的若干意见》，从组织上保证企业改革的深入发展，推动各种形式经营责任制的落实。

（六）提高干部选拔的公开透明程度，坚持“高素质”“德才兼备、以德为先”标准

20 世纪 90 年代，面对社会发展和党的建设新形势，江泽民提出了新的干部选拔标准，提出要通过科学的选拔程序和选拔办法，切实把那些群众公认、政治素质高、实践能力强、有实实在在政绩的干部选出来。第一，公开选拔领导干部。

公开选拔领导干部,有利于进一步拓宽选人视野,引进竞争机制,调动各方面的积极性,促使优秀人才脱颖而出;有利于扩大党员群众的知情权、参与权、选择权和监督权,防止和克服用人上的不正之风。据不完全统计,到党的十五大以前,全国有 27 个省市自治区开展了公开选拔领导干部的工作,选拔厅级干部 352 人,县处级干部 4 377 人。第二,中层干部竞争上岗。党的十三届四中全会至党的十六大期间,各地各部门把竞争上岗作为党政机关选人用人的重要方式。许多地方利用机构改革的有利时机,在直属部门推行竞争上岗。而在党的十七大报告中,胡锦涛提出要“坚持用人导向,按照德才兼备、注重实绩、群众公认原则选拔干部,提高选人用人公信度”,着重强调了“德”在干部选拔任用中的重要地位;并在 2010 年系统提出了“要坚持德才兼备、以德为先的用人标准,形成充满活力的选人用人机制,完善促进科学发展的考核评价机制,努力形成有利于科学发展的用人导向”。

四、 新时代党的干部工作

党的十八大以来,以习近平同志为核心的党中央着眼进行具有许多新的历史特点的伟大斗争,坚持治国必先治党、治党务必从严,牢牢把握加强党的执政能力建设和先进性、纯洁性建设这条主线,坚定不移推进全面从严治党,在干部人才工作上取得了显著成效。

(一) 坚持党管干部原则,匡正选人用人风气

以习近平同志为核心的党中央坚持党管干部原则,从明确新时期好干部标准入手,为进行伟大斗争推进宏伟事业培养造就规模宏大的高素质干部队伍。一是好干部标准深入人心。围绕治国理政新要求,习近平总书记提出了信念坚定、为民服务、勤政务实、敢于担当、清正廉洁的新时期好干部标准,强调领导干部要自觉践行“三严三实”,心中有党、心中有民、心中有责、心中有戒,忠诚、干净、担当,具有铁一般信仰、铁一般信念、铁一般纪律、铁一般担当,对少数民族地区干部还提出了“三个特别”的要求,为选好用好干部提供了新的指南。党中央印发了新修订的《干部任用条例》,把好干部标准贯彻体现到干部选拔任用的基本原则、基本条件、基本要求等各个方面。

（二）选人用人理念方法更加科学

党中央先后就改进地方党政领导班子和领导干部政绩考核、推进领导干部能上能下、事业单位领导人员管理、艰苦边远地区基层公务员考试录用等方面作出明确规定。各级党委、组织部门坚持德才兼备、以德为先，坚持五湖四海、任人唯贤，坚持事业为上、公道正派，以事择人、依岗选人，强化领导责任、加强分析研判、注重民主质量、解决“四唯”问题，严把政治关、作风关、能力关、廉政关，统筹干部资源，科学选人用人。发挥干部考核“指挥棒”作用，强化干部综合考核评价，建立干部实绩档案，大力推进干部交流，加大对不适宜担任现职干部的调整力度，着力整治“为官不为”等问题。

（三）选人用人公信力大大提高

强化任前审查核实，实行干部“凡提四必”。各级组织部门建立健全了信件、电话、网络、短信“四位一体”的“12380”综合举报受理平台，结合巡视开展选人用人专项检查，建立干部选任工作纪实和责任倒查制度。开展了“带病提拔”集中倒查和违反干部标准程序、跑官要官和说情打招呼、“三超两乱”、干部档案造假、领导干部违规兼职、“裸官”等专项整治，严查选人用人不正之风。党中央查处通报了湖南衡阳破坏选举案、四川南充拉票贿选案、辽宁拉票贿选案等选人用人违法违纪案件。

（四）干部素质能力全面提升

党中央印发了《干部教育培训工作条例》《2013—2017年全国干部教育培训规划》《2018—2022年全国干部教育培训规划》。中央党校连续举办省部级干部研讨班、县委书记研修班及其他班次，各级党组织结合实际，不断加大干部教育培训力度，有力提升了干部的整体素质和能力。

五、百年来党的干部工作的宝贵经验

百年来，党的干部工作在理论和实践上取得了重要成就，也积累了宝贵的经验。这些经验概括起来，主要包括以下几个方面：

（一）牢牢坚持党管干部的根本原则

党管干部原则，是指党和国家的一切有关干部人事工作的方针、路线、政策都必须由党来制定,所有干部的吸收、使用、管理都必须以党的要求、规定为依据。包括制定干部人事工作的方针、政策,牢牢掌握主导权;推荐和管理好重要干部,着力提高控制力;严格按党的民主集中制和干部任免程序管理干部,坚持党委集体讨论决定干部;指导干部人事制度改革等。坚持党管干部原则,就要坚持民主、公开、竞争、择优,形成干部选拔任用科学机制。规范干部任用提名制度,完善体现正确政绩观要求的干部考核评价体系,完善公开选拔、竞争上岗、差额选举办法。扩大干部工作民主,增强民主推荐、民主测评的科学性和真实性。加强干部选拔任用工作全过程监督。健全领导干部职务任期、回避、交流制度,完善公务员制度。健全干部双重管理体制。推进国有企业和事业单位人事制度改革,完善适合国有企业特点的领导人员管理办法。

(二)始终加强党的干部队伍思想建设

思想建设是干部队伍建设的首要任务。思想建设在干部队伍建设中是一个根本性的问题,具有极为重要的作用。思想建设决定了干部的立场。我们党是马克思主义政党,干部必须要有坚定的马克思主义立场。干部的马克思主义立场不是与生俱来的,只能通过思想教育来实现。干部的马克思主义立场也不是永恒不变的,必须通过持续的思想教育来巩固。中国特色社会主义能不能建设好,干部队伍是个关键,而干部队伍能不能建设好,思想建设是关键。要着眼于提高全党的马克思主义理论水平,坚持不懈地用马克思主义中国化的成果武装全党,推动广大党员特别是各级领导干部自觉用之指导客观世界和主观世界的改造,提高运用科学理论解决实际问题的能力。

(三)在实践中不断提高干部的执政能力

把马克思主义的实践观点运用于干部队伍建设工作之中,坚持在实践中培养锻炼干部,是我们党在干部队伍建设方面的一条重要经验。实践增知识,实践出觉悟,实践长才干,理论知识、历史知识可以通过书本学习来获得,品格、意志的锻炼主要靠在艰苦的实践中去解决。干部的思想水平、工作能力和领导能力,必须在工作的实践中形成,干部只有经过了在艰苦的环境中的摔打,才能获得真本领,才能在领导人民建设中国特色社会主义现代化事业中真正经得起考验。只有置身于人民群众的伟大实践中,才能培养造就高素质的干部队伍。要坚持多岗位培养锻炼年轻干部,尤其要注重在基层一线的实践中培训锻炼年轻干部。

一方面，要鼓励更多的年轻干部到基层、到生产一线和艰苦地方去经受考验、成长成才；另一方面，要注重选拔基层中善于做群众工作、能妥善应对复杂局面、有处理实际问题能力的优秀年轻干部充实党政领导机关。

（四）不断深化干部人事制度改革，让优秀干部人才脱颖而出

全面贯彻尊重劳动、尊重知识、尊重人才、尊重创造的方针，用事业凝聚人才、用实践造就人才、用机制激励人才、用法制保障人才，优化人才结构，促进人才成长。逐步创造一个公开、平等、竞争、择优的用人环境。即按照社会主义市场经济体制改革的内在要求，干部的选拔任用必须坚持“公开、民主、竞争、择优”的选贤任能方针、寻求扩大民主的途径，让尽可能多的群众参与干部推荐选择任用中，并且有真正的知情权、发言权、参与决定权，从而形成与社会主义市场经济体制和民主政治建设相适应的有中国特色的选人用人机制。时代在前进，事业在发展，党和国家对各方面人才的需要必然越来越大。要抓紧做好培养、吸引和用好各方面人才的工作。进一步在全党全社会形成尊重知识、尊重人才、促进优秀人才脱颖而出的良好风气。通过各项工作，努力开创人才辈出的局面。

（作者为中共上海市松江区委党校讲师）

中国共产党“培养什么人”理念的历史沿革与主要经验*

陈华栋

2016 年,在全国高校思想政治工作会议上,习近平总书记强调指出,高校思想政治工作关系高校培养什么人、如何培养人以及为谁培养人这个根本问题。“培养什么人、如何培养人以及为谁培养人”是相互支撑、不可分割的系统性命题,也是党的教育方针的核心内容。在其中,“培养什么人”又是教育的首要问题。科学提出并巩固确立教育方针,根据不同时期的形势任务与时俱进调整完善教育方针,是中国共产党领导教育工作的一条基本经验。中国共产党在带领中国人民经过长期艰苦卓绝的斗争而建立新中国之后,就开始琢磨和思考“培养什么人”这个重要命题。70 多年来,历经几代党中央领导集体的不断打磨和完善,“培养什么人”的理念得到了持续的丰富和发展。2021 年 4 月 29 日,第十三届全国人大常委会第二十八次会议通过关于修改《中华人民共和国教育法》的决定,将新时代党的教育方针修改为“教育必须为社会主义现代化建设服务、为人民服务,必须与生产劳动和社会实践相结合,培养德智体美劳全面发展的社会主义建设者和接班人”,并落实为国家法律规范,这在我国教育史上具有深远影响。

以党开展思想政治教育的重要实践为依据,我们大致可以将新中国成立以来,中国共产党“培养什么人”的理念沿革划分为“聚焦德智体全面发展”“注重德智体美全面发展”“实现德智体美劳全面发展”三个主要时期。回顾这段发展历程,比较不同时期党中央对“培养什么人”的重要论述,提炼不同时期党中央“培养什么人”理念的主要特征,对进一步深入理解中国共产党的教育方针、进一步深入推进新时代党的教育事业的发展都有着较为重要的理论与现实意义。

---

* 本文系教育部高校思想政治工作创新发展中心(上海交通大学)研究课题“高校思想政治工作质量评价研究”(DFY-LL-2020042)、上海学校德育创新发展专项研究项目“上海高校思想政治教育质量评价研究”(2019-dycx-202)的阶段性研究成果。

一、社会主义革命和社会主义建设时期：以培养“德智体全面发展”的社会主义建设者和接班人为主要目标(从 1949 年到 1978 年)

经过 28 年的艰苦奋斗，中国共产党带领中国人民推翻了三座大山，建立了新中国，开始了对社会主义事业的建设和探索。随着工作重心从革命运动逐渐转移到社会主义建设上来，党中央开始对人才培养工作越来越重视，对培养社会主义建设者和接班人的现实需求也越来越强烈，并随之做出了一系列重要指示，开始形成了党的教育方针。从 1949 年新中国的成立到 1978 年改革开放之前，中国共产党治国理政的实践相继经过了社会主义革命、社会主义改造和社会主义建设等阶段。在此过程中，党中央把“突出培养学生的政治素养、提升学生的文化素质、积极投身国家建设事业”作为人才培养工作的主要要求，使之成为这一时期党中央“培养什么人”的核心理念。

1. 以“三好”“五爱”等通俗的表达来传递党中央对培养什么人的基本定位

新中国成立初期，尽快恢复千疮百孔的国民经济、巩固保护新生的人民政权是摆在中国共产党面前最重要的任务。与此相适应，党中央把人才培养的主要目标设定为增强国家意识、政治素质和人民情怀，注重对学生科学文化素质的提高，严防帝国主义的侵蚀，并期望借助形象通俗地表达在全社会更好地达成共识。1949 年颁布的《中国人民政治协商会议共同纲领》中写道，“提倡爱祖国、爱人民、爱劳动、爱科学、爱护公共财物为中国公民的公德”，在全社会层面提出一个相对较为宽泛的发展理念。1950 年 6 月，教育部召开第一次全国高等教育会议，提出人才培养应实现“专、快、多”(人才的技术专业、人才的培养速度快、人才培养多)，着重强调大学生应坚持“爱祖国、爱人民、爱劳动、爱科学、爱护公共财物”的“五爱”标准，突出培育高等人才的爱国爱党情怀、提升马克思主义理论素养，自觉抵制帝国主义、资本主义的侵蚀。为保证人才能更好地投身到新中国建设工作中，毛泽东特别强调“身体好、学习好、工作好”的“三好”要求，他指出：“我们应主张全面发展，要使学生得到比较广博的知识，发展健全的身体，发展共产主义道德”。①

① 《毛泽东文集》第 7 卷，人民出版社 1999 年版，第 399 页。

"五爱"标准、"三好"要求等教育培养目标的提出，在全社会上得到了很好的传播，是新中国成立后中国共产党人培养人才工作的重要探索，为后期党的教育方针的进一步成熟打下了较好的基础。

2. 以"德智体全面发展"来概括党中央对培养什么人的核心认知

1956年底社会主义改造的基本完成，使得社会主义基本制度在我国得以最终确立。党中央日益认识到培养社会主义建设者和接班人工作的重要性，对培养什么人的目标也越来越系统化。一方面，党中央越来越重视对受教育者的政治教育，注重培养学生的马克思主义世界观。1949年12月30日召开的第一次全国教育工作会议就明确指出，"新区学校安顿后的主要工作，就是进行政治与思想教育"。1955年在关于高等学校的政治思想教育工作问题上，时任教育部副部长的刘子载就指出，"向学生进行政治思想工作的目的，就是不断提高学生的社会主义觉悟，培养学生的马克思列宁主义世界观和共产主义道德品质。"另一方面，党中央领导人明确提出了"德智体"全面发展的理念，丰富发展了党的教育方针。毛泽东在给周恩来的信，以及其他多个场合中，多次提及要高度重视青年教育，为党的人才培养指明了方向。1957年，在《关于处理人民内部矛盾》一文中，毛泽东提出："我们的教育方针，应该使受教育者在德育、智育、体育几方面都得到发展，成为有社会主义觉悟的有文化的劳动者。"①

3. 以"培养无产阶级革命事业接班人"作为党中央培养什么人的落脚点

受苏共二十大的影响，20世纪50年代中期东欧国家发生了"波匈事件"。面对国际共产主义事业的受挫，分析资本主义势力对社会主义阵营保持敌视的复杂形势，党中央把"培育百万无产阶级革命事业的建设者和接班人"作为最重要的教育方针。毛泽东认为，应培育无产阶级革命青年，重视对青年的政治引领工作。1957年，党中央明确要求："高等学校以上的党校，都要设立关于社会主义教育的课程。"②1958年9月19日下发的《中共中央、国务院关于教育工作的指示》中提到："教育工作必须由党来领导"，"共产主义社会的全面发展的新人，就是既有政治觉悟又有文化的、既能从事脑力劳动又能从事体力劳动的人"。

① 《建国以来毛泽东文稿》第4卷，中央文献出版社1990年版，第259页。

② 《中共中央文件选集》第26册，人民出版社2013年版，第351页。

4. 以"教育与生产劳动相结合"作为党中央对培养什么人的工作策略

新中国成立初期,面临既要完成社会主义革命又要开展社会主义建设双重任务的需要,"半工半读""半农半读"成为一个较为常见的人才培养方式,其目的是为了缓解新中国成立初期我国的经济及建设压力,动员广大青年在参与社会主义建设的同时努力接受教育,以马克思主义思想指导青年投身于劳动实践的过程中去。"三大改造"期间,毛泽东也积极提倡教育培养工作要与实践工作相结合。1953 年 6 月 30 日,在接见中国新民主主义青年团第二次全国代表大会主席团时,毛泽东做了重要讲话,主题为《青年团的工作要照顾青年的特点》,其中明确指出了青年要积极配合党的指导来进行社会主义改造,同时还要根据青年的特点,组织青年和成人一同投身于社会主义建设。社会主义建设初探时期,教育与劳动相结合的方式得到了进一步的发展。1958 年 9 月 19 日下发的《中共中央、国务院关于教育工作的指示》中明确提出了"党的教育工作方针,是教育为无产阶级的政治服务,教育与生产劳动相结合"。随着"经常的、艰苦的社会主义革命斗争和社会教育"等相关宣传的加强,广大青年学生纷纷学习先进典型、参与社会劳动、投身社会建设,起到了一定的积极作用。

二、改革开放以来的新时期:以培养"德智体美全面发展"的社会主义建设者和接班人为主要目标(从 1978 年到 2012 年)

经过拨乱反正,党的十一届三中全会做出了把工作重心转移到经济建设上来的重大部署,党中央做出了改革开放的重大决策,恢复了"解放思想、实事求是"的思想路线。面对新形势和新任务,结合中国特色社会主义事业的不断发展,党中央相继提出了"培育'四有新人'""坚持'四个统一'""努力成长为'四个新一代'"等具体要求,这些要求成为这一时期党中央"培养什么人"的核心理念。

1. 以"四有新人"作为新时期党中央对培养什么人的新目标

随着改革开放的推进,我国面临的国际国内形势都发生了很大的变化,和平与发展成为世界的两大主题。1978 年 4 月 22 日,邓小平在全国教育工作会议上发表重要讲话指出:"培养人才有没有质量标准呢?有的。这就是毛泽东同志说的,应该使受教育者在德育、智育、体育几方面都得到发展,成为有社会主义觉悟的有文化的劳动者。""我们要创造比资本主义更高的劳动生产率,把我国建设成为现代化的社会主义强国,并且在上层建筑领域最终战胜资产阶级的影响,就必须培养具有高度科学文化水平的劳动者,必须造就宏达的又红又专的工人阶级知识分子队伍。"其中,明确提出"又红又专"的目标要求。1980年4月,教育部、共青团中央印发《关于加强高等学校学生思想政治工作的意见》[(80)政教字004号]强调了要"紧密结合'四化'培养人才"。1980年底在党中央召开的工作会议上,邓小平指出:"要努力使我们的青少年成为有理想、有道德、有知识、有体力的人,使他们立志为人民作贡献,为祖国作贡献,为人类作贡献。"1982年7月,邓小平在军委座谈会上发表重要讲话,提出我们的各族人民要"成为有理想、讲道德、有文化、守纪律的人民"。到1985年3月随着全国科学工作会议的召开,邓小平完整地提出了要教育全国人民做到"有理想、有道德、有文化、有纪律"的"四有新人"思想①,并将之纳入新时期社会主义精神文明建设的总体目标。随后,"四有新人"思想在具体实践中又得到了不断的完善和发展。

2. 以"四个统一"和"德智体美全面发展"作为新时期党中央对培养什么人的新思考

"四有新人"不单指向青年学生,也同样涵盖了各行各业的一线群众和党的领导干部。在具体的培养实践中,对如何达成"四有新人"目标的渠道方式,党中央也进行了较多的思考。1998年,在庆祝北京大学建校100周年大会上,江泽民提出希望青年学生要"坚持学习科学文化与加强思想修养的统一、坚持学习书本知识与投身社会实践的统一、坚持实现自身价值与服务祖国人民的统一、坚持树立远大理想与进行艰苦奋斗的统一"。这"四个统一"的理念,是对培养"四有新人"路径的细化,也是党的教育方针的进一步深化。1999年,在全国教育大会上,江泽民系统阐述了党的教育方针,即"坚持教育为社会主义为人民服务,坚持教育与社会实践相结合,以提高国民素质为根本宗旨,以培养学生的创新精神和实践能力为重点,努力造就'有理想、有道德、有文化、有纪律'的德育、智育、体育、

① 《邓小平文选》第3卷,人民出版社1993年版,第110页。

美育等全面发展的社会主义事业建设者和接班人”，首次明确提出了“德智体美全面发展”的理念。进入新世纪，2002年在纪念中国共青团成立80周年大会上，江泽民发表重要讲话指出，希望青年成为“德才兼备、全面发展的人，成为视野开阔、胸怀宽广的人”①。这四个方面的具体要求，与“四个统一”是相呼应的。“坚持学习科学文化与加强思想修养的统一、坚持学习书本知识与投身社会实践的统一”重在达到“德才兼备、全面发展”，“坚持实现自身价值与服务祖国人民的统一、坚持树立远大理想与进行艰苦奋斗的统一”重在实现“视野开阔、胸怀宽广”，全面涵盖了德智体美的相关内容，共同构成了江泽民对“培养什么人”问题的系统思考，明确了跨世纪人才培养的总要求和总方向。

3. 以“四个新一代”和“五个坚持”作为新时期党中央对培养什么人的新要求

党的十六大以后，中国经济迎来了一个爆发式增长时期，综合国力和国际影响力不断提升。与此相适应，国家对人才的素养期许越来越高、对人才培养工作的要求也日益提高。2007年五四青年节期间，胡锦涛在《致中国青年群英会的信》中提出“希望全国广大团员和各族青年牢记党和人民的重托，自觉肩负起时代的重任，努力成长为理想远大、信念坚定的新一代，品德高尚、意志顽强的新一代，视野开阔、知识丰富的新一代，开拓进取、艰苦创业的新一代”，形成“四个新一代”的总体规划。2010年在全国教育大会上，胡锦涛指出，要全面加强德智体美全面发展，在党的教育方针中首次提出“坚持教育与生产劳动和社会实践相结合”的理念，并强调教育人才要坚持“文化知识学习和思想品德修养的统一、理论学习和社会实践的统一、全面发展和个性发展的统一”的培养模式。2011年在庆祝清华大学建校一百周年大会上，胡锦涛以“三个结合”的要求对此培养模式做了再次强调。2012年在纪念中国共产主义青年团成立90周年大会上，胡锦涛发表重要讲话指出，希望广大青年要做到“五个坚持”，即坚持远大理想，在为党和人民事业的奋斗中创造人生辉煌；坚持刻苦学习，面向现代化、面向世界、面向未来；坚持艰苦奋斗，在千磨万击中历练人生、收获成功；坚持开拓创新，大力发扬以改革创新为核心的时代精神；坚持高尚品行，提高品德修养，让社会主义荣

① 《毛泽东邓小平江泽民论教育》，中央文献出版社2002年版，第209页。

辱观更好引领社会风尚。这些新要求表明,进入新世纪以后,党中央对“教育实践”越来越重视,生产劳动和社会实践日益成为人才培养的重要支撑。

4. 以“协作联动”作为新时期党中央对培养什么人的新格局

改革开放以后,随着国家与经济社会发展工作逐渐回归正轨,党对教育工作也日益重视,开始强调高校思想政治工作要构建多方协作的格局。1980 年 4 月,教育部、共青团中央印发《关于加强高等学校学生思想政治工作的意见》[(80)政教字 004 号],指出“要善于把思想教育结合教学、科研去进行”的工作原则。1981 年 6 月,党的十一届六中全会通过的《关于建国以来党的若干历史问题的决议》指出:“要坚持德智体全面发展、又红又专、知识分子与工人农民相结合、脑力劳动与体力劳动相结合的教育方针”,再次强调了多种方式相结合的理念。1987 年中共中央出台的《关于改进和加强高等学校思想政治教育的决定》(中发[1987]18 号)对高校在日常教育教学过程中渗透思想政治教育工作做出了进一步的指导。邓小平要求各行各业在社会主义现代化建设中都要重视人的科学文化素质和思想道德素质的提高,要求全党、工会、妇联、共青团、少先队、学校等党政、社会团体、群众组织一齐努力,加强道德教育,培养社会主义新人。1998 年江泽民在庆祝北京大学建校 100 周年大会上提出“希望青年学生要做到四个统一”、2012 年胡锦涛在纪念中国共产主义青年团成立 90 周年大会上提出“希望广大青年要做到五个坚持”,是对构建协作联动的育人新格局的进一步深化,以期通过多部门的协力合作,既要树立崇高理想又要坚持脚踏实地,既要注重课堂学习又要积极参与实践教育,既要发挥学校育人优势又要挖掘社会育人资源,共同引导学生做到“知行合一”,积极投身于社会主义现代化建设事业中。

三、党的十八大以来:以培养“德智体美劳全面发展”的社会主义建设者和接班人为主要目标(从 2012 年至今)

党的十八大以来,中国特色社会主义事业取得了历史性成就、党和国家事业发生了历史性性变革。党的十九大报告提出:“经过长期努力,中国特色社会主义进入了新时代,这是我国发展新的历史方位。”习近平总书记站在为党育人、为国育才的高度，反复强调立德树人的根本任务，围绕新时代“培养什么人”的重要命题作出了一系列重要论述，提出“培养德智体美劳全面发展的社会主义建设者和接班人”“自觉担当民族复兴大任的时代新人”等重要思想，成为新时代党中央“培养什么人”的核心理念。

1. 把“坚定马克思主义信仰、高举社会主义旗帜”作为新时代党中央对培养什么人的主基调

人才之争，也是当前各国之间竞争的一个焦点。对人才培养质量的高低，直接关系到一个国家的长治久安。我国是社会主义国家，中国共产党的教育部方针就是要求要培养社会主义建设者和接班人。习近平反复强调坚定理想信念的重要作用，他提出共产党人的政治灵魂就是“对马克思主义的信仰，对社会主义和共产主义的信念”，这是共产党人经受住任何考验的精神支柱。①这个精神支柱需要通过教育一代一代传承下去。正如 2018 年 5 月习近平在北京大学师生座谈会上所指出的，“培养社会主义建设者和接班人，是我们党的教育方针，是我国各级各类学校的共同使命”，“古今中外，每个国家都是按照自己的政治要求来培养人的，世界一流大学都是在服务自己国家发展中成长起来的。我们社会主义教育就是要培养社会主义建设者和接班人。”随着国际竞争的加剧和西方敌对势力对我国人才培养工作的加剧渗透，教育就必须要不断强化培养“坚定马克思主义信仰、坚定社会主义信念”的人。2017 年 10 月在会见清华大学经济管理学院顾问委员会海外委员和中方企业家委员时，习近平明确提出，“教育就是要培养中国特色社会主义事业的建设者和接班人，而不是旁观者和反对派”。2018 年 9 月在全国教育大会上，习近平又再次强调，“社会主义建设者和接班人，定语是‘社会主义’，这是我们对培养什么人的本质规定。我们培养的人，必须树立共产主义远大理想和中国特色社会主义共同理想。没有这一条，培养社会主义建设者和接班人就不成立了。”2019 年 3 月，习近平主持召开学校思想政治理论课教师座谈会，旗帜鲜明地强调“我们培养人的目标是什么要搞清楚，现在非常明确坚定地提出要培养社会主义建设者和接班人”。2020 年 1 月在云南考察调研期间，习近平发表重要讲话指出，“教育同国家前途命运紧密相连。我们教育的

① 《十八大以来重要文献选编》(上)，中央文献出版社 2014 年版，第 25 页。

目的是培养社会主义建设者和接班人。"

2. 把"立德树人"作为新时代党中央对培养什么人的主旋律

人无德不立,育人的根本在于立德。为了做到对马克思主义理论、共产主义信仰、社会主义信念的坚守,党的十八大以来,习近平多次提出要用中国特色社会主义的伟大旗帜团结凝聚全国各族人民,积极培育和践行社会主义核心价值观、广泛而深入地开展理想信念教育,加强品德修养,弘扬立德树人主旋律。2013 年 10 月,在给中央民族大学附属中学全校学生的回信中,习近平提出,"希望学校继承光荣传统,传承各民族优秀文化,承担好立德树人、教书育人的神圣职责,着力培养造就中国特色社会主义事业合格建设者和接班人"。2016 年 12 月,在全国高校思想政治工作会议上,习近平发表重要讲话指出,"高校立身之本在于立德树人……要坚持把立德树人作为中心环节,把思想政治工作贯穿教育教学全过程,实现全程育人、全方位育人,努力开创我国高等教育事业发展新局面。"2018 年 5 月,在北京大学师生座谈会上,他又指出,"要把立德树人的成效作为检验学校一切工作的根本标准","做到以树人为核心,以立德为根本"。2018 年 9 月,在全国教育大会上,习近平再次强调,"要把立德树人融入思想道德教育、文化知识教育、社会实践教育各环节,贯穿基础教育、职业教育、高等教育各领域,学科体系、教学体系、教材体系、管理体系要围绕这个目标来设计"。党的十九大报告把"立德树人是教育的根本任务"进行定义化,把培养高尚品德的人作为重中之重。

3. 把"德智体美劳全面发展"作为新时代党中央对培养什么人的主目标

随着中国特色社会主义进入新时代,教育也肩负着新的历史使命。2018 年 9 月在全国教育大会上,习近平发表重要讲话,提出要"培养德智体美劳全面发展的社会主义建设者和接班人,加快推进教育现代化、建设教育强国、办好人民满意的教育",首次提出"培养德智体美劳全面发展的社会主义建设者和接班人"的新理念。这是对新时代党的教育方针的一个重大理论成果,也是对新时代教育工作的全面部署。2019 年 3 月在学校思想政治理论课教师座谈会上的讲话中,他又再次强调:"新时代贯彻党的教育方针要坚持马克思主义指导地位,贯彻新时代中国特色社会主义思想,坚持社会主义办学方向,落实立德树人的根本任务……努力培养担当民族复兴大任的时代信任,培养德智体美劳全面发展的社会主义建设者和接班人。”2021年3月，在看望参加全国政协十三届四次会议的医药卫生界、教育界委员时，习近平明确指出了“建设高质量教育体系”“办好人民满意的教育”“培养德智体美劳全面发展的社会主义建设者和接班人”三个非常重要的考量指标。2021年4月29日，第十三届全国人大常委会第二十八次会议通过关于修改《中华人民共和国教育法》的决定，将新时代党的教育方针修改为“教育必须为社会主义现代化建设服务、为人民服务，必须与生产劳动和社会实践相结合，培养德智体美劳全面发展的社会主义建设者和接班人”，以国家法律规范的形式对“德智体美劳全面发展”的目标进行固化。

4. 把“提升创新能力”作为新时代党中央对培养什么人的主动力

创新是一个民族进步的灵魂，也是一个国家永葆生机的法宝。顺应时代发展潮流，致力实现中华民族伟大复兴的中国梦，十八大以来党中央持续提升“创新”问题的重要性。党的十九届五中全会明确提出，要“坚持创新在我国现代化建设全局中的核心地位”。习近平指出，“创新是多方面的，要让创新在全社会蔚然成风。”创新，不但是科技创新、机制创新，也包含人的创新能力培养。2013年，在考察天津、武汉和国防科学技术大学时，习近平多次强调，要更大规模、更有成效地培养创新型人才，充分发挥人才优势、加大创新力度。2014年，他又多次指出，创新的事业呼唤创新的人才，我们要改革人才培养等机制，注重培养一线创新人才。2016年，在谈到我国要建设世界科技强国的问题时，习近平明确指出：“关键要建设一支结构合理、规模宏大、素质优良的创新人才队伍。”①党的十九大报告提出“加快建设创新型国家”的战略目标，明确“创新是引领发展的第一动力”，重点是要“培养造就一大批具有国际水平的战略科技人才、科技领军人才、青年科技人才和高水平创新团队”。按照《国家创新驱动发展战略纲要》的战略安排和党中央的部署，到2020年我国将进入创新型国家行列，到2030年要跻身创新型国家前列，到2050年要建成世界科技创新强国，成为世界主要科学中心和创新高地。高校作为学科和人才聚集地、育人高地、创新策源地，必须主动承担历史责任，把培养创新人才、提升学生的创新能力列为战略工程。

① 《习近平主持召开学校思想政治理论课教师座谈会强调　用新时代中国特色社会主义思想铸魂育人　贯彻党的教育方针落实立德树人根本任务》，《人民日报》2019年3月19日。

四、 牢牢把握新时代"培养什么人"的若干要点

按照自己的政治要求来培养人,是每个国家都会考虑的共性问题。新中国和中国特色社会主义事业是中国共产党带领中国人民经过28年的艰苦奋斗才最终确立的,为此,"培养社会主义建设者和接班人"是必然的选择。但在不同时期,对"社会主义建设者和接班人"的具体要求也是不同的,它随着时代变化而不断发展。回顾总结新中国成立以来70多年的实践,面对持续建设和发展中国特色社会主义事业的思考,新时代"培养什么人"需要认真把握以下几个根本点。

1. 要始终坚持中国共产党的领导这一政治原则

没有共产党,就没有新中国;没有共产党,就没有社会主义。"培养什么人"最首要的问题,就是要强调培养的人要始终拥护中国共产党的领导,拥护社会主义制度,这是政治底线和工作红线。新中国成立初期,毛泽东指出"青年应把正确的政治方向放在第一位",明确"教育必须由党来领导",认为我们要培育的是无产阶级革命青年,提出"有社会主义觉悟的有文化的劳动者"的培养目标。改革开放以后,邓小平把"有共产主义理想和社会主义信念"作为"四有新人"的重要内容,提出走"又红又专"的培养模式。1999年,在全国教育大会上,江泽民首次提出培养"德育、智育、体育、美育等全面发展的社会主义事业建设者和接班人"的理念,要求青年学生在党的领导下树立远大理想,把实现个人价值与服务祖国人民结合。党的十八大以来,党的自身建设得到不断加强,党对高校工作的领导权不断巩固。党的十九大报告指出,"党政军民学,东西南北中,党是领导一切的。"2018年9月在全国教育大会上,习近平再次重申,"我国是中国共产党领导的社会主义国家,这就决定了我们的教育必须把培养社会主义建设者和接班人作为根本任务,培养一代又一代用户中国共产党领导和我国社会主义制度、立志为中国特色社会主义奋斗终生的有用人才。我们的教育决不能培养社会主义破坏者和掘墓人,决不能培养出一些'长着中国脸,不是中国心,没有中国情,缺少中国味'的人!"

2. 要始终坚持马克思主义的指导地位这一理论指南

中国共产党因马克思主义而诞生,也因马克思主义而发展。马克思主义是

我们立党立国的根本指导思想，也是"培养什么人"的理论指南。历代党中央领导人都反复强调马克思主义的真理价值，要求始终坚持马克思主义在意识形态领域的指导地位。新中国成立后，党中央就明确指出，要把培养学生的马克思列宁主义世界观作为政治思想工作的主要目的，将"用马克思列宁主义、毛泽东思想武装青年"作为学校政治理论课的根本任务。改革开放后，邓小平把培养又红又专的知识分子队伍作为无产阶级政治的要求，指示学校要从不同角度对学生加强进行马列主义思想教育。江泽民、胡锦涛多次在党内工作会议、全国教育大会、全国宣传思想工作会议上发表讲话，都对"坚持以马克思主义为指导"做了强调。2019 年 3 月在学校思想政治理论课教师座谈会上，习近平指出，"办好我们的高校，必须坚持以马克思主义为知道，全面贯彻党的教育方针。"在培养人的工作过程中，我们的教师要理直气壮地信仰、研究、传播马克思主义，引导学生真信真学真懂真用马克思主义，掌握马克思主义基本原理，学习研究马克思主义中国化最新成果。

3. 要始终坚持"四个服务"方针这一工作保障

"培养什么人"直接决定了"为谁培养人"，"为谁培养人"影响制约着"培养什么人"。新中国成立初期，受国内国际严峻形势的影响，毛泽东特别强调无产阶级的革命事业，所以，他指出人才培养工作要为无产阶级的政治服务。改革开放以来，随着国内国际形势发生变化，邓小平把"有理想、有道德、有文化、有纪律"作为培养标准，提出希望青年"为人民作贡献，为祖国作贡献，为人类作贡献"，立足"四化"需要。1999 年，江泽民系统阐述了党的教育方针，提出"教育为社会主义为人民服务"的两大方向。党的十六大，胡锦涛立足于党和人民的重托、现代化建设的需要，提出"四个新一代"的培养目标。2016 年 12 月，在全国高校思想政治工作会议上，习近平指出，高校要想始终成为培养社会主义事业合格建设者和可靠接班人的坚强阵地，就必须始终坚持正确的政治方向，牢牢把握并不断强化"四个服务"，即为人民服务，为中国共产党治国理政服务，为巩固和发展中国特色社会主义制度服务，为改革开放和社会主义现代化建设服务。这是高等教育的方向，也是人才培养工作的落脚点。为切实增强"四个服务"意识，2019 年习近平在全国教育大会上又为新时代青年人才培养提出了"六个下功夫"的具体要求，即要在坚定理想信念上下功夫、要在厚植爱国主义情怀上下功夫、要在加强品德修养上下功夫、要在增长知识见识上下功夫、要在培养奋斗精神上下功夫、要在增强综合素质上下功夫。只有这样,才能切实担负起为党育人、为国育才的历史使命,为党和国家事业发展真正培养和输送可靠人才。

4. 要始终坚持思想政治工作的生命线地位这一工作体系

思想政治工作是党的生命线,这是我们党在长期的革命和建设实践中摸索总结出的宝贵经验。高校思想政治工作是党领导高校工作的具体体现,也是高校人才培养的重要保障。在培养人才的工作中,党历来都高度重视思想政治工作。1949 年 12 月新中国成立后的第一次全国教育工作会议就明确指出,“新区学校安顿后的主要工作,是进行政治与思想教育”。在随后的教育事业发展过程中,虽然工作重心和工作方式有些波折与曲折,但思想政治工作一直从没被放松过。改革开放以后,特别是从 20 世纪 80 年代中期开始,随着党中央对思想政治工作越来越重视、认识越来越深入,思想政治工作体系也日益健全。党的十八大以来,习近平从党和国家事业发展全局出发,提出思想政治工作从根本上说是做人的工作,要坚持把立德树人作为中心环节,牢牢抓住全面提高人才培养能力这个核心关键,形成了一系列新的重要论述,为新时代做好思想政治工作提供了重要指导。当前世界发展正处于百年未有之大变局中,对中国既带来了机遇,也带来了挑战。特别是在意识形态领域的争夺,更是一场没有硝烟的斗争,社会思潮纷繁复杂、错误思想涌进校园,对师生产生了较大冲击。面对这些情况,我们只有坚定立场、保持清醒,牢牢依托思想政治工作体系,才能让校园保持风清气正、健康发展,才能让我们培养的人才政治正确、充满自信。

(作者为上海交通大学马克思主义学院教授)

中国特色社会主义理论形态嬗变与时代价值*

袁秉达　卢肖文

一、 中国特色社会主义理论形态的思想渊源、时代机缘和生成机制

中国共产党百年历史,"就是一部不断推进马克思主义中国化的历史,就是一部不断推进理论创新、进行理论创造的历史"。①中国共产党百年党史见证了中国共产党能、社会主义好,归根到底马克思主义行。马克思主义中国化的当代价值,集中体现在坚持和发展中国特色社会主义的理论与实践及其伟大成就。

(一)考察和研究中国特色社会主义理论形态的世界历史大视野

按照毛泽东一贯倡导以"古今中外法"研究历史的优良传统,我们对中国特色社会主义理论形态的追本溯源、创新发展及其时代价值的研究,可以从两个维度展开。一是纵向维度观察,中国特色社会主义道路是在改革开放 40 多年的伟大实践中走出来的,是在中华人民共和国成立 70 多年的持续探索中走出来的,是在对近代以来 180 多年中华民族发展历程的深刻总结中走出来的,是在对中华民族 5 000 多年悠久文明的传承中走出来的,具有深厚的历史渊源和广泛的现实基础。二是横向维度研究,把十月革命 100 多年来的世界社会主义发展进程,特别是苏联与中国两种社会主义道路的探索实践与成败得失进行比较研究,凸显中国共产党百年历史性探索及其伟大成就的理论结晶与基本形态。

2013 年,习近平第一次按照六个阶段对世界社会主义五百年发展史作出梳理和概括,具有独特的视角和新意。第一,从历史脉络看,习近平以世界历史大

---

* 本文系国家社科基金一般项目"中国特色社会主义基本形态的整体性研究"(17BKS045)的阶段性成果。

① 习近平:《在党史学习教育动员大会上的讲话》,《求是》2021 年第 7 期。

视野追本溯源考察中国特色社会主义与科学社会主义的历史渊源,着重分析世界社会主义的思想形态、实践形态和制度形态与时俱进的演进历程:从空想社会主义产生和发展到马克思、恩格斯创立科学社会主义理论体系;从列宁领导十月革命胜利并实践社会主义到苏联模式逐步形成;从新中国成立后我们党对社会主义的探索实践到党的十一届三中全会实现了伟大转折,我们党作出进行改革开放的历史性决策、开创和发展了中国特色社会主义。第二,从叙事方式看,习近平着重叙述十月革命100年来四个时间段的历史演绎,从叙述社会主义从空想到科学的理论飞跃的思想史,转向侧重阐发社会主义制度建构与巩固完善的实践史。第三,从分析语境看,尽管十月革命后列宁的探索实践只有6年多时间,但是,习近平还是把这一阶段的宝贵实践凸显出来,对"列宁领导十月革命胜利并实践社会主义"给予高度评价和充分肯定。第四,从大国案例看,习近平聚焦苏联和中国两个具有代表性的大国对社会主义道路探索个案与发展模式的比较研究,彰显中国共产党对苏联模式进行扬弃和创新,成功开辟了中国特色社会主义道路和事业发展,开创科学社会主义的新局面。我们在世界近现代史的画卷中彰显了中国特色社会主义在世界社会主义三次历史性飞跃中的历史地位和发展趋势,这种大格局的梳理有利于以史鉴今阐明中国特色社会主义理论形态创新的时代价值与广阔前景。

(二)中国特色社会主义理论形态来源于十月革命送来的马克思列宁主义

任何科学理论都不是凭空产生的,都是在总结新的实践经验和吸收前人提供的思想材料的基础上形成并发展起来的。"十月革命一声炮响,给中国送来了马克思列宁主义。在中国人民和中华民族的伟大觉醒中,在马克思列宁主义同中国工人运动的紧密结合中,中国共产党应运而生。"①在中国共产党建立初期,陈独秀、李大钊等先驱者积极传播马克思列宁主义和介绍十月革命的成功经验,倡导运用马克思列宁主义改造中国社会。陈望道翻译的第一个中译本《共产党宣言》出版,促进了马克思主义在中国的传播,马克思主义与中国工人运动相结合,创立了中国共产党。党以马克思列宁主义为指导思想,中国人民自从接受了马克思主义,精神上就从被动转变为主动。1938年,毛泽东在同"左"倾教条主

① 习近平:《在庆祝中国共产党成立一百周年大会上的讲话》,《人民日报》2021年7月2日。

义的斗争中提出实现马克思主义中国化的重要命题，并且创造性形成了中国化马克思主义的理论结晶，在毛泽东思想旗帜指引下中国共产党团结带领人民推翻三座大山，建立了新中国。在新中国建立初期，我们曾经在一段时间内学习和借鉴苏联模式。自1956年党的八大开始，毛泽东强调"以苏为鉴"，积极探索"中国工业化道路"。在改革开放新时期，以邓小平为核心的党中央在对苏联模式的扬弃中，成功开辟了中国特色社会主义道路，创造了历史奇迹。

（三）在创立、捍卫和发展毛泽东思想体系中升华中国特色社会主义理论形态

毛泽东在新民主主义革命时期，创造性地解决了马克思列宁主义基本原理同中国实际相结合的一系列重大问题，创立了毛泽东思想。新中国建立以后，毛泽东在探索社会主义建设道路中以苏联为鉴，提出要创造新的理论、写出新的著作，把马克思列宁主义基本原理同中国实际进行"第二次结合"，找出在中国进行社会主义革命和建设的正确道路，制定社会主义现代化的战略目标，为社会主义建设奠定了制度基础和物质基础，积累了经验和教训，为中华民族赶上时代潮流创造了重要前提。

坚持毛泽东思想体系，是构建和完善中国特色社会主义理论形态的重要前提和基础。1977年4月10日，邓小平在致党中央的信中曾经提到："要善于学习、掌握和运用毛泽东思想的体系来指导我们各项工作。只有这样，才不至于割裂、歪曲毛泽东思想，损害毛泽东思想……我们不能够只从个别词句来理解毛泽东思想，而必须从毛泽东思想的整个体系去获得正确的理解。""毛泽东思想是个体系，是发展了的马克思主义。所以我建议，除了做好毛泽东著作的整理出版工作之外，做理论工作的同志，要花相当多的功夫，从各个领域阐明毛泽东思想的体系。要用毛泽东思想的体系来教育我们的党，来引导我们前进。"①1977年9月19日，邓小平在谈论教育战线的拨乱反正问题时指出："我们要准确地完整地理解毛泽东思想的体系。我提出这个问题，可有人反对哩！大家知道，对马克思列宁主义，应该准确地完整地理解它的体系。对毛泽东思想就不这样？也应该如此嘛，否则非犯错误不可。"②邓小平一贯主张把马列主义、毛泽东思想作为一

① 《邓小平文选》第2卷，人民出版社1994年版，第10页。

② 同上书，第13页。

个体系来看待和坚持。在拨乱反正结束以后，邓小平主持制定了党的十一届六中全会通过的《关于建国以来党的若干历史问题的决议》，专门设立“毛泽东同志的历史地位和毛泽东思想”一节，全面系统地阐明毛泽东思想的理论体系和活的灵魂。邓小平指出：中国共产党人“老祖宗不能丢”①。同时，又要解放思想敢于讲“新话”，讲“老祖宗没有说过的话”。②我们“绝不能要求马克思为解决他去世之后上百年、几百年所产生的问题提供现成答案。列宁同样也不能承担为他去世以后五十年、一百年所产生的问题提供现成答案的任务。真正的马克思列宁主义者必须根据现在的情况，认识、继承和发展马克思列宁主义”③。正因为我们坚持从理论体系的高度，科学地评价毛泽东思想，我们党才能够在新时期先后创立了邓小平理论、“三个代表”重要思想和科学发展观等一系列重要战略思想，并为新时期创立中国特色社会主义理论体系奠定了坚实基础。

习近平强调：“坚持和发展中国特色社会主义是一篇大文章，邓小平同志为它确定了基本思路和基本原则，以江泽民同志为核心的党的第三代中央领导集体、以胡锦涛同志为总书记的党中央在这篇大文章上都写下了精彩的篇章。”④党的十八大以来，以习近平为核心的党中央谱写新篇章，将改革进行到底，继续坚持和发展中国特色社会主义，为全面建成小康社会和实现民族复兴中国梦作出新贡献。“一百年来，我们党坚持解放思想和实事求是相统一、培元固本和守正创新相统一，不断开辟马克思主义新境界，产生了毛泽东思想、邓小平理论、‘三个代表’重要思想、科学发展观，产生了新时代中国特色社会主义思想，为党和人民事业发展提供了科学理论指导。”⑤

（四）中国特色社会主义理论形态扎根于当今世界与中国实际的现实根基之中

中国特色社会主义，是科学社会主义理论逻辑和中国社会发展历史逻辑的辩证统一。中国特色社会主义理论形态虽然就其理论形式来说，必须首先从已

---

① 《邓小平文选》第3卷，人民出版社1993年版，第369页。

② 同上书，第91页。

③ 同上书，第291页。

④ 习近平：《在十八届中共中央政治局第一次集体学习时的讲话》，《人民日报》2012年11月18日。

⑤ 习近平：《在党史学习教育动员大会上的讲话》，《求是》2021年第7期。

有的思想材料出发,体现为对马克思列宁主义、毛泽东思想的直接继承和发展,但是就其内容来说,它的根子却深深扎在物质的经济的实事之中。我们在改革开放中创立、坚持和发展中国特色社会主义,是创造性践行科学社会主义的本质体现。

马克思、恩格斯指出:“一切划时代的体系的真正的内容,都是由于产生这个体系的那个时期的需要而形成起来的。”中国特色社会主义是科学社会主义原理同时代特征和中国实际相结合的产物。当前,我们必须立足于和平发展新时代,扎根于社会主义初级阶段的现实基础之上,建构中国特色社会主义理论形态,否则就会陷入乌托邦的泥潭。当前,我们在马克思主义中国化的创新理论成果,即毛泽东思想、邓小平理论、“三个代表”重要思想、科学发展观和习近平新时代中国特色社会主义思想基础上,形成与建构中国特色社会主义理论形态,有其历史必然性和现实必要性。

党的十一届三中全会以后,邓小平强调,新时期我党探索中国特色社会主义道路的背景与毛泽东时期有很大的不同。有好多条件、好多情况、好多教训等等,在毛泽东在世的时候没有,现在有了。这就为党中央重新认识社会主义拓展了思维空间,为开辟改革开放新时期和走中国特色社会主义道路提供了难得的契机,为创立中国特色社会主义理论形态提供了有利条件。

由于我国在经济、文化相对落后基础上实现社会主义现代化建设,在经济全球化背景下,一方面世界高新科技和综合国力激烈竞争使我们面临严峻挑战;另一方面,以和平与发展为主题的时代潮流为中国改革开放和现代化建设提供了难得机遇。20 世纪 90 年代苏联、东欧一些社会主义国家发生政局演变以后,世界社会主义发展进入低潮时期。当代社会主义发展的前途命运,成为人们普遍关注的事情。经济、文化落后国家能否实现社会主义现代化,中国等少数社会主义国家能否巩固和发展社会主义制度,已经成为当代社会主义发展的世界性命题。我党只有在认真总结我国社会主义建设的经验和借鉴其他国家社会主义兴衰成败历史教训的基础上,才能找到社会主义现代化强国的成功之道。

“中国特色社会主义是社会主义而不是其他什么主义,科学社会主义基本原则不能丢,丢了就不是社会主义。一个国家实行什么样的主义,关键要看这个主义能否解决这个国家面临的历史性课题。”①“中国特色社会主义是植根于中国大地、反映中国人民意愿、适应中国和时代发展进步要求的科学社会主义，这条路能走得通、走得远。”②一百年来，中国共产党领导人民探索社会主义实践的历史和伟大成就告诉我们：“只有社会主义才能救中国，只有中国特色社会主义才能发展中国”③，这是历史的结论和人民的选择。

（五）中国特色社会主义理论形态熔铸于 5 000 年文明的历史积淀和文化沃土

马克思主义基本原理不仅要同中国具体实际相结合，而且还要同中华优秀传统文化相结合。马克思主义基本原理同中华优秀传统文化相结合，是其同中国具体实际相结合走向深入的内在逻辑和必然趋势。中国特色社会主义理论体系具有鲜明的民族性，植根于 5 000 年中华文明传统的民族优秀文化沃土。中国特色社会主义道路是在改革开放 40 多年的伟大实践中走出来的，是在中华人民共和国成立 70 多年的持续探索中走出来的，是在对近代以来 180 多年中华民族发展历程的深刻总结中走出来的，是在对中华民族 5 000 多年悠久文明的传承中走出来的，具有深厚的历史渊源和文化根基。只有从“四个走出来”的深刻背景考察，才能讲清楚马克思主义中国化的特定条件、历史背景、生成机制；才能想明白中国共产党建立 100 年来马克思列宁主义与毛泽东思想、中国特色社会主义理论体系、习近平新时代中国特色社会主义思想既一脉相承，又与时俱进的相互关系，及其未来走势和发展趋势。

“和平、和睦、和谐是中华民族 5 000 多年来一直追求和传承的理念。”④中华“和合”文化的“贵和”思想，是中国特色社会主义理论形态中最具民族特色和最富文化气息的出彩点和闪光点，也是该理论体系中的最深厚的历史底蕴和文化根基。新时代“贵和”思想的时代特征和深刻内涵是：以和为贵，主张“和而不同”，弘扬“和合”精神，推崇和平、和谐、和解、和睦、和融、和合；在国内构建和谐社会，实现人与人、人与社会、人与自然的普遍和谐，实现每个人的身心和谐；在

① 《毫不动摇坚持和发展中国特色社会主义 在实践中不断有所发现有所创造有所前进》，《人民日报》2013 年 1 月 6 日。

② 习近平：《在学习〈胡锦涛文选〉报告会上的讲话》，《人民日报》2016 年 9 月 30 日。

③④ 习近平：《在庆祝中国共产党成立一百周年大会上的讲话》，《人民日报》2021 年 7 月 2 日。

国际维护世界和平，推动构建人类命运共同体、人与自然生态命运共同体，促进各国共同发展和人类文明的繁荣进步。中国特色社会主义理论形态渗透着“尚和”的政治智慧与“贵和”文化魅力。“贵和”思想，覆盖经济、政治、科技、教育、文化、社会、民族、军事、外交、统一战线、祖国统一、党的建设等各个领域和方面，深化了我们对共产党执政规律、社会主义建设规律和人类社会发展规律的认识。新时代“贵和”思想顺应了当今世界和平发展合作的时代潮流，体现了中国特色社会主义的本质属性和我国建成社会主义现代化强国的现实需求。它必将对提升中国文化软实力产生深远的历史影响，为人类文明发展作出新的贡献。

在中国共产党成立一百周年之际，习近平高度总结了我党推进马克思主义中国化的成功经验和新的要求：“坚持把马克思主义基本原理同中国具体实际相结合、同中华优秀传统文化相结合，用马克思主义观察时代、把握时代、引领时代，继续发展当代中国马克思主义、21 世纪马克思主义！”①这正是中国特色社会主义理论形态生成机制和创新发展的生动写照和必然趋势。

二、 中国特色社会主义理论形态科学回答中国基本问题的现实指向、发展历程与成功经验

马克思主义具有鲜明的实践品格，科学社会主义是“行动中的马克思主义”。马克思主义是随着时代、实践和科学的发展而不断发展的，社会主义是在开拓中前进的。中国特色社会主义理论形态始终“坚持理论联系实际，及时回答时代之问、人民之问，廓清困扰和束缚实践发展的思想迷雾，不断推进马克思主义中国化时代化大众化，不断开辟马克思主义发展新境界”②。坚持问题导向和目标导向，科学回答实现民族伟大复兴中国梦进程中的一系列重大基本问题，是中国特色社会主义理论形态的实践品格和显著优势。

（一）不断推进中国特色社会主义理论形态的创新和发展

马克思主义之所以历经一个半世纪依然具有旺盛的生命力，充满生机和活

① 习近平：《在庆祝中国共产党成立一百周年大会上的讲话》，《人民日报》2021 年 7 月 2 日。

② 《习近平谈治国理政》第 3 卷，外文出版社 2020 年版，第 183 页。

力，就在于它能够在当代化和本土化进程中，不断与时俱进地进行理论创新；马克思主义中国化之所以硕果累累，生生不息，就因为中国共产党善于发现和有效破解中国新民主主义革命、社会主义革命、建设、改革开放和新时代，不断推进中国特色社会主义理论形态的创新和发展。

1. 解决中国革命的首要问题，创立毛泽东思想

马克思、恩格斯早年比较关注发达资本主义国家的无产阶级革命和未来发达社会主义社会的发展前景，当巴黎公社革命失败以后，西方无产阶级革命运动长期处于沉寂，马克思、恩格斯晚年转而高度重视俄国、中国、印度等东方落后大国的革命形势和世界革命的前途，形成了著名的"东方社会"理论。但是，像中国这样经济、政治、文化落后的东方人口大国，处在半封建半殖民地社会，究竟如何进行社会主义革命，在马克思、恩格斯的经典著作中是没有现成答案的，在世界社会主义运动中也是史无前例的。一切都靠中国共产党自己去摸索。毛泽东在《中国社会各阶级分析》中开宗明义地指出："谁是我们的朋友，谁是我们的敌人，这是中国革命的首要问题。"①过去搞革命屡屡失败，就是因为没有搞清敌人和朋友，打击的不是真正的敌人，团结的不是真正的朋友。革命的首要问题，通俗地讲，就是分清敌、我、友的问题。

毛泽东围绕解决中国革命的首要问题而进行的马克思主义中国化理论创新活动中，特别重视"战争的规律""革命战争的规律""中国革命战争的规律"，认为"这是任何指导中国革命战争的人不能不研究和不能不解决的问题"。毛泽东多次号召全党学哲学，并发表了《矛盾论》和《实践论》等名著，提高全党的思想水平和理论创新能力。他揭示了对立统一规律是宇宙间的普遍规律，分析了"敌人的逻辑"和"人民的逻辑"，阐明了阶级斗争的规律，讲述了星星之火可以燎原的道理，论证革命从低潮必定转化为高潮的规律。他通过中国革命的"上篇"与"下篇"的理论创新和实践创新，指明中国社会主义发展规律并进而论证人类社会发展规律，坚定共产主义信念。正因为毛泽东正确地把握和运用了这些规律，我党才走上了农村包围城市、武装夺取政权的正确道路，夺取了中国革命的胜利。毛泽东在新民主主义革命时期发现并解决了中国革命的首要问题，创立了

① 《毛泽东选集》第1卷，人民出版社1991年版，第3页。

毛泽东思想，指导中国革命取得了辉煌的胜利，这一经验具有开创性的意义。

2. 解决社会主义建设的基本问题，创立邓小平理论

新中国建立以后，在中国这样的发展中大国，从事社会主义现代化建设是前无古人的艰难事业，更需要我们认真研究和总结马克思主义与中国社会主义建设实际相结合的规律，并且按客观规律办事，少走弯路，少受折腾，少付代价。这是我们伟大事业的必然要求和人民的迫切愿望，也是理论创新的根本任务。

毛泽东1955年已经敏锐指出了苏联体制的弊端，1956年党的八大对一系列问题采取相应的措施，1957年鲜明地提出了“走中国式工业化道路”。在一系列重要讲话和报告中，毛泽东论述了我国社会主义社会的基本矛盾，我国现阶段的主要矛盾，政治生活中的敌我矛盾和人民内部矛盾，经济建设中的重工业和轻工业、工业和农业、沿海工业和内地工业，经济建设和国防建设，国家、生产单位和生产者个人，中央和地方，汉族和少数民族，中国和外国等矛盾关系。正确处理这些矛盾，实际上就是把握规律，理论创新，在消除苏联模式带来的种种弊端中，走出一条中国式的社会主义建设道路。1957年至1959年出现的大跃进等失误和教训，以及后来接踵而来的三年严重困难，使毛泽东痛定思痛，对落后国家社会主义建设的规律问题有了进一步的思考。毛泽东承认我们对于社会主义的革命和建设，还有一个很大的盲目性，还有一个很大的未被认识的必然王国。对社会主义，我们现在有些了解，但不甚了了。搞社会主义，我们没有一套，没有把握。

在新时期，邓小平深刻总结1958年至1978年间长达20年失误的教训，认为根本原因在于我们“没有完全搞清楚”“什么是社会主义，怎样建设社会主义”。两个“搞清楚”是社会主义建设中的首要的基本问题。在解决两个“搞清楚”问题的过程中，邓小平带领我党在建设中国特色社会主义的实践中，大大加深了对中国社会主义建设规律性认识，其主要表现和杰出贡献是：得出了“走自己的道路，建设有中国特色的社会主义”的基本结论；制定了以“一个中心、两个基本点”为核心内容的基本路线；第一次比较系统地初步回答了中国这样的经济文化比较落后的国家，如何建设、巩固和发展社会主义的一系列基本问题，形成了建设中国特色社会主义的科学理论体系；设计了“分三步走”，实现四个现代化的宏伟目标；揭示了社会主义经历一个长过程发展后必然代替资本主义，这是历史发展

不可逆转的总趋势，也同时指出道路是曲折的。由于邓小平破解了社会主义建设的首要问题，因而使我党得以在马克思主义中国化和社会主义特色化的进程中，实现了党对社会主义认识的新飞跃。

3. 解决执政党建设的首要问题，创立“三个代表”重要思想

党中央在改革开放和社会主义建设新的实践中，十分注重视创造性地坚持和发展邓小平理论。以江泽民为主要代表的中国共产党人及时提出“思源”“思进”和“四个如何认识”等一系列重要思想理论，以解决中国特色社会主义建设中深层次的重大现实问题和思想认识问题，大力推进中国特色社会主义建设伟大事业，进一步开创新的局面。在世纪之交和千年之交的转换时期，党中央发现并创造性回答执政党建设的基本问题，推进执政党建设新的伟大工程。1989 年国内严重政治风波和东欧各国政局剧变、苏联解体，十个长期连续执政的共产党纷纷垮台，促使我们认真思考执政党建设的首要问题：到底建设一个什么样的党？怎样建设党？于是，党中央一方面进一步回答“什么是社会主义、怎样建设社会主义”问题，另一方面创造性地回答“建设一个什么样的党、怎样建设党”的首要根本问题，深刻认识和把握新世纪我国执政党建设和社会主义建设的规律，创立了“三个代表”重要思想和一系列重大发展战略思想。使我们党和国家有效抵御了苏联解体、东欧各国剧变的政治冲击波和西方反共势力的政治思想舆论攻势，坚持马克思主义信仰、坚定社会主义信念和共产主义理想，巩固共产党的执政地位和社会主义阵地。

4. 解决中国发展的基本问题，创立科学发展观

解决中国诸多问题的关键在于发展。进入 21 世纪以后，在改革和发展的关键时期，以胡锦涛同志为总书记的党中央继续坚持“发展是硬道理”“发展是执政兴国第一要务”等重要思想，在科学回答进一步发展的首要问题中，继续推进马克思主义中国化和中国社会主义特色化进程，取得了新的突破和进展。当时，我国经济体制改革取得显著成效，社会主义市场经济体制的基本框架初步建立起来，国家经济实力和综合国力显著增强，我们正面临难得的发展机遇。但是，在进一步发展中，我们也遇到了前所未有的严峻挑战。出现了一些制约发展的新情况、新问题和新矛盾，如地区差距继续拉大，城乡之间、贫富之间差距矛盾更加突出；生态环境、自然资源和社会经济发展的矛盾日益突出；我们在日益激烈

的国际竞争中面临着发达国家在经济科技方面占优势的压力，国际经济、政治变动对我国经济社会发展的影响日益增大；经济体制和其他方面的管理体制还不完善，民主法制建设和思想道德建设等方面存在一些不容忽视的问题，这些新的问题和矛盾，需要在科学发展观的指导下，通过继续发展和深化改革来解决。与此同时，改革开放以来，在一些地方、一些干部心目中，为发展而发展，把发展简化为经济数量的增长，以经济数据、经济指标论政绩，一些干部好大喜功，急功近利，喜欢搞“首长工程”“形象工程”“政绩工程”，盲目追求高指标，铺摊子、上项目，脱离实际，违背规律，劳民伤财。这些做法非常有害，后果严重。2003 年春夏之交，我国遭遇“非典”的袭击，损失巨大，教训很深。党中央经过调查研究和深刻思考，严肃指出，我国经济社会发展存在着“一条腿长、一条腿短”的“瘸腿”现象。我们必须在理论上和实践上进一步解决好“什么是发展”“为谁发展”靠谁发展和“怎么样发展”等基本问题，以利于中国特色社会主义的健康发展和现代化建设宏伟目标的顺利实现。

党的十六届三中全会提出了“以人为本，坚持全面、协调、可持续的发展观”。党的十六大以来，党中央提出的科学发展观、和谐社会等一系列重要思想和战略任务，以及作为中国共产党 21 世纪政治宣言和行动纲领的十七大报告，都是中国特色社会主义理论形态的最新成果。

5. 解决新时代的基本问题，创立习近平新时代中国特色社会主义思想

习近平新时代中国特色社会主义思想全面系统回答了新时代“坚持和发展什么样的中国特色社会主义、怎样坚持和发展中国特色社会主义”这个重大时代课题。一方面，在党的指导思想层面明确了我们应该“坚持和发展什么样的中国特色社会主义”，提出了“八个明确”。其中主要包括：明确坚持和发展中国特色社会主义，总任务是实现社会主义现代化和中华民族伟大复兴，在全面建成小康社会的基础上，分两步走在本世纪中叶建成富强民主文明和谐美丽的社会主义现代化强国；明确新时代我国社会主要矛盾是人民日益增长的美好生活需要和不平衡不充分的发展之间的矛盾，必须坚持以人民为中心的发展思想，不断促进人的全面发展、全体人民共同富裕；明确中国特色社会主义事业总体布局是“五位一体”、战略布局是“四个全面”，强调坚定道路自信、理论自信、制度自信、文化自信；明确全面深化改革总目标是完善和发展中国特色社会主义制度、推进国家

治理体系和治理能力现代化；明确全面推进依法治国总目标是建设中国特色社会主义法治体系、建设社会主义法治国家；明确党在新时代的强军目标是建设一支听党指挥、能打胜仗、作风优良的人民军队，把人民军队建设成为世界一流军队；明确中国特色大国外交要推动构建新型国际关系，推动构建人类命运共同体；明确中国特色社会主义最本质的特征是中国共产党领导，中国特色社会主义制度的最大优势是中国共产党领导，党是最高政治领导力量，提出新时代党的建设总要求，突出政治建设在党的建设中的重要地位。

另一方面，在行动纲领层面强调了“怎样坚持和发展中国特色社会主义”，要求全党深刻领会新时代中国特色社会主义思想的精神实质和丰富内涵，并在各项工作中全面准确地贯彻落实一系列基本方略。其中包括：第一，坚持党对一切工作的领导。党政军民学，东西南北中，党是领导一切的。第二，坚持以人民为中心。第三，坚持全面深化改革。第四，坚持新发展理念。第五，坚持人民当家作主。第六，坚持全面依法治国。第七，坚持社会主义核心价值体系。第八，坚持在发展中保障和改善民生。第九，坚持人与自然和谐共生。第十，坚持总体国家安全观。第十一，坚持党对人民军队的绝对领导。第十二，坚持“一国两制”和推进祖国统一。第十三，坚持推动构建人类命运共同体。第十四，坚持全面从严治党。就其逻辑结构而言，从“坚持党对一切工作的领导”开局，到最后以“坚持全面从严治党”作结，凸显了党的领导和党的建设的关键作用。以上十四条，构成新时代坚持和发展中国特色社会主义的基本方略。

总之，前面八个“明确”在理论层面阐发了“什么样”的本体论问题；后面十四个“坚持”则是在实践层面论述了“怎么做”的方法论问题。只有将理论与实践两方面结合起来，才能全面系统地回答“坚持和发展什么样的中国特色社会主义、怎样坚持和发展中国特色社会主义”的重大时代问题，才能使中国特色社会主义理论形态臻于完善，丰富和发展当代中国马克思主义、21 世纪马克思主义。

（二）中国特色社会主义理论形态创新和突破的成功经验

中国特色社会主义理论形态创新的成功经验，集中体现在中国共产党一百年来不断推进当代中国马克思主义的中国化、时代化和大众化的历史进程，中国共产党能和社会主义好，归根到底体现为马克思主义行。

1. 马克思主义中国化，彰显当代中国马克思主义的中国特色、中国风格、中国气派。

“中国特色”是中国特色社会主义理论形态的基本范畴。这个范畴的基本含义，就是把马克思主义的普遍原理与中国的具体实际相结合，走自己的路。①创新具有中国特色、中国风格、中国气派的马克思主义，是马克思主义中国化的题中应有之义，也是马克思主义中国化的历史使命。毛泽东早在1938年就提出“马克思主义中国化”的命题，党的十七大报告继承党的优良传统，明确提出：要“大力推进理论创新，不断赋予当代中国马克思主义鲜明的实践特色、民族特色、时代特色”②。其具体要求是：坚持中国特色的思想路线，不断赋予当代中国马克思主义鲜明的实践特色；构建中国风格的话语体系，不断赋予当代中国马克思主义鲜明的民族特色；弘扬中国气派的创新风格，不断赋予当代中国马克思主义鲜明的时代特色。从而，使中国特色社会主义充分体现与时俱进的理论品质。在新的征程上，我们回溯中国共产党坚持和发展马克思主义中国化的百年辉煌历史，必须坚持把马克思主义基本原理同中国具体实际相结合、同中华优秀传统文化相结合，用马克思主义观察时代、把握时代、引领时代，继续发展当代中国马克思主义、21世纪马克思主义。马克思主义只有同本国革命和建设的实际紧密结合、同中华优秀传统文化相结合，才能找到自身赖以生存和发展的民族文化背景和深厚的社会实践根基，成为指导无产阶级革命和社会主义建设的强大思想武器。

2. 马克思主义时代化，彰显当代中国马克思主义与时俱进的理论品质

当今世界和我们所处的时代，都面临着许多新情况新问题新挑战，党中央领导集体在马克思列宁主义、毛泽东思想的基础上，相继创立了邓小平理论、“三个代表”重要思想、科学发展观、习近平新时代中国特色社会主义思想，推动中国特色社会主义发展进入新时代，中国特色社会主义理论形态达到新境界。

在中国共产党推进马克思主义中国化的百年历史进程中，马克思主义与中

---

① 李慎明主编：《邓小平理论研究前沿报告》No.1（2001），社会科学文献出版社2002年版，第64页。

② 胡锦涛：《高举中国特色社会主义伟大旗帜　为夺取全面建设小康社会新胜利而奋斗——在中国共产党第十七次全国代表大会上的报告》，《人民日报》2007年10月15日。

国实际相结合，产生了两次历史性飞跃，结出了两大理论硕果。第一次历史性飞跃发生在新民主主义革命时期，其理论成果是毛泽东思想；第二次历史性飞跃发生在党的十一届三中全会之后，其理论成果是整合邓小平理论、“三个代表”重要思想、科学发展观而产生的中国特色社会主义理论体系。进入新时代，伴随着习近平新时代中国特色社会主义思想的丰富发展，特别是中国特色社会主义政治经济学、中国特色社会主义全面深化改革思想、中国特色社会主义法治思想、中国特色社会主义生态文明思想、中国特色社会主义强军思想等新思想的日益成熟和指引民族复兴中国梦取得惊天动地的巨大成就，使21世纪马克思主义中国化的实现又一次历史性飞跃。

3. 马克思主义大众化，彰显当代中国马克思主义的思想伟力

马克思主义大众化是指把马克思主义基本原理由抽象到具体、由深奥到通俗、由被少数人理解掌握到被广大人民群众所理解掌握的过程。马克思主义学说的实践本性，决定了它在中国化的过程中必须实现大众化。在某种意义上来说，马克思主义大众化决定着它在中国的生根、发展，乃至命运，它与马克思主义中国化同等重要。党的十七大提出了“推动当代中国马克思主义大众化”的要求，这是坚持不懈地用马克思主义中国化最新成果武装全党、教育人民，开展中国特色社会主义理论体系宣传普及活动的需要，也是对马克思主义大众化的继承和发展。在宣传普及的内容上，我们要把马克思主义与中国广大人民群众的日常生活实践结合起来；在宣传普及的视野上，把马克思主义与时代特征和中国实际结合起来；在宣传普及的手段上，把马克思主义与现代宣传手段结合起来。在当代中国，马克思主义中国化时代化永无止境，马克思主义大众化同样永无止境。

三、 中国特色社会主义理论形态创造了中国式现代化新道路，创造了人类文明新形态

人类社会从农业文明向工业文明迈进的过程中，几乎每个发展中国家都将现代化视为发展目标。近现代以来，现代化从西欧国家迅速向全球扩展，既带来文明的发展，同时也造成一个严重的后果，就是“东方从属于西方”。第二次世界

大战后，一些发展中国家纷纷移植西方现代化模式，结果与自身传统割裂，不仅未能实现现代化突围，反而加重了依附性和发展的脆弱性，甚至出现颠覆性失误。中国共产党实现中华民族伟大复兴中国梦，实质上是党团结带领中国人民探索一条崭新的社会主义现代化道路和人类文明新形态。

根据社会基本矛盾运动的发展规律，人类社会的生产生活和文明发展，是一个经济、政治、文化、社会、生态文明建设整体推进的系统工程。中国特色社会主义理论形态，指导我们在中国特色社会主义现代化建设中，始终做到经济、政治、文化、社会、生态文明全面发展，并且把这一思想和方针贯穿于中国特色社会主义各方面、全过程，开创中国特色社会主义道路的新局面，创造中国特色社会主义事业的新奇迹。

1. 经济建设创造社会主义物质文明

以经济建设为中心是兴国之要，发展仍是解决中国诸多问题的关键。在当代中国，坚持发展是硬道理的本质要求就是坚持科学发展。以科学发展为主题、以加快转变经济发展方式为主线，是关系中国发展全局的战略抉择。把发展作为执政兴国的第一要务，坚持以经济建设为中心，促进国民经济又好又快发展。当务之急，是要把推动发展的立足点转到提高质量和效益上来，扎扎实实抓好实施创新驱动发展战略、推进经济结构战略性调整、推动城乡发展一体化、全面提高开放型经济水平等战略任务的贯彻落实，着力激发各类市场主体发展新活力，推动工业化、信息化、城镇化、农业现代化同步发展，全面深化经济体制改革，不断增强长期发展后劲。

2. 民主政治建设创造社会主义政治文明

中国共产党坚持走中国特色民主政治发展道路。改革开放以来，我们始终把政治体制改革摆在改革发展全局的重要位置，坚定不移加以推进，取得了重大进展，成功开辟和坚持了中国特色社会主义政治发展道路。当前，推进政治体制改革必须坚持中国共产党的领导、中国人民当家作主、依法治国有机统一，发展更加广泛、更加充分的人民民主，保证人民依法实行民主选举、民主决策、民主管理、民主监督，更加注重发挥法治在国家和社会治理中的重要作用，维护国家法治的统一、尊严、权威，保障社会公平正义，保证人民依法享有广泛权利和自由。

3. 文化建设创造社会主义精神文明

中国共产党大力推进社会主义先进文化建设的大发展和大繁荣。建设社会主义文化强国,是中国共产党把握时代和形势发展变化、积极回应中国各族人民精神文化需求作出的重大战略决策。我们要坚定不移走中国特色社会主义文化发展道路,坚持为人民服务、为社会主义服务的方向,坚持百花齐放、百家争鸣的方针,坚持贴近实际、贴近生活、贴近群众的原则,树立高度的文化自觉和文化自信,推动社会主义精神文明和物质文明全面发展,建设面向现代化、面向世界、面向未来的、民族的科学的大众的社会主义文化。

4. 社会治理现代化创造社会主义社会文明

加强社会建设管理和创新,促进社会和谐,在经济发展的基础上逐步提高人民物质文化生活水平,是改革开放和社会主义现代化建设的根本目的。改革开放以来特别是近些年来,我们在改善民生方面作出极大努力,取得明显成效。同时,我们也要看到,人民群众对过上更好生活的要求也在增强,对加快解决民生领域突出问题的期盼也在提高。我们必须继续加强工作,多谋民生之利,多解民生之忧,解决好人民最关心最直接最现实的利益问题,在学有所教、劳有所得、病有所医、老有所养、住有所居上持续取得新进展,使改革发展成果更多更公平惠及全体人民,保证人民过上更好生活。

5. 生态建设和环境保护创造社会主义生态文明

推进生态文明建设,是涉及生产方式和生活方式根本性变革的战略任务,必须把生态文明建设的理念、原则、目标等深刻融入和全面贯穿到我国经济、政治、文化、社会建设的各方面和全过程,坚持节约资源和保护环境的基本国策,着力推进绿色发展、循环发展、低碳发展,为人民创造良好生产生活环境。

中国特色社会主义五大建设的总体布局与“五位一体”的文明发展互相匹配,必须具备一整套强有力的配套保障:第一,国防和军队建设,在中国特色社会主义事业总体布局中占有重要地位。必须站在国家安全和发展战略全局的高度,统筹经济建设和国防建设,在全面建设小康社会进程中实现富国和强军的统一。第二,推进“一国两制”实践和祖国和平统一大业,海内外中华儿女共同奋斗,实现祖国的完全统一。第三,始终不渝走和平发展道路,推进和平外交政策,中国人民将继续同各国人民一道推进和谐世界建设,为实现人类的美好理想而不懈努力。

当代中国的社会主义现代化道路,不是简单延续我国历史文化的母版,不是简单套用马克思主义经典作家设想的模板,不是其他国家社会主义实践的再版,也不是国外现代化发展的翻版,而是别具一格的科学社会主义新版、中国特色社会主义的正版。历史证明,“中国特色社会主义是党和人民历经千辛万苦、付出巨大代价取得的根本成就,是实现中华民族伟大复兴的正确道路。我们坚持和发展中国特色社会主义,推动物质文明、政治文明、精神文明、社会文明、生态文明协调发展,创造了中国式现代化新道路,创造了人类文明新形态。”①中国特色社会主义理论形态是动态的、发展的、开放性的理论体系。实践永无止境,创新永无止境。我们要倍加珍惜、长期坚持和不断发展党历经艰辛开创的中国特色社会主义道路和中国特色社会主义理论体系,当代理论工作者要花相当多的功夫,继续从各个领域深刻阐明中国特色社会主义理论形态,这是时代赋予我们的庄严历史责任。

(作者为中共上海市委党校教授)

① 习近平:《在庆祝中国共产党成立一百周年大会上的讲话》,《人民日报》2021年7月2日。

党的领导制度体系建设百年演进逻辑与现实思考

周敬青

党的领导制度是国家根本领导制度，党的领导制度体系在国家治理体系中居于统领地位。揭示建党百年来党的领导制度建设的演进逻辑，分析不同历史时期党的领导制度建设的不同特点，特别是十八大以来党的领导制度体系建设的成就经验和重点目标，把握历史规律，探索新时代党的领导制度体系建设的实践路径，对加强党的建设，坚持和完善中国特色社会主义制度，推进国家治理体系和治理能力现代化，领导全面建设社会主义现代化国家具有重大意义。

一、 党的领导制度体系建设在中国共产党百年的历史征程中始终是一个重大战略问题，居于统领性地位，事关中国革命、建设和改革的战略全局

党的十九届四中全会确立党的领导制度体系在国家制度和国家治理体系中的统领性地位，提出包括建立不忘初心、牢记使命的制度等六个方面的要求，确保在党的坚强领导下中国特色社会主义沿着正确方向不断前进。

第一，发挥党的领导制度优势，实现由“中国之制”展示“中国之势”彰显“中国之治”到定型“中国之路”的历史进程，是顺应时代发展的必然选择。

中华民族伟大复兴的战略全局叠加百年未有之大变局，对党的领导制度体系建设提出了新问题、新内容、新挑战。国家间的竞争，实质是制度之争，体现为执政党治国理政的能力和水平之争。执政党领导水平和执政能力强，竞争能力就越强，生命力也就越强；否则，就可能处处被动、招招失手，甚至最终丧失执政资格。党的领导制度体系建设是中国特色社会主义制度体系中最根本的制度体系建设。以党的领导制度体系为统领的中国特色社会主义制度体系是实现中华民族伟大复兴中国梦的“金刚护体”，是建设富强民主文明和谐美丽社会主义现

代化强国的“身份标识”,是彰显科学社会主义在中国大地上闪耀着真理光芒的“思想灯塔”。“中国之制”展示“中国之势”彰显“中国之治”到定型“中国之路”,赢得与资本主义制度竞争的胜利,彻底终结中华民族“落后挨打,贫穷挨饿,失语挨骂”的历史,彻底夯实中华民族永续发展的根基。

第二,加强党的领导制度体系建设,提升党的领导水平与执政能力,破除各种干扰破坏党的领导执政地位的“杂音噪音”,坚定不移走中国特色社会主义道路。

一些国家和国际势力不愿看到我国发展强大,对我国的阻遏、忧惧、施压不断增大。特别是一些敌对势力对我国进行“弱化”“分化”“西化”的图谋贼心不死,总是妄想让党改旗易帜、改名换姓,丢掉对马克思主义的信仰,对中国特色社会主义的信念,对实现中华民族伟大复兴中国梦的信心。国内外总有人竭力鼓吹西方模式,主张照抄照搬别国制度,妄图削弱乃至动摇党的领导;总有人歪曲丑化党史、国史、军史,大搞“欲灭其国者必先灭其史”的“历史虚无主义”鬼把戏;总有人戴着“有色眼镜”,依据西方的“普世价值”等观念,质疑中国共产党全面领导和长期执政的“合法性”。其根本目的就是否定中国共产党的领导地位,摧毁中国特色社会主义制度的根基。中国共产党唯有不断彰显党的领导制度体系的强大优势,带领人民过上更加美好的幸福生活,让人民真正认识到,社会主义确实比资本主义好,才能彻底化解这些杂噪之音。

第三,党的领导制度体系建设关乎中国共产党能否经受住“四大考验”、化解“四大危险”,是应对考验化解危险克难之重器。

中国共产党要经受住“四大考验”,化解“四大危险”,为护航实现民族伟大复兴提供坚强领导保障,就必须克服治党理政中存在的不适应新形势新任务要求、不符合党的性质和宗旨的问题。当下,一些党组织和党员领导干部对党中央的决策部署讲条件、打折扣、搞变通屡禁不止;一些党组织领导力弱化、虚化、边缘化问题依然没有得到根本解决;一些党员领导干部目无法纪、权力任性,致使党的领导错位、乱位、不到位的现象时有发生。必须在党的坚强领导下坚持和完善中国特色社会主义制度、运用党的领导制度体系威力应对重大风险挑战的冲击,打赢防范化解一切损害党的领导地位政治风险的持久战、攻坚战。

第四，中国共产党的领导是中国最大的制度优势，党的领导制度体系建设关系到党的盛衰兴亡。

考察当今中外执政党发展状况，一些执政党面对复杂的国际国内环境，顺应时代发展潮流，不断调整意识形态，变革组织结构和组织运行机制，加强反腐塑造良好形象，发展党内民主，革新执政体制，加强与民众的联系，扩大党的社会基础等，有效把握了治国理政规律，从而巩固了执政地位或东山再起重新执政。也有一些执政党，未能顺应时代要求，忽视民众心声诉求，因循守旧、抱残守缺、不思进取，难以克服体制性腐败，最终导致失去民心丧失执政地位甚至消亡。党的领导制度体系既遵循了人类社会发展的历史前进逻辑，又植根于中华民族博大精深的历史文化沃土，既符合世界各国民族和平发展、文明转型的时代发展潮流，又立足于中国近现代的基本国情，决定党的执政地位能够获得中国人民长期选择认可的规律性、真理性。

二、 党的领导制度体系建设历史演进逻辑：百年价值归依、百年方向领航、百年中流砥柱、百年本领支撑、百年治党保障

时代不断发展，党的领导制度建设也与时俱进、不断创新。党的领导制度体系建设百年历史演进有其内在逻辑：

第一，百年价值归依：从"群众党""全心全意为中国人民服务"到践行"以人民为中心"的发展思想，建立不忘初心、牢记使命的制度体现了党的宗旨意识和使命担当。

不忘初心、牢记使命制度是确保"党不变心""党不忘本"，实现立党为公、执政为民政党价值的根基，是党的领导制度体系的基础性制度建设。

新民主主义革命时期把解放劳苦大众作为党的价值指向。1922 年 7 月，中共二大《关于共产党的组织章程决议案》中明确提出："我们既然是为无产群众奋斗的政党，我们便要到群众中去，要组成一个大的群众党"①。1923 年

① 《中共中央文件选集》第 1 册，中共中央党校出版社 1989 年版，第 90 页。

6月,《新青年》发表的新宣言指出:“中国的真革命,乃独有劳动阶级方能负担此等伟大使命。”①年轻的中国共产党已经认识到:进行无产阶级革命必须结合并应用马克思主义的群众观点,联系人民群众,必须发动群众、依靠群众。1943年,毛泽东在《关于领导方法的若干问题》一文中指出:“在我党的一切实际工作中,凡属正确的领导,必须是从群众中来,到群众中去。”②七大党章首次把“中国共产党人必须具有全心全意为中国人民服务的精神”这一党的宗旨写入总纲,提出“必须与工人群众、农民群众及其他革命人民建立广泛的联系。”③

党的领导是改革开放始终沿着以人民为中心政治立场前行的关键。“党对于人民群众的领导作用,就是正确地给人民群众指出斗争的方向,帮助人民群众自己动手,争取和创造自己的幸福生活。”④改革开放的初心和党的初心使命一脉相承。新时代是全国各族人民团结奋斗、不断创造美好生活、逐步实现全体人民共同富裕的时代。坚守党的初心和使命的本心、坚持一切为了人民一切依靠人民的恒心、坚定党的群众路线的信心,是永葆党的先进性和纯洁性,使党始终走在时代前列,永远得到人民衷心拥护的根本政治前提。

第二,百年方向领航:从民主集中制根本组织制度和领导制度的确立到“两个维护”,完善坚定维护党中央权威和集中统一领导的各项制度是坚持和完善党的领导制度体系的核心领导制度建设。

办好中国的事情,关键在党。坚持党的领导首先是坚持党中央集中统一领导。完善坚定维护党中央权威和集中统一领导的各项制度,是坚持和完善党的领导制度体系的根本保证。

建党伊始就确立集中统一领导的框架和思路。中共一大通过的《中国共产党第一个纲领》规定:“地方执行委员会的财政、活动和政策,必须受中央执行委员会的监督。”⑤党的二大通过的第一部党章规定“全国大会及中央执行委员会

① 《建党以来重要文献选编》第1册,中央文献出版社2011年版,第237页。

② 《关于领导方法的若干问题》,《毛泽东选集》第3卷,人民出版社1991年版,第897—902页。

③ 中共中央党校党章研究课题组编著:《中国共产党章程编介》(从一大到十七大),党建读物出版社2008年版,第197页。

④ 《邓小平文选》第1卷,人民出版社1994年版,第217页。

⑤ 《“一大”前后》,人民出版社1980年版,第8页。

之议决,本党党员皆须绝对服从之"①。这些规定体现了维护党中央权威和中央统一领导制度的萌芽。民主集中制是中国共产党最根本的领导制度和组织制度。五大党章开始规定"党部的指导原则"为"民主集中制"②,此后,党的历次代表大会都把民主集中制作为一项原则写入党章。

党开始全面执政后,党中央及时在中央人民政府中建立党组,规定政府工作中一切主要的和重要的方针、政策、计划和重大事项,必须经过党中央讨论和决定或批准。1953 年作出《关于加强中央人民政府系统各部门向中央请示报告制度及加强中央对于政府工作领导的决定(草案)》。③"文化大革命"对党的领导制度造成重大损害。十一届三中全会后,党中央权威和集中统一领导得到恢复、再塑,形成了较为系统的维护党中央权威和集中统一的思想。

十八大以来,制定或修订了《中共中央政治局关于加强和维护党中央集中统一领导的若干规定》《中国共产党重大事项请示报告条例》等党内法规,从制度上保证党的领导全覆盖,保证党中央集中统一领导更加坚强有力。十九大前后将维护党中央权威和集中统一领导纳入党的政治建设范畴,要求全党要牢固树立"四个意识"、坚定"四个自信"、做到"两个维护",把维护党中央权威和集中统一领导作为最高政治原则和根本政治规矩。在 2020 年以来各国执政党抗击新冠疫情应对水平的比较中,雄辩地证明中国共产党坚强领导核心的显著优势。

第三,百年中流砥柱:从争夺无产阶级领导权到"坚持党对一切工作的领导","健全党的全面领导制度"发挥党总揽全局,协调各方的领导核心作用。

"健全党的全面领导制度"是"坚持党对一切工作的领导"第一位基本方略,目的就是为了更好发挥党总揽全局、协调各方的领导核心作用,确保国家治理体系和治理能力现代化沿着正确方向前进。坚持党领导一切,绝不是党来替代一切组织、机构去直接领导,更不是"包打天下",而是"总揽全局,协调各方"。

马克思、恩格斯把共产党领导看成社会主义必须具备的实现条件,作为科学社会主义一条根本原则。意大利共产党领袖安东尼奥·葛兰西曾经指出:"一个

① 《中共中央文件选集》第 1 册,中共中央党校出版社 1989 年版,第 96 页。
② 《中共中央文件选集》第 3 册,中共中央党校出版社 1989 年版,第 144 页。
③ 《建国以来重要文献选编》第 4 册,中央文献出版社 1993 年版,第 67 页。

社会集团能够也必须在赢得政权之前开始行使‘领导权’(这就是赢得政权的首要条件之一);当它行使政权的时候就最终成了统治者,但它即使是牢牢掌握住了政权,也必须继续以往的‘领导’。”①中国共产党人把领导权问题看作中国革命、建设和改革能否成功、建成社会主义现代化强国目标能否实现的核心问题。②新民主主义革命的历史证明,中国共产党是唯一能够让中国摆脱半殖民地半封建地位、取得民族独立并走上社会主义道路的政治力量。大革命时期由于放弃无产阶级领导权,使革命遭到失败。抗战时期,中国共产党成为领导全面抗战的中流砥柱。中共中央在1942年9月通过的《关于统一抗日根据地党的领导及调整各组织间关系的决定》中强调:“党是无产阶级的先锋队和无产阶级组织的最高形式,他应该领导一切其他组织,如军队、政府与民众团体。”③首次出现了“党领导一切”的观点。1949年,毛泽东提出了中国革命中战胜敌人的“三件主要武器”:“我们的二十八年,就大不相同。我们有许多宝贵的经验。一个有纪律的,有马克思列宁主义的理论武装的,采取自我批评方法的,联系人民群众的党。一个由这样的党领导的军队。一个由这样的党领导的各革命阶级各革命派别的统一战线。”④

新中国成立后,1954年、1975年和1978年宪法,先后以不同的方式写入了党的领导。1982年在宪法修改工作中,邓小平明确提出,一定要把四项基本原则写入宪法⑤,坚持推动把“党的领导”写进了宪法序言,将党的领导地位提到了新的高度。党的十九大修改的《中国共产党章程》中写入“党政军民学,东西南北中,党是领导一切的”。⑥2018年将“中国共产党领导是中国特色社会主义最本质的特征”写入宪法。党依据国家宪法法律规范体系和党内法规制度体系两大支柱依宪执政、依法行政、依规治党。坚持党的领导,就要坚持“总揽全局,协调各方”

---

① [意]安东尼奥·葛兰西:《狱中札记》,曹雷雨等译,北京:中国社会科学出版社2000年版,第38页。

② 江金权:《发挥党的领导制度体系在国家制度和国家治理中的统领性作用》,《中国纪检监察报》,2019年11月28日。

③ 《中共中央文件选集》第13册,中共中央党校出版社1989年版,第427页。

④ 《毛泽东选集》第4卷,人民出版社1991年第2版,第1480页。

⑤ 王汉斌:《王汉斌访谈录》,中国民主法制出版社2012年版,第65页。

⑥ 《中国共产党章程》,人民出版社2017年版,第22页。

的原则，即各级党委在同级各种组织中发挥领导核心作用，集中精力抓好大事，支持各方独立负责、步调一致地开展工作。在工作全局上，党委总揽而不包揽，协调而不替代，各方的事由各方去办，各方之间的事由党委来协调，既保证党委的领导核心作用，又发挥人大、政府、政协、人民团体和其他方面的职能作用。正如习近平总书记所指出的，“这就像‘众星捧月’，这个‘月’就是中国共产党”，“中国特色社会主义需要四梁八柱来支撑，党是贯穿其中的总的骨架，党中央是顶梁柱”。①要把“总揽全局，协调各方”落到实处，要着力发挥党把方向、谋大局、定政策、促改革、抓落实的作用。

第四，百年能力本领支撑：从“本领恐慌”忧患意识到“全面增强执政本领”紧迫清醒，健全提高党的执政能力和领导水平制度是坚持和完善党的领导制度体系的重要内容和重要保障。

提高党的执政能力和领导水平制度是党巩固执政地位，实现执政使命必须解决好的重大课题，是坚持和完善党的领导制度体系的重要内容和重要保障。百年砥砺奋进，以革命、建设和改革的辉煌成就，生动诠释了中国共产党为什么能、马克思主义为什么行、中国特色社会主义为什么好。坚持党的领导，全面增强执政本领是取得历史性成就所蕴藏的最根本最关键的内在逻辑。“健全提高党的执政能力和领导水平制度”是党巩固执政地位、实现执政使命必须解决好的重大课题，对应党的执政本领、建设领导制度，确保“党不变弱”，始终成为中国特色社会主义事业坚强领导核心。

延安时期，毛泽东曾指出：“我们队伍里边有一种恐慌，不是经济恐慌，也不是政治恐慌，而是本领恐慌。”②改革开放初期，邓小平强调：“在不断出现的新问题面前，我们党总是要学，我们共产党人总是要学，我们中国人民总是要学。谁也不能安于落后，落后就不能生存。”③在人类即将进入 21 世纪的历史时刻，江泽民指出：“必须正确分析形势，继续坚持把马克思主义基本原理同中国具体实际结合起来，全面加强和改进全党的学习。”④胡锦涛强调：“坚持科学执政、民主

① 习近平：《推进党的建设新的伟大工程要一以贯之》，《求是》2019 年第 19 期。

② 《毛泽东文集》第 2 卷，人民出版社 1993 年版，第 178 页。

③ 《邓小平文选》第 2 卷，人民出版社 1994 年版，第 270 页。

④ 《江泽民文选》第 2 卷，人民出版社 2006 年版，第 284 页。

执政、依法执政，是我们总结党执政成功经验的必然结论，也是新形势下我们党更好执政的根本要求。”①面对中华民族伟大复兴的艰巨任务，习近平总书记在十九大报告中指出，要“全面增强执政本领”，“领导十三亿多人的社会主义大国，我们党既要政治过硬，也要本领高强”。②百年的巨大成就矗立起一座全党不断提升本领，带领人民百年艰苦奋斗铸就的巍巍历史丰碑。

进入新时代，创造新辉煌续写历史新篇章，中国共产党人一定要深刻认识增强本领、提升执政能力的重要性和紧迫性，增强本领意识，克服本领恐慌，不断增强执政能力和领导水平，为实现中华民族伟大复兴的中国梦而努力奋斗。我们党既然揽下了实现中华民族伟大复兴中国梦这个“瓷器活”，就必须具备抓牢中华民族伟大复兴历史机遇的过硬领导本领这个“金刚钻”。

第五，百年治党保障：从推进党的建设伟大工程到党的建设新的伟大工程，以伟大的自我革命推进伟大的社会革命。

全面从严治党制度，是确保“党不变性”永葆党的先进性和纯洁性的根本制度保障，是坚持和完善党的领导制度体系的根本政治要求，是深化全面从严治党的长远之策、根本之策。完善全面从严治党制度，就是要坚持党要管党、制度治党、依规治党，不断推进党的自我革命，坚决同一切影响党的先进性、弱化党的纯洁性的问题作斗争。党的百年奋斗史，既是一部在自我革命中不断发展壮大史，也是一部领导人民改天换地的社会革命史。

自建党以来，党领导人民进行的新民主主义革命、社会主义革命、改革开放新的伟大革命，其本质就是推进生产关系的优化变革，不断解放和发展社会生产力，为中国人民谋幸福，为中华民族谋复兴，最终实现共产主义。这是建党百年来统筹推进“伟大的自我革命”和“伟大的社会革命”互动发展的主旋律。党的自我革命不是孤立发生、单独进行的，而是服从服务于党领导的社会革命，是进行伟大社会革命的客观要求。社会革命的性质、目标和任务，决定了党的自我革命的性质、目标和任务。1939 年，毛泽东同志在《〈共产党人〉发刊词》中要求全党同志充分认识党已经“成为全国性的大党”、已经“不是从前的样子”，深刻理

---

① 《胡锦涛文选》第 2 卷，人民出版社 2016 年版，第 242 页。

② 《十九大报告辅导读本》编写组：《党的十九大报告辅导读本》，人民出版社 2017 年版，第 67 页。

解党的建设是一项“伟大的工程”，要赢得革命最终胜利，必须抓好这个伟大工程。以党的建设伟大工程推进新民主主义革命伟大事业取得胜利。

新时代党的建设新的伟大工程的革命性本质，标示出新时代党的自我革命不是简单的小修小补，而是要固本培元，修复党的革命品质、革命精神、革命力量，对党进行凤凰涅槃、浴火重生式的革命性锻造重塑。十九大描绘了新时代党领导人民进行“伟大的社会革命”宏伟蓝图，涵盖领域的广泛性、触及利益格局调整的深刻性、涉及矛盾和问题的尖锐性、突破体制机制障碍的艰巨性、进行伟大斗争的复杂性，都是前所未有的。执政环境越复杂，风险挑战越严峻，伟大斗争越激烈，奋斗目标越宏伟，就越要加强和改进党的自身建设，要坚定把“伟大的自我革命”进行到底的战略定力，推进全面从严治党向纵深方向发展，不断全面推进党的政治建设、思想建设、组织建设、作风建设、纪律建设，把制度建设贯穿其中，深入推进反腐败斗争。要按照党的建设总目标要求，切实贯彻新时代党的组织路线，夯实党的基层组织体系，解决好基层党组织弱化、虚化、边缘化的问题；建设好真正忠诚干净担当的高素质干部队伍，为新时代“伟大的社会革命”提供坚强组织保障。

三、 以史为鉴：新时代坚持和完善党的领导制度体系建设现实思考

时代不断发展，党的制度建设包括党的领导制度建设也要与时俱进、不断创新。必须坚持和完善党的领导制度体系，以党的领导科学化、制度化、现代化，推进国家治理体系和治理能力现代化。

第一，在世情、国情、党情的内外环境的互动中坚持和完善党的领导制度体系建设。

中国日益走进世界舞台的中央，中国共产党也日益走向世界政党政治舞台的中心。总有一些国家和国际势力对我国的发展壮大感到忧惧。更有甚者，视我国发展强大是对其价值观和制度模式的颠覆和挑战，大肆渲染“中国威胁论”“中国崩溃论”“中国妖魔论”，想方设法对我国进行“抹黑”“谩骂”“攻击”“围堵”，不断在政治、经济、军事等领域找茬挑事。全面从严治党，铸造永远年轻、朝

气蓬勃、稳如磐石的中国共产党越来越具有世界意义。就国情来看，稍纵即逝的历史机遇，艰巨繁重的发展任务，要求全面从严治党永远在路上。就党情来讲，党面临的执政环境是复杂的，影响党的先进性、弱化党的纯洁性的因素也是复杂的。党唯有坚持问题导向，保持战略定力，才能走好新时代的赶考路。执政党意识形态具有政治领导力和思想引领力，具有崇高与务实、进步与科学、真诚与开放的政治价值观的政党，面对全球化、信息化和民主化的世界性浪潮冲击，以及外部干预和渗透时，就能够顺势而为、与时俱进。执政党要总揽全局、协调各方、通盘考虑各种利益主体的利益诉求，运用政治、经济、法律等各种手段来协调各种利益关系与利益矛盾，以达到维护社会公平正义、激发社会活力、促进国家与社会和谐发展之目的，彰显群众组织力和社会号召力。通过构建高质量的党的领导制度体系，为新时代全体中国人民积极“组织起来”形成万众齐心干事业的磅礴伟力提供源源不断的强大政治领导力、思想引领力、群众组织力、社会号召力。

第二，在执政党、政府、市场、社会和公众构成的多维空间中构建顺畅、有效运行的领导体制和机制。

政党是联系国家和社会的桥梁、纽带，是社会与国家之间的联系机制。党的领导制度体系不可能仅仅局限在政党一维空间中，而需要在执政党、政府、市场、社会和公众构成的多维空间中全方位、多角度地展开，是一个具有内在规律的政治过程。党的领导制度体系建设的关键在于处理好政党、国家和社会之间的关系，构建政党、国家与社会顺畅、有效运行的体制和机制。执政党与社会关系，其核心是要解决好党领导的社会基础问题。执政党与国家关系，其重点是党如何规范及协调其与政府、立法、司法机构等各种关系。执政党内部关系，作为核心系统的执政党要引导与影响其他系统和领域，发挥执政党的核心功能，首先必须保障执政党系统自身处于优化状态，增进执政党自身建设，为提高执政党的执政能力奠定基础。党的领导制度体系是在社会、政党、国家之间的联系和互动中展开。必须考虑如何将自身建设与整个国家及社会的建设契合起来，在治国理政、公共管理、外交军事等诸多方面全面发挥其功能与作用，通过不断巩固社会基础、协调政党与国家关系、强化自身活力，从而确保长期领导和执政的地位。坚持党的领导，国家才具有强大的社会整合能力和战略规划定力，有效协调政府力量、市场力量、社会力量，实现政府、市场、社会和民众多方共治，不断迈向国家治理的最佳境界。

第三，在政党治理现代化和国家治理现代化的良性互动中，把党的领导制度优势更好转化为治理效能。

党的领导制度体系是国家治理的关键和根本，在中国特色社会主义制度体系中能够起到“纲举目张”的决定性作用。党在国家权力架构中居于核心地位，在国家治理中总揽全局、协调各方，是国家治理体系的中轴。国家治理体系和治理能力现代化，不仅不能动摇党的领导，而且要有利于坚持和加强党的全面领导。习近平指出：“国家治理体系是在党领导下管理国家的制度体系，包括经济、政治、文化、社会、生态文明和党的建设等各领域体制机制、法律法规安排，也就是一整套紧密相连、相互协调的国家制度。”①党的领导制度体系必然包含在这“一整套紧密相连、相互协调的国家制度”体系之中，是纲领性制度体系。从中央到地方，党的各级组织发挥领导核心作用，实施对国家、社会各领域各方面各环节领导活动的各项制度安排是国家治理体系的核心内容。中国能够创造经济快速发展的奇迹和社会长期稳定的奇迹，关键是党的领导和党的领导制度的巩固和发展。党的领导制度体系是推进国家治理体系和治理能力现代化沿着中国特色社会主义道路行稳致远的根本保证。以现代化的标准来构建国家治理体系，党在内部就要形成良好秩序与政治合力，正确处理党内关系，首先使政党自身有效地运转起来，解决党自身有效治理问题；作为执政党执掌国家政权、行使国家行政权力的过程，就要有效解决国家治理面临的一系列重大问题。党的领导制度安排能够遵循国家治理的内在逻辑和基本规律，使自身的体制、机制、功能和活动方式等方面与国家治理体系高度契合，就能为不断推进国家治理体系和治理能力现代化提供强大可靠保障。

（作者为中共上海市委党校教授）

① 习近平：《论坚持全面深化改革》，中央文献出版社2018年版，第46页。

新时代大力弘扬伟大建党精神及其时代价值*

郑智鑫　忻　平

人无精神则不立,国无精神则不强,党无精神则不兴。伟大政党培育了伟大精神,伟大精神滋养着伟大政党。中国共产党是一个十分重视精神的政党,百年来不仅带领人民取得了伟大成就,还铸造了具有丰富内涵的革命精神。在长期的实践中孕育形成的一系列革命精神,深深熔铸在中国共产党人的血脉之中,是我们党保持先进性、不断昂扬向上的鲜明特征和独特基因,是战胜各类风险挑战的思想法宝,也是弥足珍贵的精神财富。伟大建党精神是对开天辟地这一伟大开端的精神品格的高度凝练,是中国共产党人的精神谱系的起点,彰显了中国共产党的初心和使命,体现了丰富的历史意义和现实启示。建党精神的理论起点是历史的、百年前的,同时又是现实的、当下的。时至今日,建党精神又蕴含了丰富内涵和时代价值。这一精神跨越时空,永不过时,是砥砺我们不忘初心、牢记使命的不竭精神动力。

一、 百年视域下伟大建党精神的形成与发展

中国共产党百年华诞之际,习近平总书记首次提出伟大建党精神,可谓恰逢其时又意义重大。只有从中共建党的历程中深刻认识和理解建党精神,才能深刻理解建党精神的内涵;也只有从百年传承的维度透视现实,才能完整和深入把握建党精神的实质。当前,深入挖掘阐释建党精神,大力弘扬建党精神的时代价值,具有重要的历史和现实意义。

(一) 伟大建党精神孕育和形成于中国共产党创建历程之中

“从石库门到天安门,从兴业路到复兴路”,是百年来党的奋斗历程的生动写

---

* 本文系上海市社科规划“党的诞生地史料挖掘与建党精神研究”专项课题“中国共产党建党精神的时代价值研究”(编号:2019ZJD006)部分研究成果。

照。建党精神形成于特定的历史时空，伟大的建党实践，形成了伟大的建党精神。

从时间上看，中国共产党的诞生和伟大建党精神的形成，是时代发展的产物，顺应了时代需要。20世纪一二十年代，在国内外各种条件的影响下，中国正处于各类新兴政党创立的较为有利的时期。“在中国人民和中华民族的伟大觉醒中，在马克思列宁主义同中国工人运动的紧密结合中，中国共产党应运而生。”①从1920年中国共产党在渔阳里十月怀胎、完成初创，到1921年树德里一朝分娩、宣告党的正式成立，再到1922年辅德里添砖加瓦，党的一大和二大共同完成了党的创建。在“两年三会”的过程中，伴随着党的诞生的完整过程，建党精神得以逐步形成确立。

从空间上看，国际性大都市与政党生成发展之间有着天然联系。中国共产党的诞生和伟大建党精神的形成，与上海有着密切关联。近代上海以其得天独厚的优越环境和各种有利的社会条件，成为了中共建党的必然之地。1912年列宁就曾预言，“由于在中国将出现更多的上海，中国无产阶级也将日益成长起来。它一定会建立这样或那样的中国社会民主工党”②。上海是中国共产党的诞生地，党成立后党中央机关长期驻扎上海，这里是中国共产党的“产床”，也是中国共产党人的精神家园。守护好这一精神家园，是共产党人义不容辞的神圣职责，而其中重要一环，就是深入研究和阐释好党的精神之源——伟大建党精神。建党精神内在地蕴含在中国共产党在上海的孕育、诞生和发展壮大的全过程中，其内涵必然与党的诞生地——上海的特殊的政治经济文化条件息息相关。

（二）百年以来伟大建党精神的时代内涵不断丰富与发展

建党精神不仅是中国共产党在建党历程中所形成的革命精神，此后百年来各个时期所涌现出的革命精神，都可以看成是在建党精神基础上的接续发展，是源和流的关系。百年来建党精神的内涵得以不断丰富、发展与深化，一系列的革命精神，都可以看成是建党精神在不同时间、地点的接续发展。建党精神也不断得以丰富和升华，在党的精神谱系中始终得到体现。各个时期所涌现出的革命

---

① 习近平：《在庆祝中国共产党成立100周年大会上的讲话》，人民出版社2021年版，第3页。

② 《列宁选集》第二卷，人民出版社1995年版，第363页。

精神,总的来看都有一些普遍的、共性的东西,大多包含着理想信念、艰苦奋斗、开拓创新、无私奉献、忠诚为民、责任担当等精神品质,这些精神在建党之初就已确立,成为党的宝贵财富和红色基因的重要组成部分。建党精神在各个不同时期都蕴含着时代价值,体现着实践意义,始终是党推动各项工作开展的精神动力和不竭源泉。

从这个意义上说,建党精神所包含的内涵是广义的、丰富的、也是发展的,一以贯之地体现在百年党史的全过程。一系列革命精神都是建党精神的派生和传承,是建党精神的时代体现。以牺牲和斗争精神为例,新民主主义革命时期产生的长征精神、红岩精神,社会主义革命和建设中铸就的抗美援朝精神、西迁精神、焦裕禄精神、“两弹一星”精神,改革开放以来形成的抗洪精神、抗震救灾精神以及新时代涌现出来的抗疫精神和脱贫攻坚精神等,一批批共产党员与困难和挑战顽强抗争、排除万难,用“钢少气多”克服“钢多气少”,以牺牲小我成就大我,体现了攻坚克难的勇气与决心,闪耀着共产党员不怕牺牲、英勇斗争的精神力量。正是始终践行和坚守了这样的革命精神,中国共产党人才在一次次惊涛骇浪之中经受住各种考验,赢得了一个又一个胜利,不断创造新成就、开辟新道路。

(三)新时代对伟大建党精神的时代传承提出了更高要求

任何一种革命精神,都是发生于某一特定历史时段中的,同时也是在现实生活和时代条件中不断得到丰富和发展的。建党精神也是如此,要让它始终保持活力、产生影响力,就必须体现时代性,不断丰富其内涵,体现出时代价值。新时代赋予建党精神以新的时代意蕴,也就是说,对于建党精神的时代性提出了新的要求。今天,要继续继承和充分发扬建党精神,就必须赋予建党精神在新时代新要求下新的内涵和价值。

弘扬伟大建党精神是不断继承和发展革命精神的客观需要。中国共产党有着重视革命精神的优良传统,一部中国共产党的历史,就是不断继承和弘扬革命精神的光荣历史。习近平总书记非常重视党的革命精神和红色基因的传承,每到一处地方,经常瞻仰革命旧址,重温革命历史,传承革命精神。他曾感慨地说:“我在很多革命根据地工作过,陕西有延安,河北有西柏坡,福建有苏区,浙江有南湖,上海有‘一大’会址,还是‘二大’‘四大’召开地,革命传统是我们一笔宝贵的精神财富，是凝聚人心、激励向上的一种精神动力。”①党的十八大以来，习近平总书记论及的革命精神有40多种，其中阐述内涵的有20多种。历史川流不息，精神代代相传，探寻伟大建党精神及其时代价值是继承和弘扬革命精神的题中应有之义，是在新时代阐释和宣传好中国共产党人精神谱系的关键一环。

弘扬伟大建党精神是发挥党史教育以史鉴今、资政育人功能的有效途径。习近平总书记多次指出，党史是最生动最有说服力的教科书，是共产党员的必修课，这门课不仅要修，而且一定要修好。一部百年党史，既有凯歌行进，又有筚路蓝缕，是我们党不平凡的理论探索史、不懈奋斗史、不怕牺牲史、为民造福史和自身建设史。只有深刻认识曾经的积贫积弱、理解创业的艰辛历程才能珍惜当下，方知红色政权来之不易、新中国来之不易、中国特色社会主义来之不易；只有真正把握党史的主题主线、主流和本质，才能避免走入历史虚无主义的泥潭；只有把党史与党的创新理论结合起来，才能更好以当代中国马克思主义、21世纪的马克思主义分析和解决问题，不断增强对习近平新时代中国特色社会主义思想的政治认同、思想认同和情感认同。总之，只有以史为鉴，才能开辟未来、更好前进。“弄清楚我们从哪里来、往哪里去，弄清楚艰苦卓绝是什么、是怎么来的，做到知史爱党、知史爱国。”②因而，从党和国家所走过的道路来总结经验教训、得到历史启迪，是我们党历来的行之有效的做法。从伟大建党精神中，深刻把握党和国家建设的经验和规律，可以汲取很多中国共产党治国理政的智慧和营养。同时，建党精神中蕴含的丰富内涵和大量红色故事，特别是上海具有的丰富红色文化资源，可以成为开展党史学习教育极为生动的素材，为培养和锻造时代青年发挥重要作用，从而起到激励人、教育人、引领人、启示人、警示人的积极作用。

弘扬伟大建党精神是实现中华民族伟大复兴的强大推动力。实现伟大梦想、推进伟大事业、建设伟大工程、进行伟大斗争，除了以先进的思想来武装和指导，还必须要有昂扬的积极的精神来引领。今天，中华民族正以不可阻挡的步伐

① 《〈上海是党的诞生地，要牢记历史使命〉——“习近平在上海”系列报道之一》，《解放日报》2017年9月25日。

② 中央“不忘初心、牢记使命”主题教育领导小组印发：《关于在“不忘初心、牢记使命”主题教育中认真学习党史、新中国史的通知》，2019年7月31日。

迈向伟大复兴，实现中华民族伟大复兴进入了不可逆转的历史进程，伟大建党精神必须也必然成为新征程上实现民族复兴伟业的强大精神动力。同时，时代在变，问题也在变，因此，建党精神的时代内涵要不断与新时代新情况新要求相联系。当前，建党精神对开展当前各项工作具有重要启示，反映和回应了当代社会发展以及党和国家建设事业的现实需要，体现出弥足珍贵的时代价值。一是建党精神为实现“两个一百年”奋斗目标提供持续不断的动力支撑，在全面建成社会主义现代化强国、实现中国梦的进程发挥重要作用，为民族复兴提供“更为主动的精神力量”。二是建党精神对中国特色社会主义事业建设提供精神动力。新时代继承和弘扬建党精神可以更好为坚定“四个自信”提供精神力量，为推动国家建设和社会发展激发动力、活力和持久力。三是建党精神对新时代全面加强党的建设具有重要启示，对推动“四个伟大”、增强“四个意识”、做到“两个维护”提供历史依据和重要借鉴。

二、 伟大建党精神是连接历史与现实的中国共产党精神之源

伟大建党精神是解读“中国共产党为什么能”的红色密码，是党的初心和使命的集中体现，是中国共产党人精神谱系的起点，见证了党从无到有、由小到大、由弱到强的发展历程，连接了历史与现实、贯穿了百年党史全过程。建党精神发端于百年前，来源于特定的历史时期，建党精神又是今天的，具有鲜明的时代价值。今天，我们要结合新时代新要求，充分深入挖掘和阐释建党精神的时代内涵，让建党精神在新时代绽放出新的力量和光芒。

（一）伟大建党精神突出表现在追求真理、坚定信仰的求是过程中

坚持真理、坚守理想是建党精神的首要内涵和突出表现。伴随近代以来各种救国方案最终宣告失败，那时的中国“迫切需要新的思想引领救亡运动，迫切需要新的组织凝聚革命力量”①。中国共产党的诞生，既是追求真理、寻找出路的结果，更是确立理想、执着坚守的过程。

① 习近平：《在庆祝中国共产党成立100周年大会上的讲话》，人民出版社2021年版，第3页。

早期共产党员年龄都不大，当时大多为20、30多岁的新式知识分子。由于比较年轻，思想活跃，较易接受新思想、新文化，成为时代的弄潮儿。他们领风气之先，以救亡图存为己任，不断探寻救国救民的真理。在反复比较的过程中，一批先进知识分子最终接受了马克思主义，并与其他各种社会思潮和主张进行了多次论争，成为建党的骨干力量。中国共产党的诞生，就是顺应时代，勇立潮头、勇攀高峰的一种表现。

五四以后，一批新式知识分子不仅推动了思想文化的变革，更重要的是积极投身革命实践，探索并开展了实际的具体的行动，由此掀起随之而来的建党伟业。正如早年周恩来所言，"马克思正因为立论准乎'实际'，研究出来的改革办法必须'实验'，所以才主张实行革命的共产主义；信此主义的人，所以才能勇于实行"①。曾有人对建党前夕维经斯基对陈独秀的一段对话有过回忆："中国现在关于新思想的潮流，虽然澎湃，但是第一，太复杂，有无政府主义，有工团主义，有社会民主主义，有基尔特社会主义，五花八门，没有一个主流，使思想界成为混乱局势。第二，没有组织。做文章、说空话的人多，实际行动，一点都没有。这样绝不能推动中国革命。"②越来越多的人开始认识到，那时的当务之急，就要尽快建立一个新型的无产阶级政党，这既是旧有革命运动所得到的经验教训，又是革命形势的客观需要，是实现革命目标的必经一步。在四分五裂、一盘散沙的状况下，只有一个坚强有力的革命政党，才能凝聚、动员和组织最广泛的社会力量，才能团结带领并代表最大多数的人民群众，才能让沉沉黑暗中的中国看到希望和光明。以李大钊、陈独秀为代表的一批先进知识分子，不仅是五四新文化时期思想界的明星，也成为了中国共产党的主要创建者。他们对推动马列主义在中国的广泛传播起到了重要作用，并在这一过程中逐渐从革命的理论转向了革命的行动，完成了从理论宣传家向职业革命家的转变。

心有所信、方能行远。百年来，中国共产党始终高高举起马克思主义的旗帜，将其作为我们的看家本领和安身立命的基础。中国共产党的初心和使命是

① 中共中央文献研究室、南开大学编：《周恩来早期文集》下卷，中央文献出版社、南开大学出版社1998年版，第465页。

② 杨云若、张注洪等编译：《维经斯基在中国的有关资料》，中国社会科学出版社1982年版，第455页。

建立在马克思主义科学理论基础之上的，马克思主义是共产党人的“真经”。中国共产党为什么能，“归根到底是因为马克思主义行”。信仰与信念也是内在联系的。革命理想高于天，中国共产党之所以叫共产党，就是因为从成立之日起我们党就把共产主义确立为远大理想。中国共产党之所以经历挫折而不断奋起，历尽苦难而淬火成钢，归根到底在于无数中国共产党人心中的远大理想和崇高信念，无一不体现着坚定执着的革命信仰。

理想信念是共产党人精神上的“钙”。当前，党内一些人发生理想信念的动摇，“总开关”上的思想滑坡，这是最危险的动摇和滑坡，出现的不信马列信鬼神、不信真理信金钱、马克思主义过时、共产主义渺茫论等现象，说到底就是“信仰迷茫、精神迷失”。习近平总书记多次强调信仰之于政党的重要性，指出“对马克思主义的信仰，对社会主义和共产主义的信念，是共产党人的政治灵魂，是共产党人经受住任何考验的精神支柱”①。“理想信念是中国共产党人的精神支柱和政治灵魂，也是保持党的团结统一的思想基础。”②“增强信仰、信念、信心，这是我们战胜一切强敌、克服一切困难、夺取一切胜利的强大精神力量。”③今天，我们党虽然执政了，但仍然要为最终实现理想而奋斗，也仍然要继续继承和发扬革命精神。能否保持铁一般的信仰与信念，则是建党精神的首要表达、也是对其的生动诠释。一方面，运用马列主义这一强大的思想武器，将理论与实践相结合，与时俱进发展创新，不断推动马克思主义中国化、时代化，使马克思主义继续焕发出强大的生命力。另一方面，坚定信仰信念，就要把共产主义远大理想和中国特色社会主义共同理想结合起来，最重要的就是要坚定“四个自信”，坚持和发展中国特色社会主义。

（二）伟大建党精神根本体现在不忘初心、担当作为的奋斗过程中

践行初心、担当使命是建党精神所包含的根本要义和体现的目标宗旨。习近平总书记指出，“中国共产党一经诞生，就把为中国人民谋幸福、为中华民族谋复兴确立为自己的初心使命。一百年来，中国共产党团结带领人民

---

① 《习近平谈治国理政》第一卷，外文出版社2014年版，第15页。

② 《习近平在2021年秋季学期中央党校(国家行政学院)中青年干部培训班开班式上的讲话》，载中共中央党校网站 https://www.ccps.gov.cn/dfjj/202109/t20210909_150441.shtml。

③ 习近平：《学史明理、学史增信、学史崇德、学史力行》，《求是》2021年第13期。

进行的一切奋斗、一切牺牲、一切创造，归结起来就是一个主题：实现中华民族伟大复兴”①。中国共产党的诞生是与拯救民族危亡、实现伟大复兴的历史使命紧密相连的。党的初心和使命与百年党史的主题具有内在一致，是建党精神的核心表达，是激励一代代共产党人前赴后继、英勇奋斗的根本动力。可以说，伟大建党精神包含了初心和使命，伟大建党精神又是党的初心使命的重要展现。

初心来源于近代中国深重危机和历史任务，萌发于救亡中国的探索实践。近代中国国土沦丧、四分五裂，面临深重危机。仁人志士苦苦探索救亡图存的道路，但都以失败告终。辛亥以后，各类新兴政党团体纷纷登上历史舞台，政党政治一度盛行，但大多昙花一现、骤生骤灭、烟消云散，往往陷入争权夺利、党派倾轧的境地，或组织涣散瓦解、或内部派系林立。正当旧中国自救无路、彷徨无措的时候，20 世纪 20 年代初，一个新型无产阶级革命政党——中国共产党诞生了，与以往的各类中华大地上建立的政党不同，作为一个使命型政党，中国共产党在创建之初便明确了挽救民族危亡为己任，党一经成立，便义无反顾地肩负起实现中华民族伟大复兴历史使命，从而与中华民族的前途和中国人民的命运紧紧联系在了一起，与其他各类政党团体有着根本不同。中国共产党明确将民族独立、人民解放与国家富强、人民幸福作为自己的神圣职责，团结带领中国人民开展了艰苦卓绝的斗争，开辟了一个崭新的局面。自此，中国革命有了坚强的领导核心，中国人民有了可以依靠的主心骨，中华民族逐渐找到了正确的前进方向，使民族命运展现出光明的发展前景，朝着民族复兴的目标迈进。

难能可贵的是，纵观早期共产党人，有的系出名门、地位显赫，有的家庭殷实、衣食无忧，有的工作体面、收入颇丰。他们中的大多数人都具有较高的文化程度、接受过良好的教育，不少人留过学。很多人投身革命并非为了个人生计、养家糊口，而是怀揣救国救民之心，为了民族、国家和人民的前途命运，抛弃个人利益，承担重任，奋勇前行。

初心必须不断践行，化理想为现实。初心和使命既是建党之初中国共产党的性质宗旨和奋斗目标，又体现在建党以后中国共产党人的具体实践之中。初心使命不是空洞抽象的，而是实实在在落实在行动中的，中国共产党的诞生和建

① 习近平：《在庆祝中国共产党成立 100 周年大会上的讲话》，人民出版社 2021 年版，第 3 页。

党精神的形成就是实践的产物。回顾历史，中国共产党在上海诞生的过程中，敢于突破旧思想、旧制度的罗网，实现了许多从无到有的“第一”，这对于处于半殖民地半封建社会的近代中国来说无疑是具有革命性和开创性的。①今天的伟大事业和伟大梦想，绝不应仅仅停留在头脑里，而应是在实践中干出来的，因此，要继续坚持实事求是的思想路线。

初心需要始终坚守，化初心为恒心。初心易得、始终难守。面临政治变局、面对各种诱惑，革命的队伍中也不乏离开组织、走向对立面的人，后来真正坚持下来的只是其中一部分，既可谓英雄辈出，又是大浪淘沙。对此，党组织一方面加强思想教育，另一方面坚持严明纲纪，以严格的纪律要求摈弃和淘汰了落后分子，保证党的先进性和纯洁性以实现“新陈代谢”，而且实现了党的集中领导、维护了党的团结统一。由此可见，确立初心不容易、坚守初心更不容易。“不忘初心、牢记使命”不是一阵子的事，而是一辈子的事。事业发展永无止境，共产党人的初心永远不能改变。越是长期执政，越不能忘记党的初心使命。今天，我们应不断叩问初心、守护初心，不断坚守使命、担当使命，始终做到初心如磐、使命在肩。

新时代要有新气象，更要有新作为。弘扬建党精神的时代价值，必须把体现担当精神摆在重要位置上。践行初心、担当使命，就是要化初心为责任，化使命为担当。当前，为官不为、“佛系干部”、慢作为、假作为、乱作为等现象发生，都是背离初心的表现。党的十八大以来，习近平总书记多次强调要不忘初心使命、涵养担当精神，强调“干部就要有担当，有多大担当才能干多大事业，尽多大责任才会有多大成就”②。当前，中国当前正站在实现中华民族伟大复兴中国梦的关键节点，中国共产党更需要担当起该担当的责任，切实增强政治担当、历史担当、责任担当，把为国尽职、为民造福作为最根本的担当。

（三）伟大建党精神生动体现在百折不挠、攻坚克难的斗争过程中

不怕牺牲、英勇斗争是建党精神的鲜明特征。中国共产党是一个革命型政党，从建立之初就面临着复杂而艰巨的斗争形势。旧中国政治环境恶劣，社会矛

① 上海在中国共产党的创建过程中创造了数个第一，如第一个党组织和团组织、第一个培养青年干部的学校、第一所工人夜校、第一个党领导下的工会、第一本党刊、第一份政治宣言等。

② 习近平：《做焦裕禄式的县委书记》，中央文献出版社 2015 年版，第 8 页。

盾尖锐,外无独立、内无民主,反革命力量十分强大。中国共产党是在极其危险的环境中、在极端不利的情况下秘密建立起来并开展革命的,可以说相当不易。面对复杂的社会状况,共产党人克服重重困难,将生死置之度外,不畏艰险、顽强斗争,这既体现了我们党强烈的革命斗争精神,也体现了共产党人的责任、使命和担当。

创党时期很多共产党人已经在革命实践中发扬斗争精神,把个人安危放在一边,为党的事业倾其所有、作出表率。早在1919年,党的创始人陈独秀就曾在《每周评论》上写道,"世界闻名发源地有二,一是科学研究所,一是监狱。我们青年要立志出了研究室就入监狱,出了监狱就入研究室,这才是人生最高尚优美的生活。从这两处发生的文明,才是真文明,才是有生命有价值的文明"①。文章洋溢着斗争精神和革命乐观主义精神,尽管他一生多次被捕入狱,面对打击、身处逆境、但并未消沉,经受住了考验,可谓越挫越勇。陈独秀在1921和1922年先后两次在老渔阳里的寓所被捕,被释放后仍继续主持党中央的工作。李达在《陈独秀与新思想》一文中评价他是一个极端反对旧思想的急先锋:"他的文字,很有价值,很能够把一般青年由朦胧里提醒觉悟起来。我们对他应该要表两种敬意。一敬他是一个拼命鼓吹新思想的人;二敬他是一个很为了主义吃苦的人。"②早期上海工人运动的青年领袖李启汉同样如此。作为工人运动的开拓者,由于他在上海多次组织参加罢工活动,很快引起了租界当局的注意,巡捕房的暗探早已对他进行了跟踪和调查,称他为"煽动分子""工运领袖""著名中国布尔什维克主义者""陈独秀的跟随者"等。1924年10月13日,李启汉才从龙华陆军监狱的狱中出来,两年零四个月的监狱生活让他形容枯槁、发蓬如草,邓中夏称他为"无产阶级的先锋,劳动运动的健将"并感叹道"坐牢最早最苦的同志要以李启汉同志为第一人"。他从狱中出来,头发长得像森林一样,邓中夏建议他改名李森,同时也表示我们工人阶级像森林一样,无限众多和无限生长。李启汉欣然接受,出狱后旋即投入工作,在各地继续开展工人运动。

今天,勇于斗争、善于斗争,同样是共产党人的一项重要任务。习近平

① 《陈独秀文集》第1卷,人民出版社2013年版,第487页。

② 《李达文集》第1卷,人民出版社1980年版,第7页。

总书记指出，“不要忘记了我们是共产党人，我们是革命者，不要丧失了革命精神”①。我们党是马克思主义执政党，但同时是马克思主义革命党，要保持过去革命战争时期的那么一股劲、那么一股革命精神，那么一种拼命精神，把革命工作做到底。当前，功成名就后安于现状、不思进取、贪图享乐，或是回避矛盾、掩盖问题，放任不管、搞无原则的一团和气等种种现象依然存在，对此我们要有充分警惕。“不论在哪个岗位、担任什么职务，都要勇于担当、攻坚克难，既当指挥员、又当战斗员，培养和保持顽强的斗争精神、坚韧的斗争意志、高超的斗争本领。”②

百年来，中国共产党人用自己的勇气和智慧，书写了一篇篇华彩乐章，创造了世所罕见的经济快速发展奇迹和社会长期稳定奇迹。新的征程上，发展中国特色社会主义、建设社会主义现代化强国、最终实现中华民族伟大复兴，仍然是一项长期的艰巨的历史任务，必须准备进行“具有许多新的历史特点的伟大斗争”。习近平总书记指出，“中华民族伟大复兴，绝不是轻轻松松、敲锣打鼓就能实现的，全党必须准备付出更为艰巨、更为艰苦的努力”③。当前，各种矛盾层出不穷，中国共产党仍面临长期复杂的“四大考验”和尖锐严峻的“四大危险”，要实现长期执政、巩固党的执政地位，应对各类风险挑战，就必须全面从严治党，就必须坚持斗争精神——特别是党的自我革命精神。自我革命精神是党最鲜明的精神气质，勇于自我革命是中国共产党区别于其他政党的显著标志。中国共产党是中国特色社会主义事业的领导核心，国家建设和社会发展成就如何，关键看我们党建设得好不好。要坚持从严管党治党，继续发挥党的自我革命精神，把中国共产党建设成世界上最强大的马克思主义政党。

（四）伟大精神深刻体现在忠于事业、无私为民的奉献过程中

对党忠诚、不负人民是建党精神的内在要求，反映了共产党人的优良品质、政治本色和朴素情怀。中国共产党是无产阶级政党，中国共产党也是人民型政党，反映了人民意愿，体现了整体利益，实现了党性和人民性的高度统一。

---

① 《习近平谈治国理政》第三卷，外文出版社2020年版，第70页。

② 《习近平在2019年秋季学期中央党校（国家行政学院）中青年干部培训班开班式上的讲话》，载中共中央党校网站 https://www.ccps.gov.cn/tpxw/201909/t20190903_134000.shtml。

③ 《中国共产党第十九次全国代表大会文件汇编》，人民出版社2017年版，第12页。

衡量是否有理想信念，要看是否在政治上靠得住，关键看是否能够做到对党忠诚。对党忠诚始终是第一位的，是共产党人首要的政治品质。任何一名共产党员必须对自己的政治身份负责，对党绝对忠诚，老实可靠。忠诚表现在多个方面，就是无条件地对信仰的忠诚、对组织的忠诚、对党的理论和路线方针政策忠诚、对党的纪律忠诚等。党的一大纲领就已明确规定党员的条件："凡承认本党纲领和政策，并愿成为忠实党员的人……均可接收为党员，成为我们的同志。"①五卅时期，上海区委通告提到了介绍同志入党及入党仪式问题，要求入党时被介绍人宣誓"严守秘密、牺牲个人、阶级斗争、实行革命、服从纪律，誓不背党"②。

共产党员忠于自己的组织天经地义，同时也必然要对党和人民的事业赤胆忠心、永远忠诚。通过联系、教育、团结和发动广大人民，保持了与人民群众的血肉联系，赢得了人民的信任支持，也与人民建立了深情厚爱。作为上海的共产党早期组织成员之一的俞秀松，为了解工人情况、消除知识分子与工人群体之间的隔膜，在《星期评论》社做编辑之余改名换服，进厂做工，经常前去虹口东鸭绿路三百五十一号厚生铁厂工作，以期"观察现在上海各工厂底内容和工人底生活状况；观察工人底心理，应该施什么教育和交际的方法；尽他能力，于可能的范围内，组织一个很小的工人团体"③。一批早期共产党人通过开展工人运动以维护工人利益、开办工人学校以教育人民等，为求得人民的解放不懈努力，也使人民群众的觉悟不断提高。可见，早期共产党员已经开始重视深入工农群众中传播马克思主义，从一开始就下决心深入下层，到占中国人口最大多数的劳苦大众中去做群众工作。

建党时期一批共产党员所体现的奉献精神，也是通过实际的行动体现的。早期共产党员中新式知识分子居多，很多人利用自己的工作条件，以各种方式来支持党的创建与发展，为革命作出了力所能及的贡献。如陈望道与党的早期宣传工作有密切的联系，曾经白天教书，晚上为《劳动界》周刊译稿，不取报酬。沈

① 中共中央文献研究室、中央档案馆编：《建党以来重要文献选编》第一册，中央文献出版社2011年版，第1页。

② 中央档案馆、上海市档案馆编：《上海革命历史文件汇集》（甲1），1986年版，第3页。

③ 《俞秀松日记》（1920年6月29日），载《上海革命史资料与研究》第1辑，开明出版社1992年版，第281页。

雁冰利用在商务印书馆当编辑的身份,为在此设立工会和党支部、开展秘密活动提供便利条件。“江浙区委最早的办公地点是在成都路中段的弄堂里租了一个小亭子间。这是由沈雁冰每月拿出五元钱租赁的。沈雁冰当时的收入多,他用自己的薪金来资助党的活动”①。

一个政党先进与否,不在于谋不谋利益,而在于为谁谋利益,中国共产党不谋求任何私利,除了人民的利益之外,没有任何自己特殊的利益,“从来不代表任何利益集团、任何权势团体、任何特权阶层的利益”②。党的先进性的重要体现就是群众路线、人民立场,而这在建党之初就已经深深映入了共产党人的基因和血脉之中。我们党一路走到今天,取得了一个又一个胜利,正是因为始终与人民为中心,践行立党为公、执政为民的宗旨,最终赢得了民心。对这个问题,党和国家领导人已作出了很好的典范,从毛泽东的“全心全意为人民服务”、到邓小平的“我是中国人民的儿子”、再到习近平的“我将无我、不负人民”,深深体现了人民情怀和无私奉献的精神。简单地说,“共产党就是为人民办事的”。

一段时期以来,党内出现只求索取不讲奉献、追求官本位、个人至上,形式主义、官僚主义,脱离群众等现象,都值得高度警惕。习近平总书记深刻指出,“江山就是人民、人民就是江山,打江山、守江山,守的是人民的心”③。人民性始终是中国共产党的最高标识,人民也是一切工作的出发点和根本归宿。“我们要永远保持建党时中国共产党人的奋斗精神,永远保持对人民的赤子之心。”

必须指出的是,党性和人民性是内在统一的。习近平总书记指出,“体现党的意志就是体现人民的意志,宣传党的主张就是宣传人民的主张,坚持党性就是坚持人民性。党性寓于人民性之中,没有脱离人民性的党性,也没有脱离党性的人民性。……那些把党性和人民性对立起来的论调,在思想上是糊涂的,在理论上是错误的,在实践上是有害的”④。坚定理想信念、牢记初心使命,就要始终做

---

① 徐梅坤:《江浙区委成立前后的片段回忆》,载《党史资料丛刊》1981 年第 2 辑(总第 7 辑);中共上海市委党史研究室编:《上海党史资料汇编》第一编,上海书店出版社 2018 年版,第 85 页。

② 习近平:《在庆祝中国共产党成立 100 周年大会上的讲话》,人民出版社 2021 年版,第 11—12 页。

③ 同上书,第 11 页。

④ 中共中央党史和文献研究院编:《十八大以来重要文献选编》下,中央文献出版社 2018 年版,第 213 页。

到心中有党、心中有民、心中有责、心中有戒，全身心投入党和人民事业，为强国事业无私奉献。

三、 新时代大力弘扬伟大建党精神的时代价值

建党精神所蕴含的丰富内涵，在新时代仍然具有丰富的意义和价值，是指引我们走向民族复兴的精神支柱和不竭动力。今天，我们要更好地继承和发展建党精神，就必须将建党精神作为新时代新要求下的一种新的时代精神，充分体现建党精神时代价值，更好地为共产党人开展各项工作、实践“四个伟大”和走好伟大复兴征程明确使命担当、提供强大精神动力。

（一）伟大建党精神对推进新时代党的建设的伟大工程提供重要借鉴

当今世界正面临百年未有之大变局，面对复杂多变的国际国内形势，风险、挑战与考验层出不穷，这对新时代加强党的建设提出了更高的要求。新时代党的建设总要求提出“把党建设成为始终走在时代前列、人民衷心拥护、勇于自我革命、经得起各种风浪考验、朝气蓬勃的马克思主义执政党”①，这就要求党的建设需要反映和突出时代性，富于创造性。当前，建党精神对于推进新时代全面从严治党、加强党的建设提供了历史借鉴，具有重要启示。

首先，伟大建党精神对新时代加强党的政治建设具有现实意义。继承和弘扬建党精神时代价值，是新时代以政治建设为统领的党的建设的重要内容。政治建设是当前党的建设的首要和核心，当前，敷衍了事不讲政治、阳奉阴违讲政治的情况仍然存在，“低级红、高级黑”，“两面派、两面人”现象也时有发生，这些都是党的政治建设中着力需要解决的问题。伟大建党精神对当前加强党的政治建设具有重要意义。要充分发挥忠诚求是精神，把握政治方向、坚定政治信仰，加强政治领导、维护中央权威。要充分发扬斗争精神，不断防范与化解各类执政风险和考验，筑牢政治根基、保持政治定力。以奋斗精神提高政治能力、练就政治本领。要把坚持斗争精神与发挥党的自我革命的优势结合起来，提高“四自”能力，从而为建设成世界上最强大的马克思主义政党而努力奋斗。要充分发挥

① 《中国共产党第十九次全国代表大会文件汇编》，人民出版社2017年版，第50页。

担当精神，加强党的领导，巩固党的执政地位，通过党的建设推动国家建设、引领社会发展。

其次，伟大建党精神对新时代坚持思想建党、理论强党具有示范意义。思想是行动的先导，没有革命的理论，就没有革命的运动。马克思主义政党的先进性，首先体现在思想理论的先进性上，思想建设是党的建设的基础。中国共产党之所以能够历经艰难困苦而不断发展壮大，之所以能够完成近代以来种种政治力量不可能完成的艰巨任务，根本原因就在于：理论焕发的伟大思想力量使全党始终保持统一的步调、始终保持强大的凝聚力和战斗力。中国共产党不仅极为重视党的思想建设，也是善于进行理论创新的党。一部党的理论发展史，就是我们党从实际出发不断将马克思主义中国化的历史。纵观百年党史，理论创新始终是我们党的优良品格，突出的贡献就是我们党创立了毛泽东思想、邓小平理论、"三个代表"重要思想、科学发展观，进而创立了当代中国的马克思主义，21世纪的马克思主义——习近平新时代中国特色社会主义思想，完善和发展了中国特色社会主义，生动彰显了共产党人的思想进步和理论创造。理论是时代的产物，理论的发展又进一步指导实践。新时代必须牢牢坚持以习近平中国特色社会主义思想为指导，不断推进马克思主义中国化时代化，"用马克思主义观察时代、把握时代、引领时代"①。

再次，伟大建党精神对新时代加强党的组织和作风建设具有重要意义。我们党是个大党，更需要成为强党，一个关键就在于加强党的组织建设，需要"不断提高党的建设质量"。要以创新精神扩大和巩固党的组织基础，提升党的组织力，不断加强基层党建。另外，作为一个先进政党，中国共产党有许多革命传统和优良作风，要永远保持党和人民群众的血肉联系，发扬担当精神以密切联系群众，坚持求是精神以实现理论联系实际，强化斗争精神以做到批评与自我批评，从而为更好巩固党的优良作风发挥作用。

最后，伟大建党精神对新时代推动纪律建设和制度治党具有时代意义。建党之初共产党严明纲纪对今天加强党的纪律建设具有重要启示。加强党的纪律建设，把纪律和规矩挺在前面，把政治纪律摆在突出的位置上。要用斗争精神严

① 习近平：《在庆祝中国共产党成立100周年大会上的讲话》，人民出版社2021年版，第13页。

明党的六大纪律，从而为提高党的建设质量提供有力保证。制度建设则是全面从严治党的重要保障，要扎实推进党的制度建设，推动党的建设制度化、科学化和管党治党的常态化、长效化，健全和完善党内法规体系，实现依规治党。通过将党的建设的各方面、特别是思想建设和制度建设紧密结合起来，将制度贯穿党的建设的全过程。

（二）伟大建党精神为推动新时代中国特色社会主义伟大事业提供强大精神动力

新时代担负新使命新任务，建党精神推动着伟大事业的发展，对新时代中国共产党的治国理政具有重要借鉴与启示。弘扬建党精神的时代价值，其现实意义就在于为社会主义现代化国家的建设发挥积极作用，为推动当前各项工作的开展提供精神动力。从实践层面来说，建党精神的时代价值，必然体现在对当前改革发展等各项事业的有效推进上。

一方面，要以伟大建党精神作为广大人民群众积极参与各项事业的精神之基。建党精神是推动和开展好当前各项工作的重要精神支柱，可以起到鼓舞人心、凝聚力量、团结奋进的重要作用，能进一步增强对中国特色社会主义的道路、理论、制度和文化自信，对增强政治认同、弘扬新时代爱国主义等方面也起到很大作用，可以说，建党精神能成为鼓舞和激励人们不断攻坚克难的强大动力。因此，通过建党精神的阐释宣传，可以对新时代新征程下的改革与发展事业起到积极推动作用。

另一方面，要将伟大建党精神转化为躬身力行、艰苦奋斗的自觉行动。今天，我们已经实现了第一个百年奋斗目标，正在向全面建成社会主义现代化强国的第二个百年奋斗目标迈进。中国特色社会主义是在实践中得来的，也需要在不懈奋斗中不断推向前进，伟大事业与伟大梦想既是伟大的，又是艰巨的，需要一届接着一届办，一代接着一代干。船到中流浪更急、人到半山路更陡，正所谓“行百里者半九十”，未来 30 年是更关键也更为艰巨的 30 年，实现中国梦并非一蹴而就，也不可能一帆风顺。当前，我国仍然处于重要战略机遇期，机遇与挑战并存，要在取得许多辉煌成就的同时保持清醒和冷静的头脑，牢记党的性质宗旨、理想信念和奋斗目标，在这一关键阶段不断奋斗、奋力拼搏，无私奉献、忘我工作，将建党精神中体现的共产党人的初心和使命，真正在践行中化为埋头苦干、真抓实干的自觉行动。

（三）伟大建党精神对深入推进上海城市发展具有现实启示

继承和弘扬建党精神，化为今天新时代背景下的时代价值，可以作为推进上海改革开放再出发的精神力量以及全面提升城市软实力的重要内容，从而以更好地精神状态奋力谱写上海城市发展的新篇章，树立和增强改革再出发的信心与决心。

第一，以伟大建党精神为引领，推动城市勇立潮头、实现创新发展。建党精神与上海城市精神之间有着密切关联、高度契合，其共同点就体现在创新、开放、包容、变革，这是中国共产党必然在上海建立的原因所在，也是当前进一步推进上海城市发展的重要精神因素。近代上海是新思潮冲击最猛烈的地方，也往往成为引领时代潮流之都和变革最早、最快的地方，扮演了思想先锋的角色。上海人也往往比较聪明、肯动脑筋、思维活跃、理念超前，具有创新思维。近代上海也是开放之城，上海背靠长江水，面向太平洋，长期领中国开放风气之先，在对外开放中有着举足轻重的作用。近代上海思想开放、信息开放、人才荟萃，是人力资源最丰富的地方，来自各国各地的移民群体，是上海持续发展的不竭动力，也成为了中国共产党的阶级基础和依靠力量的重要来源。历史上，上海的现代性、多元性赋予其革命性，今天，海纳百川、开明睿智则成为上海的最显著的城市特征和城市精神。当前，上海处于全国改革开放的前沿阵地。开发则兴、封闭则衰，扩大开放对于上海来讲至关重要。上海要领风气之先，以敢为人先、敢为天下先的勇气，引领风气之先，把握时代脉搏，当好时代的领头羊。要以制度创新为核心，大胆试大胆闯，锐意进取、开拓创新，敢为人先、奋发有为。

第二，以伟大建党精神为动力，深入贯彻落实各项国家战略，推进改革开放再出发。上海的中国共产党早期组织，不仅完成了党的初创，而且在推动各地小组的建立和党的“一大”的召开起到了领导、组织、发起、联络等多方面的作用。作为党的早期革命中心和中央机关长期驻扎地，上海为党的全国性会议召开、信息情报、交通运输、物资保障、干部培养等方面起到重要作用。新中国成立后，上海作为共和国“长子”，是社会主义建设的重要基地，为国家建设发挥了重要作用。改革开放以来，特别是中央作出浦东开发开放的重大决策后，上海从“后卫”变成“前锋”，抓住历史机遇，乘势而上、加快发展，掀起了中国改革发展的又一次高潮。今天的上海仍然要走在时代前列，当好改革开放排头兵、创新发展的先行者,勇当标杆、敢为闯将,以排头兵的姿态和先行者的担当,在全面深化改革和创新发展中有新的作为。上海要继续承载国家战略,贯彻落实中央精神,浦东要以打造社会主义现代化建设引领区为契机,挑最重的担子、啃最难啃的骨头,深入推进高水平改革开放,以良好的精神状态把共产党人的初心变成锐意进取、开拓创新的精气神,奋力创造新时代上海发展新奇迹,在新征程上推进上海改革再出发。

第三,以伟大建党精神来滋养城市文化,从而为打响上海文化品牌、传承红色基因发挥更大作用。红色文化是一种社会主义先进文化,是上海文化的底色。历史地看,上海红色文化的形成,既以江南文化和海派文化为基础、又是对江南文化、海派文化的升华。伟大建党精神是上海红色文化的重要组成部分,作为党的诞生地和初心始发地,传承和弘扬伟大建党精神也是反映城市文化特质的关键一笔,对打响上海文化品牌、全面提升城市软实力、建设国际文化大都市具有重要意义。因此,讲好上海红色故事,挖掘上海红色资源,并用好用活这些资源,着力彰显文化底蕴、提升文化自信,是弘扬建党精神时代价值的重要方面。

总而言之,新时代传承和弘扬伟大建党精神意义重大。百年党史就是一部为中国革命、建设和改革事业赤诚奉献的历史,是迎难而上、勇担重任的奋斗历史,是党的理论创新和实践探索史,是党的自我革命的斗争史,而建党历程就是全部历史的起点,建党精神则蕴含于其中并不断发展。从过去、现在到未来,建党精神的形成发展与当代传承,既反映了建党精神的历史内涵,又体现着建党精神的现实意义,更呼唤着建党精神不断与时代相结合。正如习近平总书记指出的那样,“历史总是要前进的。……只有与历史同步伐、与时代共命运的人,才能赢得光明的未来”①。“要用历史映照现实、远观未来。”②新时代要因势而谋、应势而动、顺势而为,把握时代潮流,引领时代大潮,顺应时代需要。要深刻理解建党精神的内涵,大力弘扬建党精神及其时代价值,从而把各项工作推向前进。

(第一作者为中共上海浦东新区区委党校讲师,
第二作者为上海大学教授)

① 习近平:《庆祝中国共产党成立95周年大会上的讲话》,人民出版社2016年版,第7页。
② 习近平:《庆祝中国共产党成立100周年大会上的讲话》,人民出版社2021年版,第10页。

中国共产党领导中国现代化的历史规律和基本经验

石建勋

“国家现代化”一词虽然被广泛使用,但国内外尚无统一和准确定义。从人类社会发展的大历史观来理解国家现代化,主要包括以下内涵:一、国家的现代化是一个动态过程,是不断追求先进、追求领先而不落后的动态历史进程;二、国家现代化是个整体和系统概念,即包括物质现代化,也包括精神、制度、人和社会文明的现代化;三、国家现代化是一个比较的概念,既是同特定国家的过去比,更是相对于世界其他国家、其他文明的比较而言的国家发展水平和现实状态;四、现代化通常是一个国家选择、追求的方向和目标,选择和追求的原则就是先进性或具有领先地位,涉及一个国家所有方面的先进性或具有领先地位;五、实现国家现代化的方式方法是多样的,包括学习、借鉴、模仿、赶超、改良、改革、革命、建设和发展,实现国家现代化也是一个循序渐进的过程,分阶段分步骤达到现代化目标。

中国近代以来的国家现代化探索是由于被侵略而被动开始的,几乎与中国近代化同步进行。1840 年鸦片战争之后,中国逐步沦为半殖民地半封建国家,各种现代化探索失败后,中华民族危在旦夕。一百年前,中国共产党诞生于民族危亡之际,自觉担负起为人民谋幸福、为民族谋复兴、为国家谋独立的历史重任,团结带领中国人民历经百年的现代化革命、建设和改革发展,走过了西方发达国家几百年走过的现代化历程,实现了从落后时代到大踏步赶上时代、引领时代的历史性跨越,迎来了从站起来、富起来到强起来的国家现代化伟大飞跃。

从不同视角可以把党领导中国现代化的百年奋斗史细分若干不同的历史阶段,但从宏观叙事和领导现代化重点任务的视角,中国共产党领导的中国现代化可以分为革命、建设和改革发展三个历史时期,但仅把这三个范畴当作时间范畴也是不全面、不准确的。这是因为，在新中国成立前的革命时期，同样也有建设和发展任务，在新中国成立后的不同时期，也有现代化的革命任务，革命、建设、改革发展在现代化进程中具有交互性、共存性和接续性。

习近平总书记曾深刻指出："我们党领导的革命、建设、改革伟大实践，是一个接续奋斗的历史过程，是一项救国、兴国、强国，进而实现中华民族伟大复兴的完整事业。"①以史为鉴，学史明理，学史增信，学史崇德，学史力行，总结分析中国共产党领导中国现代化的历史规律和基本经验，对于新时代开启全面建设社会主义现代化国家新征程，顺利实现第二个百年奋斗目标，有着十分重要的历史意义、理论意义和现实意义。

一、中国共产党领导是中国现代化取得辉煌成就的根本保障和最大政治优势

1840 年的鸦片战争，拉开了中国被动现代化的历史序幕，从那时起，中国经历了洋务运动、戊戌变法和辛亥革命等历时 80 年的各种现代化努力，均遭受失败。在中国现代化陷入困境和民族危亡之即，俄国十月革命给中国送来了马克思列宁主义，在内因和外力的交互作用下，中国共产党诞生了，这是中国现代化历史进程中一次伟大的民族觉醒，也是世界现代化历史进程中的必然产物和重大历史事件。正是由于一批中华民族先进分子的觉醒，找到了指导中国现代化的革命理论——马克思列宁主义，成立了中国共产党，并将革命理论与中国实际相结合，领导中国人民高举反帝反封建大旗，开辟了一条通过武装斗争，取得国家独立和民族自决，进而实现国家现代化的革命道路。

因为有了中国共产党的坚强领导，中国避免了亡国和分裂，中国的现代化走上了一条快速发展的正确道路，取得了举世瞩目的辉煌成就。100 年来，中国共产党取得了世界任何其他政治力量无可比拟的领导成就，充分彰显了中国共产党无比坚强的领导力。中国共产党极大地改变了中国现代化的历史进程，从而改变了中国的面貌、中华民族的面貌、中国人民的面貌，彻底改变了中国在世界

① 参见《十八大以来重要文献选编》(上册)，中央文献出版社 2014 年版，第 694 页。

上的地位,正深刻改变着世界现代化发展的趋势和格局。自鸦片战争以来 180 多年的现代化历史证明,只有共产党才能救中国,只有共产党才能领导中国人民实现国家现代化的历史伟业。党领导中国现代化的历史地位和作用,是历史的选择、人民的选择,是实践证明了的中国现代化最本质特征和最大政治优势。把坚持党的领导贯穿到国家现代化的全过程、各方面,是中国现代化建设的一条基本经验和根本原则,这既有历史的依据,也是现实的要求。

二、 不断推进中国共产党的革命化和现代化建设,是顺利推进中国现代化的内在要求

中国共产党具有无比坚强的领导力,能够取得任何其他力量无可比拟的辉煌领导成就,原因就在于不断推进党的革命化和现代化建设。中国共产党首先是革命党,要革世界的命,首先要勇于自我革命,这是党的革命化建设关键,是中国共产党区别于世界其他政党的显著特征,是我们党最鲜明的品格,也是我们党长盛不衰并且具有坚强领导力的根本原因所在。我们党之所以能够经受住执政后的各种风险考验,能够领导中国现代化不断取得辉煌成就,最根本的就是敢于直面问题,全面从严治党,以刀刃向内的自我革命推动伟大社会革命,推动中国现代化革命、建设和改革发展。

没有政党的现代化,就没有国家的现代化,不断推进党的现代化建设是党领导人民实现国家现代化的客观要求。党的现代化建设包括与时俱进地推进党的执政理念和思想理论的现代化,党的制度体系、组织体系、管理体系、领导方式的科学化和现代化,党治国理政与领导中国现代化能力和水平的现代化。随着我国社会主义现代化强国建设的深入推进,发展环境复杂严峻,各种风险挑战前所未有的加大,不稳定不确定因素大幅增加。面对新形势新挑战新任务,党要巩固自己的执政地位,更好地发挥领导中国现代化建设的核心作用,唯有坚持党的革命化和现代化建设相统一,坚持党的领导与完善党的领导相统一,不断全面加强党的建设,才能永葆党的先进性、纯洁性、战斗力和强大的执政能力,这是实践证明了的党的执政规律和基本经验,是必须长期坚持的基本原则和推进中国现代化的内在要求。

三、坚持不断推进实践基础上的理论创新，是党领导中国现代化的不竭动力

中国共产党的百年奋斗史，同时也是不断进行理论创新的历史，把马克思主义与中国现代化革命、建设和改革发展的实践紧密结合，不断推进实践基础上的理论创新、进行理论创造，并以马克思主义中国化的最新理论成果武装全党、教育人民、指导中国现代化，使马克思主义理论在中国实现了三次历史性飞跃，形成了毛泽东思想、中国特色社会主义理论和习近平新时代中国特色社会主义思想。这三大理论的创新过程同时也是党在实践中不断提高自己的理论水平、领导水平和执政水平的过程，也是中国现代化发展实现从“站起来”到“富起来”再到“强起来”三次历史性飞跃的过程。

新时代新发展阶段，中国全面推进“强起来”的现代化，走的是前人从来没有走过的、全面超越西方国家的现代化道路，开创的是中国历史和人类历史上现代化国家建设的新纪元，必然面临着前所未有的困难和挑战，必然伴随着具有许多新的历史特点的伟大斗争。要顺利实现“强起来”的历史飞跃，一方面，要长期坚持以习近平新时代中国特色社会主义思想为指导；另一方面，要不断丰富和发展习近平新时代中国特色社会主义思想。国家现代化没有止境，理论创新与发展也没有止境。要坚持解放思想、实事求是的基本原则，在不断吸取新的实践经验基础上，加强理论创新，不断把马克思主义中国化发展推向新高度，取得新突破，为国家现代化建设不断取得历史性成就、发生历史性变革，开拓新发展境界提供不竭动力。

四、坚持走中国特色社会主义现代化道路，是中国现代化的必由之路

不同于其他国家的现代化道路，主要是通过市场化的民间力量，自下而上地推动国家现代化。中国特色社会主义现代化道路，是在社会主义公有制基础上，自上而下地推动国家现代化。其有两个鲜明特点：一是在党的集中统一领导下，按照民主集中制的原则，集中力量办大事办难事，可以取得国家现代化建设和改

革发展的重大突破;二是社会主义与市场经济的有机结合,可以充分发挥有效市场和有为政府的作用,可以按照市场经济规则有机融入现代世界经济体系、融入世界现代化浪潮。

中国现代化之路就是中国特色社会主义道路,这条道路的形成是历史和人民的选择,而不是主观臆断和照抄照搬的产物,是近代以来一代又一代中国人历经曲折、坚持不懈探索中华民族伟大复兴而寻得的发展道路,是从改革开放40多年的伟大实践中走出来,从中华人民共和国成立70多年的持续探索中走出来,从对近代以来180多年中华民族发展历程的深刻反思中走出来,从对中华民族5 000多年悠久文明的传承中走出来,是建立在中国现代化伟大成就基础之上的成功道路,集中体现了全中国人民的智慧和力量,体现了全中国人民的根本利益和意志,并得到中国社会各阶层人民的高度认同,具有深厚历史渊源和广泛现实基础,蕴含着强大生命力。历史和现实充分证明,中国共产党领导的中国特色社会主义现代化道路,是符合中国实际、符合社会主义建设规律和人类社会发展规律的正确道路,是党和人民在新中国建立、建设和发展实践中,历经艰难曲折,探索总结出来的一条经验性道路,是实现国家现代化的必由之路。只有坚定中国特色社会主义道路自信、道路自觉,坚定不移走中国特色社会主义现代化道路,才能顺利推进社会主义现代化国家建设,最终实现中华民族伟大复兴的中国梦。

五、 坚持人民的主体地位,是推进国家现代化的力量源泉

从长远和根本上说,人民群众是国家现代化的主体,一方面,国家现代化的根本目的是增进和保障人民福祉的实现,是为了人民的幸福安康。没有国家的现代化,国家的安全和发展没有保障,国家就可能被侵略和肢解,人民就可能被剥削、压迫和奴役,这是中国和世界历史充分证明了的;另一方面,国家的现代化首先是人民群众的现代化,没有人民群众的现代化就没有国家的现代化,只有充分调动最广大人民群众实现现代化的积极性和创造性,才能汇聚起推进国家现代化的磅礴力量。

古今中外,各派政党与团体都标榜自己是民意的代表者,有的甚至祭出各式

各样的“人民大旗”。然而,只有中国共产党成功探索出了代表人民、依靠人民、组织人民创造伟业、实现国家现代化的发展道路。“人民,只有人民,才是创造世界历史的动力。”①从诞生之日起,党就以争取民族独立、人民解放为己任,全心全意维护民族利益和人民群众的根本利益,得到了各阶层人民的广泛认同和支持,汇聚起人民改造社会、实现现代化的伟力,成功地把一个半殖民地半封建的旧中国改造成了社会主义现代化的新中国。新中国成立以来,党始终坚持全心全意为人民服务,坚持一切为了人民、一切依靠人民,坚持人民当家作主的主体地位,领导人民、服务人民,不断谱写中国特色社会主义现代化新篇章。历史经验一再证明,只有始终把人民群众的根本利益作为现代化建设的出发点和落脚点,充分调动人民群众参加现代化建设的积极性和创造性,才能凝聚起亿万中国人民的磅礴力量,才能将现代化建设事业不断推向前进。坚持以人民为中心的发展理念,坚持把人民对美好生活的向往作为我们党奋斗目标,这是党领导中国现代化取得伟大成就的力量之源、执政之基,也是中国现代化的基本经验、基本原则和基本规律。

六、 持续做好现代化建设和发展的战略规划,是推进国家现代化的方法论

人类社会的现代化是一个不断演进、不断发展的动态过程,国家现代化也一个不断探索、渐进积累的动态过程,人们对国家现代化内涵和规律的认识,对现代化道路的认识,都是在逐步扩展和深化的过程中成熟起来的。在中国共产党领导现代化的伟大实践中,将马克思主义原理同中国国情结合起来,既重视现代化的普遍性,遵循现代化的一般规律,同时,又重视中国现代化建设的特殊性,不断探索并遵循符合中国国情的现代化规律,走出一条有中国特色的社会主义现代化道路。“把马克思主义的普遍真理同我国的具体实际结合起来,走自己的道路,建设中国特色的社会主义,这就是我们总结长期历史经验得出的基本结论。”②

① 参见《毛泽东选集》第 3 卷,人民出版社 1991 年版,第 1031 页。

② 参见《邓小平文选》第 3 卷,人民出版社 1994 年版,第 2 页。

中国共产党领导和推动中国现代化进程，有一个很重要的方式，就是战略引领，即制定中长期发展战略规划和“路线图”。从新民主主义革命到社会主义革命的现代化；从“四个现代化”的硬势力建设到国家治理体系和治理能力现代化的软实力建设；从经济现代化到“五位一体”统筹推进的现代化，再到全面推进国家现代化；从“一五”规划到“十四五”规划，我们党对现代化内涵和规律的认识不断深化，对推进中国现代化的战略规划和布局不断丰富、优化和升级。所有对现代化规律探索和战略规划都着眼于解决好如何适应国内外形势变化，走出一条又快又好、符合中国国情、符合现代化建设规律的发展道路，这是党领导现代化的历史经验、执政规律和方法论。

七、 坚持统筹好国内国际两个大局，是推进中国现代化的客观要求

国家现代化本身就是一场没有终点的国际马拉松比赛，国家间的现代化水平比较、竞争、博弈、斗争和冲突时刻存在。近代以来，中国曾是世界现代化潮流中的落伍者、充满悲情的被动追赶者，直到新中国成立，党领导中国人民掌握了国家现代化进程的主导权，这种局面才得以改变。改革开放以来，中国迅速而全面地融入世界现代化潮流中，使中国大踏步地赶上时代潮流，实现了从追赶世界到融入世界进而影响世界的历史性跨越。回顾中国现代化历史进程，可以发现，中国的现代化同时也是中国的世界化，中国的现代化离不开世界，世界的现代化需要中国积极推动，这是国家现代化的一般规律、基本经验和原则。

进入全面建设社会主义现代化强国的新发展阶段，面临的国际环境要比以往更加复杂严峻，要顺利推进国家现代化，必须胸怀两个大局，统筹好两个大局，更好把国家现代化与对外开放统一起来，把中国现代化与世界现代化紧密联系起来，把中国人民利益同各国人民共同利益紧密结合起来，妥善处理国内矛盾与国际矛盾的关系、妥善处理自强自立与对外开放的关系、妥善处理发挥自身优势与利用外部资源的关系、妥善处理国内大循环与国际大循环的关系、妥善处理办好自己事情与履行国际责任的关系、妥善处理中国自身发展与世界共同发展的关系，推动构建人类命运共同体，努力争取和延长中国发展的战略机遇期，不断

扩大同世界各国的互利合作，努力实现开放、合作、共赢的发展，以更加积极的姿态参与国际事务，共同应对全球性挑战，努力为促进世界和平发展、推进人类社会的现代化发展作出积极贡献。

八、 中国现代化取得的辉煌成就，为落后国家的现代化提供了全新选择

实现现代化，是人类文明尤其是发展中国家的普遍共识和一致目标。先发国家的现代化通常采取一种自下而上的现代化路径，其推动力量主要来自市场和社会，同时辅以政府的支持和推动；而后发国家则更多采取以政府主导的方式自上而下地推动现代化。从人类社会发展的大历史观来看，中国的现代化是在世界现代化几百年之后被动开始的，在主要资本主义国家现代化进程已经完成的基础上，开辟了一条不同于西方现代化的新路，给世界上那些既希望实现国家现代化又希望保持自身独立性的后发国家和民族提供了全新选择。中国现代化的成功实践充分证明了现代化的多样性和超越性，落后国家的现代化不一定都是“全盘西化”，走适合具体国情的现代化道路，赶上或超越西方发达国家是可能的。

从历史长河、时代大潮、世界现代化的大趋势分析，我们不能用静态的眼光去看待一个不断完善、不断创新的国家现代化动态过程，不宜将中国现代化经验定格为标准的模式，加以固化并推广。这是因为，现代化没有止境：一方面，国家现代化是一场没有终点的国际长跑竞赛，不同国家之间的现代化竞争、博弈和斗争时刻存在，不进则退；另一方面，中国特色社会主义现代化发展道路仍然需要在实践中不断发展和完善，仍然充满许多挑战和困难，需要时刻保持谦虚谨慎、不骄不躁和艰苦奋斗的作风，时刻保持战略信心、战略耐心和战略定力，不断推进现代化建设取得新成果、迈上新台阶、推向新高度。这些不仅是中国现代化基本经验，也是需要长期坚持的基本原则和基本规律。

（作者为同济大学国家创新发展研究院暨现代化研究院教授）

新纪元："站起来富起来到强起来"的多重逻辑

——中国共产党治国理政的核心动能研究*

贺东航

2021年系中国共产党成立100周年。在百年的历程中，有畅顺平坦，也有逆挫曲折；有摸索期，也有升平期。纵观百年国家发展"从站起来富起来到强起来"的过程，可以归为一个核心能动者（中国共产党），交织了三重逻辑（革命逻辑、现代化逻辑、民族复兴逻辑），形塑了三个发展阶段（站起来、富起来、强起来）。

笔者认为，中国共产党的行为和思维方式是根据这三条逻辑并因领导者的行为而在时间和空间上得以传承和展开。三种逻辑决定中国现代国家的命脉、型构、方向、进程和特征。其中，"革命逻辑"主导第一阶段，"现代化逻辑"主导第二阶段，而"民族复兴逻辑"较明显呈现于第三阶段。

一、站起来的主导逻辑

——中国共产党治国理政第一阶段的图景

不同时代的中国共产党人肩负着不同的历史使命。早期中国共产党人的历史使命，是结束近代中国任列强欺凌的屈辱历史，实现民族独立、人民解放，初步建立社会主义国家和社会主义制度，使中国人民"站起来"。

在这一过程中，革命的逻辑起到了主导作用。1921年中国共产党成立后，即师法布尔什维克政党的革命纲领，很快就由党内先进同志进行实践，中国共产党并就当时的中国社会性质、中国革命任务、革命领导权、农民在革命中的重要作用乃至革命胜利以后如何建设社会主义等问题进行了讨论。1927年后，中国共

* 本文系中央宣传部马克思主义工程重大项目和国家社科基金特别委托项目"中国特色社会主义本质特征研究"（批准号为2020MYB006）的阶段性成果。

产党的革命性质更为鲜明,开始走上农村暴动和武装斗争的道路。经过斗争、失败、再斗争、再失败,长时期坚持不懈的斗争,中国共产党的领导人革命经验变得丰富起来,特别是毛泽东思想的出现,将马克思主义与中国革命实践相结合。

这一革命逻辑主导的过程充满了“中国化”的过程。在土地革命政策中,中国共产党不仅强调要满足贫雇农的经济利益要求,“分地主土地给农民”,同时始终对土改的政治与思想“果实”高度重视,中国革命需要一种新的世界观为广大中国贫苦民众所接受。因此,中国共产党非常注意强调“思想发动与思想领导”,在启发与引导提高群众“翻心”过程中①,突出“心”“思想”或“精神的东西”的重要性,构成了中国革命政治逻辑的一个重要特征,中国共产党将自己的革命实践与中国传统文化相结合,呈现出良好的效果。

从某种意义来说,中国革命并不是十月革命的重复,还带有现代化和民族因素在内。1945 年,毛泽东在《论联合政府》提出以“新民主主义”为基础的构想:“中国在整个新民主主义期,不应该是一个阶级专政和一党独占政府机构的制度。在一个长时期中,将产生一个完全必要和完全合理,同时又区别于俄国制度的特殊型态。”②按照新民主主义社会的做法,中国共产党领导的“新民主主义”国家的发展特征如下:一是取消帝国主义的特权,没收官僚资本归国家所有。二是经济上以公营经济和半社会主义的合作经济、农业以及资本主义的个体经济三者混合型态,用公私兼顾、劳资两利。其中,“公营经济”集中了国民经济中绝大部分近代化的大工业,为国民经济、金融管理打下物质基础。三是外交上独立自主及互相尊重领土主权,维护世界和平和友好协助,反对帝国主义。③

1949 年中华人民共和国成立后,由新民主主义到社会主义中有一个“社会主义改造”的过渡时期,它是由 1950 年经 1952 年、1953 年到 1956 年,整个国家发展沿着“过渡时期总路线”。这一时期,无论是“土改”还是“三反五反”等运动,都体现了革命党的特征,保持革命党的忧患意识。在毛泽东看来,新中国刚成立后,一些党员产生了自满情绪,贪图享受,不愿再过艰苦奋斗的革命生活,少

---

① 李放春:《苦、革命教化与思想权力——北方土改期间的“翻心”实践》,《开放时代》2010 年第 10 期。

② 《毛泽东选集》第 3 卷,人民出版社 1991 年版,第 1062 页。

③ 《毛泽东选集》第 2 卷,人民出版社 1991 年版,第 672—679 页。

数党员甚至贪污腐化，蜕化变质。一些党员干部滋长了官僚主义作风，损害了党群关系。为了保持革命党风气，中国共产党从1950年夏开始，在全党全军开展普遍的整风运动。整风运动说明党的革命意识仍然非常强烈。此次整风运动初步解决了党内外干部中存在的命令主义和官僚主义。从1951年5月起，又在全国范围内开展整党运动，并与“三反”运动相结合，对每一个共产党员进行严格革命考验、对党组织的有效整顿。从1952年冬至1954年春，党在农村和城镇基层党组织开展整党、建党的工作。①

在“社会主义改造”时期，除了革命的逻辑起作用外，中国共产党秉持对现代化追求的理想，全面规划了一系列措施，特别有意识地将党员知识分子的力量扩大，“以便尽可能迅速地改变我国的科学和文化的落后状态”②。中央组织部积极采取措施吸收知识分子，尤其是高级知识分子入党。1956年4月，中共中央计划在1956—1957年两年内，吸收21万名知识分子入党。在现代化逻辑的导向下，1956年的党的八大及其所制定的相关大政方针，中国共产党在八大明确指出了国内的主要矛盾已经成为“人民对于建立先进工业国的要求同落后的农业国的现实之间的矛盾，是人民对经济文化迅速发展的需要同当前的经济文化不能满足人民的需要之间的矛盾”③，该矛盾实质是“在我国社会主义制度已经建立的情况下，也就是先进的社会主义制度同落后的社会生产力之间的矛盾。党和人民的当前的主要任务，就是集中力量来解决这个矛盾，把我国尽快地从落后的农业国变为先进的工业国”④。党的八大实际指出了党的工作重心转移的问题，这就为中国社会的发展指明了方向。

可以说，经过新中国成立以来的7年风雨历练，中国共产党迅速成长为一个具有强大活力和战斗力的党，一个有能力领导人民进行社会主义现代化建设的革命政党。

1956年生产资料私有制的社会主义改造完成以后，新的国际形势却促使中国共产党的革命基因被重新激活。1956年出现的匈牙利事件，为了避免重蹈覆

---

① 樊翠英、成晓曼、杨爱梅：《中国共产党开展学习教育活动的历史经验》，《党史文苑》2013年第14期。

② 《建国以来重要文献选编》第8册，中央文献出版社出版1994年版，第141页。

③④ 《建国以来重要文献汇编》第9册，中央文献出版社出版2011年版，第301页。

辙,毛泽东在“社会主义总路线”后展开了“生产大跃进”和“人民公社”,对传统社会结构进行解体,以便早日进入共产主义社会,这是俗称“三面红旗”的发展阶段。“三面红旗”是毛泽东针对中国社会主义建设与发展所提出的“加速前进”大战略,准备借此超英赶美。不过,在1962年“七千人大会”后,党中央一度有采取措施重新来缓和政经关系。而就在党和国家领导人准备调整务实的国内经济路线时,国际情势却忽然紧张起来。1958年8月,美国调集大量海空军进入台湾海峡;1959年8月,印度军队挑起中印边界冲突;1964年,美军入侵越南,威胁中国两广、云南边境。此时,中苏两党在意识形态上的分歧日益扩大,苏共领导人不断对中国施压。在对苏联的大国沙文主义和“老子党”主义进行抵制和斗争时,党为了防止“资本主义复辟”和“变修变色”的危险,把反帝防修作为头等大事。外部形势的紧张,使得中国共产党的革命基因由是凸显,一度陷入以“阶级斗争为纲”的政治误区和“无产阶级专政下继续革命”的“左”倾思维,直到1976年后“四人帮”集团被粉碎。

纵观新中国成立至改革开放前的这段历史,三重逻辑在叠加中依次展开,在“革命—现代化—民族复兴”的逻辑中转换,并不时依情势对执政理念进行了调整。无论是“人民公社”还是“大跃进”、1962年“四清”还是“文革”,都来自中国共产党三重逻辑的交织推动,其中革命逻辑占据主导。但这一过程,现代化的发展逻辑也多次呈现,政治上虽然使人民站立了起来,但经济上还没有摆脱贫穷落后状态,因此党和人民迫切希望迅速改变旧的面貌。

二、富起来的主导逻辑
——中国共产党治国理政第二阶段的图景

党的十一届三中全会以后,以邓小平同志为主要代表的中国共产党人开辟了一个新时期,其历史使命就是谋求人民富裕。1978年12月召开了党的十一届三中全会,会议认为,全党工作重点应该转移到“社会主义现代化”建设上来,停止使用“阶级斗争为纲”“无产阶级专政下继续革命”等口号。通过这次会议,中国共产党确立相当一段时期的现代化目标,为中国的发展开辟了新的未来,党的十一届三中全会之所以被认为是中国共产党历史上的“伟大转变”就是使中国由贫而富。

在现代化逻辑的主导下，改革开放之后，中国终结了“政治挂帅”，在原先国家治理的单一“革命化”后，加上了“知识化”“年轻化”和“专业化”，打破了“唯革命论”。1980 年 1 月，邓小平指出：“不管你搞哪一行，你不专，你不懂，你去瞎指挥，损害了人民的利益，耽误了生产建设的发展，就谈不上是红。不解决这个问题，不可能实现四个现代化。”①1980 年 12 月，邓小平明确提出了人才方面的革命化、年轻化、知识化、专业化的“四化”评价标准，他指出：“要在坚持社会主义道路的前提下，使我们的干部队伍年轻化、知识化、专业化，并且要逐步制定完善的干部制度来加以保证。”之后，他又多次强调这个标准。他指出：“我们现在就是要选人民公认是坚持改革开放路线并有政绩的人，大胆地将他们放进新的领导机构里，使人民感到我们真心诚意搞改革开放。”②“为人民造福，为发展生产力、为社会主义事业作出积极贡献。”③党的干部选拔标准实践更强，对现代化知识的要求更高。

市场机制成为中国经济现代化的一条正确道路，党通过改革“生产关系”以解放“生产力”，通过确立社会主义市场经济，发挥资源配置的基础性作用，同时推进政府行为的理性化和法治化，维护市场秩序，使整个经济快速、健康、持续有序地发展。1978 年后，中国共产党提出“实行计划经济，同时发挥市场调节的辅助作用”，④从“计划经济为主，市场调节为辅”到“政府引导市场、市场引导企业”，国家提供优惠的政策以吸引外资，主动支持民营企业的发展。1979—1984 年中国经济发展重心在农村，开始推行家庭联产承包责任制（“包产到户”），此后重心转向城市，开始推动城市经济改革，商品经济迅速在城市崛起。1992 年党的十四大指出，中国在社会发展上已经进入“社会主义市场经济”阶段。1992 年到 1997 年，我国经济发展速率以两位数增长，经济实力大为增强，2000 年中国已是世界第七大经济体，2007 年跃升世界第三，2010 年超越日本，成为世界第二大经济体。国民生产总值和财政收入都取得了巨大的增长，各种基础设施建设、人民生活水平等诸多方面取得惊人的成果。作为现代经济发展的核心——中国的

---

① 《邓小平文选》第 2 卷，人民出版社 1994 年版，第 261 页。

② 同上书，第 349 页。

③ 《邓小平文选》第 3 卷，人民出版社 1993 年版，第 379 页。

④ 《邓小平文选》第 2 卷，人民出版社 1994 年版，第 243 页。

城市化都是相当快速的。从1978年至2016年的38年间,中国城市常住人口从1.7亿增至7.93亿,常住人口城市化率从17.92%上升至57.35%,中国城市总数从193个增加到656个,迅速形成以大城市为中心、中小城市为骨干、小城镇为基础的多层次的现代城市等级体系。①以生产要素集聚、人力资本积累和现代技术创新为标志的城市化。在对外方面,党领导国家积极对外开放,全球化成为影响中国现代化建设的重要外部因素。从外部资金的引进、先进技术和管理经验的学习到外部市场的开拓,中国主动走向世界,通过吸纳外部资源和经验,通过世界市场与中国丰富劳动力的结合,形成支持中国改革开放经济腾飞的“后发优势”。中国成为“世界工厂”,为中国构建与国际接轨的现代经济体系提供了广阔的空间。

从1978年到党的十八大之前,现代化逻辑成为中国共产党领导国家发展的一个驱动力量,并有一个较为明晰的路径:它扬弃了“大跃进”和“速胜论”,扎根于中国国情,树立分阶段、有步骤、渐进式的“持久战”方略,确立一套分三步走的现代化战略目标。即20世纪末,发展的初级目标是“脱贫致富”;到21世纪头30年,中级目标是达到中等发达国家的发展水平(全面建成小康社会);到21世纪中叶,新中国成立100周年时,发展目标是“逐步实现全体人民共同富裕”。中国共产党所提出的“解放和发展社会生产力”“以经济建设为中心”“允许一部分地区、一部分人先富起来”等,将“社会主义”变成了一个充满活力而非僵化的代名词。在改革开放的一段很长的历史时期中,民众急于脱贫致富,对邓小平提出的“发展是硬道理”表现出高度的认同,对“由贫而富”的“现代化”道路充满热情。经过这一时期的大力发展,中国的经济总量跃居世界第二,不仅解决了人民的温饱,而且从总体上实现了“富起来”。

但在这一时期,革命逻辑和民族复兴的逻辑也强劲地体现出来。20世纪80年代初,邓小平就提出在政治上提拔干部:“年轻化、知识化、专业化这三个条件,当然首先是要革命化”。从邓小平、江泽民到胡锦涛,党的这几届领导人很清楚认识到真正的富有不仅仅是物质财富的丰富,而是精神方面的富有。“两手抓,两手都要硬”,要以马克思主义为指导,推进社会主义精神文明建设,从大力弘扬

① 胡存智:新型城镇化与扶贫创新的几点思考,http://www.ciudsrc.com/new_zazhi/fengmian/yiqiwuqi/2017-06-08/115532.html,2021年1月13日。

女排精神到新时期创业精神、抗洪精神和改革开放精神等,深入开展爱国主义、集体主义和社会主义教育,中国共产党不断地为富起来的中国人民提供了源源不断的精神养料。在民族复兴上,进入历史新时期后,完成祖国统一大业成为民族复兴的迫切要求,中国共产党从民族根本利益出发,尊重历史和现实,提出了"一国两制"的构想。"一国两制"构想被成功地运用于解决香港和澳门问题。1997 年和 1999 年,中国先后恢复了对香港和澳门行使主权,使民族复兴大业迈出重要一步,这是中国共产党对于中华民族的历史性贡献。2008 年的北京奥运会则对国家民族的历史产生举足轻重的影响。对中国而言,一场盛会,不仅让中华民族等待百年的奥运梦得偿所愿,更为中国进入世界之林标注下新的航程。

三、 强起来的主导逻辑

——中国共产党治国理政第三阶段的图景

2012 年在进入新时代后,中国共产党领导国家开始提出强起来的发展目标,其背后起主导作用的是民族复兴逻辑,革命逻辑与现代化逻辑也强有力地显现出来,交织为一个动人的乐章。

党的十八届三中全会提出要推进国家治理体系和治理能力现代化,作为中华民族复兴中国梦的治理之道,随着中国特色社会主义进入新时代,进入了国家富强、民族复兴的关键时期,站在"强起来"的时代节点,推进国家治理体系和治理能力现代化是必然选择,一是要加强党的全面领导,把制度优势转化为国家治理效能,为国家治理体系和治理能力现代化提供组织和领导保障;二是推进全面深化改革,以推进党和国家机构改革为引擎,形成高效的党和国家机构职能体系;三是努力实现国家各项工作法治化,各项事务制度化、规范化、程序化,形成有力的法治保障体系和党内法规体系;四是把保证人民当家作主作为制度设计的出发点和落脚点,将人民视为推进国家治理体系和治理能力现代化的力量源泉,调动人民群众的积极性、主动性、创造性,共同参与推动民族复兴的伟大事业中。①

① 《习近平对"十四五"规划编制工作网上意见征求活动作出重要指示》,《人民日报》2020 年 9 月 25 日。

新一届党中央领导集体以新发展理念引领民族复兴。第一是将创新作为引领民族发展的第一动力,作为托举起民族复兴的中国梦所必需的“船”和“桥”。第二是协调发展,作为促进民族经济社会行稳致远的关键之举。第三是将绿色作为中华民族永续发展的底色,习近平指出:“生态文明建设是关系中华民族永续发展的根本大计。”①党的十八大后,“两山论”被赋予新内涵,并最终写入党的十九大报告和《中国共产党章程》等,成为中国共产党的重要执政理念之一,将之作为中华文明再铸辉煌的重要因素。第四是以新发展理念推动对外开放,以“一带一路”建设重建丝绸之路,恢复丝绸之路风采,使历史上的丝绸之路重新成为现代世界经济的重要发展途径,作为复兴中华文明的重要标志。第五是通过共享发展来增进民族福祉。进入新时代以来,我国经济发展开始进入了新常态,发展和培育新业态正成为我国经济“换挡增效”的一种必然选择。在这样的背景下,共享发展的经济模式成为一种带动消费的新动力,同时很多传统产业和传统企业也可以借助共享经济发展的模式实现新的转型。同时,坚持共享发展,不断满足人民日益增长的美好生活需要。推进教育公平,全面建成覆盖全民城乡的多层次社会保障体系,实施脱贫攻坚战和全面建成小康社会,中华民族的贫困发生率从 2012 年末的 9 899 万人减少至 551 万人,累计减少 9 348 万人;贫困发生率从 2012 年的 10.2%大幅度地下降至 0.6%②,以让人民获得幸福感、安全感和尊严感的共享发展来凝聚民族复兴的伟力。

在民族复兴的逻辑中,民族文化的自信也空前发展。中华民族在 5 000 多年的历史长河中,几度辉煌,在新时代,中国已经成为世界第二大经济体,制造业、货物贸易和外汇储备第一大国,商品消费和外资流入第二大国,中国共产党提出的强起来不仅要以强大的经济力、军事力、科技力为基础,还要更加突出文化力,增强文化自信。包括构建人类命运共同体,讲好中国故事,传播中国声音,让世界了解中国、中国了解世界,让中华文化成为更深沉、更持久的力量,扩大了国际话语中的民族话语权。

如前所述,在这一过程中,革命逻辑与现代化逻辑也强有力地显现出来,交

① 习近平:《在全国生态环境保护大会的讲话》,《人民日报》2018 年 5 月 20 日。

② 《国家统计局住户调查办公室主任方晓丹谈全面建成小康社会成就》,载中国新闻网 https://www.chinanews.com/gn/2020/07-27/9249504.shtml, 2020 年 9 月 17 日。

织为一个动人的乐章。

党的十八大后,新一届党中央领导集体治国理政新理念仍然保持革命的底色。中国共产党是一个从革命的战火中成长起来的政党。以习近平同志为核心的党中央根据形势任务和党的状况,总结党在革命与建设过程中的经验,担负起带领人民实现中华民族伟大复兴中国梦的重任,打铁还需自身硬,实施了全面从严治党的伟大工程,一是通过整顿、教育和培训,包括“理想信念”和党性教育。① 二是强调“政治意识”“核心意识”“大局意识”“看齐意识”和“政治规矩”。三是夺取反腐败斗争压倒性胜利。中国共产党通过“不忘初心、牢记使命”主题教育,深化党的自我革命机制,坚决清除一切弱化或损害党的纯洁性的因素,坚决防范一切违背中国共产党初心和使命的因素。

进入新时代,中国共产党一以贯之地将“现代化”作为主题,对建设社会主义现代化国家的认识不断深化。中国现代化是人口规模巨大的现代化,是全体人民共同富裕的现代化,是物质文明和精神文明相协调的现代化,是人与自然和谐共生的现代化,是走和平发展道路的现代化,“五个现代化”是中国共产党百年现代化实践的经验共识。

虽然民族复兴逻辑在中国取得举世瞩目的成绩中已强烈地显现出来,但也面临很大的挑战。首先,民族复兴是在中国特色社会主义道路基础上发展起来的,核心是中国模式与政治体制的复兴。其次是霸权替代的挑战,就像历史上英国对荷兰的替代、美国对英国的替代一样,中国元素和中国性格对世界影响力的提高,涉及全球结构的重构,可能意味着中国对美国霸权地位的挑战。因此,中国共产党的民族复兴逻辑也一直试图向外表明,中国的崛起不同于历史上西方霸权的更替,是一种“文明—国家”的崛起,它能为世界的未来发展提供新的理想图景。

四、结　论
——开创了中华民族发展的历史新纪元

如前所述,在领导中国人民的百年历程中,先后经过了站起来富起来强起来

---

① 《党员干部要把加强道德修养作为人生必修课——学习习近平总书记在河南考察时的重要讲话》,《河南日报》2014 年 6 月 12 日。

三个阶段,革命逻辑、现代化逻辑、民族复兴三条逻辑相互交织,中国共产党根据情势的变化,在不同阶段各有主导。

在站起来阶段,革命的逻辑起着主导作用,成功实现政权更替,建立中华人民共和国,推进文化改造,进而从新民主主义社会过渡到社会主义社会。中国革命带来政治经济制度和社会结构的历史性变革,使中国社会发生近代以来最重要的剧变。新中国成立后,党一方面继续保持革命基因。另一方面,其他两条逻辑相伴而生。通过抗美援朝抵抗了外来入侵,巩固了国家主权和民族独立,迈出中华民族复兴的第一步。在政治建设和经济发展上开始探索现代化道路,经过“一五”至“五五”五个五年规划基本建立了独立的、比较完整的工业体系和国民经济体系,从根本上解决了近代中国工业化中“从无到有”的问题,开辟东方大国的现代化过程。

在富起来阶段,现代化逻辑发挥主导作用,在社会主义条件下发展市场经济是中国共产党的伟大创造,把市场经济作为实现生产社会化和现代化必不可少的条件。同时,在保持基本政治制度不变的情况下加强现代行政制度建设,吸收和培养知识人才和专业人才。同时其他两条逻辑也贯穿其中,通过两手抓、两手都要硬,强调精神文明建设的重要性,面对西方敌对势力对社会主义制度的“和平演变”,中国共产党采取了积极的战略应对,巩固政权的革命底色,在中华民族统一大业也有辉煌篇章,香港、澳门的回归及多个国际盛会的举办为民族复兴增添了光彩。

2012 年党的十八大后,中国已经有了强起来的资本及底气,这一时期民族复兴的逻辑占据主导地位,中国“前所未有地靠近世界舞台中心,前所未有地接近实现中华民族伟大复兴的目标,前所未有地具有实现这个目标的能力和信心”①。同时其他两条逻辑也在发挥作用,通过全面从严治党、反腐败斗争、政治教育等进行党的自我革命,可以观察到革命性的治理“基因”所起的作用。而此阶段的“现代化逻辑”是“全面现代化的逻辑”,在成效上,中国共产党领导的社会主义现代化得到了更高的提升,它是经济建设、政治建设、文化建设、社会建设、生态文明建设共同推进的现代化。

---

① 参见习近平:《关于协调推进“四个全面”战略布局论述摘编》,中央文献出版社 2015 年版。

中国共产党作为核心能动者，始终是百年历史三阶段的引领者。党的能动者作用体现在其强大的自我调适能力，在国家发展过程中所形成的适应环境挑战的能力，面对不同的历史环境能够不断调整、迅速适应。在站起来阶段，党首先完成了马克思主义中国化，在党的理论建设和行动方针方面完成调适，用“农村包围城市”战略替代“中心城市暴动”，为中国革命胜利奠定基础。1978 年，面对前一阶段曲折探索，党的领导人顺应党情国情民情，开启“伟大的历史转变”，由“以阶级斗争”转向“经济建设”，确立了社会主义市场经济体制。在强起来阶段，新一届党中央通过强力反腐败斗争，进行了党和国家组织的自我调适，提升执政能力，在对外上通过“有所为”，积极构建“人类命运共同体”。中国共产党善于不断地根据中国所拥有的资源，所处的社会政治结构网络等情势做出相应的战略或策略调整，也始终做到了革命初心如磐，现代化指向明确，民族复兴使命在肩，三重逻辑交织在一起，互为因果。党在领导中国人民的百年奋斗历程多次准确识变、科学应变、主动求变，转危为机，开创了中华民族发展的历史新纪元。

（作者为复旦大学社会科学高等研究院教授）

性别差异：中青年干部职业发展及其影响因素研究

——基于结构方程模型的实证分析

宁本荣

一、问题提出

“培养选拔优秀年轻干部是一件大事，关乎党的命运、国家的命运、民族的命运、人民的福祉，是百年大计”①。十四五时期，我国将开启全面建设社会主义现代化强国的新征程。在新的发展阶段，面对错综复杂的国际形势与艰巨繁重的国内改革发展任务，中青年干部被寄予更高的忠诚度、奉献精神、专业性、创造性与工作效率，以便更好地解决问题与破解难题。随着深化改革全面推进，中青年干部队伍中出现与新时代要求不相符的现象，其中，部分中青年干部情绪耗竭、个人成就感降低等职业倦怠问题凸显②，优化中青年干部队伍建设与管理迫在眉睫，加强中青年干部职业发展问题研究成为新时代干部队伍建设的重要议题。

职业发展，也称“职业生涯发展”。在组织层面，职业发展是组织根据自身的发展目标和发展要求，通过咨询和指导等手段，强化组织员工对个人能力、潜质和个人终生职业计划的认知，加强对组织目标与个人发展之间联系的认知，以鼓励员工在达成组织目标的同时实现自己个人职业发展目标。③在个人层面，职业发展是指个人结合自身情况以及眼前的制约因素，为自己实现职业目标而确定

① 习近平2019年3月1日在中央党校(国家行政学院)中青年干部培训班开班式上的讲话，载学习强国 https://www.xuexi.cn/lgpage/detail/index.html?id=17843272582616931165& item_id=17843272582616931165。

② 陈新明、萧鸣政：《基层公务员职业发展倦怠问题新探索——基于心理定力视角的实证研究》，《中共中央党校(国家行政学院)学报》2020年第3期。

③ 张曼：《公共人力资源开发与管理》，清华大学出版社2000年版。

行动方向、行动时间和行动方案。[①]除此之外，职业发展还有其他解释，主要是指个人通过各种职业活动使自身社会资源存量增长以及获取社会资源的能力提高，社会资源包括政治资源、经济资源和关系资源。[②]这一提法将个人置于社会关系中考察，尊重个体的主观能动性与职业发展结果的客观性，对于干部职业发展研究具有借鉴意义。

社会性别视野中的职业发展研究指与社会性别相关的或使用社会性别分析工具的职业发展研究，归根结底，社会性别视野的职业发展研究是为了增强不同性别群体职业发展的有效性与针对性。中青年干部职业发展性别差异研究主要针对公共部门特定中青年阶段担负重要使命的干部群体，研究目标是寻求不同性别的中青年干部职业发展的关键影响因素与优化路径。目前，国内学术界关于干部职业发展的研究，主要集中在干部职业发展面临的问题、职业经历规律与共性、不同级别干部职业发展状况等。随着干部队伍中女性干部队伍的不断发展与壮大，以社会性别视角的干部职业发展研究不断出现。其中较为突出的有在实证研究的基础上对地方省级女性领导干部职业发展经历研究[③]、女性党政一把手成长路径研究[④]、在生命历程理论视角下两性厅级干部的职业晋升——基于第三期全国妇女地位调查的研究[⑤]以及全面二孩政策对女性领导干部职业发展的影响[⑥]等多方面内容探讨。从当前干部队伍职业发展社会性别的阐释看，研究主要集中在女性干部职业发展客观规律的总结与影响因素的主观分析上，而针对干部职业发展的自我评价、影响因素的实证分析以及两性职业发展性别差异的验证分析不足。

中青年干部是整个干部队伍的中流砥柱，是推进国家治理体系与治理能力

---

① Willian J.Rothwell & Henry J.Sredl, *The ASTD Reference Guide to Professional Human Resource Development Roles & Competencies（2nd Edition）*, HRD Press, 1992.

② 佟新、濮亚新：《研究城市妇女职业发展的理论框架》，《妇女研究论丛》2001 年第 3 期。

③ 孙晓莉：《地方现任省级女性领导干部职业发展经历研究》，《行政管理改革》2019 年第 3 期。

④ 马秀玲、闫虹：《女性党政一把手成长路径研究：以地市级为例》，《中国行政管理》2013 年第 8 期。

⑤ 李娜：《生命历程理论视角下两性厅级干部的职业晋升——基于第三期全国妇女地位调查的研究》，《领导科学》2015 年第 1 期。

⑥ 陆灵娇、廖晓明、吴小湖：《全面二孩政策与女性领导干部职业发展困境探析》，《领导科学》2017 年第 4 期。

现代化的关键力量。随着社会环境发展的时代变化,中青年干部成长背景以及受教育经历与其他干部群体有很大的差异,研究干部发展的现实职业发展历程所总结的干部职业发展规律不能完全解释中青年干部职业发展中展现的特殊性与问题。因而,中青年干部队伍的培养与激励,必须更加注重个体的差异性与主观能动性。本研究试图在不同性别中青年干部职业发展水平自我感知与影响因素的主观认知方面做一尝试,破译不同性别中青年干部发展的内心所向与影响因素,以便为中青年干部职业发展的促进与管理提供借鉴。主要研究过程为利用相关研究建立中青年干部职业发展水平以及影响因素量表,通过党校中青年干部培训班学员收集收据,再通过结构方程模型验证中青年干部职业发展状况及其影响因素,最后讨论不同性别中青年干部职业发展的促进策略。

二、分析框架

作为实现国家治理能力现代化中坚力量的中青年干部职业发展被赋予特殊的使命,与此同时,作为社会关系中的特殊群体又受到社会、经济、与文化环境的影响。职业发展具有多层含义,归根结底是指不同群体通过各种职业活动获得的获取社会资源能力的增长,社会资源包括政治资源、经济资源和关系资源。在新形势下,社会经济文化环境发生了巨大变化,中青年干部队伍比例增大,其职业发展内涵有一定范围的拓展。主要体现在两个方面:一方面在于自我价值的实现,这是因为自我价值的实现在一定程度上决定着一个人的工作满意度,也决定中青年干部担当作为的积极主动性;另一方面在于工作家庭间的平衡,工作与家庭是一个人完整生命不可缺少的统一体,处理好工作与家庭的平衡关系,对中青年干部职业生涯的发展具有重要的促进作用。总之,职业生涯的主观性或内在性,注重个体在职业生涯中获得的个性化需求、理想与愿望的实现等主观感受,应该是中青年干部职业发展研究重点。

根据以往研究,职业发展影响因素主要体现在社会、组织、个体自身与家庭四个方面。研究中青年干部职业发展的影响因素,必须把握中青年干部的时代特点与职业属性,进行专门的探讨与设定。因此,本文在讨论中青年干部职业发展影响因素过程中,首先对党校中青班 30 多位中青年干部学员进行深度访谈,并在访谈的基础上进行归纳整理,总结出中青年干部职业发展影响因素维度,主要包括:职业发展制度、职业文化、个人职业发展愿望、人力资本与家庭支持资源五个方面。第一,职业发展制度是组织影响与管理中青年干部职业生涯的主要依据。职业发展制度方面的影响主要包括职业进入方式、干部培养与选拔、晋升机会、岗位交流与轮换、工作考核与薪酬考核等方面。第二,职业文化是影响中青年职业发展重要因素,工作氛围、人际关系与工作方式等都会影响职业发展的主观感受。第三,职业发展主观愿望同工作的愿望、工作的态度、职业价值的导向、在工作与家庭冲突中的选择密切相关,决定职业发展的方向与努力程度。第四,人力资本对职业的影响重大,决定职业发展的起点与过程。人力资本的内涵相对宽泛,不仅有受教育程度、健康、学习能力,在职业中,工作能力以及协调沟通能力在人力资本中更为突出。第五,家庭支持资源在职业发展中的影响非常明显,尤其是在中国传统文化背景下,离不开家庭资源的支持。其次,征询三位领导科学与人力资源管理专家对中青年干部职业发展影响因素分析框架意见,一致认为五个方面的影响因素能有效体现对中青年干部职业发展影响。

研究中青年干部职业发展及其影响因素的性别差异主要以中青年干部对职业发展中政治资源、经济资源、社会关系资源、自我价值实现与工作家庭的自我感知评价为主线,分析职业发展制度、职业发展文化、个人职业发展愿望、人力资本以及家庭支持资源因素对男性与女性中青年干部的影响。分析框架如下图所示:

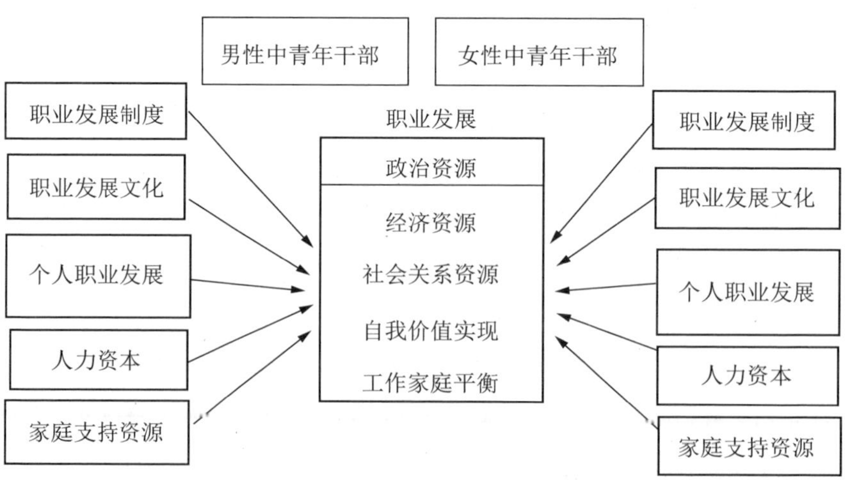

图1　中青年干部职业发展及其影响因素性别差异研究分析框架

三、 研究设计与过程

本研究遵照结构方程模型实证分析的方法要求,对中青年干部职业发展及其影响因素的性别差异研究分为五个步骤:量表开发、探索性因子分析、验证性因素分析、多组分析与影响因素差异性验证。

(一) 量表开发

中青年干部职业发展及其影响因素的量表的开发主要由两部分构成:一是中青年干部职业发展的自我感知测量;二是中青年干部职业发展影响因素测量。

1. 职业发展自我感知界定及测量条目

中青年干部职业发展的自我感知主要通过其对职业发展的经济资源状况、政治资源状况、社会关系资源状况、自我价值实现与工作家庭平衡五大基本内涵的主观评判来实现。在职业发展自我感知的测量中,政治资源的测量可以包含更多的条目,如是否能获得上级领导的肯定与表扬,是否能够获得精神与荣誉的嘉奖、是否能够参与重要事务的决策等,由于考虑到问卷设计的条目不宜过多,所以只选择能够体现职业发展政治资源状况的"是否经常参与工作的决策"与"是否能够得到上级认可"作为职业发展水平政治资源状况的测试条目,这一关键条目在一定程度上决定了中青年干部政治资源发展的机会与水平。同理,经济资源的测量也可以包含多层条目,如工资收入水平是否不断增长、占家庭收入的比例多少、在家庭支出是否具有重要决策权、是否拥有其他收入途径等,但是作为经济资源发展的自我感知,对经济收入水平是否满意,更能体现中青年干部经济资源水平,因而该指标测量条目为对目前收入水平是否满意。对社会关系资源的测量也考虑到对中青年干部职业发展最为关键的要素进行测量,因而选择"在工作中是否有很多朋友,是否能够相互帮助与支持"作为测量内容。针对自我价值实现的测量,主要考虑到中青年干部对自我价值实现的主观感受,而没有对自我价值实现的职业满意度与成就感进行设计条目,自我价值实现的自我感知是在职业满意度与成就感基础之上的,如果职业满意度与成就感较高,其自我价值实现的感受就是非常肯定的,因而选择"所做的工作是否帮助我实现自我价值"作为测试内容。对于工作与家庭的平衡这一方面,主要在于中青年干部的自我感受，这是他们自我平衡的结果，而无需过分的关注家务劳动的付出与工作家庭的冲突，因而选择“工作是否顺利与家庭是否幸福”作为测试的主要内容。见表1。

表1　职业发展的自我感知预测试测量项目

变量	测量维度	题　　项	题目编号
职业发展	政治资源	我能经常参与工作决策，能得到上级认可	V1
	经济资源	我对目前的收入水平感到满意	V2
	社会关系资源	在工作中，我认识很多朋友，能相互支持，相互帮助	V3
	自我价值实现	我所做的工作能帮助我实现自我价值	V4
	工作家庭平衡	我的工作顺利，家庭幸福	V5

注：根据本研究整理。

2. 职业发展影响因素自我感知与测量条目

根据本研究的分析框架，设定中青年干部职业发展影响因素主要体现在五个维度，主要包括：职业发展制度、职业文化、个人职业发展愿望、人力资本与家庭支持资源五个方面。

职业发展制度是组织影响与管理员工职业生涯的主要依据，在中青年干部职业发展的过程中发挥重要的作用。职业发展制度的测量主要包括职业进入方式、干部培养与选拔、晋升机会、岗位交流与轮换、工作考核与薪酬考核6个维度，共6个题项。职业文化是影响中青年干部职业发展的重要因素。较好的工作氛围、遇到困难时相互帮助、较为和谐的人际关系、积极主动解决问题等工作方式都能促进职业发展自我感知水平的提升。除此之外，职业文化中的性别对待是职业文化中不可缺少的一部分内容。职业发展文化维度测量条目设定5个题项。个人职业发展愿望是中青年干部职业发展的决定性内在因素，同工作愿望、工作态度、职业价值的导向、在工作与家庭冲突中的选择密切相关，测量条目设定为5个。毋庸置疑，人力资本对职业的影响重大，决定职业发展的起点与过程。人力资本的内涵相对宽泛，不仅有学历水平、健康与学习能力，还有在职业中人力资本更为突出的工作能力与协调沟通能力。因而人力资本变量主要从健康、学历、工作能力、学习能力、协调沟通能力等维度设计5个测量条目与内容。家庭支持资源在职业发展中的影响非常明显，尤其在中国传统文化熏陶下的中青年干部职业发展,离不开家庭资源的支持。测量条目主要体现在家庭关系是否和谐,能否专心工作;家庭成员是否支持认同我的工作;家庭其他成员是否能够提供物力与人力的支援,减轻工作的后顾之忧;家务劳动是否付出很多4个方面。见表2。

表2 职业发展影响因素测量条目

变量	测量维度	题 项	题目编号
职业发展制度	职业进入方式	进入方式对我职业发展有影响	V6
	干部培养与选拔	干部培养与选拔方式影响我职业发展	V7
	晋升机会	晋升的各项条件不会限制我的发展	V8
	岗位交流与轮换	经常有机会参加岗位交流与轮换	V9
	工作考核	工作考核能客观评价我的工作实绩	V10
	薪酬	薪酬制度能使我收入逐步上升	V11
职业发展文化	工作氛围	工作氛围团结合作,能齐心完成工作任务	V12
	相互帮助	当我遇到困难时,同事愿意提供帮助	V13
	人际关系	人际关系和谐,工作愉快	V14
	工作方式	工作中遇到问题,总能得到及时的解决	V15
	性别对待	由于性别的关系,我在工作中受到特殊的对待	V16
个人职业发展愿望	工作愿望	希望我的工作与岗位能更上一个台阶	V17
	工作态度	为了发展我愿意勤奋努力,不辞辛苦	V18
	个人工作导向	只有在工作中才能实现自己的价值	V19
	注重事业发展	先发展事业,家庭不用付出太多的精力	V20
	注重家庭生活	家庭负担较重,希望工作不要影响我的家庭生活	V21
人力资本	健康	身体健康是影响我事业发展的重要因素	V22
	学历	学历在我职业生涯过程发挥比较大的影响	V23
	工作能力	工作能力突出使我获得奖励与晋升的机会较多	V24
	学习能力	我的学习能力很强,新的工作能很快上手	V25
	协调沟通能力	我的沟通协调能力较强,复杂问题也能解决	V26
家庭支持资源	家庭关系	家庭关系和谐,使我专心工作	V27
	家庭认同	家人都认同我的工作,以我为傲	V28
	家庭资源帮助	家庭资源帮助减少工作的后顾之忧,使我专心工作	V29
	家务付出	我在家务上付出较少,不会影响工作投入	V30

注:根据本研究整理。

（二）探索性因素分析

为了加强对中青年干部职业发展自我感知与职业发展影响因素构思的检验效果。本研究采用了方便抽样和判断抽样相结合的手段，通过对上海、江苏两地党校中青班学员进行访谈，初步了解其职业发展的自我感知状况以及职业发展影响因素构思维度，确定基本素质较高的具有中青年干部典型特征的150名党校培训班学员为调研对象。最终回收问卷146份，剔除空白问卷、关键数据缺失和明显随意性填答的问卷8份，有效问卷138份。采用探索性因素分析找出最适合测量中青年干部职业发展水平自我感知与职业发展影响因素的条目，并初步验证其结构维度。统计工具采用SPSS 20.0。预调查样本的年龄基本分布在25—45岁之间，学历程度基本在大专水平以上，副科级以上领导干部占样本比例为79.8%。

1. 预测试量表建构效度评价

进行收敛效度评价，需要计算每一个测量项目的CITC（Corrected Item—Total Correlation）值，即指在同一变量维度下，每一项目与其他所有项目之和的相关系数，一般情况下，CITC指数低于0.40，除非有特别的理由，就应该删除这个项目，以此提高测量的收敛效度。通过数据分析，职业发展水平的五个测量项目的CTTC值均大于0.40，其中政治资源0.731，经济资源0.642，社会关系资源0.781，自我价值实现0.839，工作家庭平衡0.622。由此说明，职业发展测试量表收敛效度较好。与此同时，职业发展影响因素五个变量的测量项目的CTTC值均大于0.40，量表的建构具有很好的收效效度。

2. 探索性因子分析

采用探索性因子分析是为了在测试量表收敛效度评价的基础上进行区分效度评价。

（1）职业发展的探索性因子分析

根据分析评价的程序，首先对职业发展自我感知量表中的5个项目进行探索性因子分析，并删除相应的不合要求的题项，包括独立成为一个因子的题项，因子负荷小于0.5的测量条款，在两个因子上负荷均大于0.5即因子结构不清的条款。①

---

① 毛忞歆：《领导风格对组织创新的影响机制研究》，华中科技大学博士论文，2008年。

通过样本充分性检验和样本分布检验发现 KMO 测试值为 0.856，Bartlett 球形检验卡方值是 383.022，显著性概率为 0.000，表明适合做因子分析。经过探索性分析，共提取了 1 个公因子，特征值为 3.448、0.630、0.380、0.328、0.214，累计方差解释率达 68.961%。因只抽取了一个成分，无法旋转此解。除此之外，职业发展的测量条目在相应的维度上因子负荷都大于 0.5，没有提取出其他因子，这种情况反映出较为清晰的因子结构，与关于职业发展概念测量的维度划分构思完全吻合。

（2）职业发展影响因素的探索性分析

对职业发展影响因素量表的 25 个测量条目进行探索性因子分析，样本充分性检验和样本分布检验发现 KMO 测试值为 0.807，Bartlett 球形检验卡方值是 2 017.302，显著性概率为 0.000，表明适合做因子分析。经过探索性分析，按照特征根大于 1 的标准，共提取了 6 个公因子，特征值为 5.787、4.032、2.910、2.690、1.556、1.019，累计方差解释率达 71.978%。经旋转后，在各因子负荷中，发现健康、学历与家务付出在两个因子的负荷都大于 0.5，比较分散，除此之外。其他各个测量条目在相应维度上的因子负荷基本都大于 0.5，反映了清晰的因子结构，说明了整个测量的量表有较好的区分效度。

为了追求更加清晰的因子结构与更好的区分效度，删除健康条目。学历由于标志着中青年干部受教育程度，是人力资本的主要内涵，不予删除，家务付出是中青年干部在工作与家庭平衡中精力投放的重要评价标准，同样不予删除，随后在此基础上重新进行探索性因子分析。

对职业发展影响因素的 24 个测量条目重新进行探索性因子分析，样本充分性检验和样本分布检验发现 KMO 测试值为 0.795，Bartlett 球形检验卡方值是 1 849.313，显著性概率为 0.000，表明适合做因子分析。经过探索性分析，按照特征根大于 1 的标准，共提取了 5 个公因子，特征值为 5.426、3.938、2.803、2.630、1.485，累计方差解释率达 67.840%。经旋转后，各个测量条目在相应的维度上的因子负荷都大于 0.5，反映了清晰的因子结构，说明整个测量的量表有较好的区分效度。其中学历条目在其中一个因子的负荷小于 0.5，另一因子的负荷为 0.672，大于 0.5，予以保留。

3. 信度评价

职业发展自我感知量表探索性因素分析只提取了一个因子，因而无须进行信度评价,只需对职业发展影响因素量表进行信度评价。按照信度评价方法,计算职业发展影响因素量表维度最终条目的内部一致性信度即 Cronbach's alpha 系数值,结果发现所有变量或维度的内部一致性系数均大于 0.75,证明通过上述步骤得到的量表具有良好的内部一致性信度。

(三)验证性因素分析

本研究通过验证性因素分析进一步检验中青年干部职业发展及其影响因素。通过探索性分析修订后的中青年干部职业发展影响因素量表共包含 29 个题项,依然采用李克特(Likert)五点量表("1"代表完全不赞成,"5"代表非常赞成)。

本次调查共发放问卷 860 份,回收后剔除无效文件 58 份,回收率达 93.26%,其中男性公务员为 412 人,女性公务员为 390 人。样本年龄特征主要集中在 25—40 岁之间,累计比例达 78.6%;婚姻以已婚为主,达 83.8%;学历以本科与硕士为主,比例达 85%;级别以正科级以下为主,占全部样本的 86.3%。从以上样本的人口统计特征可以看出中青年干部特征显著,年龄相对较低,受过较高的教育水平,拥有较大的职业发展空间。

1. 构思效度验证

经过验证性因素分析,模型一职业发展构思效度的验证,如表 3 所示:

表 3　职业发展构思效度验证性因素分析拟合指标

指标	df	χ^2	χ^2/df	RMSEA	RMR	TLI	CFI	IFI	GFI
模型一	5	25.495	5.099	0.101	0.023	0.966	0.983	0.983	0.974

注:根据本研究整理。

从表 3 可以看出,χ^2/df 值为 5.099,由于受到样本数量的影响可以不作为主要参考的评价指标;RMSEA 接近 0.1,可以认为观测数据与模型较好拟合;RMR 值为 0.023,小于 0.1,观测数据与模型较好拟合;TLI、CFI、IFI 与 GFI 的值分别为 0.966、0.983、0.983、0.983、0.974,接近于 1,模型得到较好的拟合。因此,职业发展的一阶五因子模型拟合度较高。

经过验证性因素分析,5 个职业发展条目所对应的职业发展因子"政治资源""经济资源""社会关系资源""个人价值实现""工作家庭平衡"标准化因素负荷分别为:0.818、0.797、0.808、0.879、0.738,表示职业发展自我评价模型的基本适配度理想。职业发展验证性因子载荷系数分析中,AVE 反映了每个潜变量所解释的变异量中有多少来自该潜变量中所有题目,当 AVE 值大于 0.50 时表示该潜变量具有较好的收敛效度。职业发展验证性因子分析载荷系数表中,AVE 的值为 0.654 9,大于 0.50,所以说,职业发展该潜变量有较好的收敛效度。CR 反映了每个潜变量中所有题目是否一致性地解释该潜变量,当该值高于 0.70 时表示该潜变量具有较好的建构信度,该表中,CR 值为 0.904 4,大于 0.70,所以职业发展潜变量就有较好的建构效度。

经过验证性因素分析,模型二职业发展影响因素构思效度的验证,如表 4 所示:

表 4　职业发展影响因素构思效度验证性因素分析拟合指标

指标	df	χ^2	χ^2/df	RMSEA	RMR	TLI	CFI	IFI	GFI
模型二	242	608.101	2.513	0.061	0.050	0.904	0.915	0.916	0.862

注:根据本研究整理。

从表 4 可以看出,χ^2/df 值为 2.513, $\chi^2/df<3$,模型较好;RMSEA 的值为 0.061,可以认为观测数据与模型较好拟合;RMR 值为 0.050,小于 0.1,观测数据与模型较好拟合;TLI、CFI、IFI 与 GFI 的值分别为 0.904、0.915、0.916、0.862 接近于 1,模型得到较好的拟合。因此,职业发展影响因素模型拟合度较高。

经过验证性因素分析,模型二中 24 项职业发展影响因素所对应的条目的标准化因素负荷均在 0.6 以上,表示模型二的基本适配度同样理想。与此同时,职业发展制度潜变量的 AVE 值为 0.591,大于 0.50,具有较好的收敛效度,CR 值为 0.896 7,大于 0.7,具有较好的建构效度;职业文化潜变量的 AVE 值为 0.577 8,大于 0.50,具有较好的收敛效度,CR 值为 0.872 2,大于 0.7,具有较好的建构效度;个人职业发展主观愿望潜变量的 AVE 值为 0.532 1,大于 0.50,具有较好的收敛效度,CR 值为 0.850 2,大于 0.7,具有较好的建构效度;人力资本潜变量的 AVE 值为 0.475 5,接近 0.50,收敛效度可以接受,CR 值为 0.782 8,大于 0.7,具有较好的建构效度;家庭支持资源潜变量的 AVE 值为 0.564 1,大于 0.50,具有较好的收敛效度,CR 值为 0.837 7,大于 0.7,具有较好的建构效度。由此可见,职业发展影响因素量表的收敛效度与建构效度都较好。

2. 信度检验

全部样本的内部一致性系数为0.886,男女中青年干部两组数据的内部一致性系数(Cronbach's alpha 系数值)分别为0.887与0.886。可以看出,男性样本、女性样本及总样本的总信度及各维度的信度,均超过0.6以上(Nunnally, 1978),并超过0.7,一般认为超过0.7以上才为高信度,因此可以认为该量表的信度可靠。

(四)多组分析

1. 男模型验证性因素分析

职业发展构思效度验证性因素分析结果,拟合指标结果如表5所示。

表5 男模型职业发展构思效度验证性因素分析拟合指标

模型	df	χ^2	χ^2/df	RMSEA	RMR	TLI	CFI	IFI	GFI
男模型	5	19.278	3.856	0.118	0.028	0.952	0.976	0.976	0.964

注:根据本研究整理。

从表5可以看出,χ^2/df值为1.70,由于受到样本数量的影响可以不作为主要参考的评价指标;RMSEA的值为0.053,可以认为观测数据与模型较好拟合;RMR值为0.053,小于0.1,观测数据与模型较好拟合;TLI、CFI、IFI与GFI的值分别为0.930、0.939、0.940、0.853,接近于1,模型得到较好的拟合。因此,职业发展影响因素模型拟合度较高。

经过验证性因素分析,男模型中5个职业发展条目所对应的职业发展因子"政治资源""经济资源""社会关系资源""个人价值实现""工作家庭平衡"标准化因素负荷分别为:0.798、0.846、0.750、0.869、0.722,均大于0.7,表示男模型的基本适配度理想。

经过验证性因素分析,男模型职业发展影响因素构思效度验证性因素分析拟合指标,见表6。

表6 男模型职业发展影响因素构思效度验证性因素分析拟合指标

模型	df	χ^2	χ^2/df	RMSEA	RMR	TLI	CFI	IFI	GFI
男模型	242	379.928	1.70	0.053	0.54	0.930	0.939	0.940	0.853

注:根据本研究整理。

从表 6 可以看出,χ^2/df 值为 1.70,由于受到样本数量的影响可以不作为主要参考的评价指标;RMSEA 的值为 0.053,可以认为观测数据与模型较好拟合;RMR 值为 0.053,小于 0.1,观测数据与模型较好拟合;TLI、CFI、IFI 与 GFI 的值分别为 0.930、0.939、0.940、0.853 接近于 1,基本适配度理想。

经过验证性因素分析,男模型在职业发展影响因素的标准化载荷系数在职业发展制度、职业文化因子上的载荷系数全部大于 0.7,具有较好的适配度。在个人职业发展愿望、人力资本与家庭支持资源上的个别条目的标准化载荷系数接近 0.7,如 V17、V23、V27 的标准化载荷系数分别为 0.667、0.640、0.650,接近 0.7,我们也认为适配度基本理想。

2. 女模型验证性因素分析

经过验证性因素分析,女模型职业发展构思效度验证性因素拟合指标见表 7。

表 7　女模型职业发展构思效度验证性因素分析拟合指标

模型	df	χ^2	χ^2/df	RMSEA	RMR	TLI	CFI	IFI	GFI
女模型	5	11.173	2.235	0.080	0.025	0.980	0.990	0.990	0.976

注:根据本研究整理。

从表 7 可以看出,χ^2/df 值为 2.235,由于受到样本数量的影响可以不作为主要参考的评价指标;RMSEA 的值为 0.025,可以认为观测数据与模型较好拟合;RMR 值为 0.025,小于 0.1,观测数据与模型较好拟合;TLI、CFI、IFI 与 GFI 的值分别为 0.980、0.990、0.990、0.976 接近于 1,模型得到较好的拟合。因此,女性职业发展水平模型拟合度较高。

经过验证性因素分析,女模型中 5 个职业发展条目所对应的职业发展因子"政治资源""经济资源""社会关系资源""个人价值实现""工作家庭平衡"标准化因素负荷分别为:0.824、0.746、0.858、0.887、0.758,均大于 0.7,表示女模型的基本适配度理想。

经过验证性因素分析,女模型职业发展影响因素构思效度验证性因素分析拟合指标,见表 8。

表 8　女模型职业发展影响因素构思效度验证性因素分析拟合指标

指标	df	χ^2	χ^2/df	RMSEA	RMR	TLI	CFI	IFI	GFI
女模型	242	387.826	1.603	0.056	0.055	0.924	0.933	0.934	0.851

注:根据本研究整理。

从表 8 可以看出,χ^2/df 值为 1.603,由于受到样本数量的影响可以不作为主要参考的评价指标;RMSEA 的值为 0.056,可以认为观测数据与模型较好拟合;RMR 值为 0.055,小于 0.1,观测数据与模型较好拟合;TLI、CFI、IFI 与 GFI 的值分别为 0.924、0.933、0.934、0.851 接近于 1,模型得到较好的拟合。因此,女性职业发展影响因素模型拟合度较高。

经过验证性因素分析,女模型在职业发展影响因素的标准化载荷系数在职业文化、人力资本与家庭支持资源的个别项目,分别为 0.655、0.623、0.687,小于 0.7,接近于 0.7,其他各条目的载荷系数均大于 0.7,我们可以认为女模型职业发展影响因素在职业发展制度、职业文化、人力资本、个人职业发展愿望与家庭支持资源上面具有较好的适配度。

3. 男模型与女模型的等同性验证

进行男模型与女模型职业发展及其影响因素的比较分析,必须进行男模型与女模型的等同性验证,以便确定男性与女性中青年干部职业发展水平与职业发展影响因素是否可以进行路径与载荷系数差异的比较分析。

进行多组分析检验要依次限定测量权重(measurement weights,潜变量在观测变量上的负荷)、结构权重(structural weights,潜变量之间的回归系数)、结构协方差(structural covariances,误差项之间的相关系数)、结构残差(structural residuals,潜变量的误差)和测量残差(measurement residuals,观测变量的误差)。①本研究涉及三个等同检验,因子载荷等同模型、协方差等同模型与测量误差等同模型,因而选用测量权重模型、结构协方差模型与测量残差模型,进行等同模型验证。

---

① 许宏晨:《结构方程模型多组分析在应用语言学研究中的运用——Amos17.0 实例演示》,《中国外语教育》2012 年第 1 期。

（1）职业发展等同性验证

根据 AMOS22.0 多组分析,职业发展的等同性验证结果见表 9 与表 10。

表 9　职业发展性别多组分析

模　型	DF	χ^2	χ^2/df	RMSEA	RMR	TLI	CFI	IFI	AGFI	GFI
无约束模型	10	30.450	3.045	.072	.026	.966	.983	.983	.817	.970
测量权重模型	14	38.139	2.724	.066	.054	.972	.980	.980	.814	.963
结构协方差模型	15	38.885	2.592	.063	.063	.974	.980	.980	.817	.962
测量残差模型	20	49.042	2.452	.060	.060	.976	.976	.976	.821	.952
饱和模型	0	.000			.000		1.000	1.000		1.000
独立模型	20	1 234.573	61.729	.390	.533	.000	.000	.000	.346	.371

注:根据本研究整理。

表 10　职业发展卡方差异、自由度差异 $\Delta\chi^2(\Delta df)$ 与 p 值

模　　型	χ^2	DF	$\Delta\chi^2(\Delta df)$	p 值
无约束模型	30.450	10		
测量权重模型	38.139	14	7.689(4)	0.103 658
结构协方差模型	38.885	15	0.746(1)	0.387 746
测量残差模型	49.042	20	10.157(5)	3.014 15E-20
饱和模型	0	.000		
独立模型	20	1 234.573		

注:根据本研究整理。

从表 9 与表 10 可以看出,卡方的差异和自由度的差异,并且求得相应的 p 值,均未达到显著水平,也就是说,数据无法通过因子载荷等同模型,即男样本与女样本在因子载荷上不相等。由此可以看出,男性中青年干部同女性中青年干部对职业发展自我感知的要求及感受存在群体性差异。

（2）职业发展影响因素的等同性验证

根据 AMOS22.0 多组分析结果见表 11 与表 12。

表 11　职业发展影响因素的性别多组分析

模　　型	DF	χ^2	χ^2/df	RMSEA	RMR	TLI	CFI	IFI	AGFI	GFI
无约束模型	484	767.759	1.586	.038	.055	.927	.936	.937	.817	.852
测量权重模型	503	826.406	1.643	.040	.059	.920	.927	.928	.814	.844
结构协方差模型	518	834.419	1.611	.039	.062	.924	.929	.929	.817	.842
测量残差模型	542	861.880	1.590	.038	.062	.927	.928	.928	.821	.839
饱和模型	0	.000			.000		1.000	1.000		1.000
独立模型	552	4 988.713	9.038	.142	.198	.000	.000	.000	.346	.398

注:根据本研究整理。

表 12　职业发展影响因素卡方差异、自由度差异 $\Delta\chi^2$(Δdf)与 p 值

模　　型	χ^2	DF	$\Delta\chi^2$(Δdf)	p 值
无约束模型	767.759	484		
测量权重模型	826.406	503	58.647(19)	6.321 8E-06
结构协方差模型	834.419	518	8.013(15)	0.922 5
测量残差模型	861.880	542	27.461(24)	0.283 4
饱和模型	.000	0		
独立模型	4 988.713	552		

注:根据本研究整理。

从表 11 与表 12 可以看出,卡方的差异和自由度的差异,并且求得相应的 p 值,均未达到显著水平,也就是说,数据无法通过因子载荷等同模型,即男性组与女性组在职业发展影响因素的因子载荷上不相等,无法进行直接比较分析。

从上述结果可以得出,男性与女性中青年干部由于社会传统文化以及社会性别角色的不同,对职业发展影响因素的内涵界定与主观感受有所差异,由此造成男性与女性中青年干部职业发展影响因素路径载荷系数不能直接比较。

(五)影响因素差异性验证

1. 研究假设

基于对中青年干部职业发展影响因素性别差异的分析与探讨,本研究针对

中青年干部职业发展影响因素提出如下假设:

H1:职业发展制度对职业发展有影响

H2:职业发展文化对职业发展有影响

H3:个人职业发展愿望对职业发展有影响

H4:人力资本对职业发展有影响

H5:家庭支持资源对职业发展有影响

2. 假设检验

本研究使用 AMOS22.0 软件,把数据转换为正态分布之后,再以表中相关系数矩阵为输入矩阵,对模型中的各个因变量进行验证性因子分析,分析结果表明男性与女性中青年干部职业发展影响因素模型与数据的拟合度程度均较高,拟合程度指标如表 13 所示。

表 13　结构方程影响因素模型拟合程度指标

指标	df	χ^2	χ^2/df	RMSEA	RMR	TLI	CFI	IFI	GFI
男模型	362	609.204	1.683	0.058	0.057	0.911	0.921	0.922	0.812
女模型	362	602.070	1.663	0.058	0.062	0.914	0.923	0.924	0.805

注:根据本研究整理。

从表 13 可以看出,男模型与女模型的 χ^2/df 值分别为 1.683 与 1.663,由于受到样本数量的影响可以不作为主要参考的评价指标;RMSEA 的值都为 0.058,可以认为观测数据与模型较好拟合;RMR 值分别为 0.057 与 0.062,都小于 0.1,观测数据与模型较好拟合;TLI、CFI、IFI 与 GFI 的值都接近于 1,模型得到较好的拟合。因此,男模型与女模型的拟合度较高。

男性中青年干部职业发展影响因素路径见图 2:

在男性中青年干部职业发展影响因素结构模型中,政治资源、经济资源、社会关系资源、自我价值实现与工作家庭平衡的载荷系数分别为 0.79、0.83、0.77、0.86、0.74,男性中青年干部职业发展影响因素的重要性依次为职业发展制度、个人职业发展愿望、人力资本、职业文化与家庭支持资源,其载荷系数分别为 0.48、0.34、0.31、0.27 与 0.15。

女性中青年干部职业发展影响因素路径系数,参见图 3。

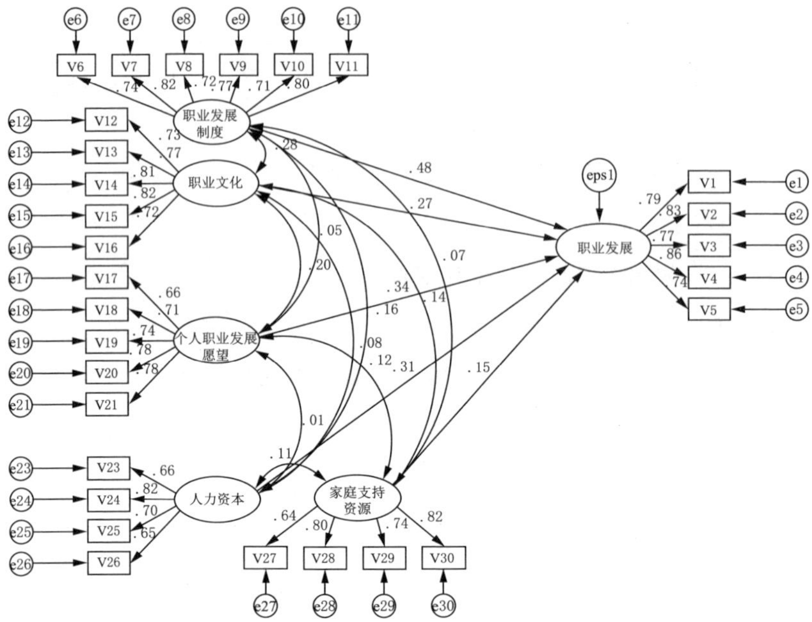

注:根据本研究整理。

图 2　男性中青年干部职业发展影响因素路径图

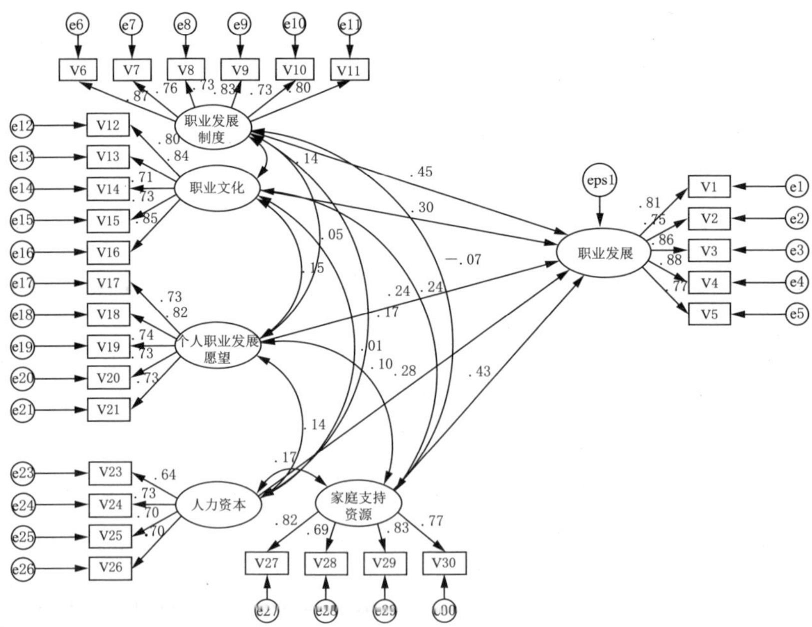

注:根据本研究整理。

图 3　女性中青年干部职业发展影响因素路径图

在女性中青年干部职业发展影响因素结构模型中,政治资源、经济资源、社会关系资源、自我价值实现与工作家庭平衡载荷系数分别为0.81、0.75、0.86、0.88、0.71,女性中青年干部职业发展影响因素的影响地位依次为职业发展制度、家庭支持资源、职业文化、人力资本与个人职业发展愿望,载荷系数分别为0.48、0.43、0.30、0.28与0.24。

3. 假设检验结果分析

通过验证性因子分析得到模型假设验证结果,职业发展制度、职业发展文化、个人职业发展愿望、人力资本与家庭支持资源对职业发展的影响在男性与女性中青年干部职业发展影响因素中都得到支持,见表14。

表14　影响因素模型假设验证结果

假　设	显著性	
	男性	女性
H1:职业发展制度对职业发展有影响	支持	支持
H2:职业发展文化对职业发展有影响	支持	支持
H3:个人职业发展愿望对职业发展有影响	支持	支持
H4:人力资本对职业发展有影响	支持	支持
H5:家庭支持资源对职业发展有影响	支持	支持

注:根据本研究整理。

四、 研究结论与讨论

(一) 结论:中青年干部职业发展及其影响因素的性别差异

第一,在男性与女性中青年干部职业发展及影响因素的多组分析的验证分析中,男性与女性职业发展及影响因素量表建构效度一致性较高,信度较好,然而女性与男性模型未通过等同性验证,无法进行路径及载荷系数的直接对比。从而验证了,由于社会性别角色不同,在中国社会性别文化的背景下,男性与女性中青年干部对职业发展与具体影响因素的自我感知不同,存在性别差异。

第二,不同性别中青年干部对职业发展关注重点不同。在男性中青年干部职业发展影响因素结构模型中,男性中青年干部更侧重于个人价值的实现与经济资源的状况,最不关注工作家庭平衡;在女性中青年干部职业发展影响因素结构模型中,女性中青年干部较为注重个人价值的实现、社会关系网络资源的扩展与政治资源的表现,不太注重工作家庭的平衡与经济资源的状况。

第三,不同性别中青年干部职业发展影响因素的影响地位不同。职业发展制度对男性中青年干部职业发展影响最大,影响最小的是家庭支持资源。之所以有这样的结果,根本取决于传统社会性别文化的影响,在男性中青年干部看来,家庭的支持是职业发展必须具备的基本条件。影响女性中青年干部职业发展最为重要的是职业发展制度,其次家庭支持资源的作用对于女性来讲也非常重要,位居最后一位的是个人主观职业发展的愿望,说明女性职业发展的愿望不能阻止女性家庭角色的回归,不能展现个人主观努力程度。

第四,在职业发展影响因素的具体测量中,不同性别中青年干部同类影响因素的关注点不同。在职业发展制度的影响因素中,男性中青年干部认为干部培养与选拔方式、薪酬制度以及职业的进入方式更为重要,女性中青年干部则认为岗位交流、职业进入方式以及薪酬比较重要。在职业发展文化的影响因素中,男性中青年干部更注重工作方式与人际关系的影响,女性中青年干部更注重相互帮助与工作氛围的影响。在个人职业发展愿望影响因素中,男性中青年干部更注重事业发展与家庭生活,女性更为注重工作态度与个人工作导向。在人力资本影响因素中,男性与女性中青年干部都比较注重工作能力、学习能力与沟通能力的影响。在家庭支持资源的影响因素,男性中青年干部更注重家务付出与家庭认同,女性中青年干部更注重家庭资源帮助、家庭关系与家务付出。

(二)讨论:基于共性与差异的不同性别中青年干部职业发展促进

不同性别中青年干部职业发展及其影响因素具有一定的共性。实现自身价值是男性与女性中青年干部职业发展的共同愿望;影响男性与女性中青年干部因素基本雷同,职业发展制度是男性与女性一致认同的最具影响力的因素。同时,男性与女性中青年干部职业发展及其影响因素存在性别差异,这些差异反映不同性别角色及社会文化背景下,男性与女性中青年干部职业发展内心所求,以及影响不同性别中青年干部职业发展的客观现实。因此,基于共性与差异的不同性别中青年职业发展促进讨论具有重要现实意义。

第一,应进一步激发中青年干部追求自我价值实现的职业发展动力。自我价值是否实现是当前衡量中青年干部职业发展满意度的重要标识,也是个人职业发展愿望的主要推动力。激发中青年干部追求自我价值实现的职业发展动力是发挥中青年干部积极能动性的重要路径。首先,加强中青年干部价值观的引导,将中青年干部自身价值实现同国家发展与职业发展联系起来;其次,加强中青年干部的选拔任用与使用过程中价值观考核,将综合素质高,实践能力强,并勇于担当作为的中青年干部优先选拔任用;再次,搭建中青年干部职业发展的事业平台,给予中青年干部进一步职业发展的权利与机会。

第二,实行社会性别敏感的职业发展策略,营造性别主流化的职业文化。职业发展管理制度是男性与女性中青年干部首要的影响因素,但不同性别中青年干部对职业发展管理制度关注层次不同,女性关注职业发展的具体制度规定,男性则更注重干部管理制度的执行与变革;女性倾向于期望职业生涯管理相关制度更加弹性化,而男性则倾向于职业生涯管理相关制度更加规范有序并执行透明。由此,实行社会性别敏感的职业发展策略更能有效地激励中青年干部。首先,实行社会性别主流化的中青年干部培养与选拔,在干部的培养与选拔方式上注重公平公正,并考虑性别差异,增强女性中青年干部资格配备;其次,加强中青年干部工作考核以及薪酬设计,增加中青年干部职业发展的获得感;再次,注重中青年干部管理的弹性化设计,增加中青年干部职业发展的自主性,扩大中青年干部职业发展的选择空间,如挂职锻炼、岗位交流等选择的多样性与自主性;最后,营造社会性别主流化的职业文化,既要尊重艰苦工作岗位(仅限于男性)中青年干部的劳动付出,又要尊重女性中青年干部职业发展过程中的生育责任及性别差异,给予中青年干部平等尊重的社会性别对待。

第三,建设性别平等的家庭支持网络资源。家庭支持资源是中青年干部职业发展的重要支撑。但是,不同性别中青年干部对家庭支持资源的作用感受不一,男性对家庭支持资源的感受内疚感较少,而女性在职业发展的过程中对家庭支持资源的感受则充满感激并偏重于社会角色冲突所产生的内疚与无奈。由此,推进建设性别平等和谐的家庭支持网络资源势在必行。首先,应鼓励中青年干部注重工作家庭平衡,分担家庭事务,参与家庭建设;其次,组织部门建立工作平衡计划,给予中青年干部工作家庭平衡机会,如举行家庭日活动、家庭休假以及提供家庭服务等形式;再次,建立中青年干部家庭事务的托底援助,如托老、托幼、心理援助等服务；最后，为女性中青年干部特殊时期设立弹性化假期与规定，如对女性孕期、哺乳期设立弹性工作时间等。

第四，增强解决实际问题的职业发展能力。人力资本作为中青年干部职业发展的根本能力，其中最为重要的就是工作能力、学习能力与沟通能力。因而增强中青年干部职业发展能力主要从以下三个方面加强。首先，中国特色社会主义进入新的发展阶段，新问题新情况不断涌现，应加强中青年干部实践锻炼，增强中青年干部解决实际问题的能力，有力提升中青年干部的职业发展能力；其次，现代信息科技的迅速发展，为中青年干部的学习内容与形式提供了很多机会与可能，组织部门应加强中青年的干部的培训与学习交流；再次，提升中青年沟通能力，扩展中青年干部的社会网络关系资源，增强中青年干部的领导者影响力，顺利完成国家与个人的职业发展使命。

（作者为中共上海市委党校副教授）

解码信访制度：人民治理国家的政治原点与历史逻辑*

刘正强

一、 理解中国之治的信访维度

无论是从人口之众多、地域之广袤来看，还是以历史之悠久、现实之复杂而论，疆域广大且差异明显的中国都是一个超大型的国家。①在数千年历史演进中，中华民族曾创造了灿烂的古代文明，形成了关于国家与社会治理的丰富思想。然而，当今中国处于一个开放的时代，国家治理面临的挑战与困境前所未有、世所罕见。中国是世界上人口最多的国家，有约20个省份的人口超过3千万②，许多国家如新西兰、巴勒斯坦、挪威、新加坡等的人口规模仅相当于中国的一个中等城市，国土面积与中国接近的欧洲，其人口仅为中国的一半。“在21世纪，中国是这个世界上唯一一个将前19世纪的幅员、人口和政治文化保持在主权国家和民族范畴内部的社会。与所有帝国分裂为主权国家的形式不同，中国近代的民族运动和国家建设将前19世纪混合型的普遍主义帝国体制的若干特征和内容直接地转化到民族—国家的内部结构之中。”③进而，如何实现对国家与社会的有效治理，也不啻是一个超大型的难题：“怎样治理中国这样具有超长

* 本文系国家社科基金项目“我国信访制度的风险评估与分类治理研究”（16BZZ046）的阶段性成果，原载《思想战线》2021年第4期。

① 对此，有学者称之为“具有洲际规模的巨型国家”，见房亚明：《超大空间的有效治理：地方自治导向的分权？——论我国纵向府际关系的制度变革》，《国家行政学院学报》2009年第3期；有学者称之为“超大社会”，见王沪宁、陈明明：《调整中的中央与地方关系：政治资源的开发与维护——王沪宁教授访谈录》，《探索与争鸣》1995年第3期。

② 根据国家统计局2021年5月11日公布的《第七次全国人口普查公报（第三号）》，中国大陆31个省、自治区、直辖市常住人口中，有20个超过了3 000万。见国家统计局网站 http://www.stats.gov.cn/tjsj/zxfb/202105/t20210510_1817179.html。

③ 汪晖：《现代中国思想的兴起》上卷，生活 · 读书 · 新知三联书店2003年版，第21页。

时间历史纵深、超大幅员国土面积、超大数量人口规模、超常复杂民族宗教结构乃至越来越超大规模经济体量的社会主义发展中国家,在以往的世界社会主义实践中是没有任何现成模式可以学习的。”①

然而,新中国成立70年来尤其是改革开放40年来,中国保持了长时段的强劲发展势头,一跃而为世界第二大经济体,国际社会影响力不断攀升,深刻改变了国际政治格局,甚至在某种程度上改变着世界历史进程。党的十九届四中全会将这些历史成就归纳为两大“奇迹”——“世所罕见的经济快速发展奇迹和社会长期稳定奇迹”②。中国的崛起与社会的长期稳定相伴,不断证伪了一些西方中国问题专家诸如“中国威胁论”“中国崩溃论”③之类唱衰中国的预言,使他们不得不重新审视中国的发展战略与模式,国际上怀疑、批评乃至否定中国政治体制和社会制度的声音明显减少,取而代之的是对中国政治体制与治理能力的肯定和赞扬,中国发展的道路或模式逐渐成为学术界研究的热点,“中国模式”“中国道路”“中国奇迹”等为世界所印证——“西方推行‘华盛顿共识’并没有带来其预想的普遍的繁荣,却造成了东欧剧变、拉美债务危机和亚洲金融危机……‘历史的终结’被终结,人们重新审视‘华盛顿共识’,纷纷将目光投射到中国,转向具有比较优势的‘中国模式’。”④

如何理解中国之“治”? 体制与制度优势是诸多论者的共识。张维为认为,作为世界上唯一一个文明型国家,中国的成功取决于“中国模式”——它至少包含八个方面:实事求是、民生为大、稳定优先、渐进改革、顺序差异、混合经济、对

---

① 何毅亭:《中国特色社会主义制度和国家治理体系形成的历程和成就》,《人民日报》2019年12月2日。

② 《中共中央关于坚持和完善中国特色社会主义制度 推进国家治理体系和治理能力现代化若干重大问题的决定》,载共产党员网 http://www.12371.cn/2019/11/05/ARTI1572948516253457.shtml。

③ 关于“中国威胁论”方面的论点以20世纪90年代美国的伯恩斯坦和芒罗撰写的《即将到来的美中冲突》为代表。“中国崩溃论”始于1984年美国世界经济研究所的布朗提出的“谁来养活中国?”一说,继而引起全球性的争论。自2001年以来,针对中国经济的新的论调又在国外盛行,如诺贝尔经济学奖得主、有“国际经济乌鸦”之称的克鲁格曼教授提出疑问说,中国这个亚洲奇迹中的最大奇迹,是否会成为下一个崩塌的神话。美国华裔律师章家敦则提出,“与其说21世纪是中国的世纪,还不如说中国正在崩溃”。见庄俊举、张西立:《近期有关“中国模式”研究观点综述》,《红旗文稿》2009年第2期。

④ 陶绍兴:《“中国模式”研究综述》,《红旗文稿》2010年第9期。

外开放及有一个比较“中性、开明、强势”的政府。“从根本上讲，一个政治体制的品质，包括其合法性来源，不能只是程序的正确，而更重要的是内容的正确，这个内容就是要实现良好的政治治理，并要以人民的满意度来检验。‘良政还是劣政’远比‘民主还是专制’更重要，如果‘民主’指的只是西方所界定的所谓‘多党竞选制度’的话。我们强调内容正确高于程序正确，这本身是中国政治传统的一部分，目的是为了通过良政为导向的实践来创建和完善符合中国民情国情的各种程序。”①

无独有偶，王绍光认为中国体制具有四大优势：一是有一个相对稳定的政治核心（通常是中央政治局常委会），而且这个核心能够在重大问题上做出决策，不像一些国家不可避免地会出现的一种局面——无法做决策，如受“有否决权的玩家”（veto player）这种情况掣肘；二是有一个解决问题的思维方式，遇到问题时，大家不是抽象地卷入意识形态的争论，而是实事求是地针对问题、解决问题；三是有一个善于学习的运行机制，鼓励因地制宜和多样化，一些政策允许各地实验和实践，在取得经验后再推广；四是有一个积极回应的治理体系，可以及时对政策做出调整。②之所以如此，是因为中国传统的分析政治的方式不是“政体”思维方式，而是“政道”思维方式：“政体思维与政道思维的不同在于，前者关注的只是政治秩序的形式，即政治体制的形式，后者的着眼点是政治秩序的实质，即政治体制运作的目标与途径。从政体的角度看，民主的关键在于，政府是否由竞争性的选举产生。从政道的角度看，民主的关键在于政府能在多大程度上回应人民的需求。那么对于普通老百姓来说，是竞争性选举重要还是政府政策具有回应性重要？当然两者都重要。但是老百姓最关心的，恐怕还是政府制定政策能否反映他们的切实需求。从这个意义上说，较之西式代议型民主，中式代表型民主更符合中国最广大人民群众的根本利益。”③

无疑，中国共产党的领导是实现中国之治、确保中国之稳的最关键常量。王

① 张维为：《一个奇迹的剖析：中国模式及其意义》，《红旗文稿》2011 年第 6 期。

② 王绍光：《国家治理与国家能力——中国的治国理念与制度选择》（上），《经济导刊》2014 年第 6 期。

③ 王绍光：《国家治理与国家能力——中国的治国理念与制度选择》（下），《经济导刊》2014 年第 7 期。

浦劬等对中国治理的党政结构进行了分析，认为中国国家治理的体制机制不同于西方国家依托的韦伯式科层制的治理结构之处在于："在治权构成方面，呈现为执政党通过政治领导，在组织和意识形态层面深刻塑造并融入中国特色的政府体系而成的集中统一的党政结构。""在功能实现机制方面，当代中国治理贯彻行动性治理与科层治理、'行动主义'与'制度主义'、实质正义与程序正义辩证统一的运行原则，形成了独特的功能运行机制。""在治理实践中，党政治理结构兼具的治理'弹性'和功能机制的复合性，成为国家治理优效的产生缘由。"①从某种意义上，这与萧功秦关于中国政治与社会关系的论断有异曲同工之妙。萧认为"中国模式"实际上就是"强国家—弱社会"的关系模式，强势的执政党保留着强势的执政资源，社会领域中的个人、地方与企业在市场经济中拥有适当的竞争的自主性，社会自主发育受到国家的有力督导与管控。在政治社会学上，可称为"后全能主义型的威权发展模式"。②

源于20世纪90年代中后期的"中国模式"论，当时是对"华盛顿共识"主导的全球化的一种防御性论争。今天，"中国模式"的相对成功，为中国赢得了宝贵的话语权。俞可平认为中国模式所导致的中国崛起，是一个具有世界历史意义的重大事件：一是中国持续而高速的经济发展，改变了全人类近五分之一人口的历史命运；二是中国综合国力在短时期内的惊人增长，有力地促成世界政治从单极向多极发展；三是中国的崛起大大增强了国际政治中的和平因素，更有利于国际社会实现世界和平的共同目标；四是中国模式影响着全球治理；五是中国模式拓宽了民族国家走向现代化的途径，促进了全球化时代人类文明的多样性发展。③历史学家汤因比在中国改革开放伊始就对中国的发展充满了信心，他说："西方观察者不应低估这样一种可能性：中国有可能自觉地把西方更灵活、也更激烈的火力与自身保守的、稳定的传统文化熔为一炉"，"如果中国能够在社会和经济的战略选择方面开辟出一条新路，那么它也会证明自己有能力给全世界提

① 王浦劬、汤彬：《当代中国治理的党政结构与功能机制分析》，《中国社会科学》2019年第9期。

② 萧功秦：《中国模式优势背后面临五大困境》，载爱思想网：http://www.aisixiang.com/data/37146。

③ 俞可平：《中国模式与思想解放》，《北京日报》2008年11月17日。

供中国和世界都需要的礼物。这个礼物应该是现代西方的活力和传统中国的稳定二者恰当的结合体。”①

中国的成功带来了一种全新的思维,尽管海外学者未必赞同“中国模式”的表述,但也认同中国的经验与实践,比如托马斯·海贝勒阐述了中国发展的七个特征:一是中国共产党已从“转型”“巩固”两个阶段进入“适应”阶段;二是中国是分散的或分权的权威主义体制(fragmented authoritarianism);三是中国是发展主义的国家(developmental state)及一个拥有“国家能力”、使国家成功发展的“有目的”政府;四是具有政治实用主义的显著特色;五是中央领导层和政权拥有较地方政府更广泛的合法性与信任;六是民族主义或爱国主义具有越来越多的对内职能;七是中国在扩大社会参与基础上日益从统治向治理转型。海贝勒进一步认为,中国共产党已经从一个阶级的政党发展成为一个人民的政党,“政权的合法性不再基于意识形态之上,而是基于对现代化、增强国力、维护安定、建立社会主义民主等的承诺”。意识形态作用的减弱和实用主义的增强促进了政治稳定,抑制了社会冲突。“中国并非像西方很多人感觉的那样是一个纯粹的专制政权,并且近几十年没有发生变化。其实,中国正在迈向一个自治、法治和参与程度更高的开放社会。”②

这些观点固然注意到了中国之治的制度优势,特别是中国共产党的执政地位和政治属性,对于我们深入理解和把握中国之稳的历史与逻辑具有很大的启发,然而,大部分分析往往失之于宏观与笼统,在探究中国之治的内在机理、剖析中国之稳的实现方式诸方面尚显不足,如对于中国之“稳”,许多学者将其归结为国家对社会的全面管控,如适度收紧的政治参与和表达,大数据等技术手段的广泛利用等。这显然没有理解到中国政治生态的复杂性与特殊性:今天中国政治运行的稳定性必然与其实际上存在着的某种政治平衡机制相关联,从而产生了政治减压的实际效果。事实上,中国国家与社会治理并非一路高歌猛进,而是在曲折中前进、在探索中创新,尤其是在社会矛盾凸显、贫富差距加剧的情况下,中国政治与社会仍然保持了相对的稳定。中国之治,其来有自。中国之稳,所从何

---

① 转引自庄俊举、张西立:《近期有关“中国模式”研究观点综述》,《红旗文稿》2009 年第 2 期。

② [德]托马斯·海贝勒:《关于中国模式若干问题的研究》,《当代世界与社会主义》2005 年第 5 期。

出？这就不能不考察中国政治的隐秘安排：中国制度运作包括中国共产党的功能发挥并不是自发与笼统进行的，而是要借助一系列更为具体的制度与机制展开。本文认为，作为一项独特的政治制度，人民信访作为国家治理体系的重要组成部分，一直在保持社会稳定方面发挥着独特的作用，是中国社会运行的压舱石，在社会运行中起到了减压阀、缓冲器的作用。在中国共产党成立100周年暨信访制度建立70周年之际，本文将在梳理中国之“治”历史经验的基础上，辨正信访制度独特、独有、独到的价值——信访制度如何厚植中共的执政根基以及如何链接超大型国家的治理，从而为理解中国何以治的信访贡献提供启发。

二、 超大型国家治理的历史境遇

中国是一个有着悠久历史文化传统的国家。自秦以降，如何对庞大的帝国实施有效的治理，始终是统治者念兹在兹、无日或忘的议题。而有效治理的主要标志就是一代王朝的长治久安，这不但涉及民生福祉，更关乎王朝赓续，因而“建久安之势，成长治之业”①，治在当下、稳在长远是朝野共同的理想。然而，中国地域之广、历史之久、民族之多、文化之深，于国家与社会治理而言既是优势、亦是难题。事实上，近代以前，中国一直没有走出周期性的治乱循环，历代王朝的治理过程总是呈现出摇摆反复的特征，传统治理过程充满着不确定性，没能为中国古代社会提供长期稳定的秩序，诚如司马光所言：“自古以来，治世至寡，乱世至多，得之甚难，失之甚易也。”②今天，我们站在新的历史起点上探究超大型国家的治理之道，有必要对“前现代”的治理历史与思想做出省察。

（一）周期律：历史上的中国之治乱循环

正所谓“天下大势，分久必合，合久必分”。察数千年中国史，既是一部文明演进史，更是一部王朝更替史、治乱兴衰史。由家族世袭相承构成的王朝，往往由初年的休养生息、欣欣向荣，变为中叶的危机四伏、风雨飘摇，以至末年的衰朽不堪、颓然倒下；而后，又一个新的王朝从一片废墟中矗立起来，开始进入新一轮

---

① （西汉）贾谊：《新书·数宁》，上海古籍出版社1989年影印本，第12页。

② （北宋）司马光：《稽古录》卷十六，王亦令点校，中国友谊出版公司1987年版，第651页。

的周期循环。“历史周期律”是一条周而复始的历史定律，从夏商周秦汉，到唐宋元明清，兴衰治乱、循环不已。一些短命王朝，可谓其兴也骤，其亡也速，如秦朝和隋朝，分别只有15年和29年，南朝170年间走马灯似地换了宋、齐、梁、陈四个朝代；与南北朝同病相怜的是所谓五代时期——前后短短50余年，天下五易其主，后梁、后唐、后晋、后汉、后周，前仆后继。由于国土的广袤以及统治手段的有限，历代统治者也往往倡导“民本”、推行“仁政”，期待通过强化对百姓的教化，实现长治久安。从制度设计上看，“中国古代国家治理思想大体有礼、法两个主要源头，一种是礼乐之治，以儒家为代表；另一种是以法治政，以法家为代表。两种思想都诞生于百家争鸣的春秋战国时代，并在与其他各家学说的交流碰撞中发展壮大，逐步被历史所选择，成为中国古代治理思想的两个基本极”①。中国古代思想家很早就认识到了“礼”“法”对于国家治理的重要性，主张“为国以礼”“以法治国”，然而，在专制社会中，“礼”和“法”归根结底都只是统治者约束他人、豁免自己的工具，在遇到礼与法究竟是什么、何所由来这一问题时，在儒家那里就是“圣王制礼”，在法家看来则是君主生法——《管子·任法》：“有生法，有守法，有法于法。生法者，君也，守法者，臣也，法于法者，民也。”因而，古代社会不可能出现人们所期待的使酷政温情、让严刑柔化的情形，反而“儒”往往导向伪善，“法”往往趋向真恶，君主以“仁”行恶、以“法”惩善比比皆是。显而易见，儒家倡导的治国理念并不是在任何时候都为统治者所信奉，也不能从根本上杜绝暴政。中下层人民一旦无路可走，便会启动他们推动历史的独特方式——起义与民变，同外患与内忧一起，改写中国的历史进程。“后人哀之而不鉴之，亦使后人而复哀后人”的历史宿命一再重现。

（二）大一统：超大型国家的超稳定机制

从中国的历史进程看，秦朝的建立开启了中国历史的“大一统”模式。秦帝国二世而亡，其虽短暂，却使大一统变成了中华民族潜意识的追求，为中华民族立下了大一统这样一个标杆。秦以后，尽管中国分分合合，然而如何维护版图完整和国家认同便成为历朝历代的政治议程，举凡古代帝王、思想家乃至黎民百姓，无不重视这一治理观念，这在客观上促使中国古代社会形成了有利于国家统

① 夏中南：《中国古代国家治理思想的现代启示》，《前线》2015年第4期。

一的制度安排——在每一次动荡之后,都有人顺应民心、乱后思治、收拾金瓯、再造一统。超大型国家之“大”,首先在于中华帝国版图之辽阔,除三国两晋南北朝及五代十国等分裂时期外,中国基本上维持了统一的多民族国家的结构。如此负荷累累的一统体制是如何维系的?国家统一的基础在于合理的治理结构,而合理的治理结构在很大程度上需要通过中央与地方关系的不断调适来达成,在这一问题上,古代思想家展现了极高的政治智慧,如贾谊“强干弱枝”的思想主张就体现了“央主地从”的中央集权制色彩:“海内之势,如身之使臂,臂之使指,莫不众制。”①“欲天下之治安,天子之无忧,莫如众建诸侯而少其力。”②而成熟的官僚体制为维持一统体制和整合这个幅员辽阔、拥有数以亿万计民众的国家起到了关键作用:“中华帝国的国家形态自秦的郡县制度以来,虽历朝历代均有修订更动,但中央集权的实质可以说是一脉相承。通过科举制度挑选出的官员不断进入等级有序、繁文缛节的官僚组织,依次逐级在这一体制中见习磨炼,为官执政。”③这套严密有序的官僚制度之所以能够贯彻自上而下的行政命令和政策意图,确保不同属地与中央政府的步调一致,在于其与韦伯式官僚体制迥然有异:韦伯式官僚体制的核心是作为组织结构和组织行为基础的规章制度,这些冷冰冰的规则给韦伯式官僚以自上而下的约束机制和自下而上的保护机制,而中国官僚体制既是一套涉及中央政府及其下属各级政府机构间的等级结构的官僚制度,又是一套以认同中央权力为核心的价值观念制度,“表现为国家与个人(官员、公民)之间在社会心理、文化观念上的认同,体现在政府内外、全国上下的共享价值上”④。政权更迭无常,框架岿然不动——金观涛关于中国传统社会“超稳定结构”的论述则是对“大一统”机制最为深刻的揭示。⑤

(三)驭民术:朝代更迭系于民心向背

官民关系,一言以蔽之:载舟或覆舟皆在于“水”而不在于“舟”,国家治理的效用最终取决于人心向背,即国家与民众关系的现状,“民为贵,社稷次

① (西汉)贾谊:《新书·五美》,上海古籍出版社1989年版,第17页。

② (西汉)贾谊:《新书·藩强》,上海古籍出版社1989年版,第13页。

③ 周雪光:《中国国家治理的制度逻辑 个组织学研究》,生活·读书·新知三联书店2017年版,第131页。

④ 同上书,第23页。

⑤ 金观涛、刘青峰:《兴盛与危机:论中国社会超稳定结构》,法律出版社2011年版,第219—222页。

之，君为轻”①几乎成为所有执政者的座右铭。以孟子为代表的先秦思想家体恤民情、倡导仁政，要求统治者德治天下，以合乎道德的方式对待民众。他所谓仁政，就是“省刑罚，薄税敛，深耕易耨，壮者以暇日，修其孝悌忠信，人以事其父兄，出以事其长上”，从而使民众过上“养生丧死而无憾”②的日子，而国家也不能与民争利。然而，在“父传子、家天下”君主专制体制下，“传统中国的合法性主要建构在神圣传统而非民众认同之上，它更强调合法性的客观而非主观面向，而其客观性是通过儒家所主张的‘礼治理想’和‘天命观’建构起来的”③。于是，君主利益有着绝对的优先性，国家通常被看作君主的私有物，“国者，君之车也”④，“君，至尊也”⑤，治国便成了治民的同义语，民众是作为治理对象而存在的，治理观念的基本逻辑是国家与民众的对立，每一个社会成员都应无条件地服从君主的利益：“欲利而身，先利而君，欲富而家，先富而国。”⑥民众的服从成为秩序的先决条件，这种理论逻辑一旦融入实际的国家治理过程，必然导致社会关系的紧张。在王朝初年，由于改朝换代的血雨腥风记忆尚未消逝殆尽，出于对战乱的忌惮，统治者往往轻徭薄赋、休养生息，对人民不过于盘剥。当然，即便能够实现“仰足以事父母，俯足以畜妻子，乐岁终身饱，凶年免于死亡”⑦的理想，这也不过是统治者发政施仁的结果，而不是每一个人与生俱来的“免于匮乏”的权利。一旦王朝巩固，“驭民”之术便会加诸百姓头上。同是先秦时期的商鞅是这方面的集大成者，他总结出的“驭民五术”⑧，既为秦国一统天下奠定了基础，亦为秦朝二世

① 《孟子·尽心章句下·第十四节》。

② 《孟子·梁惠王上》，载《诸子集成》第一册，中华书局 1954 年版，第 33 页。

③ 桂晓伟：《合法性构成的调整与上访治理逻辑的演变——一个历史社会学的考察》，《华中科技大学学报》2018 年第 1 期。

④ 《韩非子·外储说右上》，载《诸子集成》第五册，中华书局 1985 年版，第 234 页。

⑤ 《仪礼·丧服》，载《十三经注疏》下册，中华书局 1987 年版，第 1100 页。

⑥ 《韩非子·外储说右下》，载《诸子集成》第五册，中华书局 1985 年版，第 255 页。

⑦ 《孟子·梁惠王上》，载《诸子集成》第一册，中华书局 1985 年版，第 57 页。

⑧ 驭民五术最早见诸鲍鹏山关于《商君书》的讲座，随后广泛流传，主要内容如下：壹（愚）民：统一思想；弱民：国强民弱，治国之道，务在弱民；疲民：为民寻事，疲于奔命，使民无暇顾及他事；辱民：一是无自尊自信，二是唆之相互检举揭发，终天生活于恐惧氛围；贫民：除却生存必须，剥夺余粮余财，人穷志短。五者若不灵，杀之。见网易网 https://www.163.com/dy/article/F2NMS7JA0525WNFQ.html。但也有学者认为这种说法具有附会的成分，如石磊甚至认为连“弱民”篇亦不是商鞅本人所作，见石磊译注：《商君书》，中华书局 2009 年版，第 169 页。

而亡埋下了伏笔。国家治理最终是对人心的治理，当“君之视臣如土芥，则臣视君如寇仇”①时，就离朝代更迭为期不远了。

三、信访制度发轫与新中国总体性治理体系形成

鸦片战争之后，中国进入半殖民地半封建社会。中国近代史是一部充满灾难、危机深重、落后挨打的屈辱史。清朝覆灭后，作为亚洲第一个民主共和国的中华民国并没有完成中国历史周期上每一个长寿朝代开始时的必修课，民国失去了可以长期延续的历史机会，中国进入了长期战乱。1949 年，中国共产党实现了对中国社会的重新整合，打造了全新的国家机器。新的社会是一个政治、经济、意识形态等高度重合的刚性社会；与这种社会相对应，中国也形成了基于意识形态认同、以单位制为载体并由国家专断权力做保障的总体性治理体系②，以因应超大型国家的治理。而“与社会合为一体以及资源和权力的高度集中，使国家具有很强的动员与组织能力，但结构较为僵硬、凝滞”③。人民信访则是链接中央与地方、穿透国家与社会的基础性民意表达与社会治理制度，是契合共产党执政气质与执政理想的一项本土性制度和发明。以毛泽东为代表的新中国的奠基者们，显然对中国历史有着非常洞彻的理解，早在 1945 年毛泽东与黄炎培在延安的“窑洞对”就体现了共产党人对防范执政风险的高度自觉。而以群众路线作为设计起点的信访制度在执政党与群众的互动中产生，尤其是承载了毛泽东终其一生对官僚机器警惕与防范的思想。

（一）信访制度是国家机器的刺穿与对冲机制

传统中国发展出的治理体制和技术极其成熟，不但庞杂，而且精细：“中国官僚体制为国家治理提供了稳定的组织基础和微观过程。的确，历史悠久、高度成熟的官僚体制是中华文明的一个独特现象，是国家治理在中国疆土上数千年延续的组织形式和具体体现。”④然而，不但历史上中国官僚制度常常导致组织失

① 万丽华、蓝旭译注：《孟子》，中华书局 2007 年版，第 172 页。

② 刘正强：《“总体性治理”与国家“访”务——以信访制度变迁为中心的考察》，《社会科学》2016 年第 6 期。

③ 孙立平等：《改革以来中国社会结构的变迁》，《中国社会科学》1994 年第 2 期。

④ 周雪光：《中国国家治理的制度逻辑——一个组织学研究》，生活 · 读书 · 新知三联书店 2017 年版，第 35 页。

败和危机,中共建政后所建立的庞大政权系统也并非安全无虞:尽管共产党为适应开放时代的治理挑战,重塑了国家机器,并以“为人民服务”为工作宗旨、以“对人民负责”为基本原则,且这套官僚系统亦与韦伯所言的作为现代国家基本组织形式的官僚组织(bureaucracy)具有本质的不同,但任何官僚机构都必然具有作为组织而内在的缺陷。因此,从古至今,国家治理过程中就演变出运动型治理机制以应对之:“运动式治理的突出特点是(暂时)打断、叫停官僚体制中各就其位、按部就班的常规运作过程,意在替代、突破和整治原有的官僚体制及其常规机制,代以自上而下、政治动员的方式来调动资源、集中各方力量和注意力来完成某一特定任务。”①在毛泽东时代亦复如是,以毛泽东本人的秉性,他对中共建政后的官僚体系抱有深深的警惕,他所假想的所谓修正主义、资本主义复辟也是以这个官僚体系为载体的。毛泽东不断发动各种群众运动,纵容打烂公检法、踢开党委闹革命,以致“文革”中亲自指挥几乎砸烂了由他亲自建立的国家机器。

政治运动的扩大化固然不可取,然而毛泽东防范与制约官僚机器的设想却是弥足珍贵的——在国家机器逐步健全之后,国家与社会的治理应逐步建立在官僚制的常规机制之上,但官僚制度有着内在困难,其刚性与死板是世界性的痼疾,如何反制与平衡其越发完善就越有僵化之虞的制度缺陷也是不同体制面临的共同困境。“人民民主理论与理性官僚制之间存在一种内在的紧张关系,这种紧张关系体现在人民民主理论对层级分明的现代科层制的抵触。列宁主义的国家观认为,理性化的官僚制是对民主权利的压迫,官僚队伍是凌驾于整个社会之上的。因此,列宁主义的国家观都强调建立‘议行合一’的政治体制,以克服技术官僚集权的弊端。在人民民主理论的视野中,科层制运作的程序规范、受案范围、按部就班等工作方式都是官僚主义的体现。”②信访制度萌芽于新中国成立初期成立的中央办公厅秘书室。1951 年 5 月 16 日,毛泽东在该室当年一季度人民来信情况报告上作出了著名的“五一六”批示:“必须重视人民的通信,要给人民来信以恰当的处理,满足群众的正当要求,要把这件事看成是共产党和人民政府加强和人民联系的一种方法,不要采取掉以轻心置之不理的官僚主义的态度。”③

---

① 周雪光:《运动型治理机制:中国国家治理的制度逻辑再思考》,《开放时代》2012 年第 9 期。

② 于建嵘:《革命伦理与信访制度现代转型的困境》,《学术交流》2016 年第 11 期。

③ 《毛泽东文集》第 6 卷,人民出版社 1999 年版,第 164 页。

这一批示指明了信访工作的性质和主要功能,成为信访工作制度化建设的开端。信访这一非主流的、辅助性的政治制度,与国家正式制度相辅相成、相得益彰。

因此,信访制度一方面在对官僚体制和王朝历史兴衰更替反思的基础上进行了有意的设计,以跳出黄炎培向毛泽东提醒的“王朝周期律”;另一方面又回应民众的需求,形成了一个日常化、例常化和例外性、对冲性的运动式治理机制,以满足民众政治参与乃至利益表达的要求。对此,桂晓伟认为这种官民互动模式体现了中国传统政治浓厚的“目的论”(即理想)色彩,“无论是传统还是新中国初期的政治实践,都强调国家对某种政治理想的树立,强调这种政治理想对个人德性的范导,强调国家主导下的社会治理,以及这种治理对政治理想的实现作用。这塑造了截然不同于西方的国家社会互动模式,从而使信访制度具有了不一样的定位和功能”①。

这使得中央与地方的关系处于一种弹性状态:中央需要依赖地方政府对全国实施有效的治理,同时又需要对这套庞大的机器进行监控。实现这个目标,仅仅依赖国家机关自身的力量是远远不够的,除了自上而下的巡视、巡察制度外,信访制度自下而上发挥了打破梗阻、传递信息的作用,两者方向相反,互为补充。由此可以看到,信访制度的初衷,是清除政权肌体中的无组织力量、异己力量,以一种特殊的方式保持群众对政府的批评权及中央政府对地方政府、上级政府对下级政府的监督权,使政权的运作始终处于鲜活状态。当官僚体制过于僵硬时,信访制度就成为穿透官僚甚至上达“天听”的武器;一旦某些社会问题无法见容于刻板的科层制度时,信访就可以从容救场,以缓解和软化官僚制度的僵硬与恣意。

(二)信访制度是社会治理的促进与保障机制

在当今世界,国土面积超过 300 万平方公里的 7 个大国(俄罗斯、加拿大、中国、美国、巴西、澳大利亚、印度)中,除中国以外,全部实行中央和地方分权的联邦制。中国何以采用单一(集权)制的国家结构形式,在制度变迁中历两千多年而不变,与大一统的传统从未被颠覆不无关系。大国的人口广大、资源多样、文化多元等优势使其有更大的腾挪空间和余地,在提供必需公共品方面有集约优势,有利于降低在国防、外交等方面的成本,实行中央集权的中国则更是具有发

① 桂晓伟:《重新理解“政治”:对信访治理困境的政治社会学解读》,《思想战线》2017 年第 2 期。

展的弹性和韧性。然而,诚如孟德斯鸠曾在《论法的精神》中的断言:小国常被灭于外敌,大国则常亡于内乱,大国所面临的危险主要来自自身和内部。建政之初的中国共产党面临着艰巨的社会治理任务,以“进京赶考”的精神来迎接超大型国家社会治理的挑战。按照朱光磊的观点,“中国既不是绝对的中央集权国家,也不是权力分散的国家。在政治上,尤其是干部人事问题上中央政府确实是集权的,然而在行政权力、经济权力和司法权力等诸多方面却是分散的”①,这突出表现在中央和地方政府社会治理功能的灵活配置上,即“条块关系”。所谓条,通常被视为中央政府的组成部分或者中央政府直接向下延伸的部分,所谓块,是指中央政府按行政区划设立的地方政府(或地方政权机构),形成分层级的地方行政系统。条块关系涉及地方治理的具体形态,即如何在确保中央权威的前提下,发挥地方治理的积极性和自主性。

新中国建立以来,中央政府围绕着“条块关系”进行过多次变革,但始终没有找到条条与块块关系的平衡点,未能摆脱“条块矛盾”的困扰。原因是多方面的:“除了行政性分权的局限性、一根针穿到底的历史传统和党政关系的不规范外,主要是由于中国政府管理中存在的‘职责同构’所致。”②条块关系在中国剪不断、理还乱,长期处于非制度化的状态,很难达成一种理想化的模式,甚至不乏产生尖锐的矛盾,这是进行社会治理必须面对的现实,体现中央要求的“条”与代表地方利益的“块”不可能处于一种固定的状态,以中国社会之体量,要实现有效治理,就必须辅以多种机制。事实上,包括设立各种领导小组等协调、议事机构,推进党政一体、党政融合等方式使社会治理具有动员色彩,能够随时打破条块梗阻和社会痼疾,解决常规治理无法应对的问题。由于信访制度本身反科层制的性质,它作为社会问题的预警机制、社会情绪的释放机制、社会矛盾的发现机制,具有及时、便捷、灵敏的特点,可以有效弥合条块之间的冲突和疏漏。随着时代的进步、法治的倡行,社会治理要逐步走入理性化的轨道,大部分的治理目标应借

① 朱光磊:《中国政府治理模式如何与众不同——〈当代中国政府"条块关系"研究〉评介》,《政治学研究》2009 年第 3 期。

② 所谓“职责同构”,是指在政府间关系中,从中央到地方各个层级的政府在纵向间职能、职责和机构设置上的高度统一、一致。见周振超:《打破职责同构:条块关系变革的路径选择》,《中国行政管理》2005 年第 9 期。

由理性化、科层化的制度来实现,倘动辄依赖于专项治理,则代价太高,尤其是对按部就班的常规治理造成冲击。在这种情况下,信访制度在社会治理方面发挥了独特的作用,有效地弥补了条块关系难以及时应对不断出现的新矛盾、新问题的不足,尤其是成为正确处理新形势下人民内部矛盾的基础性机制,正如习仲勋指出的:“目前,我国县以上党政机关,每年受理的人民来信来访多达数百万件。从表面看,这些来信来访反映的内容是一个地区、一件具体事情,实际上,每件事情都不是孤立的,都和政治有关、和政策有关:或是对国家的大政方针发表自己的意见、建议;或是对国家的政务表达自己的愿望、情绪和要求;或是对各地执行政策情况的反馈;或是对社会上的各种不良现象、违法乱纪和犯罪行为进行无情的揭发、批评;或是审诉和诉讼个人问题。这些内容是花钱都买不来的宝贵的社情民意,是非常有价值的。如果我们能够全面地掌握,科学地运用它们,党和政府的决策就不会犯错误或少犯错误,即使出现失误也容易纠正。这样,我们就永远立于不败之地。这是被历史证实了的真理。”①社会治理,一言以蔽之,就是在维持社会基本秩序的前提下,实现对社会的有效整合,从而促进社会在更广泛意义上的团结。由于处理人民内部矛盾的方式内含了对意识形态及道德的依赖,信访制度在解决社会问题的同时,具有增促社会团结的作用,甚至成为人们优于司法的选择。

(三)信访制度是人民权益的链接与回应机制

“制国有常,利民为本。”②历代关于统治者与民众关系的论述不胜枚举、汗牛充栋,自古以来中国的德治、礼治和人治之治国方略就包含了官纳言于民、民诉言于官的沟通机制,一些开明君主也不乏身体力行,乐于把采集民间的意见和不满作为其统治伦理的重要展示。一方面,黎民百姓仰仗“清官”为民做主的官本位意识与权力万能的观念根深蒂固、一以贯之;另一方面,中国历代统治者也往往设置相应的制度平台以助民意沟通,对于民众的上告一般不予阻挠。从形式上看,信访制度与中国古代的“告御状”具有某种相似性和传承性,然而,信访制度并不是历史上类似制度的翻版和套牌。

新中国政权的建立及巩固和维持,得益于中共对基层社会和底层民众的成

---

① 习仲勋:《以史为鉴,开创信访工作新局面——代序》,载刁杰成:《人民信访史略》,北京经济学院出版社1996年版,第1—2页。

② (西汉)司马迁:《史记·赵世家第十三》,中华书局1959年版,第1807页。

功整合,其理论武器就是群众路线:群众路线在中共意识形态系统中至关重要,事关政权的生死存亡,历来被视作执政党立于不败之地的法宝。中共通过提炼群众路线等价值形态,建立了民主集中制与大众民主合二为一的民主政治样式,在这个政治框架中,群众路线具体体现为作为领导者的中共与民众之间的关系即党群关系,它是中共作为执政党建构执政合法性的基础来源。以群众路线为设计起点的信访制度就是从中国制度肌体中、由中共的执政伦理衍生而来的:"与群众路线相配套必须有一整套机制,迫使各级干部不得不时时与基层的普通群众打交道。……同时要把群众路线的落实方式制度化,形成对各级干部的强烈敦促与刚性要求。"①因而,作为中共建政之初政治制度尚不完善情况下大众民主的实践形态,信访制度成为执政者回应民众需求和愿望的有效装置,特别是密切党群关系的基本载体和汇集民意、倾听民情、吸纳民智、疏解民怨的重要平台,在中国政治结构中具有非常重要的地位。通过民众的来信来访,执政者与"人民"的联系得以具象化,他们当家做主的权利得以保障。由于同民众对政治制度的认同紧密关联,民众的信访行为必然包含了对执政者的信任与期待;而执政者也把信访视作提高政治认受性的重要渠道,不但对民众的行为,而且对民众的"态度"也具有较高的敏感和回应性,这是维系官民关系的心理与情感基础。

由于信访制度与中共执政理念的高度契合,信访制度既非刻意创造,且又自然天成。中共及其建立的政权一方面延续了大一统与中央集权的政治格局,另一方面试图与民众建立更加广泛、直接与经常的联系,以便及时吸纳民意:"人民来信来访是党和政府赋予人民群众的民主权利,是人民群众参政议政的重要方式和渠道。新中国成立以来,广大人民群众通过来信来访向各级领导机关和领导同志提供了大量的宝贵信息,在我国的政权建设、经济建设中发挥了重要的作用,成为下情上达、上情下达的'耳目''窗口'和'桥梁'。领导机关和领导同志从中直接了解到人民群众的思想动态、喜怒哀乐,发现矛盾,解决矛盾。这些来自人民群众的信息材料,是正确制定法律、政策不可缺少的重要依据,长期以来,一直受到党和政府的高度重视。"②由于执政党及国家机关的终极目标是为人民

① 王绍光:《国家治理与国家能力——中国的治国理念与制度选择》(下),《经济导刊》2014年第7期。

② 习仲勋:《以史为鉴,开创信访工作新局面——代序》,载刁杰成:《人民信访史略》,北京经济学院出版社1996年版,第1页。

服务,因此政府为群众排忧解难是义不容辞的职责,秉持这种革命伦理,党和国家的领导人一直都有倾听群众声音、关心群众生活、为群众排忧解难的工作传统,也号召民众直接参与国家和社会的管理,提倡政府与民众之间的直接互动。“信访制度把党尤其是中央领导与普通群众直接联系起来,建立了中央领导与普通民众之间的信息通道,它直接跨越了整个官僚体系,所以在客观上它可以制约和监督官僚。同时,党也可以直接跨越官僚体系来对普通民众进行动员,以实现政治路线或政策纠偏,所以,信访制度天生具有反官僚主义的特点。”①信访制度的回应特质,显然与大众民主、实质民主一脉相承,既要“为人民执政”、又要“靠人民执政”,“只有让人民来监督政府,政府才不敢松懈。只有人人起来负责,才不会人亡政息”②。从这个意义上说,信访制度对于人民权益的保障,对于执政合法性的补强,功莫大焉。

总之,信访制度处于中国条块关系、官民关系及央地关系的交汇点上(见图 1),它既是平衡官民关系的一种民意制度,使民众的呼声通过这个渠道得以表达,又是整合条块关系的一种治理制度,弥合条条块块之间的治理缝隙,更是规范央地关系的一种监督制度,成为中央施政地方及收集地方信息的“耳目”。

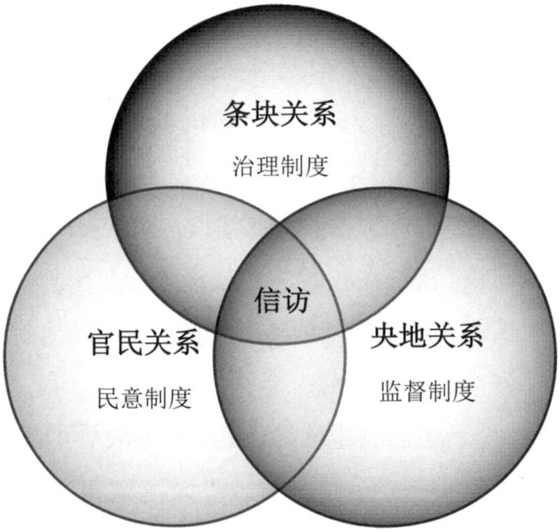

图 1　信访与国家治理的三种关系

① 孔凡义:《新中国成立 70 年来我国信访制度的发展和变迁》,《重庆社会科学》2019 年第 11 期。
② 金冲及:《毛泽东》(下),中央文献出版社 1996 年版,第 719—720 页。

四、 中国之“治”的信访贡献

新中国成立以来,信访制度在国家治理体系中尽管是补充和辅助性的,时隐时现、或强或弱,但与国家正式制度相辅相成、相得益彰,不但拾遗补缺,而且不可或缺:人民信访超越了条块关系,弥补了治理空白,优化了行政运作;贯通了央地关系,打破了信息梗阻,保证了下情上达;密切了官民关系,舒缓了民众情绪,强化了社会认同。从长期来看,信访发挥了沟通、预警、反馈的作用,举凡百姓的柴米油盐、所思所想,皆可为高层第一时间掌握;从短期来看,信访实现了救援、修复、应急的功能,举凡社会的腐败不公、天灾人祸,皆可使政府第一时间介入,从而在行政上支撑和提高了治理有效性,在政治上论证和增强了政治合法性。“国家治理有两条主要线索,一是中央权威与地方权力间关系,二是国家与民众间关系。在长期的中国大历史中,前者占据了主要位置,后者只是时隐时现的副线。……在当代中国的国家建设进程中,中央政府与民众建立了直接的、全面的关系。一方面,现代国家与民众关系为中央—地方关系提供了新的联接纽带,提供了巨大的社会动员能力;但另一方面,区域间发展不平衡、民生的压力、民权的维护等又形成了一统体制新的负荷和挑战。”“在近些年来,随着中国社会多元化、群体分化和社会自组织能力的增强,国家与民众关系这一主线日益明朗凸显,正在成为国家治理的主要场域。”①信访就是调整官民关系的基础性制度,在这方面其他制度无出其右。

(一)“草根”制度如何彰显人民政治

任何时候,人民总是沉默的大多数。之所以如此,往往并不是因为人民被沉默,而是人民未必需要或者乐意总是发声。在西方成熟的代议制民主中,民主与政治有相对固定、完善的运作程式,除了竞争式的民主,占领广场、“公民不服从”等大众政治也是一种常态。然而,中国面临着另外一些问题——正式制度是一种精英政治,其繁琐的设计未必适合底层民众的参与,民众即便有积极参政的愿望并付诸了很大的努力,也会由于参与地位的低下以及非组织化个体的分散无

① 周雪光:《中国国家治理的制度逻辑——一个组织学研究》,生活·读书·新知三联书店2017年版,第438—439页。

力,在面对强大的国家机器时难以具备影响政府决策的信心,其参政需求未必得到僵硬的政府机构及时有效的回应。①因而中国的政治参与更注重民间的民意表达、官方的民意吸纳。同时,宪法也给予公民的批评、建议权以及申诉、控告或者检举权,其着眼点也在于打破科层制的壁垒,并在一定程度上体现了直接民主制的理想。信访制度作为一种“草根”式的制度形式恰好可以与最广大的人民建立起一种密切的关联。

卡理斯玛与人民追随 长期以来,中国共产党及其领袖在人民心目中有着崇高的地位,深受人民的拥戴和信赖。固然,这种情感中也包含了盲从、迷信乃至个人崇拜的成分,但这种情感其来有自,并非因为单纯的宣传和灌输,而是基于中国共产党长期艰苦卓绝的斗争史、奋斗史。中国封建士大夫阶级处在上升阶段时,同样明白人民群众不可战胜这一道理,常常以“民贵,君轻”之类的道理自励,而共产党人有着比封建士大夫更深刻的认识和更广博的胸怀,共产党的性质和宗旨决定了除了人民的利益,没有自己的特殊利益。共产党人来自人民、为着人民、相信人民、依靠人民,与人民群众血肉相连、生死相依,具有韦伯所言“卡理斯玛”权威的特质:“在当代中国,执政党正是卡理斯玛权威常规化的具体体现。从象征意义上来说,执政党与卡理斯玛超凡禀性如出一辙;执政党被赋予了无可替代的内生的领导能力、纠错能力、更新能力。而执政党的有效组织、严密纪律、统领全局的能力为卡理斯玛权威提供了稳定的组织基础。正是执政党的卡理斯玛权威为专断权力提供了合法性基础。”②“卡理斯玛权威的一个重要渊源是‘追随者’的认可和服从,这也是中国共产党的鲜明特点。中国共产党在夺取政权的历史过程中就与民众发生了密切的关系,建国以后,‘群众路线’成为其执政方针之一。”③可以说,人民信访是一项追随者制度,一方面,人民通过信访制度表达自己的想法、要求、希望甚至不满,另一方面,执政者通过信访制度来倾听人民真实、直接的声音。这个交流端口的优势是其他制度无法比拟的。

庇护恩宠与心灵治理 从历史传统来看,中国人是国家、家族、集体本位的,

---

① 王绍光:《政治文化与社会结构对政治参与的影响》,《清华大学学报》2008 年第 4 期。

② 周雪光:《中国国家治理的制度逻辑——一个组织学研究》,生活·读书·新知三联书店 2017 年版,第 144—145 页。

③ 同上书,第 71 页。

这意味着人的心理与精神总是有所归属。现代中国在某种意义上承续了这一文化基因,“在民族平等、公民权利和人民国家的合法性宣称之下,现代国家在‘革命’‘解放’和‘合法权利’等名义下将个人重新组织到国家主导的集体体制之中,从而赋予现代国家对于个人的更为直接的控制权”①。在这种情况下,民众幸福与政权兴衰之间的关联变得更加紧密也更加无法回避。这种关联固然需要以持续的“绩效”来支撑,而人民的主观感受依然不可或缺。在改革开放前,单位(包括农村的人民公社)往往是国家的代理人,民众通过单位与国家发生关系,在单位制解体后,更多的人成为社会人,他们与国家的联系常常需要信访制度这一中介,从而找到庇护感、归属感。

(二)“弱势”群体如何抗辩官僚机器

官僚(科层)制是国家机器的组织与运行方式,即便在实行无为而治、“简约治理”,皇权不下县的古代一些时期,封建王朝仍然要维持一支庞大的官僚队伍。官僚一词在本意上是中性的,然而在共产党的意识形态话语中,与“官僚主义”一词结合起来的“官僚”几乎是一个贬义词,象征了压迫、推诿、保守、反动和冷漠。建政之初,新中国照搬苏联模式,建立了计划社会和全能政府,这催生了庞大的官僚队伍。于是,毛泽东试图以群众运动反制之,从而使官僚体制与群众运动双重并用,互为钳制。“就功能而言,以群众动员的形式使人民有序参与国家治理过程,一方面形成了对科层制的有效制衡,通过多种路径和渠道的监督抑制了‘官僚主义’弊端的滋长,净化政治生态,维护科层治理的功效。另一方面也激发了人民群众的创造力和活力,尤其以中国共产党发达的组织网络为纽带,实现治理格局中的网络化联动。因此,治理问题的解决,不再仅仅依赖科层治理,进而纾解了治理压力。”②但群众运动常常导致失控,给社会带来混乱,“文革”就是其极致。

如何对抗体制之“恶”　在共产党政权建立初期,最高领导人就非常警惕官僚体制的腐败问题,并以各种方式监督官僚体制,防止其腐败堕落、脱离群众,早期最常用的办法是开展运动,在运动方式退出政治舞台后,信访制度作为对官僚体制的非常规控制功能突现出来了。美国伯克利学派曾将各种制度划分为三种

① 汪晖:《现代中国思想的兴起》(上卷),生活·读书·新知三联书店2003年版,第96页。

② 王浦劬、汤彬:《当代中国治理的党政结构与功能机制分析》,《中国社会科学》2019年第9期。

类型——压制型、法理型和回应型,用来说明不同制度在维护社会秩序、保障社会公平、回应社会需求等方面的不同功能。①制度没有更好,只有更不坏,关键是如何趋利避害、相互制约。在中国的情境下,信访是具有回应型色彩的制度,其以相对温和的运动方式,对官僚机器形成了有效的制约,成为中央和上级官员了解下级官员的一个非常规窗口。信访制度赋予国家以自我修正的精神,不但要将形式正义与实质正义结合起来,更要将政治与法治、行政统一起来;它不但要克服压制型制度所导致的僵化,也要弥补法理型制度所内含的疏漏,因而在推动中国之"治"方面具有基础性作用。信访的回应性意味着国家权力试图与民众建立更加广泛、直接与经常的联系,"这使得信访制度并不单纯表现为一种上告诉冤的制度,它还是一种国家与民众互动的机制——即政治参与的方式"。"国家与民众的互动通过信访的场域发生,其中充满了复杂性和共时性。国家与民众的互动也饱含着相互力量的较量与对比,是一个策略性互动与相互博弈的过程,它们之间的关系既存在对抗的一面,又存在合作的一面,致使中国的政治生态保持了长时段的动态平衡,从而呈现出一种特殊的政治逻辑。"②

何以弥补人民之"弱" 相对于官僚机器,人民是弱者,但弱者有弱者的武器。信访制度在早期通过提供大众民主的方式,使底层民众的情绪得以释放、要求得以表达,从而减缓了对政治体制的压力。即便通过信访所获甚微,也可为他们提供出气和宣泄的通道——民众通过这种机制向国家的代理人(各级干部)的倾诉也非常重要,信访制度通过政治安全阀作用的发挥,溶解和吸收了社会的不满,防止了政治冲突及对正式制度的冲击。基于这种认识,当时的中央领导对于群众过火的行为也持宽容的态度:"群众有气就要出,办法就是使群众有出气的地方,有说话的地方,有申诉的地方。群众把气出了,问题尽可能解决了,怎么还会有罢工罢课呢?但是,严重的官僚主义总是会有的,所以有时闹事也是不可避免的。这也不要紧,遇到这种情况要沉住气,要善于面对群众,依靠群众,耐心地去做工作,这样问题就可以解决。"③一些针对农民上访的研究认为,"上访对国

---

① [美]诺内特、塞尔兹尼克:《转变中的法律与社会:迈向回应型法》,张志铭译,中国政法大学出版社1994年版,第36—87页。

② 尹利民:《信访的政治:民众表达与国家治理》,《南昌大学学报(人文社会科学版)》2011年第1期。

③ 《邓小平文选》第1卷,人民出版社1994年版,第273页。

家政权不构成威胁，相反国家是农民可以援引的力量。信访制度给了下层农民一个宣泄情绪的口子，它将阶层竞争带来的冲突纳入制度内去解决。虽然不能完全解决问题，但也使得阶层之间的竞争与对立不至于发展成群体冲突。”①

（三）“底层”设计如何厚植执政根基

最大的政治是民心——“人民是共和国的坚实根基，人民是我们执政的最大底气。”②在2019年新年贺词中，习近平的讲话再次表达了中共执政成功的“不二法门”。如何始终把人民作为执政的主体、目的和尺度？怎么才能把人民放在心目中最高的位置？何以感情系于人民、力量源自人民？在西方国家，基于合法性建构的支点是民主程序和大众认同，然而“这一做法的代价是过于刚性的法律并无法妥善解决各种非预期的利益冲突，而政党却可以借助轮流执政卸载自身的绩效压力。因此，西方民主国家虽然解决了权力来源的合法性问题，但也时常陷入权力效用低下的泥沼”③。中共没有轮流执政的压力，却因无法定期卸载自身的绩效压力而要承担无穷责任，故而有着深深的危机意识。因此，在中共的制度架构中，既有包括人大、政协等的顶层设计，更有根植于群众路线的信访制度这种“底层”设计，从而实现厚植人民根基的目标：“信访作为中国共产党执政与治理的基础性制度，实际是一个与人大制度并行的民意收集与处理系统，成为对底层民众可及的制度化端口与链接民众与执政党的天然设置。”④作为面向底层的一项制度，信访不但能自证其合法性，同时还能以自身的合法性贯彻意识形态的合法性和政权的正当性。

从“鱼水”关系到“血肉”关系　中国共产党一直用“鱼水关系、舟水关系”等刻画统治者与被统治者关系的警句来警示它的成员，而这些语汇恰好出自中国

① 杨华、袁松：《阶层竞争：农民上访的一个解释框架——基于浙江G镇调查》，《思想战线》2018年第4期。另外，田先红、罗兴佐也认为，农村中屡见不鲜的派系上访固然基于利益等各种纠结，但信访仍然成为弱势一方抗争的手段。尽管派系上访具有弱组织性、求援性、非政治性、目标的人格化和参与者的两面性等特征，由于信访制度卷入村庄政治，国家治理资源被大量耗费。见《派系政治与农民上访的逻辑》，《思想战线》2017年第2期。

② 《国家主席习近平发表二〇一九年新年贺词》，载新华网 http://www.xinhuanet.com/politics/2018-12/31/c_1123931806.htm。

③ 桂晓伟：《合法性构成的调整与上访治理逻辑的演变——一个历史社会学的考察》，《华中科技大学学报》2018年第1期。

④ 刘正强：《信访与民意的收集与安顿》，《秘书》2017年第10期。

最好的王朝之一唐朝的执政者之口。唐初，魏徵在上唐太宗李世民疏中说："鱼失水则死，水失鱼犹为水也"①；李世民也曾说过"水可载舟，水可覆舟"②的话。是的，人心向背是社会发展和政治变革中的决定性因素，"得人心者得天下，失人心者失天下"颠扑不破。王朝更替，天下易姓，百姓仍旧，而失却百姓，则皇帝必成亡国之君，自古王朝"其兴也勃焉，其亡也忽焉"③、"眼看他起朱楼，眼看他宴宾客，眼看他楼塌了！"④的证例不胜枚举，多少盛极一时的帝国，多少末代皇帝，多少侵略者，最终化作云烟。总有人认为老百姓只配埋头过活，为生存计、为稻粱谋，永远是沉默的绝大多数，殊不知，老百姓既可以是靠山，更可能是火山，这取决于执政者的态度。中国共产党与人民群众的关系，与封建社会的君民关系大异其趣，在共产党看来，其合法性来源于底层人民，人民群众才是"天"，他们不仅是载舟覆舟关系，也不仅是鱼水关系，更是血肉关系，并据此提炼出"群众路线"等价值形态，建构了以"人民"为主导的一系列意识形态话语，实现了对传统民本意识的超越。在战争年代，共产党人与老百姓近在咫尺、打成一片、鱼水情深。新中国成立后，"国家的抽象和宏大使得党和国家领导人认为，为了避免执政党脱离群众的危险，政府与民众之间应该保持直接接触，这一点尤为重要。通过信访这样一种下情上达机制，革命战争时期所形成的革命共同体情谊能够因经常联系而不至于淡化。同时，因国家的抽象和无形而造成的人民对党的疏远感又能被执政党领袖的生动形象和亲民印象所代替和弥补"⑤。

从社会"贤达"到社会"闲杂" 受制于正式制度的限制，绝大部分底层人民将无法直接参与政治——正式制度是一种精英政治，其繁琐的设计未必适合全体民众的参与，这是民主政治共同面临的问题，中西方概莫能外。王绍光认为民众消极参与心态产生的原因主要在于政治参与边缘化导致的政治无力感。在这种情况下，民众即便有积极参政的愿望并付诸了很大的努力，也会由于参与地位的低下以及非组织化个体的分散无力，在面对强大的国家机器时难以具备影响

---

① (唐)吴兢撰：《贞观政要》卷三，上海古籍出版社1978年版，第84页。

② 语出《荀子·王制篇》："君者舟也，庶人者水也。水则载舟，水则覆舟。"李世民系转述。见章诗同注：《荀子简注》，上海人民出版社1974年版，第79页。

③ 金冲及：《毛泽东》(下)，中央文献出版社1996年版，第719—720页。

④ (清)孔尚任：《桃花扇》，人民文学出版社1982年版，第260页。

⑤ 于建嵘：《革命伦理与信访制度现代转型的困境》，《学术交流》2016年第11期。

政府决策的信心,其参政需求未必得到僵硬的政府机构及时有效的回应。而参政的失败感最有可能滋生消极的政治心态,甚至激发起极端的非理性政治参与。①作为全体人民代表的中国共产党,尽管其合法执政地位不需要通过选举来确认,但执政党与群众的制度化链接经常有断裂之虞,必须保障随时对民意作出回应、整理与安顿,将那些事实上游离于体制之外的群众纳入既定轨道的政治机制。信访作为一种非制度化或准制度化参与的渠道,在整合底层社会、增促社会团结方面居功至伟。如果说人大与政协等正式制度主要是面对体制内精英、社会"贤达"的具有形式合法性的制度,那么,信访等非正式制度主要是面对体制外大众、社会"闲杂"的具有实质合法性的制度,这是对精英政治的一种对冲性安排。"信访开创了一种途径和可能,使最底层的贫弱者可以在最高层的权威者耳边喊出他们自己的声音,因此,在中国的政治神坛上,信访不是一种祭器,而信访者也绝非是祭品,他们与政治领袖及知识精英一样,为中国的民主化贡献了自己的力量。"②数十年来,一些最紧迫的社会问题往往经由信访通道传递到决策层,称信访是底层民众政治参与的主要"出场"方式并不为过。

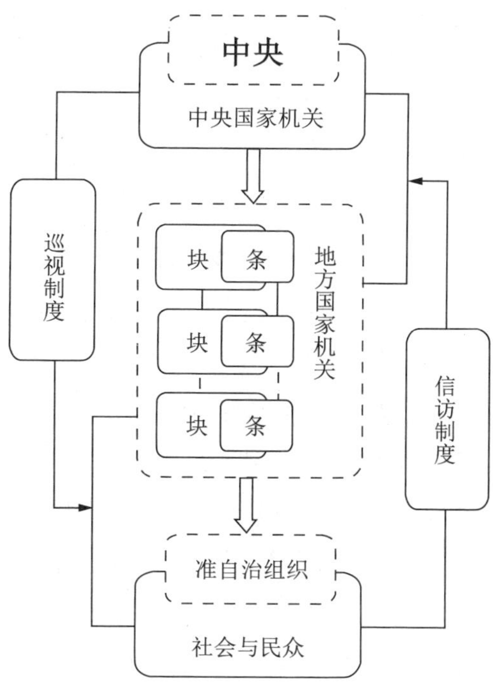

图 2　国家治理体系与巡视制度、信访制度

同时,中国共产党建立的巡视制度同信访制度具有异曲同工之妙(见图 2)。独立于既有科层体系的巡视制度同样是中央俯视与监督地方官员的非常规手段,其与信访制度形成互补和对称关系,一个自上而下、一个自下而上,一个来源于最高层的中央、一个来源于最

① 王绍光:《政治文化与社会结构对政治参与的影响》,《清华大学学报》2008 年第 4 期。

② 李宏勃:《法制现代化进程中的人民信访》,清华大学出版社 2007 年版,第 219 页。

底层的民众，目标则共同指向了对官僚机器的驯服，体现出中国政治制度体系强大的自我纠错能力。

五、讨论：信访制度辨正与盘活

具有中国特色、具备中国风格的人民信访制度，萌芽和发端于战争年代、形成和成长于建设年代、争议与调整于改革年代，不但是执政党群众路线的承载机制和践行方式，更是国家治理体系的重要内容和组成部分，在不同的历史时期发挥了独特的作用。自20世纪90年代开始，随着改革的深入、利益的调整乃至社会的不公、腐败的凸显，尤其是法治的推进、权利的倡行，信访制度面临着巨大的运行压力，与外部环境之间的张力不断释放出来，处于存废、改革、调整的风口浪尖上，朝野对其的称颂与诟病交织，没有哪一项制度像信访制度这样招致了如此之多的争议。关于信访制度向何处去的论争，涉及了人们如何看待中国的治理体系、如何理解中国的法治进程、如何评价中国的政治架构等诸多问题。显然，讨论信访问题就是从信访角度来讨论中国及中国治理问题，关于这些问题的思考亟待深化。

（一）关于信访制度的存废之争

信访制度是可有可无的吗？十几年以前，这曾是一个问题。彼时，随着改革的深化，社会矛盾充分暴露，出现了新中国成立以来最大的“信访洪峰”，借1995年版《信访条例》的修订而展开的信访存废之争一度令社会侧目，一些激进的学者基于抽象的民主、法治这些宏大的原则与理念，抨击信访制度强化了“人治”、弱化了“法治”，影响了中央权威、干扰了地方治理。然而，现实要远远高于关于现实的逻辑，执政党对信访工作有着清醒的认知，采取了一系列措施强化信访工作，如2004年中央建立了处理信访突出问题及群体性事件联席会议制度，以加强对信访问题协调的力度，2007年中共中央、国务院颁发《关于进一步加强新时期信访工作的意见》，提升了新时期信访工作的定位：信访工作是党和政府的一项重要工作，是构建社会主义和谐社会的基础性工作，是党的群众工作的重要组成部分。通过信访这一渠道，中央及地方及时掌握了社情民意、化解了矛盾纠纷，具有特别的优势，“从实践看，人民群众将信访作为反映情况、提出意见建议和投诉请求的优先选择的情况仍然较为普遍,信访的实际作用和优势亦难以完全被其他法定渠道所兼容,充分体现了信访渠道的不可替代性”①。一个超大型国家的治理离不开庞大的官僚体系,而官僚体系与常规治理又必然伴随着其固有的难以的克服的弊端,尤其是在一个越来越开放的现代信息社会中。“当代中国发生的重大失误多与官僚体制在传递信息、激励机制诸方面的制度安排有密切关系。随着国家意志的强化,治理负荷增加,官僚体制也随之急剧膨胀,行政链条不断延长和复杂化,领袖与官僚体制间的紧张也日益突出。”②执政党如何监控随时可能走向异化的国家机器,信访制度是最好的选择手段之一——“科层体制面对新的社会问题,总有一定迟滞性;讲究程序,也必然出现行政惰性。信访作为预警制度,可以将社会压力传递到政治中枢,然后通过政治压力(如反官僚主义)清理行政部门的惰性。”③事实上,经过近70年的实践,根植于、内嵌于中国国情与政治生态的信访制度,已内化为国家治理体系的一部分,成为中国之治的制度标配,促进了国家治理体系的完整性、回应性。因而,尽管信访不是万能的,没有信访却是万万不能的。

(二)关于信访制度的褒贬之议

信访制度的作用有目共睹,确系中国独特、独有、独到的民主与治理制度——今天,这不再是一个问题,而是成为一个共识,连当年批判信访制度的学者也弱化了自己的立场和观点,不再坚持废除信访制度的主张。那么,如果信访不可或缺的话,它是不是一项好的制度?为什么对信访的批评不绝于耳?这与信访的功能不断扩展甚至异化不无关联,没有信访是万万不能的,然而信访却不是万能的。信访在本质上一项政治制度,其作用的发挥有赖于其政治属性尤其是对民意的收集、整理与回应,而不是对正式制度的僭越与替代。从最初信访机构名为“秘书室”便可以看出,信访制度在建立之初,作为一种类似于“秘书”的角色,乃是定位于为领导人收集和传达民意的。此后,信访的功能不断扩展,越来越科层化、行政化,常常将其工作的触角延伸到社会生活的各个领域,“在前三

---

① 舒晓琴:《中国信访制度研究》,中国法制出版社2019年版,第14页。

② 周雪光:《中国国家治理的制度逻辑——一个组织学研究》,生活·读书·新知三联书店2017年版,第432页。

③ 吕德文:《信访的政治维度》,《秘书》2017年第10期。

十年中,信访的行政化步伐较慢。信访的社会治理功能并没有凸显。而改革开放以后,尤其是近二十年来,信访制度的行政化色彩大大超越之前。信访部门成为一个积极的行政机关,越来越深地介入社会治理领域之中"①。信访制度承担更多的社会功能固然是可取的,然而,不管是对社会矛盾的预警还是对社会冲突的化解,都是信访政治功能的衍生,信访制度只能是一种消极、被动的社会治理工具,我们不能让酱油也承担料酒、醋的调味功能。然而,随着压力式信访体制的确立,信访运行完成了一个重大转向,不但由于功能的扩展而"复合化",而且在维稳原则的渗透下不断系统化甚至体制化,扩展为包括压制、防控、救助、排查等在内的制度体系,国家对信访由提倡变成防范,信访由整合社会的手段演化为被治理的对象。在通过信访来"维稳"的秩序导向下,中央和地方纷纷在非常之时出台应急性的非常之策,属地化管理、排名通报、联席会议、领导干部接访下访约访、矛盾隐患排查、包保责任制、一岗双责等纷纷出笼,除了介入对现实问题的协调、督办、查处等以外,信访还被要求化解人民内部矛盾、维护社会稳定、处理突发事件等,这使得信访固有的设计旨向与其所承载的功能之间发生了严重的错位。因此,在这种格局下,信访实际上是以一种总体性、综合性的制度发挥作用,信访问题的严峻以及信访治理的窘境并非纯由信访制度本身使然,相反,更多的是因为信访制度承受了整个治理体系低效的代价。

(三) 关于信访制度的高下之分

多年来,信访制度之屡屡被诟病的一个主要"罪状"是,信访中充斥了百姓仰仗"清官"为民做主的思想,是一种框定于官本位的救济机制,具有浓厚的"人治"色彩,其勃兴消解了法治的权威,因而是一项落后的制度。这是对人治与法治的双重误读——我们已习惯于为法治与人治贴上善恶、褒贬的标签,人治是主观意志、长官意志、恣意妄为的代名词,法治则象征着公平、正义。殊不知,人治并非十恶不赦,而法治也非十全十美。在中国传统文化中,人治乃"贤人政治";古希腊最早提出人治思想的柏拉图在《理想国》中主张由"哲学王"来治理国家。可见,人治之"人"非君子即贤人。信访制度固然亲和了中国人的传统清官情结,但主要是体现了共产党的执政理想,而执政党所倡法治与德治相结合的治国方

① 田先红:《信访的双重属性:政治与行政》,《秘书》2017 年第 10 期。

略中的德治也是对人治的扬弃。同时,中国现行法律还很不完善,与社会现实之间尚有许多不适应之处,依法治国也具有阶段性,对社会事务处理的法律化需要一个过程,执政党的治国理政主张和治理资源只能逐步转化为法律的精神和要求。尤其是从中国总体的制度架构来看,法律制度不是衡量社会治理的目标和手段的最高或唯一标准:现行中国的制度体系丰富多彩,蕴含了不同的理念和价值,具有不同的功能和作用。信访制度是源自群众路线等中共执政理念的制度方式,其合法性与正当性并非一概来自法律的要求——自然信访制度也未必需要转化为纯粹的法律制度,信访与法治的要求不能背离,但也不能相互替代。事实上,信访所涉及的权利和要求,都已为其他制度所涵盖。但再完善的行政法律制度也可能有力所不逮之处,信访制度尽管不能越俎代庖,但又不可或缺。即便在立法、司法、行政分权制衡制度已经相当完备的西方国家,哪怕其公共管理已相当完善,他们也往往采取申诉专员或请愿等制度来应对不时之需。联系到中国的国情,信访制度即使在中国法治相当完善的情况下,也有存在的必要。①信访制度的政治性使其超越了“人治”、法治之争,处在补强体制合法性的站位上,这使信访具有某种新型(兴)权利的特质,从而弥补了以理性人为逻辑起点、通过自主判断维护自身利益的传统权利的不足:“不同于传统模式下权利人凭借意思自治理念,能够依靠自己的决策实现救济,新型权利的享有者无法自力行权,只得求助于公益组织或行政机关。”②可见信访制度既与法治精神并行不悖,又对传统法治形成了一定超越。在当前国家治理与政治生态充满弹性的情况下,信访制度的这种穿透性值得我们深入辨识与讨论,这是我们理解中国何以治的重要制度支点。

(作者为上海社会科学院副研究员)

① 刘正强:《“总体性治理”与国家“访”务——以信访制度变迁为中心的考察》,《社会科学》2016年第6期。

② 张钦昱:《新型权利之检讨与义务之勃兴——群体性权利的视角》,《思想战线》2021年第1期。

中国共产党执政的伦理叙事及其解释力

程竹汝

一、 执政伦理：一个深具解释力的理论范畴

2021年7月，当代中国历史迎来了中国共产党建党一百周年的光荣时刻。自从有了中国共产党，“中国人民谋求民族独立、人民解放和国家富强、人民幸福的斗争就有了主心骨，中国人民就从精神上由被动转为主动。”①回顾百年历史，在追求民族独立、人民解放和国家富强、人民幸福的道路上，中国共产党无疑是成功的。对成功经验的理论叙事可以有多种途径和方法，如历史学、政治学等。但从执政伦理这一政治学和伦理学相交叉的理论范畴出发具有独特的意义。马克思认为社会生活本质上是实践的，一定程度上也具有强调人们的伦理选择在社会生活中的基础性和必然性的意义。所谓实践即社会认识见诸于社会行动的过程总包含着某种人们的正当性（伦理）选择。②对政党而言，任何政治理论和实践所蕴含的较深刻的价值逻辑即政治伦理，对执政党而言就是执政伦理。正如政治学家们所言：“所有的政治实践的开始，是一种把事物看作是它们应该如何的观念。”③正是在这一意义上，有人甚至认为“政治问题与社会问题一样，首先是个伦理问题”④。在中国传统政治极其重视的“治国之道”中，其中的“道”，多半就是执政伦理的概念。概而言之，如果说中国共产党的成功在于它勇于实践，善于创新，不断深化对共产党执政规律、社会主义建设规律、人类社会发展规律的认识和把握的话，那么，贯穿三大规律之中的价值或正当性的因素就是其中较

① 本书编写组：《党的十九大报告辅导读本》，人民出版社2017年版，第13页。

② 有观点甚至认为：“事实上伦理关系是社会的存在基础而不是社会的上层建筑”。欧阳谦：《当代哲学叙事的“伦理转向”》，《社会科学战线》2020年第11期。

③ ［美］里普森：《政治学重大问题》，华夏出版社2001年版，第16页。

④ ［法］路易斯·博洛尔：《政治的罪恶》，改革出版社1999年版，第3页。

为基础和重要的部分。就此而言,执政伦理已然就是一个具有相当解释力的理论范畴。

第一,从共产党执政规律来看,执政伦理从价值上反映着共产党执政规律内在要求,是共产党执掌政权的根本遵循,研究执政伦理就是研究共产党执政的根本遵循。共产党执政规律是个本体论命题;共产党的执政伦理则是个价值论命题。执政规律多强调执政环境(历史、经济、政治、文化、国际等)对执政行为的要求和影响;执政伦理则多强调执政价值和规范(理念的、制度的、行为的等)对执政行为的要求和影响。二者往往一体两面。所谓执政,狭义上讲就是执掌国家权力,本质在于推行一套特定的政治价值,其现实表现为执政党通过国家权力推行特定政治价值的过程。因此,执政在本质上就是一种伦理活动。事实上,任何执政行为都存在一定价值的引导和规范,从而形成特定执政目标和执政后果。当我们强调执政规律时,无非是强调执政的现实历史条件即“历史方位”和为什么执政、怎么样执政相互间的必然联系。因此,执政伦理是从合理性、正当性的意义上对执政规律的体现和概括。它对共产党执政的时空展现有着基础性影响。

第二,从社会主义建设规律来看,中国共产党的执政伦理需要进行系统的梳理和理论概括,以便在历史和比较的视野中形成中共执政伦理选择的规律性认识。20 世纪八九十年代“苏东”巨变以来,社会主义运动处于低潮。在此背景下,中国共产党不仅长期执政地位之稳固,而且执政的效果斐然。其中一个重要的原因在于它坚守和推行的执政伦理符合中国历史发展的要求和社会的期待。社会平等自由、公平正义、民主法治等社会主义伦理原则,在引导着中国社会前进方向的同时,也内含着一定的矛盾张力,如平等多一点,还是自由多一点等。特别是这些伦理原则在实践中遭遇到特定的经济历史文化环境时,符合实际的平衡的伦理选择对党的执政地位的巩固和执政效果的彰显就显得尤其必要和重要。社会主义运动史中的中国共产党,其理论渊源充满着革命伦理,那是马克思主义中最具感染力和正当性的成分。然而,执政毕竟不同于革命,团结和带领人民推翻旧秩序毕竟不同于团结和带领人民建立新秩序。在革命胜利中国共产党执掌政权,进而探索经济文化落后大国建设社会主义的进程中,特别是在党面临执政的考验、改革开放的考验、市场经济的考验、外部环境的考验的新形势下,党的使命、执政责任、执政制度、执政行为均须在新的历史方位中实现新的展现。如果说一部改革开放史就是中国共产党探索社会主义建设规律的历史，那么，其中就包含着党的执政伦理在革命伦理基础上的新的凝练和发展。在坚守社会主义伦理原则的同时使得价值原则的选择有利于中国的发展，既是推进社会主义现代化伟大事业的要求和条件，也是中国共产党长期执政的基本要求和条件。

第三，从人类社会发展规律来看，中国共产党长期执政的伦理基础需要进行理论说明。人类政治文明的现代进程中，西方社会形成了以竞争性选举、轮流执政为标志的多党制度，且目前在世界上仍处于主流地位。以竞争性选举为机制的民主形式被西方理论描述成为“普世”的政治伦理。而中国则另辟蹊径，长期施行中国共产党领导的多党合作制，其基本特点在政党与政权关系中表现为一党执政，多党参政，在党际关系上则表现为一党领导，多党合作。其中，围绕历史使命而形成的中国共产党长期执政地位和全过程民主机制体现着中国独特的政治伦理。实践表明，中国共产党领导的多党合作制不仅是当今世界最具特色的政党制度，同时也是推动和保障中国发展成功的关键制度。此制度的合理性、正当性的基础理应获得相应的理论说明。因此，关于中国共产党成功执政的伦理叙事，夯实中国共产党长期执政的伦理基础，既是中国特色社会主义政治发展道路成功通向未来重要标志，也是多样态的现代政治文明在制度竞争中充分展现的需要。

总之，秉持和践行着什么样的执政伦理才能对中国社会和历史产生如此深远而巨大的影响，是解释中国共产党历史成就较为独特的一条路径。学术史上，政治学与伦理学历来联系紧密。人类学术史源头之一的亚里士多德甚至认为，它们都是关于“善”的研究。二者的区别主要在于，政治学研究“群体的善”；而伦理学则研究“个体的善”。今天看来这样的观点虽然难免有“只见树木不见森林”之嫌，但其对政治与伦理之间必然联系的揭示则是规律性的。执政伦理便是一个政治与伦理相融合的概念。对于政治伦理问题的探讨，自古以来就一直是学者保持巨大热情的领域之一。政治伦理问题的魅力跨越数千年，至今也没有减退或者消失的迹象，尽管无数次跨越“应然”与“实然”鸿沟的尝试似乎都难以取得具有最终确定性的结论，但人们还是愿意抱着极大的兴趣和热情去进行新的努力。关于中国共产党执政伦理的研究也未尝不是这样一种努力。

二、执政伦理范畴及其内在结构

近年来,国内关于中国共产党执政伦理相关研究取得一定进展,形成了若干以政党伦理、执政伦理、执政道德等为主题的研究成果。①执政伦理概念是所有这些叙事得以展开的共同基础。关于执政伦理概念,存在着多种相似的或相互交叉的看法。较多的观点聚焦政党与国家政权之关系,认为执政伦理是对政党执掌国家权力合理性和目的性的审视和伦理追问,主要处理三个问题:如何获得执政地位,为什么执政,怎么样执政。②可被理解为是执政党在执政实践中应然性的道德规范与价值诉求及对执政的制度、行为、能力与方式等正当与否的价值判断和理论建构。③也有学者基于中国共产党执政伦理来确定相关的论域:"第一,从价值取向来说,党的执政伦理是先进伦理。第二,从涉及领域来说,党的执政伦理是公共伦理。第三,从基本内容来说,党的执政伦理是建设伦理。第四,从表现形式来说,党的执政伦理是制度伦理。"④还有观点强调执政伦理的构成要素,认为它"包括执政理念的先进性、政策制度的伦理性和执政主体的道德性,是执政党世界观、价值观的集中反映"。⑤作为一个理论范畴,执政伦理所包含的内容层次,同样存在多种观点。有基于执政过程,将执政伦理分为执政理念伦理、执政制度伦理和执政主体德性,认为执政伦理是对执政主体的执政行为的伦理规范体系。⑥又或者说,执政伦理主要包括执政党的一系列价值观念、行为规范和执政者的道德品质。还有从功能上将执政伦理分为价值性执政伦理和工具

---

① 在这些研究成果中,比较具有代表性的论著包括《执政伦理基本问题研究》(刘武根,2011)、《执政与善政:执政党伦理问题研究》(李建华,2006)、《中国共产党执政伦理建设研究》(张振,2017)等。具有代表性的论文则有《中国共产党执政伦理探析》(沈晓阳,2007)、《中国共产党执政伦理建设的路径选择》(张振,2011)、《中国共产党执政伦理理念初探》(李占会,2005)、《执政伦理的属性、主旨与基本论域》(章松越,2010)、《以人为本:执政伦理的崇高境界》(徐元善,2006)、《江泽民论加强党的执政伦理建设》(刘武根,2011)、《邓小平政党伦理思想初探》(李建华、周谨平,2006)等。

② 戴木才、李占会:《中国共产党执政制度伦理初探》,《道德与文明》2005 年第 3 期。

③ 章越松:《执政伦理的属性、主旨与基本论域》,《道德与文明》2010 年第 1 期。

④ 沈晓阳:《中国共产党执政伦理探析》,《道德与文明》2007 年第 3 期。

⑤ 谭菊华:《民生政治背景下党的执政伦理建设》,《湖南社会科学》2012 年第 5 期。

⑥ 李占会:《中国共产党执政伦理理念初探》,《伦理学研究》2005 年第 1 期。

性执政伦理的观点。①

总的来看，关于执政伦理的概念意涵可表述为：在现代政党政治意义上，执政伦理指的是执政党获得、行使权力的基本价值遵循，是执政党在执政实践中应然性的道德规范与价值诉求及对执政的制度、行为、能力与方式等正当与否的价值判断和理论建构。本质上，执政伦理回应的是为什么执政、怎么样执政这样的根本性问题。这一表述抓住了执政伦理概念应具备的两个关键特征：首先，执政伦理包含执政理念、执政制度和执政主体三个方面的内容，这种三分法效仿社会学关于社会系统的一般划分方法，即将社会的系统构成分为价值、制度和组织。其次，强调执政伦理是一个关于执政实践的道德规范和价值诉求的概念，因而具有道德和价值属性。

显然，执政可以理解为组织行为或人的行为的一种独特类型，因而也就涵盖在伦理学的研究对象之中。就现实社会关系而言，执政伦理无非是执政者同其他政治相关者之间的利害关系所应遵守的原则及这些原则的实践。②在当代中国社会关系网络中，中国共产党存在三维关系。一是它与整个中国社会的关系；二是它与国家政权的关系；三是党作为完整的组织系统其内部关系。就上述三维关系规范内容来看，中国共产党执政伦理具有系统性结构特征。党的执政地位的获得以及为什么执政是基于第一种关系而言的；是基于党始终代表中国先进生产力的发展要求，代表中国先进文化的前进方向，代表中国最广大人民的根本利益而成立的；是基于党的理论将上述代表性转换成为党的历史使命，进而成为全党续力奋斗目标而确立的。此乃中国共产党执政的合理性和正当性即使命伦理。党怎么样执政、选择何种方式执政是基于第二种关系而言的，是基于将“科学执政、民主执政、依法执政”制度化、规范化、程序化而成立的；是基于通过制度建设将党的执政行为建立在责任伦理基础上而确立的。此乃中国共产党的制度伦理或责任伦理。党的执政资格和执政能力是基于第三种关系而言的；是基于加强党的“两个先锋队”建设，保证全党马克思主义基础上的团结统一、行动

① 戴木才、李占会：《中国共产党执政制度伦理初探》，《道德与文明》2005年第3期。

② 程竹汝：《论新时代“四个伟大”与中国共产党执政伦理》，《中共中央党校学报》2018年第4期。

一致而成立的;是基于全面从严治党、不断自我革命战略而进一步确立的。此乃中国共产党的主体(组织)伦理。在中共执政伦理的系统构成中,使命伦理是党获得和保持执政地位的根本依托,内在规定着制度伦理和主体伦理的必要性和基本内涵。制度伦理是党行使执政权、运作国家权力的规范要求,体现着与实现党的历史使命相适应的制度逻辑。主体伦理构成党获得和行使执政权的资格条件,体现着适应党的历史使命内在要求的主体行为规范。

怎样理解使命伦理呢?认识论上,使命当属人类的意志范畴。它通常是指某种必须予以实现的坚定信念。而基于某种“善”的坚定信念所引发的行为规范即我们所说的使命伦理。它指的是伦理主体以某种长远的使命作为处理同其他伦理主体关系时的主题与准则,将之视为奋斗的根本目标和行为的最终标准。坚持使命伦理的政党可称为使命型政党,它将实现某种使命作为组织存在和发展的根据,使命超脱于政党内部的权力更迭、制度更新和人员更替,组织的行为、制度和结构都是以实现使命为导向的。

中国共产党是中国特色社会主义事业的领导核心,代表中国先进生产力的发展要求,代表中国先进文化的前进方向,代表中国最广大人民的根本利益。党的初心和使命即为中国人民谋幸福,为中华民族谋复兴。这一使命是指导党在处理不同关系时所应遵循诸原则的基础,是中国共产党执政的核心价值所在。它最直接地体现在党与人民、民族和国家关系之中,因而我们将指导这种关系的伦理原则称为使命伦理。中国共产党是典型的使命型政党。所谓使命型政党“是一个以吸引人们归依并信奉其理念为主要目的,而非以扩大选民支持而赢得公职选举为主要目标的政党”①。作为使命型政党,中国共产党遵循自身行为同国家、民族、人类的发展要求紧密契合的伦理准则,将使命写在奋斗纲领之中,注入理论体系之内,融入政治实践活动始终。使命是中国共产党全部执政活动的内生动力。为了完成伟大历史使命,“无论是弱小还是强大,无论是顺境还是逆境,我们党都初心不改、矢志不渝”②。规定使命具体内涵的,是党对于社会主要矛盾和社会性质的判断。社会主要矛盾所内在规定的不同历史阶段党的历史任

---

① 杨光斌:《政治学导论》,中国人民大学出版社 2000 年版,第 134 页。

② 本书编写组:《党的十九大报告辅导读本》,人民出版社 2017 年版,第 15 页。

务便是使命具体内涵的体现。也就是说,党的使命从来就不是空洞的目标,它具有丰富的内涵。作为使命型政党,从长远来看,就是要聚焦不断解决或缓和社会主要矛盾,从而促进社会向新的阶段不断进步,最终步入使命所设定的更高的社会阶段之中。

如何理解制度伦理呢?所谓制度,本质上属社会关系范畴,特指社会生活特别是公共生活中的规范关系,或称制度性关系;静态上它可分为社会组织制度和行为规则,成文法国家人们习惯在这一意义上理解制度。制度是政治学研究重点之一,甚至有人认为在行为主义出现之前,政治学理论本质上都是制度主义的。传统的政治学理论中,“制度一般被界定为宪政和法律制度,主要是国家政权的组织形式”①。而新制度主义认为“制度是各种规则和组织化惯例的一种相对持久的聚焦,它嵌入在各种意义和手段结构(structure of meaning and resource)中”②。制度与伦理关系密切。在政治领域,制度的实质是实现某种意图(价值观)的途径和工具,具有明显的伦理属性。或者说,本质上制度就是人类伦理价值的规范表达。因此,制度伦理泛指制度所凝练的价值要素,即制度形成过程中所遵循和体现的价值准则。作为执政伦理构成部分,制度伦理属工具性伦理的范畴。它所遵循的定律主要有二:一是人们不应仅停留在意图(价值观)之中,应有与意图相适应的行动(积极责任);二是行动的选择不应违背意图的指向,应主动考虑行动的“善”及偏离“善”的后果(消极责任)。将执政的目的性认识转换成为普遍的组织和行为规范,形成组织及其成员行为基于意图的责任状态,是执政伦理必然要求。因此,作为执政伦理构成部分,制度伦理本质上就是责任伦理。

如果说使命伦理凝聚着中国共产党执政之目的,属观念形态的话,那么这种观念就必须进入实践,凝练成为党行使国家权力普遍的行为规范。党执掌国家权力基本的价值遵循即制度伦理,如人民民主、依法治国等。它深刻体现着与实现党的历史使命相适应的制度逻辑。

如何理解主体伦理呢?主体伦理又称组织伦理,是社会组织领域的角色伦

① 唐兴军、齐卫平:《政治学中的制度理论综述:范式与变迁》,《社会科学》2013 年第 6 期。

② [美]詹姆斯·马奇、[挪]约翰·奥尔森:《新制度主义详述》,允和译,《国外理论动态》2010 年第 7 期。

理。通常指以组织系统为主体,针对组织行为和活动适应社会角色的伦理原则和规范,是以权利义务统一为基础,以协调个人、组织与社会的关系为核心的行为准则。不同性质的社会组织其主体伦理的内涵有所不同,这种不同一般是基于组织目标和地位的差异而形成的。中国共产党组织伦理的特性,是由其历史使命和长期执政地位所决定的。本文选择使用主体伦理一词而不用更常用的组织伦理,就是要强调党是当代中国的执政主体,是实现历史使命的组织主体。主体在这里的基本含义是:执政党作为运作国家政权的行动者,是一个具有自我意志和自主理念的积极的行动者。执政党本身就意味着它是一个由特定价值体系所规范的组织系统,这种价值体系亦即执政党对自身的伦理定位和要求。主体伦理的基本问题有二:党作为执政主体在确定自身定位时应该遵循怎样的价值和伦理原则;党作为一个组织系统对内部组织和成员的行为持有怎样的规范要求。

中国共产党执政实践活动所反映的执政伦理,一定意义上超越了马克斯·韦伯关于心志伦理与责任伦理的概括。韦伯认为,一切具有伦理意义的行动,都可以归属到心志伦理或责任伦理这两种原则之一种。心志伦理意指一个行为的伦理价值应该由该行为本身的内在价值决定,行为者的责任,只在于确保行为与纯洁意念的一致性。而责任伦理意指行为价值由该行为的结果决定,所以要对行为的结果负责。①心志伦理来源于宗教伦理,是指坚持某种信念价值一以贯之,按纯粹意志行事,只要秉持着善的初衷,就应该果敢地行动。至于行为的后果则不在自己责任之内,那是上帝或冥冥之中的事情。而所谓责任伦理是指行为的后果必定由自我承担。由于后果自负,所以只要秉持善的动机,即使行为后果为恶也无所谓。中国共产党执政伦理实践在以下两个方面避免了心志伦理和责任伦理的不足。一是党的使命即“善的信念”是建立在与时俱进的一套理性科学的理论基础上,而不是像宗教伦理那样建立在非理性的教条之上。二是重视行为后果与“善的信念”的一致性并承担执政责任,是党执政伦理及其实践的集中体现。

① [德]马克斯·韦伯:《学术与政治》,冯克利译,上海三联出版社1998年版,第8页。

三、 中国共产党执政伦理本源性命题

中国共产党“两个先锋队”性质，蕴含和规定了其自身执政伦理的全部内涵。也就是说，中国共产党立基于中国社会的全部合理性和正当性都可以从其“两个先锋队”性质得到解释。“党除了工人阶级和最广大人民群众的利益，没有自己特殊的利益”，就是一个基于党的“两个先锋队”性质提炼而成的执政伦理的本源性命题。先锋队意味着党的全部活动都是围绕着中国工人阶级和最广大人民群众的利益展开的，党的使命、责任、行动就是启迪工人阶级和人民群众对自身利益的认识，聚集和实现他们的利益。

首先，这一命题本质上具备典型的伦理属性。像“己所不欲勿施于人”作为人际关系中的伦理原则一样，“党除了工人阶级和最广大人民群众的利益，没有自己特殊的利益”是中共作为长期执政党，其全部政治社会关系的伦理原则。这个伦理原则既有本体上的依据，也有实践中的规范要求。在马克思主义视野中，所谓政党的阶级属性，就是强调政党无非是阶级利益的代表。阶级和阶级利益是关于社会结构和利益格局最接近客观的本体论描述。作为阶级或阶层的政治组织，政党无非就是现实利益格局在政治上的体现。就此而言，中国共产党的独特性在于，它是以中国社会绝大多数即工人阶级和最广大人民群众的利益为自己利益的，除此之外绝没有自己的特殊利益。始终以自身居于其中的“他者”的利益为自己的利益，不仅是高尚的，而且更充满着合理性和正当性的伦理逻辑。同时，这一命题也构成中共实践中的伦理原则。中国工人阶级和最广大人民群众的现实利益是不断发展的。与此相适应，实践中便需要对这些发展中的利益进行新的客观认识和概括，并需要通过国家政权推进并实现之，更需要通过全面从严治党保障党的组织系统始终符合这一伦理原则之要求。

其次，这一命题构成中共执政伦理的本源性命题或根本原则。“党除了工人阶级和最广大人民群众的利益，没有自己特殊的利益”，之所以构成中共执政伦理的本源性命题，是因为它是通过利益这一解释社会生活最本质的范畴来确定和衡量伦理原则的。就此，工人阶级和最广大人民群众的利益成为中共执政伦理的内容，并且也是最具根本性的内容。正如恩格斯在评论英国革命时说：“革

命的开始和进行将是为了利益,而不是为了原则,只有利益能够发展为原则。"①这段话,一方面是强调利益之于政治活动的本质属性,"人民为之奋斗的一切,都同他们的利益有关"。②另一方面也说明了利益与原则的关联和区别,原则是由利益发展而来的,是某种普遍利益的理论总结。显然,与原则政治相比,利益政治更具根本性。因为在根本意义上,原则总是可以还原为利益、通过利益来定义的。在政治生活中,所谓原则无非是某种普遍利益的理论概括。

如果说现代政治生活越来越展现出利益政治与原则政治相结合的特征,那么,政党政治就是这种特征的集中体现。民主政治无疑是现代政治的基本形式,其本质在于多数人的利益能够长久地得到维护。而多数人的利益,无论是长期的还是当下的利益,都是通过归纳或抽象的方法形成认识的,其概括性也越来越接近于原则政治的范畴。在民主政治条件下,一方面,社会的公共利益、国家的长远利益、多数人的现实利益的发展不断充实、修正着历史上形成的政治原则;另一方面,现实中业已形成的政治观念和原则既对各种利益的实现产生着现实影响,也对各种利益的发展提供了动力和憧憬。或许可以说,从人类政治史来看,利益政治与原则政治不断地相互融合,构成了人类政治进步的一般规律。

在中共党史上,"党除了工人阶级和最广大人民群众的利益,没有自己特殊的利益",这一执政伦理本源性命题的理论概括始于中共十二大党章,其后这一重大理论概括一直延续至今。把党纲纳入党的章程之中,始于中共七大。中共七大党章虽然缺乏像后来十二大党章关于执政伦理如此精炼的概括,但以中国工人阶级和最广大人民群众利益为党的利益的立意和表述早已跃然纸上。"中国共产党人必须具有全心全意为中国人民服务的精神,必须与工人群众、农民群众及其他革命人民建立广泛的联系,并经常注意巩固与扩大这种联系。每一个党员都必须理解党的利益与人民利益的一致性,对党负责与对人民负责的一致性。每一个党员都必须用心倾听人民群众的呼声和理解他们的迫切需要,并帮助他们组织起来,为实现他们的需要而斗争。"③

① 《马克思恩格斯全集》第3卷,人民出版社2002年版,第411页。

② 《马克思恩格斯全集》第1卷,人民出版社1995年版,第187页。

③ 《中国共产党历次党章汇编》,中国方正出版社2019年版,第113—114页。

四、使命伦理：党的使命与执政地位相契合

“党除了工人阶级和最广大人民群众的利益，没有自己特殊的利益”，这是中国共产党执政伦理的本源性命题，也是使命伦理的逻辑起点。它规定了党的一切活动和努力都必须以工人阶级和最广大人民群众的利益为依归。中国共产党关于使命的认知来源主要有二：一是建立在历史唯物主义理论基础上的阶级使命，即工人阶级在历史中锤炼而成的解放全人类的使命。工人阶级只有解放全人类，才能最后解放自己。二是建立在马克思主义中国化理论基础上的“为中国人民谋幸福、为中华民族谋复兴”民族使命。“实现中华民族伟大复兴是近代以来中华民族最伟大的梦想。中国共产党一经成立，就把实现共产主义作为党的最高理想和最终目标，义无反顾肩负起实现中华民族伟大复兴的历史使命”。①本质上，使命代表着中国社会的普遍需求，对普遍需求的认知转换为实现普遍需求的现实行动，或者说使命认知与实现使命行动的一致，集中体现在党的执政地位的获得和坚守上，即执掌国家政权和新中国以来国家治理的突出成就证明党是一个将行动建立在使命的规范要求之上，并有能力不断推进使命实现的政党。使命的逐渐实现代表了中国社会一定程度普遍需求的满足。党的使命与其执政地位历史性地实现了契合。

历史上，中国共产党使命伦理的理论和实践展开集中体现在两个方面：一是通过社会主要矛盾的科学认识，赋予抽象的使命以丰富的现实内涵；二是通过持续的战略规划，将抽象的使命转换成具体的建设目标。党史上，关于中国社会主要矛盾的理论概括主要有：新民主主义革命时期，中国社会的性质是半殖民地半封建社会，主要矛盾是中国人民和中华民族与帝国主义、封建主义、官僚资本主义的矛盾。主要矛盾决定了党的使命实现方式即革命和解放。经过二十八年浴血奋战，中国共产党完成了新民主主义革命，建立了新中国，实现了中国从几千年封建专制政治向人民民主的伟大飞跃。社会主义建设时期和改革开放初期，中国社会的主要矛盾是人民日益增长的物质文化需要同落后的社会生产之间的

① 本书编写组：《党的十九大报告辅导读本》，人民出版社2017年版，第13—14页。

矛盾。当中国特色社会主义进入新时代,中华民族迎来了从站起来、富起来到强起来的伟大飞跃,我国社会主要矛盾便已经转化为人民日益增长的美好生活需要和不平衡不充分的发展之间的矛盾,这一主要矛盾规定了党的使命实现方式是推动更高质量的发展和不断满足人民美好生活的需要。

通过持续的战略规划,将抽象的使命转换成具体的建设目标,是党的使命伦理实践展开的基本逻辑。改革开放之前,中国共产党形成了“两步走”基本实现“四个现代化”的战略步骤:“第一步,建立一个独立的比较完整的工业体系和国民经济体系;第二步,全面实现农业、工业、国防和科学技术的现代化,使我国经济走在世界的前列”①。改革开放的新时期。以邓小平为核心的党的第二代中央领导集体在社会主义初级阶段理论基础上,将“两步走”的现代化设想发展成为“三步走”的现代化战略。“第一步,1990 年实现国民生产总值比 1980 年翻一番,解决人民的温饱问题。第二步,到 20 世纪末,使国民生产总值再增长一倍,人民生活达到小康水平。第三步,到 21 世纪中叶,人均国民生产总值达到中等发达国家水平,人民生活比较富裕,基本实现现代化”②。党的十五大首次提出了“两个一百年”奋斗目标:新世纪的第一个十年,比 2000 年翻一番,人民小康生活更加宽裕,形成比较完善的社会主义市场经济体制;第二个十年即到建党一百周年时,国民经济更加发展,各项制度更加完善;建国一百周年时,基本实现现代化,建成富强民主文明的社会主义国家。处于“两个一百年”奋斗目标历史交汇期上,党的十九大对我国所处新的历史方位进行了科学判断,认为“经过长期努力,中国特色社会主义进入了新时代”。为开启全面建设社会主义现代化国家的新征程奠定了坚实的前提:“从 2020 年到 2035 年,在全面建成小康社会的基础上,再奋斗十五年,基本实现社会主义现代化;从 2035 年到本世纪中叶,在基本实现现代化的基础上,再奋斗十五年,把我国建成富强民主文明和谐美丽的社会主义现代化强国”③。新时代“两个阶段”的战略安排,是在“三步走”战略的第一、二步目标已提前实现、全面小康社会如期建成、中国特色社会主义进入了新时代的历史条件下,对“三步走”战略和“两个一百年”奋斗目标进一步的完善和

① 《周恩来选集》(下),人民出版社 1997 年版,第 132 页。

② 《十三大以来重要文献选编》(上),人民出版社 1991 年版,第 16 页。

③ 本书编写组:《党的十九大报告辅导读本》,人民出版社 2017 年版,第 28 页。

细化。它从发展战略上凝练和体现着中国共产党使命实践的新特征。

五、 制度伦理：党的执政行为与责任伦理相契合

制度是价值的规范表达。新中国的国家政权和国家制度是中国共产党团结带领人民建立和完善的，其要表达的核心价值就是要保证党的执政行为始终符合实现党的使命要求，保证党的执政行为建立在围绕使命实现的责任轨道上。制度是配置权力的，同时也是配置责任的。从历史上看，当代中国制度建设的全部合理性和正当性集中凝练在人民民主制度化的过程之中。人民民主制度化的实质就是“国家富强、人民幸福、民族复兴”的历史使命作为价值准则逐渐凝练为制度的过程。

如果说使命伦理是以主观意图和意志为基本内容的，那么，这一主观意图和意志的实践及其后果的承担则是责任伦理的基本内容。与使命伦理相比，责任伦理主要属工具性执政伦理的范畴。在政治领域，执政的实质是围绕某种意图或价值而运用国家权力的过程，而执政的战略策略及行为则具有上述意图或价值的选择性。为了使这种选择性形成与使命伦理稳定的适应性，体现责任伦理的制度建设就成为必要。中国特色社会主义实践的本质是对一套成熟定型制度的探索。体现这一探索的显著特征即责任伦理的有效展开，即在制度的各个领域，试图形成“系统完备、衔接配套，立治有体、施治有序”的责任体系网络。中国共产党将使命伦理有效转换为责任伦理是改革开放以来，特别是十八大以来鲜明的实践特征。这集中体现在人民民主和依法治国有机统一的实践进程之中，人民主体性的确立和依法治国进程体现着责任伦理的两个主要方面。中国共产党执政的价值遵循体现了与时代发展相适应的责任伦理特征。

人民主体性的确立，是“国家富强、人民幸福、民族复兴”的本质内涵和要求，因而也构成实践中制度（责任）伦理的基本内涵。人民民主是人民主体性确立的制度话语，它既可以解释当代中国政治制度的性质，也可以揭示中国民主区别于西式民主的特色。中共建政70多年来，人民民主一直是它高扬的旗帜。“改革开放以来，我们总结发展社会主义民主正反两方面经验，强调人民民主是社会主义的生命，坚持国家一切权力属于人民，不断推进政治体制改革，社会主义民主

政治建设取得重大进展,成功开辟和坚持了中国特色社会主义政治发展道路,为实现最广泛的人民民主确立了正确方向。”①保证人民主体性是中国共产党制度伦理的内在要求,体现中国共产党执政行为与责任伦理的日益契合。

理论上,人民民主由三个要素构成:即组织要素中国共产党的领导;本体要素即民主的阶级基础或“人民”范畴;体制要素即人民最广泛的参与国家管理。70多年来,人民民主话语和围绕人民民主的制度建设与共和国历史相伴随,其内涵经历了与时俱进的变化:第一,党的领导作为人民民主的组织要素,其本质在于确立人民主体性。中共十六大报告指出:“共产党执政就是领导和支持人民当家作主,最广泛地动员和组织人民群众依法管理国家和社会事务,管理经济和文化事业,维护和实现人民群众的根本利益。”②习近平指出:“中国共产党的领导,就是支持和保证人民实现当家作主”③,就是“最广泛地动员和组织人民依照宪法和法律规定,通过各级人民代表大会行使国家权力”④。在中共十六大提出要“加强党的执政能力建设,提高党的领导水平和执政水平”基础上,中共十七大概括出了科学执政、民主执政、依法执政的规律性要求。党的十八大以来,强调依法执政必须要依宪执政。科学执政、民主执政、依法执政,是中国共产党经过半个多世纪的执政实践的艰辛探索得出的科学结论,是党的执政方式创新和执政伦理概括的重大成果,也是中国共产党必须长期坚持的基本执政方式。第二,本体要素是人民民主最显著的特征。历史上,这一要素的内涵表现出不断扩大的趋势。改革开放之前的实践中,受历次群众运动的影响,知识分子作为人民中的一个群体其地位是不稳定的。正是基于这一具体情况,中共十二大确认知识分子是工人阶级的一部分。并且强调知识分子是工人阶级中掌握科学文化知识较多的一部分,是先进生产力的开拓者,在改革开放和现代化建设中有着特殊重要的作用。同时,随着改革开放的深入,社会中分化出日益增多的个体户、私营企业主、中介组织从业人员、自由职业人员等新社会阶层。中共十六大确认这些新

---

① 本书编写组:《十九大报告辅导读本》,人民出版社2017年版,第25页。

② 《江泽民文选》第3卷,人民出版社2002年版,第553页。

③ 中共中央文献研究室:《习近平关于社会主义政治建设论述摘编》,中央文献出版社2017年版,第41页。

④ 同上书,第39页。

的社会阶层是中国特色社会主义事业的建设者。与中国特色社会主义实践相伴随，人民的范畴一直在不断扩大，迄今已扩大至全体社会主义劳动者、社会主义事业的建设者、拥护社会主义的爱国者、拥护祖国统一和致力于中华民族复兴的爱国者。第三，逐渐形成了关于制度的体系化和权利的法律化认知。中共十二大以来，完善和发展人民代表大会制度是政治建设的长期基调。认为“共产党执政就是领导和支持人民掌握管理国家的权力，实行民主选举、民主决策、民主管理和民主监督，保证人民依法享有广泛的权利和自由，尊重和保障人权。”①进而确立了公民“四权”：知情权、参与权、表达权、监督权。在坚持完善人民代表大会制和不断维护公民权利基础上，中共十八大将推进社会主义协商民主融入人民民主实践之中。极大拓展了人民民主制度要素的内涵。习近平讲：“保证和支持人民当家作主，通过依法选举、让人民的代表来参与国家生活和社会生活的管理是十分重要的，通过选举以外的制度和方式让人民参与国家生活和社会生活的管理也是十分重要的。人民只有投票的权利而没有广泛参与的权利，人民只有在投票时被唤醒、投票后就进入休眠期，这样的民主是形式主义的。”②这一思想为协商民主大范围地融入人民民主提供了理论基础。

依法治国是党的制度伦理史上的一个质的飞跃。法治本身就是中国特色社会主义制度的一个基本伦理。法治的制度伦理意义在于：首先，它是建立在对我国长期施行的人治方式反思基础上的，是一种相对进步的国家治理方式。其次，是因为法治反映了现代社会对国家治理方式的内在要求。现代社会的基本特征是人们活动范围的日益扩大和人们联系的日益广泛，这样的社会无法以人治的方式进行管理，而法治则是与这样的社会相适应的，或者说，作为国家治理方式它就是与这样的社会特征共生在一起的。其三，法治的制度伦理意义，根本上在于它是与社会关系的历史进步状态相适应的，或者说，它能够适应并有利于促进人们对民主、自由、平等、正义等社会主义核心价值的永恒追求。法治并不仅仅意味着现代复杂社会关系条件下的一种法律秩序，当然也不仅仅意味着更多的社会关系被纳入了法律的关怀之中；法治在根本上是要满足人们对民主、自由、

① 《江泽民文选》第3卷，人民出版社2002年版，第29页。

② 习近平：《在庆祝中国人民政治协商会议成立65周年大会上的讲话》，http://cpc.people.com.cn/n/2014/0922/c64094-25704157.html。

平等、正义和有尊严之生活的永恒追求。这一点常常被法学理论看作是法治的实体价值并被归结为人的基本权利。“法治被看做一种培育自由、遏制权势的方法,看做人类作为负责任的道德主体或自由意志主体所从事的一种道德实践。”①在法治对人类社会的各种意义中,人的权利和尊严是其中最为深层的部分。如果说在历史上法治价值的最初指向是秩序,而后逐渐地转向了形式上的公平并通过这种公平来实现秩序的话,那么,权利与人的尊严作为其价值中最为深层的部分是近代以来才凸显出来的。在现代社会,权利和人的尊严构成了社会秩序的一个基本渊源,进而也成为文明社会的伦理基础。

依法治国涉及改革开放全局,是改革开放的一个时代特征。改革开放以来,我国法治建设取得了历史性成就。“中国特色社会主义法律体系已经形成,法治政府建设稳步推进,司法体制不断完善,全社会法治观念明显增强。”②法律体系的形成,意味着中国特色社会主义制度大多都具备了法律形式。对党的执政行为来说,依法治国的制度伦理必然蕴含着依宪执政和依法执政的逻辑和内在要求。就此而言,法治的制度伦理意义特别在于它所蕴含的规范政治取向。规范政治是国家治理现代化必须面对和解决的核心问题之一。推进社会主义民主政治制度化、规范化、程序化一直是中国共产党坚持的政治体制改革重要内容。③邓小平说,“为了保障人民民主,必须加强法制。必须使民主制度化、法律化,使这种制度和法律不因领导人的看法和注意力的改变而改变”④。法治之于人治的根本区别则在于:执政党运作国家权力的过程是否严格依宪依法而行,即规范政治。首先,在政治权力的范围和限度问题上,法治有利于改变以往政治权力只受非正式结构的限制(如模糊的道德观念、潜规则等)而很少受正式结构(如法律制度、组织结构等)限制的历史。其次,法治的一个重要功能就是在国家基本的政治制度领域将政治秩序转换为法律秩序,即以宪法和法治的形式规范政治权力,通过制度化、法律化的途径,使政治权力的实际运行有利于维护和促进社

① 夏恿:《法治是什么——渊源、规诫与价值》,《中国社会科学》1999年第4期。

② 本书编写组:《党的十八届四中全会〈决定〉学习辅导百问》,党建读物出版社、学习出版社2014年版,第2页。

③ 本书编写组:《中共中央关于全面深化改革若干重大问题的决定辅导读本》,人民出版社2013年版,第4页。

④ 《邓小平文选》第2卷,人民出版社1983年版,第134页。

会利益的实现。法治不承认自己面前存在有特权者,在法治原则的作用下,政党、国家、政府作为法律人格其权力的行使过程均受到了法律规范的限制,政治秩序由此便转换成了法律秩序。就像党的十八大报告指出的那样:"任何组织或者个人都不得有超越宪法和法律的特权,绝不允许以言代法、以权压法、徇私枉法。"①

六、主体伦理:"两个先锋队"与党的使命相契合

"打铁还须自身硬"是中国共产党主体伦理的核心命题。中国共产党承载着"为中国人民谋幸福、为中华民族谋复兴"的历史使命,是长期的执政党。党的历史使命和长期执政地位必然要求党的组织伦理与之相适应。"越是长期执政,越不能忘记党的初心使命,越不能丧失自我革命精神"。②聚焦党的历史使命的坚定信念,围绕团结统一、行动一致的组织目标,严格"四个服从"的行为规范,清正廉洁的党的政治生态,构成党的组织伦理的目标和内容。

严格的行为规范是中国共产党区别于大多数政党的显著标志。中国共产党是中国工人阶级的先锋队,也是中国人民和中华民族的先锋队。之所以是先锋队,不仅表现在它的组织意志的人民性和先进性,而且特别表现在其组织行为和成员行为的规范性和纯洁性。长期执政中,中共一直将党自身组织伦理建设作为一项极其重要的工作内容。"勇于自我革命,从严管党治党,是我们党最鲜明的品格。中国共产党的伟大不在于不犯错误,而在于从不讳疾忌医,敢于直面问题,勇于自我革命,具有极强的自我修复能力。"③如果说"打铁必须自身硬"揭示的是党的历史使命对其组织伦理的必然要求,那么"两个先锋队"就是党的组织伦理建设的核心意涵。或者说,"两个先锋队"与党的历史使命相契合构成中国共产党主体伦理的准则。这一伦理准则确立的现实性在于:人的本质在现实性上是社会关系的总和,而对现实社会关系起基础作用的则是社会生产方式。中

① 本书编写组:《十八大报告辅导读本》,人民出版社2012年版,第28页。

② 中共中央党史和文献研究院编:《习近平关于"不忘初心、牢记使命"重要论述摘编》,党建读物出版社、中央文献出版社2019年版,第178页。

③ 同上书,第281页。

国共产党作为在现代生产方式中锤炼而成的组织，具备始终保持思想信仰上进步性和组织伦理上纯洁性的全部现实基础。这一伦理原则得以确立的实践性在于：党的政治建设、思想建设、组织建设、作风建设始终与党的历史相伴随。中国共产党百年史，就组织伦理建设而言，就是一部勇于刀刃向内的自我革命、不断练就“打铁还须自身硬”功夫、永葆党的生机活力的历史。保持对自身的严格要求，持续进行着“自我革命”，用最新的进步思想和科学知识武装自己，用优良的作风锤炼自己，以严格的行为规范约束自己，已然形成中国共产党的传统。

作为使命型政党，中国共产党的主体伦理有着自身独特的建构逻辑。其中，深刻影响中国共产党主体伦理构建的因素主要有：

第一，世界第一大党。中国共产党是世界上最大的政治组织。按中国共产党党内统计公报的数据，截至 2021 年 6 月，中国共产党党员总数为 9 514.8 万名，党的基层组织 486.4 万个。对大党来说，协调全党一致行动，塑造高水平的道德行为体，与较小的政党有所不同且相对困难。从严治党更有其自身规律。同时，中国共产党还是世界上最有权力的政治组织，在中国这样一个大国长期享有执政地位。上述两个“最”因素相叠加，对中国共产党主体伦理的要求和构建规律具有基础性的影响。

第二，具有使命性的立党之意。中国共产党与欧美各政党立党之意的根本差异在于：前者是围绕国族生存竞争和民族复兴使命而展开的；而不像后者那样，仅仅是国内社会分化的阶层和利益集团诉求的组织聚合。为此，中国共产党的立党之意必然要求更高更普遍的观念和制度的价值体系。这使它的组织伦理内涵及实践都具有明显的特殊性。第三，政党建设国家的历史逻辑。中华人民共和国是“党建国家”的产物，而“党建国家”的逻辑演进和历史进程就是“党治国家”，也就是政党权力高度渗透政治和社会的政治体制。这一历史逻辑在根本上影响着中国共产党主体伦理的构建过程。

（作者为上海交通大学教授）

中国共产党领导城市工作的百年经验与人民城市重要理念的当代价值*

薛泽林　沈　琰

一、问题的提出

城市治理现代化是当下城市工作的核心目标。进入新时代以来，随着城镇人口比重的不断增加以及经济结构的持续升级，我国进入了城市引领发展的新阶段。但与此同时，我国的进一步发展也面临着西方主要国家贸易保护主义盛行、冷战思维有所抬头，全球经济受新冠肺炎疫情影响持续低迷等更加复杂多变的国际环境。面对新挑战，党中央及时作出加快构建以国内大循环为主体、国内国际双循环相互促进的新发展格局的重大战略部署。作为经济发展的主要引擎，我国城市发展的基本思路也从强调发展中小城市的城镇化战略逐渐转向借助于区域禀赋赢得城市整体功能竞争优势，并发挥大城市引领区域发展的新阶段。城市工作的重要性和大城市治理的复杂性使得城市研究成了近年来国内学界的热点之一，但已有研究在政治维度主要基于城市统治权的分析框架，集中探讨城市治理赋权改革和城市多主体参与等议题；在经济维度主要基于发展主义思路，集中分析城市经济制度效能和城市产业政策等；在城乡规划维度主要基于空间分配逻辑，集中研究城市土地利用和城市功能培育等；鲜有从历史的维度系统梳理百年来中国共产党领导城市工作的经验和智慧。

习近平总书记指出，历史是一面镜子，鉴古知今，学史明智。探索城市工作的中国道路，需要遵循马克思主义的基本理论和方法，通过对中国共产党百年城市工作主线的梳理，构建起基于中国实践的城市工作理论分析框架。本文拟运

* 本研究得到国家社科基金一般项目"全球超大城市社会治理模式与中国经验分析研究"(16BSH005)，上海社会科学院国家高端智库建设重大课题"数字化转型背景下上海城市精细化管理先行策略研究"的资助。

用马克思主义辩证法和认识论的基本原理,基于“主要矛盾与次要矛盾的辩证关系”,以及“实践决定认识,认识对实践具有反作用”的分析工具,尝试构建起中国共产党领导城市工作的“战略—政策”循环分析框架,以期在对中国共产党百年城市工作主线梳理的基础之上,为未来的城市工作提供借鉴。本文认为,党领导的百年城市工作“战略—政策”流变循环包含三个要点:一是党的不同阶段的城市工作战略确立,是基于当时我国政治经济发展的主要矛盾,依据实事求是的原则首先明确城市工作的宏观思路;二是在宏观战略思路之下,党领导人民开展城市工作的具体政策实践,在实践中不断深化对城市工作的认识,并实时调整战略,最终推动战略目标的实现;三是战略目标的实现促使城市工作的主要矛盾发生变化,党基于马克思主义发展观的哲学考量,在深化对战略目标认识的基础之上,提出新的战略目标,并领导人民在新征程中制订新政策实现新突破。基于主要矛盾确定战略目标,依据战略目标制订适宜的政策并全面推进,在实践中升华认识并实时调整政策促成最终目标实现,遵循马克思主义哲学观的“战略—政策”螺旋上升是中国共产党领导城市工作的百年智慧结晶。

二、 一个简明逻辑:中国共产党领导城市工作的百年实践

中国共产党是马克思列宁主义同中国工人运动相结合的产物,始于 1921 年中共一大召开,尽管奋斗历程中艰难险阻不断,困难与挫折也时有发生,但坚持源于工人、依靠人民、为了群众的理念,在工作中遵循城市工作的“战略—政策”流变循环,带领全国各族人民披荆斩棘、克服困难,不断从胜利走向新的胜利是党的城市工作的基本主线。

(一)领导工人运动的初步尝试:1921—1927 年的城市革命

面对半殖民地半封建社会的亡国灭种险境,从中共一大到大革命失败,党的城市工作的主要矛盾是在城市中领导工人阶级实现革命胜利,为建设和发展城市创造条件。基于这一总体策略,党在主要城市实施了发动、组织并领导工人运动的一系列政策。1921 年 7 月,党在上海召开第一次全国代表大会,规定了其名称、宣告了其成立。中共一大明确党的性质是无产阶级政党,基本任务是从事工人运动的各项活动,加强对工会和工人运动的研究与领导。大会通过了《关于当

前实际工作的决议》，确定党成立后的中心任务是组织工人阶级，领导工人运动。中国共产党的成立适应了近代以来社会进步和革命发展的客观要求，中国的革命面目焕然一新。但面对幅员广大、人口众多、情况复杂、经济落后的半殖民地半封建的旧中国，如何把马克思主义同中国的具体实践结合在一起，党也在不断地调整领导工人运作的具体政策。以1922年1月香港海员罢工为起点，中国的工人运动在党的领导下风潮汹涌，深化了党对领导工人运动的认识。1922年5月，党在广州举行第一次全国劳动大会，来自12个城市的173名代表参加。在总结梳理一大以来城市工人运动的基础之上，本着维护工人阶级利益的基本出发点，会议通过了《八小时工作制》《罢工援助》等决议案，对于团结工人阶级起到了重要作用。

1922年中共二大第一次提出明确的反帝反封建民主革命纲领之后，党的先锋队旗帜更加鲜明。1922年9月，毛泽东、刘少奇和李立三等共产党人组织领导安源路矿工人大罢工，提出了保障工人权利、增加工资、改善待遇、废除封建把头制等要求，一万七千多工人的英勇斗争最终迫使路矿当局承认工人提出的大部分条件。安源路矿罢工的胜利，首次显示了党领导的中国工人阶级的伟大力量。作为当时工业最发展的中心区，上海工人数量众多且水平较高，1923年中共三大后不久，党的中央执行委员会机关搬到上海，以更加方便地指导工人运动。同年11月，党在上海创办上海书店，经售革命刊物、传播革命思想，通过出版发行《向导》《新青年》《前锋》《中国青年》等期刊引导群众思想、发动群众运动，进而推进城市革命。1924年，中共中央执行委员会扩大会议在上海召开，会议认为，“只有发动工人参加斗争，防止资产阶级的妥协性，民族解放才能彻底”，会议要求在产业工人中大力发展共产党的组织，并制定了加强党的工作的具体措施。1925年，中共四大在上海召开，通过了《对于青年运动之议决案》《对于职工运动之决议案》等文件，为即将到来的大革命指明了方向，全国革命形势此后迅速发展。但在大革命中，党领导的城市工人运动由低潮走向高潮并以失败告终，使党充分认识到了革命的复杂和艰辛。

从党的正式成立到大革命失败，中国共产党在依靠工人阶级夺取革命胜利的总体战略目标实现过程中积累了重要经验，也遇到了不少挫折，尤其是如火如荼的大革命为党的城市群众工作积累了丰富经验，党的反帝反封建主张成为广大人民的呼声，党对城市工作的认识更加深刻，这为党领导人民把革命斗争推向新阶段准备了条件。

（二）农村包围城市的成功探索：1927—1947 年的统一战线

从大革命失败到七届二中全会召开前夕，基于在半殖民地半封建社会领导革命的实践认识，党将马克思列宁主义的基本原理和中国革命的实践结合起来，将工作重心由城市转移到农村，实施农村包围城市，最终夺取全国胜利，进而再建设和发展城市的战略。在这一时期，党的城市工作的主要政策是在城市里团结群众并指导群众运动，配合党的农村包围城市战略。1927 年 8 月，中央通告第五、六、八号通过，对妇女、学生、职工运动作出说明：吸收女工农妇同志，并训练她们的秘密工作的智识，指导她们的斗争，领导她们参加日常的政治经济斗争，一直到参加暴动中的各种工作。学生境遇日益痛苦，革命运动日渐紧张，我们应切实领导学生群众参加政治的本身的和思想上的各种斗争。现在中国工人到了经济最苦痛的时期，我们应加切实注意指导，使工人阶级一致起来，作广大的斗争。这一时期，党的城市工作的主要目标是继续斗争，罢工但却不是盲目罢工，罢工的根本目的是维护群众的根本利益，领导群众与国民党反动派作斗争。正如刘少奇对工人罢工提出的要求：要是工人群众最迫切的要求；要简单明了，一切工人都有利益都能懂得，而且要是中心的要求；要是资本家多少能够答应的要求；最重要的部分要求。

全面抗日战争爆发后，我国革命的主要矛盾变成了抗日救国，这一时期党以民族大义为己任，提出了停止内战一致抗日的主张。经过一系列斗争，1937 年 9 月，国民党公布中共中央提供的宣言，其后蒋介石发表谈话，标志着以国共合作为主体的抗日民族统一战线正式形成。对于这一时期党的城市工作，毛泽东深刻地指出：为了克服困难，战胜敌人，建设新中国，只有巩固和扩大抗日民族统一战线，发动全民族中的一切生动力量，这是唯一无二的方针……但是在同时，必须保持加入统一战线中的任何党派在思想上、政治上和组织上的独立性。为此，党坚持在统一战线中的独立自主原则，在城市工作中确立了“发展进步势力，争取中间势力，孤立顽固势力”的总方针，并在抗日战争中承担了中流砥柱作用。抗战胜利以后，国民党当局无视人民群众对于和平的期望，悍然对解放区发起全面进攻，党不得团结各大城市的学生、工人和教员与国民党反动派展开斗争，城市群众的支持加速了解放战争的胜利。

从大革命失败到七届二中全会前夕，党的城市工作的主要战略目标是在城市团结群众、领导群众运动，以此为中国革命的继续推进积蓄力量。在这一时期，党以统一战线为法宝，通过在城市中团结进步力量、领导群众运动等政策的实施，进一步巩固了党在城市的群众基础，加速了解放战争和新民主主义革命的全面胜利。

（三）恢复城市生产的全面实践：1947—1962 年的道路摸索

随着解放战争的深入推进，大批城市开始被收复，党的城市工作的主要矛盾成了接收并管理城市，基于恢复发展城市生产的总体战略，党作为正式的领导者开启了全面恢复城市生产的政策探索。1947 年，党的七届二中全会召开，毛泽东提到：从现在起，开始了由城市到乡村并由城市领导乡村的时期。党的工作重心由乡村移到了城市……党在这里的中心任务，是动员一切力量恢复和发展生产事业，这里是一切工作的重点所在。在实际的城市接管工作中，由于党还未能定出一套更合理有效的制度来替代旧制度中某些不合理或过了时的东西，基于对接管沈阳和石家庄的经验总结，党确定了接管时期城市工作的临时方案：一是完整保护和系统整套接收城市，将恢复和发展城市生产放在首位；二是明确在接管过程中紧紧依靠工人阶级，使他们以主人翁的姿态发挥其主力军作用；三是搞好接管过程中的统一战线工作，团结各阶层人民齐心协力进行合作等政策；四是为了更利于城市的接收和管理，对国民党遗留下来的大批旧职员区别对待以实现原则性和灵活性的统一。为了加强对城市工作的集中统一领导，党在这一时期建立了对接管城市工作的请示报告制度。

1949 年 10 月新中国成立，但在成立伊始，党领导的城市工作还面临着困境：在城市接收上，重庆、广州等重要城市并未解放；在城市管理上，国民党长期统治和连年战乱的影响使城市经济濒临崩溃。对此，一方面，党领导人民解放军继续解放广州、桂林、南宁和重庆等地；另一方面，党在全国范围内调集粮食等物资，使各大城市统一采取停止贷款和按约收回贷款，开征税收，冻结资金投放等措施，来稳定市场物价。这一时期，在党的坚强领导下，以上海为代表的城市，运用市场经济价值规律平抑涨价风暴的实践，一方面巩固了党在城市的领导地位，另一方面也为党的城市经济管理积累了经验。1953 年，我国开始执行“一五”计划,以此集中力量进行工业化建设和加快推进各经济领域的社会主义改造,变消费城市为生产城市。“一五”时期,西安、太原、和兰州等 8 个城市成为国家重点投资建设的一批新工业城市,在各大城市兴建的 156 个重点项目为社会主义工业化奠定了初步基础。1957 年底,我国城市职工人数达到 2 451 万人,比 1952 年增加了 55.15%,城市职工平均工资由 1952 年的 446 元增加至 1957 年的 610 元,增幅达 36.77%。此后,中央主要领导对经济发展有了过于乐观的估计,一些不切实际的政策目标也给城市工作带来了一定困难。

从七届二中全会到 1962 年国务院第一次城市工作会议召开,党的城市工作的主要矛盾是管理并发展城市。在这一时期,党虽然在革命中积累了不少城市工作的群众方法,但党对城市经济的管理还缺乏经验。在一片空白的城市里实施工业起步固然容易,但制订适宜的城市经济发展长期战略,党在这方面的认识和实践经验还明显不足。

(四) 城市建设道路的曲折探索:1962—1978 年的政策调整

从第一次国务院城市工作会议召开到第三次全国城市工作会议前夕,党的城市工作的主要矛盾是摸索有效的城市经济管理方法,解决城市规模与人口不协调的问题,这一时期的一系列政策也是围绕调整城市经济的各个方面展开。“一五”计划虽促进了城市工业化的大规模发展并推动了国民经济的显著增长,但与此同时也在一定程度上出现了“过度城市化”的问题。1962 年 7 至 8 月,中央政治局在北戴河召开中共中央工作会议,主要讨论农业、财贸和城市等方面的问题。其中,周恩来在其召集的城市工作会议上分析了城市工作中存在的问题,提出解决的办法是首先恢复正常生产,只有工业劳动生产率提高了,有效地支援了农业和市场以后,生活才会改善。之后,中央下发《关于当前城市工作若干问题的指示》,在明确贯彻执行调整、巩固、充实、提高的方针的基础上,对城市建设工作的若干具体问题作出多项规定:力争完成 1962 年的基本建设计划;采取分级负责和群众监督的办法,迅速处理积压物资,防止房屋、物资的损失;妥善安置目前大中城市中的闲散劳动力和不能就学的学生;调整市镇建制,缩小城市郊区,完成减少城镇人口计划;逐步改善大中城市的市政建设;按照集中统一、分级管理的原则,改进各种管理体制等。

1963 年 9 月至 10 月,为加强对城市的集中统一管理和解决城市生活的突出矛盾，中共中央、国务院召开第二次城市工作会议，在肯定当下城市在科学、文化、教育、卫生和市政建设等方面取得新成绩的前提下，指出工业生产始终是城市工作的中心，需进一步做好工业的调整工作；努力做好商业工作，更好地为生产和生活服务；积极开展计划生育；继续严格控制人口，加强城市的管理工作等要求。《第二次城市工作会议纪要》强调，各级党委和人民委员会在继续努力做好农村工作的同时，必须进一步地加强对城市工作的领导，不断改进工作，把城市管理好，充分发挥城市在社会主义建设中的作用。“文革”爆发以后，党的城市建设工作被阶级斗争和群众运动所淹没。1972 年，针对当时国民经济基建战线过长以及职工人数增加过多的问题，《关于当前国民经济中几个问题的报告》提出一方面要积极增加生产，抓好农业和基础工业，特别是原材料工业；另一方面要严格控制基本建设规模，严格控制职工人数。在曲折探索的过程中，党的城市工作也取得了不小成就，基本完成了从消费城市到生产城市的转型。

从第一次全国城市工作会议到第三次全国城市工作会议前夕，在探索有效的城市经济管理办法的总目标下，党的城市工作的主要政策是解决城市容量和工业发展的问题。在实践中，党借鉴苏联经验，采用了计划经济的管理思路，基于“管”和“控”的思路开展城市工作，城市的工业虽然得到了一定发展，但更大的活力和潜力被束缚，我国的城市发展亟须一次思想解放和战略调整。

（五）城市综合建设的全面推进：1978—2015 年的多维发展

经历了“文化大革命”的冲击，国家的各项事业百废待兴，党的城市工作的主要矛盾也跟随国家战略调整到发展经济上，通过发展城市经济解决国家在经济社会中的突出矛盾成了此时城市工作的战略目标。这一时期，中央及时调整城市工作方针，城市工作进入了多维度的全面发展期。1978 年 3 月，国务院在北京召开第三次全国城市工作会议，会议制定的《关于加强城市建设工作的意见》首次明确了应“提高对城市和城市建设重要性的认识”，指出“城市是我国经济、政治、科学、技术、文化、教育的中心，在社会主义现代化建设中起着主导作用。城市建设是形成和完善城市多种功能、发挥城市中心作用的基础性工作。”《意见》明确了城市建设的七项任务：提高对城市和城市建设重要性的认识，坚持城市建设与经济协调发展；建立合理的城镇体系，走有计划发展的道路；搞好城市规划，加强规划管理；改革城市建设体制，增强活力，提高效益；加强城市基础设施建设,创造良好的投资环境和生活环境;管好用好城市建设资金,充分发挥投资效益;城市政府要集中力量搞好城市的规划、建设和管理。为了强化党的领导,中央明确城市管理必须走群众路线,即通过发动和依靠广大街道干部和居民群众,搞好社会治安、青少年教育、环境卫生等工作,办好各项为生产、为生活服务的事业。这次会议提出了城市整顿工作的一系列方针、政策,是党在城市工作历史性转折的一个新起点。

1978 年 12 月,中共十一届三中全会在北京召开,作出把全党工作的着重点转移到社会主义现代化建设上来并实施改革开放的重大战略决策,城市的发展活力开始被全面激发出来。1979 年,中央正式批准广东、福建两省在对外经济活动中实行特殊政策、灵活措施,并决定在深圳、珠海、厦门、汕头试办经济特区。在之后的实践中,中央又在大连、上海和宁波等 14 个港口城市逐步兴办经济技术开发区,并增辟海南经济特区。1992 年,邓小平在南方谈话时提出要建立社会主义市场经济体制,由此带来了经济改革的新一轮高潮。在这一过程中,在邓小平理论、“三个代表”重要思想和科学发展观指导下,为更好地适配经济发展,党对城市工作的政策也作出了一系列调整,上海浦东开发开放、苏州工业园区建设、天津滨海新区建设、上海浦东自由贸易试验区设立等都是城市工作的制度改革探索。2013 年,中央城镇化工作会议召开,会议强调要以人为本,推进以人为核心的城镇化,提高城镇人口素质和居民生活质量,把促进有能力在城镇稳定就业和生活的常住人口有序实现市民化作为首要任务。

从第三次全国城市会议召开到中央城市工作会议召开前夕,党的城市工作的主要矛盾是发展城市经济,解决社会主义初级阶段经济社会发展中的主要矛盾。为此,中央通过城市开放、新区开发、城市经济体制改革等一系列政策,全面盘活了城市经济和社会,城市作为我国经济发展的主要引擎,开始在国家战略中承担更为重要的任务。

(六)建设人民城市的深化探索:2015 年至今的治理现代化

中央城市工作会议召开以来,城市全方位发展的步伐已然迈开,如何更好地提升人民群众的获得感和满意度,实现城市高质量发展,推动城市治理现代化成了这一时期党的城市工作的战略目标。2015 年,“全国城市工作会议”升格为“中央城市工作会议”于北京召开,习近平总书记全面分析了城市发展面临的形势,明确了做好城市工作的指导思想、总体思路和重点任务。会议强调,城市是我国各类要素资源和经济社会活动最集中的地方,全面建成小康社会、加快实现现代化,必须抓好城市这个“火车头”,把握发展规律,推动以人为核心的新型城镇化,发挥扩大内需这一最大的潜力,有效化解各种“城市病”。会议指出,城市建设一要尊重城市发展规律;二要统筹空间、规模、产业三大结构,提高城市工作全局性;三要统筹规划、建设、管理三大环节,提高城市工作的系统性;四要统筹改革、科技、文化三大动力,提高城市发展持续性;五要统筹生产、生活、生态三大布局,提高城市发展的宜居性;六要统筹政府、社会、市民三大主体,提高各方推动城市发展的积极性。中央城市工作会议为新时代的城市工作确定了方向,指明了道路。

习近平总书记高度重视城市工作,以人民为中心,并深刻指出,做好城市工作,要顺应城市工作新形势、改革发展新要求、人民群众新期待,坚持以人民为中心的发展思想,坚持人民城市为人民。作为要素资源和经济社会活动最集中的地方,我国的城市工作在党委统一领导、党政齐抓共管之下不断取得突破,具体表现为:平安中国建设水平的提高,进一步增强了人民群众的安全感;运用法治思维和法治方式解决城市治理精细化问题,推动形成了城市综合管理法治化新格局;互联网和大数据等信息技术手段的更多运用,提高了城市科学化、精细化、智能化管理水平;绿色发展方式和生活方式的形成,使良好生态环境成为经济社会持续健康发展的支撑点;对城市战略格局、空间格局、要素配置的更好把握,推动城市朝着一流和谐人居环境的目标前进……新时代的城市工作逐渐使城市脱离重建设、轻治理,重速度、轻质量,重眼前、轻长远,重发展、轻保护等不平衡发展状态,向着全方位平衡发展迈进,不断开创中国特色城市发展新局面,以精细精准为特征的城市治理现代化成了当代我国城市治理的主要努力方向。

2015 年中央城市工作会议召开以来,党的城市工作的主要矛盾是在国家治理体系和治理能力现代化的总体框架之下,推进城市治理现代化,实现高质量发展。当前,党以人民城市建设为抓手,不断推动治理手段、治理模式、治理理念创新,力争构建起经济治理、社会治理、城市治理统筹推进和有机衔接的治理体系,探索城市工作的中国道路。

三、依靠且为了人民：中国共产党领导城市工作的百年经验总结

回顾党的百年城市工作进程，有两个关键词贯穿其中，一个是人民，一个是发展。在马克思主义的指导下，党结合革命和建设实际，不断基于城市工作的主要矛盾变化调整战略和政策，并通过领导城市群众运动、推进城市经济建设、探索城市治理现代化的中国道路，不断满足人民群众日益增长的美好生活需要。虽然党在不同时期的城市工作侧重点不同，但党代表最广大人民的利益，建设人民城市的初心却从未改变，"人民城市人民建，人民城市为人民"在新时代的发展中历久弥坚。

（一）坚持党的领导，加强党的建设

中国共产党是社会主义事业的领导核心，坚持党的领导是中国特色社会主义的最本质特征，也是党领导城市工作的首要经验。在人民城市建设的百年实践中，党始终把党的建设放在重要位置，不断加强党对城市工作的全面领导。早在1947年的道路摸索期，党就通过请示报告制度强化党的政治领导。毛泽东深刻指出，我们所以规定这项政策性的经常的综合的报告和请示制度，是因为党的第七次全国代表大会后，仍然有一些（不是一切）中央局和分局的同志，不认识事先或事后向中央作报告并请求指示的必要性和重要性，或仅仅做了一些技术性的报告和请示，以致中央不明了或者不充分明了他们重要的（不是次要的或技术性的）活动和政策内容，因而发生了某些不可挽救的、或难以挽救的、或能够挽救但已受了损失的事情。在改革开放之后的城市多维发展期，党通过强化法规建设加强对城市工作的全面领导。邓小平强调：国要有国法，党要有党规党法。党章是最根本的党规党法。没有党规党法，国法就很难保障。按照十一届三中全会要求，中共中央接连发布了一批重要党内法规，成为从法规制度上加强党的建设的重要举措，城市工作也更加规范。进入新时代以来，以习近平同志为核心的党中央，坚持思想建党与制度治党相结合、依规治党与以德治党相统一，党对城市的全面领导更加巩固。进入城市治理现代化的新征程期，中央城市工作会议强调：做好城市工作，必须加强和改善党的领导，各级党委要充分认识城市工作

的重要地位和作用,主要领导要亲自抓,建立健全党委统一领导、党政齐抓共管的城市工作格局。

(二) 坚持依靠人民,满足人民需求

以人民为中心,依靠人民群众建设“人民城市”是自党成立起便从未改变的主线,也是党领导城市工作的最主要经验。在革命战争年代,团结和依靠群众是党领导革命胜利的法宝之一,早在1947年的道路摸索期,毛泽东在七届二中全会上总结道:我们必须全心全意地依靠工人阶级,团结其他劳动群众,争取知识分子,争取尽可能多的能够同我们合作的民族资产阶级分子及其代表人物站在我们方面,或使他们保持中立,以便向帝国主义者、国民党、官僚资产阶级作坚决的斗争,一步一步地去战胜这些敌人。新中国成立后,党更加重视团结群众,依靠群众进行社会主义城市建设。从新中国成立到改革开放,党领导群众的一个主要特征即是充分发动和依靠群众来完成对自我的改造以及对社会稳定的维护,如中共中央1951年《关于清理交通等企业中的反革命分子和在这些企业中开展民主改革的指示》,要求各地发动和依靠工人群众,进行或进一步完成必要的民主改革。第三次全国城市工作会议召开进入城市的多维发展期以来,党通过社区党建重新整合和激活分散在社会内部的党员等政治资源,在社会结构发生变化等情况下,保持了对城市基层社会的领导,并在此过程中实现了依靠人民、为了人民的政策目标。进入城市治理现代化期后,党更加重视城市工作的政策精准性,更加重视团结和依靠群众,2015年和2019年,中办先后印发《关于完善党员干部直接联系群众制度的意见》和《关于加强和改进城市基层党的建设工作的意见》,进一步完善了领导干部直接联系群众的具体制度,并把加强党的基层组织建设和加强基层党组织同人民群众的联系作为当下城市基层党建的工作重心。

(三) 坚持实事求是,适时调整政策

城市的多元性和复杂性决定了党的城市工作要更加精准精细,在工作中厘清城市工作依靠谁、解决什么主要矛盾的问题是党的城市工作经验的首要遵循。虽然在百年奋斗历程中,党的城市工作战略重点和政策发生了多次变化,但每次工作的调整都是党基于实事求是的原则,立足于实际工作需要准确及时地作出的政策调整。在1927年大革命失败后的统一战线期,党基于当时的实际情况,

作出了工作重心由城市转移到农村，走农村包围城市，同时继续指导城市工作的决定。进入城市工作摸索期后，毛泽东在1948年的整党工作中指出：教育干部善于分析具体情况，从不同地区、不同历史条件的具体情况出发，决定当地当时的工作任务和工作方法。必须区别城市和农村的不同，必须区别老区、半老区、接敌区和新区的不同，否则就要犯错误。新中国成立后，在城市工作的调整期，按照中央提出的“精兵简政”和城乡人口必须保持比例的原则，党作出了减少过多的职工和城镇人口的决策。进入新时代的城市治理现代化期后，以习近平同志为核心的党中央统筹布局，通过中心城市建设，雄安新区开发，粤港澳、京津冀、长三角、成渝双城经济圈建设等重大战略部署，并围绕不断提升人民群众获得感和满意度的战略目标，持续推动城市治理现代化。统筹规划，一切从实际出发，实事求是调整政策是党的城市工作的基本特征。

（四）坚持凝聚合力，优化城市治理

中国共产党是全心全意为人民服务的政党，在百年的奋斗历程中，团结一切可以团结的力量，凝聚城市革命和建设的合力是党的城市工作经验的首要抓手。党优化城市工作合力的实践体现在政治和经济两个维度上。在政治维度上，党不但在革命战争年代高度重视统一战线工作，在接管恢复城市生产和城市建设的摸索期更加重视凝聚城市各主体的合力。1947年，中共中央颁布的《关于新解放城市中组织各界代表会的指示》提出：各界代表会，可根据我们在该城市原有的或可能动员的力量，由军事管制委员会及临时市政府出面邀请若干人为各界代表，组成各界代表会，成为军事管制委员会和临时市人民政府在军官初期传达政策，联系群众的协议机关。改革开放以后的城市多维发展期，随着改革开放的深入和社会主义市场经济的发展，我国的社会生活发生了广泛而深刻的变化，且社会经济成分、组织形式、利益分配和就业方式的多样化还将进一步发展，党系统解决了建设什么样的党和怎么建设党的问题。在经济维度上，党在道路摸索期的接管城市中就确立了团结各阶层人民齐心协力进行合作，以迅速恢复和发展生产的总体思路。进入城市工作的多维发展期后，党的十四大确立了建设社会主义市场经济的目标，全国人民代表大会通过宪法确立了“在法律规定范围内的个体经济、私营经济等非公有制经济，是社会主义市场经济的重要组成部分”的社会主义市场经济体制，多种所有制共存的制度设计使得城市经济更加活

跃,城市各主体基于共建共治共享理念建设人民城市的法治保障更加坚实。进入新时代以来的城市治理现代化期,习近平总书记多次强调,要高举爱国主义、社会主义旗帜,牢牢把握大团结大联合的主题,坚持一致性和多样性统一,找到最大公约数,画出最大同心圆。基于共建共治共享形塑城市治理的共同体成了城市工作新的目标和准则。

四、建设人民城市:习近平人民城市重要理念的思想升华

进入新时代以来,习近平总书记继承并发扬了中国共产党领导城市工作的百年经验智慧,在习近平新时代中国特色社会主义思想中明确提出了"人民城市"重要理念,以及"城市治理是推进国家治理体系和治理能力现代化的重要内容"的科学论断。基于建设人民城市、探索城市工作中国道路的战略目标,以习近平同志为核心的党中央领导人民开启了新的征程。具体来说,推动城市治理现代化,建设人民城市具有丰富的时代意涵、鲜明的主体立场、明确的实践指向。

(一)人民城市重要理念的时代意涵

建设人民城市,探索城市治理现代化的中国道路是时代赋予中国共产党的新使命。从历史趋势看,面对百年未有之大变局,以及中华民族强起来、实现伟大复兴的千载难逢机遇,我们亟须在认清当下形势的基础之上,以习近平新时代中国特色社会主义思想为指引,总结梳理我党百年来城市工作的奋斗历程和智慧结晶,以此明确未来发展机遇。从当下挑战看,我国正经历着历史上从未有过的最大规模的城市化、最快速度的老龄化、最强力度的数字化进程,城市工作实践在事实上已经进入了人类历史的"无人区",这种无以借鉴的现实使得我国的任何实践都具有世界意义,做好路径规划,从历史中汲取经验成为当下必不可少的功课。在百年的革命和建设进程中,党始终坚持以人民为中心,全心全意依靠人民、真心实意为了人民,创造了城市工作的一个又一个奇迹。在新时代的新征程中,贯彻落实总书记"人民城市人民建,人民城市为人民"重要理念,以及不断提升人民群众的获得感、幸福感和安全感的总体要求,需要系统梳理党的城市工作历史变迁,总结党的人民城市建设经验智慧,以更好地推进新时代的城市工作。

建设人民城市是用马克思主义真理指导城市工作，探索具有中国特色社会主义城市文明的新需要。城市治理现代化的目标是构建与当时当下经济社会发展水平相适应的一整套治理体系。马克思主义认为，生产力决定生产关系并产生了与此相对应的政治上层建筑，在人类政治文明的重大转型进程中，科技革命推动了生产力质的飞跃，也带动了城市治理模式的变革。第一次工业革命时期，大机器工业催生了标准化作业的实际需求，为了适应机器带来的规模化生产需要，大量人口集聚到城市并由此导致了严重的“城市病”，但囿于古典自由主义思想的束缚，以英国为代表的城市推崇“守夜人”政府理念，城市治理并未形成体系。第二次工业革命内燃机的发明加剧了机器对于人的剥削和绑定，以汽车为代表的交通革命增强了政府的征税和控制能力，并放大了城市对于周边地区的带动效应，复杂性的上升使得秩序成了城市的首要任务，建立科层制政府成了当时城市治理的目标。第三次工业革命时期，计算机和信息通信技术的发明促进了服务型经济的产生以及更加精细的专业细分，并由此带来了管理和服务的碎片化问题，建立整体型政府成了城市治理的主要追求。从历史维度来看，前三次工业革命我国一直处于治理的学习和追赶阶段，而作为数字化转型的全球引领者之一，迎面而来的第四次工业革命为我国带来了难得的机遇，探索城市治理的中国道路正当其时，习近平总书记人民城市重要理念正是对这一时代需要的准确回应。

（二）人民城市重要理念的主体立场

人民城市重要理念是习近平总书记基于人民立场对当代城市工作理论的系统阐释。一是从城市工作为了谁来看，自亚里士多德城邦政治兴起以来，城市的发展经历了官僚的城市、独裁的城市、资本的城市等阶段，这些城市发展模式大多都忽略了人民的感受，而新时代中国特色社会主义实践要突破历史的局限，在城市发展中明确人民城市属性，这是习近平总书记人民城市重要理念的历史逻辑。二是从城市工作由谁领导来看，自治理理论兴起以来，多元治理一直面临着在缺乏组织领导下，治理秩序难以实现的问题，而党的领导作为城市治理的核心要义，在城市治理中发挥了统领作用，推动了良好城市治理秩序的实现，这是习近平总书记人民城市重要理念的现实关怀。三是从城市工作怎么开展来看，进入新时代以来，我国的社会主要矛盾已经发生了重大转变，强调发展中的公平、正义，破除发展中的种种不适宜壁垒，解决边缘人群的发展问题成了当下发展的重要任务，城市作为现代文明的集中体现，要在发展中探索出公平正义的新模式，探索城市文明新的境地，这是习近平总书记人民城市重要理念的时代目标。

人民城市重要理念反映的精细化治理的新特征是以习近平同志为核心的党中央对已有城市工作理论的扬弃和升华。在工作重心上，已有城市治理理论是在城市经济发展和社会进步的基本假设之下，基于地方性知识的特定情境，要求发挥精英联盟的引领作用以及社会公众的参与作用，并在此过程中寻找社会利益的最大公约数，实现城市的安定团结以及城市善治。但进入新时代以后，社会主要矛盾的转化也使得城市治理进入了精细化治理的更高阶段，城市精细化治理的工作重心从“管得住”这一单一目标发展成为“管得好并且生活好”这一复合目标，城市治理更加重视社会各主体的获得感和满意度。在动力机制上，在以往的城市治理中，城市发展和竞争的基本理论假设是经济锦标赛和晋升锦标赛，但进入新时代之后，随着城市政策变迁，国家对于社会治理共建共治共享的强调使得先知先觉地区的地方政府更加注重本地的发展质量，城市治理由自上而下的经济导向和维稳导向开始向更加精细的治理创新导向转变，位于中央政府和基层县乡政府之间的中层政府，即城市政府开始发力，城市政府开始通过更加细致的治理创新，从而开启了新一轮的治理锦标赛。在工作理念上，随着大数据、人工智能等新技术的兴起，城市政府已有集权式的治理体系与新技术“分布式集中”要求的不兼容日益加剧，再加上人民群众基本生活需求和公共服务需求得到满足后对城市政府的期望不断提升，我国的城市治理也越来越需要新的想象力和未来图景，民心政治与价值治理成了城市治理新的价值取向，即城市精细化治理的实践，不但要满足人民群众的当下所需，也为未来的美好生活描绘图景和期待。更加精细、更加精准、更加系统，依靠人民、为了人民成为人民城市重要理念的鲜明主体立场。

（三）人民城市重要理念的实践指向

基于新时代我国城市工作的逻辑变迁，习近平总书记高瞻远瞩、总揽全局，提出了人民城市重要理念，并从四个方面系统论述了新时代人民城市建设的要义。一是在城市规划方面切忌折腾。习近平总书记指出，规划科学是最大的效益，规划失误是最大的浪费，规划折腾是最大的忌讳。要实事求是确定城市定位，科学规划和务实行动，避免走弯路。二是城市建设的核心是人。习近平总书记指出，城市的核心是人，城市工作做得好不好，老百姓满意不满意，生活方便不方便，城市管理和服务状况是重要评判标准。人民城市人民建，人民城市为人民。在城市建设中，一定要贯彻以人民为中心的发展思想，合理安排生产、生活、生态空间，努力扩大公共空间，让老百姓有休闲、健身、娱乐的地方，让城市成为老百姓宜业宜居的乐园。三是城市管理和治理要像绣花般精细。习近平总书记指出，城市管理应该像绣花一样精细。要持续用力，不断深化，提升社会治理能力，增强社会发展活力。一流城市要有一流治理，要注重在科学化、精细化、智能化上下功夫。既要善于运用现代科技手段实现智能化，又要通过绣花般的细心、耐心、巧心提高精细化水平，绣出城市的品质品牌。四是城市发展要留下记忆、记住乡愁。习近平总书记指出，历史文化是城市的灵魂，要像爱惜自己的生命一样保护好城市历史文化遗产。城市规划和建设要高度重视历史文化保护，不急功近利，不大拆大建。要突出地方特色，注重人居环境改善，更多采用微改造这种“绣花”功夫，注重文明传承、文化延续，让城市留下记忆，让人们记住乡愁。

深入贯彻落实人民城市重要理念，需要紧扣习近平总书记“人民城市人民建，人民城市为人民”的基本思路，全面推动治理手段、治理模式、治理理念创新，深刻把握城市治理现代化的基本内涵，用绣花般的细心、耐心、巧心提高精细化水平，绣出人民城市的品质品牌。一是在治理手段上坚持数字赋能，抓好政务服务“一网通办”和城市运行“一网统管”，从群众需求和城市治理的突出问题出发，把分散的信息系统整合起来，做到实战中管用、基层干部爱用、群众感到受用，明确技术的赋能和工具属性。二是在治理模式上坚持共建共治共享，完善“党委领导、政府负责、民主协商、社会协同、公众参与、法治保障、科技支撑”的治理模式，调动各主体在城市治理中的积极性，打造城市治理共同体。三是在治理理念上坚持“人民城市人民建、人民城市为人民”，坚持广大人民群众在城市建设和发展中的主体地位，把让人民宜居安居放在首位，把最好的资源留给人民，找准服务群众的切入点和着力点，对接群众需求实施服务供给侧改革，办好一件件民生实事，使得发展成果由人民共享。

参考文献

《毛泽东选集》(第2卷),人民出版社1991年版。

《毛泽东选集》(第4卷),人民出版社1991年版。

《中国城市建设年鉴:1986—1987》,中国建筑工业出版社1989年版。

陈家喜、黄卫平:《把组织嵌入社会:对深圳市南山区社区党建的考察》,《马克思主义与现实》2007年第6期。

陈剩勇、徐珣:《参与式治理:社会管理创新的一种可行性路径——基于杭州社区管理与服务创新经验的研究》,《浙江社会科学》2013年第4期。

董兆祥、彭小华主编:《中国改革开放20年纪事》,上海人民出版社1998年版。

董志强、魏下海、汤灿晴:《制度软环境与经济发展——基于30个大城市营商环境的经验研究》,《管理世界》2012年第4期。

葛海鹰、丁永健、兆文军:《产业集群培育与城市功能优化》,《大连理工大学学报》(社会科学版)2004年第4期。

何哲:《大数据时代,改变了政府什么?——兼论传统政府的适应与转型》,《电子政务》2016年第4期。

洪银兴:《城市功能意义的城市化及其产业支持》,《经济学家》2003年第2期。

黄晓春、周黎安:《"结对竞赛":城市基层治理创新的一种新机制》,《社会》2019年第4期。

江泽民:《加快改革开放和现代化建设步伐　夺取有中国特色社会主义事业的更大胜利——在中国共产党第十四次全国代表大会上的报告》,《求是》1992年第11期。

敬乂嘉:《控制与赋权:中国政府的社会组织发展策略》,《学海》2016年第1期。

马丽:《党的领导与基层治理:嵌入机制及其发展》,《当代世界与社会主义》2020年第1期。

莫岳云:《建国初期中国共产党的城市管理思想》,《高校理论战线》2008年第6期。

人民日报社评论部:《民心是最大的政治——全面从严治党新观察》,人民出版社2016年版。

十八大以来新发展成就编写组:《十八大以来治国理政新成就》(上册),人民出版社2017年版。

陶志红:《城市土地集约利用几个基本问题的探讨》,《中国土地科学》2000年第5期。

王金艳:《中国共产党接管城市工作的历史经验》,《理论学刊》2013年第10期。

吴晓林:《党如何链接社会:城市社区党建的主体补位与社会建构》,《学术月刊》2020年第5期。

习近平:《决胜全面建成小康社会　夺取新时代中国特色社会主义伟大胜利——在中国共产党第十九次全国代表大会上的报告》,人民出版社2017年版。

新华月报:《新中国70年大事记》(下),人民出版社2020年版。

杨宏山:《转型中的城市治理》,中国人民大学出版社2017年版。

于思远主编:《房地产·住房改革运作全书》,中国建材工业出版社1998年版。

张树军主编:《十八大以来全面深化改革纪事(2012—2017)》,河北人民出版社 2017 年版。

中共中央党史研究室:《中国共产党的九十年》,党建读物出版社 2016 年版。

中共中央党史研究室:《中国共产党历史大事记》,人民出版社 1989 年版。

中共中央党史研究室:《中华人民共和国大事记:1949—2009》,人民出版社 2009 年版。

中共中央文献编辑委员会:《周恩来选集》(下),人民出版社 1984 年版。

中共中央文献研究室编:《建国以来重要文献选编》(第 17 册),中央文献出版社 1997 年版。

中共中央文献研究室编:《周恩来年谱》(中),中央文献出版社 1997 年版。

中央档案馆:《中共中央文件选集》(第 17 册),中共中央党校出版社 1992 年版。

中央档案馆、中共中央文献研究室:《中共中央文件选集》(第 41 册),人民出版社 2013 年版。

中央档案馆、中共中央文献研究室:《中共中央文件选集》(第 3 册),中共中央党校出版社 1989 年版。

中央机构编制委员会办公室:《邓小平论行政管理体制和机构改革》,中央文献出版社 1996 年版。

仲篪:《罢工策略》,《工运指南》1932 年第 3 期。

周飞舟:《锦标赛体制》,《社会学研究》2009 年第 34 期。

周黎安:《中国地方官员的晋升锦标赛模式研究》,《经济研究》2007 年第 4 期。

(第一作者为上海社会科学院副研究员)

中国共产党与政治仗

——基于《人民日报》“政治仗”相关文献的分析(1946—2020)*

鹿晓天　高民政

政治仗作为中国共产党极具特色的政治话语表达,反映了中国共产党治国理政的特色,是观察中国政治生活的独特视野。政治仗一词内涵丰富,形式多样,是中国共产党领导人民在革命、建设、改革过程中的重要政治实践方式。归纳梳理中国共产党人政治仗实践,有助于总结中国共产党人政治斗争经验、拓展对中国共产党理论与实践的认识视野和在新时代弘扬斗争精神。

一、政治仗研究的文献回顾与分析方法

(一)文献回顾

政治仗是中国共产党极具特色的政治话语表达,党和国家领导人曾多次提及“政治仗”。1958 年 10 月 21 日,毛泽东在对《人民日报》发表的社论《咎由自取》提出意见时指出:“我们索性宣布,只是单日打炮,双日不打炮。这是政治仗,政治仗就得这样打。”①1963 年 2 月 19 日张国华在中央工作会议全体会上做关于中印边境东段自卫反击作战的几个问题的报告时说:“我们这次打的是军事仗,更是打的政治仗”,而后毛泽东说:“打了一个军事政治仗,或者叫政治军事仗。”②1971 年 2 月 12 日,周恩来在观看准备参加第三十一届世界乒乓球锦标赛的中国运动员练习情况时,嘱告参赛运动员:“这次出国比赛,是打政治仗。要反骄破满,谦虚谨慎;放下包袱,增强信心;友谊第一,技术第二。做到胜不骄、败不馁。”③

---

* 本文系国家社科基金规划课题《大国民主模式与中国民主发展道路研究》(批准号:17BZZ084)阶段性成果;国防大学军队十三五“双重建设”项目军事政治学研究中心立项课题阶段性成果。

① 中共中央文献研究室编:《毛泽东年谱(1949—1976)》(第三卷),中央文献出版社 2013 年版。

② 中共中央文献研究室编:《毛泽东年谱(1949—1976)》(第五卷),中央文献出版社 2013 年版。

③ 中共中央文献研究室编:《周恩来年谱(1949—1976)》(下册),中央文献出版社 2020 年版。

1989 年 11 月 20 日,邓小平在会见编写第二野战军战史的老同志的谈话中指出:“平汉战役应该说主要是政治仗打得好,争取了高树勋起义。”①党和国家领导人的多次论述表明了中国共产党人在革命建设的相关实践中已经初步形成了对政治仗的理论自觉。这一政治话语在学术界也已有一定研究,体现了对政治仗的进一步探索。

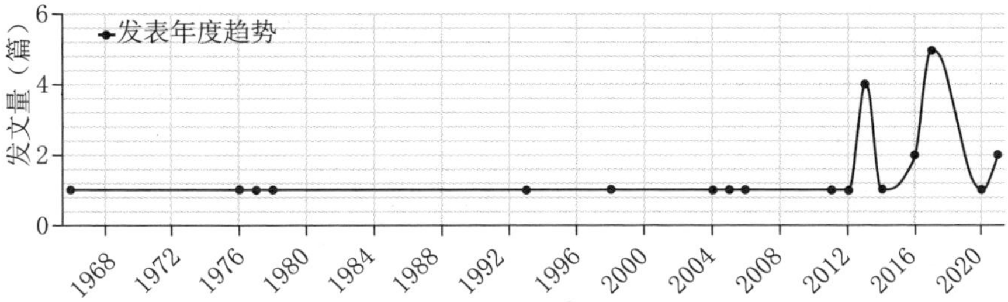

图 1　政治仗研究文献的时间分布

为了解“政治仗”这一主题研究的相关进展,通过中国知网(CNKI)进行检索,发现在其总库中共计 24 条。如图 1 所示,知网收录的最早的相关文献是 1966 年,在 2013 年之后,相关研究有所增多,尤其是在 2017 年达到峰值。对文献进一步分析发现,目前并没有一个研究机构或研究作者发表过一篇以上的研究成果,可见当前研究较为分散。在研究内容上,则以军事学科研究为主(7 篇)。根据对已有文献的基本考察与内容分析,可以将研究主题分为以下三类:

(1) 军事类

这类文献主要侧重于从国防建设和军事斗争准备等方面进行分析,通过政治仗的地位作用、实践内容、重要意义等反映政治仗的内涵特征。这类文献呈现两个特点:

一是与国防和军队建设重点相结合进行研究分析。如黄昆仑的《深刻把握新的历史条件下政治建军方略》指出“我军要强起来,作风必须过硬”,要“坚决打赢正风反腐政治仗生死仗”。强调军队作风建设的重要性。《壮大人民军队的

① 《邓小平文选》第 3 卷,人民出版社 1993 年版。

根》一文指出“人民军队永远面对‘两个战场’，既要打赢军事仗，又要打赢政治仗。89 年前，红军在古田完成了思想的淬火和精神的洗礼，打赢了一场清除各种非无产阶级错误思想的政治仗。”强调军队在意识形态领域所面临严峻考验，要坚持“思想建党、政治建军”。

二是从军事斗争需要出发，运用军事学的视角，探讨政治仗相关具体行动的特点、要求、方式方法。如庞湘华在《打好军事行动政治仗》中强调，政治因素对战争的影响和制约愈发突出，军事斗争政治性、政策性、敏感性显著增强，军队需要从政治高度筹划军事行动，考虑军事行动的政治影响、政治后果及政治效果。金林炎在《用打好“四仗”的实际行动落实强军之要》中指出要“打好维稳‘政治仗’”，以武警部队维稳行动为分析对象，强调行动中要立场坚定、行动灵活、指挥高效，实现政治效果、法律效果和社会效果的统一。将政治仗的落脚点放在军事行动上，侧重从政治角度进行分析，为军事斗争准备提供政治指导。

（2）党史类

这类资料大都是对某个特定历史事件、历史人物的回顾，重点在于总结政治仗的过程、经验及代表人物的典型事迹。在对抗战胜利后中共在上海地区开辟新闻舆论阵地的历史过程进行回顾的研究中，学者们大多采用了周恩来在 1946 年 3 月的指示：“办报就是打政治仗，你们在工作实践中，时刻不能忘记发展进步势力，争取中间势力，孤立反共顽固势力的政策。”来表示我党注重从政治斗争的角度开展新闻舆论工作。廖心文在《处理中印边界问题的对策方法》一文中，对 1958 年和 1962 年中印边境两次冲突分阶段进行了回顾，通过对史实的分析，比较清晰地把握了冲突中政治仗的具体内容及与其他手段的关系。卓爱平在《刘伯承、邓小平指挥平汉战役“政治仗”的历史考察》一文中，从政治仗角度对平汉战役的决策、执行及后续影响进行了较为细致深入的分析。此外还有对李志民、梁必业两位开国将领的政治仗实践进行回顾，以人物小传或采访的形式勾勒了军事斗争中政治工作的细节。

（3）时政类

这类研究与时事政治热点紧密联系，基本以某一政治事件、政治运动为对象，通过层层分析来揭示政治仗的政治背景、政治意义。如王健的《脱贫攻坚战是输不起的政治仗》与李亚彪等的《打击黑恶势力是一场“政治仗”》，对脱贫攻坚和扫黑除恶的政治影响、主要方式、重点难点等进行了分析，尤其强调了人民群众在其中的作用，将政治仗与民心仗相联系、与党的执政根基和执政使命相联系，突出其政治意义。刘洪波在《奥运场下的政治仗》一文中通过分析伊朗运动员米里斯梅利弃赛一事，认为奥运赛场往往也有政治因素发挥作用。此外，还有一些文献将一些技术突破、工艺进步也称为政治仗。这些文献普遍存在两个特点：一是基本都与党和国家的重大政治举措紧密联系；二是从政治的视角去分析经济工作、生产工作。但是结合国家现代化建设进程进行深入分析的成果相对较少。

（二）分析方法

《人民日报》在新中国成立后作为党中央的机关报，对于政治仗的相关文献持久且具有代表性。基于此，以《人民日报》政治仗相关文献为分析对象来探求政治仗内涵特征的发展演变及其规律，不仅有利于我们在新时代打好政治仗，也有利于从政治话语的角度探索中国共产党人思想与实践的规律与特点。

在研究思路上，为准确把握政治仗内涵特征的发展脉络，本文选择《人民日报》1946—2020 年的政治仗相关文献为研究样本，探讨政治仗内容特征的发展演变。《人民日报》虽然无法穷尽中国共产党所有的政治仗实践，但作为全国范围的官方媒体，作为党中央的机关报，对政治仗的描述也对全党全国开展的政治仗实践具有引导性和示范性的作用，因此其作为本文的研究对象具备一定的代表性和科学性。

在研究方法上采用文本分析、历史分析、比较研究等方法，将 155 篇相关文献根据不同的历史阶段、内容领域、实践形式、参与规模等进行分类，以此来考察政治仗的发展演变。在研究中，根据时代背景与其自身特点，将其划分为六个历史阶段，就其主要内容和特征分别进行分析，并就纵向历史发展和横向活动比较中探讨政治仗的发展演变规律和特点。

二、 政治仗内涵特征的发展演变分析

（一）阶段性分析

政治仗一词有着鲜明的时代烙印。根据《人民日报》1946—2020 年的政治

仗文献数量可以得到图 2。结合数量、主题和历史阶段特征,可以将政治仗实践划分为六个阶段。

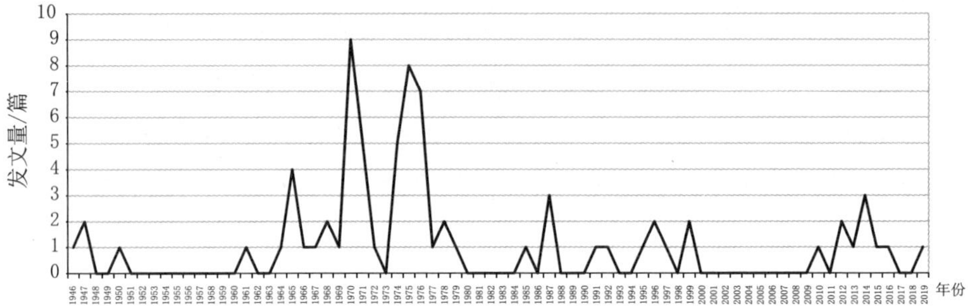

图 2　1946—2019 年《人民日报》"政治仗"文献的数量

(1) 1946—1949 年:解放战争

《人民日报》①自 1946 年就开始有政治战的相关文献,至 1948 年共计 3 篇。这一时期中国正处在全面内战时期。这一阶段中国共产党的政治目标为带领人民群众夺取新民主主义革命的全国性胜利,为建立民主的中国而奋斗,主要方式是武装斗争。这一时期的政治仗文献内容以瓦解敌军与发动群众为主,强调要注重赢得群众支持并树立民主政权的旗帜,并注重通过政治宣传等手段对敌人进行政治瓦解,促使敌人内部矛盾激化甚至投降。这种活动有力地配合了军事斗争实践,坚持了"把打军事仗和政治仗紧密结合起来,军事斗争胜利必须结合政治斗争的胜利"②的原则。

(2) 1949—1956 年:巩固政权

1949 年新中国成立之后,在军事、经济、国际环境及自身队伍建设等方面,中国共产党和中国人民面临着严峻的考验。③这一时期中国共产党的主要任务是领导全国各族人民巩固新生的人民政权,政治仗围绕剿匪工作展开,要求剿匪部

① 《人民日报》1946 年 5 月 15 日创刊时全名为晋冀鲁豫《人民日报》,后几经周折,于 1949 年 8 月 1 日正式成为中国共产党中央委员会机关报。目前《人民日报》图文数据库收录 1946 年 5 月 15 日以来的文献,故本文分析自 1946 年 6 月 15 日起。

② 太行山武委会:《敌后游击战争生根经验》,《人民日报》1947 年 8 月 15 日。

③ 国民党残部尚有 100 万人在西南、华南和沿海岛屿负隅顽抗,解放区内的国民党残部与当地匪徒勾结威胁国家秩序与政权稳定。

队坚持“军事清剿、政治瓦解和发动群众相结合”的方针。第一是不要扩大斗争范围，严格区分土匪和土匪活动地区的人民。第二是以斗争的方式达到教育的目的，通过对少数破坏纪律分子进行必要的纪律制裁来达到教育部队，严明纪律的目的。坚持“剿匪不但要学会打军事仗，而更要会打政治仗”①的要求。

（3）1957—1965 年：政治运动

从 1956 年社会主义基本制度建立到 1966 年“文化大革命”发动前夕，党领导全国各族人民进行了大规模的社会主义建设，结合中国国情对社会主义建设道路进行了艰辛探索。这一时期政治仗文献主要围绕政治运动展开，反映了党带领人民群众在社会主义建设中的巨大成就，以及艰苦奋斗、奋发图强的创业精神。体现了通过大规模群众动员推进国家工业建设和技术研发的“赶超战略”，通过政治动员迅速确立了以公有制为主体的经济基础，完成了社会的重组与整合，但过分强调“政治挂帅”，导致“左”的错误在理论和实践中得到累积。

（4）1966—1977 年：政治挂帅

“文化大革命”长达十年的动乱，使我国的政治、经济、文化等方面都受到了严重的冲击，党在社会主义建设的探索中经历了严重曲折。这一时期政治仗的文献量共计 119 篇，涉及工业、农业、军事等多个领域，主要围绕工农业生产展开。政治仗成为常用语，尤其是在一些政治运动或生产攻坚中，强调“把生产仗当政治仗打”②突出以非程序、非制度化、权威主导的方式来组织和领导现代化建设，调动了大量人力物力用于推进生产建设，中国工业总产值 1976 年比 1965 年增长 181.7%，平均每年增长 9.9%；农业总产值 1976 年比 1965 年增长 51.2%，平均每年增长 3.8%。③但是同时也使得正常的生产过程受到政治运动的冲击，“使中国延误了跨入世界先进民族之列的良机”。④

（5）1978—2011 年：歌颂革命家

十一届三中全会后，改革开放拉开序幕，标志着中国共产党勇敢开辟中国特

① 新华社南京九日电：《华东军区及三野政治部指示　正确执行剿匪政策　严格执行军事清剿、政治瓦解和发动群众相结合的方针》，《人民日报》1950 年 1 月 10 日。

② 类似表述在“文化大革命”期间频繁出现于《人民日报》，如“首先打好政治仗　才能打好经济仗”，工业生产“打的首先是一场政治仗、志气仗”，将钻井工作视为“超美甩修的政治仗”等。

③ 中共中央党史研究室：《中国共产党的九十年》，中共党史出版社 2016 年版。

④ 王沪宁：《比较政治分析》，上海人民出版社 1987 年版。

色社会主义道路的决心。这一时期共有16篇政治仗文献，主要围绕军事领域展开，多为对相关军史、战例的回顾，体现了"多歌颂工农兵群众，多歌颂老一辈革命家"的要求。如王必成的《杰出的军事家——忆粟裕同志》、陈丕显的《雄才大略　襟怀坦荡——怀念敬爱的陈毅同志》、王平的《政治工作者的楷模——悼念李志民同志》、曾思玉的《怀念杨得志同志》、李耀文等人的《我军政治工作的优秀领导者——缅怀谢有法同志》等，内容上与武装斗争密切相关，内涵上多为军队政治工作、统一战线等。此外还有部分文献与工程建设、国际政治密切相关，表明政治仗同时也是一种观察国际政治博弈的视角，也表明通过发扬斗争精神完成艰巨的任务仍然是中国共产党在现代化建设中所采用的一种重要方式。

(6) 2012—2020年：政治建军

2012年至2020年，《人民日报》共有9篇政治仗文献，其中8篇涉及军事领域，与军事斗争准备和国防与军队建设密切相关。2014年10月30日在福建古田召开的全军政治工作会议对军队建设意义重大，突出了政治建军的要求，成为政治仗文献中的重要内容。既强调非战争军事行动的政治敏感性、军事谋划的政治要求等与武装斗争密切相关的内容，也突出军队意识形态斗争、军队反腐政治仗生死仗等侧重国防和军队建设的内容。

当前党在军事领域面临严峻考验，军队内部的腐败问题在反腐过程中得到充分暴露，军队外部的"军队非党化""非政治化""军队国家化"等政治思潮对党对军队绝对领导的基本原则构成一定冲击，这些问题紧迫而具有挑战性，需要打赢"意识形态主动仗"和"反腐政治仗生死仗"等，以将问题和隐患迅速排除，才能确保党对军队的绝对领导。正如林尚立所言："只要党牢牢地把握住对军队的领导权，党就能在任何政治风浪中保持对国家、社会的全面领导。"①突出政治建军，强调军事服从政治是这一时期政治仗文献的典型特点。

(二) 内容分析

(1) 追求政治实践的进步性：追求革命追求进步

在政治仗文献中，出现次数最高的词为"革命"，共计3 263次。革命意味着事物从旧质到新质的飞跃，侧重事物的发展与进步。革命过程中最具典型的政

---

① 林尚立：《当代中国政治形态》，天津人民出版社2017年版。

治实践即为武装斗争，李维汉指出："'战争是政治的继续'，战争要胜利，首先要靠政治，首先要打赢政治仗"①，强调"革命的战争，是正义的战争，这种战争的政治性质使他不仅具备了胜利的可能性，而且具备了胜利的必然性"。突出了人民战争的进步性质，体现了革命性、正义性、进步性三者的高度统一。

（2）强调政治实践的人民性：依靠人民为了人民

中国共产党以全心全意为人民服务为宗旨，政治仗亦体现着这一根本宗旨。政治仗文献中"群众"一词出现932次，"人民"一词出现672次。在大庆油田的相关文献中指出石油工人不分白天黑夜的工作，拿下了大庆油田，打了"一场发奋图强，自力更生的政治仗、志气仗"②。修建南昆铁路时，面对大面积征地任务和繁重施工任务，西南人民在党的领导下短期内完成2.85万亩的征地任务，支援修路的民工仅一个乌沙镇就来了4 000名，依靠人民打了"一场举足轻重的政治仗"，对于加强西南内陆经济建设、扶贫攻坚意义重大。

（3）侧重政治实践的斗争性：形式多样内容丰富

"斗争"一词在相关文本中共出现1 035词。从斗争类型上看，有党派斗争、意识形态斗争、反腐败斗争、军事斗争、阶级斗争、路线斗争、外交斗争等等。从斗争对象上看，有国民党残部、土匪、恐怖分子、"走资派"、"顽固派"、"苏联修正主义"、工程项目、不正之风等。从领域来看，有工业建设领域与自然条件斗，有政治领域与人斗，有军事领域与敌人斗，有思想领域与错误思潮斗等。从背景看，有国际技术封锁和经济制裁，有工程项目建设条件恶劣，有科研项目时间紧迫等等，不得不以斗争的手段来解决问题。

综合而言，这些斗争关乎国家政权建立与巩固，关乎国家现代化建设，关乎国家安全稳定与人民福祉，内容丰富，样式多元，深刻体现了政治仗中所包含的斗争意蕴。

（4）重视政治实践的策略性：团结自己打击敌人

在谈及战争首先要"打赢政治仗"后，李维汉指出："革命战争要胜利，还要依靠正确的政策。这里除了孤立和瓦解敌人的政策以外，最主要的就是如何团

① 李维汉：《中国人民民主统一战线的特点》，《人民日报》1961年6月17日。

② 冯其庸：《大庆精神的赞歌——话剧〈石油凯歌〉观后》，《人民日报》1965年11月5日。

结和壮大自己的问题,或者说,就是统一战线问题。"表达了政策策略在应然到实然的实践过程中的重要作用。在黄桥决战的回顾中,作者强调了陈毅和粟裕同志采用的"击敌、联李、孤韩"的斗争策略,巧妙地"把军事仗与政治仗结合起来"①。在对李志民同志的回忆中,强调了其"深知政治工作的威力,很善于打'政治仗'"②,在围攻李旺堡、阻击东北军时能够利用敌内部矛盾,通过宣传等手段来瓦解敌人。在对上海战役的评价中,称之为"不仅是一场殊死搏斗的军事仗,更是一场意义重大的政治仗"③。

(5) 突出政治实践的艰巨性:不怕牺牲克服困难

在工程建设中,如西藏羊湖电站建设任务面临海拔高、地理条件荒凉等恶劣条件,被称为"硬仗、恶仗、政治仗"。在军事领域,政治仗包括关乎战争局势走向的关键节点的战役战斗。如在邯郸战役中,曾思玉接到邓小平命令:"你要指挥部队狠狠地打,坚决歼灭敌人这个营,战局就会起变化,这是政治仗。要动员全体指战员发扬大无畏的革命英雄主义精神,不惜最大牺牲,坚决歼灭敌人。"④

(三) 形式分析

政治仗的形式是其内涵特征的重要体现,政治仗在不同的领域有着不同的具体形式。综合现有研究情况,以实践内容为基础,对政治仗形式进行分析,按照政治领域、军事领域、生产建设、文化科技领域四大类统计,得到如表 1 所示结果。

表 1 "政治仗"文献的形式分析

形式 \ 年份		1946—1948	1949—1956	1957—1965	1966—1977	1978—2011	2012—2020	比重
军事领域	武装斗争	1	0.12	0.11	0.25	0.15	0.67	40.2%
	军队政治工作	1	0.24	0.22	0.74	0.21	0.56	54.1%
	国防军队建设	0	0	0	0	0	0.33	5.7%
	合计	2	0.36	0.33	0.99	0.48	1.56	1

① 陈丕显:《雄才大略　襟怀坦荡——怀念敬爱的陈毅同志》,《人民日报》1991 年 8 月 25 日。

② 王平:《政治工作者的楷模——悼念李志民同志》,《人民日报》1987 年 12 月 10 日。

③ 李耀文、刘居英、华楠、刘立封:《我军政治工作的优秀领导者——缅怀谢有法同志》,《人民日报》1996 年 5 月 20 日。

④ 曾思玉:《怀念杨得志同志》,《人民日报》1995 年 4 月 7 日。

（续表）

形式 \ 年份		1946—1948	1949—1956	1957—1965	1966—1977	1978—2011	2012—2020	比重
生产建设	工业生产	0	0	0.78	5.09	0.03	0	71.3%
	农业生产	0	0	0.11	2	0	0	25.5%
	工程建设	0	0	0	0.17	0.09	0	3.1%
	合计	0	0	0.89	7.26	0.12	0	1
内政外交	国家内政	0	0	0	6.5	0.03	0	96.6%
	外交谈判	0	0	0	0	0.12	0.11	3.4%
	合计	0	0	0	6.5	0.15	0.11	1
文艺科技	科技研发	0	0	0.44	1.17	0	0	75.2%
	文艺创作	0	0	0.11	0.42	0	0	24.8%
	合计	0	0	0.55	1.59	0	0	1

注:以上数据为年平均值。

（1）军事领域:既要打军事仗,也要打政治仗

《人民日报》政治仗相关文献始于军事领域,人民军队作为中国共产党领导下的军队、执行革命的政治任务的武装集团,具有鲜明的政治属性。经过统计,文献中高频词句为“既要打军事仗,也要打政治仗”“政治建军”等。军事类的文献是唯一贯穿各个时期的类别,在新中国成立之初强调要在对敌进行武装斗争的同时注重政治瓦解和发动群众,随着时代发展,侧重点也从强调军事斗争转变到强调国防和军队建设,在新时代活动内容上更多地体现在贯彻政治建军的要求、培塑过硬的军队作风,这也与当前国防与军队建设实际相符合。

（2）生产建设领域:把生产仗当政治仗打

通过大规模群众动员推进现代化建设是中国现代化进程中的显著特征,通过政治动员完成紧迫、艰巨的生产建设任务是政治仗的重要主题。生产建设领域的政治仗实践以工业生产比重最高,占比为71.3%,说明主要是在工业化建设过程中进行政治动员,主要包括油田建设、煤矿开采、轮船研制等。农业生产类的文献占25.5%,农民和基层干部是我们国家建设过程中的重要组成部分,体现了共产党深入基层的动员能力。占比相对较小的是工程建设类文献,约占

3.1%,典型的工程包括南昆铁路、西藏羊湖电站、襄渝铁路等。

(3) 内政外交领域:国家内政与外交谈判

政治运动是政治领域文献的主要内容,占到了96.6%的比重,这种国家内部政治活动以发动群众为主要特征,集中发生在“文化大革命”时期,如“批林批孔”“斗、批、改”“革命派造反”等,这一时期年平均文献量达到6.5次,为历史峰值。随着我国民主法治建设的不断发展,政治运动类相关文献迅速降低,甚至绝迹。此外,外交谈判类的政治仗文献也偶有出现,多为围绕某一国际事务多方政治势力根据自身利益需求进行博弈的过程。

(四) 组织与参与分析

政治仗实践的组织形式是相关实践的主体或客体性质的反映。政治仗的主体离不开能动的“人”,对政治仗实践的主要参与对象进行分析并按照行业类型进行整理可以得到如下表2所示结果。

表2 “政治仗”文献的组织分析

年份 对象	1946—1948	1949—1956	1957—1965	1966—1977	1978—2011	2012—2019	比重
工人	0	0	0.67	6.58	0.09	0	23.4%
农民	0	0	0.11	2.25	0.06	0	7.7%
军人	1	0.12	0.11	1.83	0.24	0.89	13.4%
学生	0	0	0	0.67	0	0	2.1%
知识分子	0	0	0.44	2.75	0.03	0	10.3%
医生	0	0	0	0.25	0	0	0.8%
党政干部	0	0	0.78	7	0.32	0.33	26.9%
群众	0	0	0	4.42	0.15	0	14.6%
国际政客	0	0	0	0	0.12	0.11	0.7%
总计	1	0.12	2.11	25.75	1.01	1.33	1

注:以上数据为年平均值。

在相关实践中,党政干部是主要的参与者,占比26.9%。表明政治仗多是在党的领导下,以党组织为依托来开展的。其次是工人,占比23.4%,工人阶级作为国家的领导阶级,在其先锋队中国共产党的领导下进行了伟大的生产建设实践,敢于攻克难关,不懈拼搏奋斗,贡献突出。军人也是主要参与者,占比13.4%,政治仗本身就与"军事仗""军队政治工作"密切相关,表明军队在我国政治实践中占有重要地位。政治仗实践涉及党、政、军、民、学各个群体,党员干部、军人、工人在其中发挥着重要的作用。

表3 "政治仗"文献的组织规模分析

规模 \ 年份	1946—1948	1949—1956	1957—1965	1966—1977	1978—2011	2012—2019	比重
全国	0	0	0.33	1.25	0.15	0	10.9%
省市	1	0	0.11	2	0.12	0	20.3%
县乡村	0	0	0	1.08	0	0	6.8%
部队	1	0.12	0.11	0.67	0.24	0.89	19.1%
单位	0	0	0.67	5.25	0	0	37.3%
学校	0	0	0.11	0.58	0	0	4.3%
国际	0	0	0	0	0.09	0.11	1.3%
合计	2	0.12	1.33	10.83	0.6	1	1

注:以上数据为年平均值。

通过上表可以清晰地看到,文献数量最多的是以"单位"为主体,占比37.3%,多为在某一工厂、科研院所等单位内部开展的政治运动。体现了我国"单位制"的特色,单位成为落实上级政治意图,组织群众政治运动的重要中介。其次分别是"省市"和"部队",而"部队"则在改革开放后占比最高,表明部队当前是开展政治仗实践的重要群体。

三、 政治仗内涵特征的整体特征、演变规律及理论思考

(一)整体特征

第一,组织发动上坚持党的领导。考察政治仗相关实践,可以发现中国共产党是政治仗实践中不变的中轴。如果党中央号召进行某一政治运动或者树立某一典型,全国范围内及各地区、各单位相关的政治仗文献就会迅速增加,并且以党政干部为政治仗实践的骨干力量。

第二，主题内容上围绕国家发展需求。总体呈现与时俱进的特点，政治仗与中国共产党所面临的具有一定挑战性的政治任务密切相关，具体内容不断变化。并从军事领域逐步拓展到社会各领域，从革命实践拓展到国家现代化建设，从以斗争为中心向发扬斗争精神、实现中华民族伟大复兴过渡。

第三，时间选择上呈现集中分布特点。首先，最明显的特征就是在"文化大革命"时期数量暴增。其次，中央及上级发出号召后的一个时期内政治仗文献会出现明显增加。最后，在国内外政治形势紧张严峻时或国内外发生重要政治事件后也可能带来政治仗的升温。

（二）演变规律

第一，政治仗内容特征演变和国家革命建设进程相统一。在新中国成立前后，政治仗的主要对象是反革命分子，主要通过武装力量采取军事仗与政治仗结合的方式将其消灭。而到社会主义过渡结束后，政治仗则主要围绕国家现代化建设相关内容展开。

第二，政治仗内容特征演变与国家民主法治发展相统一。政治仗实践在新中国成立初期的实践是与大规模的群众运动密切相关的，与毛泽东所称的"大民主"①紧密联系，具有非程序化、权威主导等政治特征。改革开放以来，伴随着社会主义民主法治的发展，政治仗更多是在党和国家领导下，在法律法规的规范内通过发扬斗争精神着重对某些现实政治问题进行解决。

第三，政治仗内容特征演变与党的路线方针政策相统一。在新中国成立初期党的主要任务巩固社会秩序，在社会主义过渡时期建设初期是推进社会主义现代化建设，在改革开放后的文献内容着重贯彻党中央"多歌颂老一辈革命家"的指示，侧重总结斗争经验。在新时代，相关内容与党中央强调的"政治建军"要求密切相关。

（三）结论与思考

从历史逻辑上看，政治仗植根于中国共产党政治斗争实践。中国共产党自建党之日起，就面临着复杂的政治斗争形势，更是时常以"非法"的状态受到所谓

---

① 毛泽东曾指出："我们的爱好是无产阶级领导下的大民主，它是对付阶级敌人的，民族敌人也是阶级敌人，大民主也可以用来对付官僚主义者。"参见中共中央文献研究室编：《毛泽东年谱（1949—1976）》第3卷，中央文献出版社2013年版，第34页。

“中央政府”的“围剿”。这种革命实践背景下，中国共产党牢牢把握“统一战线”“武装斗争”“党的建设”三大法宝，通过“战争动员”①实现对旧政治秩序的暴力颠覆。长期的武装斗争使得中国共产党在新中国成立之后常常以“打仗的思维搞建设”②，中央内部及中央与地方之间的文件往来带有明显的“战争痕迹”③。这种“打仗思维”一方面借鉴了革命战争实践中某些宝贵经验，如人民战争思想、集中兵力打歼灭战思想等，在全面执政的条件下充分地调动了社会资源有力地推进了我国现代化建设。另一方面，“打仗思维”也具有其局限性，经济发展、政治发展、社会发展有其自身独特的发展规律，革命实践的路径依赖与思维惯性可能会带来社会发展的挫折。

从社会发展看，政治仗指向以斗争推进现代化建设。“在中国这样一个后发现代化国家，由于社会的力量极其薄弱，现代化的动力不是来自社会的自组织力量，而是来自一定的政治权威。”④中国共产党政治实践所要完成的任务是变革中国上千年的封建文明与小农经济，经过新民主主义革命走向社会主义，追求一种超越资本主义文明的社会形态。中国共产党作为工人阶级的先锋队和先进生产力的代表充当了社会的发动机，在资源贫弱的现实条件下，以一种非自然生长的特点迅疾地唤起民众以推动社会变革。新中国成立后，在较长时间内面临着巨大的外界环境压力，这种压力给中国现代化建设带来了巨大的紧迫感，也促使中国共产党实行了“赶超型战略”，通过政治动员以组织化的手段加速社会变革。

从价值追求看，政治仗动力源于党的“初心与使命”。党的十九大报告指出

---

① “动员的范围包括对现存秩序不满的阶级、阶层直到社会边缘群体，这种动员必然显现为一种为革命党特有的大规模的群众动员。”参见陈明明：《在革命与现代化之间——关于党治国家的一个观察与讨论》，复旦大学出版社 2019 年版，第 71 页。

② 新中国成立初期，在农业建设中，毛泽东指出：“对于个体经济实行社会主义改造，搞互助合作，办合作社，这不仅是个方向，而且是当前的任务……比如打仗，打了一仗，休整一下，再展开第二个战役。问题是有的阵地退多了一些。”参见中共中央文献研究室编：《毛泽东年谱（1949—1976）》第二卷，中央文献出版社 2013 年版，第 189—190 页。

③ 在开展“五反”政治运动期间，毛泽东曾在文件批语中写道：“薄一波同志四月六日关于上海五反第二战役经验的报告是正确的。”参见中共中央文献研究室编：《毛泽东年谱（1949—1976）》第一卷，中央文献出版社 2013 年版，第 535 页。

④ 陈明明：《在革命与现代化之间——关于党治国家的一个观察与讨论》，复旦大学出版社 2019 年版。

“中国共产党人的初心和使命，就是为中国人民谋幸福，为中华民族谋复兴。这个初心和使命是激励中国共产党人不断前行的根本动力。”①这种定位使得中国共产党不同于西方政治学语境下的一般政党，“中国共产党的基本性质、发展目标和根本价值追求及其在中国社会发展中的领导地位和历史使命，决定了中国共产党不但肩负着普通政党所肩负的代表与表达两大常规功能，而且肩负着作为长期执政的政党所肩负的整合、分配和引领三大功能。”②这种整合、分配与引领功能在政治仗实践中得到充分的体现，中国共产党领导人民群众整合社会资源，推动国家现代化建设与政治发展，将更加公平合理的分配寓于高质量发展之中，在这一过程中，中国共产党也“转型成为融性质、作用、角色、地位、使命、责任于一体的使命型政党”③。

回顾中国共产党百年历史不难发现，政治仗作为中国共产党一种极具特色的政治话语，深深植根于党的百年政治斗争实践之中。在新的历史方位，国际国内形势复杂严峻，需要弘扬斗争精神，打好新时代的政治仗。

（第一作者为国防大学政治学院研究生，
第二作者为国防大学政治学院教授）

① 习近平：《决胜全面建成小康社会，夺取新时代中国特色社会主义伟大胜利——在中国共产党第十九次全国代表大会上的报告》，《人民日报》2017 年 10 月 28 日。

② 唐亚林：《从党建国体制到党治国体制再到党兴国体制：中国共产党治国理政新型体制的建构》，《行政论坛》2017 年第 5 期。

③ 唐亚林：《使命—责任体制：中国共产党新型政治形态建构论纲》，《南京社会科学》2017 年第 7 期。

企业家注意力与中国共产党百年：一个经济解释*

孙泽生　赵红军

一百年前，一群忧心中国命运的先进分子集合在一起，发起成立了中国共产党；一百年后，星火燎原，它演变成超过九千万党员、领导十四亿人民成功实现巨大经济转型和史无前例经济绩效增长的执政党。任何有目力之人都不能对中国共产党百年革命和建设的艰难探索和成绩无动于衷。从革命时期的土地改革到革命成功后的公有制确立及计划经济向市场经济的转型探索，经济学家负有解释这一现象背后之经济规律的历史使命。中国实践已大大不同于马克思主义经典作家的设想，也有力回应了米塞斯等一批理论经济学家对社会主义不能实现“经济核算”因而注定失败的论断。最新的一些文献肯定了中国建设实践的“思想革命”，但仍坚持所谓“新古典经济学”在中国胜利的观点。①只有对这一极宏大的研究课题给出简洁而有微观基础的回答，才能挖掘出中国共产党百年革命和建设实践所蕴含的新的经济理论线索。要实现这一目标，应以马克思的生产力理论和生产力解放为基点，而生产力解放又可反映为不同要素组织之优化及其效能的充分发挥，以现代经济观点论，即诸要素均能实现规模经济下的充分利用。相较于已有研究，本文尝试通过一个以“人”为核心的要素分析和引入企业家注意力的规模经济分析框架，为中国共产党百年革命和建设实践提供一个初步的经济理论解释。

一、 引入企业家注意力的分析框架

在中国共产党成立前的1920年，奥地利学派经济学家路德维希·冯·米塞

* 本文受到国家社科基金项目（17BJY012、2018BJL003）的资助。

① S. Cohn, “The Implications of Neoclassical Economics over Marxist Economics in China,” *Review of Radical Political Economics*, 2021, forthcoming.

斯与波兰经济学家奥斯卡·兰格之间爆发了长达数十年的关于社会主义生产的论战,社会主义“经济核算”问题成为争论的焦点。这一焦点背后是社会主义者倡议并践行的生产资料公有制及其所驱动的、当时以计划经济为主要表现形式的公有制在经济生活中的运用。米塞斯、熊彼特、哈耶克及其追随者随后建立并发展完善了企业家才能理论,这一理论突出了企业家识别存在于环境中的利润机会中的独特能力:因企业家才能的创造性和协调能力,每一个企业家的行为都在产生不可言说的、分散的、实践的以及主观的信息,进而产生了经济核算的可能;任何经济强制则因其对企业家才能发挥的妨碍,损害此类信息的产生,因而也不利于经济核算。当这种妨碍体现于整个经济时,社会经济核算即归于不可能。对经济核算问题和企业家的重视,成为米塞斯及其追随者支持私有制,反对“制度性地侵犯财产权或干预财产权”的理论基点①。但一百年后再回顾,米塞斯可能走了一半正确的路,在单一世代经济中企业家才能发挥对实现诸要素间的最优匹配和生产效率的充分发挥至为重要,但在一个跨世代经济中却并非如此。

要理解这一点,需要对企业家才能进行新的分析。更准确地讲,企业家才能是一个颇宽泛而笼统的概念。受米塞斯影响的西班牙经济学家德索托指出,“任何人,只要他的行为对目前的状态进行调整,以实现他未来目标,那么他就是在发挥企业家才能”②。曾担任美国经济学会主席的鲍莫尔将企业家才能区分为生产性、非生产性和破坏性三个受制度影响、可相互转化的类型③,这已经大大远离了将企业家才能用于微观生产分析的边界。企业家才能概念的笼统性可于以下事例予以体现:一位只能经营家庭作坊和个位数雇工但利润率丰厚的企业家与一位可经营超大规模企业但利润率仅略止于竞争性水平的企业家相比,哪个企业家才能更强?

---

① H. Hoppe, *A Theory of Socialism and Capitalism*, Boston: Kluwer Academic Publishers, 1990; [西]赫苏斯·韦尔塔·德索托:《社会主义:经济计算与企业家才能》,朱海就译,长春:吉林出版集团有限责任公司,2010年,第27—35页。

② [西]赫苏斯·韦尔塔·德索托:《社会主义:经济计算与企业家才能》,朱海就译,吉林出版集团有限责任公司2010年版,第14页。

③ W.J. Baumol, “Entrepreneurship: Productive, Unproductive, and Destructive,” *Journal of Political Economy*, Vol.98, No.5, 1990, pp.893-921.

一般而言,能成功经营小型企业的企业家其才能主要体现在深度维度上,他们可使得一家小型企业实现不低于乃至高于平均利润率的绩效;但一旦生产规模扩大,就可能导致管理技巧、方法以及决策判断力的颠覆性变化,适应小企业的企业家才能不一定适应于大规模生产企业。显然,对企业家的分析涉及不同维度。更一般地看,我们可区分两个维度上的企业家才能。其一是企业家可生存性(Survivability),即在给定的企业规模下,其经营使企业获得利润率能否达致竞争性水平,以及其能超过竞争性水平的程度。如能使得所经营企业达致竞争性利润水平,则该企业家具有生存能力;而超出竞争性水平的程度可用以衡量生存能力的强弱,它可被视为企业家才能的深度维度。其二是企业家注意力水平(Attention),即在使得所经营企业获得不低于竞争性水平利润率条件下,其所经营企业的最大规模,可被视为企业家才能的广度维度。

以上分类就可把奥地利学派称之为具有企业家才能的"人"从要素意义上区分为劳动和企业家两类(图1)。设若在一个竞争性市场上,令竞争性收益率为r_0,某一具企业家才能的"人"经营特定规模企业(n)所能获得的收益率为r,如果$n=1$,且$r<r_0$,则该"人"经营企业难以在市场上生存,他只能在劳动市场上作为劳动要素拥有者存在,如图1的阴影面积①所示。如果$r=r_0$,则作为劳动者和自雇佣经营最小规模企业的企业家角色之间没有差异;如果$r>r_0$,则承担自雇佣经营最小规模企业的企业家角色是有利可图的;在任意给定的$n\geqslant 1$条件下①,能获得$r\geqslant r_0$收益率的"人"都可被遴选出来承担企业家角色。因此,由最小企业规模下相比竞争性收益率的边际条件为依据,通过劳动市场上企业家生存能力的显示性披露,就可分离出企业家和劳动两种要素。对已被显示具有生存性的企业家,设社会平均的人均资本量为k,在竞争性市场上的总收益($r*k*n$)中,可被分解如下:

$$\begin{aligned} r*k*n &= (r-r_0+r_0)*k*n \\ &= (r-r_0)*k*n+r_0*k*(n-1)+r_0*k \end{aligned} \tag{1}$$

其中,式(1)右侧第1项为企业家生存性收益,即由企业家生存性($r-r_0$)带来的

① 为研究简洁起见,企业规模以雇员数量n表示,用营业额或者资产规模等可得到类似结论。

超过竞争性水平的收益,即图 1 中的阴影面积②,它也可被认为由熊彼特定义的企业家“创新”而来①;第 2 项为企业家注意力收益,由超过 1 人企业的企业规模决定;第 3 项则为企业家具有的劳动对应之收益。当源自特定企业家之“创新”被模仿后,存在 $r \to r_0$ 的显著趋势,则有:

$$r * k * n = (r - r_0 + r_0) * k * n \to r_0 * k * (n - 1) + r_0 * k \qquad (2)$$

亦即,由企业家生存性($r-r_0$)带来的超过竞争性水平收益趋于消失,即图 1 中的阴影面积②趋于 0,此时,企业家的回报主要由其注意力之作用而获得。

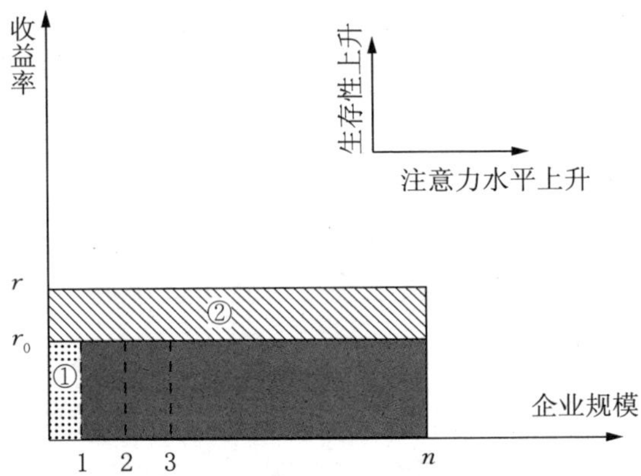

图 1　企业家注意力、生存性与劳动分工

资料来源:作者自行绘制

设若特定企业家注意力水平为 n_0,则其所经营企业的规模应为 $n \in [1, n_0]$。该企业家与劳动、资本等要素的适配受到前者的注意力水平约束,在其所经营企业规模 n 达致临界水平 n_0 前,将可观察到被摊薄的企业家注意力使用($1/n$),这一递减成本项与其他可分要素的匹配对应于明显的生产规模经济。如果企业规模已超出企业家注意力边界 n_0,则要素间的适配就会消失,导致生产效率的下降和单位生产成本的递增。米塞斯和追随者也认识到,“总是存在某个关键的规模,超过这个规模,有效地管理公司所需要的信息的数量和类型将会变得如此巨大和复杂,它将远超过管理者的解释和理解能力”②。但他们的分析中

① ［奥］约瑟夫·熊彼特:《经济发展理论》,何畏、易家祥等译,商务印书馆 2019 年版,第 75 页。

② ［西］赫苏斯·韦尔塔·德索托:《社会主义:经济计算与企业家才能》,朱海就译,吉林出版集团有限责任公司 2010 年版,第 154 页。

使用的粗糙的“企业家才能”概念无法理解“这个关键的规模”来源于哪里以及将会产生何等作用。

我们引入的企业家生存性概念并不是全新的,从亚当·斯密到乔治·斯蒂格勒的经济学传统中就有以竞争披露的企业规模来显示企业生存能力的研究传统。①企业家注意力范畴用以衡量企业家对不同规模生产的适应能力,作为稀缺资源的注意力要素及注意力配置对“人”和企业家的影响也已经引起经济学家的注意②,它被认为是生物共有之能力且随着先天因素和后天的人力资本积累而变化③。企业家注意力配置的典型情形是,低注意力水平企业家对应于不超过工厂层面规模经济的企业类型,其回报兼有企业家注意力和劳动要素二者,且注意力水平越低,其回报越趋近于劳动要素价格;高注意力水平企业家对应于规模增加至明显超出工厂层面规模经济的企业类型,其回报将明显超出仅有劳动要素个体的报酬,当企业规模足够大时,因 $1/n \to 0$,企业家个体的劳动要素职能趋于消失而单纯作为企业家存在。

以上阐述的对企业家的分析不仅仅是为了微观上解释企业的最优规模,虽然它的确可以被用于这样的分析。我们建构以上新分析的目标在于引入企业家注意力与诸要素适配的跨世代分析。在单世代分析中,有较高注意力水平的企业家所经营企业将拥有较低的单位生产成本和较高的市场竞争力,因而生产规模会不断增长,其有效率生产直至其注意力水平边界。之所以用“有效率生产”,是因为已获得较大生产规模的企业,如果这一规模相对市场容量和要素供给瓶颈而言,已有一定垄断地位,则该企业必不满足于适配至其注意力边界的有效率生产规模,而会继续扩大生产规模,只要垄断增强带来的边际定价能力和

① [美]乔治·J.斯蒂格勒:《产业组织与政府管制》,潘振民译,上海三联书店、上海人民出版社1996年版,第23页。

② 如汪丁丁:《“注意力”的经济学描述》,《经济研究》2000年第10期;郑江淮:《企业家注意力配置与创新模式的决定》,《外国经济与管理》2000年第6期。

③ Simon, Fagley and Halleran(2004)认为,对有限理性的决策者而言,信息并不稀缺,稀缺的是处理信息的能力,因之决策的关键是如何有效地配置其有限的注意力。但更进一步,个体之间的注意力限度及外化的注意力资源是异质性的。(参见 A.F. Simon, N.S. Fagley, J.G. Halleran, “Decision Framing: Moderating Effects of Individual Difference and Cognitive Processing,” *Journal of Behavioral Decision Making*, Vol.17, No.2, 2004, pp.77-93)

利润增长能超过规模上升带来的非效率损失即可。这是一般的微观经济学垄断理论所证实的。当然,如果市场容量足够大,或者政府能有效管制垄断企业的无效率扩张,则生产向高注意力水平企业家经营企业的集中仍意味着生产力增长。以上分析在单世代模型中的正确性是米塞斯和追随者强调私有制的当然涵义。

但问题在于,私有制对应的生产资料私人占有依附于活生生的自然人身上,而自然人作为生物体固有之基因自私性①,使其必然将生产资料私人占有在世代之间传承,"为子孙立永久之业"②。设若有一单世代模型中被显示有高注意力水平的企业家个体,其注意力与诸要素适配之效率可否在代际传承中维持?生物学和基因学上并无人的天赋会稳固代际遗传的证据,一般的假设和社会经验观察可认为企业家可生存性具有随机分布特征,通过随机分布和生存能力显示性将自然人区分为劳动者和企业家。其中,给定竞争性收益率水平,设若可在 $A \geqslant 1$ 情形下使得 $r \geqslant r_0$ 的概率为 P_s,虽无此一概率的准确数据,但可由以下方式对此做出初步估计:可通过已注册且可在市场竞争中生存的企业数量予以判断,由观察可知拥有生存能力的企业家仅占所有"人"的较少份额。③令特定水平注意力分布概率为 P_A,如"人"被显示具有企业家生存能力,则一般的观察是低注意力水平企业家出现的概率较大,而高注意力水平企业家出现概率较低,文献中并无此类企业家有关的概率分布统计,但依据其经营企业的显示性注意力水平,文献多支持其服从对数正态分布④,即 $LN(A) \sim N(\mu, \sigma^2)$,因 $P_s = F(A \geqslant 1)$,显示这一分布严重左偏。另外,由式(2)可知竞争性市场条件下收入可作为企业家注

---

① [英]理查德·道金斯:《自私的基因》,卢允中等译,中信出版集团 2018 年版,第 108—109 页。

② 《宋史》卷 250。

③ 如 2019 年末我国有企业数量 3 858.3 万户,个体工商户 8 251.0 万户,后者的注意力水平 $n \leqslant 1$,考虑到初创企业颇高的死亡率,则与当年劳动年龄人口(8.964 亿人)相比,则有生存性企业家之比重应不大于 10%。以上统计数据来源于国家市场监督管理总局。新企业死亡率文献综述参见杜运周、张玉利:《新企业死亡率的理论脉络综述与合法化成长研究展望》,《科学学与科学技术管理》2009 年第 5 期。

④ Gerrit de Wit, "Firm Size Distributions: An Overview of Steady-State Distributions Resulting from Firm Dynamics Models," *International Journal of Industrial Organization*, Vol.23, No.5, 2005, pp.423-450; L.M.B. Cabral, J. Mata, "On the Evolution of the Firm Size Distribution: Facts and Theory," *American Economic Review*, Vol.93, No.4, 2003, pp.1075-1090.

意力水平的一种替代，而前者服从指数分布①，因此可将注意力水平分布归纳为较直观、易于计算的指数分布，即 $A \sim E(\lambda)$，且 $\lambda>0$，其概率密度函数和分布函数为：

$$f(A) = \begin{cases} \lambda e^{-\lambda A}, & A > 0 \\ 0, & A \leqslant 0 \end{cases}$$
$$F(A, \lambda) = \begin{cases} 1 - e^{-\lambda A}, & A > 0 \\ 0, & A \leqslant 0 \end{cases} \tag{3}$$

则有 $P_A(A \geqslant n_0) = e^{-\lambda n_0}$，随着 $n_0 \to \infty$，有 $P_A(A \geqslant n_0) \to 0$。显然，随着注意力水平上升相应企业家发生概率将急剧下降。设有跨世代的注意力水平 A_t 和 A_{t+1}，$A_t = n_0$，$A_{t+1} \geqslant n_0$，则二者的联合概率分布为：

$$P_A(A_t, A_{t+1}) = P_A(A_t \geqslant n_0) * P_A(A_{t+1} \geqslant n_0) = e^{-2\lambda n_0} \tag{4}$$

由式(4)的指数分布联合概率分布函数可知，特定自然人跨世代均出现高注意力水平企业家的概率将为对应小概率事件发生之概率的平方，随着代际数增加，这一概率将指数级继续下降。以指数分布之特征看，其意即为不可能事件。设若 $A_{t+1} < n_0$，则跨世代模型中企业规模应收缩至区间 $[1, A_{t+1}]$，而 $(A_{t+1}, n_0]$ 即为非效率传承。故在跨世代模型中，高注意力水平企业家必将面对概率意义上的后代成其为劳动者或低注意力水平企业家的不匹配情形。如果高注意力水平企业家将适配的资本等要素传承给其后代，则必然发生生产的非效率情形。

对跨世代的非效率传承之经济影响的分析还需要纳入垄断因素。包括马克思之前时代的土地、马克思时代的资本以及奥地利学派经济学家强调的“资本品和自然资源”②，只要这些要素足够稀缺或存在供给瓶颈因而易被垄断，则必将产生额外的后果③。即便受承者有企业家生存能力（因而仍可以是企业家）却不

① Tao Y., Wu X.J., Zhou T., et al., “Exponential Structure of Income Inequality: Evidence from 67 Countries,” *Journal of Economic Interaction and Coordination*, Vol.14, 2019, pp.345-376.

② ［西］赫苏斯·韦尔塔·德索托：《社会主义：经济计算与企业家才能》，朱海就译，吉林出版集团有限责任公司2010年版，第136页。

③ 朱富强：《企业家精神能否带来有效市场——基于奥地利学派企业家才能观的考察》，《社会科学研究》2017年第2期。

具备高企业家注意力水平，则他们依旧可由其他方法维持其利润水平不降低，这些方法包括：(1)设法降低收入向其他生产要素所有者的分配水平，尤其是劳动；(2)设法在同类持有稀缺资源的受承者之间形成某种联合，以遏制竞争者的进入，降低向政府的税收缴纳，同时从政治上和制度上保护他们获得的垄断权力。由此，跨世代的非效率传承以一种自我加强的方式推动出现经济的收缩，亦即，其本身已因企业家注意力与诸要素的错配而规模不经济，有碍于生产力水平发挥；又因扭曲要素收入分配，削弱和混乱公共财政①，形成保守的利益集团（阶级）而加速经济增长的下滑。由此，一个源于微观的纳入企业家因素的生产要素错配就产生了宏观意义上的经济后果。当要素收入分配，尤其是劳动收入分配大幅恶化且程度日益加深时，单世代模型中私有制导致的经济增长就会演变为经济衰退，由此产生另类的经济周期波动。

但与一般的经济周期性波动不同，由企业家注意力错配导致的经济下滑并不会很快继之以经济复苏，除非导致错配的核心因素——将低注意力水平企业家们所控制的稀缺资源（资本品和自然资源）解构，重新将后者释放到市场中，由高注意力企业家进行重新组合。考虑到前述分析中讨论的已形成之保守利益集团问题，这一解构在政治上将极难以自动实现。因此，经济衰退可能将持续足够久的时间，直至外力将锁定的低注意力水平企业家对要素的控制予以破除。②

以上讨论的跨世代模型已给出了生产资料私有制所引发的生产增长波动和下滑的机理，显然，米塞斯及其追随者强调的企业家才能需要“财产权保护和非强制政策”的观点只是一个单世代的跨期分析，而未纳入跨世代的动态分析。③生产资料公有制的制度设计之核心价值在于，要维持企业家注意力水平与诸要素的动态适配，并避免跨世代意义上的错配。在马克思主义经典作家眼中，资本主义乃至更早时期的生产资料私有制导致了不同群体（阶级）间的严重剥削和收入不平等，以致因受剥削群体（阶级）购买力日益萎缩（相对）的约束，而产生周

① 公共财政削弱与收入分配的关联，原因在于，为获得给定的财政收入，政府可能不得不将赋税转向（居垄断地位之）企业家之外的要素所有者，使其可支配收入下降。

② 这些外生冲击包括外敌入侵、农民起义、水旱天灾以及传染病（瘟疫）等。

③ 《孟子·滕文公上》言及的“有恒产者有恒心”亦指单世代分析，我们应补充追问“有恒产者有恒心，但是否有恒能？”的问题。《贞观政要·论君道》申明的创业难还是守业难的问题，亦反映了单世代分析与跨世代分析之间的差异。

期性的经济危机和商业循环,这一分析侧重了生产组织之于分配的影响,因此,要改变受剥削状况,使消费与生产相适配以释放生产力,生产资料公有制是更适合的制度设计。着眼于分配和消费固然有价值,但进一步指向生产和生产函数更有利于分析的深入。马克思本人虽未提及"企业家"概念,但亦指出"产业经理"是"我们的工业制度的灵魂""工业的司令官"①。由于企业家要素的随机分布特性,将单世代的企业家要素与诸要素适配,不仅具有生产力释放的重要价值,也同时具有公平分配上的突出意义。只要能找到恰当的企业家遴选机制,公有制可提供跨世代的适配企业家注意力与诸要素的效率发挥的制度条件,而不须受制于生产资料私有制下跨世代的非效率传承。

但本文前面的分析亦强调,仅当相对市场容量和要素供给瓶颈的较大企业规模下,才要求具有高注意力水平的企业家。此时的生产资料私有制下代际传承中,高注意力水平企业家产生的联合分布之概率才是足够小因而不可能的,所导致的跨世代非效率传承问题才是足够重要的;除此之外的其他情形下,所导致的传承非效率将大幅减弱。而且,当相对市场容量的企业规模较大时,相应的较小规模企业家群体也容易异化组织成利益集团,形成助推经济下滑之主要动力;反之,较小规模企业适配之企业家群体较大,其于经济周期下滑的作用亦较弱。因之,马克思和恩格斯在《共产党宣言》中指出,最先进国家可采取之措施中,首要之三条建议即是"1.剥夺地产,把地租用于国家支出。2.征收高额累进税。3.废除继承权"②。它针对的即是本文阐明的跨世代模型中的非效率传承问题,而土地(和资本)则是马克思之前和所处时代观察到的供给瓶颈较显著的代表性要素,也是妨碍企业家注意力跨世代适配的核心障碍因素。

到此为止,我们从理论上分析了米塞斯及其追随者未走完的路,重视企业家但又重新审视企业家,但最终结论却与米塞斯批评的对象——马克思的观点相吻合。亦即,生产资料公有制,特别是针对资本品和自然资源的生产资料公有制,恰是发挥企业家才能、实现企业家注意力与诸要素跨世代适配的良好制度设计。

---

① 《资本论》第3卷,人民出版社1975年版,第434、427、50页。

② 《马克思恩格斯选集》第1卷,人民出版社2012年版,第404—421页。

二、企业家注意力视角下的计划与市场

虽然我们已从企业家注意力跨世代适配视角分析了给定情形下生产资料公有制的生产性意义,但其作用发挥尚须依赖于如何表现在现实经济运行中。米塞斯及其追随者之所以强调私人财产权问题,缘由在于它提供的由剩余索取权带来的激励和企业家才能的发挥。这在马克思所处时代,即所有者和经营者合一因而"资本家"和"企业家"合一情形下是极明了的,"资本家"或曰"企业家"是为自己的资本增值而奋斗,这即为传统型企业家的作用。但在资本集中和公司制企业大量出现后,企业家角色更多(但可能非全部)由专门从事经营管理活动的职业经理人承担,这种非业主型的现代企业家之目标和作用已大不同于传统型企业家,委托—代理问题极为普遍。在此背景下,新制度经济学家科斯发表于1937年的论文中强调了由企业家指挥生产、用企业家替代交易的复杂的市场结构的思想。科斯及后来的经济学家承认企业内部适用计划(命令)机制,而企业外则适用市场机制,其边界在于追加交易(计划、命令)成本正等于市场交易之边际成本处。科斯指出,"当企业扩大时,对企业家的功能来说,收益就会减少,即企业内部组织追加交易的成本可能会上升,以至于达到等于在公开市场上完成这笔交易所需的成本。……当组织内交易增加时,或许企业家不能成功地将生产要素用在他们价值最大的地方,即不能导致生产要素的最佳使用"①。科斯所谓的"企业家功能的收益减少"即隐含着企业家要素使用的被摊薄过程;但更准确地讲,就是企业规模已超过其注意力边界,导致其与诸要素组合已出现单位成本递增情形。由此,企业边界是在市场交易成本外生给定条件下,由企业家注意力边界决定。超出注意力边界的企业规模即为非效率的。如将以上分析用于生产资料公有制的经济运行分析,则现代型企业家的普遍存在意味着业主是私人个体还是政府等机构持有并不显得特别重要,重要的是作为企业家的所有者或者其雇佣的承担企业家职能的经理人要与所管理的企业规模适配,即前者的注意力边界应能覆盖所管理之特定规模的企业。如果所管理企业之数量、营业额

---

① R.H. Coase, "The Nature of the Firm," *Economica*, Vol.4, 1937, pp.386-405.

和雇佣人数等衡量的规模处于企业家注意力限度内,则企业内计划(指令、组织)自然无碍于效率发挥;如超出,则非效率生产是显然的。

再进一步扩展,虽然我们指出了公有制在跨世代分析中的生产效率价值,但将所有生产资料收归国有,并设计由国家(政府)来经营管理所有企业,这时宏观经济和国民经济就演变成由中央计划者指令管理的超大型企业($n_0 \to \infty$),后者涵盖数量、规模、产业差异很大的不同生产单元。以我们前面讨论过的企业家注意力分布论,拥有如此高程度注意力水平的企业家当是未在人类经济史上出现过的超小概率事件。①由此,可认为计划经济是懒惰的政治,它无视企业家注意力约束,草率地认为由充当企业家的中央计划者可将其注意力覆盖所有生产单元,自然是非效率的。

但反过来,无视企业家注意力可能达到的边界,而认为公有制经由国营(国有)企业来表现并生存于经济中是泯灭企业家才能的批评,亦没有任何经济学上的理据。20 世纪 20 年代开始的关于社会主义"经济核算"的大争论,实际上走入了非此即彼的死胡同。以米塞斯、哈耶克及追随者为一方的反对论者,认为社会主义的问题就在于根本不能实现"经济核算",原因在于其对标的苏联式计划经济以懒惰的政治令国家经营所有生产单元,而未认识到这并非公有制实现的必须。批评者坚持,"社会主义的精髓是完全消灭市场和行为学上的竞争,社会主义制度是个没有市场、没有生产要素市场价格、没有竞争的制度"②。而以兰格为首的辩护方则寻求于数学、计算机或者准市场等解决方案,这些方案因其静态性、复杂性和操作上的巨大困难而很难实现,但却没有关注为何公有制之实现和生存要依赖于完全的国有经营,也没有对批评者强调的企业家在经济运行中的枢纽作用之观点进行有效的吸纳和回应。事实上,即便米塞斯本人也为计划经济下的竞争和市场价格留下了一个窗口,即"没有孤立的社会主义制度,……,它们能够做经济计算,靠的是国外的物价"③。亦即,即便一国将其全部生产资

① 我们并不知晓"人"所能获得的最高企业家注意力水平,但可通过竞争带来的显示性注意力披露来判断,也可以用截至当前时期曾实现的成功经营最大规模企业的企业家为最高注意力水平的限度。

② [美]路德维希·冯·米塞斯:《人的行为》,夏道平译,上海社会科学院出版社 2005 年版,第 652 页。

③ 同上书,第 649 页。

料公有并由国家经营——这超出了最高程度的企业家注意力水平,但从世界经济运行而言,它也只是一个企业家注意力低于企业规模因而存在非效率生产的个案而已。如认识到这一点,关于社会主义"经济核算"的大争论,以及计划与市场的长期争论就不成其为问题了。

我们也可从企业管理文献中得到计划与市场边界,及其蕴含的与企业家注意力适配的证据。管理模式的转变和新管理技术的运用会自然节省企业家注意力资源的使用,因而放大其可经营的具生存能力的企业规模。以前者而论,以中央集权的职能部门式的组织结构(U型结构)转变为多分部的拥有一个公司总部和大量产品或者地区分部的组织结构(M型结构),就体现了对企业家注意力的节省使用,即企业史学家钱德勒所意识到的公司高层的决策负担问题——通过新的组织结构创建来应对已有组织结构下高层决策愈益增长的多样性和复杂性,可激发管理者进入新的地区和产品市场的意愿。①但钱德勒还指出,早期的企业家(管理层)决策负担超载通过多部门组织结构革新来缓解,但当后者难以线性变化时,超载会导致管理人员的增加,以及管理者联系企业维持其整体性之基本能力的丧失。此时,企业规模已超出企业家的注意力水平以及相伴随的企业组织管理能力,以资产剥离(重组)为途径的规模收缩又成为企业家注意力有效配置的必然结果,这就是由企业家注意力水平决定之计划与市场边界的动态性。对于新管理技术的运用,社会主义"经济核算"的早期争论中,辩护一方就曾以计算机的使用作为计划经济可以运行的重要证据;较新的乐观派认为包括云平台、云计算、机器学习、移动互联网、物联网和区块链等人工智能技术融合而致的大数据革命将有可能给人类提供完全信息和准确信息,甚至认为可以此为基础重建计划经济。②但批评家指出,该技术无法促使执行单位如实上报真实信息,也无助于计划当局对互相冲突的各项目标做出最优权衡并制订出最优计划。③以上争论的核心仍在于企业家注意力是否可在技术支持下达致($n_0 \to \infty$)

---

① [美]阿尔弗雷德·D.钱德勒:《战略与结构:美国工商企业成长的若干篇章》,北京天则经济研究所等译,云南人民出版社2002年版,第7—8页。

② 何大安:《大数据革命与经济学创新》,《社会科学战线》2020年第3期;王丰:《企业家才能批判——"大数据视域"下社会主义计划新证、边界及走向》,《教学与研究》2017年第9期。

③ 张旭昆:《大数据时代的计划乌托邦——兼与马云先生商榷》,《探索与争鸣》2017年第10期。

的极端水平,以我们当前对企业家的认知,其注意力要素受技术革命的影响实现节约使用当无异议,但至高水平的企业家注意力之存在性却是过度乐观的。

虽然马克思在很早的时期就把握住了因机器的大规模使用带来的资本主义社会化大生产趋势,但马克思本人却仅指出应按照社会化大生产与分配之协调的客观经济规律有计划地自觉组织生产的思想,并未提出"计划经济"的概念。① 迟至1906年,列宁在《土地问题和争取自由的斗争》一文中,才提出"只有实行巨大的社会化的计划经济制度,同时把所有的土地、工厂、工具的所有权转交给工人阶级,才能消灭一切剥削"这一设想。②它在后来成立的苏联及其他社会主义国家得到彻底的执行,即几乎所有的企业都被改造或者自成立伊始便被定义为国营(有)企业,以反映生产资料公有制的要求。虽然马克思本人并未独立地界定过资本主义概念③,但英国经济学家庇古给出的定义是,资本主义是"生产的物质手段归个人所有,……,由其占有大部分生产资源的一种经济或制度"④。米塞斯也以生产资料私有制或者公共管制为特征来区分资本主义和社会主义。⑤在后来较流行的界定和解释中(如维基百科和百度百科等),资本主义范畴以生产资料私有为核心,包括私有财产、资本积累、雇佣劳动、自愿交换、价格制度和竞争性市场等。由此,自然私营企业就是资本主义生产的最重要特征,它与前面描述的由列宁提出并在苏联等国实践的计划经济、国营(有)企业作为社会主义生产的最重要特征构成了生产组织方式光谱的两个极端情形。

马克思所敏锐捕捉到的资本主义社会化大生产的发展是单体企业因采用机器和新技术而带来的规模扩张,以至于不断使得"小业主"和"小食利者"等破产并进入工业中工作⑥。这一趋势在工业革命的时代背景下就体现为边际意义上

① 丁捷:《一个需要澄清的理论问题》,《科学社会主义》2002年第3期。

② 《列宁全集》第13卷,人民出版社1987年版,第124页。

③ [法]费尔南·布罗代尔:《十五至十八世纪的物质文明、经济与资本主义》第3卷,顾良、施康强译,商务印书馆2017年版,第429页。

④ [英]阿瑟·庇古:《社会主义与资本主义的比较》,黄延峰译,电子工业出版社2013年版,第1页。

⑤ [美]路德维希·冯·米塞斯:《官僚体制反资本主义的心态》,冯克利、姚中秋译,新星出版社2007年版,第18、27页。

⑥ 《马克思恩格斯选集》第1卷,人民出版社2012年版,第368页。

的企业规模经济产量的扩大及对规模经济的充分利用。以相对市场容量的规模经济观察①,市场容量的增大会使得单体企业的相对市场份额下降,为满足需求,增加的市场容量会内生地要求有更多数量的企业存在。当相对市场容量的企业规模经济很弱时,单体企业并未要求有较高的企业家注意力水平;但如果令庞大数量的企业(生产单元)皆服从于某一担任企业家职能的中央计划者,则要求后者具有极高的企业家注意力水平。反之,如果相对市场容量的企业规模经济很强时,单体企业一般要求配置较高注意力水平的企业家,而因为企业数量很少,则即便设定唯一的作为企业家的中央计划者,其所需要配置的注意力水平也并不显得非常苛刻。

显然,因产业间市场容量—企业规模经济之关系的巨大差异性,无论是国营(有)还是私营(有),企业数量差别是极其大的:既可能存在成千上万甚至更多数量的竞争性非常强的产业,也可能存在仅有若干家企业的寡占市场、仅有一家企业的垄断市场,还甚至有可能存在缺乏企业供给的、需求不能被满足的潜在产业。类似于苏联模式的全部国有化生产特征,内在要求具极高企业家注意力水平的管理者(中央计划者)——其注意力水平应既能覆盖规模经济弱因之企业数量极大的竞争性产业,又能覆盖规模经济较强因之企业数量较少的寡占/垄断性产业。要实现后者的难度是较低的,但前者实现的难度是相当高的。

问题的关键在于,如果采取全部国营(有)的生产组织方式,具有较高注意力水平的企业家遴选又成了极困难的问题。难度在于,因缺乏市场和价格体系,所有企业的准确的投入成本、利润信息的缺乏使对其注意力水平的衡量不太可能实现,这是米塞斯对计划经济和社会主义之批评的关键所在。极低的正确遴选概率加之注意力—企业数量错配的高风险,更倾向于使得弱规模经济产业偏离规模经济生产,因此类产业更多地是消费品产业,因此全国营(有)的计划经济生产组织下,消费品短缺是应有之义。对于全私营(有)的生产组织,本文之前的分析已经阐明了其可能存在的跨世代错配问题,此处不再赘述。我们亦不讨论因战争需要或经济危机影响而由政府建立或者接管企业并组织生产而诞生的国营

---

① G.J. Stigler, "The Economies of Scale," *Journal of Law and Economics*, Vol.1, 1958, pp.54-71.

(有)企业。①仅从学理分析,全私营(有)的生产组织固然有利于匹配不同的企业家注意力与生产的规模经济,但当相对市场容量的规模经济量很大时,设若有恰当的企业家遴选机制,私营(有)与国营(有)之间对企业家注意力水平的需求已相当接近。考虑到公司制企业的大量存在及产权结构的多元化,此时的计划与市场已无显著差异。

三、 理解中国共产党百年革命和建设

按照本文的分析框架,中国封建社会及其向半殖民地半封建社会的转变中,所反复经历的即为跨世代的企业家注意力与诸要素的错配及其在生产和经济周期性波动中的反映。由于土地要素的稀缺性及其在低生产力时期的关键作用,历朝历代统治者无不高度关注土地问题。但土地问题及其与企业家注意力的适配却在经济史文献中多有争论。②较主流的观点持王朝更替→土地分散→土地兼并→农民破产→王朝更替的历史循环③,其中,土地兼并若在单世代内由有经营能力因而具备较高注意力水平的作为企业家的地主进行,则在单世代内有生产效率上的贡献,文献中已对此有充分探讨④,但跨世代模型中仍会出现严重的

① 国有企业的产生是政府或者国家直接参与经济活动的产物,它在经济发展史上早就存在(Toninelli, 2000)。但较大规模地产生于第一次世界大战直至第二次世界大战后的20世纪70年代,即便在极度强调私营企业制度的美国,"二战"期间美国政府也利用预算资金建立了2 600个大型工业企业。(参见P.A. Toninelli, *The Rise and Fall of State-owned Enterprise in the Western World*, Oxford: Cambridge University Press, 2000;陆军荣:《国有企业的产业性质、国际经验及治理启示》,经济科学出版社2008年版,第2—7页)

② 尽管低生产力时期并无现代意义上的"企业"及"企业家",但按照本文述及的结合生产要素的企业家才能发挥之作用,我们仍使用"企业家"一词并使用企业家注意力这一概念进行分析。类似文献参见谢冬水、李润平:《企业家才能配置与土地集中效应差异——18—19世纪中国与英国的比较》,《首都经济贸易大学学报》2012年第3期。

③ 如[美]黄仁宇:《赫逊河畔谈中国历史》,三联书店1997年版,第67页;钱穆:《中国历代政治得失》,三联书店2001年版,第18页;王钧:《地权的困境:明代史个案研究》,《人大法律评论》2001年第1辑。

④ 雷霆:《饱受争议的北宋土地兼并:商业繁荣的推手或杀手》,《经济资料译丛》2016年第4期;叶文宪:《论土地兼并的合理性及其根源——两汉人地关系个案研究》,《苏州铁道师范学院学报(社会科学版)》2000年第1期;苏旭霞、王秀清:《农用地细碎化与农户粮食生产》,《中国农村经济》2002年第4期。

错配;如土地兼并由权贵势要依非经济强制力而实现,则单世代内即已错配,二者何者为重,现已缺乏严谨全面的统计资料,但所区别者只是前一类兼并导致错配时期较长而后者立刻呈现而已。①当然,也有不少文献认为,中国历史讫于中国共产党成立前后的土地兼并并不严重。②所使用的证据包括北宋以来自耕农(主户)和佃农(客户)的统计资料等,但却难有土地集中的准确数据,而且,对权贵势要对公田之兼并并无充分关注和统计。③要害的是,论及土地兼并加剧与否并不唯一重要,同样重要的是,在已给定的土地地主占有条件下,由于跨世代错配或权贵势要的当期错配,其要获得稳固的收益率,必然遵循两种途径着力:其一是提升其对雇农、佃农的收成分成比例,也就是提高对这两者的剥削水平;其二是以政治力求得豁免或减少向封建王朝政府的税收缴纳,倒逼后者为维持财政收入而增加向自耕农的征缴水平。④因之,农民阶级的贫困和趋于恶化的收入分配,轻者以降低其再生产水平和对土地投资能力为代价必将损及生产,重者则使其破产引致微观上的土地兼并。文献中的争议还在于是否中国的王朝更替系由土地兼并引发,持否定观点者可举出非土地兼并的大量外生冲击,如异族入侵、天灾等;但更深入的分析当在于这些冲击之效应,依赖于因企业家注意力与诸要素之错配及已被削弱的生产效率所呈现的经济衰退及脆弱性。⑤若非如此,可使用的反证是在封建王朝前期错配量尚较少时,因生产仍总体有效率使得经济处于上升和稳定期,则承受外部冲击能力较强,同样的外生冲击就很难成为各朝更替的直接原因。⑥

---

① 黄少安、谢冬水:《土地集中效应差异化假说——农业经济时代与工业化和市场经济时代土地集中效应比较》,《经济理论与经济管理》2013 年第 9 期。

② 刘正山:《土地兼并的历史检视》,《经济学(季刊)》2007 年第 2 期;李金铮:《相对分散与较为集中:从冀中定县看近代华北平原乡村土地分配关系的本相》,《中国经济史研究》2012 年第 3 期。

③ 白文固:《从寺院的土地兼并看宋代大土地所有制的发展》,《青海师范大学学报(哲学社会科学版)》1982 年第 3 期;李华瑞:《宋代的土地政策与抑制"兼并"》,《中国社会科学》2020 年第 1 期。

④ 薛海波:《论魏晋国家政权与豪族大土地所有制的关系:抑兼并与"守清贫"》,《史林》2009 年第 2 期。

⑤ 俞炜华、刘大皓、刘迪民、刘阳:《土地兼并与中国王朝兴衰——一个经济分析框架》,《制度经济学研究》2019 年第 4 期;杜树章:《中国皇权专制社会治乱循环现象的经济学解释——基于租金耗散的视角》,《江苏社会科学》2010 年第 3 期。

⑥ 阎万英:《中国封建社会的土地兼并与经济波动的关系》,《中国农史》1990 年第 4 期。

在以上适配—错配的周期性运动中,当错配已达严重程度时,有若干因素值得说明。鲍莫尔所称的企业家才能之破坏性就表现为有企业家才能但却不适配于生产资料之人发动的农民起义,还包括规律性出现的异族入侵和依概率出现的严重天灾、传染病等,均由已衰落之经济而达到外生解构生产要素错配的结果。①(土地)生产资料及其原所有者的消亡和人口的急剧下降会出现大量的无主土地,幸存者可以其企业家注意力与土地低成本适配,开启新一轮的适配及经济增长过程②,这是中国封建旧王朝更替之后、新王朝初期多所经历之事,它具有生产性意义。而在非王朝更替时期,自秦汉以降至北魏和隋唐,中国封建社会不乏抑兼并、均田于民的思想和实践,北魏孝文帝时期更是以政府控制的公地、无主地向无地农民分配。③虽有批评者认为这一举措目的仅在于稳定可征敛的赋税④,但不可否认其客观实现的生产意义。

以上分析旨在对中国共产党成立前的社会提供一个一般化的认知框架,也用以理解中共一大及之后时期以土地政策为代表的革命和实践的历史背景。在中国共产党成立之前的旧民主主义革命时期,革命先行者孙中山先生曾长期倡议"平均地权",其设想是以"土地国有"来防止垄断,使"公家愈富"而促进"社会发达"。其蕴含之意义与封建王朝之"均田"相类,不论其操作性如何,仅因倡议"国有"即较前有大进步。在中共一大通过的党纲中,已明确"废除资本私有制,没收一切生产资料,如机器、土地、厂房、半成品等为社会所有"⑤。这一政纲自然反映了自马克思以降对私有制下易产生跨世代错配的观察、理论反思和制度

① 参见 W.J. Baumol, "Entrepreneurship: Productive, Unproductive, and Destructive," *Journal of Political Economy*, Vol.98, No.5, 1990, pp.893-921;也有论者指出中国传统上存在的分家析产制在避免土地过分集中、解构错配中的作用,参见陈旭麓:《近代中国社会的新陈代谢》,上海人民出版社1992年版,第5页。还有论者指出封建社会土地兼并主要是权贵势要之间的所有权变化,而不涉及土地兼并,参见耿元骊:《"土地兼并"与唐宋间地权的流变》,《辽宁大学学报(哲学社会科学版)》2008年第4期。

② 赵延安、张蚌蚌:《我国封建社会土地法律制度演替及当代启示》,《西北农林大学学报(社会科学版)》2019年第5期。

③ 贵畹兰:《秦汉解决土地兼并问题的经济思想》,《上海经济研究》1982年第6期;张金龙:《北魏均田制实施考论》,《首都师范大学学报(社会科学版)》2017年第1期。

④ 薛海波:《论北魏均田制下的国家、豪族和小农》,《中国社会经济史研究》2010年第1期。

⑤ 《中国共产党第一个纲领》,载《中国共产党第一次全国代表大会档案文献选编》,中共党史出版社2015年版,第1—2页。

设计,也源于中国自身历史发展脉络中经由王朝更替方能实现的错配→适配之高成本循环的当代认知和解决尝试。但以当时的理论和知识,即1921年仅为米塞斯发起社会主义“经济核算”争论的第二个年头,年幼的中国共产党自不能从理论上认识,私有制导致跨世代错配的边界应在何处,“没收一切生产资料”是否矫枉过正尚有待于实践之检验。

这一实践首先来源于中国共产党1927年发动武装起义后于江西建立的中央苏区。通过将地主、富农从其控制之土地上进行剥离,并将之分配给贫农和雇农,是前文述及的推动企业家注意力与(土地)要素适配的生产侧改革。但早期的土地政策遵循建党初期的纲领,如在1927年11月中共中央政治局扩大会议上通过的《中国现状与共产党的任务决议案》和《中国共产党土地问题党纲草案》中,提出“完全没收一切地主土地”和“一切私有土地完全归组织成苏维埃国家的劳动平民所共有”,即“土地国有”①。这一思路进一步反映在1928年颁布的《井冈山土地法》和1929年4月颁布的《兴国土地法》中。虽然后者将没收土地范围由一切土地改为“一切地主阶级的土地”,但均强调了土地所有权属政府而不属于农民,亦即农民只有使用权且禁止土地买卖,这仍是“土地国有”纲领的沿袭。以当时中国共产党的非执政党地位而论,“土地国有”理念并不能带来制度稳定性的有效确认,而只是增加了“农民的恐慌心理”②;蔡和森在1928年6月—7月间召开的中共六大上亦指出,“在没有全国的工农政权建立或几省的建立,国有土地是不可能的,因而禁止土地买卖的问题现在无提出之必要”③。显然,国有如果不能适配以有效的稳定的经营权预期和由市场交易形成的与企业家注意力的动态适配,就不能发挥其生产率意义。为此,1928年11月17日,《中共中央致浙江省委信》清晰地指出,“在现在中国资产阶级民权革命的过程中,所谓土地革命是要没收一切地主的土地,不是要取消私有制度”④。1930年9月的《六届三中全会政治讨论的结论》中提出,“那些不许土地买卖不许租佃,就算是贫富均匀保证剥削关系消灭净尽的小资产阶级空想社会主义者,我们这会场上也许没有了”⑤。

---

① 《中共中央文件选集》第3册,中共中央党校出版社1989年版,第501页。

②③ 《第二次国内革命战争时期土地革命文献选编(一九二七——一九三七年)》,中共中央党校出版社1987年版,第63页。

④ 同上书,第78页。

⑤ 同上书,第331—332页。

随后于1930年11月发布的《土地革命法令》规定"不禁止雇佣耕种，不禁止买卖"①。这即是允许单世代的企业家注意力与土地要素的适配。而后1931年通过的多项政策，诸如3月15日公告"土地一经分定，土地使用权、所有权通通归农民"。在《土地问题提纲——江西省、县、区苏维埃主席会议通过》规定，"确定土地农民私有，……可以自由租借、自由买卖"②，以及1931年6月《闽西苏维埃政府布告第十九号——重新分配土地条例》规定"土地经此次重新分配之后生者不再分，死者不收回，可以出租或买卖"③，即确证了单世代适配的制度框架。

在随后的抗日战争时期，为团结应对战争、调动最大的资源支持，中国共产党停止没收地主土地，并和国民党都开始减租减息政策，它总体上无助于实现企业家注意力与土地要素的适配，但以政治力干预收入分配，获得减租减息的农民有更多的收入可用于改善土地生产条件，仍有一定的生产率意义；但相较于中国共产党开辟根据地实施较完全的减租减息政策，国民党统治区所推行的"二五减租"成效甚少④，其缘由仍在于本文述及的错配的承担企业家职能的在位地主阶级利用政治力，获得生产效率下降条件下的稳固收入是其理性选择，减租减息恰与地主阶级的理性目标相悖逆，也从侧面印证跨世代内企业家注意力与要素适配并不会自动实现的观点。

而当中国共产党在40年代末已稳执战场主动权、有望在全国取得革命胜利的时期，1947年的西柏坡会议通过了《中国土地法大纲》，再次确立"没收一切地主阶级的土地，征收富农的多余土地，分给无地少地的农民"的土地政策，"废除封建半封建的土地制度，实行耕者有其田的土地制度"⑤。到新中国成立后，按照《中国人民政治协商会议共同纲领》规定，国家"有步骤地将封建半封建的土

① 《第二次国内革命战争时期土地革命文献选编(一九二七——九三七年)》，中共中央党校出版社1987年版，第351页。

② 同上书，第399页。

③ 《中国新民主主义革命时期根据地法制文献选编》第四卷，中国社会科学出版社1984年版，第18页。

④ 时东、王伟斌、田时嫣：《新民主主义革命时期国共两党土地政策》，《中国金融》2020年第21期；刘一民：《抗战时期国共两党在土地政策上的合作与互动》，《湖南师范大学社会科学学报》2005年第6期。

⑤ 《中国土地法大纲》，载中共中央党校党史研究室选编：《中共党史参考资料》六，人民出版社1979年版，第328—330页。

地所有制改变为农民的土地所有制，”①也是单世代内实现企业家注意力与土地要素适配的制度延续。同历史上王朝更替时期相比，这一适配不仅针对无主地，而是深入到全国所有土地和所有农业人口，其力图实现单世代适配的政策强度是前所未有的。但如前所述，自中央苏区始，推行与中共一大党纲有异的农民土地私有制实乃非执政党及制度预期不稳定情形下的过渡举措。跨世代适配问题虽不迫切，但亦无法由农民土地所有制来解决。②由此，新中国成立后又迅速通过合作化运动实现了集体所有（土地公有），从产权形态上预留了跨世代适配企业家注意力与土地要素的制度条件。

公有制在现实经济中呈现的与企业家的结合方式历经了三大改造直至21世纪初叶50余年的实践探索。如前所述的计划经济式企业家与诸要素的结合隐含了注意力水平趋于无穷大的企业家存在性，这在中国截至20世纪70年代末的农村人民公社制度中被证明是极其低效率的，在同一时期直至90年代的国营企业运行中也被证明是不存在的。在林毅夫（Lin, 1990）的研究中强调的人民公社制度下的农业生产监督成本高、激励弱的结论③，实际上就反映了传统农业生产技术和组织条件下，企业家注意力不能覆盖人民公社制度下的生产单元，因而农业产量低下是应有之义。米塞斯强调的社会主义（实际上更多是指计划经济）之不能实现“经济核算”问题也发生于改革开放前的中国，且涵盖工业和农业等计划经济涉及的各个生产领域。

但中国实践蕴含的重要经济学创新恰在于较早地认识到作为中央计划者的企业家注意力水平约束，而且实践远走在理论创新之前。其在农业生产领域的表现是以联产承包责任制将土地公有制产权划分为所有权、承包权和经营权④，三权可以分置，其中的经营权可以经由市场交易流转，以实现初始由农民个体持

---

① 《中国人民政治协商会议共同纲领》，人民出版社1953年版，第5页。

② 新中国成立前后的土地改革中，将土地均分给农民，但并不能克服农业生产中单个农民生产的非规模经济性，以此为基点，农民间的自愿联合、互助具有发挥企业家注意力与土地要素适配的经济含义。

③ J.Y. Lin, “Collectivization and China's Agricultural Crisis in 1959-1961,” *The Journal of Political Economy*, Vol.98, No.6, 1990, pp.1228-1252.

④ 它被归纳为联产承包责任制，即在2006年全面取消农业税之前，确定由承包集体土地的农户缴纳一定数量的税费，而后所有剩余归农民支配的政策设计。

有并由农民个体市场竞争，而在内部/外部遴选高注意力水平企业家实现与土地要素之适配和生产规模经济。追根溯源，土地产权的分置可从中国漫长的低生产力时期和中央苏区土地革命时期获得相应线索。远者可追溯至三国时期曹魏在中国北方建立的屯田制，即田属政府而租(承包)由农户。土地革命早期也存在土地国有而分由农民经营且不得买卖的政策。农业生产单元由承包权而缩小至农户家庭，而又因经营权流转而归于高注意力水平企业家。其逻辑是，在生产技术落后、规模经济较弱时，宜由农户承担企业家角色，农户不具企业家才能者，可保留承包权而将其土地经营权交易给具有企业家才能及注意力水平较高的农户；在农业规模化技术发展之后，则宜由具有较强企业家注意力水平者承担企业家角色。如此所有权、承包权和经营权的三权分置改革就在极大程度上实现了土地公有下企业家注意力和农业生产规模经济的动态匹配，也是改革开放后中国特色社会主义逐步探索出的发挥土地公有制内在灵活性的经验所在。在所有权能预期实现跨世代适配情形下，因产权分割和经由市场竞争和遴选的企业家注意力释放和适配，新出现的有效率生产单元之间的竞争披露出了成本、价格和利润，企业家的生存性和注意力水平经由这些市场信息而显示性披露，因之，米塞斯及其追随者坚持的(社会主义)公有制下无法实现“经济核算”的问题也就不存在了。

中国在非农业领域的艰难探索也印证了适配企业家注意力资源配置的重要性。前已述及，在改革开放之前，包括中国在内的计划经济和全国营企业的生产组织模式留下了并不成功的实践，即其所需要的企业家注意力远超过可供给水平；因而，以改革开放为起点，中国实践是在企业家注意力水平要求高——相对市场容量的弱规模经济产业中，放松市场准入，允许具有不同注意力水平的企业家进入市场，通过相互竞争来强制性披露生产的成本和收益。在民营企业获得市场准入后，即放松了原有全国营企业所面临的企业家注意力水平无法覆盖数量众多的弱规模经济企业的矛盾，这些产业基于新引入的优化的企业家注意力水平实现了极明显的帕累托改善，也初步创造了价格和竞争机制。在此条件下，政府不再仅由自身扮演企业家角色，不再通过计划手段为弱规模经济产业配置资源，后者越来越多需要从市场上交易获得。相对市场容量的强规模经济产业的投入品和产品也越来越多与已实现竞争的弱规模经济产业相关联。由此，一个直接的后果是，不同于全国营经济的生产组织方式，不同国营企业的成本—收益衡量变得逐步容易,也因此可以较好地衡量其管理者的企业家注意力水平,并可通过市场和非市场方式予以动态调整。既然可以衡量国营企业的经营绩效和企业家注意力水平,政企分开也就成为可能,国营企业就因其资产的所有权性质而转变为国有企业(图2)。

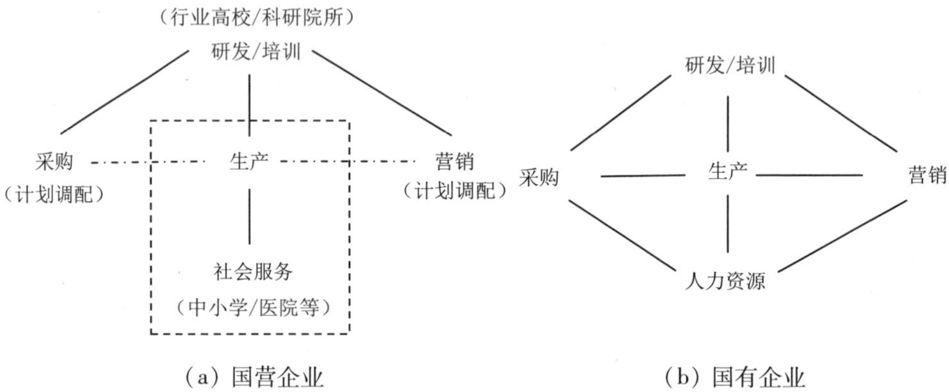

图2 国营企业与国有企业的生产组织

在改革开放前中国的全国营计划经济条件下[图2(a)],整个产业实际上由政府作为企业家来进行计划,其功能包括:(1)采购和营销由计划调拨来实现,国营工厂只需要遵从即可;(2)研发/培训一般由行业高校/科研院所完成;(3)国营工厂及其员工所涉及的非生产性服务(中小学、医院,等)由工厂或者行业内部来组织;(4)生产环节全由国营工厂完成。由此,改革开放前的国营企业仅仅是一个生产单元而非具有计划、控制等职能的现代企业。对以上架构的国营企业,在中国的改革开放实践中,因其所初始匹配的“企业家”(厂长等)注意力之随机性和明显差异,在趋向市场的经济转轨过程中,既可能是作为生产部门的国营工厂逐步建构自身涉及研发、采购和人力资源管理的计划系统,同时向前延伸建立自身的营销网络,以便使其生产同消费直接衔接;也可能是原不承担生产组织职能的科研机构、营销机构(如外贸企业等)将其职能扩展至生产部门[图2(b);图3(a)、(b)]①。这两类国营企业的转型条件有二:其一,通过产业

① 无论哪种类型,都是原国营企业将其所在研发、生产、营销、贸易等环节的规模经济向上下游进行延伸和扩展,虽然图3所提供的案例均属于强规模经济产业部门,但转型路径用于弱规模经济产业的分析中也是适用的。

准入的放松逐步显示企业的长期平均成本；其二，将国营企业管理者从之前的技术意义上的生产组织者转型或者动态调整为考量绩效的与企业生产规模匹配的企业家。

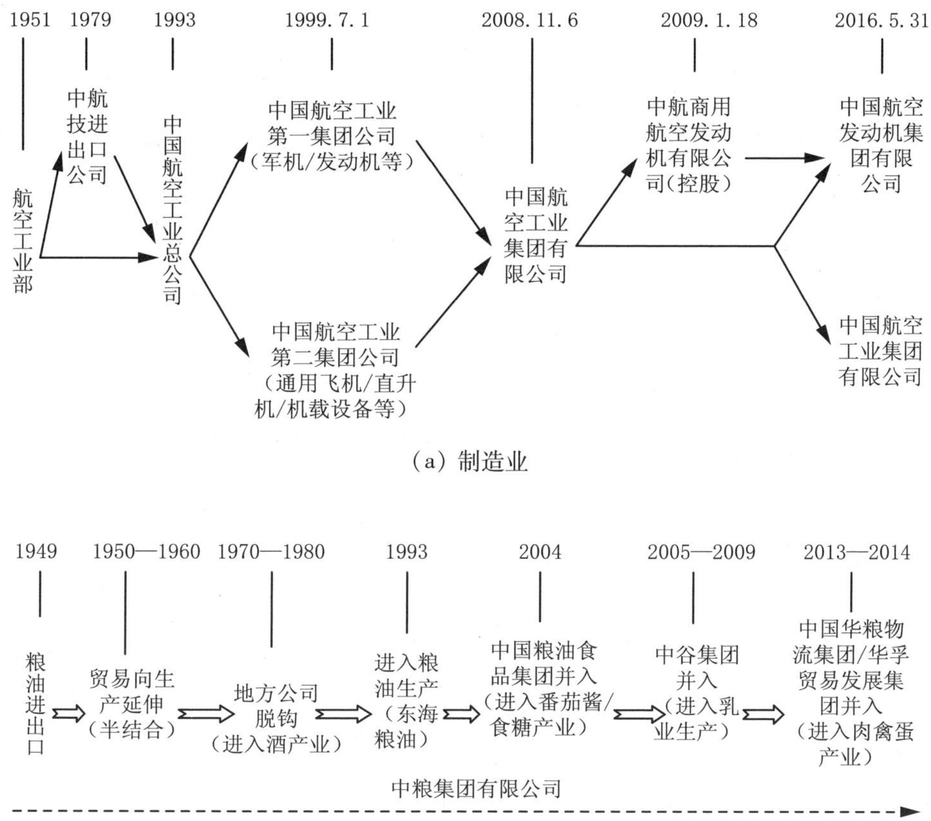

（a）制造业

（b）食品工业

图3　国有企业趋向规模经济的转型案例

实现企业家注意力适配的产业具有弱规模经济→强规模经济的演进逻辑。对相对市场容量的弱规模经济部门，因改革开放前企业家注意力与生产规模经济的不匹配而有长期的供给短缺，其技术和资本门槛也比较低，准入的放松会吸引大量原默默无闻于民间的潜在企业家进入，并因为竞争性市场结构而披露出较为真实的价格信号，这一信号立刻就成为国营企业绩效的标杆指南。如果原国营企业管理者能将其长期平均成本降低至等于或者低于这一价格,则转型即成功;否则即受到淘汰或者要素被吸收到有竞争力企业的压力,出现两极分化局面。①面对动态的市场和技术环境,其趋向规模经济和动态调整企业家注意力水平的激励是内生的,而不论其生产资料所有制如何。此时就完全摆脱了由政府作为企业家施展其对数量庞大企业之注意力水平的难点。

更进一步,当弱规模经济部门均已经由转型或者新进入而形成竞争性市场时,这些市场的价格信号又作用于强规模经济部门,为其显示企业家注意力水平与规模经济的匹配性提供基本的参照。这些参照包括:(1)强规模经济部门对劳动和人力资本等要素的使用需要同弱规模经济部门竞争,其支付不能长期低于后者;(2)其部分投入品采购源于后者,其产品亦在相当程度上依赖于后者的需求。

由此,强规模经济部门的企业家注意力水平可在一定程度上被显示出来,如此,将此类企业转型为国有企业而非原先的国营企业就有了初步的衡量手段。从代表所有者的政府层面看,受注意力配置水平的制约,强规模经济部门的企业数量应是较为有限的,中国的国有资产监督管理委员会 2003 年成立之后的 17 年内所管理的企业数量由 196 家缩减至 90 余家可以为此提供证据。而在企业层面,前述的弱规模经济部门市场化虽有助于显示强规模经济部门的部分成本—收益信息,但却是间接的。要更准确地衡量这些部门企业家注意力水平与规模经济的匹配性,尚需要有:(1)要素管理的灵活性;(2)市场准入及适当的可竞争性。前者强调,国有企业在劳动雇佣等方面的要素管理上必须以灵活性创造激励并应对外部市场变化。虽然科尔内和米塞斯分别强调的臃肿的官僚机构和对企业成千上万种的行政控制问题依然可能存在②,它们会拉长国有企业企业家的决策时滞和经营成本,使其平均而言难以对迅速变化的市场做出快速反应;但从机理上看,它是企业家注意力水平低于所经营企业规模而导致的次优选择。如果缩减国有企业数量和规模,大幅增加国有企业管理的灵活性,以上问题

① 张宇燕、何帆:《国有企业的性质》下,《管理世界》1996 年第 6 期。

② 参见[匈]亚诺什·科尔内:《反均衡》,刘吉瑞、邱树芳译,中国社会科学出版社 1988 年版,第 2—3 页;[美]路德维希·冯·米塞斯:《官僚体制反资本主义的心态》,冯克利、姚中秋译,新星出版社 2007 年版,第 55—57 页。

仍是可以解决的。①后者可直接显示有竞争条件下国有企业的成本—收益水平，无论这一竞争来自国内还是国际，也无论竞争者的所有制来源如何。如果竞争缺乏，还可以通过政府作为资产所有者的直接干预创造一个竞争性的强规模经济部门（如图3(a)）。诸如，在中国航空工业生产转型中，从原来政府担当企业家角色的国营企业转型为国有企业的过程中，鼓励竞争而进行的人为拆分以及经由拆分显示的成本—收益变化衡量的生产规模经济水平，又驱动了随后的企业边界的动态调整。在创造竞争随后又应对竞争、市场和技术变化的条件下，诸如中国中车集团等企业案例也呈现同样的趋向规模经济的转型过程。以上二者结合就给予国有企业之企业家恰当的注意力水平及其与规模经济匹配性的衡量。

再回头看图2(a)与图2(b)的区别。首先，研发从行业性的转变为企业内部的，原居于工厂外的采购和营销现在转变为企业内部的决定生产的计划变量。其次，与国营企业的终身雇佣相区别，有弹性的人力资源管理可进一步赋予国有企业适配规模经济、显示企业家注意力水平的能力，进而给予了国有企业适当的灵活性。与这一增加的灵活性相适应，图1(a)中的社会服务，诸如原隶属于行业或者企业的中小学、医院、社保和高校等通过将其服务范围扩大至全社会，就构成了社会卫生、教育和社会保障网络的一部分，其效率亦得以改善，同时也有助于正确衡量国有企业的企业家注意力水平。至于刚才我们谈到的强规模经济部门的市场准入放松，无论其所有制性质，自利的企业家的注意力水平和规模经济的匹配状况决定其绩效和竞争力，并映射于存量的国有企业。如能做到这一点，就已经破解了米塞斯始终坚持的社会主义无法解决的“经济核算问题”②。

综上，作为资产所有者，政府之职能与资本主义生产下私营（有）企业的股东产生了一定的相似性，即为资产的保值、增值负责并要求其遴选的企业家为此而努力。但作为资产所有者，政府及其雇佣的企业家同样面临注意力水平配置问

① 虽然仍有别于其他所有制企业更具灵活性的雇佣制度，但中国的改革经验表明了至少以下几方面的国有企业雇佣灵活性：(1)将无合同的终身雇佣转变为合同制雇佣；(2)逐步的政企分开、取消编制，并较大规模地雇佣劳动派遣制的员工或者其他形式的劳动；(3)趋向于灵活的薪酬制度，包括在国有企业绩效较差时强制性降低所有雇员的薪酬水平等。

② 我们有必要提醒，米塞斯及随后的哈耶克等人所称谓的“社会主义”包括了诸如第一次世界大战时期各国的战时计划经济体制、罗斯福新政、阿根廷庇隆总统的国家工业化政策以及苏联的计划经济体制等，是一个较之本文远为宽泛的定义。

题,应使其管理的企业数量和所经营的企业规模与其注意力水平相适应,而这两者都是动态调整变化的,这也决定国有企业的边界要动态地调整变化。虽然此时的调整变化可依托于弱规模经济产业对其成本—收益信息的强制性披露,但更准确的单个国有企业经营的成本—收益信息还要依赖于其所在产业有充分的市场自由进入和可竞争性,以最终转化为政府考量国有企业之企业家注意力水平并予以动态调整的依据。这就比较好地解决了匈牙利经济学家科尔内所称的社会主义中央经济控制所需解决的两个问题:(1)必须对该产品的一切性质属性作出准确、明晰和全面的质量说明;(2)它必须检查该产品实际上按官定的价格出售,它的一切属性是否符合质量说明规定的参数①。现在,社会主义生产不需要控制价格,而交由市场进行;不需要控制国有企业生产,它只需要考核国有企业的成本—收益,并动态调整企业家及其注意力水平来间接影响国有企业经营。

四、 中国百年实践与经济理论创新方向

中国共产党百年革命和建设实践提供了极度丰富和多元化的理论线索,但最重要者仍在于生产力解放对应的经济理论创新,这一创新又突出表现在包括"人"在内的要素组合生产和要素效能的充分发挥上。过去百年的社会主义"经济核算"大辩论及主要的经济学创新都发生于对"人"的观察和理解上。如专注于"人"作用于生产的研究,就要充分理解以"人"为核心的要素分类和作用,并据此进行理论分析。但经典的微观经济学理论中,往往用生产函数 $F(K, L, T, \cdots)$ 表示对资本、劳动和土地等要素的组织和最大化生产,但 $F(\cdot)$ 本身却被视为黑箱,忽视了企业家在组织生产中的关键作用。中国百年革命和建设实践恰要求重视以"人"为核心的要素理论在生产和经济增长中的核心作用。

在斯密的《国富论》发表及随后马克思所在的时期,因资本家与企业家往往合一且更关心劳动者的数量和劳动强度②,对"人"蕴含要素的分析仅限于劳动本身;对劳动本身的质量差异,马克思用复杂劳动和简单劳动来指称,复杂劳动

① [匈]亚诺什·科尔内:《短缺经济学》,张晓光等译,经济科学出版社 1986 年版,第 61 页。
② 陈孝兵:《人力资本理论的溯源与评析》,《国外社会科学》1993 年第 5 期。

即为价值上倍乘的简单劳动，这是一个极便宜的处理。但要素自行结合成生产函数还是要依赖于谁的组织仍是不清楚的。马克思之后直至20世纪50年代的实证研究中，仍多以劳动力数量来表示一国的劳动要素多寡，由此可判断一国劳动要素的丰裕程度。有两方面的研究发现了这样处理“劳动”数量所存在的缺陷：其一是列昂惕夫对赫克歇尔-俄林之要素禀赋理论进行实证时发现的劳动禀赋丰裕国家之出口产品反而资本密集度较高的“列昂惕夫之谜”①，由此引发了解释“谜”的一系列研究；其二是关于经济增长的研究发现，国民经济产出的增长率大于国民经济中劳动和资本等资源投入的增长率，回归结果中出现的一个很大的“剩余”被称为“经济之谜”。②人力资本理论强调了通过教育、培训、保健和迁移等方面的支出使劳动者获得更强的从事生产性工作的能力的观点，并括之以“人力资本”概念，即“人力资本”是经过投资而形成的“资本”。由此，人力资本就区别于传统的劳动而赋予了附着于“人”的要素异质性，但这一异质性仍是劳动能力异质性，即马克思所谓的复杂劳动意义上的异质性。将这一概念纳入实证，就可以“人”的劳动生产率提高而较好地解释前述之“谜”。

奥地利学派对企业家精神和企业家才能的重视提示了对“人”为核心的要素作用的理解不能仅局限于劳动，而应关注“人”作为要素的异质性，即“人”会从竞争和社会分工中分化出劳动和企业家等存在关联但又显著不同的要素。认识这一点的关键是“人”生而即有的异质性和特定性，它导致“人”的发展和在生产中的作用呈现出不同的路径。这一特定性来源于人的神经系统和感官系统中先天存在的差异，因而“天赋”“素质”均是诱导“人”实现差异化发展的先定因素③，它本身不成为“人力资本”；教育、培训等成本投入欲获得的人力资本只是深化“人”的异质性和特定性程度、由竞争和社会分工决定其生产函数地位和进入方式的后定因素。可见，人力资本概念对“人”为核心的要素理论而言存在先天的不足，即它不能将天赋纳入其理论。新发展中的“新人力资本理论”强调生

---

① W. Leontief, “Domestic Production and Foreign Trade; The American Capital Position Re-Examined,” *Proceedings of the American Philosophical Society*, Vol.97, No.4, 1953, pp.332-349.

② 闵维方：《人力资本理论的形成、发展及其现实意义》，《北京大学教育评论》2020年第1期。

③ 陈明生：《企业家才能及分析框架》，《经济体制改革》2007年第5期。

命周期视角下先天禀赋、早期发展环境与个体后天发展的多因素作用①,但仍是将先天禀赋作为后天教育、培训等作用之"人力资本"投资效果的决定因素之一,而非将禀赋作为人力资本的一部分。这一思想是由人力资本理论发展早期的学术目标决定的,即为了解决"列昂惕夫之谜"等问题,以及传统的资本—劳动之度量无法解释各国经济增长和贸易模式而设。固然,人力资本理论突破了资本同质性假设,将人的才干、技艺和知识等视为投资的产物,从而将附着于"人"的能力纳入资本体系中,使其成为与传统的物质资本相对应的另一种资本形态。但由此也可知,人力资本解决的并不是(或主要不是)"人"的问题,而是物质资本度量不能解释经济增长和发展差异性时对"资本"要素的再认识。

生产函数中的黑箱 $F(\cdot)$ 也启示经济学家从"人"中寻找答案。米塞斯、熊彼特等发展的企业家才能理论就是观察到了"人"所伴生的要素的多方面作用。"人"的能力可分为"1.学习能力;2.做有意义工作的能力;3.娱乐能力;4.创造能力;5.处理非均衡的能力"②;其中,"处理非均衡的能力"是企业家才能的核心表现。但如本文所述,企业家才能概念的笼统性使其无法区分出同附着于"人"上的要素的差异。这一差异不在于要素收入,而在于其在生产函数中承担的不同角色。企业家因其在组织生产中显现的生存能力而区别于劳动要素,由此可将依托的"人"区分为劳动和企业家两种要素。已有的企业家理论中,主流分析是评估"企业家"的作用,如其作为"创新者"(熊彼特)、"经纪人"(柯兹纳)或抽象的处理非均衡以及"不确定性"(奈特)的能力③,但这一能力附着于同样拥有"劳动"的"人",二者是否是独立要素仍不够清楚。张维迎提出的以财产和能力对"人"进行划分的企业家理论中,无企业家能力又无财产者只能作为拥有"劳动"的"人",而无财产却有企业家才能者应充当企业家,但有财产又有企业家才能者

① 李晓曼、于佳欣、代俊廷等:《生命周期视角下新人力资本理论最新进展:测量、形成及作用》,《劳动经济研究》2019 年第 6 期。

② T.W. Schultz, "The Value of The Ability to Deal with Disequilibria," *Journal of Economic Literature*, Vol.13, No.3, 1975, pp.827-846.

③ 关培兰:《影响企业家人力资本市场有效性的理论评介》,《武汉大学学报(社会科学版)》2001 年第 2 期。

可兼而充当企业家和所有者,这一分类针对的是不同的“人”,而非将同一“人”予以要素差异性的区分。①当然,我们也注意到文献中使用的“企业家人力资本”术语,它是将企业家能力列为人力资本的一部分,或曰“最高形式”②;但如前所述,人力资本因投资而来,虽受影响于先天禀赋但却难以将其包括在人力资本分析框架中,因此,“企业家人力资本”范畴可能不足以带来对要素理论的更多新理解。

相较于已有文献,本文扎根于中国百年实践的分析表明,将依托于“人”的劳动和企业家要素做区分必要但仍不够,因为它未能充分纳入企业家的异质性,这一异质性必然涉及企业家所能成功经营的企业的边界,即本文定义的企业家注意力水平。由此,以“人”为核心的要素理论关联但却不同于已有人力资本理论和企业家才能理论(图4)。其异于人力资本理论者在于,它将企业家之先天禀赋及外化的“人”的异质性充分显现出来,教育、培训、健康和迁徙等人力资本投资只能丰富对“人”的劳动能力的认识,并使其与物质资本投资对应起来,而不会改变基于先天禀赋的企业家在“人”中的分布。③但这并不是说,人力资本投资

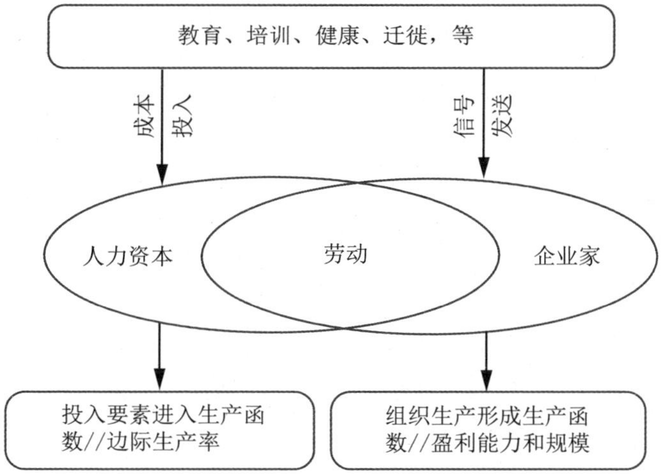

图4 企业家与人力资本的范畴及作用差异

---

① 张维迎:《企业的企业家—契约理论》,上海三联书店、上海人民出版社1995年版。

② 焦斌龙:《中国企业家人力资本:形成、定价与配置》,经济科学出版社2000年版。

③ 易先忠、靳瑶、汤长安:《人力资本向企业家才能转换的市场环境门槛效应》,《商学研究》2019年第2期。

于企业家要素利用毫无用处,相反的是,已发展的企业家搜寻和配置理论表明,个体通过人力资本积累,向市场传递企业家信号;而市场根据个体传递的信息来甄别"真正的"企业家,并将其导入生产函数。①以"人"为核心的要素理论通过将同一"人"经由市场竞争,因其显示性的生存能力而区分成劳动和企业家两种要素,后者又因其注意力水平差异和分布特征而可以解释生产的最优组织及企业家要素的优化配置,是中国革命和建设实践所启迪的有前景的经济理论创新方向。

将"人"为核心的要素理论运用于生产理论分析,可提供很多新的解释。诸如,生产理论指出,短期内部分要素投入难以调整并作为固定成本存在,随着可变要素数量的增加,从生产技术上讲,对固定成本的摊薄会首先带来短期平均成本的下降,而后在达到最优的固定要素、可变要素投入比例后,增加可变要素的边际报酬快速递减,因此形成了一个 U 型的短期平均成本曲线(SMC)。传统观点认为,将一系列不同固定要素投入对应的短期平均成本曲线取其包络线,可得到长期平均成本曲线,这一曲线呈现浅碟的 U 型形状[图 5(a)]。如此,因长期已假定所有要素均可以调整,随着产量 Q 的增加,长期平均成本(LAC)首先趋于下降,并在达到最小值后再趋于上升,亦即长期亦存在边际报酬递减。生产的规模经济即是指企业将其产量趋近于或者达到长期平均成本曲线(LAC)最低点的产量区间,即图 5(a)中企业产量扩张截至 Q_0 的情形;如超越规模经济区间使得 $Q>Q_0$,则产量的扩张对应于长期平均成本的上升就产生规模不经济。

但以上分析的一个疑点在于,如果长期内所有要素均可连续调整,则当企业已经将其产量置于图 5(a)所示的长期平均成本曲线的最低水平 Q_0 时,此时如进一步增加产量,只需要将其所有要素同比例增加即可获得同前所述的最低平均成本 C_0。如果单个工厂的长期平均成本已达到唯一的最优规模,通过连锁或者多工厂经营的方式,仍可以实现企业超越工厂规模经济的产量。如果考虑到现实中,要素的增加是非连续的、离散的,也可以通过将其所有要素重置,使新增产量在趋近原有 LAC 对应的产量水平时,加总的长期平均成本会逐渐接近于原

① I.M. Kirzner, "Entrepreneurial Discovery and Process in Competing Market: An Austrian Approach," *Journal of Economic Literature*, Vol.35, No.1, 1997, pp.60-85;魏明:《企业家人力资本的自我甄别与市场配置》,《南开管理评论》2004 年第 2 期,第 56—62 页。

有水平。如此类推，企业生产的长期平均成本曲线将趋于收敛，成本收敛值为 LAC 最低水平 $C_{0'}$。如此，则企业生产的长期平均成本曲线接近于斜边 L 型，而非传统理论所认为的浅碟 U 型曲线。①换而言之，长期内的生产将是规模报酬不变的，而非规模报酬递减的情形[图 5(b)]。

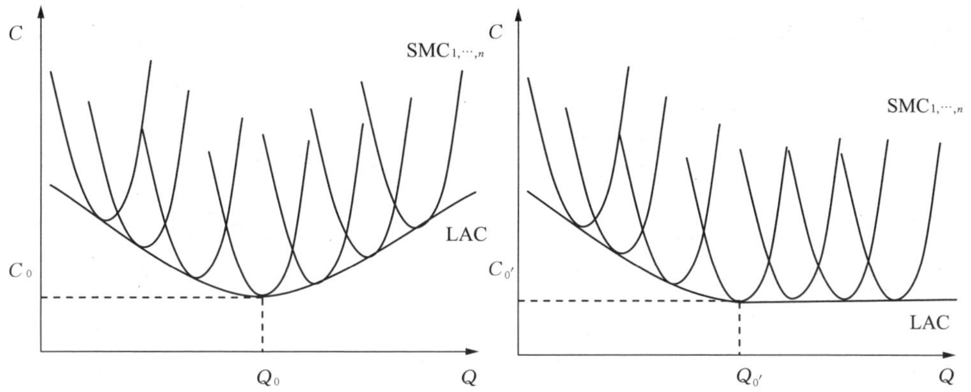

(a) 传统理论　　　　(b) 全部要素可调整

图 5　长期平均成本曲线

如纳入以"人"为核心的要素理论并据此引入企业家要素之注意力水平因素，就可以充分解释以上差异化的分析结果。亦即，传统分析把企业家要素隐藏在企业生产函数的黑箱中，而仅仅将企业雇佣的劳动、资本、土地等要素视为长期可变要素，给定企业家注意力水平，则随着企业生产规模的扩大，显然单位产量可匹配的企业家要素量将不断趋于降低。在产量超出给定的企业家注意力水平后，因摊薄管理投入或企业家要素带来的监督和激励不足等问题，企业内部可变要素增加带来的边际报酬开始递减。如是，则传统生产理论所指出的长期平均成本曲线呈浅碟 U 型的假设仍是合理的。但问题就在于，在现代极为普遍的所有者与经营管理者分离的企业制度下，不将支薪的企业家纳入可变要素考虑是脱离现实、极为奇怪的。

不考虑企业家要素及其注意力水平问题，还导致了经济学和管理学研究的

① 一种另外的 L 型长期平均成本曲线的存在性解释是，从规模经济到规模不经济之间有一个较长的规模收益不变阶段，使得 U 型曲线底部很长而表现为 L 型曲线；但短期中规模收益不变阶段很短甚至没有。（参见刘志彪、王国生、安国良：《现代产业经济分析》，南京大学出版社 2001 年版，第 424 页）

巨大割裂，它包括但不限于以下三个方面。其一是难以解释经济学家发现的多样化的最优规模经济水平①。在一个给定市场容量、竞争性的要素市场上，传统理论难以给多样化规模经济来源何处提供有效解释，而纳入企业家注意力后则一目了然——这是因组织生产的企业家注意力水平的差异所致，认知这一差异还有助于我们加深对产业结构和产业政策的理解。其二是对企业发展、死亡、世代交替及其规模变化缺乏有效的解释。初创企业易于死亡，但往往也会快速成长，仅以一“人”有无企业家才能可断其所经营企业之生死，但无法解释企业之成长、变化和世代交替过程，这不仅仅是管理学问题，也是经济学问题。纳入企业家注意力水平因素后，企业成长就是作为可变要素的企业家令其所经营企业规模渐次达致其注意力边界的过程，一旦原注意力水平企业家离任或世代交替，则企业规模会随着具有不同注意力水平企业家到任而动态调整，也可能因世代交替后受承者不具有高注意力水平乃至生存性而破产。对我们观察到亏损和待破产企业因新企业家的注意力水平发挥而再得生机的大量案例，微观生产理论需要也能够对此做出足够的解释。其三是难以解释国有企业的分布和演进动态。传统观点指出私有企业在产权明晰和对竞争的反应上要优于国有企业，但已有实证文献的分析都倾向于认为，“似乎没有足够理由相信国有企业的内部管理效率低于私营企业”②；较新的一些实证研究和综述文献都报告了竞争性行业国有企业不弱于民营企业的绩效乃至于更高的全要素生产率，以及国有企业在创新外部性和提升区域创新效率上的优势。③纳入企业家注意力因素的解释就可以

---

① G.J. Stigler, “The Economies of Scale,” *Journal of Law and Economics*, Vol.1, Oct., 1958, pp.54-71；孙泽生、莫家颖、向永辉等：《“一带一路”背景下中国省域产业比较优势和规模经济的空间演化：塑料产业案例》，《江汉大学学报（社会科学版）》2019 年第 1 期；孙泽生：《市场结构、规模经济与中国铁矿石定价策略》，《产经评论》2011 年第 5 期。

② R. Milward, “The Comparative Performance of Public and Private Ownership,” In Roll, E. (Ed.), *The Mixed Economy*, London: Macmillan, 1982; M. Shirley, P.M. Walsh, “Public vs. Private Ownership: The Current State of the Debate,” *World Bank Policy Working Paper*, No.2420, 2001.

③ 董梅生：《竞争性国有企业与民营企业效率的实证研究》，《软科学》2012 年第 1 期；李政、陆寅宏：《国有企业真的缺乏创新能力吗——基于上市公司所有权性质与创新绩效的实证分析与比较》，《经济理论与经济管理》2014 年第 2 期；洪功翔：《国有企业效率研究：进展、论争与评述》，《政治经济学评论》2014 年第 3 期。另一个视角是需要区分宏观效率和微观效率来观察国有企业的绩效，“至少，国有企业作为向社会主义市场经济过渡时期宏观经济的稳定者、作为后赶超时期的技术模仿和技术扩散中心、作为次优世界的市场公共品的提供者以及作为转型时期的社会福利的提供者，在宏观上是有效率的”。（参见刘元春：《国有企业宏观效率论——理论及其验证》，《中国社会科学》2001 年第 5 期）

说明,如果国有企业规模和数量分布能处于充当企业家的政府之注意力水平内,则国有企业仍是有竞争力的。20世纪90年代开始的中国国有企业“关、停、并、转”改革就是缩减企业规模至注意力水平边界内的尝试,而2000年后新成立的国资委管理企业数量的大幅缩减给出了同样的逻辑。值得说明的是,随着技术演化和产业演进,企业家注意力往往可因新管理技术的运用而得到较为节省的使用,这导致企业家注意力跨世代错配的要素及产业分布等也趋于变化,它内在要求国有企业边界的动态调整,这都是中国实践启迪的经济理论可以予以解释的创新方向。

对企业家的重视和以“人”为核心的要素理论还具有潜在的宏观经济学价值,这在熊彼特所提出的创新理论中已有所体现。熊彼特强调了企业家在建立新生产函数中的作用,即其可把从前未有过的关于生产要素和生产条件的新“组合”引入生产体系,并由企业家群体的这种创新和新“组合”的引进引致了经济发展①;由于技术创新的非平稳性,创新浪潮的来临和消失又导致宏观经济长达50—60年的长波周期。从时间长度看,熊彼特强调的企业家“创新力”似对应于单世代的企业家要素,但跨世代分析中或者说超长期经济增长中有否周期性波动?熊彼特之外的经济学家关注了相对更短期内的经济周期波动,它多是由产权制度之外的投资、存货、消费、信贷乃至于外生冲击等因素所导致,马克思则强调了私有制下消费不足导致的资本主义经济周期问题②;但历史学家和政治学家观察到大量的王朝更替和霸权兴衰案例③,所述缘由各有不同,但于宏观经济而言,本文提出的企业家注意力与诸要素的跨世代错配说明,除熊彼特所述的技术意义上的“创新力”外,还存在企业家注意力与诸要素的跨世代错配带来的“衰弱力”,它导致跨世代的超长期经济周期性波动,但这一领域往往不为经济理论家所重视。导致这一问题的经济学学术习惯也与百年来流行的凯恩斯传统有关——“从长远看,我们都已死去”④,虽反映了凯恩斯本人对均衡经济学的反

① [奥]约瑟夫·熊彼特:《经济发展理论》,何畏、易家祥等译,商务印书馆2019年版,第176页。

② [奥]约瑟夫·熊彼特:《资本主义、社会主义和民主》,杨中秋译,电子工业出版社2013年版,第37页。

③ 如[美]保罗·肯尼迪:《大国的兴衰:1500—2000年的经济变革与军事冲突》,王保存等译,中信出版社2013年版;葛剑雄:《中国历代王朝兴衰录·大汉王朝》,长春出版社2010年版。

④ J.M. Keynes, “A Tract on Monetary Reform,” *The Collected Writings of John Maynard Keynes Volume IV*, Cambridge: Cambridge University Press, 2013.

对,但它客观上助推了经济理论中对短期均衡/非均衡问题的重视。问题是,跨世代和超长期问题是由一个个短期问题所组成,固然不应妄期市场会长期走向均衡而忽视“人”所在的短期以及缓解短期失衡的宏观政策,但不重视跨世代均衡必然会导致不可知的短期会出现的严重非均衡和结构性问题。中国革命和建设实践中探索的公有制主体地位及实现公有制的国有企业改革,蕴含着实现跨世代均衡的努力方向,从以“人”为核心的要素理论和生产理论出发,探索这一跨世代均衡的实现机制也是中国经济理论创新的重要方向。

五、结论性评述

中国共产党百年革命和建设的艰难探索产生了史无前例的经济发展绩效,也伴随着百年来围绕公有制、计划经济以及社会主义的长期学术争论。本文尝试进一步扩展企业家理论,通过显示性披露的生存能力将“人”区分为劳动和企业家两种要素,又将企业家析分为生存性和注意力水平两个维度进行扩展。由此,微观生产组织就转化为企业家注意力与诸要素的适配问题,企业成长和规模变化是企业家注意力水平充分发挥的结果。但更进一步,我们纳入了单世代和跨世代企业家注意力分析,并指出单世代的企业家注意力与诸要素适配富有效率,但私有制下因企业家注意力的随机分布特征而出现注意力错配和非效率传承问题,由此引致跨世代的经济周期波动。公有制制度设计就是为了实现企业家注意力水平与诸要素的动态适配和跨世代效率,它不仅是分配性的,也是生产性的,但这一动态适配需求主要发生于相对市场容量和要素供给瓶颈的强规模经济产业内。当纳入企业家注意力因素后,计划与市场分析就可以转化为企业家注意力决定的企业边界问题。计划经济是由假设具有无限大注意力水平、充当企业家的中央计划者来覆盖所有生产单元的不可行制度设计,但只要公有制实现过程中,令国有企业的规模和数量限之于企业家注意力边界内,则仍能实现有效率的生产组织;只不过,因技术发展和产业演进,国有企业的边界亦应处于动态的调整过程中。

以本文提出的企业家注意力分析中国共产党领导下的百年革命和建设实践,中国共产党成立前因企业家注意力与诸要素的周期性适配—错配导致的经济周期，成为建党以后至土地革命再至新中国成立后的土地政策调整和土地公有制确立的核心理论依据；但跨世代适配与单世代适配的矛盾直至改革开放后以土地产权的三权分置及联产承包责任制推行才得到较好解决。同时，非农业部门的国营企业向国有企业的转型以及国有企业的"关、停、并、转"及国企改革，也反映了适应政府作为企业家的注意力水平限制而采取的国有企业边界的动态调整。由此，中国百年革命和建设实践的重要经验就在于持续探索并逐渐找到了促进单世代均衡和跨世代均衡实现的企业家注意力与诸要素适配的增长道路。对企业家的重视回应了奥地利学派等社会主义批评者的尖锐诘难，在借鉴其理论思想基础上强调以"人"为核心的要素理论及其在生产组织和经济增长中的重要作用，是中国百年实践所启迪的经济理论创新的潜在方向。

（作者为上海师范大学教授）

从马克思主义科技思想在中国的实践与发展到高水平的科技自主创新

董瑞华

党的十九届五中全会指出:“十四五”时期是我国在全面建成小康社会、实现第一个百年奋斗目标之后,乘势而上开启全面建设社会主义现代化国家新征程、向第二个百年奋斗目标进军的第一个五年。坚持创新在我国现代化建设全局中的核心地位,把科技自立自强作为国家发展的战略支撑向世界科技前沿、面向经济主战场、面向国家重大需求、面向人民生命健康,深入实施科教兴国战略、人才强国战略、创新驱动发展战略,完善国家创新体系,加快建设科技强国。

要建设科技强国,需要马克思主义科学技术思想指导,马克思主义经典作家关于科学技术、知识和经济问题有很丰富的论述,是马克思主义生产力学说的重要组成部分。中国共产党成立之后,毛泽东等老一辈无产阶级革命家为马克思主义科学技术理论中国化,为中国特色社会主义科技思想的创立奠定了深厚的理论基础。改革开放以来,中国特色社会主义理论逐步发展至今,形成习近平新时代中国特色社会主义思想。当前习近平对于科学技术发展的相关重要论述是对马克思主义科技思想的继承和发展。

一

马克思主义科技思想是中国特色社会主义科技理论的源头,习近平的建设科技创新大国思想来源于马克思主义科学技术思想,而马克思主义科技思想自然源于其个人的研究。

1883 年 3 月,在马克思逝世后三天,恩格斯在马克思墓前所作的悼词中,除了高度评价马克思的唯物史观和剩余价值学说这两大理论贡献外,特别阐述马克思对于科学技术和生产力关系的基本思想。他说:“在马克思看来,科学是一种历史上起推动作用的、革命的力量。"①恩格斯在这里把马克思的这一思想,同马克思在理论上的杰出贡献相提并论,充分说明了科学技术与生产力思想在马克思主义学说中的重要地位。

早在19世纪40年代,马克思便开始研究科学技术在社会生产中的作用和地位、科学技术发展和生产发展之间的关系,以及科学技术和机器的运用对工人阶级的影响等等理论问题。1844—1845年他研究了英国的拜比吉·尤尔等人的有关著作。1850—1853年,他除了研究大量的政治经济学著作外,还详尽地研究了贝克曼、波佩、李比希、约翰逊、莱特曼、耶尔、奈特等人的有关科学技术,工艺学和自然科学方面的著作,从而在《1857—1858年经济学手稿》中,对科学技术作了专门论述,提出科学是生产力的论断,认为科学是生产力的发达的、可靠的并且是特殊的形式,揭示了科学转变为直接生产力的趋势以及科学在生产力中的重要地位。在以上这些研究的基础上,马克思在《1861—1863年经济学手稿》中对科学技术的作用及其发展趋势作了更详细、深入的研究,进行了更全面的论述。

首先,马克思明确提出科学是生产力,他指出:"科学的力量也是不费资本家分文的另一种生产力。"②由于资本家占有资本,他就能无偿地攫取这些生产力。他科学地预见,随着生产力的不断发展,科学技术的不断进步,科学技术在生产力中将起着越来越重要的作用,形成越来越强大的生产力。

其次,他具体指出科学成为生产力是从以下几方面来体现的。第一,马克思以机器的应用为例,指出科学"第一次使自然力,风、水、蒸汽大规模地从属于直接的生产过程,使自然力变成社会劳动的因素",因而,自然力的应用是同科学作为生产过程的独立因素的发展相一致的。生产过程成了科学的应用,而科学也就成了生产过程的重要因素。第二,科学的管理,在生产过程中劳动的科学分工和结合,劳动力之间的协作,他们共同的脑力和体力的科学结合,会产生一种力量。这是一种劳动的社会力。第三,由于自然力因素进入劳动过程却并不进入价值形成过程;而作为固定资本的机器等全部进入劳动过程,仅一部分参加价值

① 《马克思恩格斯全集》第19卷,人民出版社1963年版,第375页。

② 《马克思恩格斯全集》第47卷,人民出版社1979年版,第55页。

形成过程,这使劳动具有更高的生产能力。这种生产能力,随着科学技术的进步而越来越大,因此,科学逐渐成为生产过程的独立因素,成为生产财富的强大的有力的手段。

第三,马克思阐述了科学技术发展的历史过程,揭示了科学技术发展的趋势;马克思在《1861—1863 年经济学手稿》的"机器、自然力和科学的应用"这一节中阐述了科技的发展史。他指出,从以科技革命作为前提和条件的工业革命的历史来看,工业革命进行了两次:第一次工业革命的突破口是工具机的变革。工业革命首先对机器上进行工作的那一部分进行改革,而动力部分还没有涉及,动力起初还是人本身。而第二次工业革命则是关于动力机的变革。在第一次工业革命之后,开始采用蒸汽机作为工具机的动力。通过对两次工业革命的分析,对工作机和动力机这两个环节发生变革的研究,马克思科学地预见到,随着科学技术的发展,在机器或机器体系的另一个环节——控制环节上也必然要发生变革,就是生产过程要实现自动化。

他在《1861—1863 年经济学手稿》的这一节中极为详尽地考察和叙述了造纸业、钢笔尖制造业等工厂的自动化生产。他指出:"加工工业中采用的最完善和最经济的机器,是能够连续生产的机器。"①他提出,自动化体现出的特点是:生产的连续性、自动化、运转迅速和同时作业。同时还指出自动化生产发展的趋势:自动化生产是从单个机器的自动化发展到自动化机器体系,再从自动化机器体系发展到自动化工厂。"自动工厂是适应机器体系的较完善的生产方式,而且它越是成为完备的机器体系,要靠人的劳动来完成的个别过程越少(如在不使用走锭精纺机的机械纺织厂中),它也就越完善。"②而且还强调指出应该应用自动化的机器制造更精确的机器。从马克思对工业生产自动化的分析中,可以看出马克思对科学技术发展趋势所作的科学预见。这对于我们理解现代科学技术的发展,对于指导我们预测科学技术发展的方向具有重大的理论意义和现实意义。马克思的论述充分表明,现代科学技术的一些基本原理还在萌芽时期就已为马克思所发现。现代科学技术的发展也证明了马克思的英明预见,如自动化是现

① 《马克思恩格斯全集》第 47 卷,人民出版社 1979 年版,第 442 页。

② 同上书,第 518 页。

代技术和生产发展的重要特点,机器人和电脑是实现自动化工厂的重要手段等。

第四,马克思对科学技术的发展以及对于社会生产、社会生活所产生的影响作了科学的预见。由于资本主义生产是社会化大生产,这样"才第一次使自然科学为直接的生产过程服务,同时,生产的发展反过来又为从理论上征服自然提供了手段。科学获得的使命是:成为生产财富的手段,成为致富的手段"①。这说明了只有在大生产的条件下,科学才成为直接的生产力,而且也阐明了科学与生产的关系。在资本主义社会里,科学得到了利用,但是资本不创造科学,它只是为了生产过程的需要而利用科学、占有科学。在社会化的资本主义生产中,科学得到了广泛的应用,科学这样广泛的应用是以往社会所不可比拟的。但是科学带来的好处都被资本家无偿占有,并且科学成为压榨工人的手段,科学使劳动实际上受资本的支配。科学对于劳动来讲,表现为异己的、敌对的和统治的权力。这样,势必促使资本主义的基本矛盾和阶级矛盾的尖锐化。因此,马克思认为,随着表现为工业革命的生产力革命,必然带来生产关系的革命。马克思在《1861—1863年经济学手稿》中列举大量事实,说明在资本主义社会里,科学技术的进步,使资本家积聚了大量的财富。而对于广大雇佣工人来说,他们不仅智力受到了压制,而且受到的剥削也加重了。生产的机械化自动化使工人的劳动很紧张,劳动强度增大。劳动紧张程度的提高和劳动的浓缩,大量地消耗了工人的智力和精力,现代在资本家工厂里的自动线上工作的工人对此是有明显感觉的。另外,科学技术的进步也使产业后备军的队伍扩大。一方面,由于机器代替了工人,使工人丢掉了饭碗;另一方面,由于科学技术的进步,使工人阶级的结构发生了变化。新产业部门的出现,新技术新工艺的应用,使工人的性质、职业发生变动,旧的职业废除,旧的专业无用了,这给很多工人带来了灾难。科学技术的进步使社会成员的结构也发生了变化。在马克思所处的时代,在非物质生产领域各部门工作的人数并不多,但是马克思已经科学地预见到,随着科学技术的进步,在物质生产领域工作的人要向国民经济其他部门,如服务领域,流通领域转移,这些领域的就业人数将会增长。总之,马克思对科学技术的发展以及对于社会生活所产生的影响作了科学的预见,而这些预见已被今天的现实生活所证实。

---

① 《马克思恩格斯全集》第47卷,人民出版社1979年版,第570页。

最后,马克思在《1861—1863 年经济学手稿》中还论述了科学技术的发展必然促使资本主义的灭亡。马克思指出,由于科学技术的发展,使资本主义社会生产关系方面发生了一系列的变化,这些变化必然导致资本主义基本矛盾的加剧,资本主义的私有制成了与社会化的大生产不相容的事情。生产力必定要冲破这种生产资料私人占有的生产关系才能继续向前发展。因此,资本主义必然要走向灭亡。而资本主义私有制"只有通过改造为工人的所有制,不是改造为孤立的单独个人的所有制,因而是改造为联合起来的,社会个人的所有制,才可能被消灭。"①这说明了资本主义私有制必将被社会主义公有制所代替。因此,马克思关于科学变为直接生产力的论述说明了科学在证实资本主义的历史暂时性方面也起着重要的作用,科学在这方面的进步作用在于加速新的社会代替资本主义社会的进程。

二

在中国共产党成立前夕,领导新文化运动的革命先驱就高举民主和科学的大旗,反对封建主义,反对独裁专制,反对迷信,提倡用科学的精神和方法来研究社会。

在新民主主义革命时期,毛泽东就讲过:人民为着要在自然界里得到自由,就要用自然科学来了解自然、克服自然和改造自然。中华人民共和国成立之后,以毛泽东同志为主要代表的中国共产党人,在社会主义革命和建设中,十分重视科学技术的作用。他们高瞻远瞩地主持制定了我国第一个科学技术发展的十二年规划,并且领导发展了原子能等新技术。同时,他们根据中国经济建设的实践对科学技术的重要性作了多方面的论述。

第一,阐述了科学技术在社会主义建设中的地位和作用。周恩来曾讲过:我们要实现农业现代化、工业现代化、国防现代化和科学技术现代化,把我们祖国建设成为一个社会主义强国,关键在于实现科学技术的现代化。在和毛泽东商定召开的关于知识分子问题的大会上他又强调指出:科学是关系我们的国防、经

① 《马克思恩格斯全集》第 48 卷,人民出版社 1985 年版,第 21 页。

济和文化各方面的有决定性的因素。毛泽东在听取聂荣臻汇报国家科委工作时也指出:科学技术这一仗一定要打好;不搞科学技术,生产力就无法提高。

第二,强调建设社会主义必须掌握科学技术。毛泽东在党代会上谈到:我们进入了这样一个时期,就是我们所从事的、所思考的、所钻研的,是钻社会主义工业化,钻社会主义改造,钻现代化的国防,并且开始要钻原子能这样的历史的新时期。后来他又讲道:“现在需要一个技术革命,……提出技术革命,就是要大家学技术,学科学。”周恩来也指出:在社会主义时代,比以前任何时代都更加需要充分地提高生产技术,更加需要充分地发展科学和利用科学知识。

第三,提出要尽快改变我国科学技术落后的状况。毛泽东在新中国成立后就指出:我国人民应该有一个远大的规划,要在几十年内,努力改变我国在经济上和科学文化上的落后状况,迅速达到世界上的先进水平;在50年代,他提出了“技术革命”的口号。周恩来根据战后科学技术发展的状况,十分紧迫的指出:人类面临着一个新的科学技术和工业革命的前夕。世界科学在最近二三十年中,有了特别巨大和迅速的进步,这些进步把我们抛在科学发展的后面很远,我们要尽快地迎头赶上世界水平。

第四,指出为了实现这个宏伟目标,关键在于发挥知识分子的作用。毛泽东谈到:无产阶级没有自己的庞大的技术队伍和理论队伍,社会主义是不能建成的。周恩来也指出:凡是为新中国努力服务的科学家都是朋友,都应该团结。培养技术人才是我国建设的关键,我们的技术人才还很不够,培养人才是一个重大的任务。他还强调要做好知识分子的团结工作,改善知识分子待遇,让知识分子充分发挥作用等等。

三

马克思主义“科学技术是生产力”思想在改革开放后进一步得到继承和发展。十一届三中全会后,我国开启了改革开放历史新时期,在世界范围科学技术飞速发展并且向知识经济时代迈进的背景下,以邓小平同志为主要代表的中国共产党人,以无产阶级革命家的远见卓识,高瞻远瞩,科学地总结了“二战”后,尤其是20世纪七八十年代世界经济发展的新趋势,及时地把握了时代的脉搏,并联系我国的现实，他谈道："马克思说过，科学技术是生产力，事实证明这话讲得很对。依我看，科学技术是第一生产力。"①这个科学论断，对马克思主义"科学技术是生产力"思想作了极其重要的发展。这一思想深刻地反映了当代科学技术在经济发展中的重要作用，具有丰富的内涵。主要包括以下基本内容：

首先，揭示了现代科学技术与生产力的联系。邓小平认为：现代科学技术的发展，使科技与生产的关系越来越密切了。科学技术作为生产力，显示出巨大的作用。他分析了近30年科技发展的情况后指出：现代科学技术正在经历着一场伟大的革命，给生产技术带来巨大的进步。所以当代生产力的发展，最主要的是靠科学的力量，技术的力量。他认为，科学是了不起的事情，要重视科学，最终可能是科学解决问题。要提倡科学，靠科学才有希望，这些论述揭示了当代科学技术对生产力发展的第一位的变革作用。

其次，论述了科学技术在社会主义经济发展中的地位和作用。为了加快我国四个现代化建设，邓小平尤其重视科学技术的作用，他指出：我们现在在科学技术方面的创造，同我们这样一个社会主义国家的地位是很不相称的。他向全国人民号召：我们要掌握和发展现代科学文化知识和各行各业的新技术工艺，要创造比资本主义更高的劳动生产率，把我国建设成为现代化的社会主义强国。他认为：四个现代化，关键是科学技术的现代化，没有现代科学技术就不可能建设现代农业、现代工业、现代国防，没有科学技术的高速度发展，也就不可能有国民经济的高速度发展。他还强调，科学技术要为经济建设服务。认为农业的发展一靠政策、二靠科学。科学技术的发展和作用是无穷无尽的。②

第三，分析了科学技术转化为生产力的过程。邓小平谈到：要进一步解决科技和经济结合的问题。历史上的生产资料，都是同一定的科学技术相结合的；同样，历史上的劳动力，也都是掌握一定的科学技术知识的劳动力。他阐明了生产力的两个基本因素都包含科学技术在内，科学技术是生产力的内在因素；同时也说明，科学技术作为脑力劳动的产品，是一种精神产品，转化为现实生产力，必须有一个过程。这个转化，从生产力的主导因素——劳动力来看，当劳动者吸收和

① 《邓小平文选》第3卷，人民出版社1993年版，第274页。

② 《邓小平文选》第2卷，人民出版社1994年版，第40页。

掌握了科学技术,成为科学化的劳动者,他们的能力就远远超出普通劳动者。他们是现代化大生产中新的生产力的代表者和开拓者。而且,由于电子计算机、控制论和自动化技术的发展,正在迅速提高生产自动化的程度。同样数量的劳动力,在同样的劳动时间里,可以生产出比过去多几十倍几百倍的产品。科学技术已经转化为直接的生产力。从劳动对象看,随着科学技术的发展,人类使劳动对象向更深更广的方面发展,使过去潜在的自然资源,得到了充分的开发利用,废物不废,变废为宝,极大地增加了物质财富。科学技术转化为直接生产力是一个十分复杂的过程,它牵涉到社会、经济、政治、文化等多方面因素。邓小平指出,在社会主义条件下,科学技术转化为直接生产力,关键是两个方面:一是要出又多又好的科学技术成果,出又红又专的科学技术人才。二是要有具体的转化措施和科学的管理体制。他认为:科技人才的培养,基础在教育。发展科学技术,不抓教育不行。要完善科研机构,科研部门和企业部门、生产单位要紧密结合,要加强企业的科研工作。

最后,邓小平强调了知识分子在发展科技方面的作用。针对多年来政治上歧视知识分子的倾向,他指出:知识分子作为脑力劳动者是劳动人民的一部分,绝大多数是工人阶级自己的一部分。要发展科学技术,必须充分发挥知识分子的作用,调动他们的积极性。一定要在党内造成一种空气:尊重知识,尊重人才。

邓小平关于"科学技术是第一生产力"的思想,继承和发展了马克思主义"科学技术是生产力"的思想,对马克思主义生产力理论的发展作出了重要贡献。它对于我国迈向知识经济时代有着极其重要的意义。

四

以江泽民同志为主要代表的中国共产党人,以邓小平的"科学技术是第一生产力"思想为指导,站在新的高度,审时度势,对知识经济和科教兴国等问题作了一系列的论述,具体来说主要有以下几个方面:

首先,指出我们正在面对知识经济的时代。当今世界,科学技术突飞猛进,科技在经济发展中的作用越来越大,知识经济已见端倪,国力竞争日趋激烈。各国之间的竞争越来越表现为科学技术和人才的竞争。科技的发展,知识的创新,越来越决定着一个国家、一个民族的发展进程。因此，全党和全社会都要高度重视知识创新、人才开发对经济发展和社会进步的重大作用，使科教兴国真正成为全民族的广泛共识和实际行动。朱镕基认为，为了迎接知识经济时代，必须建立国家创新体系。

其次，阐明了世界经济发展趋势的主要特点。世纪之交，世界经济发展的一个明显趋势，就是科学技术发展日新月异，正在发生新的重大突破，这一趋势的主要特点，一是以信息科学和生命科学为主要标志的高新技术革命来势迅猛，高科技向现实生产力的转化越来越快，高新技术在整个经济中的比重不断增加；二是经济与科技的结合日益紧密，国际间科技、经济的交流合作迈向全球化；三是科技革命创造了新的技术经济体系，产生了新的生产管理和组织形式，推动了世界经济的增长；四是各国更加重视科技人才，教育的基础作用愈益突出。这是迈向知识经济时代的标志。

第三，强调了迈向知识经济时代的关键是创新。江泽民认为："创新是一个民族进步的灵魂，是一个国家兴旺发达的不竭动力。没有科技创新，总是步人后尘，经济就只能永远受制于人，更不可能缩短差距。"①他指出，科学的本质就是创新，要不断有所发现，有所发明。朱镕基也要求中国科学院的科技工作者，大胆创新、大胆实践，创造更多更好的科技成果。

第四，指出要在新世纪实现第三步发展战略目标，必须加紧推进科技进步和创新。江泽民认为，我们要在新世纪实现第三步发展战略目标，必须加紧推进科技进步和创新，为社会主义现代化建设不断提供强大的科技支持。朱镕基也指出，科技实力和人才是衡量一个国家实力的重要标志，是实施可持续发展战略的必要条件。在当今时代，科技不但是第一生产力，而且决定了经济发展的前途。

进入21世纪，以胡锦涛同志为主要代表的中国共产党人在改革开放的关键时期深刻指出：本世纪头20年，是我国经济社会发展的重要战略机遇期，也是我国科技事业发展的重要战略机遇期。面对汹涌澎湃的世界新科技革命浪潮，我们必须认清形势、坚定信心、抢抓机遇、奋起直追。总体目标是：到2020年，使我国的自主创新能力显著增强，科技促进经济社会发展和保障国家安全的能力显

---

① 《人民日报》1998年3月5日。

著增强,基础科学和前沿技术研究综合实力显著增强,取得一批在世界具有重大影响的科学技术成果,进入创新型国家行列,为全面建设小康社会提供强有力的支撑。主要有以下内容:

第一,必须坚持和发展科学技术是第一生产力思想。新一代领导集体认为:科学技术是第一生产力,是先进生产力的集中体现和主要标志,这是我们党对马克思主义关于科学技术和社会生产力理论的重大发展,是中国特色社会主义理论体系关于科技思想的基本观点。必须坚定不移地实施科教兴国战略,充分发挥科学技术第一生产力的作用,加快缩小我国与世界先进水平的发展差距,为推动经济社会又好又快发展,实现全面建设小康社会、基本实现社会主义现代化的战略目标提供强大科技支撑。

第二,我国科技事业发展的首要任务是提高自主创新能力。自主创新能力是国家竞争力的核心。独立自主,自力更生,无论过去、现在和将来,都是推动我国科技事业发展的根本立足点。在关系国民经济命脉和国家安全的关键领域,真正的核心技术和关键技术只能依靠我们自己,只能依靠自主创新。必须把提高自主创新能力摆在全部科技工作的首位,建设创新型国家,真正掌握核心技术,抢占科技制高点,奋力在世界高技术领域占有一席之地,切实增强国家核心竞争力,牢牢把握我国发展的战略主动权。

第三,我国科技事业发展的方向是科技为经济社会发展服务、为人民服务。为经济社会发展服务、为人民服务,是我国科技事业发展的正确方向。必须面向现代化建设、面向广大人民需求,把经济发展、社会进步、民生改善、国家安全中亟待科技提供支撑的领域作为重点,把科技进步和创新与提高人民生活水平和质量、提高人民科学文化素质和健康素质紧密结合起来,努力掌握关键技术和共性技术、解决重大公益性科技问题。

第四,必须坚持弘扬科学精神。发展创新文化,培育全社会创新精神,是科技进步和创新最深厚、最持久的社会基础。必须坚持解放思想、实事求是、与时俱进,不断推进理论创新、制度创新、文化创新,在全社会大力传播科学知识、科学方法、科学思想、科学精神,提倡敢为人先、敢冒风险、勇于实践、不屈不挠的精神,倡导敢于创新、勇于竞争、诚信合作、宽容失败的精神,形成讲科学、爱科学、学科学、用科学的社会风尚,为科技创新提供科学理论指导、有力制度保障、良好文化氛围。

第五,我国科技发展的组织方式是集中力量办大事。坚持全国一盘棋,集中力量办大事,统一规划、统一调度、统一安排,是我国科技发展必须坚持的重要组织方式。必须统筹科技发展和经济建设,统筹各类创新主体和各种创新要素,统筹基础研究、应用开发研究、高技术研究,充分发挥政府的主导作用,充分发挥市场在科技资源配置中的基础性作用,充分发挥企业在技术创新中的主体作用,充分发挥国家科研机构的骨干和引领作用,充分发挥大学的基础和生力军作用,充分激发全社会的创新活力,形成推动科技进步和创新的强大合力。

第七,科技事业发展必须坚持人才资源是第一资源。人才是国家发展的战略资源,科技进步和创新的关键是人才。必须坚定不移地实施人才强国战略,坚持尊重劳动、尊重知识、尊重人才、尊重创造的重大方针,形成广纳群贤、人尽其才、能上能下、充满活力的用人机制,努力造就数以亿计的高素质劳动者、数以千万计的专门人才和一大批拔尖创新人才,把优秀人才集聚到国家科技事业中来,开创人才辈出的生动局面。①

五

党的十八大以来,以习近平同志为主要代表的中国共产党人,逐步明确了发展的目标和实现的步骤。习近平首次提出了"中国梦"的概念,指出:要实现中国梦,协调推进"四个全面"的战略布局,关键在于依靠科技进步和提高劳动者素质,建设科技创新大国。习近平指出:"科技是国家强盛之基,创新是民族进步之魂。自古以来,科学技术就以一种不可逆转、不可抗拒的力量推动着人类社会向前发展。16 世纪以来,世界发生了多次科技革命,每一次都深刻影响了世界力量格局。从某种意义上说,科技实力决定着世界政治经济力量对比的变化,也决定着各国各民族的前途命运"②,进一步阐明了科学技术的重大作用和建设科技创新大国的重要意义。

① 胡锦涛:《更自觉更坚定走中国特色自主创新道路》,《人民日报》2008 年 6 月 24 日。

② 习近平:《在中国科学院第十七次院士大会、中国工程院第十二次院士大会上的讲话》,《人民日报》2014 年 6 月 9 日。

习近平明确指出:“当前,全党全国各族人民正在为全面建成小康社会、实现中华民族伟大复兴的中国梦而团结奋斗。我们比以往任何时候都更加需要强大的科技创新力量。党的十八大做出了实施创新驱动发展战略的重大部署,强调科技创新是提高社会生产力和综合国力的战略支撑,必须摆在国家发展全局的核心位置。这是党中央综合分析国内外大势、立足我国发展全局做出的重大战略抉择。”①阐明了以习近平同志为核心的新一届中央领导对马克思科学技术思想的继承和对建设科技创新大国的新布局。

当今世界正经历百年未有之大变局,我国发展面临的国内外环境发生深刻复杂变化,我国“十四五”时期以及更长时期的发展对加快科技创新提出了更为迫切的要求。第一,加快科技创新是推动高质量发展的需要。建设现代化经济体系,推动质量变革、效率变革、动力变革,都需要强大科技支撑。第二,加快科技创新是实现人民高品质生活的需要。当前,我国社会主要矛盾已经转化为人民日益增长的美好生活需要和不平衡不充分的发展之间的矛盾,为满足人民对美好生活的向往,必须推出更多涉及民生的科技创新成果。第三,加快科技创新是构建新发展格局的需要。推动国内大循环,必须坚持供给侧结构性改革这一主线,提高供给体系质量和水平,以新供给创造新需求,科技创新是关键。畅通国内国际双循环,也需要科技实力,保障产业链供应链安全稳定。第四,加快科技创新是顺利开启全面建设社会主义现代化国家新征程的需要。此外,要把科技自立自强作为国家发展的战略支撑,立足新发展阶段、贯彻新发展理念、构建新发展格局、推动高质量发展,面向世界科技前沿、面向经济主战场、面向国家重大需求、面向人民生命健康,深入实施科教兴国战略、人才强国战略、创新驱动发展战略,把握大势、抢占先机,直面问题、迎难而上,完善国家创新体系,加快建设科技强国,实现高水平科技自立自强。

从最初提出“四个现代化”到提出全面建设社会主义现代化强国,科学技术现代化从来都是我国实现现代化的重要内容。具体来讲有以下方面内容:

(一)科学技术与人类文明。习近平在2014年国际工程科技大会上发表主旨演讲时表示,工程科技与人类生存息息相关。温故而知新。回顾人类文明历

① 《习近平谈治国理政》,外文出版社2014年版,第119页。

史，人类生存与社会生产力发展水平密切相关，而社会生产力发展的一个重要源头就是工程科技。工程造福人类，科技创造未来。工程科技是改变世界的重要力量，它源于生活需要，又归于生活之中。①在巴黎联合国教科文组织总部发表重要演讲时，他强调，我们要大力发展科技事业，通过科技进步和创新，使人们在持续的天工开物中更好掌握科技知识和技能，让科技为人类造福。②所以，他认为：纵观人类发展历史，创新始终是推动一个国家、一个民族向前发展的重要力量，也是推动整个人类社会向前发展的重要力量。习近平指出："实施创新驱动发展战略，是加快转变经济发展方式、提高我国综合国力和国际竞争力的必然要求和战略举措。"③把创新驱动发展作为面向未来的一项重大战略实施好，就能够推动以科技创新为核心的全面创新，形成新的增长动力源泉，推动经济持续健康发展，加快从经济大国走向经济强国。

（二）科技创新是世界大势所趋。从全球范围看，科学技术越来越成为推动经济社会发展的主要力量，创新驱动是大势所趋。国际经济竞争甚至是综合国力竞争，说到底就是创新能力的竞争。谁能在创新上下先手棋，谁就能掌握主动。新一轮科技革命和产业变革正在孕育兴起，一些重要科学问题和关键核心技术已经呈现出革命性突破的先兆，带动了关键技术交叉融合、群体跃进，变革突破的能量正在不断积累。

（三）创新驱动是国内经济社会发展的必然方向。以习近平同志为核心的党中央十分重视和强调创新，他指出："块头大不等于强，体重大不等于壮，虚胖不行。"④创新能力不强，科技发展水平总体不高，科技对经济社会发展的支撑能力不足，科技对经济增长的贡献率远低于发达国家水平，仍然是我国这个经济大个头的"阿喀琉斯之踵"。我国经济发展要突破瓶颈、解决深层次矛盾和问题，根本出路在于创新，关键要靠科技力量。必须及早转入创新驱动发展轨道，把发展基点放在创新上，发挥创新对拉动发展的乘数效应。在 2013 年底召开的全国政

① 习近平：《让工程科技造福人类、创造未来》，《人民日报》2014 年 6 月 3 日。

② 习近平：《通过科技进步和创新　让科技为人类造福》，《人民日报》2014 年 3 月 27 日。

③ 《习近平总书记系列重要讲话读本》，学习出版社、人民出版社 2016 年版，第 151 页。

④ 《习近平总书记系列重要讲话读本》（2016 年版），学习出版社、人民出版社 2016 年版，第 152 页。

协新年茶话会上，习近平指出："改革，最本质的要求就是创新。中华民族是具有伟大创新精神的民族，以伟大创造能力著称于世。"①他认为："实施创新驱动发展战略决定着中华民族前途命运。全党全社会都要充分认识科技创新的巨大作用，敏锐把握世界科技创新发展趋势，紧紧抓住和用好新一轮科技革命和产业变革的机遇，把创新驱动发展作为面向未来的一项重大战略实施好。"②

（四）建设科技创新大国要树立强烈的创新自信。习近平认为，要敢于走前人没走过的路，所以他强调："我们是一个大国，在科技创新上要有自己的东西。"③真正的核心技术是买不来的，不能总是指望依赖他人的科技成果来提高自己的科技水平，更不能做其他国家的技术附庸。现在，我国整体科技发展水平已位居发展中国家前列，一些重要领域跻身世界先进行列，培养了一支宏大的科技工作者队伍，科技投入力度不断加大。我们在世界尖端水平上一定要有自信，要坚定不移走中国特色自主创新道路，坚持自主创新、重点跨越、支撑发展、引领未来的方针，加快创新型国家建设步伐，勇于创造引领世界潮流的科技成果。

（五）建设科技创新大国的基本要求。要建设科技创新大国，实施创新驱动发展战略，必须把握好基本要求。要紧扣发展大势，跟踪全球科技发展方向，坚持问题导向，明确我国科技创新主攻方向和突破口，着力攻克一批关键核心技术，加速赶超甚至引领步伐。要深化改革，建立健全体制机制，加快推进产学研深度融合，继续深化科研院所改革，推进政府科技管理体制改革，让机构、人才、装置、资金、项目都充分活跃起来，形成推进科技创新发展的强大合力。要强化激励，大力集聚创新人才，加快形成一支规模宏大、富有创新精神、敢于承担风险的创新型人才队伍，择天下英才而用之，激发他们的创新激情。要扩大开放，全方位加强国际合作，坚持引进来和走出去相结合，积极融入全球创新网络，全面提高我国科技创新的国际合作水平。

（六）建设科技创新大国与空间技术、工农业现代化。习近平在会见探月工程嫦娥三号任务参研参试人员代表时强调，科技创新是提高社会生产力和综合国力的战略支撑，必须把科技创新摆在国家发展全局的核心位置，坚持走中国特

---

① 习近平：《在全国政协新年茶话会上的讲话》，《人民日报》2014 年 1 月 1 日。

② 习近平：《在十八届中央政治局第九次集体学习时的讲话》，《人民日报》2013 年 10 月 2 日。

③ 《习近平总书记系列重要讲话读本》（2016 年版），学习出版社、人民出版社 2016 年版，第 152 页。

色自主创新道路，敢于走别人没有走过的路，不断在攻坚克难中追求卓越，加快向创新驱动发展转变。①在中铁工程装备集团有限公司盾构总装车间，习近平通过模型了解盾构机整体构造和工作原理，然后登上一座85米长的盾构机装配平台，察看了装配情况。他指出，一个地方、一个企业，要突破发展瓶颈、解决深层次矛盾和问题，根本出路在于创新，关键要靠科技力量。②习近平在山东农科院召开座谈会说，农业出路在现代化，农业现代化关键在科技进步。我们必须比以往任何时候都更加重视和依靠农业科技进步，走内涵式发展道路。矛盾和问题是科技创新的导向。要适时调整农业技术进步路线，加强农业科技人才队伍建设，培养新型职业农民。③

（七）建设科技创新大国与国防现代化。习近平在视察国防科学技术大学时强调，要深入贯彻落实党在新形势下的强军目标，全面提高教学科研水平和人才培养质量，加快建设具有我军特色的世界一流大学，努力把国防科大办成高素质新型军事人才培养高地、国防科技自主创新高地，为实现中国梦、强军梦提供强有力的人才和科技支持。④

（八）激发科技作为第一生产力所蕴藏的巨大潜能。习近平谈道：实施创新驱动发展战略，最根本的是要增强自主创新能力，最紧迫的是要破除体制机制障碍，最大限度解放和激发科技作为第一生产力所蕴藏的巨大潜能。面向未来，增强自主创新能力，最重要的就是要坚定不移走中国特色自主创新道路，坚持自主创新、重点跨越、支撑发展、引领未来的方针，加快创新型国家建设步伐。实践告诉我们，自力更生是中华民族自立于世界民族之林的奋斗基点，自主创新是我们攀登世界科技高峰的必由之路。问题看到了，就要以时不我待的精神，快马加鞭改变这个局面。当然，自主创新不是闭门造车，不是单打独斗，不是排斥学习先进，不是把自己封闭于世界之外。我们要更加积极地开展国际科技交流合作，用好国际国内两种科技资源。⑤

---

① 习近平：《科技创新是提高社会生产力和综合国力的战略支撑》，《人民日报》2014年1月6日。

② 习近平：《搭建创新服务平台　推动科技和经济紧密结合》，《人民日报》2014年5月9日。

③ 习近平：《给农业插上科技的翅膀》，《人民日报》2013年11月29日。

④ 习近平：《科技创新同部队建设发展接好轨、对好焦》，《人民日报》2013年11月5日。

⑤ 习近平：《在中国科学院第十七次院士大会、中国工程院第十二次院士大会上的讲话》，《人民日报》2014年6月9日。

（九）建设科技创新大国要深化科技体制改革。必须深化科技体制改革，破除一切制约科技创新的思想障碍和制度藩篱，处理好政府和市场的关系，推动科技和经济社会发展深度融合，打通从科技强到产业强、经济强、国家强的通道，以改革释放创新活力，加快建立健全国家创新体系，让一切创新源泉充分涌流。

综上所述，可见，在一百多年前，马克思提出了“科学技术是生产力”的科学论断，在《资本论》及其手稿等有关著作中进行了光辉的论述，成为马克思主义经济学说的一个组成部分。而中国共产党成立 100 年来，从以毛泽东同志为主要代表的中国共产党人开始，为马克思主义科学技术理论中国化，为中国特色社会主义科技思想的创立奠定了深厚的理论基础。改革开放以来，中国特色社会主义理论逐步发展，至今形成习近平新时代中国特色社会主义思想。而习近平对于科技发展的相关重要论述是对马克思主义科技思想的继承和发展，也恰恰证明了马克思主义科技思想是开放的，不断发展的，有无限的生命力。

（作者为中共上海市委党校教授）

中国科技创新资源配置体制机制的演进、创新与政策思考*

李　湛　刘　波

一、引　言

综观世界发展史，创新对各国发展影响深远，更直接决定着世界秩序重构。近几年，美国动用科技霸权，赋予科学技术制裁职能，对中国高科技企业实施"卡脖子"，凸显出科技创新不仅是引领经济发展的动力，也关乎国运之争。

党的十八大提出实施创新驱动发展战略，党的十九大报告中进一步强调创新是引领发展的第一动力。创新驱动发展意味着将转变传统经济发展模式，未来的发展将要依靠科技创新驱动。在实施创新驱动发展战略过程中，科技创新资源的优化配置至关重要，对于技术创新和战略实施起到支撑和助推作用。科技创新资源指用于科技创新活动的各种资源的总称，包括科技人才、资金、技术和信息资源等。①科技创新资源的稀缺性，决定了有效配置能获得更大的效益。但是，当前中国科技创新资源配置存在科技创新资源尚未完全有效整合、创新要素流动并不顺畅和科技创新资源利用效率较低等诸多问题。②可以说，科技创新资源配置效率不高是中国科技创新领域的"痛点"，也是中国科技体制改革长期关注的焦点。无论是创新驱动发展战略的实施和建设世界科技强国目标的实现，还是新一轮的科技革命和产业变革带来的机遇与挑战，对科技创新资源配置效率都提出了更高的要求。

要实现科技创新资源的优化配置，必须先完善科技创新资源配置体制机制，

---

* 本文系上海社会科学院创新工程特别项目的成果。

① 范建平、赵园园、吴美琴：《基于改进交叉效率的中国科技创新资源配置研究》，《中国科技论坛》2017 年第 12 期。

② 张贵红：《我国科技创新体系中科技资源服务平台建设研究》，复旦大学，2013 年。

保证体制机制的稳定性和先进性。①因为,科技创新资源配置体制机制是要素市场化配置体制机制的重要领域和关键问题,是提高科技创新资源配置效率的根源。本文将探讨如何实现科技创新资源配置体制机制的进一步完善,以适应科技创新资源优化配置的需要。

二、中国科技创新资源配置体制机制的演进

科技创新资源配置是一个有机的体系和动态开放的过程,是指在一定时期内,通过一定的方式,将科技创新资源在不同科技活动主体、不同科研环节、不同领域和不同区域间的分配与组合。②科技创新体制机制广义上可以理解为一个时期科技创新活动所依从的制度框架和机制。③回顾中国科技体制机制改革的进程,科技创新资源配置的体制机制变迁始终贯穿其中。新中国成立以来,中国科技创新资源配置体制机制演进大致分为 5 个阶段。

第一阶段(1949—1977 年),建立和实施高度集中的计划型科技创新资源配置制度。新中国成立初,中国全盘照搬苏联模式,确立了计划经济体制,建立起计划式的科技体系。中央政府对工作实行"全面规划,加强领导"的方针,统一配置科技创新资源,集中有限资源投入国家战略目标领域,力求在短时间内快速提升科技水平。除了这一阶段的后期,计划型科技资源配置模式在这一历史阶段让稀缺的科技创新资源发挥重大效用。

第二阶段(1978—1994 年),全面实施科技创新资源配置体制机制改革。随着现代科技发展,依靠行政命令配置科技创新资源的体制机制不能满足推进科技现代化的需求,亟须改革和完善科技创新资源配置体制机制。1985 年中共中央发布《关于科学技术体制改革的决定》(以下简称《决定 1》),提出改革科研机构的拨款制度、开拓高新技术市场、调整科技系统运行机制、改革科技人员管理制度等,《决定 1》标志着中国科技体制改革进入全面实施阶段。国务院相继于

① Morris Teubal, "R&D and technology policy in NICs as learning processes," *World Development*, 1996, Vol.24, No.3, pp.449-460.

② 丁厚德:《科技资源及其配置的研究》,《中国科技资源导刊》2009 年第 41 期。

③ 张敏容:《中国科技体制改革的路径选择》,《北京理工大学学报(社会科学版)》2007 年第 6 期。

1987 年颁布了《关于进一步推进科技体制改革的若干规定》和 1988 年颁布了《关于深化科技体制改革若干问题的决定》(以下简称《决定 2》),全面推动中国科技体制改革。这一阶段,中国科技创新资源配置体制机制发生了根本性的转变,改善了原本封闭的计划科技资源配置体制,释放了科技创新的活力。但是,科技创新资源配置中仍然面临较为严重的体制机制障碍问题,科技资源配置效率有待进一步提高。

第三阶段(1995—2005 年),市场导向科技创新资源配置制度逐渐建立。1995 年 5 月,中央确定实施科教兴国战略。1996 年,国务院发布《关于"九五"期间深化科技体制改革的决定》,提出将开放大部分科研单位和科技资源进入市场。2001 年,《国民经济社会发展"十五"计划纲要》提出"建设国家创新体系",推动企业成为创新主体,促进科技成果产业化。这一阶段政府着重提升市场在科技创新资源配置中的作用,中国基本实现了科技创新资源配置由计划导向向市场导向的转轨,初步建立了按照市场经济规律配置科技资源的体制机制。

第四阶段(2006—2011 年),开始全面建设国家科技创新体系。国家在科技创新布局、人事制度、科技资源配置模式和科研成果评价与奖励制度等方面进行了深层次改革。2006 年,《国家中长期科学和技术发展规划纲要(2006—2020)》(以下简称《纲要 1》),提出要"促进全社会科技资源高效配置和综合集成,建设中国特色国家创新体系"。2008 年,国务院颁布了《国家知识产权战略纲要》,旨在加强知识产权的保护和提升知识产权管理能力等工作。这一时期,科技体制改革的重点任务是建设具有中国特色的国家创新体系,依靠创新体系全面提升科技创新资源配置能力和效率。

第五阶段(2012 年至今),进一步确立市场在科技创新资源配置中的决定性作用,加快建立企业为主体的科技创新体系。2012 年国务院印发《关于深化科技体制改革加快国家创新体系建设的意见》(以下简称《意见 1》),强调"充分发挥市场在资源配置中的基础性作用",强化企业技术创新主体地位。2015 年,国务院发布《关于深化体制机制改革加快实施创新驱动发展战略的若干意见》(以下简称《意见 2》),强调"要使市场在资源配置中起决定性作用和更好发挥政府作用","发挥市场对技术研发方向、路线选择和各类创新资源配置的导向作用"。2016 年国务院印发《国家创新驱动发展战略纲要》(以下简称《纲要 2》),指出要有效结合集中力量办大事和市场在资源配置中起决定性作用的优势，提高中国配置创新资源能力。十九届四中全会首次将完善科技创新体制机制纳入完善基本经济制度范畴，明确要建立以企业为主体、市场为导向、产学研深度融合的技术创新体系①，全面推进科技体制改革，提高科技创新资源的配置效率和能力。

表 1　中国主要年份科技资源情况

年份	国家财政科技拨款（亿元）	专利授权数（件）	R&D 人员全时当量（万人年）	重大科技成果数（项）	技术合同成交金额（万元）
1995	302.4	41 881	75.17	31 000	268.34
2005	1 334.9	171 619	136.48	32 359	1 551.37
2010	4 196.7	740 620	255.38	42 108	3 906.58
2015	7 005.8	1 596 977	375.88	55 284	9 835.79
2018	9 518.2	2 335 411	438.14	65 720	17 697.42

资料来源：作者整理。

三、 中国科技创新资源配置体制与机制的创新探索

中国科技创新资源配置体制机制的创新探索的依据主要是 1985 年以后陆续出台的一系列科技政策文件的总结归纳（如表 2）。科技创新资源的配置直接影响着区域科技水平的发展，决定着区域经济发展的动力和方向。制度的因素在科技创新资源配置中起着决定性作用②，科技创新资源配置体制机制可以促使政府变革，规范和引导市场创新主体科技活动行为，降低甚至消除科技资源投入和流动的体制机制性障碍，对于建设国家创新体系和建成世界科技强国有着决定性和先导性作用。

（一）科技创新资源配置体制的创新探索

1. 坚持党对科技事业的全面领导体制

1995 年发布的《关于加速科学技术进步的决定》（以下简称《决定 3》）中，明

① 刘鹤：《坚持和完善社会主义基本经济制度》，《人民日报》2019 年 11 月 22 日。

② 李应博：《有效制度安排下的科技创新资源配置研究》，《科学学研究》2008 年第 3 期。

表 2 主要政策中科技创新资源配置要点一览

《决定 1》(1988)	《纲要 1》及《配套政策》(2006)	《意见 1》(2012)	《意见 2》(2015)	《纲要 2》(2016)
科研机构所有权与经营权分离	科技投入	强化企业技术创新主体地位	知识产权保护制度	建设国家创新体系
加强国际科技合作交流	建立企业为主体的创新体系	推动创新体系协调发展	建立技术创新市场	构建统筹配置创新资源机制
开辟和疏通科技信贷渠道	税收激励	强化科技资源开放共享	强化金融支持创新功能	跨区域整合创新资源
科研事业费改革	金融支持	促进资源高效利用	成果转化激励	构建技术转移服务体系
在基础研究领域引入竞争机制	知识产权	激发科技人员创造性	培养、用好和吸引人才机制	拓展多层次资本市场
促进人才合理流动	扩大科技合作	加强科技开放合作	融入全球创新网络	全方位推进开放创新
	培养和吸引创新人才		创新政策统筹协调	建设高水平人才队伍
	统筹协调			

资料来源:作者整理。

确要求加强党对科技工作的领导,各级党委要把科技工作摆在重要的议事日程。各级党、政主要领导干部要在战略上把握好科技与经济的有机结合,要对落实各项科技政策、措施的情况经常进行督促检查。党对科技事业的全面领导是中国科技体制的最大创新,党通过顶层设计、制定重大科技发展规划和政策、提出重大战略部署等机制推动科技体制机制改革,在科技创新资源配置过程中发挥着重要作用。回顾中国科技发展历程,党中央始终高度重视科技工作,结合国情和世界发展形势,紧紧围绕国家重大战略部署,相继制定过"自力更生、争取外援""面向经济主战场""科教兴国""自主创新"和"创新驱动"等科技发展方针,确立了国家科技发展的方向。科技创新资源优化配置不能脱离政府的指导而实现①,

① Ehsan Amiri, Hassan Keshavarz, Naoki Ohshima, Shozo Komaki, "Resource Allocation in Grid: A Review," *Procedia-Social and Behavioral Sciences*, 2014, Vol.129, No.5, pp.436-440.

政府的指导和监督能够克服市场配置资源的失灵问题。①党对科技的全面领导，引导科技创新资源流向关键领域，有利于在科技领域发挥举国体制的制度优势，在“市场失灵”领域提高科技创新资源的配置效率。②

2. 形成政府支持、市场导向的科技创新资源配置体制

新中国成立以来，中国科技体制改革处于动态发展过程中。从计划经济向社会主义市场经济转型过程中，科技资源配置也经历行政配置向市场配置的转变。《决定 1》指出中国长期以来形成的科学技术体制存在着严重的弊端，难以适应客观形势的需要。必须克服单纯依靠行政手段管理科学技术工作的弊病，要合理运用经济杠杆和市场调节助力于科学技术发展。国务院发布的《纲要 1》中，提出要“建设以政府为主导、充分发挥市场配置资源的基础性作用”。《纲要 2》要求明确政府和市场的分工，构建统筹创新资源的机制，建设各类创新主体协同互动和创新要素顺畅流动、高效配置的生态系统。目前，中国已经形成了具有中国特色科技创新资源配置体制，市场在科技创新资源配置中起着决定性的作用，政府弥补市场的不足，发挥协调和引导作用，共同促进科技创新资源的配置效率提升。

3. 建立企业主导的科技创新资源配置体制

当前，企业已成为中国特色社会主义市场经济的主体。在科技领域，企业也主导着科技资源的配置。《决定 3》中明确要推动企业逐步成为技术开发的主体，鼓励科研院所、高校等科技力量以多种形式进入企业或企业集团。2006年国务院发布的《国务院关于实施科技规划纲要增强自主创新能力的决定》（以下简称《决定 4》）中，提出要建立以企业为主体、以市场为导向、产学研结合的技术创新体制。《纲要 1》要求增强企业技术创新的活力和动力，“通过财税、金融等政策引导企业增加研发投入”，支持企业承担国家研发任务，为企业开展创新活动创造良好环境。《意见 1》明确建立企业主导产业技术研发创新

---

① C.K.H. Lee, K.L. Choy, K.M.Y. Law, G.T.S. Ho, “Application of intelligent data management in resource allocation for effective operation of manufacturing systems,” *Journal of Manufacturing Systems*, 2014, Vol.33, No.3, pp.412-422.

② 李哲、苏楠：《社会主义市场经济条件下科技创新的新型举国体制研究》，《中国科技论坛》2014 年第 2 期。

的体制机制，要求“科研院所和高校要更多地为企业技术创新提供支持和服务，促进技术、人才等创新要素向企业研发机构流动”，提供政策供给引导企业成为技术创新主体。目前，企业已成为中国科技创新的主力军，主导着科技创新资源配置。

4. 坚持以全球视野配置创新资源

中国科技创新采取“两条腿走路”策略，一方面，坚持自主创新，另一方面，积极融入全球科技创新体系，主动布局和使用全球创新资源。与发达国家相比，中国科学技术长期处于落后追赶阶段，因此，对外开放是中国科技发展的长期战略。《决定 1》明确要重视引进、消化和吸收先进技术，加速国际间科学技术信息交流。《决定 3》中，强调重点在先进生产技术领域中加强国际间的科技合作，大力推动中国高技术及其产品出口，积极引进国外先进技术和智力。《纲要 1》鼓励扩大多种形式的国际和地区科技合作交流，支持实施国际合作项目，鼓励跨国公司在华设立研究开发机构。《意见 1》《意见 2》和《纲要 2》等政策文件，强调要以全球视野谋划和推动创新，充分利用好全球创新资源。积极鼓励和引导外资研发机构参与承担国家科技计划项目，吸引海外顶尖科学家参与中国基础研究和重大全球性问题研究等领域，面向全球引进高层次科技创新人才。充分利用国际环境、资源和条件，积极开展国际合作交流，提高中国科技发展水平和科技资源配置效率。

（二）科技创新资源配置机制的创新探索

纵观中国科技体制机制改革进程，始终以促进全社会科技资源高效配置和综合集成为重点。在科技创新资源配置机制改革过程中，涉及配置主体、科技创新资源、科技管理等内容。本文拟从以下六方面阐述配置机制的创新探索。

1. 创新科技资源管理机制

科技创新资源管理机制是指在科技活动过程中，创新主体管理科技创新资源的一整套机制。中国出台的一系列科技政策，力求形成有效的科技创新资源管理机制。《纲要 1》明确要扩大科研单位在科技经费、人事制度等方面的决策自主权。健全国家科技决策机制，强化国家对科技发展的总体部署和宏观管理，市场机制不能有效解决的基础研究、前沿技术研究、社会公益研究、重大共性关键技术研究等公共科技活动主要由国家财政直接投入。《意见2》明确市场在资源配置中起决定性作用,是优化配置创新资源的主要手段。政府部门不再直接管理具体项目,建立依托专业机构管理科研项目的机制,政府主要负责科技发展战略、规划、政策、布局、评估和监管,重点部署市场不能有效配置资源的关键领域研究,竞争类企业依据市场需求自主决策。目前,中国基本形成了较为完善的科技创新资源管理机制。

2. 建立统筹协调科技创新资源配置机制

统筹协调科技创新资源能够避免科技创新资源分散和重复,改善科技创新资源配置效率,化解区域科技发展过度分化问题,促进科技平稳协调发展。《决定2》鼓励科研机构跨部门、跨地区、跨行业与生产、科研、设计单位联合,使科技创新资源在更大范围内统筹配置。《决定3》提出建立健全科技资源共享、军民互动合作的协调机制,加强部门之间、地方之间、部门与地方之间、军民之间的统筹协调,切实提高整合科技资源。《纲要1》强调要建立和健全统筹配置科技资源的协调机制,建立创新资源配置的信息交流制度,防止重复立项和资源分散、浪费。《意见1》提出加强统筹协调,分类指导,防止各类科技计划、专项、基金重复部署。《纲要2》提出,要构建统筹配置创新资源的机制,跨区域整合中国科技创新资源。目前,中国逐步健全合理配置科技创新资源的统筹协调机制,科技创新资源协调配置能力得到提升。

3. 完善科技创新资金配置机制

资金的投入和配置决定了科技发展的方向和产出。因此,完善科技创新资金配置机制是科技体制改革的重要内容。《意见1》明确要完善科技经费管理制度,优化经费投入结构,促进科技和金融结合,引导银行等金融机构加大对科技型中小企业的信贷支持,加大多层次资本市场对科技型企业的支持力度。《意见2》提出培育壮大创业投资和资本市场,强化资本市场对技术创新的支持,拓宽技术创新的间接融资渠道,完善外商投资创业投资企业规定。《纲要2》提出要拓展多层次资本市场支持创新的功能,积极发展天使投资,壮大创业投资规模,运用互联网金融支持创新。充分发挥科技基金的作用,引导带动社会资本投入创新。目前,中国科技创新资金配置重点,一是完善科技经费管理,二是培育资本市场,加大资本市场对科技创新的支持。

4. 建立激励创新的科技人才配置机制

科技人才是最重要的科技创新要素，科技创新的思想、创新活动和创新产出等都离不开科技人才作为载体，其他科技创新资源只有与科技人才结合才能充分发挥创新功能。综合《纲要 1》《意见 1》和《意见 2》的内容，科技人才配置是科技创新资源配置的重要问题。首先，通过建立有效机制，按照市场规律让人才自由流动，面向全社会公开招聘科研和管理人才；其次，加快建设人才公共服务体系，健全科技人才流动机制；再次，实行更具竞争力的人才吸引制度，支持企业培养和吸引科技人才、吸引和招聘外籍科学家和工程师。制定和实施吸引优秀留学人才回国工作和为国服务计划；最后，建立有利于激励自主创新的人才评价和奖励制度，激发人才创新活力。

5. 完善技术资源配置机制

技术进步是科技创新的最直接体现，技术资源的配置效率直接影响着创新绩效和创新动力。为了改善中国技术进步和社会发展长期脱节的现象，《纲要 1》提出要完善技术转移机制，促进企业的技术集成与应用，进一步完善中国知识产权制度，逐步建立技术产权交易市场。2007 年，中国将培育和发展技术市场，引导建立专业化技术交易服务体系写入了《中华人民共和国科技进步法》（以下简称《进步法》），凸显出对技术市场发展的高度重视。《意见 2》提出要实行严格的知识产权保护制度，加快下放科技成果使用、处置和收益权。《纲要 2》明确要构建中国专业化技术转移服务体系，完善全国技术交易市场体系，畅通技术转移通道。拓展和发展技术市场是中国深化科技体制改革的重要内容，也是完善中国技术资源配置机制的重大举措。

6. 优化政策资源配置机制

政策资源是指政府为促进科技创新活动开展而制定的具有引导、调控和支持功能的政策措施。政策资源具有特殊性，科技创新政策是引导和规范其他资源配置的制度要素，而政策的制定和实施过程，本身也是科技创新政策资源配置过程。中国科技体制改革本质上是科技创新政策资源不断创新和配置的过程。《决定 1》拉开了中国科技体制改革的序幕。《决定 2》提出要积极组织计划、经济、科技、财政、金融、税收、工商、人事等有关部门，研究和制定支持政策，促进科技创新资源优化配置。相继实施的《进步法》《中华人民共和国促进科技成果转化法》和《中华人民共和国专利法》等从法律层面保障科技创新。《纲要 1》提出从“财税、金融、政府采购、知识产权保护、人才队伍建设等方面制定一系列政策措施,加强经济政策和科技政策的相互协调”。陆续出台的《意见 1》《意见 2》和《纲要 2》等政策,保障了各项创新活动的顺利实施,消除了中国科技发展的体制机制障碍。一系列决定、办法、规划纲要、通知及意见等政策的制定,是科技创新政策资源配置的体现,构成了较为完善科技创新政策体系,为科技创新资源的优化配置提供了制度保障和支撑。

四、 当前科技创新资源配置中仍然存在的体制机制问题

经过数十年科技体制改革,中国建立起了较为完善的科技创新资源配置体制机制,科技创新资源配置效率得到极大程度的提升。上文分析可知,中国科技创新资源配置体制机制在领导体制、统筹管理、协调配置和扩大开放等方面都进行了创新探索。但是,按照创新驱动发展战略和建成世界科技强国的要求,当前的科技创新资源配置效率仍存在落差,科技创新资源配置体制机制还有待进一步完善。本文将其总结为以下五个方面。

(一)一些保障科技创新资源配置的根本性制度建设仍然滞后

制度决定资源的配置模式和效率,科技体制机制改革的目的就是消除科技创新资源有效配置的制度性障碍,提高科技资源的配置能力和效率。可以说,科技体制改革是改革开放后中国科技再次腾飞的关键①,一系列的体制机制创新确立了市场在科技创新资源配置中起决定性作用的地位,提升了科技创新资源配置效率。回顾中国科技体制改革历程,改革更多表现为不断出台科技政策,但一些根本性的制度建设比较滞后,比如科技成果产权边界的界定、科研机构的“所有者”问题和人才创新激励等问题尚未从制度层面得到根本解决。政策与制度并不能完全相互替代,根本性制度是系统制度体系的“基石”,关系到科技体制改革的最深层次内容,具有绝对不可替代性。随着科技体制改革进入深水区,仅仅出台相关政策替代不了基本制度的建设,不能从根本上解决问题。在未来的

① 吴家喜、彭洁:《中国科技资源配置的制度变迁分析》,《中国科技资源导刊》2010 年第 42 期。

科技体制改革过程中，需要加强一些根本性的制度建设，从根本制度层面推动中国科技创新资源配置水平提升。

（二）科技创新资源配置协同机制尚待完善

单一、封闭的计划科技资源配置制度体系下，科技资源管理及配置是条块分割、纵向管理的封闭式模式，科技资源的配置取决于政府的认识和判断，难以实现科技协同攻关与优化配置。科技体制改革力求打破中国科技发展所面临的体制机制桎梏，但是，目前中国科技创新资源配置效率仍然不高，科技创新资源在部门、领域、区域和主体之间的流通存在着体制机制障碍。一是科技创新资源配置中部门配置色彩浓厚，部门之间切割配置资源，再加上部门之间的分散，导致存在科技项目交叉重复现象，使得科技创新资源存在重复投入，无法统筹优化配置；二是基础研发领域和公益性研究领域，严重依靠国家财政投入。科技创新具有高投入、高风险和回报周期长的特性，因此，资本在逐利性驱使下倾向于流入传统生产领域，尤其是地产、基础设施和国企等，而高科技领域缺乏资本、技术与人才的持续投入；三是区域之间的发展不平衡导致创新资源的禀赋差异较大。从全国范围来看，东部沿海地区聚集了大部分的科技创新资源，仅占全国1/3地区的沿海地区，却集聚了全国57%的科技人员、65%的科技经费投入。①在不同省份之间，科技创新资源也主要集聚于中心城市。区域之间的经济势能差导致了科技创新资源以单向流动为主，造成科技创新“马太效应”②；四是宏观配置主体政府和微观配置主体企业、高校和科研院所之间离“深度协同”的目标还非常远。不同主体的资源禀赋差异导致科技创新资源的分布不均，且各自的科技创新资源优势不同，主体之间的协同性欠缺导致“政产学研用”难以深度融合。总之，科技创新资源协同机制的欠缺导致了科技创新资源配置存在着资源分散、重复、闲置和低效等问题。因此，促进跨部门、跨领域、跨区域、跨主体的科技创新资源配置协同机制的建立，是提升科技创新资源配置效率的关键环节。

---

① 陈震、尤建新：《沿海地区科技创新资源投入效率测算及优化设计研究》，《科技进步与对策》2010年第27期。

② 牛方曲、刘卫东：《中国区域科技创新资源分布及其与经济发展水平协同测度》，《地理科学进展》2012年第31期。

（三）科技创新资源配置的开放性远不适应科技创新新要求

经济全球化是世界经济发展的大趋势，其本质是资源配置全球化。以通信和交通为代表的技术创新压缩了区域间时空距离，降低了交易成本，保障资源可以在全球范围内以更低成本进行配置。由于全球价值链的延伸和各经济主体的比较优势有别，开放的科技体系下将可以配置更大规模的科技创新资源。中国在不少科技政策文件中强调要以开放理念和全球视野配置科技创新资源，使境外资源为我所用。结合实际情况来看，中国配置全球科技创新资源的深度和广度不够，整合利用全球科技创新资源的能力有待提升。目前，国内政府主导的科技计划和项目对外开放还存在诸多障碍，全球科技创新资源为我所用的体制机制环境还需进一步突破和完善。金融和科技人才都是重要的科技创新资源，但中国科技金融市场开放度不够，对国际顶尖人才的吸引力较弱。同时，中国也缺乏国际科技创新中心和国际科技创新策源地，难以吸引国际创新资源的持续流入。因此，需要进一步从体制机制改革着手，增强中国科技创新体系的开放性，增强我国在全球范围内吸纳、凝聚、配置科技创新资源的能力。

（四）缺乏激励科技人才活力的机制

随着创新驱动发展战略的实施，叠加新一轮科技革命的到来，科技人才的供给不足呈长期趋势。因此，加大科技人才培养投入、激励科技人才积极性显得尤为重要。教育投入持续增长支撑中国培养了大量科技人才，但总体来看，中国科技顶尖人才仍然稀缺。市场经济下，以民营企业为主的创新主体基本实现了科技创新人才有效激励，而在国有企业、事业单位性质的科研机构和高校内，科技人才的激励效果不彰。究其原因，是因为缺乏激励科技人才创新活力的机制。首先，体现为基础薪酬激励明显不足，普林斯顿大学教授李凯对2012年世界公立大学教授的薪酬研究发现，中国顶尖教授的平均薪水只占美国顶尖教授的15%①；其次，部分激励政策也缺乏实施细则，难以落实，导致绩效激励难以发挥激励作用，对年轻科研人员、欠发达地区科研人员和基础性、公益性科研人员激

① 王剑、蔡学军、岳颖、潘陆山：《高层次创新型科技人才激励政策研究》，《第一资源》2012年第2期。

励不足。科研收益与科研经费额度挂钩诱使科研人员存在急功近利倾向，导致基础研究和公益性研究长期缺乏关注；最后，现有职称制度存在潜在的“逆激励”，职称评审制度导致部分学者评上职称后缺乏持续的研究动力。同时，中国科技体制机制内缺乏保障潜心研究的机制，科研人员忙于项目申请、评审考核、参加会议等活动，难以潜心做科研。激励机制的缺失导致科技创新激励不足，抑制了科技人才科研积极性，不利于科研人员踏踏实实做研究，甚至导致部分科技人才转变职业放弃科研，难以发挥科技人才的研发活力。

（五）科技计划体系衔接效果有待加强

国家科技计划是国家解决社会和经济发展中涉及的重大科技问题，实现科技资源合理配置的重要手段。目前，中国形成了包括基础研究计划、国家科技支撑计划、高技术研究发展计划和科技基础条件平台建设等较为完整的国家科技计划体系。部分科技计划体系是在特定历史发展阶段科技发展需求中产生的，对当时科技进步发挥过积极作用。但随着科技体制改革的推进和科技事业的发展，有些科技计划已难以满足科技发展需求，甚至成为了科技创新发展的障碍因素。习近平总书记在中央全面深化改革领导小组会议上指出：“中国科技计划在体系布局、管理体制、运行机制、总体绩效等方面存在不少问题，突出表现在科技计划碎片化和科研项目取向聚焦不够两个问题上。”①科技计划体系衔接效果不佳，存在分散、封闭、低效等问题，影响了科技创新资源的配置效率，阻碍了科技创新发展。目前，中国40余个部门管理近百余项中央科技计划，导致难以统一协调部署，政出多门、“九龙治水”等问题层出不穷，降低了科技创新资源的配置效率。

五、完善科技创新资源配置体制机制的政策思考

党的十八大确定中国未来将实施创新驱动发展战略，科技创新将是我国社会生产力和综合国力的战略支撑，成为引领未来中国发展的“引擎”。为实

---

① 习近平：《在中央全面深化改革领导小组第五次会议上的讲话》，《人民日报》2014年9月30日。

现创新驱动发展和将中国建设成世界科技强国的目标,除了进一步加大科技投入、培养高素质科技人才、保持政策的稳定性和先进性外,还需进一步完善中国科技创新资源配置的体制机制,消除影响科技创新资源高效配置的体制机制障碍。

表 3　政策工具图谱

政策干预程度(由低到高)	政策工具类型
自愿性工具	家庭和社区 自愿性组织 私人市场
混合型工具	信息和劝诫 补贴 产权拍卖 税收和使用费
强制性工具	管制 公共事业 直接提供

资料来源:根据《公共政策研究:政策循环与政策子系统》(2006)整理。

在完善科技创新资源配置体制机制过程中,最关键是处理好政府、市场和创新主体之间的关系,形成三者之间相互互补、相互促进和相互支撑的和谐关系,构建有利于科技创新资源配置的创新生态系统。在科技体制机制改革进程中,政府通过一系列的政策工具引导和完善科技创新资源配置体制机制。豪伊特(2006)①按照政府介入程度,将政策工具划分为十大类(见表 3)。在理想状态下,政府明确自身定位,选择适合的政策工具干预科技创新资源配置。沿着这一思路,在推动科技创新资源配置体制机制改革中,政府并不会是实施单一的政策工具,而是依靠从市场力量到政府强力介入的一条政策工具谱线。根据市场的效率和政策干预程度,将科技创新资源配置政策工具分为自愿性政策工具、混合型政策工具和强制性政策工具三大类(见图 1)。在完善科技创新资源配置体制机制中,政府应将宏观政策制定逻辑与资源微观配置机制统一起来,根据实际政

① [加]迈克尔·豪利特、M.拉米什:《公共政策研究:政策循环与政策子系统》,庞诗等译,生活·读书·新知三联书店 2006 年版。

策需求选择适宜的政策工具谱线,促进科技创新资源配置体制机制完善,提升资源的配置效率。

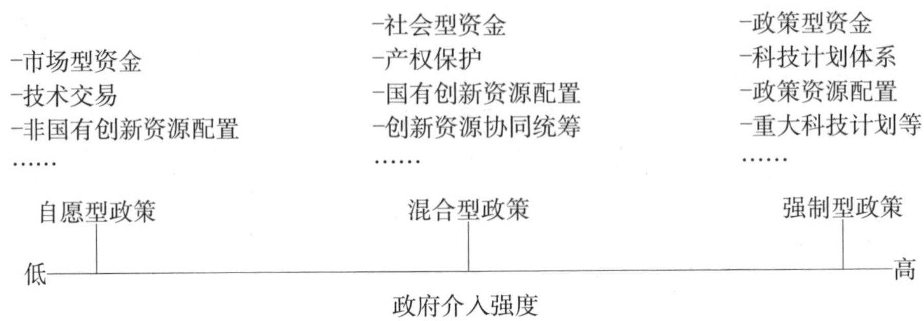

图 1　政府优化科技创新资源配置的政策工具分类归纳(举例)

(一)明确科技创新资源配置体制机制的基本经济制度特性

新制度经济学将制度作为内生变量纳入经济增长分析中,认为制度安排支配着经济主体的行为,影响着资源的配置效率。经济制度被定义为用来就某一地区内的生产、投入和消费作决定并完成这些决定的一整套的机制和组织机构。资源配置机制是经济制度的一个方面,影响着经济生产活动①。资源配置体制机制作为经济制度的重要组成,在促进经济生产活动方面发挥关键作用。在中国特色社会主义新时代,科技创新体制机制的作用愈发重要,是创新驱动发展战略的制度保障,也是科技创新作为第一生产力所决定的生产关系。十九届四中全会首次将科技创新体制机制纳入了完善中国社会主义基本经济制度范畴,作为完善基本经济制度的重大举措,是中国建设创新型国家的重要制度支撑。科技创新资源配置体制机制作为科技创新体制机制的重要组成,具有显著的基本经济制度特性。因此,需要不断完善科技创新资源配置的体制机制,为科技持续创新提供制度供给和保障。

(二)加强市场与政府的良好互动,构建良好的科技资源配置环境

科技创新资源的流动性决定了资源配置的能力和效率。市场配置效率更高的资源,让其在市场流动中创造最大价值。政府以服务为主,弥补市场的缺位。

① Riccardo Leoncini, "The nature of long-run technological change: innovation, evolution and technological systems," *Research Policy*, 1998, Vol.27, No.1, pp.75-93.

政府应通过建立信息共享平台和破除体制机制阻碍，增强科技创新资源的流动性，促进科技创新资源在领域、主体、区域和部门之间流动，实现科技创新资源的优化配置；要进一步加强科技创新资源的配置环境建设。首先，为科技创新营造良好的制度环境，敢于在根本性制度层面改革，为科技创新和资源配置提供制度保障；其次，支持科技创新资源的平台建设，包括科技资源共享平台、技术创新平台、科技成果转化平台、科技创新合作平台等，为科技创新资源配置提供平台环境；最后，加强创新的基础设施建设，例如信息通信技术环境、交通环境、创新文化环境等，为科技创新资源有效配置提供良好环境基础。

（三）完善官产学研用协同合作的体制机制

建立健全企业主导的科技创新资源配置体系，激发企业创新的内生动力，引导创新资源流入高效的企业，充分发挥企业主体对技术创新的引领带动作用。一是促进建立以企业为主体的政产学研用深度融合的科技创新资源配置体系，扩大协同效能；二是提升企业创新资源共享能力，引领政产学研用深度融合，提升科技创新资源的配置效率；三是完善政产学研用协同创新机制，发挥市场机制的调节作用，制定合理的利益保障机制与风险分担机制；四是政府发挥组织协调和引导作用，制定法律和出台配套政策，为科技创新建设良好环境。同时，政府切忌“手臂伸得过长”，管得过宽。政府以弥补市场失灵为主，在市场不能很好配置资源的基础性研究、公益性研究和国家战略领域等方面主导科技创新资源的配置。

（四）形成开放的科技创新体系，以全球视野配置科技创新资源

科技创新全球化的本质是形成开放式的科技创新体系，创新主体可以在境外使用创意、资金、知识、人才和技术等创新资源，同时，也可以将创新成果推向全球市场而实现更大商业价值。形成开放式的科技创新体系，首先，要突破科技创新资源跨境流动的障碍，配套相应的政策促进科技创新资源在国家边界便利流动，以全球视野进行创新资源配置；其次，要开展更广范围的全球科技创新合作。形成政府支持，以企业、科研单位和高校为主体的国家科技创新合作体系。有针对性地选择更多国家、地区建立科技创新合作关系，主导设立和积极参与国际重大科技创新合作计划；再次，积极参与全球科技创新治理，牵头建立重大创新项目国际合作组织，参与全球科技领域标准制定和规则制定。将中国打造成

全球科技创新策源地，牵头组织具有前瞻性的科学计划和科学工程，建设具有全球影响力的实验室，为世界提供更多公共科技产品和科技制度创新等；最后，建立有全球竞争力的创新创业环境。打造以都市圈为核心的全球创新创业高地，将北京、上海、深圳等世界级城市打造成世界科技创新中心，增强其对全球科技创新要素的吸引力和配置能力，同时增加更全面的政策供给，完善其他普适性政策，如人才签证、专业人才工作居留证等。加强基础设施建设，增强生产、工作、生活、服务便利化和舒适化。借助中国产业链齐全优势，进一步优化整合各环节的单元，提升在全球的竞争力，发挥产业创新集群优势，吸引全球创新创业资源流入。

（五）完善人才市场化配置体制机制

建立和完善人才市场化流动体制机制，才有利于充分激发科技人才积极性和创造性，为中国创新驱动发展和建设世界科技强国提供智力支撑。首先，要深化科技人才管理体制机制改革，实行人才分类管理，建立符合科技创新规律的科技人才管理制度，健全科学规范的海外人才准入制度；其次，要建立科学合理的科技人才评价机制，实行科技人才分类评价，对从事基础和前沿技术研究、公益性研究、应用研究等不同类型研究的科技人才建立分类评价制度，形成以能力、质量、贡献为导向的激励机制，创造有利于科技人才潜心研究和创新的制度供给；再次，要建立科学合理的科技人才激励机制，按照行业分类制定不同的薪酬标准，对于关键领域核心技术攻关科研人员提高其薪酬激励。建立科研院所绩效工资制度，形成科技成果的产权激励；最后，要促进科技人才的合理有效流动，逐步建立高层次人才流动的培养补偿机制，加大引进海外人才的资助力度。出台政策鼓励人才向中西部地区流动，促进区域科技创新协调发展。总之，要从外部环境建设和内部制度建设两方面入手，完善科技人才市场化流动体制机制，激发科技创新人才活力，形成人尽其才的科技创新局面。

（六）构建更有效率的科技计划体系

构建更有效率的科技计划体系是科技体制改革的重要内容，也是优化科技创新资源配置的关键。新的科技计划要能面向世界科技前沿、涵盖中长期社会科技发展的需求，基于国家发展需求和问题导向，培育更多支撑国家创新发展的新动能,全面提升国家创新水平,实现持续稳定的高质量发展。首先,要加强顶层设计和系统规划,立足于社会发展的需求进行统筹整合,保证部门、领域、环节和区域之间的有效衔接和深度融合;其次,从基础研究、公益性研究、重大技术研究到应用研究进行全链条一体化设计,形成布局全面、精细管理、优势互补、定位清晰、有机统一的计划体系;最后,要注重风险控制,完善科技计划的保障体系。同时,建立开放的决策—评估循环迭代机制,实现科技计划体系的动态进化。

(第一作者为上海社会科学院研究员,
第二作者为上海社会科学院博士研究生)

建党百年之际审视全球文化创意产业生命周期演化规律*

臧志彭　解学芳

习近平总书记在党的十九大报告中指出,"文化兴则国运兴,文化强则民族强"。建党百年之际,审视全球文化创意产业生命周期演化规律以及中国文化创意产业在世界竞争格局中的地位,对于准确把握全球文化发展脉络、科学制定中国文化发展战略具有重大意义,对于中华民族的伟大复兴具有深远的参考价值。

20 世纪前半叶,特别是中国共产党建立的 1921 年前后,全球文化创意产业经过两次世界大战的洗礼,从 1950 年开始得到逐渐恢复和长足发展,产业规模不断扩大、产业结构日益完善,产业优势越发凸显。60 多年以来,全球各个国家的文化创意产业,以及文化创意产业的各个细分行业在不断演化发展过程中都形成了具有自身特点的生命周期曲线和演化规律,在不同的资源禀赋和国情国力基础上也形成了不同的产业演进趋势。上市公司,基本上代表了一个产业最为先进的生产力,同时也是反映一个产业发展状况最为灵敏的"晴雨表"。本研究根据三大国际主流产业分类标准——标准产业分类体系(SIC)、北美产业分类系统(NAICS)、全球产业分类标准(GICS),基于国际权威上市公司数据库、上市公司官方网站、雅虎财经、谷歌财经等渠道搜集整理、筛选了有数据记录的 1950 年至 2016 年间全球 53 个国家文化创意产业上市公司数据上百万条,经过深入、系统研究,形成 1950 年以来全球和主要国家文化创意产业发展演化态势、核心文化创意行业结构演化变迁规律等基本判断。

* 本文受研究阐释党的十九届四中全会精神国家社科基金重大项目(批准号:20ZDA065)"智能+时代技术与制度协同驱动的现代文化产业体系和市场体系研究"和国家社科基金一般项目(批准号:20BXW048)"区块链对数字出版产业全球价值链重构机理与中国战略选择研究"资助。

一、 理论基础:G-K 产业生命周期模型

产业生命周期是指一个产业从初生到成长、成熟的过程,在这个过程中大量厂商表现出相似的阶段性、规律性行为特征。1966 年,Vernon 提出产品生命周期理论,指出在国际贸易范域下产品生产将经历导入期、成熟期和标准化期三个阶段,这实际上反映了一个产业所遵循的全球化发展演化规律特征。70 年代中后期,Abernathy 和 Utterback 以产品增长率为基础将产品生命周期划分为流动、过渡和确定三个阶段,形成 A-U 产品生命周期模型,深度解析了技术创新与市场演化的共生共演关系,为产业生命周期理论的建立夯实了基础。①

进入 20 世纪 80 年代,Gort 和 Klepper(1982)对 46 个细分行业厂商净进入数量最多长达 73 年时间序列数据分析基础上首次提出产业经济学意义上经典的 G-K 产业生命周期模型,即引入期、大量进入期、稳定期、大量退出期(也称为淘汰期)和成熟期五个阶段,如下图所示。②

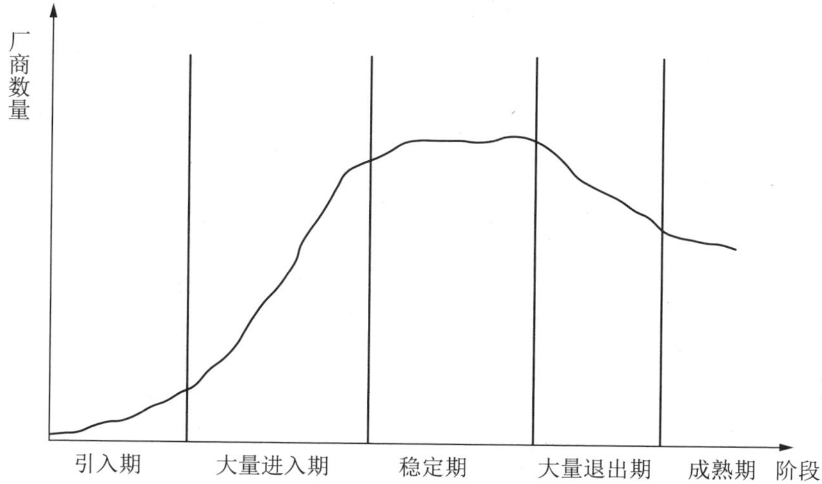

图 1 G-K 产业生命周期模型 5 个阶段

① 李靖华、郭耀煌:《国外产业生命周期理论的演变》,《人文杂志》2001 年第 6 期。

② M. Gort, S. Klepper, "Time Paths in the Diffusion of Product Innovation," *The Economic Journal*, 1982, No.92, pp.630-653.

二、1950年以来全球文化创意产业发展演化总体态势

（一）全球文化创意产业总体进入生命周期的"稳定期"阶段

根据G-K产业生命周期模型理论，本文基于国际权威数据库有数据记录的1950年以来全球文化创意产业上市公司数量生成长达67年的全球文化创意产业发展演化曲线，经过分析得到如下基本结论：

1950—1986年是"二战"以后全球文化创意产业生命周期的"恢复发展期"（类似于新兴产业的"引入期"）。经历战后恢复到20世纪80年代中期，全球文化创意产业得到了一定发展，全球文化创意产业上市公司数量总体处于持续增长状态，到1986年已达到951家，但由于冷战时期的压抑氛围、美洲国家的民权运动、亚非国家的民族独立运动等，这一阶段全球文化创意产业上市公司年均增长数量仅为24.42家，符合产业兴起初期的发展态势特征。

1987—1999年是全球文化创意产业的"大量进入期"生命周期阶段。在这一阶段，全球文化创意产业上市公司数量得到爆发式增长，1987年全球文化创意产业上市公司数量首次突破1 000家大关，到1999年底增长到3 540家，增长了2 470家，增长率为330%，年均增长205.83家，成为典型的"黄金十年"增长期。

2000年至今，全球文化创意产业基本进入生命周期的"稳定期"发展阶段。进入2000年后，全球文化创意产业上市公司数量从2000年3 587家增加到2012年的历史最高峰值4 074家（其间经历2001年互联网泡沫破灭和2008年金融危机短暂回调），增长速度明显减缓，年均增长率仅为1.1%，而2012年之后出现小幅下滑。从2000年至今的总体形态来看，基本处于比较平稳发展的态势，属于典型的稳定期特征。然而2012年之后的小幅下滑是否是进入"大量退出期（淘汰期）"的前兆？在当前全球新一轮科技革命（大数据、虚拟现实、人工智能、区块链等）浪潮日渐汹涌之际，这一小幅下滑是否仅是短暂回调？仍需静观其变。

（二）细分行业从14类最高裂变至110类，产业规模三次跃升

纵观半个多世纪的发展，全球文化创意产业总体处于不断扩张中，每个增长点的爆发都将文化创意产业推升到一个新的历史高度，从细分行业数量、上市公

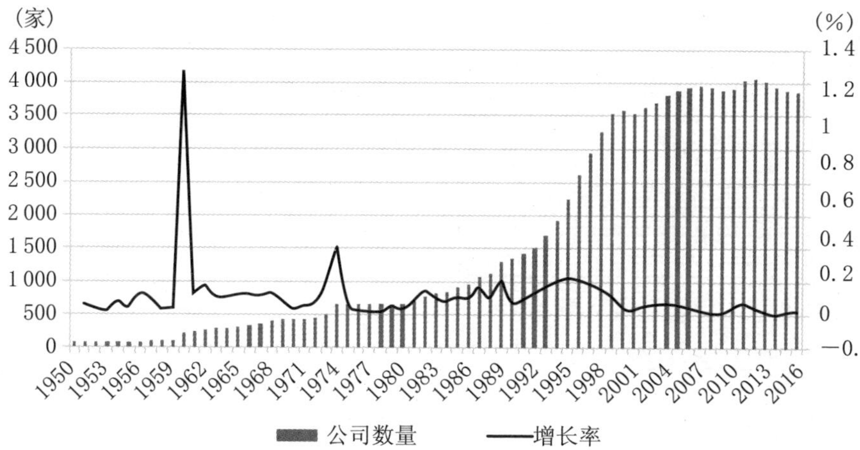

图 2　1950—2016 年全球文化创意产业上市公司数量演化趋势

司数量和上市公司员工总量方面表现可见一斑。

全球文化创意产业细分行业"裂变式"增长态势明显。产业规模爆发式增长的同时往往伴随细分行业的"裂变式"增长。1950—1959 年,全球文化创意产业涉及细分行业数量徘徊在 14—15 类之间,行业种类多涉及传统类型文化产业,如造纸、图书出版和印刷等行业;1960—1980 年,全球文化创意产业的行业结构"裂变"开始,细分行业数量从 25 类增长至 61 类,新增行业主要包括无线电广播站、广播电视终端设备、无线电话通信、电影行业及相关产品服务、磁盘与录像带等。1981—2016 年间,全球文化创意产业进入了"快速裂变期",细分行业数量从 67 类快速增长到最高 2012 年的 110 类(按 NAICS 分类标准),其后一直在 100—110 类间徘徊,新兴行业主要集中在互联网软件与服务,无线通信服务、数据处理、托管和相关服务以及互联网终端设备制造、租赁等行业。此外,建筑设计和工业设计及其他专业设计,媒体购买代理、广告代理以及广告材料分销、旅行代理、艺术经纪、体育经纪以及剧院、休闲娱乐等行业也在这一阶段呈现,并发展迅猛。从行业"裂变"总体态势也可以看出,全球文化创意产业已经进入到生命周期的"稳定期"阶段。

1950 年以来,全球文化创意产业上市公司总体数量经历了三次爆发式增长。本文基于全球权威上市公司数据库采集得到的文化创意产业上市公司 67 年的时间序列数据汇总统计发现,1950 年以来全球文化创意产业上市公司数量经历

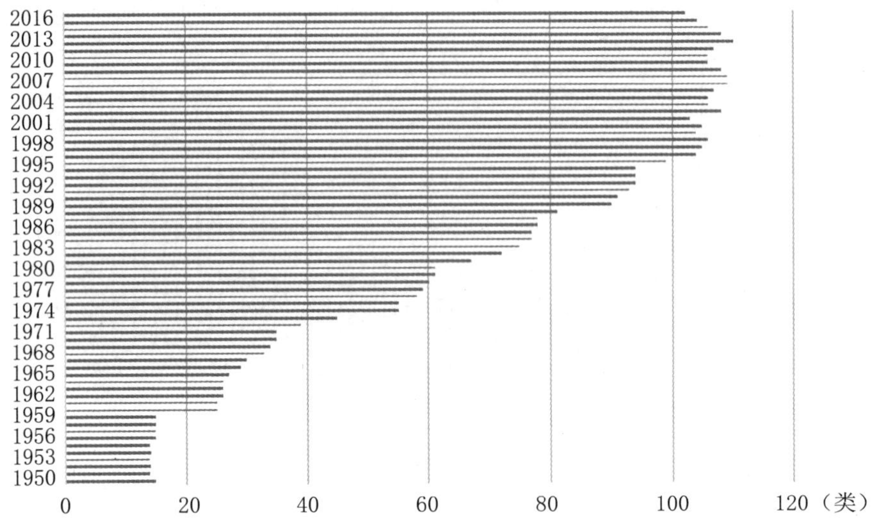

图 3　1950—2016 年全球文化创意产业上市公司细分行业种类“裂变”演化趋势

了三个增长爆发点，分别为 1974 年（从 495 家增至 659 家）、1996 年（从 2 254 家增至 2 609 家）、1999 年（从 3 274 家增至 3 587 家），全球上市公司总量依次跃升到 500 家、2 500 家和 3 500 家层级（详见图 2）。

全球文化创意产业上市公司从业人数增长 20 多倍。全球文化创意产业上市公司员工总量与上市公司数量发展趋势大体接近，其中 1960 年、1989 年、1999 年成为全球文化创意产业上市公司员工总量快速增长的重要历史节点（详见图 4），

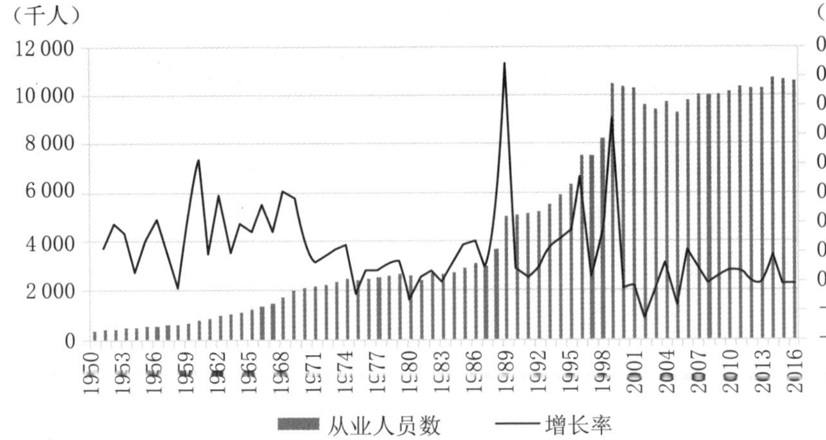

图 4　1950—2016 年全球文化创意产业上市公司数量和员工总数演化趋势

特别是进入 2000 年以来，全球文化创意产业类上市公司从业人数维持在 1 000 万人以上，与 20 世纪 50 年代相比增长了 20 多倍。

（三）亚洲、北美、欧洲三足鼎立，美国霸主地位明显

全球文创上市公司洲际分布集中在亚洲、北美洲、欧洲。从 2012—2016 年全球文化创意产业上市公司的洲际分布来看，亚洲总体比重最高，行业平均占比 43.1%，2014 年亚洲国家总占比达到历史最高值 44.5%；美洲平均占比为 29.7%，位列第二，2012 年占比最高，达到 30.58%；欧洲文化创意产业上市公司数量平均占比 21.3%，位列第三。2016 年，三大洲文化创意产业上市公司数量占比 93.0%，奠定了全球文化创意产业分布的基本格局，成为全球文化创意产业发展的主要承载区，而非洲和大洋洲所占比例甚微，平均占比不超过 6%（详见图 5）。

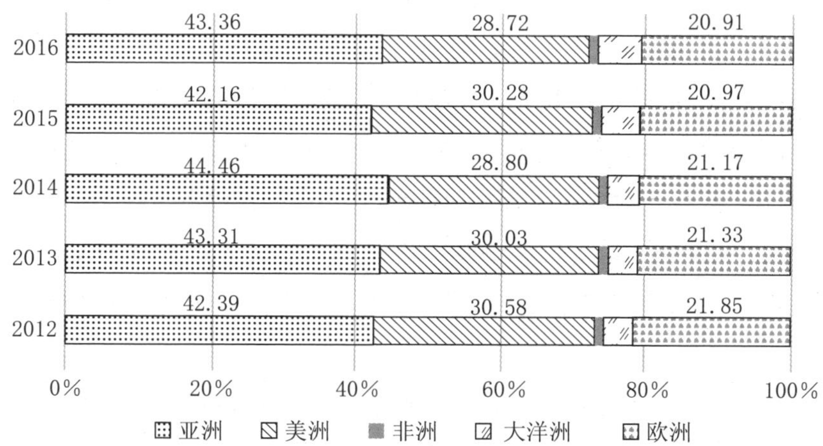

图 5　2012—2016 年全球文化创意产业上市公司洲际分布

美国行业霸主地位优势明显。自 20 世纪 50 年代以来，美国一直占据全球文化创意产业的霸主地位，1999 年美国文化创意产业上市公司数量达到历史最高值 1 448 家，其后受 9・11、互联网泡沫破灭、2008 年金融危机等因素影响，美国文化创意产业大洗牌，数量开始减少，2016 年数量为 424 家，比重达到 16%，但与其他国家相比在数量和行业比重上还具有明显优势。从具体行业上看，美国的广播电视播放设备、电视广播服务、家庭娱乐软件、娱乐游戏的优势慢慢减弱，但在以“互联网软件和服务业”为代表的新一代数字化文化创意产业方面重新树立优势，2016 年行业比重达到 38.7%，在全球具有绝对竞争优势。

亚洲数量居首位，中日韩竞争激烈。从 2016 年洲际分布情况来看，亚洲国家文化创意产业上市公司总数为 1 180 个，全球占比 43%，居世界首位。亚洲文化创意产业上市公司数量上的优势明显得益于东亚国家文化创意产业的崛起，20 世纪 90 年代以来，随着东亚各国政府对文化创意产业的重视和相关政策的出台，东亚文化创意产业迅速崛起，2016 年中国、韩国、日本三国文化创意产业上市公司数量约占全球文化创意产业上市公司总量的 25%，中日韩三足鼎立成为推动亚洲文化创意产业发展的重要力量。

（四）传统文化行业逐渐衰减、新兴数字创意产业崛起

全球文化创意产业细分行业上市公司数量此消彼长的同时，也推动了全球文化创意产业细分行业结构的更替演化。通过对 1950—2016 年全球文化创意产业上市公司行业比重历年最高的前 3 个行业进行对比分析，可清晰地发现全球文化创意产业先后经历了纸媒时代、电子通讯时代和数字化时代。

1950—1966 年，造纸及纸质产品为主的行业结构特征显著。绝大多数年份中造纸和图书出版印刷位居前列，交错位于行业比重的一二位，行业比重最高分别达到 11.1%和 11.5%；而家用音频和视频设备、电视广播服务位于造纸和图书出版印刷之下，分列第 2、3 位。1960 年开始，纸板容器和包装箱、商业印刷开始进入行业比重前三的行列，使这一时期“造纸及纸质产品”的行业结构特征更加明显。

1967—1995 年，无线电、电视广播和通讯设备行业独占鳌头，电子媒介、娱乐休闲开始成为文化创意产业新宠。1967—1995 年（除 1972、1973 年外）广播电视通讯设备行业一直占有最高的行业比重，其中 1982 年达到历史最高值 8.7%；电影和录像带产品服务、有线和其他付费电视服务等电子媒介开始进入行业比重前 3 位，并逐渐占有重要的行业比重。休闲娱乐服务也成为这一阶段重要行业部门，而与造纸及纸质产品相关行业不再具有优势地位。

1996—2016 年，比重最高的行业依次为“互联网软件与服务”“广播电视通讯设备”“休闲娱乐”。而“互联网软件与服务”“广播电视通讯设备”一直处于前两位，最高行业比重分别达到 18.5%和 8.3%，优势明显，以计算机信息技术为支撑的数字创意产业成为文化创意产业新形态，而以造纸、图书、印刷等为代表的纸媒则退出主要位置。此外，网络文化产业、广告、休闲娱乐三大行业作为“后起之秀”，发展潜力较大，发展速度较快，在全球文化创意产业市场中占比也越来越高。

（五）欧洲互联网行业全面落后于美国和东亚

纵观2001—2016年全球文化创意产业上市公司数量的演变规律可发现，在全球互联网行业竞速发展中，欧洲各国互联网行业明显处于弱势。从近五年互联网行业上市公司数量来看，欧洲三大核心成员国英国、法国、德国仅有41家、18家和19家，而美国最多达219家，数量遥遥领先于欧洲各国。

除此之外，欧洲的互联网产业也与东亚地区存在较大差距，以日本和中国为例，2000年以来，日本互联网行业增长幅度最大，比重从2000年的5.9%增长到2016年的30.3%，遥遥领先其他行业，成为日本文化创意产业支柱行业，最高峰时拥有57家互联网上市公司。与此同时，中国互联网行业发展速度迅猛，互联网上市公司数量后来居上，达到52家。虽然东亚互联网上市公司数量相比美国还有很大差距，但是已经全面领先于欧洲传统强国。

究其原因，一方面是由于欧洲地理格局分散、语言不通以及网生代人口少、老龄化严重，在客观上造成了难以快速形成互联网行业所必需的规模效应基础；另一方面，也在于欧洲各国对待新技术、新事物较为传统、保守，有着异常严格的保护个人隐私数据的监管政策与传统产业保护政策，使得互联网等新兴行业难以快速突破传统行业的禁锢。

三、 全球主要国家文化创意产业发展演化与结构变迁

（一）美国：1999年以前“口红效应”明显，经过10年“淘汰期”，2010年企稳正向“成熟期”过渡

美国文化创意产业从1950—1999年间经历了一番波澜壮阔的发展演进过程。首先在1950—1959年经历了缓慢的战后恢复期；从1960年开始至1974年经历了一波成长期；然后从1975—1978年短暂下滑后，1979年又开始逐渐加速成长到1986年；其后1987—1990年短暂波动后，1991年开始进入高速成长期，至1999年达到历史峰值1 448家（同年美国道琼斯指数突破10 000点大关）。美国文化创意产业上市公司职工人数也呈现出基本一致的演化趋势。需要指出

的是,在1950—1999年期间,尽管美国经历了1957年、1960年、1969年、1973年、1979年、1990年等多次大大小小的经济危机,然而文化创意产业上市公司数量都逆市上扬,表现出了明显的"口红效应"。

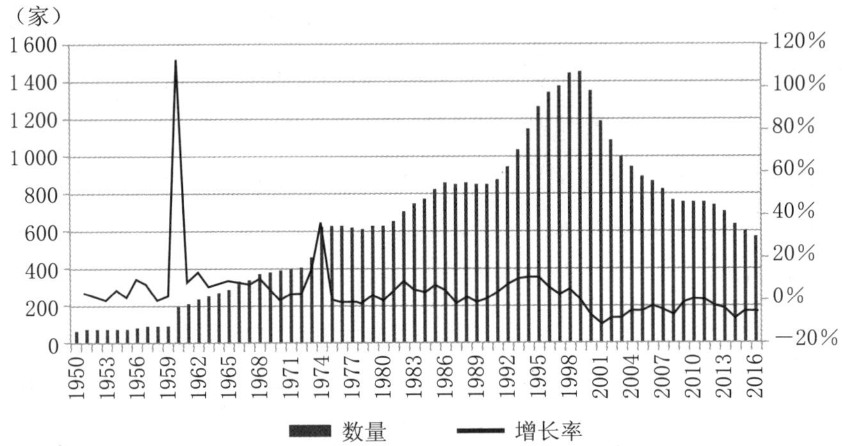

图6　1950—2016年美国文化创意产业上市公司数量和增长率演化趋势

2000年互联网泡沫破裂,随之带来了长达10年的"大量退出期(或称淘汰期)"。上市公司数量在2000年下降到1 349家,其后连续大幅下降至2009年的755家,比1999年峰值降幅高达47.86%。在这一过程中,美国文化创意产业内部也经历了大量的兼并重组运动,如2004年NBC与环球合并,2005年索尼收购米高梅、派拉蒙收购梦工厂,2006年迪士尼收购皮克斯,2008年时代华纳合并新线等。

2010年,美国文化创意产业上市公司数量有所企稳,虽然2012年之后又有略微下滑,但总体态势比较平稳,说明开始进入产业生命周期的"成熟期"阶段。从2010年以来美国文化创意产业上市公司从业人数的平稳增长也可以验证这一结论。

美国文化创意产业在半个多世纪的发展经历三次大的行业结构变迁:1950—1979年,美国文化创意产业上市公司主要集中在造纸(1950年峰值10.6%)、书籍印刷与出版(1954年达到峰值12.5%)、家用音频、视频设备(1950年达到峰值9.1%)、电视广播服务(1959年达到峰值10.3%)行业。1967—1989

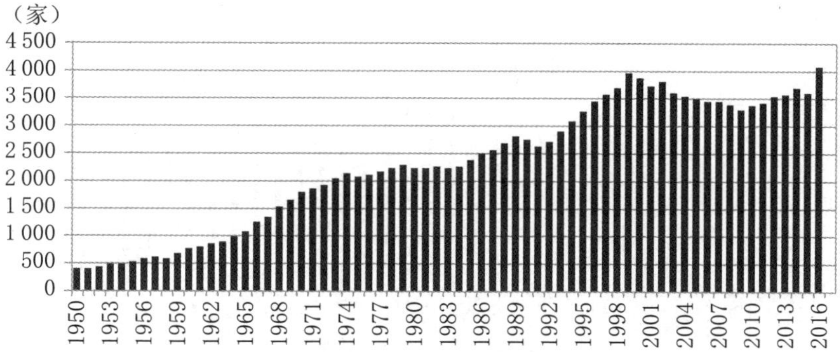

图 7　1950—2016 年美国文化创意产业上市公司从业人数演化趋势

年，广播电视播放设备（1982 年达到峰值 9.5%）、电影娱乐业（1984 年达到峰值 6.1%）、娱乐游戏服务业（1989 年达到峰值 7.0%）是美国文化创意上市公司高度集聚的行业。1990—2016 年，主要集中在互联网软件与服务业（2016 年达到峰值 38.7%）、家庭娱乐软件业（1999 年达到峰值 10.3%）、娱乐游戏服务业（1993 年达到峰值 8.6%）。

（二）英国：2005 年以前持续攀升，之后进入“淘汰期”，2012 年有向“成熟期”过渡迹象

英国是最早提出“创意产业”概念的国家，文化创意产业是英国从“世界工厂”转型为“世界创意中心”的重要动力，已成为英国仅次于金融服务业的支柱性产业。

1987—2005 年，文化创意产业成为英国经济转型的新增长热点，上市公司数量持续快速增长，特别是 20 世纪 90 年代中后期以来英国政府正式提出“文化创意产业”概念及颁布相关政策后，英国文化创意产业进入“大量进入期”，2005 年上市公司数量达到历史最高值 340 家。

2006—2011 年，英国文化创意产业上市公司数量开始呈下滑趋势，进入到产业生命周期的“淘汰期”，2011 年下降到 237 家，比 2005 年峰值减少了 30.29%。2012 年开始，下滑速度明显放缓，虽然上市公司数量仍有略微下滑，但总体趋向平稳，呈现出向生命周期“成熟期”过渡的迹象。

从行业结构演化趋势上看，英国文化创意产业前期以新闻出版行业为特色，后期互联网软件及服务、广播电视设备行业成为主体。凭借英语在全球的强势

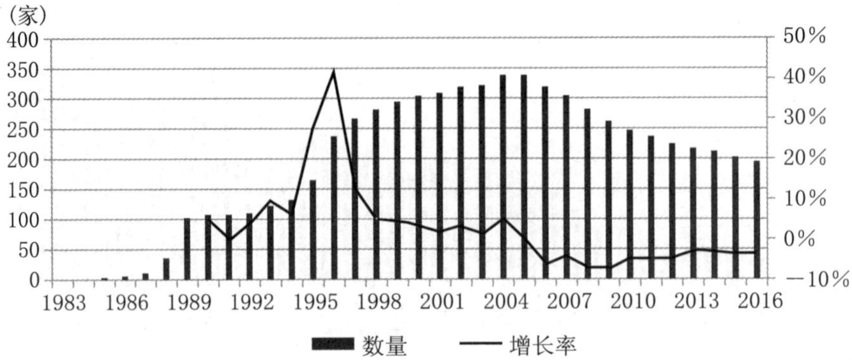

图 8　1983—2016 年英国文化创意产业上市公司数量和增长率演化趋势

地位以及海外殖民的优势，英国的新闻出版与印刷行业成为前期文化创意产业的主流行业，上市公司也主要集中在报纸印刷与出版、书籍印刷与出版、商业印刷业，比重一直处于英国文化创意产业上市公司的前三位。此外，广告行业和娱乐休闲行业在这一阶段也占有重要比重，1996 年分别占到 8%和 6.8%。

1997—2016 年，数字化推动了英国文化创意产业结构的重大变革，2009 年的《数字英国》白皮书明确提出要在数字时代将英国打造成全球创意产业中心。互联网软件与服务业、广告、广播电视播放设备成为行业主体，其中互联网软件与服务业增速最快，优势明显，2014 年行业比重达 21.3%，但与美国相比（行业比重 36%）还存在很大差距，而且尚未出现全球知名上市公司，如 Facebook、谷歌等。广告行业在 2005 年达到历史峰值 9%，广播电视播放设备类上市公司比重连续 6 年小幅增长，2008 年达到了 6.5%，受 2009 年金融危机的影响，广告和广播电视设备后期均有所回落。

（三）法国：2000 年以前“大量进入期”，之后进入“稳定期”，2012 年后进入平缓“淘汰期”

法国是世界文化大国，拥有丰富的历史文化资源，法国政府奉行的“文化多样性”原则促成了法国鲜明的“同心圆”式文化产业链结构模式，即以广播电视、出版印刷、音乐等文化产业为内核，以表演艺术、创意设计、广告等创意产业为内圈，以文化遗产、信息产业、博物馆、旅游业等文化相关产业为外圈。①

① 李炎、陈曦：《世界文化产业发展概况》，云南大学出版社 2014 年版，第 109 页。

1988—2000 年,法国文化创意产业上市公司数量呈上升态势,尤其是 1994 年起连续六年保持 15%以上的增速,2000 年达到 137 家。这一时期针对美国的文化渗透,法国在《多边投资协定》中坚持“文化例外”原则,通过行业补贴、税务减免等措施不断支持法语电影、电视节目以及音乐行业的发展。2000 年之后,文创上市公司数量经历了不断波动的过程,但到 2012 年一直稳定保持在 120—142 家之间。

2012 年之后整体数量降至 120 家以下量级,可能已经进入较为平缓温和的“淘汰期”。

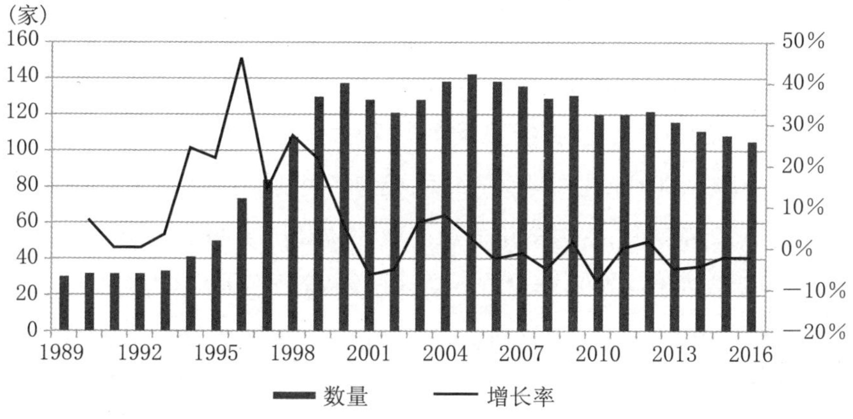

图 9　1989—2016 年法国文化创意产业上市公司数量和增长率演化趋势

法国文化创意产业上市公司在初期(1988—1995 年)主要分布在出版、玩具(玩偶及自行车除外)、广告代理业和娱乐游戏服务业。其中,广告行业占比最高,1989 年为 11.5%;出版行业 1989 年达到 7.7%,法国出版业走“精品化”路线,注重出版质量。娱乐游戏服务业的上市公司数量从 1989 年的 3.8%增加到 1996 年的 9.4%,之后略有下降。玩具(玩偶及自行车除外)类上市公司在 1988 年一家独大,但之后面临美国、日本等国家玩具商的激烈竞争,其比重下降趋势明显,1999 年比重仅为 2.8%。

进入 2000 年以来,法国文化创意产业结构在原有广告、电影娱乐业基础上不断调整,互联网软件与服务业、家庭娱乐软件业成为时代新宠,互联网软件与服务业表现最为显眼,比重从 2000 年的 11.4%增加到 2007 年的 21.2%,但与美国及日本、中国相比还存在一定差距,体量小且缺少世界级文化创意公司。家庭娱乐软件业的上市公司保持平衡的发展态势,比重维持在5%—7%之间。互联网的到来也为法国传统的广告、影视行业带来新的契机,广告业上市公司增长势头十分明显,比重从2002年的2.0%迅速增加到2016年的12.5%,电影娱乐业一直保持着强劲的发展势头,比重保持在5%以上。

(四)德国:2000年达到峰值,之后进入两阶段"稳定期",2012年后进入平缓"淘汰期"

德国文化创意产业涵盖范围广,行业跨度大,主要包括图书、电影、广播电视、新闻出版、表演艺术等11个核心领域。从行业发展规律上看,德国发展趋势与法国较为相似。

1989—1995年为"引入期"发展阶段,文化创意产业上市公司数量年增速小于10%。后期德国加强对文化创意产业的重视,加大扶植力度,1996年起连续四年的年增速大于50%,2000年达到峰值144家,成为名副其实的"大量进入期"阶段。

2001—2012年期间,德国文化创意产业大体经历了两阶段的"稳定期",其中第一个阶段是2001—2008年虽有波动,但总体保持在115家量级以上;第二个阶段是2009—2012年,德国文化创意产业上市公司基本保持在102—104家,成为又一个短暂的"稳定期"。

2013年以来,德国文化创意产业上市公司数量缓慢下滑至100家以下,呈现较为平缓的"淘汰期"特征。

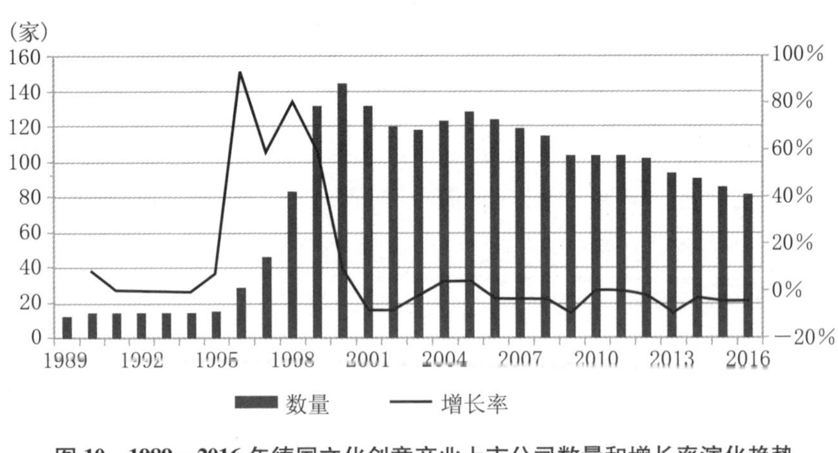

图10 1989—2016年德国文化创意产业上市公司数量和增长率演化趋势

德国文化创意产业上市公司多从事传统的文化相关产品制造，比如文化用纸的制造、新闻出版、文化专用设备的生产、家用音视频设备、工艺美术品的制造和销售，每个行业的上市公司数量不多，只有 1 家或 2 家。20 世纪 90 年代后期开始，德国大力发展互联网和电子商务，并提出要把生态现代化作为新的科技政策与产业政策的重点。印刷与造纸行业占比不断下降，电子商务、互联网软件与服务业、电影娱乐业、娱乐游戏服务业成了德国文化创意产业上市公司主要集中的行业。其中互联网软件和服务、电子商务比重最高，2016 年分别占比 30%和 10%，但行业基数和规模较小，难与美国（Facebook、谷歌、亚马逊）巨头上市公司抗衡。电影娱乐行业在 2007 年达到历史最高值（14.3%）后不断下滑，2014 年仅为 8.9%。此外，德国会展在这一阶段较为突出，娱乐游戏服务业的上市公司比重呈上升态势，尤其是 2015 年达到峰值 14.3%。

（五）日本：2006 年达到峰值，目前仍处于“稳定期”

日本在世界文化创意产业发展中仅次于美国，位居第二。日本的文化创意产业统称为娱乐观光业，包括内容产业、休闲产业和时尚产业三大类，其中，动漫、游戏产业最负盛名。

1987—2006 年，日本政府探索新的经济增长方式，文化创意产业成为产业结构向新兴产业转型的重要方向，文化创意产业上市公司快速发展，数量从 1987 年的 121 家迅速增加到 2006 年的 425 家，属于典型的“大量进入期”特征。

2008 年由于世界金融危机，出现了负增长，2010 年剩余 383 家。之后，日本出台了一系列紧急对策，并在《产业结构 2010 年远景》中明确将文化创意产业列为结构调整方向五大领域之一，2011 年日本文化创意产业上市公司行业数量止跌，实现了 1.0%的增长，并持续上升。总体来看，2008 年以来始终保持在 383—425 家之间，处于较为平稳的“稳定期”生命周期阶段。

1987—1999 年，日本文化创意产业主要集中在家用音视频设备、成像设备及替代品、广播电视播放设备，1987 年三大行业比重分别达到 15.7%、10.2%和 8.3%，1987 年之后虽有下滑，但仍具有一定的行业优势。2000 年之后，日本文化创意产业细分行业中“互联网软件与服务业”“电子商务”异军突起，上市公司数量和行业比重飞速上升。其中，互联网软件与服务业比重从 2000 年的 5.9%增长到 2016 年的 30.3%；电子商务行业从 2000 年的 1.1%增长到 2016 年的 6.9%。此

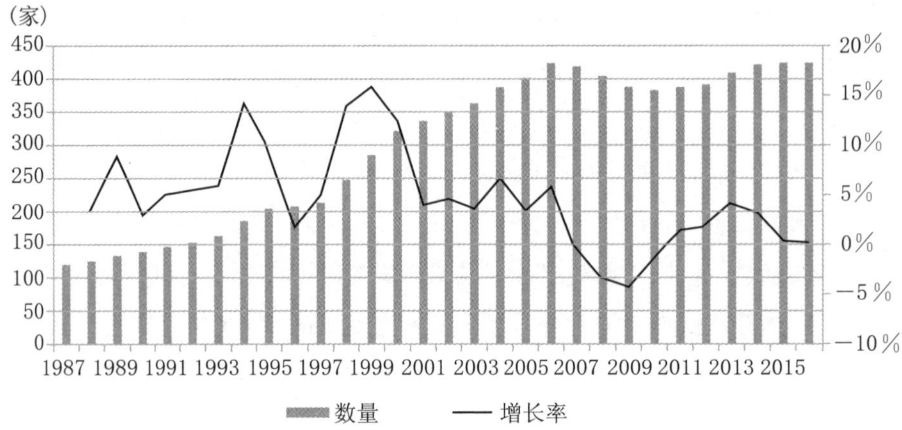

图 11　1987—2016 年日本文化创意产业上市公司数量变迁情况

外,网络信息技术的发展也加速了广告行业上市公司比重稳步提升,2016 年达到峰值 8.0%。另一边,受互联网冲击,日本传统的家用音频、视频设备、成像设备行业的上市公司比重逐年下降,2016 年比重仅剩不足 4%,而互联网的崛起也为近年来日本逐渐衰退的动漫、游戏行业带来新的发展契机。

(六)韩国:虽受金融危机影响波动,总体仍然处于“大量进入期”

韩国是文化创意产业后起之秀的典范。自 20 世纪末提出“文化立国”战略之后,韩国的文化创意产业在短短几十年间内实现了跨越式发展,以影视、音乐、游戏等为代表的娱乐文化风靡世界。

1993—2000 年,韩国文化创意产业发展缓慢,虽然出现了几次较大的增长峰值,如 1995 年 60.0%、1998 年 37.5%,但总体基数较小,缺乏影响力,处于典型的产业“引入期”阶段。

2001—2008 年,韩国政府对文化创意产业高度重视,文化创意产业上市公司快速发展,数量持续大幅增加,2008 年达到 128 家;2009、2010 年受到全球金融危机冲击下滑至 103 家;但 2011 年暴增至 187 家,韩国文化创意产业进入第二个快速发展期,2016 年数量达到历史峰值 219 家。

韩国文化创意产业上市公司最初主要集中于造纸、纸制品、纸制容器及包装箱等行业,行业占比达到 12.5%(1993 年);金泳三政府时代(1993—1997 年)加快了产业结构调整,《文化产业发展五年规划》强调了文化创意产业的重要地位,

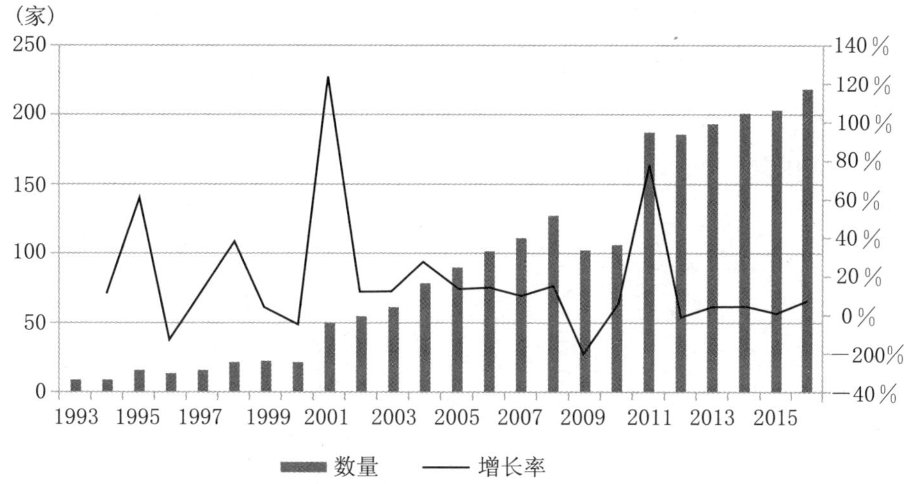

图 12　1993—2016 年韩国文化创意产业上市公司数量和增长率演化趋势

音乐、电影、演艺行业崭露头角，成为韩国现代文化创意产业的起点，有效地带动了家用音频视频设备、广播电视播放设备行业的发展，二者行业比重均维持在20%以上。进入 2000 年以来，韩国影视行业的发展带动相关产业崛起，其中广播电视播放设备行业的崛起最为明显，2016 年比重达到历史峰值 24.1%；另一方面，互联网信息技术时代背景下，韩国推行“数字计划”，带动了韩国网络游戏业的发展，2016 年行业比重达到 15%。

从未来发展趋势看，韩国“文化立国”的政策还将继续推动文化创意产业的快速发展，韩国文化创意产业上市公司数量在经历大幅度增长后将进入缓慢上升期，从而从现阶段的“大量进入期”过渡到“稳定期”，韩国文化创意产业将进一步巩固在亚洲乃至全球的行业优势。

（七）印度：2010 年达到峰值，目前处于“稳定期”生命周期阶段

印度官方将文化创意产业称为“娱乐与媒介产业”（Entertainment and Media Industry），主要包括电影产业、电视产业、软件行业、珠宝、音乐产业等。近些年，互联网数字内容产业等新兴产业也被列为文化创意产业。

1995—2006 年，印度文化创意产业上市公司发展迅速，出现了几次较大的增长峰值，如 1997 年 47.8%、2001 年 27.6%；2007—2010 年，印度文化创意产业上市公司的数量增速放缓，2010 年达到峰值 277 家。总体来讲，1995—2010 年是印度文化创意产业生命周期的“大量进入期”阶段。

2011 年起，印度文化创意产业上市公司数量略有减少，但总体基本保持在250 家左右，处于比较平稳的发展态势，说明从 2011 年以来，印度文化创意产业进入生命周期的“稳定期”阶段。

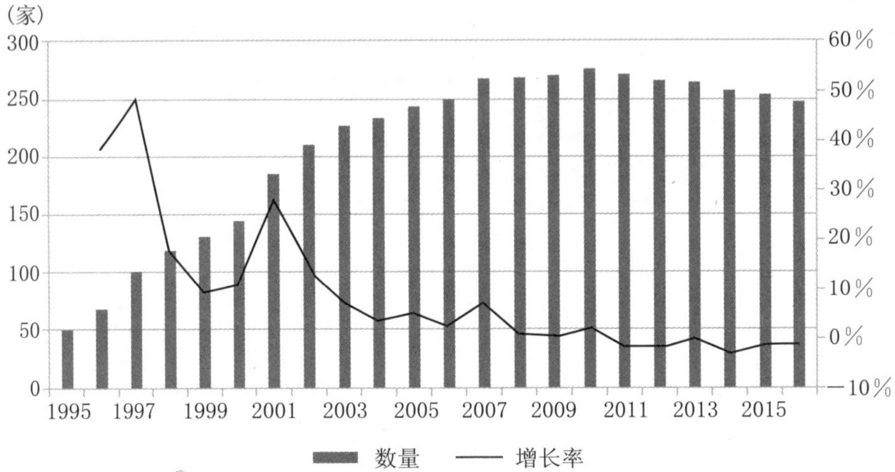

图 13　1995—2016 年印度文化创意产业上市公司数量和增长率演化趋势

20 世纪 90 年代至 2002 年，印度文化创意产业集中在造纸及纸制品、电影和珠宝三大行业，其中电影行业最负盛名，2002 年宝莱坞大作《印度往事》获得奥斯卡最佳外语提名，而这一年印度电影业行业比重也达到历史最高值 16.1%。珠宝和贵金属是印度发展历史最为悠久的支柱行业，1995 年行业比重达到历史最高值 16%，之后虽有下滑，但仍为印度重要的行业。造纸行业则自 20 世纪 90 年代以来明显下滑，2002 年仅占 10%。

2003 年之后，印度文化创意产业的细分行业结构出现较大调整，电影行业受国外资本和好莱坞大片的冲击，优势开始减弱，2014 年电影娱乐业的比重从 15.2%下降到 13.7%。相反，互联网软件与服务行业则慢慢树立起行业优势，行业比重也逐年上升，2013 年达到 6.8%。随着全球信息化进程的推进，印度在互联网软件与服务行业的优势更加明显，也日渐成为印度文化创意产业发展的重要方向和领域。

（八）中国：目前处于“大量进入期”向“稳定期”过渡阶段

改革开放 40 多年来，从 1988 年“文化市场”的提出，到 1991 年“文化经济”、

2000 年“文化产业”、2007 年“文化生产力”，一直到 2012 年“文化强国”等战略定位的不断升级，中国的文化创意产业经历了不断改革开放、发展演进的历史过程。

2000 年以前，中国的文化创意产业基本处于“市场引入期”，中国文化创意产业上市公司数量从无到有，逐步增长到 2000 年的 86 家。

随着“文化产业”的产业地位正式确立，2001 年开始，中国的文化创意产业逐步进入“大量进入期”阶段，特别是 2007 年以来，中国文化创意产业上市公司增长迅猛，在 2008 年全球金融危机期间逆势攀升到 200 家以上。2009 年《文化产业振兴规划》将文化创意产业提升为国家战略性支柱产业，使得文化创意产业上市公司连续攀升至 250 家以上，达到 2012 年的 254 家。

2012 年之后，中国文化创意产业上市公司数量基本保持平稳，虽然 2015 年略有波动，但到 2016 年仍然回升至 250 家以上，呈现出较为明显的从“大量进入期”阶段向“稳定期”阶段过渡的特征。

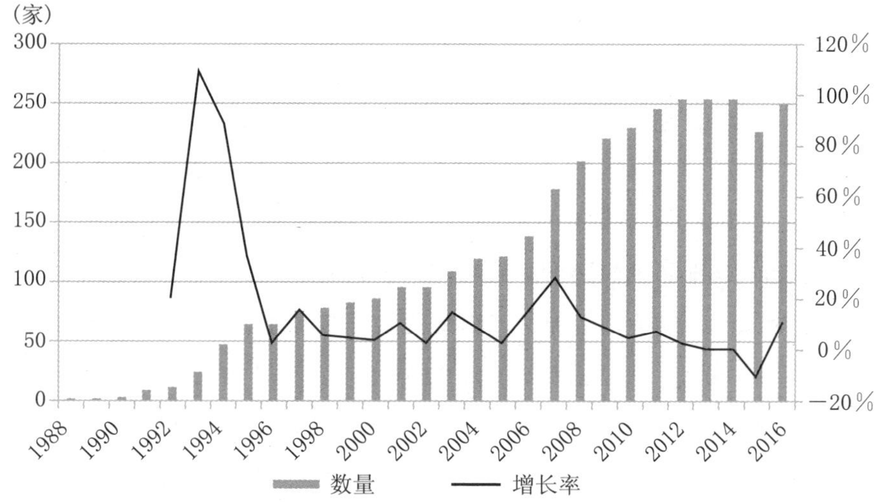

图 14　1988—2016 年中国文化创意产业上市公司数量和增长率演化趋势

中国文化创意产业上市公司最早集中在文化设备制造领域，如家用音视频设备、广播电视设备，数量均在 10 家以上；纸制品行业上市公司 2000 年达到 19.7%，在文化创意产业中具有举足轻重的地位。2000 年之后，互联网信息化、数字化技术催生了文化创意产业市场新格局:文化制造业比重有所下降,纸制品行业从2001年的21.9%下降到2016年的8.5%,家用音频、视频设备从2001年的13.7%下降到2016年的8.5%;而随着全国广播电视基础设施的完善,广播电视播放设备比重却不断上升,2007年超过纸制品行业,2009年比重达到20.7%,达到历史峰值。全球互联网发展大趋势在中国得到了彰显,互联网软件与服务业的上市公司后来居上,比重从2001年的1.4%迅速上升到2016年的11.9%,诞生了一批世界知名的文化创意产业上市公司,其中BAT成为中国文化创意产业生态的重要载体。

2016年12月,数字创意产业被确立为国家战略性新兴产业,并且设定了"8万亿"产值的明确发展目标。在这一战略的推动下,传统形态的文化创意产业将加速淘汰,而新兴数字创意产业将快速崛起,中国文化创意产业也将迎来一次全新的产业变革。

四、 全球文化创意产业六大核心行业结构演化趋势

本文选取全球文化创意产业中占比相对较高的六个核心行业——"新闻出版""电影""广播电视""网络文化产业""广告服务""家庭娱乐"为分析对象,通过对上述六大核心文化创意行业的历史演化轨迹分析,能够更加深入、准确把握全球文化创意产业的结构演化规律与未来发展趋势。

(一)新闻出版行业:总体开始进入"大量退出期"阶段

总体来看,全球新闻出版行业曾出现两次发展高峰,在20世纪70年代中期以前经历了第一次"大量进入期";其后大约从1974年开始到1985年左右,随着广播、电影和电视业的崛起,进入到第一次"退出期";然后从1986年左右开始到2004年左右,受到80年代激光照排技术、90年代数字印刷技术变革的刺激与带动,迎来第二次"大量进入期",其中2004年新闻出版业上市公司数量达到历史最高值190家。2005年至2009年,新闻出版业上市公司数量虽有波动,但基本保持在180家以上,属于全球新闻出版业的"稳定期"阶段。2010年以来,随着移动互联网和自媒体、社交媒体的兴起,新闻出版行业从诞生以来的"精英中心主义"被颠覆,全球新闻出版业总量明显衰退,开始进入"大量退出期"。

根据国际产业分类标准,新闻出版行业主要包括四类细分行业,分别为报纸出版、杂志出版、图书出版和综合出版。1950—2004 年,四大细分行业发展演化趋势较为一致;2004 年之后出现分化。杂志出版和综合出版两个细分行业从 2004 年开始明显进入到“大量退出期”阶段,上市公司数量大幅减少;书籍出版行业在 2008 年和 2009 年达到峰值(均为 52 家),其后进入“稳定期”发展阶段;报纸出版行业在 2010 年和 2011 年达到峰值(均为 66 家),其后开始下滑,特别是 2014 年以来下降趋势明显,进入到“大量退出期”。

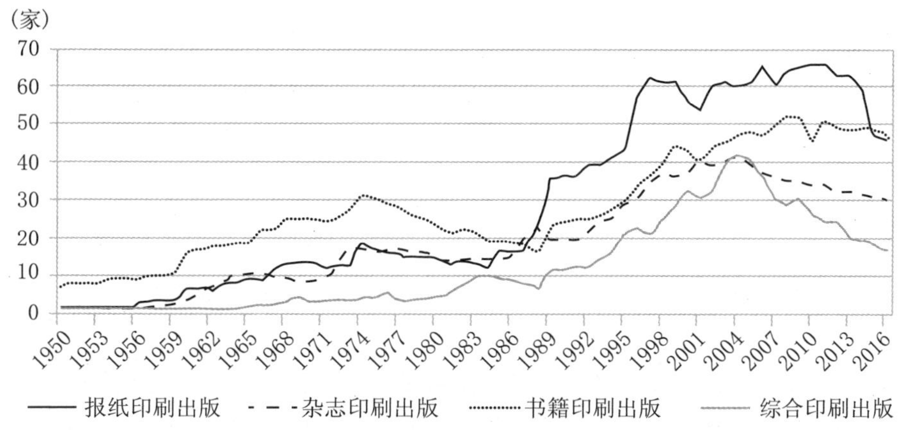

图 15　1950—2016 年报纸、杂志、图书、综合四大出版业务上市公司数量发展趋势

(二) 电影行业:经历两阶段快速发展,正由“稳定期”向“退出期”变迁

与新闻出版行业发展趋势类似的是,电影行业上市公司数量自 1950 年以来也经历了两次快速发展的“大量进入”期,分别为 1974—1987 年(峰值 100 家)和 1995—2006 年(峰值 245 家)。电影行业的快速发展使其在上市公司数量上保持一定的优势,特别是 2000 年以来一直保持在 200 家以上。与此同时,电影行业比重提升明显。自 1950 年以来,电影行业比重多数年份高于 4%,其中,1950—1955 年、1970—1984 年行业比重提升最快,1984 年达到历史最高值 9.67%。

1989—1993 年和 2008 年以后,电影行业上市公司数量明显下滑,电影行业比重也出现明显下滑,1992 年降至 4.7%, 2014 年仅为 5.54%。电影行业两次下滑主要受到新兴媒体的冲击。20 世纪 80 年代末 90 年代初,VCD 的兴起对电影行业形成了一波小的冲击;而 90 年代后期以来的互联网新兴媒体,特别是进入

21 世纪以来电影行业受到互联网影视娱乐的冲击更大，大量的传统用户流量转战线上媒体平台，更大程度上压缩了电影的发展空间。2013 年以后，电影行业出现了明显的由“稳定期”向“大量退出期”变迁的演化特征。

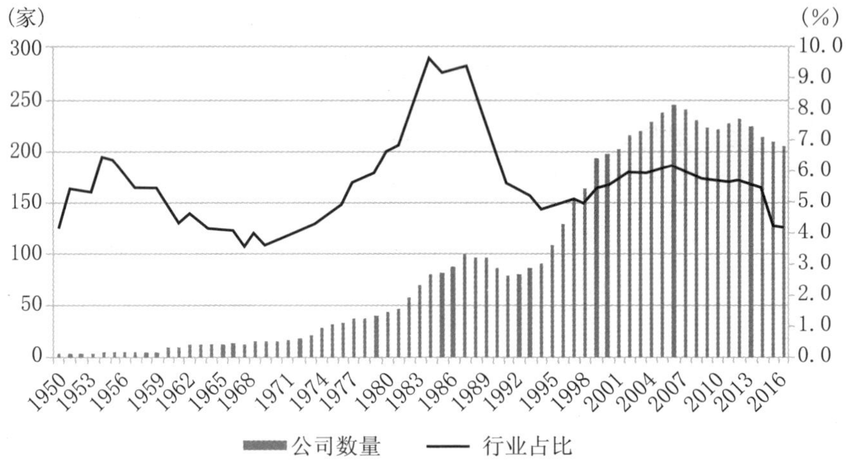

图 16　1950—2016 年全球电影行业上市公司数量、比重演化趋势

（三）广播电视行业：20 多年高速发展，2011 年后开始进入“退出”期

“电视广播站”（Television Broadcasting Stations）和“有线付费电视”（Cable & Other Pay Television Services）作为广播电视行业两大支柱，2000 年之前上市公司数量上优势明显。1950 年起，电视广播站和有线付费电视上市公司总量总体处于不断上升趋势，从 20 世纪 80 年代初以来的飞速发展，两大行业上市公司数量急剧上升，2005 年达到历史最高值 187 家，比 1980 年增长了 246.3%，属于典型的“大量进入期”阶段。在这一阶段中，两个行业交替上升，其中 1986—1993 年电视广播站上市公司数量明显高于有线与付费电视，这一阶段主要是全球电视广播站政策环境的改变，如美国 80 年代里根放松并购管制之后，FOX/UPN/WB 以及少数族群的电视网开始兴建，最终形成了 CBS、ABC、NBC、FOX 四大电视网主导的格局。

进入 2000 年以来，全球互联网新媒体、网络电视、网络视频的发展日益严重地冲击着传统广播电视行业，互联网丰富多元的视频内容满足了观众多样化需求，移动、便捷、个性化的消费形式更是获得观众钟爱。2000 年以来全球范围内的“三网融合”促进了电视媒体的升级换代,IPTV、OTTTV 等数字电视积极回应了互联网时带电视媒体的消费需求,为传统电视行业带来了短暂的生机。

然而,2010 年以来移动互联网和互联网流媒体的普及则彻底改变了传统电视行业的生态环境,互联网已全面渗透到电视行业的内容开发、内容整合、内容播放和传输等价值链过程,以美国 Netflix 为代表的流媒体平台凭借内容整合和信息网络传输几乎零成本的优势打破了有线电视的垄断,2012 年以来传统电视领域上市公司数量明显下滑,2014 年减少到 165 家,其中有线与付费电视行业变化最为明显。2016 年末,美国 Netflix 流媒体平台订阅用户数量首次超过康卡斯特等美国有线电视运营商用户数的合计总量,标志着广播电视行业正式进入“大量退出期”。

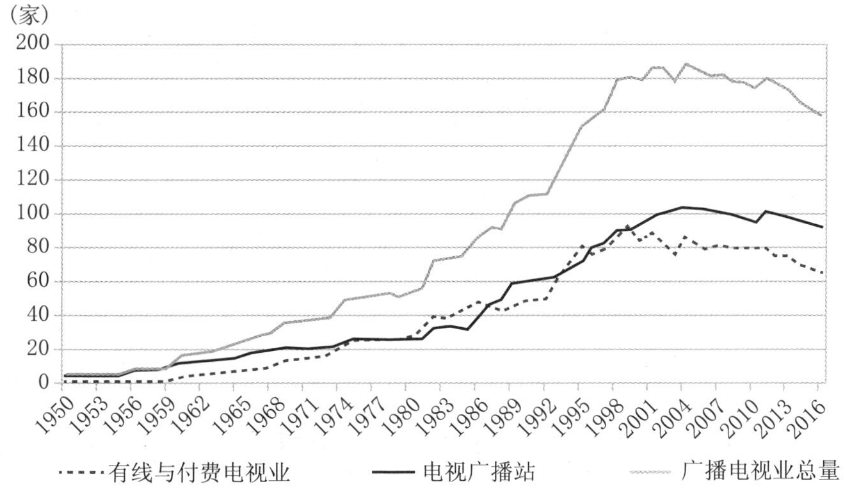

图 17　1950—2016 年全球广播电视行业上市公司数量演化趋势

(四) 网络文化行业:经历两次跃迁,目前基本处于“稳定期”阶段

网络文化行业的发展紧随互联网发展的轨迹经历两次跃迁式发展。20 世纪 80 年代末开始引入,1995 年开始第一次“大量进入”,快速增长到 2000 年 395 家,年均增长率高于 20%;2001—2002 受全球互联网泡沫破灭影响,出现短暂下滑;2003 年再次崛起,2012 年达到历史最高值 676 家,与 2000 年相比增长 71%,成为全球文化创意产业的主要组成部分。2013 年之后虽有小幅下滑,但基本保持平稳。

网络文化行业占全球文化创意产业比重的发展趋势与网络文化行业上市公司数量发展态势基本一致,20 世纪 80 年代末以来不断上升。所不同的是,在 2013 年上市公司数量略微下滑的同时,网络文化行业所占比重却仍然在不断提升(如前文分析,很多传统文化创意行业 2013 年之后都或多或少呈现下滑态势),2016 年为 18.51%,远远超过传统主流文化创意细分行业比重,并呈现出继续上升的发展趋势。

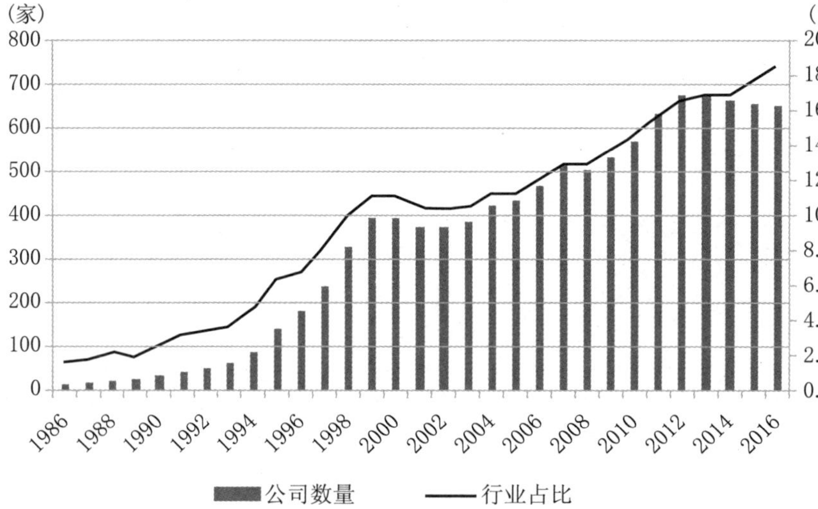

图 18　1986—2016 年网络文化行业全球上市公司行业比重演化趋势

(五) 广告服务行业:数量和比重持续上升,2014 年后进入"稳定期"

全球广告服务类上市公司虽起步较晚但发展速度较快。1993—2005 年为全球广告服务行业上市公司"大量进入"期,到 2005 年已达 104 家,全球广告服务行业上市公司规模也初步确定。

与此同时,广告服务行业在全球文化创意产业上市公司总量中所占比重也获得了增长。2000 年以前,广告服务行业在全球文化创意产业中的比重一直低于 2%, 2000 年以后随着数字广告技术的大幅增长和广告行业上市公司数量大幅增长,其行业比重基本保持上升态势,表现出强劲的发展势头。2003 年广告行业比重一举达到 2.0%,其后一路增长,2015 年达到 3.2%。

2006—2013 年发展速度放缓,上市公司数量在 2013 年达到峰值 123 家,其后略有小幅滑落,但基本保持平稳态势,显现出产业生命周期的“稳定期”特征。

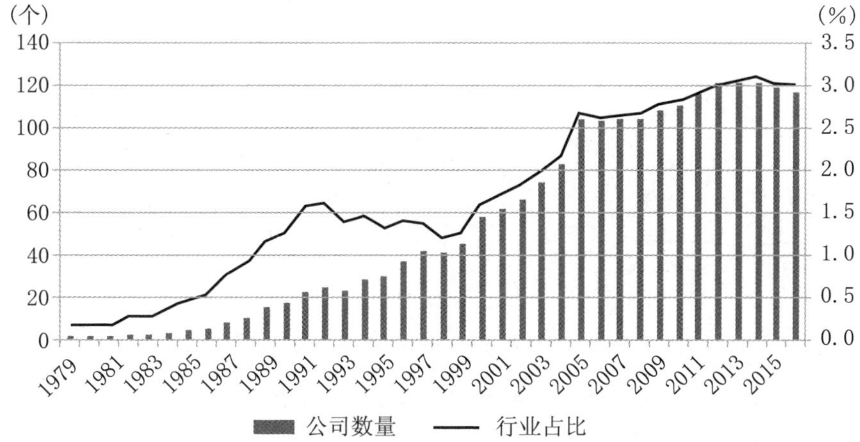

图 19　1979—2016 年全球广告服务行业上市公司数量及发展演化趋势

(六) 家庭娱乐行业:90 年代爆发式增长,经大量退出后进入“成熟期”

家庭娱乐行业发展时间较晚且初期发展缓慢,全球第一家家庭娱乐行业类上市公司出现于 1967 年,但直至 1986 年全球家庭娱乐行业上市公司一直增长缓慢,1994—1999 年为全球家庭娱乐行业上市公司的“大量进入期”,上市公司数量猛增,1999 年达到 200 家,达历史最高值。家庭娱乐行业占全球文化创意行业比重紧随上市公司数量攀升而一直处于上升趋势,1999 年达到历史最高值 5.65%。

进入 2000 年以来,全球家庭娱乐行业上市公司数量出现大幅度下滑趋势,行业比重也逐年下降,属于典型的“大量退出期”阶段特征。2007 年行业上市公司数量略有反弹却又遭遇全球金融危机下探至 2010 年的 119 家,与此同时,行业比重也大幅下降,2010 年波谷时期比重降至 3.0%。在这一阶段,家庭娱乐行业内部经历了残酷的新旧迭代,传统家庭娱乐方式被逐渐淘汰,而以互联网、新媒体、智能手机、平板电脑等带来的新兴娱乐方式成为家庭娱乐新宠。

2011 年开始,家庭娱乐行业上市公司数量止跌企稳,行业比重也基本维持在 3.1%左右徘徊,整个行业基本进入产业生命周期的“成熟期”发展阶段。

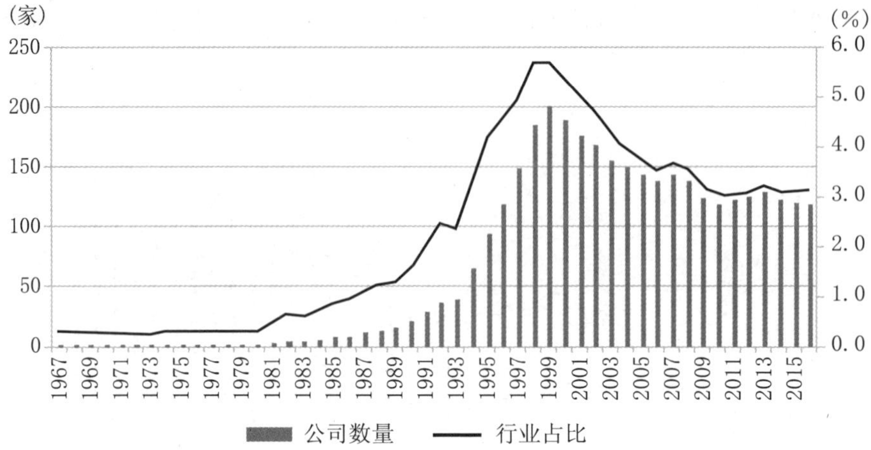

图 20　1967—2016 年家庭娱乐行业全球上市公司数量及发展演化趋势

五、结论与讨论

党的十九大强调,没有文化的繁荣兴盛,就没有中华民族伟大复兴。建党百年之际,全面深入审视全球文化创意产业生命周期演化规律以及中国文化创意产业在国际竞争格局中的地位,是建立对全球 50 多个国家最长的历史时期、最广泛的国家范围、最微观真实的上市公司数据,全面深刻分析全球文化创意产业发展状况与演化趋势,从而为中华文化复兴战略提供重要的研究成果。

本文基于产业经济学上经典的 G-K 产业生命周期模型(包括引入期、大量进入期、稳定期、大量退出期和成熟期五个阶段)理论,对具有数据记录的 1950—2016 年全球文化创意产业上市公司数量演化曲线分析发现,(1)全球文化创意产业虽然经过了两次世界大战的洗礼,从 1950 年开始逐渐恢复和长足发展,文化创意产业细分行业类别从 14 类快速发展裂变至 110 类,产业规模不断扩大、产业结构日益完善,产业优势越发凸显从 2000 年至今的总体形态来看,基本处于比较平稳发展的态势,属于典型的稳定期特征。(2)全球文化创意产业上市公司洲际分布集中在亚洲、北美洲、欧洲;从 8 大强国文化创意产业生命周期来看,美国:1999 年以前"口红效应"明显,经过 10 年"退出期",2010 年企稳正向"成熟期"过渡;英国:2005 年以前持续攀升,之后进入"退出期",2012 年有向"成熟期"过渡迹象;法国:2000 年以前是"大量进入期",之后进入"稳定期",2012 年后进入平缓“退出期”；德国：2000 年达到峰值，之后进入两阶段“稳定期”，2012 年后进入平缓“退出期”；日本：2006 年达到峰值，目前仍处于“稳定期”；韩国：虽受金融危机影响波动，总体仍然处于“进入期”；印度：2010 年达到峰值，目前处于“稳定期”生命周期阶段；中国：目前处于“大量进入期”向“稳定期”过渡阶段。(3)从六个核心文化创意行业生命周期来看，新闻出版行业：总体开始进入“大量退出期”阶段；电影行业：经历两阶段快速发展，正由“稳定期”向“退出期”变迁；广播电视行业：经历 20 多年高速发展，2011 年后开始进入“退出”期；网络文化行业：经历两次跃迁，目前基本处于“稳定期”阶段；广告服务行业：数量和比重持续上升，2014 年后进入“稳定期”；家庭娱乐行业：90 年代爆发式增长，经大量退出后进入“成熟期”生命阶段。

全球六大核心文化创意行业从诞生以来经历了各自不同的生命周期演化路线，谱写了各具特色的行业演进规律，但深入分析发现，六大行业演进轨迹也有一定的共性特征：一是 2000 年以前，全球六大核心文化创意行业都基本保持了快速增长态势，虽然有的行业经历了或大或小的波动，但总体趋势都是增长的；二是传统文化创意行业在 2004 年以后，特别是 2014 年之后都呈现出下降趋势，而以互联网为基础的数字创意类行业在 2000 年至 2010 年基本保持了增长趋势；三是新旧行业、新老媒体此消彼长、更替迭代的背后，其实是技术的更新换代所驱动，技术创新实际上是全球文化创意产业生命周期演化的根本驱动力。

参考文献

陈少峰、张立波、王建平：《中国文化企业报告 2017》，清华大学出版社 2017 年版。

陈潇潇、方世川：《我国文化创意产业发展的深层困境与对策探讨——以创意产业评价指数为视角》，《行政与法》2013 年第 4 期。

崔也光、贺春阳、陶宇：《中国互联网上市公司无形资产现状分析——基于中美不同交易所的视角》，《首都经济贸易大学学报》2017 年第 6 期。

丁芸、蔡秀云：《文化创意产业财税政策国际比较与借鉴》，中国税务出版社 2016 年版。

董磊：《战后经济发展之路 · 美国篇》，经济科学出版社 2012 年版。

董磊：《战后经济发展之路 · 日本篇》，经济科学出版社 2012 年版。

[英]大卫 · 赫斯蒙德夫：《文化产业学》，张菲娜译，中国人民大学出版社 2016 年版。

樊琦、张丽：《经济全球化背景下的文化产业竞争力分析》，《山东社会科学》2012 年第 8 期。

冯子标、焦斌龙:《分工、比较优势与文化产业发展》,商务印书馆2005年版。

高书生:《中国文化产业研究论纲》,《中国文化产业评论》2011年第2期。

高福民、花建:《文化城市:基本理念与评估指标体系研究》,商务印书馆2012年版。

葛祥艳、解学芳:《全球文化创意产业上市公司研发投入研究》,《中国国情国力》2018年第7期。

胡惠林:《中国文化产业战略力量的发展方向——兼论金融危机下的中国文化产业新政》,《学术月刊》2009年第8期。

胡惠林:《论文化产业及其演化与创新——重构文化产业的认知维度和价值观》,《中国文化产业评论》2017年第1期。

胡惠林、王婧:《中国文化产业发展指数报告(CCIDI)》,上海人民出版社2012年版。

黄昌勇、解学芳:《中国城市文化指标体系的构建与实践》,《学术月刊》2017年第5期。

黄先海等:《金融危机与出口质量变动:口红效应还是倒逼提升》,《国际贸易问题》2015年第10期。

江畅、孙伟平、戴茂堂:《文化建设蓝皮书:中国文化发展报告(2018)》,社会科学文献出版社2018年版。

解学芳、臧志彭:《"互联网+"时代文化产业上市公司空间分布与集群机理研究》,《东南学术》2018年第2期。

解学芳:《我国文化及相关产业统计问题的审视与优化》,《文化产业研究》2017年第2期。

解学芳、臧志彭:《国外文化产业财税扶持政策法规体系研究:最新进展、模式与启示》,《国外社会科学》2015年第4期。

[美]理查德·佛罗里达:《创意阶层的崛起》,司徒爱勤译,中信出版社2010年版。

李华成:《欧美文化产业投融资制度及其对我国的启示》,《科技进步与对策》2012年第7期。

李季:《世界文化产业地图》,中国建筑工业出版社2014年版。

李丽萍、杨京钟:《英国文化创意产业税收激励政策对中国的启示》,《山东财经大学学报》2016年第2期。

李景平等:《文化创意产业在我国经济新常态下的作用》,《齐鲁艺苑》2016年第10期。

李靖华、郭耀煌:《国外产业生命周期理论的演变》,《人文杂志》2001年第6期。

李炎、陈曦:《世界文化产业发展概况》,云南大学出版社2014年版。

李炎、胡洪斌:《中国区域文化产业发展报告(2015)》,社会科学文献出版社2016年版。

李宇:《新兴媒体环境中英国电视业的发展现状和主要特点——基于英国电视业近年数据统计分析》,《现代视听》2017年第10期。

刘丽伟、高中理:《世界文化产业发展的新趋势》,《经济纵横》2015年第10期。

买生、汪克夷、匡海波:《企业社会价值评估研究》,《科研管理》2011年第6期。

彭翊:《中国省市文化产业发展指数报告2015》,中国人民大学出版社2015年版。

齐勇锋:《关于文化产业在应对金融危机中地位和作用的探讨》,《东岳论丛》2009年第9期。

谈国新、郝挺雷:《科技创新视角下我国文化产业向全球价值链高端跃升的路径》,《华中师范大学学报(人文社会科学版)》2015 年第 2 期。

熊澄宇:《世界文化产业研究》,清华大学出版社 2012 年版。

向勇、刘静:《世界金融危机与中国文化产业机遇》,《福建论坛(人文社会科学版)》2009 年第 6 期。

杨涛、金巍、刘德良、陈能军:《文化金融蓝皮书:中国文化金融发展报告(2018)》,社会科学文献出版社 2018 年版。

叶朗:《中国文化产业年度发展报告(2017)》,北京大学出版社 2018 年版。

苑浩:《全球文化产业发展的最新趋势及政策分析》,《国外社会科学》2006 年第 1 期。

王海龙:《美国文化创意产业发展动力学因素探析》,《广西民族大学学报(哲学社会科学版)》2017 年第 6 期。

王曦:《澳大利亚文化创意产业发展对我国的启示——以“昆士兰模式”为例》,《中央财经大学学报》2013 年第 1 期。

王义桅、崔白露:《日本对“一带一路”的认知变化及其参与的可行性》,《东北亚论坛》2018 年第 4 期。

王志芳:《韩国对“一带一路”倡议的立场演变》,《当代韩国》2017 年第 4 期。

臧志彭、解学芳:《中国文化及相关产业上市公司研究报告》,知识产权出版社 2015 年版。

臧志彭:《政府补助、研发投入与文化产业上市公司绩效——基于 161 家文化上市公司面板数据中介效应实证》,《华东经济管理》2015 年第 6 期。

张光辉:《德国文化产业与媒体发展印象》,《新闻爱好者》2014 年第 4 期。

张慧娟:《美国文化产业政策研究》,学苑出版社 2015 年版。

张胜冰等:《世界文化产业导论》,北京大学出版社 2014 年版。

张晓明、王家新、章建刚:《文化蓝皮书:中国文化产业发展报告(2015—2016)》,社会科学文献出版社 2014 年版。

张毓强、杨晶:《世界文化评估标准略论》,《现代传播》2010 年第 9 期。

仲为国等:《中国企业创新动向指数:创新的环境、战略与未来》,《管理世界》2017 年第 6 期。

张志宇、常凤霞:《“酷日本机构”与中国文化产业的发展》,《同济大学学报(社会科学版)》2017 年第 5 期。

Chen P., “Interactive Relationship between Stock Prices of Sport Culture Listed Companies and Sport Industry in China,” *Journal of Sports Adult Education*, 2013.

Chen J.P., Zhang N., “An Empirical Analysis on Financial Capability and Operating Performance of China as Listed Tourism Companies,” *Advanced Materials Research*, Vol.204-210, 2011, pp.1009-1013.

Choi B.D., “Creative Economy, Creative, and Creative Industry: Conceptual Issues and Critique,” *Space and Environment*, Vol.23, No.3, 2013, pp.90-130.

Connie Z., “The Inner Circle of Technology Innovation: A Case Study of two Chinese firms,”

Technological Forecasting and Social Change, Vol.82, 2014, pp.140-148.

JinhoJeong, "Capital Structure Determinants of Cultural Industry: the Case of KOSDAQ Listed Firms," *Journal of Industrial Economics and Business*, Vol.25, No.6, 2012, pp.3585-3612.

Kim Y.J., "Content Industry Support Fund in Digital Media Environment: Focusing on New Content Fund in Korea and Culture Tax in France," *The Journal of the Korea Contents Association*, Vol.14, No.2, 2014, pp.146-160.

Lee H. G., "Storytelling: A Strategy to Activate Regional Cultural Industry," *Global Cultural Contents*, Vol. 20, 2015, pp.189-208.

Lewellyn K.B., R. Bao, "R&D Investment in the Global Paper Products Industry: A Behavioral Theory of the Firm and National Culture Perspective," *Journal of International Management*, Vol.21, No.1, 2015, pp.1-17.

Su W.L., Fang X., "The Correlation Research between Voluntary Information Disclosure and Corporate Value of Listed companies of Internet of Things," *Procedia Computer Science*. Vol.112, 2017, pp.1692-1700.

Walter A. Friedman, Geoffrey Jones, "Creative Industries in History," *Business History Review*, Vol.85, No.2, 2011, pp.237-244.

Zhong X., Song X.Z., Xie Y.Y., "A Study on the Relationship between Capital Structure and Profitability Based on the Empirical Data of Listed Companies in Cultural Media Industry in China," *Advanced Materials Research*, 2014, Issue 926-930, p.3735.

（第一作者为华东政法大学传播学院教授，
第二作者为同济大学人文学院教授）

国际粮食安全的韧性治理和中国参与*

于宏源

现代社会是建立在能源、粮食等战略资源基础上的世界。①由于粮食和农业资源的地缘分布不均,且伴随全球城市化进程和中产阶级增长,粮食资源的竞争性逐渐突出,并导致粮食危机的周期性爆发。②从《罗马俱乐部报告》到拉吉·帕特尔(Raj Patel)的《粮食战争》、恩道尔(Engdahl)的《粮食危机》,粮食安全震荡一直是国际学术界关注的重要领域。2008 年粮食危机期间,世界经济论坛(WEF)发布的《全球风险报告(Global Risk)》就曾把粮食安全冲击列为仅次于美国次贷风暴的全球安全风险。联合国秘书长潘基文指出:"在粮食危机面前,我们还面临领导全球的挑战。"③2020 年蝗虫灾害、气候变化和疫情的影响,使得粮食供应量出现连锁危机,并将粮食安全议题再一次带回到议题热点阵地。④据联合国粮农组织(FAO)、国际农业发展基金(IFAD)、联合国儿童基金会(UNICEF)、联合国世界粮食计划署(WFP)、世界卫生组织(WHO)共同发布的《2020 年世界粮食安全和营养状况》显示,有近 6.9 亿人处于粮食短缺状态,占世界总人口的 8.9%,也门等西亚地区和部分非洲地区处于严重的粮食安全风险中⑤,联合国粮农组织报告预计,1.42 亿人预计将在 2021 年陷入更严重的粮食危机中。⑥

---

* 本文系国家社科基金课题"拜登上任后中美碳外交关系的非线性变化和应对研究"的阶段性成果。

① 于宏源:《地缘政治与全球市场:全球资源治理的两种逻辑》,《欧洲研究》2021 年第 1 期。

② Michael T. Klare, *The Race for What's Left: The Global Scramble for the World's Last Resources*, New York: Metropolitan Books, 2012, pp.13-19.

③ Julian Borger, "Crisis talks next week on global food prices" *The Hindu*, May 29, 2008.

④ Irina Vilcu, Anatoly Medetsky, Megan Durisin, "Food Supply Fears Are Growing aș Romania Bans Grain Exports", *Bloomberg*, Apr.10, 2020.

⑤ 见《2020 年世界粮食安全和营养状况:实现粮食体系转型,保障经济型健康膳食》,https://doi.org/10.4060/ca9699z, 2020 年 11 月 12 日。

⑥ 见 https://docs.wfp.org/api/documents/WFP-0000127343/download/?_ga=2.50021542.1245761590.1621613073-407538487.1621613073。

粮食这一安全问题紧迫性的回归,不得不被再次纳入国际议题优先设置考量范畴。作为传统又重要的国际议题,针对国际粮食安全治理理论研究已有系列成果。从国外对国际粮食安全治理研究来看,主要集中以下视角:其一为国际粮食安全治理问题领域客体研究。例如伊萨·阿姆·尤努萨(Isa Am Yunusa)和亚卢·泽里洪布(Ayalsew Zerihunb)等人从供给侧(水资源、耕地面积、科研投入)与需求侧(人口)的二分法因素探讨了多种因素对粮食安全不同程度的影响效果。①其二为国际粮食安全治理主体研究,以美国为主要研究对象。例如恩道尔(Engdahl)在《粮食危机》中从地缘政治入手,指出美国通过大型国际金融公司以及食品企业来推动获取丰富利润②。其三是国际粮食安全治理路径研究。例如蒂尔泽(Tilzey)与马克(Mark)在"粮食主权"传统发展理念上,进一步提出了"粮食生计主权"(Livelihood sovereignty),试图以"发展权"作为国家决策中心回归的国际依据。③尼尔·杜根(Niall Duggan)与蒂穆·纳拉亚尔维(Teemu Naarajarvi)探讨了 G20 在重塑全球粮食安全治理的关键角色与功能。④

本文从粮食安全韧性治理进行研究,全球粮食安全韧性目前呈现出制度供应和需求异质化的复杂发展态势,是一系列相互冲突、竞争、合作或协同的安全要素共同作用的结果,这反映在"乐观派"和"悲观派"的持续论战中。世界银行认为从粮食供应和技术进步来看,全球粮食价格长周期呈下降趋势,发展中国家存在结构性粮食安全影响差异,但全球粮食的供应将足以应付需求的增长。莱斯特·布朗(Lester Brown)等为代表的"悲观派"则认为由于资源退化,世界粮食增产下降,全球粮食供求形势将更趋紧张。相关论点也反映在

---

① Isa AM Yunusa, Ayalsew Zerihunb, Mark R Gibberdb, "Analysis of the nexus between population, water resources and Global Food Security highlights significance of governance and research investments and policy priorities," *J Sci Food Agric.*, Vol.98, No.15, 2018, pp.5764-5775.

② [美]威廉·恩道尔(William Engdahl):《粮食危机》,中国民主法制出版社 2016 年版,第 7 页。

③ Mark Tilzey, *Political Ecology, Food Regimes, and Food Sovereignty*, Palgrave Macmillan, 2018, pp.5-15.

④ Niall Duggan, Teemu Naarajarvi, "China in Global Food Security Governance," *Journal of Contemporary China*, Vol.24, No.95, 2015, pp.943-960.

粮食安全时间尺度和空间尺度上相互交织的传导过程，即与其他战略资源不同，粮食贸易、粮食安全、粮食需求和供应等并不具备总体性和整齐性的特点。在贸易金融、生态环境、地缘政治、技术投资等要素影响下，区域性的粮食危机和全球粮食的供需均衡同步发生。表现在空间尺度上是国内治理失效带来的局部粮食短缺和全球供应弹性提升①、时间尺度上则表现为全球气候环境卫生紧急事态下的农业技术和供应链的波动发展。回顾数次粮食危机来看，20 世纪 40 年代到 50 年代的粮食供应危机催生了粮食贸易剩余处置。20 世纪 60 年代面临粮食技术进步与粮食需求脱嵌形势，推动了粮食技术转让。而在 20 世纪 70 年代及 2008 年的粮食危机中，石油危机和金融危机成为粮食价格机制波动导火线，从国际市场到国内市场的传递速度也迅速加快。②因此，在粮食安全韧性降低状况下，出于对粮食供应的担忧和制度供给等考虑，全球粮食需求会出现突然式的增加，但此时的全球治理赤字增加。因此本文提出粮食安全韧性就是指在特殊和极端情况下，即使面对粮食需求爆发式的增长，粮食安全是否可以得以维持的一种状态，即国际社会和国家、政府等主体是否有能力在极端状况下利用现有各种粮食供应和应急机制，保证粮食的供应、获得、利用、稳定。本文从全球粮食安全韧性目前呈现出制度供应和需求异质化的复杂发展态势研究入手，提出粮食安全治理需求张力和机制供给稀缺性双重维度分析，并在此基础上，提出中国参与全球粮食治理的环境基础、压力挑战和路径选择。

---

① Vasilii Erokhin 与 Tianming Gao 以自回归分布滞后模型、Yamamoto 因果检验、方差分布多种方法探讨了来自 45 个发展中国家 2019 年冠状病毒疾病对粮食安全的贸易和经济影响。根据世界银行收入基础，将国家分为三组，分别为低收入、中等收入、较高收入三个类型。从结果来看，整体上，2019 年冠状病毒疾病的蔓延可能给全球粮食安全带来损害，尤其给最不发达国家和发展中经济体造成痛苦。具体上，较高收入国家更有可能在新的健康危机期间面临粮食供应中断，因为它们更深地融入了全球供应链和资本密集型农业系统。非洲的低收入经济体将超过亚洲和拉丁美洲的中低收入和中上收入国家，成为 2030 年营养不良人口最多的区域。对较高型收入国家而言，人们的粮食安全状况受粮食贸易和货币兑换的影响，而不是粮食通货膨胀的影响。见 Vasilii Erokhin and Tianming Gao, "Impacts of COVID-19 on Trade and Economic Aspects of Food Security: Evidence from 45 Developing Countries," *International Journal of Environmental Research and Public Health*, Vol.17, No.16, 2020, p.5775。

② Jennifer Clapp and William G. Moseley, "This food crisis is different: COVID-19 and the fragility of the neoliberal food security order," *The Journal of Peasant Studies*, Vol.47, No.7, 2020, pp.1393-1417.

一、 国际粮食安全韧性治理中的需求张力

随着国际社会地缘政治格局变迁,资源禀赋、生态环境、人口、贸易投资和技术等复杂因素的共同作用,“粮食安全”已然从发展问题演变成一个集经济、社会、政治于一身的复杂、有争议和政治负载的术语。①粮食安全内涵呈现扩大化发展趋势,具有高度跨国性、扩散性、嬗变性、多层性特征。②粮食安全问题复杂性激增了地缘竞争可能,助长了部分对安全要素垄断的国家形成国际压制的趋势,具有“牵一发而动全身”的系统效应,这同时也驱动了全球粮食安全治理需求。

第一,粮食安全维度弥散趋势下的综合关联治理需求。过去一直推动以粮食贸易改善供需不平衡,整个全球粮食安全治理体系也是建立在粮食贸易自由化与便利化基础上。粮食安全的系统效应增强,呼吁国际粮食安全治理从单一安全维度转向综合与关联的治理观。从表1来看,就粮食安全维度类型化划分而言,以联合国粮农组织为主导的四分法安全维度③是当前较为全面且国际认可度较高的划分标准。该方法以功能进行划分,粮食安全维度被细化为粮食供应(Availability)、粮食可获取(Access)、粮食利用(Utilisation)与粮食稳定性(Stability)四个层次。④从以联合国粮农组织为主导构建的粮食安全维度具体内容来看,主要综合包含了粮食供应总量、粮食贸易交通、人口等传统意义上的安全要

---

① D. John Shaw, *World Food Security: A History since 1945*, New York: Palgrave Macmillan, 2007, pp.383-386.

② 张蛟龙:《金砖国家粮食安全合作评析》,《国际安全研究》2018年第6期。

③ FAO:《粮食安全指标》,http://www.fao.org/economic/ess/ess-fs/ess-fadata/en/#.X3MNynHyVPu, 2020年9月20日。

④ 从“粮食供应”细化指标来看,主要指粮食的适足性,即在供给侧加大粮食供应量。粮食供应作为四大支柱的基础,一直是粮食安全保障的基础。其中粮食总量的自然禀赋、粮食生产充足率一直在国家粮食安全战略中扮演重要角色。粮食获取安全保障主要与基础设施和经济基础相关,其中联合国粮农组织将铁路与公路的密度和粮食安全直接挂钩,说明粮食流转是粮食获取中的关键要素。粮食利用中观安全维度被细化为与粮食利用能力有关变量与粮食利用失衡结果,前者主要涉及水与粮食安全、公共卫生与粮食安全。粮食稳定性安全影响因素集中于各种突击风险,例如政权更迭、恐怖主义、粮价波动。

素。在该划分体系外,除了传统安全维度发展外,也包括一些新的安全维度外溢。具体而言,当前重要的粮食安全维度主要包括:

表1 粮食安全维度典型与非典型划分

<table>
<tr><th></th><th>安全维度</th><th>实 证 表 现</th></tr>
<tr><td rowspan="4">综合安全维度划分</td><td rowspan="4">联合国粮农组织四分法安全维度</td><td>粮食供应:平均膳食能量供应充足,平均蛋白质供应,食品生产的平均价值,动物性蛋白供应水平,谷物、块根和块茎衍生营养供应水平</td></tr>
<tr><td>粮食获取:铁路线密度(公路/铁路)、人均国内生产总值(购买力平价);营养不良的普遍程度、总人口中中度或重度粮食不安全的普遍程度</td></tr>
<tr><td>粮食利用:基本饮用水服务、基本卫生服务、五岁以下儿童受消瘦影响/发育、成年低体重比例、孕妇贫血</td></tr>
<tr><td>粮食稳定:谷物进口依存度、食品进口额占商品出口总额的比例、政治稳定和暴力/恐怖主义、人均粮食生产/供应波动性、粮食价格波动、可灌溉耕地比例</td></tr>
<tr><td rowspan="5">单一安全维度发展</td><td>贸易安全维度</td><td>海陆空一体化安全、公共事件中断、大国政治摩擦</td></tr>
<tr><td>生态安全维度</td><td>气候变化、农业用地、自然灾害、农药滥用</td></tr>
<tr><td>金融安全维度</td><td>粮食美元、粮食期货</td></tr>
<tr><td>技术安全维度</td><td>转基因技术、存储运输技术、人工食品合成技术</td></tr>
<tr><td>知识安全维度</td><td>动植物遗传资源惠益共享、种子专利</td></tr>
</table>

粮食贸易安全维度。当前粮食贸易安全更多受到公共事件与大国政治博弈干扰。为应对新冠肺炎疫情带来的粮食贸易链中断,世贸组织于2020年4月23日指出,已有多达80个国家实行了出口禁令和限制。例如罗马尼亚紧急通过了一项法案,规定在紧急状态下禁止向欧盟以外的国家出售谷物;疫情暴发初期,越南在《2020年国家粮食安全》提案的有关会议上,多次强调采取粮食出口限制以应对恶化的疫情局势;阿根廷提议将生大豆、豆粕和豆油的出口税税率从目前的30%提高到33%。在公共卫生事件之际,为了满足国内粮食内需,基于粮食主权①的出口管制措施具有正当性契机,但也导致国际粮食贸易链不稳定性更加凸显。

① 2002年在联合国粮食及农业组织峰会和NGO/SCO粮食主权论坛上,粮食主权概念被定义为:国家及人民享有充分的权利去制定自己的农业、畜牧业、渔业和粮食政策。

粮食生态安全维度。气候变化依然是较为重要的传统要素。高温和降雨不足会通过减少生育期的长度来降低谷物产量。联合国环境规划署指出全球一些地方在不可持续地使用土地，如果持续下去，至 2050 年全球将有 8.49 亿公顷的土地退化，接近巴西的面积。此外，在农业集约化学产品等影响下，土地生产环境面临巨大的可持续发展问题。①在大量使用化肥的情况下，环境污染带来的经济成本往往超过了农业增产带来的经济价值。如果在未添加有机物的前提下使用无机肥料，土壤的结构和生物功能就可能被削弱，进而导致土地退化。②国际粮食合作必须建立在有关土地使用、生物燃料生产、环境保护等多重价值选择基础上。③

粮食金融安全维度。粮价的预期性波动是粮食安全金融化④的产物。随着粮食产业不断融入外汇、期货、期权等金融工具，粮食的金融化属性也越发突出。以小麦期货价格为例，受疫情影响，出现过预期上涨场面。⑤粮价与美元涨跌密切联系，而美元又易受石油供需影响。2020 年，油价进入历史低谷，对生物燃料产生了巨大的下行压力，而生物燃料是糖和植物油市场的重要需求来源。价格波动可能使弱势群体陷入贫困和饥饿。价格波动与价格水平的相互作用也会影响到福利和粮食安全。价格越高，价格波动对消费者的福利影响就越大，生产者反之。⑥

---

① Miguel F. Acevedo, "Interdisciplinary progress in food production, food security and environment research," *Environmental Conservation*, Vol.38, No.2, 2011, pp.151-171.

② 联合国粮安问题高级别专家组(HLPE):《采用农业生态及其他创新方法，打造有助于加强粮食安全和营养的可持续农业和粮食系统》,http://www.fao.org/3/ca5602en/ca5602en.pdf, 2021 年 5 月 18 日。

③ José C. Escobar, Electo S. Lora, Biofuels, "Environment, technology and food security," *Renewable and Sustainable Energy Reviews*, Vol.13, No.6-7, 2009, pp.1275-1287.

④ 粮食的金融化，实质上主要指的是粮食的美元化。美元作为流通度最大的货币，对各类大宗商品的价格走势起到关键作用。对冲基金、指数基金和主权财富基金在农业大宗商品市场的涌入，被认为是短期内基本主食恶性通货膨胀背后的关键力量之一。

⑤ 以 2020 年 9 月 18 日为现期，芝加哥期货交易所(CBOT)的 12 月软红冬小麦期约比一周前上涨 33 美分，报收 575 美分/蒲式耳。载新浪财经:《疫情第二波来袭！全球粮食再陷阴霾》,https://finance.sina.com.cn/money/future/agri/2020-09-23/doc-iivhuipp5914844.shtml, 2002 年 10 月 1 日。

⑥ 联合国粮安问题高级别专家组(HLPE):《价格波动与粮食安全》,http://www.fao.org/3/mb737e/mb737e.pdf, 2021 年 5 月 18 日。

粮食安全技术维度与知识维度。粮食生产、品种改良、运输等系列缓解都离不开技术支撑,但由于技术往往集中于部分发达国家,事实上脱离了"技术中立",造成了粮食技术垄断。加上动植物遗传基因、种子生产逐渐被允许申请专利,粮食专利垄断与粮食技术霸权双轨并进。相应地,粮食安全与技术政治、知识政治关联性提升。

第二,全球化时代背景下粮食安全治理的大多边主义需求。尽管全球化出现了所谓"逆全球化"趋势,单就经济维度的全球产业链而言,全球资源市场的地位仍不可动摇,没有任何国家发展资源产业能离开全球资源产业链,即便是强势的西方发达国家也不例外。①作为重要的资源类型,粮食经济产业链更是如此。首先,自然禀赋上的资源差异、生产技术上的短板促进了粮食安全应该在全球范围内实现最佳竞争条件下的互补。其次,发展中国家的崛起一定程度上希望通过大多边主义重塑粮食治理体系。粮食安全转型与国家发展存在某种程度上的正相关关系。发展中国家依然有较大的市场需求,印度等人口大国可能依靠市场供需结构溢出新的粮食安全话语。因此,对于转型的发展中国家而言,粮食安全全球化治理需求依然高涨。此外,自2018年以来,美国特朗普政府施行以"美国优先"的发展战略,通过加征关税、高筑贸易壁垒等方式解决国内社会矛盾,在世界范围内挑起贸易摩擦。美国"重商主义"贸易保护扭转了自由、低关税的世界贸易体系②,给粮食贸易带来了重大挑战,也证明了极端的单边主义不利于粮食安全治理需求。跨国安全治理机制范式是解决非传统安全的重要范式选择,而实现大多边主义统一化治理更是努力目标。单从应然的理想状态来看,粮食价格金融化、贸易全球化等过程使得粮食安全可持续发展应该更加关注全球治理向度。在大多边主义机制下,能更好地实现粮食安全利益普惠共享、达成普遍适用的粮食贸易规则,减少因国别壁垒带来的额外交易成本。

第三,构建公平公正与包容的国际粮食安全治理规则的制度需求。全球粮食贸易链深化的同时,不同主体粮食安全价值链需求也在逐渐发展,包容性、公平性逐渐被融入国际粮食安全内涵。例如于国家而言,粮食安全是国家权力。

① 于宏源:《地缘政治与全球市场:全球资源治理的两种逻辑》,《欧洲研究》2021年第1期。

② 顾善松等:《新冠肺炎疫情下的全球农产品市场与贸易变化:问题与对策》,《世界农业》2021年第1期。

建立在资源禀赋上的粮食安全在不同地缘上衍生出有差异的敏感性和脆弱性，而这种异化的粮食安全结构决定了粮食充裕的国家总是拥有更大的权力。①权力边界的肆意扩张可能干扰其他国家享有的粮食安全利益，需要构建国家间公平的粮食贸易秩序。此外，粮食人权观的发展也推动了粮食安全治理制度应该更加注重公平价值。于个人而言，粮食安全主要体现为个人人权。联合国粮农组织（FAO）于1974年在罗马召开了第一次世界粮食首脑会议，大会通过了《消除饥饿和营养不良的罗马宣言》和《世界粮食安全的国际约定》两个文件，从满足人类基本生存权出发，将粮食安全定义为“保证任何人在任何时候，都能够得到为了生存和健康所需要的粮食”。阿马蒂亚·森在《贫困与饥荒》一文中也强调了粮食安全个人权利，获得权是最基本的粮食人权。②粮食权最早是从生存与发展的个人权利维度进行伸张，例如《世界粮食安全罗马宣言》中指出：“每个人获得富有安全和富有营养的权利。”随着第三代集体人权概念提出，粮食权被认为是全人类共同享有的权利，发展为个人人权与集体人权的统一。此次疫情危机的隔离对粮食产业影响更大。基于互联网技术的服务业至少可以通过异地化办公实现，但对于劳动密集型粮食生产而言，跨国工人的限制性流动将导致生产力缺失。③从结果来看，这或许进一步深化了粮食安全格局的不平等，成为此次疫情中推动“粮食普惠”路上的“绊脚石”。④危机下的食品治理系统面临的复杂

---

① 余丽、王高阳：《春秋战国时期粮食安全思想的传承与当代战略选择》，《国际安全研究》2014年第3期。

② Amartya Sen, *Poverty and Famines: An Essay on Entitlement and Deprivation*, Oxford: Clarendon Press, 1981.

③ 龚思量：《疫情下的跨国劳工——回乡、失业、隔离与劳动》，https://www.chinathinktanks.org.cn/content/detail?id=a87pur40, 2020年5月28日。

④ 由于无法从罗马尼亚或阿尔巴尼亚等国获得数万名移民工人，种植工作难以继续，农业部门面临巨大压力。据国际劳工组织发布的《监测报告第二版：2019年冠状病毒病和劳动世界》来看，81%的全球劳动力遭波及：在全球33亿劳动人口中，有超过81%的劳动人口（28亿）目前受到工作场所全部或部分关闭的影响。最新的《2020—2021年全球工资报告》指出，与2019年同期相比，全球劳动收入在2020年前三个季度下降了10.7%，即3.5万亿美元。该数字不包括政府采取措施提供的收入支持。降幅最大的是中低收入国家，其劳动收入下降了15.1%，美洲地区受影响最大，下降了12.1%。ILO, “Global Wage Report 2020-21: Wages and minimum wages in the time of COVID-19,” https://www.ilo.org/wcmsp5/groups/public/—dgreports/—dcomm/—publ/documents/publication/wcms_762534.pdf, Oct.6, 2020.

挑战,再次凸显个人健康与营养问题重要性,需要采取措施以满足更公平和包容的治理需求。①国际制度作为规则型治理工具,是一组权利束,规定行为者在特定的范围下可以做什么和不可以做什么,能做什么和不能做什么②,通过合法性、公平民主的粮食安全治理规则可以最大范围内促进粮食安全治理秩序运行。但同时,国际制度的阶级性、国际关系中的权力因素和国家对于相对收益的考虑说明国际制度在促进合作方面的作用是有局限性的。③粮食安全治理规则的达成是一个漫长的政治博弈过程,且需随着粮食安全问题发展需要更新制度规则以实现最大化的粮食安全公平与正义。

第四,粮食安全治理机制运行与发展的有效领导力需求。在缺乏中央政府的国际社会,“国际领导”并不总是与“霸权”相联系。相反,在复杂的问题领域,具有国际权威的领导力往往能扭转集体行动困境。从早期粮食贸易历史来看,大国推动了粮食贸易链的产生,但主要受少数资本大国国家利益的绝对主导。首先体现为以英国为核心的粮食制度。英国开始将其大部分粮食生产外包,鼓励包括加拿大和澳大利亚在内的殖民地将土地大规模转变为小麦和肉类产地。以英国为中心的粮食制度,其基础是一个互补的、逐步取代的国内农业部门和殖民地分工,其涉及全球热带作物的制成品交换。其次体现为以美国为核心的粮食制度。在以美国为中心的粮食制度下,剩余粮食的流动路径发生改变,其主要从美国转移到冷战时期战略边界的后殖民国家的联盟和朋友,目的是为了解决战后国内粮食生产过剩困境。④同时,为了削弱苏联粮食贸易“石油—外汇—粮食”这一脆弱链,里根政府实施了所谓的“逆向石油冲击”战略,迫使沙特猛然将产量提高了一倍多,这导致了国际油价大跌。为了维持基本的生存需要,苏联不得不向西方求援以获得粮食援助和贷款,以至于要通过政治改革来满足西方的附加条件。冷战结束后,美国作为最有话语权的国际领导力,并未将粮食安全治理推向普惠国际历程,基本是为其粮食霸权服务。例如没有掀起的生物燃料计

---

① 联合国粮安问题高级别专家组(HLPE):《粮食安全与营养:建立到2030年的全球策略》http://www.fao.org/3/ca9731en/ca9731en.pdf, 2021年5月17日。

② 苏长和:《重新定义国际制度》,《欧洲》1999年第6期。

③ 秦亚青:国际制度与国际合作——反思新自由制度主义,《外交评论》,1998年第1期。

④ Zhang H., “A Hungry China and the Future of Global Food Governance,” in *Securing the “Rice Bowl”*, Palgrave Macmillan, 2019, pp.265-295.

划对实现能源安全贡献并不显著,对气候变化的影响也尚未厘清,但对粮食安全产生了重要影响。①当下,从当前国际形势来看,粮食安全国际领导力陷入混沌局面。美国从推崇自由主义向国家单边主义回归,忙于国内政治选举及选举后的制度构建。欧盟也经历英国脱欧、债务危机、疫情复苏等内外部冲击而自顾不暇。广大发展中国家依然处于建设发展时期,绝对领导力的出现较难。在缺乏有效领导力机制推动下,粮食安全治理议题或被搁置、或陷入僵局。粮食安全治理机制发展仍不成熟,需要各国通过政治谈判、规范制定等继续保障粮食安全治理机制有序进行,而这一切的逻辑前提是需要有效的领导力凝聚力量,推动粮食安全治理机制的向前发展。

二、 国际粮食安全韧性治理中的机制供给

粮食安全韧性的国际性催生了国际粮食安全治理,而粮食安全治理的多元需求离不开国际粮食安全治理机制的制度供给。全球治理机制是在全球治理的实践中逐渐形成的包括治理主体、治理对象、治理规制和治理效果等要素的整体治理结构。它不仅是一个动态的系统结构,也是一个不断发展完善的过程。②同样,国际粮食安全治理经过政治谈判、实践发展推动形成了系列治理机制,处于动态发展过程。

第一,全球粮食安全治理问题领域平台碎片化与分散化,各自为政,缺乏综合协调合作的治理机制。在粮食安全议题领域中,大量国际制度形成了“机制复合体”。③人权事务高级专员办事处、经济、社会和文化权利委员会和人权理事会侧重于管辖和处理侵犯粮食权的行为,特别是为侵犯粮食权的国家和非国家行为者的声誉进行道德声讨。④布雷顿森林机构(世界银行和国际货币基金组织)

① 何昌垂:《生物燃料对粮食安全的威胁及政策建议》,《国际关系学院学报》2012 年第 5 期。

② 石晨霞:《全球治理机制的发展与中国的参与》,《太平洋学报》2014 年第 1 期。

③ “机制复合体”(regime complex)是指“治理特定议题领域的一群部分重叠的、非等级的制度”,从而使国际机制表现出“碎片化”和“多元中心”特征。见卢静:《当前全球治理的制度困境及其改革》,《外交评论(外交学院学报)》2014 年第 1 期。

④ Matias E. Margulis, “The Regime Complex for Food Security: Implications for the Global Hunger Challenge”, *Global Governance*, Vol.19, No.1, 2013, pp.53-67.

在资助农业和农村发展项目以及粮食进口方面发挥着重要作用。世界银行和国际货币基金组织不断推出结构调整的政策,促进发展中国家获得更多的贷款,以应对债务危机。从应对疫情下的粮食危机来看,由于缺乏公共事件的应急机制,联合国体制下的粮食安全专门组织或机构显得应对不足,而作为非专门粮食安全管理组织的世界卫生组织在规制粮食出口管制方面却发挥更大作用。当前正在谈判的"国家管辖范围外生物多样性养护与可持续发展"涉及渔业问题,将再次掀起国际海事组织、联合国海洋法机构对海洋渔业资源新规则制定。由于不同的组织平台处于不同的问题领域,粮食安全维度的弥散同时也造成了机构拥挤①竞争下的话语权争抢。②例如贸易组织与人权组织为代表的贸易自由化与人权冲突最为典型。粮食安全兼具商品属性与粮食人权属性,在执行世贸组织《农业协定》之后和多边农业贸易谈判多哈回合初期,人权高专办发表了几份高度批评性的报告,称该协定对实现人权构成威胁,声称粮食贸易自由化加剧了发展中国家(弱势群体)粮食贫困,并带来了不公平的粮食贸易竞争环境。③由于没有一个真正具有权威性和包容性的机构负责处理跨部门和跨层次的粮食安全问题,导致了全球粮食安全治理领域平台话语权分散与撕裂,难以形成合力。

第二,粮食安全治理大多边合作平台停滞不前,区域粮食安全治理俱乐部涌现,小多边主义粮食安全治理范式在应对政治分歧、社会同质化差异等方面阻碍相对较小。世界粮食安全委员会(CFS)与世贸组织作为国际粮食安全治理秩序中的两个重要全球性平台,在全球粮食安全治理中的作用发挥受到阻碍。世界粮食安全委员会的行动及其改革旨在改善所有利益攸关方之间的协调和协同作用、汇集知识和实地经验、改善沟通和信息交流等。但在改革的最初几年,改革政策措施往往未能得到全球粮食安全治理结构中其他关键行为者的承认,特别

---

① 国际机制主义学者用诸如重叠(Overlapping)、嵌套(Nesting)、簇集(Clustering)、嵌入(Embedded)、互动(Interaction/Interplay)、联系(Linkage)、冲突(Conflicting/Contradictive)等一系列概念来描述这种机制间的相互关系。见胡斌:《论公海保护区全球管理机制构建中面临的机制重叠问题及其解决思路》,《中国海洋大学学报(社会科学版)》2020 年第 1 期。

② Michael Fakhri, "Food as a Matter of Global Governance," *Journal of International Law and International Relations*, Vol.11, No.2, 2015, pp.68-83.

③ Aaronson and A. Susan, "Seeping in Slowly: How Human Rights Concerns are Penetrating the WTO," *World Trade Review*, Vol.6, No.3, pp.413-449.

是联合国粮食治理机构三架并行①，互相认同。世界贸易组织（WTO）作为少数全球性国际组织，从“乌拉圭回合谈判”达成《农业协议》后，WTO一直试图在多哈回合中进一步推进全球农业治理一体化进程。由于农业在国民经济和发展中的独特性质，更被视为多哈回合谈判的核心内容。相反，与全球治理范式相比，粮食安全治理区域向度正不断深化。东盟近些年致力于粮食安全合作，推动了《东盟一体化粮食安全框架》、《东盟地区粮食安全战略行动计划（2015—2020）》形成，丰富了东盟组织的议程设置。2020年11月15日正式签署的《区域全面经济伙伴关系协定》（RCEP）作为全球规模最大的自贸协定，在“货物贸易”章节中规定了取消农业出口补贴、全面取消数量限制、优化市场准入条件等相关内容，进一步促进了东盟国家发展粮食贸易便利化。《全面与进步跨太平洋伙伴关系协定》（CPTPP）、《美墨加协定》等多边贸易协定都曾对农业敏感问题进行磋商，并在关税减让、部门设置等达成了部分共识。例如在最新的《美墨加协定》中，依然维持了《北美自由贸易协定》中的零关税，设立专门的农业贸易委员会以及咨询机构、技术工作组，来协调未来可能因国内政治原因、税则表调整等引发相关产品税率变动所带来的问题。②与大多边主义相比，小多边主义政治利益同盟的达成往往具有同质化基础，可能基于相邻地缘的粮食运输便利、类似的国内粮食补贴政策、对等粮食贸易壁垒等因素，其政治合作阻碍相对更小。

第三，国际粮食安全治理制度规则公平性存在失衡，“软法”与“硬法”并存，粮食安全治理规则适用存在模糊空间。为实现更大范围的粮食安全国际法治，WTO一直追求在敏感的农业领域有所作为，但就多哈回合开启20年进程看，农业谈判未取得实质性进展，仅在《香港部长宣言》中就补贴问题取得部分成果。其中，“坎昆部长级会议”失败的主要原因是各方在农业和“新加坡议题”上的分歧。WTO发挥农业贸易治理功效有待于WTO体制改革重塑。从当前WTO改革重点来看，主要集中于非市场经济地位、透明度、上诉机构等问题，农业问题暂时被搁置。从全球粮食安全治理规则体系来看，除了以WTO框架下的《农业协

---

① 联合国粮食及农业组织、世界粮食计划署、国际农发基金三者并立，成为联合国层面粮食治理体系重要结构。

② 陈晶：《美墨加协定及对加拿大的影响分析》，《中国外资》2019年第23期。

定》等条约形式表现的“硬法”规则外,“软法”同样发挥一定治理作用。《世界粮食安全罗马宣言》《登博斯宣言》《世界粮食首脑会议行动计划》《联合国千年宣言》及“可持续发展目标”(SDGs)、《负责任渔业行为守则》等粮食安全治理重要文件,更多倡导一种动员激励机制,与一般国际条约或公约相比,在规则约束力上较弱,但软治理所具备的制度弹性增强了国家的自主性。此外,粮食安全规则标准的国别性或区域性差异衍生了公平失衡问题。例如食品检疫标准作为贸易管制措施之一,存在“高标准”与“低标准”差异。欧盟食品和饲料快速与预警系统(RASFF)会通报所有食品及相关产品不合格情况,产品不合格情况除了产品本身的质量问题外,标签不合格占比也是限制的重要考量。随着《肉类、软体动物官方监管特殊要求》《非动物源性食品口岸临时强化监管》《动物源性食品官方强化监管程序》等食品检查细化标准的出台,“高标准”的食品检疫使得其他国家粮食出口间接受阻。相对而言,非洲、东南亚国家在检疫标准水平上相对较弱,无疑造成粮食双向贸易中的非对称性。在提高检疫标准以应对疫情的合法掩盖下,具有竞争关系的关联国家可能以粮食安全检疫壁垒为跳板实现国际控制。同时,国际粮食规则存在一定模糊性与空缺,无法应对突发事件。较为典型的例子是世界卫生组织对疫情的定性与粮食贸易管制存在脱钩。虽然世界贸易组织下的一般例外条款、安全例外条款可以成为国家援引的正当性条款,在《农业协定》中也有关于特殊情况下出口管制的规定,但是规则过于模糊,导致条款滥用。世界卫生组织对疫情的定性,是判断“紧急情况”“国家安全”的重要考量,从实践来看,粮食出口贸易管制更多是出于主权需要,忽视了必要性要素的考虑。

第四,深受权力结构变迁与主权回归双重影响,粮食安全有效大国领导力贡献陷入“伪领导力”供给不足。同时,非国家行为体却成为国家在粮食安全治理领导力实现的间接力量。冷战后,美国作为最具有实力领导国际秩序的国家,更多采取一种为自身服务的“伪领导力”推动方式。例如美国在相当一段时间内极力推动自由化的贸易规则,通过 WTO 的建立与规则发展,一方面对发展中国家和粮食进口国的粮食贸易管制进行限制,降低他国的市场准入水平。另一方面通过对外投资粮食产业链、加强对转基因粮种技术的控制来达到控制粮食产业链的目的。美国政府利用其雄厚的财政实力,用粮食补贴政策与欠发达国家进行博弈,从而有利于粮食寡头在不发达国家经济垄断地位的确立,同时粮食寡头又为美国政府的经济和政治扩张发挥了急先锋作用。①此外,非国家行为体跳出物质型权力②结构逐渐融入国际粮食安全治理。全球粮食网是一种公共和私人干预结构。③除了正式国际组织参与粮食安全治理外,其他非国家行为体也逐渐推动粮食安全治理进程。以四大粮商为代表的跨国企业——美国企业ADM、邦吉、嘉吉和法国企业路易达孚,较早构建了从“田间到餐桌”的完整全产业链,即“农场—储存—运输—加工—分配—销售”,并发展了双向延伸产业链、“全产业链+核心业务”“粮食产业+金融业”等多种治理模式。④跨国粮食公司具有重大的粮食规制作用,包括扰乱粮食生产和分配进程、以遗传和生产资源所有权占据国际市场优势,以及占据粮食安全标准制定控制权等。⑤非政府组织、学术智库机构等民间社会行动者也是粮食安全治理机制的重要驱动者。在《跨大西洋贸易与投资伙伴协议》(TTIP)协议谈判协商中,涉及农产品相关谈判时,美国方面则主张“科学依据”原则倾向于扩大转基因食品贸易范围,而欧洲社会倾向于“预防性原则”抵制转基因食品过多引入,阻碍了农产品贸易谈判进程。各国主流媒体在获取专业信息上以及价值偏好上也不尽相同,在媒体信息与公共舆情跨境流动加速时期,粮价波动也呈现区域性特征,导致各盈利者进行跨境套利,损害公众利益。此外,不同非国家行为主体间合作维度加强,以“粮农组织与非国家行为体伙伴关系”⑥为代表的网络合作伙伴关系逐渐兴起。

三、 需求与机制供给韧性差距下的中国粮食安全治理冲击

从上述可知,全球粮食安全治理处于需求张力与机制供给的双重建构中,在

---

① 徐振伟、徐园园:《美国在世界粮价问题上的双层次博弈》,《现代国际关系》2009年第2期。

② 从国际关系视角而言,权力的存在是国际权威的重要支撑。对于权力概念而言,从物质性权力绝对性向相对性、多变性发展,制度权力、文化权力、象征性权力等丰富了权力概念外延。

③ Abigail M. Cooke, et al., “Introduction: Agriculture, Trade, and the Global Governance of Food,” *Globalizations*, Vol.5, No.2, 2018, pp.99-106.

④ 李宁、陈会玲、钟钰:《国际大粮商“一带一路”发展模式及其对中国的借鉴》,《世界农业》2020年第8期。

⑤ VanDer Ploeg and Jan Douwe, eds., “The Food Crisis, Industrialized Farming and the Imperial Regime,” *Journal of Agrarian Change*, Vol.10, No.1, 2010, pp.98-106.

⑥ 见http://www.fao.org/3/a-bu214e.pdf, 2020年9月18日。

这种叠加过程中,各自为政的组织间竞争、南北粮食安全发展结构差异的政治博弈、粮食安全国际标准领导力与话语权抢夺、国际粮食安全治理规则中性与非中性协调矛盾、以非国家行为体为跳板的间接干预等问题同时存在。而对中国粮食安全问题的冲击来源于国内国外双重方向,复杂的跨境运输渠道、对外开放的粮食援助等要素都使得本土或他国境内矛盾激化上升为国际粮食安全问题。①传统上,大国领导力的积极一面往往被"粮食霸权"话语淹没,陷入了各自指责的循环困境。对于粮食安全治理而言,在治理价值选择上,坚持包容共享、共管共治的同时,也应看到部分大国的积极引领。国际粮食安全整体格局依然处于弱化状态,治理主体间协调、治理规则的公平有序安排、更大范围内的粮食安全维稳等问题难以解决,需要具有国际权威的领导力力量助力国际粮食安全治理机制转型。中国积极参与国际粮食安全治理格局具有重要的现实需求与可行性基础,需要谨慎谋划参与合作路径,在自我发展同时兼顾国际粮食安全局势。

第一,从需求张力角度来看,粮食安全维度中的贸易、金融等要素都是重塑粮食安全的关键要素,存在话语权垄断可能性,造成我国粮食安全波动。随着国际化程度逐渐加深,我国粮食安全格局并不再是单一的自给自足自路径依赖。例如中国海关 2021 年 5 月 7 日公布最新粮食进口数据:1—4 月份,我国粮食进口量 5 079.2 万吨,同比大涨了 57.8%。为维持国际粮食安全治理进出口平衡格局稳定,依靠国际粮食贸易供给调整国内粮食种类、数量结构是重要的粮食安全战略安排,而国际重要贸易链的中断将扰乱我国粮食进出口长期平衡。此外,粮食期货、期权等金融工具的价格机制都与美元有着密切关系,即使在人民币国际化进程深化的趋势下,美元的国际地位依然不可撼动,依然需要我国深化参与粮食金融治理。在粮食供需的国际平衡中,高举"粮食主权、人权"旗帜的狭隘民族主义可能超过国际合法限度,需要警惕单边主义国家绕开粮食"关税战"等直接限制,形成新轨道压制。从而通过在目的上的异化,对我国粮食安全造成影响。大国竞争依然是一个重要的摩擦因素,特别是中国在疫情中表现出良好的弹性治理机制从另一方面挫伤了美国的国际自信与国际形象。在大国其他政治目的

① Thomas M. Kane and Lawrence W. Serewicz, "China's Hunger the Consequences of a Rising Demand for Food and Energy", *Parameters*, No.3, 2001, pp.63-75.

影响下,主要出口国贸易限制措施将更具有不可预测性,并增加我国粮食市场的不确定性。当前比较尖锐的中美贸易摩擦带给中国的粮食安全风险不可忽视,短期内美国可能提高关税,加大外国购买本国商品的难度,并且可能干预亚洲市场,在一定时期内有可能撕裂亚太区的农产品产业链和供应链。①近几年,美国利用单边贸易措施,对我国采取“337、301 和 232 调查”,特别是 2018 年以来中美贸易摩擦,由此涉及的征税规模及产品范围不断扩大,对我国的粮食贸易市场产生了巨大挑战。随着 2020 年 1 月 31 日世界卫生组织宣布将新型冠状病毒疫情列为国际关注的突发公共卫生事件,一些国家试图援引 WTO 多边规则和国家安全例外,对来自中国的产品实施贸易歧视政策和贸易限制措施。此外,基于正当性价值选择的措施缺乏合理的规则限度约束,过多的自由裁量权不利于粮食安全复原,且容易造成国家间报复。为缓解政治博弈带来的粮食安全挑战,需要深化参与国际粮食交往友好政治基础建设。

第二,从机制供给角度来看,首先在国际制度供给维度,中国国际身份的转向要求我国从粮食安全治理规则接受者到参与者转变,而新一轮规则制定也是对我国粮食安全治理政治外交谈判能力的考验。虽然我国在 20 世纪初期广泛参与国际问题治理,但考虑国际力量对比,参与路径往往是接受规则而不是重新谈判规则。国际规则的谈判成本较大,后续治理往往延续规则制定之初框架。从中国入世实证来看,对中国附加的入世清单、市场经济地位的特殊认定等都是时代妥协的产物,对中国粮食贸易有所制约。同时,接受的现有规则中很多存在服务于少数国家利益的不公平条款。例如在补贴规则上,《农业协议》实行黄箱、绿箱、蓝箱②三分法。实际上,黄箱确立以 1986—1988 年作为国内支持综合支持总量(AMS)缩减的基期,发达国家数值远远高于发展中国家。绿箱实施成本较大,主要由发达国家采用,所以补贴规则在适用上并不能“一视同仁”。倘若中国需要继续深化国际化进程,推动粮食安全治理体系公平转型,需要实现从规则接受者到规则制定参与者的身份转变。国际粮食安全治理规则的废除与新立,都

---

① 丁声俊:《中美经贸摩擦背景下确保国家粮食安全的理性应对》,《中州学刊》2020 年第 1 期。

② 黄箱主要指那些对生产和贸易产生扭曲作用的政策措施,绿箱主要指对贸易扭曲没有影响或者只是轻微扭曲作用的国内支持措施,蓝箱则指价格支持的例外情形,在符合限产要求下免于削减。

需要我国参与国际谈判落实。其次,从国际参与主体供给来看,作为制度供给的组成部分,非国家行为体参与国际粮食安全治理力量与发达国家对比仍有差距,尽管中国跨国企业、民间组织在参与粮食安全治理中发挥了传播、融资等作用,但国际影响力依然较弱。从多利益攸关方国际话语权对比来看,四大粮商为代表的跨国企业有三家属于美国企业,母国可通过公司控制间接掌握重要的国际粮食安全治理话语权,特别是国际粮食安全供需结构以及定价权走向。中国粮食安全多利益攸关方目前仅具有有限的功效,在舆情、援助上彰显了治理弹性,但大型国际粮商的缺乏使得我国无法在国际上形成有效的对抗主体。同时,多利益攸关方参与粮食安全治理挑战与危险并存。相比有限数量的主权国家,在多利益攸关方组成的庞大粮食安全主体体系中,如何甄别出有效治理主体,对构建合理有序的参与机制提出了更高的要求。

综上所述,粮食安全问题危与机共存,国际粮食安全治理需求的复杂性和机制供给稀缺性都冲击了韧性问题。从现状来看,国际粮食安全治理机制需求端与供给端存在应然与实然的错位,呈现出多种协调冲突:即粮食安全从贸易嬗变并扩散到生态、技术、知识等安全维度的综合关联治理需求与粮食问题领域治理平台各自为政的矛盾,全球化推动下粮食安全治理大多边主义需求与区域俱乐部分散治理的矛盾,公平公正与包容的国际粮食安全规则的制度需求与粮食安全治理规则非中性矛盾,以及粮食安全治理机制运行与发展的有效领导力需求与现实供给“伪领导力”间的矛盾。

四、 中国推动粮食安全治理体系需求与供给韧性平衡的契机和路径

目前来看,粮食安全与气候变化、水资源、土地等传统要素息息相关,已然演变为集政治、经济与社会于一身的综合领域,对治理体系提出了更高的要求。新冠疫情和气候变化叠加冲击了粮食安全韧性问题,推进全球粮食安全治理体系均衡发展并防范极端事件冲击关乎全球资源可持续发展的基础问题,也是地区秩序和大国合作的压舱石。于我国参与全球粮食治理而言,国际粮食安全韧性的双重失衡过程中也伴随机遇。除了需求与机制供给韧性差距给中国粮食安全

治理冲击外,仍有把握机会助力粮食安全治理韧性提升的契机。

从需求再平衡角度来看,稳定的粮食产量既是中国能够参与国际粮食安全治理的底气,也是发展自身对外粮食产业链的基础。从我国近五年粮食产量统计数据来看,无论是总体粮食产量,还是粮食季节收获量,抑或是代表性农作物产量都维持在十分稳定的高标准。正是由于粮食产量的高产,使得近几年我国粮食自给率始终稳定在90%以上,确保了国家粮食安全,实现粮食总量基本平衡,人口基数大并未构成粮食安全的重要威胁。相反,即使应对2020年大危机带来的粮食安全危机,虽然与之前粮食出口量相比有所下降,但2020年中国粮食出口量为354万吨,粮食出口金额也维持在21亿美元左右。①说明,无论对于亚洲、非洲还是欧洲国家,中国粮食出口都在一定程度上缓解了粮食短缺危机,也带动了我国对外粮食产业经济链,抓住国内国外两个市场,有利于调节粮食进出口供需平衡。特别是我国积极响应联合国组织倡导的粮食援助计划,通过粮食捐赠、粮食技术援助、粮食企业投资等形式进行人道主义救助,有利于树立国际权威,并发展为推动全球粮食安全治理的关键领导力。粮食援助并不是我国独有的国际行动,美国一直是早期粮食援助计划的推动者,但更多是“授人以鱼而不是授人以渔”,出发点在于解决农业机械化运动带来的剩余价值流动。从我国参与国际粮食援助计划来看,我国已经从粮食受援国向粮食援助国、从净引资国向净投资国转变。②例如中方与世界粮食计划署(WFP)合作对南苏丹提供粮援,实施学校膳食计划。2019年4月,中国政府通过“南南合作援助基金”,与世界粮食计划署合作对非洲五国提供紧急粮食援助。新冠肺炎疫情暴发以来,中国向受到疫情和蝗灾影响的有关国家提供技术支持和物资援助,支持中国企业与粮食计划署合作在华设立临时仓库。此外,我国还积极引导向非洲等粮食欠发达地区传播粮食种植技术,通过在东道国设立跨国粮农企业带动当地粮食经济发展。国际人道主义救济是塑造国家形象的有利路径,也是大国承担国际责任的应有之义。从中国粮食援助粮食援助实施效果来看,虽遭受部分国家质疑,但得到了广大发展中国家认同。

---

① 中华人民共和国商务部:《中国2020年1—7月出口月度统计报告(大米)》,http://www.mofcom.gov.cn/, 2021年3月1日。

② 金三林、孙小龙:《加快角色转变,积极参与全球粮食安全治理》,《世界农业》2019年第3期。

从制度供给角度来看,粮食安全治理平台的分散化为我国粮食安全治理提供了更多参与渠道,多利益攸关方共治趋势也激励我国非国家行为体参与涉外粮食安全治理实践。从参与多边粮食安全治理平台现状来看,中国积极参与G20国家政治对话论坛,围绕新冠肺炎疫情与农业投资贸易合作展开政治对话。积极利用现有的区域合作机制开展农业合作。例如除了《东盟一体化粮食安全框架》、《东盟地区粮食安全战略行动计划(2015—2020)》外,2020年达成了最新的RCEP,旨在建成低关税甚至零关税的自由贸易区。协定签署国既包括重要的粮食出口国家(如越南),也包括像日本这样的进口大国,通过打破贸易壁垒,以贸易促进粮食供需安全。同时,在治理主体上,中国开辟了以多利益攸关方为代表的粮食安全民间外交。在疫情之下,民间组织等主体发挥了粮食安全风险应对的重要作用。从"流言"与"政争"的应对来看,肯尼亚中华总商会利用社交平台WhatsApp,建立包括高官、企业家、社会活动家等各界精英在内的网络社群,实现信息共享和交流。为了让肯尼亚各界了解和认识中国防控效果和全球疫情发展,总商会专门安排工作人员将国内疫情报道同步翻译成英语于社交平台上发布,向肯尼亚民众如实展现了中国防疫"透明""高效"的形象,突出了中国"以人为本"的基本防控原则。①媒体传播的软实力有利于消除部分国家对我国严重偏见,从而调整对华粮食政策。此外,为应对粮食等物资短缺问题,"中国发展研究基金会"与"南都公益基金会""中国社会价值投资联盟"等机构针对民间组织发起了专题问卷调查。物资的捐赠和调配是此次疫情初期的明显短板和社会痛点。民间组织积极响应抗疫需求,50家机构募捐、配送物资总价值3 180万元。其中,25家社团组织承担了大部分落地工作,共募集、配送近2 479万元的物资,占比超过3/4。②可见,在治理机制选择上,我国的官方外交、半官方外交及民间外交都具备一定的经验。

粮食安全有效大国领导力赤字也反映了新的权威需求。2021年两会《政府工作报告》将"实施粮食安全战略"纳入其中,彰显后疫情时代中国依然将粮食

---

① 王泽壮、匡泽玮:《海外民间组织支持公共外交的路径、特点及启示:以新冠肺炎疫情期间"肯尼亚中华总商会"的经验为例》,《公共外交季刊》2020年第1期。

② 俞建拖、夏天:《民间组织在新冠疫情下的担当》,载http://www.chinadevelopmentbrief.org.cn/news-24178.html, 2020年12月11日。

安全作为重点发展对象。中国正处于深度参与国际关系,塑造国际形象与承担大国责任的历史征程之中,作为最大的人口大国,深度参与国际粮食安全治理也是我国发展应有之义,需要以开放之维,结合国际粮食安全治理体系变革趋势,以合作路径参与国际粮食安全治理体系建设:

第一,积极参与全球性粮食安全治理平台政治议程,推动全球粮食安全治理机制变革。首先,为缓解国际组织治理资金来源压力,我国应自发根据国家财政实力或动员重要经济体进行治理资金捐赠。由于联合国粮食治理组织大多是公益性质,资金链不如国际经济或金融组织充裕,我国可以作为桥梁纽带,促进国际组织间的互帮互持。中国可积极响应各治理组织合作倡议与计划。除了落实好联合国世界粮食计划署在中国的国别战略计划外,我国还可以参与到更多国别战略计划中去。例如联合国世界粮食计划署在吉尔吉斯斯坦实施新的粮食发展项目,这也是中国参与国际粮食安全治理的有利路径。其次,中国参与全球性粮食安全组织会议,并主动提出议程设置。应该在当前较为综合的联合国可持续发展目标(SDGs)、世界粮农组织提出的四维度目标基础上不断拓展评估指标。例如人口安全与自然维度安全相关联目标较多,生物安全、金融安全等新兴粮食安全维度对应目标集需要得到补充。此外,应该及时更新具体目标内容。可持续发展目标(单位农药减持率)、节约目标(浪费率)等都可以纳入其中。再次,为克服各自为政的孤岛治理模式,我国可以提出专业化整合具体建议措施。例如对FAO、WEP等联合国下的组织结构分散性而言,可以提出机构重组方案,采取吸收、合并或者共用秘书处增进协同等。世界粮食安全委员会经过改革,设立“粮食安全和营养高级别专家组”作为下属负责科学与决策之间协调的机构,在多利益攸关方包容性上更具经验性。就私主体部门、第三部门契合到粮安委构建的多元主体协同机制来看,包括三种具体嵌入选择路径:结构型嵌入、关系型嵌入、规范型嵌入。①

第二,推进更坚实有效的区域机制建设,利用地区共识打造包容性粮食安全

① 结构性嵌入指行为体在网络治理中所处的位置,包括咨商地位(一般咨商地位、特别咨商地位)、观察员地位,身份地位差异以激励粮食安全治理主体参与积极性;关系性嵌入指网络治理中行为体间的联系强度,包括项目合作关系、签署备忘录等形式;规范性嵌入指对核心价值规范的认知、融入和适应。见李昕蕾:《治理嵌构:全球气候治理机制复合体的演进逻辑》,《欧洲研究》2018年第2期。

治理多边平台，并逐渐扩大粮食安全合作范围，以防止单边霸权主义通过地缘性嵌入进行粮食安全遏制。通过多边主义实现粮食安全将是不可阻挡的发展趋势。与东盟协同运行建立起来的粮食安全区域合作机制表明，周边地缘依然是中国粮食安全合作的重点选择。除与传统东南亚国家构建粮食合作伙伴关系、扩展粮食运输渠道以促进粮食安全便利化外，更要注重与域外大国关系互动，特别是加强中美、中欧国家间粮食关税、粮食安全技术经验合作。诸多大国粮食安全区域治理机制平台已然产生，中国作为全球粮食安全治理体系中的大国，为避免大国集团对全球粮食安全政策的话语垄断，与美国、欧洲重要国家的粮食安全政策合作有待进一步深化。中国在推动发展 RCEP 的同时，又要拥抱 CPTPP 等其他国际重要区域合作平台。此外，为促进粮食安全政治联盟继续成长，应该与非洲国家、小岛屿国家建立合作关系，增进利益交汇，积极参与非洲联盟《2063 议程》等外部治理议程，贡献外部政治参与力与决策智慧。同时"一带一路"作为中国参与国际治理的重要合作倡议，与周边国家的合作依然存在大量空白，应该利用"澜湄机制""中国—东盟合作机制"现有平台，进一步处理好农业用地领土纠纷、粮食贸易壁垒等问题。中国应该利用好自贸区改革的良好背景，在我国设立亚洲贸易便利化区域，带动周边国家发展并构建国际粮食便利化交易中心，逐渐实现粮食市场定价机制美元化到多元化。

第三，主动履行大国国际责任，深化粮食安全援助计划与细化援助内容。扩展粮食流通网并对国外粮食产业投资，从粮食流转到深化参与当地产业链，完善公共投入体制，拓宽融资渠道，改进海外农业投资。①加强实行东道国和母国对跨国粮商的共同监管模式，以实现国际粮食地缘供需平衡并发展我国对外粮食产业经济。中国深度参与国际粮食安全治理，一直坚持粮食援助计划，粮食援助计划不是单纯"过剩品"的转移，而是具有多样性的再分配。其一表现为基本粮食需求援助，通过粮食出口贸易、捐赠传统手段缓解粮食紧缺国家现状。其二是农作物物种援助，将杂交水稻引入非洲，以粮农作物品种改良实现援助。其三是农业科技援助。中国应该坚持"授人以鱼不如授人以渔"的粮食合作原则，帮助弱势国家实现粮食独立，以农业投资项目、农业技术分享与转让为路径，兼顾"治

① 何昌垂：《粮食安全——世纪挑战与应对》，社会科学文献出版社 2013 年版。

标”与“治本”。其四是粮食交通运输援助。实现粮食运输互联互通，开拓海陆空多线发展。中国企业通过域外高铁等道路建设，可以带动粮食跨境运输发展。其五为粮食产业发展援助。为缩短粮食产业结构发展周期，吸收国外粮农企业投资，实现经验、技术等共享，应该改变对外粮食安全合作领域的重点，将粮食单纯运转过渡到依靠当地生产资料、生态环境因地制宜的发展方式上。此外，就我国参与对外投资的粮农企业而言，除了遵循东道国基本法律，接受当地政府管制外，更应该加强母国协同监管，共同完善运行和管理体制。粮食援助计划需要具体分析双方需求，在大多国家不缺粮资情形下，更多考虑具体的短板进行双方合作。

（作者为上海国际问题研究院研究员）

美国媒体《密勒氏评论报》对中共早期形象的国际传播及党史教育的启示

王建军

前　言

《密报》始终遵循“密苏里新闻帮”独立、客观、真实的办报风格，并客观公正地报道了发生在民国间到新中国成立后的重大经济、政治、科技、教育等新闻事件。《密报》也先后报道了土地革命、西安事变、抗日战争、解放战争、新中国成立等与中共党史相关的重大事件，在驻华外国媒体中影响力较大。1949 年新中国成立后，该报成为唯一仍在中国大陆发行的美商媒体。1953 年 7 月，《密报》因报道朝鲜战争中美国发动细菌战而被美国中断国外发行渠道，该报因失去经济来源而被迫终刊。

《密报》报道了许多中国共产党大事及新中国成立的重要新闻。但目前据笔者查阅来看，学界对《密报》研究的文章不算多，知网上关于《密报》研究的论文也不多。①经知网检索各大学学位论文，目前相关研究也不多。②

---

① 包括胡勤、周航的《〈密勒氏评论报〉抗战报道立场的两个重大转变》、马学强的《从密勒氏评论报看中共抗战》、郑保国的《密勒氏评论报专业新闻团队的跨界特征及效用》等 5 篇。另据孙宝琴硕士论文：有杨天宏的《〈密勒氏报〉“中国当今十二位大人物问卷调查分析”》、陈其钦的《评〈密勒氏评论报〉》、陈依群的《〈密勒氏评论报与上海问题》、1966 年马光仁的《上海新闻史》、赵敏恒的《外人在华新闻事业》等文中略有提及。

② 包括周航的《密勒氏评论报（1937—1941）抗战报道研究》、孙宝琴的《密勒氏评论报对中国重大事件报道分析（1936—1941）》、周虹婷的《〈密勒氏评论报〉中的浙籍名人群体研究（1918—1948）》等 3 篇硕博论文。另还有 1993 年北大历史系王洪田的硕士论文《〈密勒氏评论报〉与中国抗战（1931—1941）》，主要从历史学角度对《密勒氏评论报》对于中国抗战报道作了介绍；2005 年中山大学杨凡周的硕士论文《〈密勒氏评论报〉对中国新闻事业的关注（1928—1929）》；2013 年山东大学威海校区文化传播学院袁丽红的硕士论文《日本侵华的外援之声——〈密勒氏评论报〉社论研究（1931—1941）》主要研究社论与中国抗战的关系。再有就是民国时期曾在其他报纸杂志中翻译引用过的评论文章，如《汪精卫之对俄政策与中国共产党》《纽约论坛报论中国共产党》等少数几篇。

一、《密报》是较早向国际展示中共形象的重要媒体

中共建党初期,《密报》就报道了“俄罗斯的布尔什维克分子、朝鲜革命家、日本社会主义者和中国学生领袖们每天都在上海法租界举行会议,并且正在设计密谋推翻中国政府的手段”①的新闻,陈独秀(或李汉俊)很可能参加了此次活动。另外,《密报》还在1921年3月19日报道了陈独秀在广州遭到袭击的新闻,“曾任国立北京大学教授陈独秀,现在广州任‘《新思潮》(或《新青年》,音译自New Thought)’或社会主义(Socialist)运动的领导人,因其激进观点在广州受到袭击。广东国民政府为此发布了一项命令:任何企图诋毁陈独秀先生的人都将被逮捕。”②1921年4月9日,《密报》中又报道:“陈独秀,……他被认为是布尔什维克主义者,并被指控在广州传播危险思想。”③1921年7月23日,《密报》又报道陈独秀这位前北大教授,“因为很多人反对他的做法和观点,不久之后他将不得不离开广东。”④1922年4月15日,董显光发表的《上海印发重大事项出版地方法则》,说上海开始限制书刊和报纸的发行与出版。其中就提到陈独秀:“1921年2月初,陈独秀,一位中国学者,出版了几本关于‘社会主义’‘社会主义向导(音译)’‘阶级斗争’的书,在某些方面被认为是倾向于布尔什维克或社会主义者的,这些书是由浙江路华丰(音译)印刷所印刷的。他们引起了上海市议会的注意,立即采取了行动反对印刷商。这家混合法庭根据中国出版法审理了此案,并对印刷商处以100美元的罚款。关于这个主题的所有书籍都被下令销毁——而且都被销毁了。这给了印刷工人一个很好的教训。他不敢再犯同样的错误了。”1922年4月22日的《密报》的“关于中国的非基督运动”中还提到:“广东最杰出的领导是……和社会主义者陈独秀……还有社会主义者陈独秀,……陈在这场运动中,因为在某些方面他被认为是一个布尔什维克主义者和激进的思

---

① 王建军、张新民:《大同党、社会主义者同盟与中国共产党“胚胎”——对〈密勒氏评论报〉一则新闻报道的解读》,《广东党史与文献研究》2020年第八期,第73页。

② 《密勒氏评论报》影印版,上海书店出版社2013年版,第170页。

③ 同上书,第339页。

④ 同上书,第428页。

想家。”

大革命时期,《密报》曾站在中立角度报道过国民革命军北伐的盛况并评论了共产主义在北伐中的作用。大革命失败后,因外国媒体对中共及红军情况缺乏真实了解,部分在沪媒体还被国民党政府收买,国外媒体也常使用国民党政府的口径从反面来报道中共形象。故外媒报端中共一直以负面形象出现。但“这些消息多来自采访国民党官员;或是传教士的信息……很多报道都是失实的”①。

1936 年 3 月 14 日,《密报》在报道中央红军东渡黄河进入山西的新闻时,也提到“中国共产党运动的精神领袖毛泽东”,但却说毛泽东是“彭德怀、林彪、徐海东等‘红色领导人’的‘统帅’”。

在埃德加·斯诺赴陕北采访之前,外媒对中共的评价也多使用反面词语,中共形象也多以负面呈现。由于这些媒体“以国民党官员的话作为依据(来报道),本身就是缺乏客观性和准确性的”②。

(一)《密报》较早宣传了红色中共的正面形象

《密报》发表斯诺对毛泽东的采访及陕北“红色中国”的报道,颠覆了外界长期以来因国民党丑化中共后造成的不良印象,斯诺塑造出一个与众不同的红色中国边区的正面“共产主义”社会的理想形象。

1936 年,《密报》美国著名记者埃德加·斯诺赴陕北,并将采访毛泽东及中共早期领导人的新闻发表于 9 月、10 月的《密报》。毛泽东、周恩来、朱德等“共党”的真实情况与“红色中国”陕北根据地的政治、军事、经济、文化、生活也都“暴露”于世界面前:中国共产党形象与之前国民党长期宣传的“反面形象”和“叛乱分子”完全不同,是有着相当正能量的以人民群众利益为终极使命的共产主义的先进的政党。

最重要的是,斯诺采访了未来的新中国领袖毛泽东,这也是外国媒体上首次公开发表中共领导人毛泽东的简历、照片及中共的政党理论。《密报》于 1936 年 11 月 14 日和 21 日分别刊载了斯诺写的《共产党领导人毛泽东访问记》的报道,主要是反对日本帝国主义和结成统一战线的问题。同时配发了毛泽东头戴红军

① 朱潇潇、徐宇:《美国主流媒体视域下的中国共产党形象研究(1930—1937)——以〈华盛顿邮报〉〈纽约时报〉为对象》,《苏区研究》2020 年第 2 期,第 68 页。

② 同上书,第 66 页。

八角帽的大幅照片,“这是报界第一次刊载毛泽东的长篇谈话,也在国际上引起巨大反响”①。这也是首张在上海报纸上登载的国民党一直重金悬赏的“共党分子”毛泽东的照片。这张毛泽东最珍贵的半身像由斯诺于陕北保安拍摄的(原题为“苏维埃的巨人”,现通称为“毛主席在陕北”)。在斯诺对毛泽东的专访中,毛泽东谈到许多中国面临的困难,抗日问题,国共合作等内容及解决困难和问题的手段;尤其是对中日战争,毛泽东多次表达出对中国抗日必胜的坚定信念:最后的胜利一定属于中国人民。同时也表达出他对中华民族独立自主的愿望,“如果日本被打败并被赶出中国,那就意味着中国人民已经觉醒并坚持独立。”

《密报》于1937年1月16日报道了毛泽东、周恩来现身西安召开大规模的集会向全体平民百姓宣讲共产党政策、共产主义海报和传单张贴满整个西安城等新闻。并再次刊登毛泽东头戴八角帽的经典照片,向外界宣传红色中国、红军领导人及中国共产党的抗日政策。

(二)《密报》助推中共形象走向世界

《密报》虽出版于上海,但发行远到欧、美、澳等其他大洲。红色中国领导人毛泽东的个人形象、抗日言论及中国共产党在陕北苏区的和谐积极、团结向上的红色边区形象迅速在国际上激起巨浪,以致英、美、日、法、德等国都对“红色中国”反应强烈。1937年1月,美国《时代》周刊《生活》副刊还发了斯诺拍摄的毛泽东的照片。②

后来斯诺又把自己在“红色中国”的亲身经历和对毛泽东的访谈写成著作《红星照耀中国:中国共产主义诞生的经典叙述》;后这本书的英文版于1937年10月在英国出版,1938年1月在美国出版,这本报告集首次向全世界真实报道了中国共产党的领导团队形象,震惊全世界。这也是红色中国的中共领导人群像首次“出现”在世界人民面前。

1938年9月10日,《密报》又发表《一个共产党人讲述共产主义》,就毛泽东关于“革命边区的意义和作用,边区的民主选举,以及共产党在中国的作用和言论自由”等问题进行采访。其中发表毛泽东修改确认过的观点:例如,“总之,边

---

① 孙宝琴:《〈密勒氏评论报〉对中国重大事件的报道分析(1936—1941)》,山东大学2014年硕士学位论文,第70页。

② 王涛:《1937:美国〈生活〉杂志上出现的毛泽东》,《湖北档案》2015年第2期,第38页。

区就是抗日的根据地。群众组织非常紧密。他们从事一切抗日活动,都享有言论自由、宣传自由、集会自由、结社自由。”“边区政府的最显著特征是各级人员的民主选举。”“如果所有的人有足够的言论自由、宣传自由、集会自由、结社自由;如果所有的军官和士兵拥有最好的居住条件;如果人们和士兵互相帮助;如果教育促进民主;如果经济建设促进人民的抵抗能力和改善生计;如果各级行政机关都建立在普选的基础上,并与代议制相协调……中国就一定能取得对日本的最后胜利。”

1938 年 9 月 24 日《密报》刊登了毛泽东的《中国如何能赢》《How China Can Win》(BY MAO TSE-TUNG, Leader of China's Communist Party)。在序言中,毛泽东在开篇的第一句话就是“抗日战争的最后胜利一定属于中国(The final victory in the war against Japan will be China's)”。因斯诺的亲身采访报道,毛泽东成为中国人民中坚持抗日的正面领导、中国共产党的精神领袖和世界闻名的共产党“理论家”、中国共产党的代言人。尤其是 1938 年初发表的《论持久战》不仅引起国共两党高级将领的认同和赞誉,甚至获得在沪美英人士的共鸣。《论持久战》还一度被翻译成英文,发行到外籍人士手中,这助推了中共抗日形象的正面塑造。

(三)《密报》传播了中共抗战理论和执政理念

《密报》不仅发表中国共产党人的抗日报道,甚至有《中国的抗战》的图书广告;甚至担心有人不识英文,专门做了中文广告(这也是首次在纯英文报纸中夹杂着大段的中文)。这不仅宣传了中国共产党及中共抗战政策,还扩大了《密报》的社会影响力,亦能增加图书销量,可谓一举三得。另据张卫波《〈论持久战〉的传播》提到:“《论持久战》的英文翻译最早完成于 1938 年 10 月,由《大公报》记者、中共地下党员杨刚完成。翻译完成后不久,上海《Candid Comment》(《公正评论》英文版)从 1938 年 1 月 11 日第 3 期开始至 1939 年 2 月 9 日第 6 期,分 4 次进行了连载。英文题为《Prolonged War》,作者署名为 Mao Tse Tung(毛泽东),译者署名为 Shih Ming(士敏)。正文前有一段编者按语:‘近 10 年来在中国出版的书中,没有别的书比这本书更能引起大家的注意了。’”这就说明毛泽东和他的《论持久战》当时已在英文读者中广受关注。

据现有史料,现代诗人、作家、翻译家邵洵美的女儿邵绡红在《我的爸爸邵洵美》中透露,邵洵美和美国女作家项美丽 1938 年在上海租界区合作翻译了《论持久战》,并公开发表在项美丽创办的月刊 1938 年第 11 期第 10 页《坦言》(中文译名)上,在英文序言前:"相比中国过去 10 年发表的书来说,这本书更加引人注目。战时发表这书不仅仅是一种震慑,重要的它在方方面面得到了证实(据北京卫视《档案》)。"后来完整英文版《论持久战》被印成 500 册小册子。毛泽东与中国共产党的形象在世界上越来越引人瞩目。

(四)《密报》提升了中共形象、中国红色文化在世界的知名度

许多外国人或从《密报》或从其他报纸转载《密报》的译文中得知中共领导人的形象和红色中国盛况,都争先恐后到延安来,中共在世界的知名度非常高。崔玉军《抗战时期到访延安的美国人及其"延安叙事"》载:"自中共 1937 年初进驻延安到 1947 年春离开此地,期间曾有约百名美国人到访过这座西北小城,其中很多以多种形式如新闻报道、考察报告或回忆录的形式记录了他们在延安的所见所闻,赞扬、肯定了中国共产党及其领导下的边区政府。美国人的这些延安叙事不但阐述了他们对当时诸多问题——如中国抗战的命运、中国共产党的前景、国共两党的差异及美国对华政策等的认识,更重要的是,在当时世界各方对中共了解非常缺乏的情况下,它们以第一手资料的形式,向全世界呈现出一个与国民党的宣传截然不同的'另一个中国',扩大了中国共产党在国际上的影响,提升了国际社会对中国取得抗战胜利的信心。"①

据崔玉军统计,大约有 95 名外国人到过延安,这些人中除了李德、马海德、斯诺、史沫特莱等知名人士外;还有《纽约先驱论坛报》记者基恩、《合众国际社》记者利夫、斯诺夫人的海伦·福斯特等均在 1937 年到过延安。《美亚》主编贾斐及其妻子、编辑毕森和著名中国学家拉铁摩尔,这批左翼杂志的《美亚》小组在延安受到毛泽东等中共高级领导人的接见。1938 年到 1939 年,还有卡尔逊、席根斯、美联社记者汉森、教师芮陶庵、医师布朗和记者霍默等到过陕北。1944 年,中外记者西北参观团由 6 名外国记者普金科、爱泼斯坦、斯坦因、福尔曼、武道和夏南汗神甫和 15 名中国记者到达延安。同年人数最多、影响最大的美国军事观察

---

① 崔玉军:《抗战时期到访延安的美国人及其"延安叙事"》,《齐鲁学刊》第 5 期,第 33 页;人大复印资料《中国现代史》2018 年第 3 期,第 204 页。

组前往延安，这些人中有 21 名军人，政府官员(如驻华使馆官员)5 人。其中就有谢伟思和戴维斯、著名中国学家费正清。“迪克西使团……在延安的九百多天中，……以长时间、近距离观察中共领导人及其领导下的延安政权，这是其他任何人、任何时间都没有的机会。在延安期间，使团成员感受到了中共领导人的人格魅力和边区人民的精神面貌，见识到了与重庆政权不一样的中国，这些经历和观察给他们留下了深刻的印象。”①这些记者将延安所见所闻发表在各自的媒体渠道；众多的世界人民就从这些媒体中得到中国共产党和陕北苏区的真实情况。

不过，1941 年在珍珠港事件后，在中国上海租界内的涉外报社如《字林西报》《密勒氏评论报》等先后被日本查禁而关闭。许多涉外电台遭到日本人的抢夺。更多的外国记者因日美开战而遭到逮捕并被关押在海防路集中营。一直被日本人视为眼中钉的《密报》主编老鲍威尔也被关在大桥监狱，遭受严刑拷打和无尽折磨，差点失去双脚，险些被折磨死。

《密报》也中断出版近 4 年，也就无法在中共抗日成绩最显著时期报道中共领导形象和功绩，委实遗憾。

二、《密报》是最早向国际讲述中国故事的重要媒介

(一)《密报》较早为中共领导人作传(含照片)，向世界讲述中共领导人这个创业团队的群像及他们的传奇故事

《密报》在其品牌栏目“中国名人录”里就先后报道了 1 500 多位政界、军界、经济界、教育界等影响力颇大的“名人”及其故事。其中就有红色中国共产党领导人毛泽东、朱德、周恩来(2 次)、毛泽东、彭德怀、林彪、叶挺等人的传记(均配发个人照片)以及他们的传奇故事。这些小传较早向世界传播了领导团队核心成员的个人简历及家庭生活和爱情故事。另外还有周扬、郭沫若、丁玲等中国文艺界名人和马占山、王耀武等抗日爱国将领的小传。这些中国领导人的故事较早传播到以英语为主体的欧美澳洲等地。其中，毛泽东的“小传”出现在“中国

① 崔玉军：《抗战时期到访延安的美国人及其“延安叙事”》，《齐鲁学刊》第 5 期，第 33—50 页；人大复印资料《中国现代史》2018 年第 3 期。

名人录”的 1938 年 1 月 22 日；晚于同年彭德怀的 1 月 8 日和朱德的 1 月 15 日，但早于周恩来的 2 月 5 日和林彪的 2 月 12 日。《密勒氏评论报》的报道，让中共领导人逐渐由半隐蔽的神秘形象到个人形象公开。

表 1 《中国名人录》中的中国领导人传记统计表

（标注册数和页码均以上海书店出版社 2013 年影印英文原版《密勒氏评论报》为准）

序号	中文名	卷期	时间	册数	页码	备　　注
1193	丁　玲	081-01	1937.6.5	81	035	传记
1205	朱　德	083-05	1938.1.1	83	209	
1208	彭德怀	083-07	1938.1.15	83	275	
1211	毛泽东	083-08	1938.1.22	83	307	
1215	周恩来	083-10	1938.2.5	83	370	
1217	林　彪	083-11	1938.2.12	83	429	
1314	叶　挺	090-10	1939.11.4	90	413	
1334	周启邦	092-04	1940.3.23	92	151	1938 年 2 月，加入中国共产党
1397	王泊生	097-02	1941.6.14	97	079	八路军冀南军区分区政委
1470	周恩来	103-13	1946.11.30	续 04	477	唯一两次登榜的中共领导人
1461	郭沫若	103-04	1946.9.28	续 04	137	
1465	周　扬	103-08	1946.10.26	续 04	285	

《密报》特约记者斯诺还在他的《红星照耀中国》里也对外介绍了徐海东、聂荣臻等其他领导人，以及无名小号手和走过长征的其他基层士兵和边区老百姓，所有这些形象都从正面向世界呈现出陕北解放区民主和谐、积极上进的“红色中国”文化故事。其他人艾格尼丝 · 史沫特莱、尼姆 · 威尔斯（海伦 · 斯诺）等人均在《密报》发表多篇报道讲述并宣传与中国领导人交谈、会见、近距离接触的新闻故事，《密报》是最早向国际讲述中国故事的重要媒介。

（二）《密报》客观地向西方解读“毛泽东思想”的最初内涵

一般认为，“《论持久战》，这是毛泽东一九三八年五月二十六日至六月三日在延安抗日战争研究会的讲演。”[①]而事实上，1936 年 7 月之前，《论持久战》的部

① 《毛泽东选集》第 2 卷，人民出版社 1991 年版，第 439 页。

分观点在毛泽东接受斯诺的采访中已经成型，比 1937 年 7 月 7 日稍后发生的卢沟桥事件都早了近一年，这就更体现出毛泽东深远的战略眼光和宽广的国际视野。

“在西安事变前五个月，卢沟桥事变前十二个月（即 1936 年 7 月 16 日），我同美国记者斯诺先生的谈话中，就已经一般地估计了中日战争的形势，并提出了争取胜利的各种方针。为备忘记，不妨抄录几段如下：（略）”①

1938 年 9 月 10 日，《密报》发表了《一个共产党人讲述共产主义》，其中就流露出“论持久战”的核心观点。1938 年 9 月 24 日，《密报》发表了毛泽东的《中国如何能赢》，这篇报道其实就是删节后的英文版《论持久战》。《中国如何能赢》大致从序言、多数人的短见、错误结论之根源、这是一个进步的时代、为什么说最后的胜利一定属于我们、斗争成就好老师、我们的任务七个方面来探讨中日之间的优劣势、人心向背、当前的普遍观点等，基本相当于《论持久战》的前半部分。

其中已经提到毛泽东用历史发展的世界眼光看出中日战争的本质：这场战争既不会亡国，也不会速胜，这将是一场旷日持久的战争，但抗日战争最后的胜利一定会属于中国。而且这场战争不仅影响中国，还会影响全世界；战争结束，中国最终将会是世界上最伟大的一个新国家。

“斯诺的采访报道和《密勒氏评论报》刊登的其他关于毛泽东的言论，都在很大程度上打破了国民党对于共产党报道的新闻封锁和歪曲报道，让中国人民和世界人民看到了一个全新的共产党领导人，了解到边区的情况及毛泽东本人的思想。”②

1945 年 10 月，战后重回上海的小鲍威尔（即约翰·鲍威尔）将《密报》复刊，并声称“他会像此报的创办者一样，以真实准确为准则，以达到与其他新闻报社相同的水平。”③之后，小鲍威尔一直从中间立场批判国民党贪污腐败，鱼肉人民

---

① 《毛泽东选集》第 2 卷，人民出版社 1991 年版，第 443 页。

② 孙宝琴：《〈密勒氏评论报〉对中国重大事件的报道分析（1936—1941）》，山东大学 2014 年硕士学位论文，第 70 页。

③ ［英］保罗·法兰奇：《镜里看中国——从鸦片战争到毛泽东时代的驻华外国记者》（1820—1949 洋镜头下的近代中国）；中国友谊出版公司 2011 年版，第 310 页。

的丑恶行为,并正面积极报道重庆谈判、解放上海等事件。

三、《密报》构建了新中国形象对外交流的媒介平台

1949年5月上海解放后,新中国与西方国家间交流渠道受限,信息传递受阻,大多西方媒体都对新中国抱有敌意或持怀疑态度。而《密报》出版于上海,又有独特的新闻渠道;报纸主编又与中共高层关系密切,新闻来源也真实可靠。“只有一份美国人办的周刊——《密勒氏评论报》一直出版至1953年,也成为当时中国大陆发行的唯一美商报刊。”①在某种程度上,《密报》就成为中共和新中国对外宣称报道的窗口。

《密报》对新中国领导集体的综合评价较高,比较认可中国共产党领导集体的领导行为和民主实施。《密报》除了对将毛泽东的《论人民民主专政》和《毛泽东在第二届全国人民政协会上的讲话》进行英文报道。还报道了毛泽东、周恩来、刘少奇、朱德、陈云、郭沫若、林伯渠等人所作的专题报告,向世界宣传新中国的领袖及他们的执政理念。因《密报》较少突出个人功绩,所以有关陈云的新闻也多在大局上、集体层面上来进行报道,较少个人报道。

外媒曾评价“中国共产党的领导之间互相协作、共同工作,好像是‘一个人似的’。……‘毛主席指挥了一场交响乐’”。②小鲍威尔对中国团队的正面宣传,让世界深入了解了新中国,并将红色中国的领袖毛泽东推向世界。

1949年4月23日,《密报》用非常崇敬的语言赞扬了中共领袖、诗人毛泽东。标题就是:《毛泽东——诗人》。该报道中提到,“毛泽东先生,中国共产党的一号人物,是一位诗歌创作的专家。他学识渊博,精通儒家学说,会写古典诗词。”

1949年7月9日,《密报》刊登了毛泽东的《论人民民主专政》,通过回顾中国共产党走过的非凡历程表达了小鲍威尔对中共成立二十八周年的崇敬和赞扬。“到现在为止,中国人民已经取得的主要的和基本的经验,就是这两件事:在

① 沈荟、程礼红:《“中国人民忙于重建自己的国家,他们没有时间放松和娱乐”——〈密勒氏评论报〉报道成立伊始的新中国》,载马学强、王海良编《密勒氏评论报总目与研究》,上海书店出版社2015年版,第1109页。

② [美]费正清:《伟大的中国革命——1800—1985年》,世界知识出版社2000年版,第330页。

国内,唤起民众……;在国外……这就是联合苏联,联合各人民民主国家,联合其他各国的无产阶级和广大人民,结成国际的统一战线。”①

1950 年 6 月 8 日,《密报》发表《毛泽东在第二届全国人民政治协商会议上的讲话》。6 月 24 日,又发表毛泽东在中国共产党第七届中央委员会第三次全体会议上《为争取国家财政经济状况的基本好转而斗争》的讲话。

1951 年,《密报》还刊发毛泽东与中央人民政府成员的合影照。

可以说,小鲍威尔时代的《密报》因其讲述了中国故事,也构建了新中国对外交流的媒介平台。“约翰的政治观点与其父相左,后来美国众议院非美活动调查委员会控告他在报纸中发表亲共文章。……就如亨利·卢斯所说‘约翰完全就是一位共产主义的辩护者’。”②

而《密报》记者斯诺则因其早年对中国共产党的报道及与毛泽东个人的密切关系,得以于 1970 年国庆受邀登上天安门城楼,并被安排在毛泽东身边,这对美国传递出一个特殊的信号;后来斯诺又传递给尼克松这个信息,这也间接促成尼克松访华并与中国建交。

四、结论:《密报》中的党史材料也是进行党史教育的新史料,这对讲好中国故事、宣传中共形象有正面作用

新闻是历史的初稿,也是碎片化的历史,更是时代的速写。《密报》作为新中国成立后唯一的在华外国媒体,它的全英文新闻报道也间接推进了中国外交,展现出中国外交的诚意、政策、形象和手段。正如周恩来所说,“最大程度地运用外国媒体是为了……向世界介绍中国的真实情况,让其他国家人民了解中国。”可以说,《密报》已经尽其所能,做到了极致。

习近平总书记在“不忘初心、牢记使命”主题教育总结大会上提出学习党史、新中国史、改革开放史、社会主义发展史(四史)的概念。此后,全党上下开始了

① 《毛泽东选集》第 4 卷,人民出版社 1991 年版,第 1472 页。

② [英]保罗·法兰奇:《镜里看中国——从鸦片战争到毛泽东时代的驻华外国记者》(1820—1949 洋镜头下的近代中国),中国友谊出版公司 2011 年版,第 310 页。

针对党员干部的“四史”教育，铭记革命建设历史，传播红色文化，推动理想信念教育制度化、常态化。

在当前开展的“四史”教育中，尤其是关于中共党史的学习教育中，可以有选择性地纳入上述资料和研究成果。在讲述中共党史中，可以挖掘并使用上述新材料，来阐明中国人民苦难生活其根源是内外反动势力的压迫、中国劳苦大众对帝国主义压迫的痛恨、中国新民主主义革命的必然性等及其与中国共产党成立密切相关的社会背景、阶级基础。

这些在沪外国媒体视野中的新史料与国内已有史料互相融会配合，更能呈现出中国共产党非凡的苦难辉煌之路；这对“四史”教育会更有说服力，增强可信度，增添新鲜感，增强教学效果。另外通过挖掘并使用这些新史料，就更能还原史实，体现出共产党人尊重历史尊重史实的为人民服务的宗旨，遵循了习近平总书记“让历史说话，用史实发言”的正确原则。这些新史料与新中国建设、中国特色社会主义的伟大成就及人民现在的幸福生活相对比，就更能增强劳动人民和工人阶级在中国共产党领导下所取得的伟大成就感，并从中体会到的前所未有的幸福感和获得感；也更加增强人民的爱国热情和凝聚力，激励工人群众为新时代中国特色社会主义的辉煌前景而努力奋斗。

（作者为上海科技管理干部学院讲师）

在商业宣传中建构新的文化阵地：左翼电影运动与《明星月报》

王艳云　蒲桂南

1930 年 3 月，中国共产党领导的中国左翼作家联盟在上海宣告成立，提出了“站在无产阶级的解放战争的战线上”的文学主张，这标志着中国共产党开始有组织有纲领地领导文化思想战线的斗争。1931 年 1 月，中国左翼戏剧家联盟成立，并在文学小说、话剧、美术、出版、电影等领域大力展开活动，掀起了一场声势浩大、影响深远的左翼文化运动。对于“电影”这一新兴媒介，左翼领导人十分关注，认为“电影作为宣传工具是非常重要的，它无孔不入，就是说电影是很深入，很普及的”①，充分肯定电影对于左翼思想建构和传播的重要性。1931 年 9 月《中国左翼剧团联盟最近行动纲领》明确提出了电影战线上斗争的纲领和方针，吹响了左翼文艺工作者向电影阵地进军的号角。1932 年，党的电影小组在中国共产党的领导下正式建立，积极开展电影战线上的工作。

与此同时，电影界也处在“水深火热”的困境中，迫切需要寻求出路。20 年代末期武侠神怪片和鸳鸯蝴蝶派影片的余热，在日益严重的民族危机和艰难的现实生活的双重压力下，已经很难再引起观众的兴趣。电影公司面临严重的经济危机和创作困局，他们不得不选择顺应时代潮流，表现出对左翼进步思想的关注，开始有明显向“左”转的趋势。其中，老牌电影制片企业明星公司由于扩建拍摄场地、购买大批昂贵设备以及投入巨款制作的《啼笑因缘》市场遇冷等原因，濒临破产。为摆脱困境，明星公司积极寻求与左翼进步人士的合作。1932 年 5 月，公司核心人物周剑云主动伸出橄榄枝，邀请夏衍、郑伯奇和阿英进入“明星”担任编剧顾问，指导电影剧本的创作。由此，相较于在“天一”“联华”等公司中只能

① 阳翰笙：《左翼电影运动的若干历史经验：中国左翼电影运动》，中国电影出版社 1993 年版，第 2 页。

充当技术雇员的角色,左翼电影人在明星公司取得了突破性的进展,拥有了一定的制片话语权,制作了一批反映底层民众疾苦,宣扬反帝反封建的左翼进步影片。

正是在这样的语境下,明星公司的言论刊物《明星月报》诞生。从 1933 年 5 月 1 日第 1 卷第 1 期至 1934 年 12 月 1 日第 2 卷第 6 期,历经了创刊、停刊与复刊之后,《明星月报》正式停刊,历时两年,共 12 期。作为左翼电影文化运动和明星公司转向的产物,《明星月报》就电影创作、电影理论及中国电影发展等话题刊发了多篇影响深远的文章,表现出强烈的思想性和斗争性,被称作"左翼电影运动时期最有影响的电影刊物之一"①。《明星月报》与左翼进步电影一起,成为明星公司的文化品牌,为公司打造出一个时代先锋的文化形象,而左翼电影运动也由此开辟了一个新的言论阵地,实践了左翼文化传播路径的拓展与深化,取得了意识形态话语权的胜利。

需要明确的是,作为明星公司的宣传刊物,《明星月报》是在市场需求、品牌建构、美学实践、政治使命等多种力量的共谋中打造出的左翼文化的阵地,这是《明星月报》区别于左翼电影运动其他言论阵地的重要特点。作为在商业、艺术、政治多元并行的历史语境下,左翼力量夺取意识形态话语权、拓展思想传播路径的典型案例,对《明星月报》的观察,可以让我们更好地了解左翼电影运动复杂的生存环境、巧妙的生存技巧和突出的工作成果,把握复杂多元的时代语境。

时代变革与新的文化阵地的诞生

1933 年 3 月 10 日的《新闻报》上,为即将面世的《明星月报》刊登了一个专门的宣传版面,上面列举了该刊主要撰稿人的名单,在明星公司自己的编辑、导演、演员之外,最引人注目的就是夏衍、郑伯奇、张凤吾、舒湮、王尘无、沈西苓、姚苏凤、柯灵、司徒慧敏、陈凝秋、唐纳等一大批左翼进步人士的加盟。②这显示出明星公司坚决的转向态度。1933 年 5 月 1 日,《明星月报》正式创刊发行,其"创

① 上海图书馆编:《中国现代电影期刊全目书志》,上海科学技术文献出版社 2019 年版,第 65 页。

② 《新闻报》1933 年 3 月 10 日。

刊旨趣”更为鲜明地标明了自己追求进步的立场。明确写道“本刊的诞生是打算来替电影文化尽一部分呐喊的力量。但我们的呐喊不是虚伪的宣传,是真实的报告;不是空泛的理论,是深切的例证;不是无聊的消闲读物,是大众所需要的银色的安慰……它是属于大众的,我们敢向大众作出诚挚的自白”①。创刊词非常明确地将“我们自己”和“向大众发出真实而深切的呐喊”结合起来,明确宣告了明星公司和《明星月报》的左转倾向和“大众”立场。

《明星月报》是明星影片公司时隔五年重新启动的言论刊物,是激进的社会思潮下的产物,也是电影历史发展新阶段的风向标。明星公司的办刊历史由来已久,从最早的《影戏杂志》开始接触电影刊物,到商业美学与民族话语并进的《晨星》,再到开创“特刊”形式的《明星特刊》,以及六合影片公司时期的《电影月报》,都说明了电影刊物的对于明星公司宣传的重要作用。这些电影杂志在主旨思想、编辑理念、版面制式、市场经营等方面都各具特色,获取了广泛的市场认可和群众基础,为《明星月报》的创办积累了丰富的办刊经验。在20年代末到30年代初期,电影界经历了一场“大浪淘沙”般的革新,电影作品的生产面临转向,依附其上的电影刊物也迫切地需要寻求生存之路。《明星月报》此时的出现,除商业宣传的本职任务之外,自然还承载着明星公司新的历史发展需求。

《明星月报》作为明星公司的宣传刊物,与左翼文化运动有天然的亲近感。纵观30年代左翼电影运动,数量最多、活跃度最高的斗争举措就是影评的写作,再加上行之有效的报刊策略,形成自己可以掌握的舆论斗争的阵地,影评才会产生最显著的效果,迅速地帮助左翼力量夺取电影战线上的话语权。1933年《明星月报》诞生之前,左翼电影人已经掌握了多个影评阵地,如《晨报·每日电影》《时报·电影时报》《申报·电影专刊》《大华日报·银座》《大晚报·剪影》《民报·影谭》等。这些副刊中有一部分是直接由左翼影人创办、参与组织或主笔的,成为左翼电影人的发声平台。同时,左翼电影人也进行了创办刊物的尝试。1930年6月16日,由夏衍主编的《沙仑》杂志创刊,这“是中国共产党主办的第一本和电影有关的刊物”,其前身为郑伯奇、夏衍领导的左翼文艺团体所创办的《艺术》杂志(1930年3月15日创刊)。虽然两个刊物都只出了一期就被迫停刊,但

---

① 《明星月报》1933年1月1日。

是它们的存在有力证明了共产党人曾经创办过自己的电影理论评论刊物的这一史实。①虽然，严苛的检查制度最终阻碍了左翼团体自主创办刊物的可能性，但它们在宣传左翼电影思想、从事电影理论批评方面发挥了积极的作用。

《明星月报》的出现与左翼电影人惯用的报刊策略一拍即合，不仅成为左翼电影运动一个全新的话语空间，而且还迅速成长为一个新的文化阵地。《明星月报》第 1 期第 1 卷就发表了《论中国电影文化运动》（凤吾）、《电影罪言——变相的电影时评》（席耐芳）和《中国电影之路》（尘无）三篇文章。这三篇文章都是在党的“电影小组”直接领导下分头执笔完成的，几乎可以看作左翼电影运动的纲领性文件。作为左翼电影运动的工作班子，电影小组在进入明星公司后充分发挥自身的理论优势，在电影创作和理论批评两方面进行有效引导，推动了左翼电影运动的开展。这三篇文章被置于创刊号上意味着左翼话语的直接亮相，表明了《明星月报》的进步立场。此外，《明星月报》还发表了《论电影宣传》《电影批评上的二元论倾向问题》《中国电影检讨——从表面的转变说到今后的趋势》《中国电影新使命》《对于电影任务的我见》《中国电影本质问题》等一批理论文章，为左翼电影创作和中国电影的发展提供了方针、路径和策略的参考，深化电影作为救国图存、反帝反封建的时代使命。

与此同时，明星影片公司的主要负责人郑正秋和张石川也在创刊号上进行了积极的呼应。郑正秋认为：“电影肩负着时代前驱的责任，不应该再开倒车，希望中国电影界叫出三反主义（反帝、反资、反封建）的口号，替中国电影打开一条生路，也就是替大众开辟一条生路。我们要在影片里，掺进三反主义的成分，那么尽着追求那美人儿（指模仿美国电影）是不对的。最好把苏联的作品，和各国关于电影的著述，多多的研究，它一定是我们要走上前进之路的好向导。”②就连一向以市场效益为主的张石川也发文表示，现在市场上所谓的“进步影片”多半是朦胧而歪曲的，认为“外面的剧本最大的缺点是‘过分的凑巧’，‘过分的奇突’，此外，我感觉到‘爱情’太多了。电影要完成它的新时代文化的使命，非实际地硬干不可！”③

---

① 张晓飞：《“报刊影评”：1930 年代左翼影评的生产策略》，《辽宁大学学报（哲学社会科学版）》2017 年第 1 期。

② 郑正秋：《如何走上前进之路》，《明星月报》1933 年 1 月 1 日。

③ 张石川：《传声筒里》，《明星月报》1933 年 1 月 1 日。

两人的文章都指出之前电影没有真正贴近广大人民群众生活的不足,不具备大众性的影响力。他们多次提到了"三反主义""时代使命"等关键词,这些言论几乎就是左翼话语的翻版。鉴于两篇文章作者的身份,《明星月报》的创办,可以说就是明星影片公司改弦更张后的一次公开宣言。

《明星月报》是左翼电影运动深入电影制片公司,在电影战线上取得的显著成绩,是当时"国内出版界活力的、朝气的唯一电影读物,破两万销售记录"。①这些言论尽管有明星公司自夸之嫌,但也让我们看到《明星月报》顺应时代变革,建构左翼文化阵地新形象的创刊立场,以及为此做出的种种努力和取得的骄人成绩。值得指出的是,《明星月报》作为左翼电影文化阵地的建设,它要面临严峻的电影检查,严苛的市场检验、瞬息万变的时事变化、必要的宣传需求等多种挑战,我们必须看到《明星月报》在鼓吹左翼文化时所采取的弹性提炼和柔性渗透的种种措施,以进行思想强化和文化统战。这既是一种斗争的方式,也是协作的策略,这种举措最终不仅成功打造出明星公司和《明星月报》自身的品牌效应,还建构出左翼电影文化新的舆论阵地。

在跨文本话语中进行意义循环和价值提炼

《明星月报》的主要功能是对明星公司出品的影片进行宣传,然而《明星月报》却不是电影作品的附属品,作为一种独立的文化形态,它和电影作品既紧密联系,又彼此独立,有着自己独特的媒介属性、文化品格、存在状态和经济运行模式。如果说影片是包括视听艺术在内的活动影像,那么电影刊物则是以文字和图像为主的纸质媒体,包括本事、影评、拍摄台本、演职员自述、影片剧照、连环画、明星生活照、摄制花絮等不同文本形态。因此,影片和刊物可以各自提供不同属性的信息,并且信息在各种不同的文本中进行意义流转和互文,建构出一个彼此关联的语义场,意义在此过程中或叠加、或扩充、或提炼、或分解。

《明星月报》作为明星影片公司的宣传刊物和左翼电影运动的舆论阵地,更需要在影片之外,采取相应手段进行格外的包装。这主要是因为以下原因,首先

① 《明星月报》1933 年 1 月 6 日。

左翼电影运动是在国民党白色恐怖统治之下进行,政治环境恶劣,他们的一举一动都受到国民党文化监管部门的严密监控。左翼进步人士在影片创作中进行思想鼓吹时,只能采取含蓄的方式,如同夏衍所说的“撒胡椒面”式的找机会低调进行。而且即使影片摄制完成,也面临国民党电检机关的“剪刀”压力,以进行文化“脱敏”,影片因此被改头换面或者支离破碎屡见不鲜。其次部分左翼人士电影创作技巧不够,导致影片乏味沉闷趣味不足,有必要进行必要的补充和柔化。此外还要面对文化差异巨大的不同阶层。在上海这座文化、经济与政治都极其复杂的大城市里,民众身份多元善变。每个阶级都会产生一套独特的、显著不同世界观和人生观和生活观,并且阶级之间的文化并不能完全对流。在影片意识形态宣传之外,有必要辅佐其他手段进行明确指引。总之,面对进步影片存在的遗憾,为了更有效地达到目的,就需要采取其他方法进行弥补,《明星月报》就成为另一个战场,用电影期刊的力量来强化、明确、指引意义的达成。

《春蚕》等影片便是如此。《春蚕》由于过于强调教化意义,上映之后并不卖座,上映时间也非常短。原因在于《春蚕》改编者夏衍严格遵从原著,程步高也延续了纪录片风格,使影片几成“怎样养蚕”的纪录片,连许多左翼影评人都觉得它太“沉闷”了。①面对影片的不足,《明星月报》则以另一种方式进行了补充,第1卷第5期和第6期分别发表了蔡叔声(夏衍)编写的《春蚕》摄影台本,以场景化描述的方式赋予故事一定的趣味性,其文字表述形式和文学化的写作手法对环境空间和人物表情与动作描述非常细致,如劳作有好收成时微笑着擦汗与最终无利而返的落寞无奈的细节,字里行间即可感知人物的情绪变化。观众在阅读文字时可以搭建起想象空间,随着故事发展与人物共情,也自然会领会到创作者想要通过老通宝一家来映射农民阶级生产问题的良苦用心,在一定程度上弥补了影片的不足。

再如影片《上海二十四小时》1933年就摄制完成,但由于影片阶级对立意识强烈,迟迟未获国民党电检机关通过,经反复审查十多次,剪掉了许多画面,到1934年12月才准放映。②针对这种情况,《明星月报》第2卷第3期上刊登了这

① 葛飞:《市场与政治:1930年代的左翼电影运动》,《文艺理论与批评》2005年第5期,第23—30页。

② 吴海勇:《“电影小组”与左翼电影运动》,上海人民出版社2014年版,第127页。

部影片的电影小说及三幅剧照，小说以文字方式描述了故事内容，剧照则以图片的形式分别展现了女工与买办太太各自乘坐在小推车和汽车上、女工在床前服侍买办太太以及买办家中精致陈设的场景。特别是剧照把汽车小姐与小车姑娘、摩登小众与劳苦大众进行了对比性的呈现，使得女工的贫穷悲苦和买办太太的骄奢生活之间的差异形成强烈的冲击，暴露了买办资产阶级压迫剥削工人的罪恶和荒淫无耻的生活，展现了工人和城市贫民在死亡线上被压迫、受剥削、挣扎的生存状态，对比揭露的手法和反抗精神都非常突出。刊物刊发的剧照，类似于影片挑选出来的特写，用一种提炼焦点和静态呈现的方式，无限期地聚焦了两张剧照碰撞之后的矛盾，形成有效的意义叠加和价值的提炼。正如王尘无所言，以往都市电影不予摄入"无数污秽的茅棚，许多劳苦的工人"，提出将华懋饭店华灯晚餐与前面码头工人的劳动场景进行"对比的描写"，其效果"是不知道大过所谓描写都市罪恶的影片多少倍"？而这些都是以往国产影片所欠缺的。①

相比较影片中的缺憾，刊物通过文字和图片尽可能地坚持了左翼文化的揭露策略和大众路线，鲜明地传达出左翼立场。

除此之外，《明星月报》更突出的手段是依托明星公司更全面的信息来源。用拍摄花絮、导演理念、演员感想，以及原版小说、电影本事、影片剧照和明星照片等，全方位立体化地将拍摄过程剖析在观众的面前，不采用花边新闻，不是噱头炒作，而是抱着真诚的态度展示真实的素材，将所有的文字材料、图像材料与影片本身之间产生一种意义的互动和情感的共鸣。

以第一期中沈西苓导演的《女性的呐喊》为例。影片主要讲述三个女性截然不同的人生道路，少英思想进步去寻找有意义的工作，爱娜在社会中自甘堕落，而叶莲和她的妹妹向往独立自强的生活却沦为包身工饱受折磨，在妹妹含冤而死的打击下，叶莲决定踏上努力奋斗的道路。影片善于运用对照的手法来烘托人物的处境，是一部有进步倾向的影片。《女性的呐喊》是沈西苓担任导演的第一部作品，在艺术处理上自然也存在一些不够成熟的地方，但在经过电影检查部门的无理删剪后，影片结构的完整性更是遭到了破坏。面对这样一部"不幸失败的作品"，《明星月报》主要从四个角度进行了完善。

---

① 陈播主编：《王尘无电影评论选集》，中国电影出版社 1994 年版，第 144 页。

一是导演自述。刊物刊登了导演沈西苓自述性文章《制作〈女性的呐喊〉后感》，他在文章中开篇说到“青年的心理，真和扑灯蛾一样，他只知道往光明的目标飞，不顾到飞的是否稳妥”，这句话既是电影女主角的人生写照，也是沈西苓在电影制作上的经验总结，同时也是他对于个人人生追求的剖析。“由于对于电影制作方式的不熟练，造成了画面内失了重心与和谐……一任客观的形式如何，我终要在错误中找到我的出路。”①影片中女主人公经历人生的打击找到了自己的出路，作为导演的沈西苓也在现实生活中找到了前进的方向。《女性的呐喊》是沈西苓从不受重视的天一影片公司转入明星公司后拍摄的第一部影片。他的这些自我剖析展现正是一位在人生道路上不断寻找发展目标的青年的心理。

二是影片本事。本事不仅用措辞精准的文字简明扼要地概述了影片内容，而且还将关键性语句直接提炼出来。本事开篇提到“山路正是社会之路的象征，要是你脚跟不稳，便会被乱石绊倒。环境能支配一切意志薄弱的人们”。这句话就非常明确地指出意志薄弱的人很容易被今天这个不公平的社会所摧毁。全文的点睛之句，少英所说的“个人奋斗是会失败的，健实起来再奋斗”也格外醒目，也正是这句话，最终带领她迈上正义之路。

三是影片剧照。刊物中演员特写、影片剧照等图像多达10幅图，并进行了有意味的排版。其中叶莲与李凌的温情场面置于版面中心位置，左上角是叶莲下巴颔首、眼神凌厉的特写头像，其余围在四周的分别是包身工的劳作画面、被关在栅栏里、与李凌对峙的不同场景。剧照的排版突出了恋爱中幸福的笑容与经历磨难后颓废痛苦的对比，喻示了叶莲所遭受的人生困境，以及必然反抗的决心。

显然，面对《女性的呐喊》这样一部“不幸失败的作品”，刊物丰富多样的文本形式不仅提供了各自的意义，而且与影片环环相扣，互为表里，在跨文本的互文中形成意义的流转和价值的提炼，在一定程度上弥补了影片的遗憾，强化了影片的定位。30年代的上海社会性质复杂，各方势力盘踞在此，帝国主义带来的科技革新与新兴艺术诱发消费社会的发展，建立起一个复杂的话语和非话语的文

① 沈西苓：《制作〈女性的呐喊〉后感》，《明星月报》1933年1月1日。

化网络,冲击和连接着消费和霸权,视觉文化已经不仅仅是感官刺激,而是逐渐成为社会和政治势力角力的战场。①报刊和电影也是如此,不论是纸媒中多元化的文本形式,还是流动的影像艺术,在此时都纳入了竞争和工具论的范畴,如何正确地使用它们,以实现意识形态话语权的掌握是左翼电影运动中的重要议题。

在趣味主义的平衡中进行理论发掘和文化统战

电影是一个民族的“精神的武器”,谁也不能否认它的伟大力量。②想要让这项视觉文化发挥最大功效,就必须对它有深度的剖析,并对相关认识进行推广。这也是《明星月报》在宣传影片之外另一个重要的功能,即对电影本质和电影出路这样重大的问题从马列主义的高度上进行理论阐述。《明星月报》第一卷第1期就刊发了《论中国电影文化运动》、《电影罪言——变相的电影时评》和《中国电影之路》这三篇左翼电影运动的纲领性文件,奠定了刊物的理论深度,号召人们从社会根源出发,对当前电影现状进行检讨,明确电影创作的大众化、真实化路线,坚持“反帝反封建”的创作方向。

铭三在《中国电影检讨——从表面的转变说到今后的趋势》一文中开明宗义地点出了电影的社会底色和变革时代的功能,认为“一切的艺术决不能止于社会的关系分离,也不应止于社会生活的反映,而是应该积极地成为变革社会的手段,电影也不能例外。电影是一种工具,但水能载舟亦能覆舟,如何使用这样工具取决于从创作的人。”③胡萍则从电影作为视觉艺术的媒介属性出发,提出“电影属于艺术的分野”,但“只有准确的时代之反映的艺术才是真正的艺术”。在近代的中国社会中“电影不仅仅是一项欣赏的娱乐活动,更是一把思想革命的利器,作为视觉媒介的新兴艺术,电影应当利用自身的特性,深入群众生活的环境,揭露他们的生活境地,正确的指示出路,这才是现代电影应该肩负的使命。”④左翼电影人将电影与现实的关系提升到一个前所未有的高度,认为“现实”“真实”是评判电影的一个重要标尺,“暴露”和“改造”则是电影创作的一个重要任务。

① 彭丽君:《哈哈镜:中国视觉现代性》,上海书店出版社2011年版,第16页。

②③ 铭三:《中国电影检讨——从表面的转变说到今后的趋势》,《明星月报》1933年1月4日。

④ 胡萍:《对于电影任务的我见》,《明星月报》1933年1月3日。

而对于中国电影暴露和改造社会的具体方向，也就是今后的创作纲领和发展指南，左翼电影人也给予了“反帝反封建”的明确回答。凤吾提出以后的电影创作要担负起打倒帝国主义和封建主义两大任务，从现实环境中取材暴露人民的生活状态，对于帝国主义影片的进攻要以影画来答复影画。①席耐芳则提议鼓励创作一种“没有结论的电影”，也就是暴露性的作品，“赤裸裸地把现实的矛盾、不合理，摆在观众的面前，使他们深刻地感觉社会变革的必要，使他们迫切地找寻自己的出路。这也是中国电影界的一条崭新的路”②。尘无强调在电影的商业性质和教育功能的前提下，提出了中国电影前进中正确的思想领导的重要性，必须坚持电影教育和鼓动强有力的工具，深入到大众中去，完成当前反帝反封建的时代任务。他甚至提出了更为具体的指导：“第一是反宗教。第二反地主高利贷者。第三反军阀战争苛捐杂税。第四反帝战争、反帝运动的史实。第五反对帝国主义走狗的故事。第六是灾荒的实际。实际上，是人祸，而非‘天灾’”。③

相比较电影创作而言，电影理论批评是左翼电影人最重要的抓手，他们可以通过宏大的视角，深入的理论阐释，完整的语言表述，对中国电影进行系统的梳理和建设，用马列主义思想来牵引中国电影的左转，推动中国电影的大众化，达到促进民众觉醒的目的。因此30年代左翼电影运动中电影理论批评的效果最为显著。

值得注意的是，《明星月报》在呈现左翼电影人的理论批判和战斗的呼号时，并没有舍弃其电影公司宣传刊物的底色和追求盈利的商业属性，而是尽可能地在这两者之间保持了一定的平衡，采取了大众化运营策略，即在意识表达中增添观赏趣味，在娱乐文化中嵌套进步思想，以求争取到更长久的生存空间和更好的宣传效果。这也在一定程度上避免了如《电影艺术》《电影评论》等左翼电影人自办刊物因意识形态过于直露而夭折的命运。

在《明星月报》大众化运营方针里，“明星策略”这个电影类刊物最常用的手段有着突出的效果。20世纪30年代，“电影明星”的概念已经深入人心，对明星的追捧成为不可忽视的社会潮流。《明星月报》中的“明星策略”一方面可以为

① 凤吾：《论中国电影文化运动》，《明星月报》1933年1月1日。

② 席耐芳：《电影罪言——变相的电影时评》，《明星月报》1933年1月1日。

③ 尘无：《中国电影之路（下）》，《明星月报》1933年1月2日。

刊物增加娱乐趣味,迎合大众对明星的窥视欲,另一方面,也是推出和宣传自家演员的极佳途径。《明星月报》的刊物封面中多次使用本公司的当红花旦,包括胡蝶、徐琴芳、严月兰、艾霞等人。在第一卷第1期中将王莹、艾霞、胡萍、徐来、徐琴芳、孙敏、赵丹、顾兰君八位演员作为"明星之新星"推介给观众。并且在第二卷第5期刊物的扉页上刊印"明星公司堂堂之阵容",列举了明星公司的重要导演和男女演员共44位,足见明星公司的人力优势之强大。重要的是,在《明星月报》中也留下了大量的演员撰文。甚至在第一卷第4期和第二卷第1期上甚至是开辟"演员养成所之部"一栏,专门刊载明星的电影人才养成所学员的撰稿。

明星撰稿并不是新鲜事,但《明星月报》中的明星写作顺应了时代的潮流,在行文中出现了很多左翼思想的进步内容,这些内容角度各异,深浅不同。很显然,左翼文化作为30年代初期最有影响力的社会思潮,电影明星都有意无意地利用了这股思潮,将自己打造成一个走在时代前端的进步新人形象。不可否认的是,有了电影明星这一层保护色,左翼电影相关的理论和主张也得到了有效传播。另外值得注意的是,"明星策略"同样也是左翼电影运动进行文化统战的结果。电影小组人员有限,要开展电影战线工作,必须尽可能团结电影界一切进步力量共同奋斗。诚如夏衍所言:"电影小组,参加大型电影公司工作,要团结导演、演员,甚至老板也要团结。在当时完全是中间派或旧艺人,不可能搞关门主义的。"①

以明星公司女演员艾霞为例。艾霞1932年加入明星影片公司,从1932年到1933年的短短两年间,艾霞就高产了《旧恨新仇》《脂粉市场》《春蚕》《时代的儿女》《二对一》《丰年》等八部电影,得到电影界和广大观众的肯定,迅速走红。艾霞极有才情,不仅能演,还能写作,发表了不少评论和小说,还自编并主演了影片《现代一女性》,这在当时极为少见。与其他演员私语式感想不同,艾霞在语言表达和思想深度上都值得肯定,而且其作品都具有进步倾向,平日作风也大胆豪放。在当时的进步青年群体里,艾霞有着相当的影响力。1934年2月,艾霞自杀去世,年仅22岁。她的死在当时的上海影坛造成了很大轰动。1935年根据艾霞

① 夏衍:《谈"左联"后期》,《新文学史料》1991年第4期,转引自程季华主编:《夏衍电影文集》第2卷,中国电影出版社2000年版,第671页。

事件改编而成的电影《新女性》上映。该片由蔡楚生导演,阮玲玉主演,已成为中国电影的经典之作。

《现代一女性》是艾霞的重头戏,她在《明星月报》上发表了电影本事,还写了《我的恋爱观——编〈现代一女性〉后感》一文。《现代一女性》属于当时流行的"恋爱+革命"的类型,影片上映后产生不少争议,奉行"恋爱至上"的女主人公关于爱情的看法存在价值偏差。但整部影片依然体现出一定的进步色彩,影片中的女性都"有着前进的思想,革命的虔心"①,勇于打破传统社会对女性的桎梏,不惜冒着"犯法"的危险。在《我的恋爱观——编〈现代一女性〉后感》一文中,艾霞又从电影中的主人公恋爱经历入手,指明现在青年人沉溺于恋爱的旋涡归根结底在于没能在社会中找准自身的定位,投入到有价值的事业中去。②

除《现代一女性》之外,艾霞还发表了其他文章。在《一九三三年·我的希望》里,艾霞表示 1932 同 1933 年的电影是时代的分界线,进步电影取得了突出的成果,电影人们应当保持健康的身体投入到进步电影的实践中,"谁也不甘落伍,谁都要上进,我自然也不能例外"。③另一篇则是采取回复观众来信的方式,写下了《给关心电影的姑娘》,"目下中国电影的趋向,虽然是渐渐地发出曙光,喊出大众化的电影,虽然对最近的新兴大众化的影片有失望,但是在处处都受到内部压迫的半殖民地中国,能够慢慢地走向大众化的路线,自然是好现象,是值得庆幸的。……只要努力,总有一天会按照我们的意识制作出新兴的革命的大众性的影片。"④

从这些文字里,再结合艾霞发表在其他刊物上的作品,我们可以看到艾霞作为编剧和演员对左翼进步思想身体力行的尝试。这与艾霞身在明星影片公司,与左翼电影人的密切接触,受到左翼氛围的影响是分不开的。这点从其参演《脂粉市场》《春蚕》《时代的儿女》《丰年》等典型左翼电影就可看出。艾霞在文章里现身说法,用自己的语言对左翼思想进行直接的思考,其对"社会实践""进步电影""大众化路线"等问题的认识,与左翼人士中坚力量的鸿篇大论相比,虽然有

① 艾霞:《现代一女性》(本事),《明星月报》1933 年 1 月 2 日。

② 艾霞:《我的恋爱观——编〈现代一女性〉后感》,《明星月报》1933 年 1 月 2 日。

③ 艾霞:《一九三三年·我的希望》,《明星月报》1933 年 1 月 1 日。

④ 艾霞:《给关心电影的姑娘》,《明星月报》1933 年 1 月 6 日。

一些稚嫩和清浅，但字里行间里却显示出一个热血青年对进步思想的向往和追求，对于喜爱和关注艾霞的观众来说，明星的这种现身说法又会具有别样的吸引力，才能继而达成更广泛的影响力。

对于艾霞，以及与艾霞一样的青年演员在左翼电影领域的进步作为，正是电影小组所希望看到和极其欢迎的，是他们努力斗争和建立统一战线的结果。也正是因为电影小组在电影界成功开展了统战工作，左翼电影运动才取得了辉煌的成绩。

《明星月报》是30年代明星影片公司的言论刊物，也是左翼电影运动重要的文化阵地，其在跨文本话语中进行意义循环和价值提炼，在趣味主义的平衡中进行理论发掘和文化统战的办刊策略，使《明星月报》成为左翼力量夺取意识形态话语权的典型代表，赢得了时代的认可，被誉为“国内有数之优秀的银色读物”①，展现出一种在商业、艺术、政治并行的复杂历史语境下的生存智慧。《明星月报》是左翼电影运动宝贵的历史经验和重要作为，推动了左翼文化思潮传播路径的拓展与深化，为左翼电影运动的发展作出了不可磨灭的贡献，是一笔宝贵的精神财富。

（第一作者为上海大学副教授，
第二作者为上海大学上海电影学院研究生）

① 《金刚钻》1934年11月25日。

建党百年文化建设的基本经验及启示

黄莉菁

回顾中国共产党百年文化建设的历程，在革命时期、社会主义建设时期以及改革开放时期，党始终重视文化建设，根据不同历史时期社会发展的具体情况，制定了相应的文化方针政策，在文化建设上的总体思想是一脉相承的，都是以马克思主义为指导，促进社会主义文化不断向前发展。恩格斯指出：马克思的整个世界观不是教义，而是方法。它提供的不是现成的教条，而是进一步研究的出发点和供这种研究使用的方法。①马克思主义"是一种历史的产物，它在不同的时代具有完全不同的形式，同时具有完全不同的内容"。②我们党正是一面继承前人科学的文化思想，一面始终采用马克思主义的方法，根据不同的时代特点，不断加深对文化建设规律的认识，创新发展文化建设的理论。

一、 始终把马克思列宁主义思想作为文化建设的指导

马克思主义是中国特色社会主义文化最鲜明的本质特征。自从马克思主义传入中国，就给中国革命、建设、改革提供了强大的思想武器。早在新民主主义革命时期，面对国民党政府的文化"剿共"，在思想上鼓吹"共产主义不适合中国国情"，毛泽东在《新民主主义论》中指出，资产阶级顽固派"不愿工农在文化上抬头"的这条文化专制主义的路是走不通的。他认为共产主义的思想应当居于指导地位，"应当努力在工人阶级中宣传社会主义和共产主义"，并且"应该扩大共产主义思想的宣传，加紧马克思列宁主义的学习"。③这是毛泽东关于文化建设思想的一部分内容，也是在革命时期党一直进行的工作。中国共产党成立之

① 《马克思恩格斯全集》第39卷，人民出版社1972年版，第406页。

② 《马克思恩格斯选集》第39卷，人民出版社1995年版，第284页。

③ 《毛泽东选集》第2卷，人民出版社1991年版，第704页。

初就注重马克思主义的指导作用。中共一大的第一个纲领就明确要求全党大力做好宣传马克思主义的工作,吸收好的可靠的同志入党。创办党校及党刊,重视对党员干部的马克思主义教育及对广大群众的宣传和引导,进一步唤醒人民群众的觉悟。其间,共产党人开始应用马克思主义理论的基本原理来分析和解决革命过程中遇到的实际问题,自觉克服"左"右倾错误思想,逐渐形成了以马克思主义理论与中国革命之统一思想——毛泽东思想。

新中国成立后,面对各种异常复杂的思想文化,党中央领导开展了思想改造运动,用马克思主义统一了社会各界思想,使社会主义文化建设开始走上正轨。1956年《论十大关系》中提出调动一切积极因素和以苏联为鉴,走自己的路。要求冲破苏联模式的束缚,抛弃照抄外国的教条主义的办法,实现马克思主义与中国实际的结合,走出一条中国自己建设社会主义的道路。①"双百"方针便是在这样的情况下提出的,这是中国共产党文化领域里探索具有中国特色社会主义文化的开始。"双百"方针后来成为我国文化建设的重要方针。

在社会主义建设时期,邓小平对于马克思主义的信仰十分坚定:"过去我们党无论怎样弱小,无论遇到什么困难,一直有强大的战斗力,因为我们有马克思主义和共产主义信念……这都是我们的真正优势。"②在进行政治改革和经济调整中,社会思潮纷繁复杂,出现了左的和右的思潮。这些思潮影响下的部分文学创作及理论批评有背离马克思主义和社会主义道路的倾向。邓小平提出必须坚持"四项基本原则",其中一条就是坚持马克思列宁主义。这是实现"四个现代化"的根本前提。现代化的建设实践证明坚持四项基本原则的思想是正确的,后来被作为建设中国特色社会主义的指导思想写入党章。

随着苏联解体、东欧剧变等事件,党内及群众中发生了一定程度的思想混乱,党的十五大提出要建设"有中国特色的社会主义文化",指出有中国特色的社会主义的文化必须以马克思列宁主义、毛泽东思想为指导,不能搞指导思想的多元化。"三个代表"重要思想,指出中国共产党"始终代表中国先进文化的前进方向"。强调以马克思主义为指导,立足于建设中国特色社会主义的实践,把代

---

① 夏杏珍:《共和国重大文化事件纪程》,九州出版社2013年版,第8页。

② 《邓小平文选》第3卷,人民出版社1993年版,第144页。

表先进文化的前进方向,同代表先进生产力的发展要求和代表最广大人民的根本利益有机地统一起来。

21 世纪在实现全面建设小康社会这一目标时面临诸多挑战,党适时提出科学发展观,以及与之相适应的社会主义和谐文化。坚持中国先进文化的前进方向结合当时国情和时代环境,与坚持以人为本、全面协调可持续发展的科学发展观是一致的,进一步发展了马克思主义人的全面发展观。对新形势下实现什么样的文化发展、怎样发展等重大问题做出了新的科学回答。

改革开放以来,在党的领导下,中国创造了世界历史上的发展奇迹。在面对经济全球化的同时,意识形态工作面临世界多元文化冲击的严峻挑战,人民群众的价值取向发生了一定变化,以习近平同志为核心的党中央坚持和发展马克思主义理论,指出要牢牢掌握意识形态工作领导权,挺起共产党人的精神脊梁,解决好世界观、人生观、价值观这个"总开关"问题。习近平反复强调:"对马克思主义、共产主义的信仰,对社会主义的信念,是共产党人精神上的'钙'。没有理想信念,理想信念不坚定,精神上就会得软骨病,就会在风雨面前东摇西摆。"①

中国共产党人在文化建设上的历程启示我们,马克思主义理论是帮助中国共产党人应对纷繁复杂现实问题和批判各种错误社会思潮的利器,每一次面对新的现实问题,共产党人都坚持把马克思主义基本原理同中国具体实际紧密结合起来,坚持运用马克思主义立场、观点、方法分析我国文化建设的实践要求,推进马克思主义创新,产生了毛泽东思想、邓小平理论、"三个代表"重要思想、科学发展观和习近平新时代中国特色社会主义思想,并用这些马克思主义中国化的成果指导实践。因而,只有毫不动摇坚持马克思主义、与时俱进发展马克思主义,坚持马克思主义中国化,才能保证中国特色社会主义文化建设的正确方向,以免误入歧途。

二、 始终坚持以人民为中心的文化建设观

中国共产党成立的初心就是为了实现人民解放,谋求人民幸福。在实践中

① 习近平:《在十八届中共中央政治局第一次集体学习时的讲话》,载人民网 http://cpc.people.com.cn/n1/2017/0607/c64094-29322419.html。

形成的革命文化也一直以此为基点对革命活动起着支撑和指导作用。为人民大众服务是毛泽东文化思想的核心组成部分，毛泽东认为文学艺术是“为什么人的问题，是一个根本问题，原则的问题”。①这是从革命时期起文化建设工作的根本要求。《新民主主义论》指出：新文化是大众的，也是民主的，是人民的文化。新文化不能脱离群众，必须联系群众并为人民服务，逐渐成为他们的文化。这从新中国成立就奠定了我国文化建设以人民为中心的思想基础。

1979 年邓小平指出：人民是文艺工作者的母亲，“我们的文艺属于人民”②的重要观点，强调文艺要满足人民精神生活的需要。后经过讨论并补充为文艺“为人民服务，为社会主义服务”。“二为”方向的提出解决了文化建设到底是为谁服务的问题。

由“三个代表”重要思想统领的社会主义先进文化把人民群众满意作为评价作品最高标准，既着眼于人民现实的物质文化生活的需要，同时又着眼于促进人民素质的提高。江泽民强调：“发展和繁荣先进文化的一项极为重要的任务，就是要使我们的民族和人民在建设有中国特色社会主义的征程上，始终保持奋发有为、昂扬向上的精神状态。”③

推动文化大发展大繁荣的进程中，胡锦涛也认为：一切进步文艺，都源于人民、为了人民、属于人民。④文艺作品应该贴近实际、贴近生活、贴近群众。

习近平指出：在文化建设上坚持以人民为中心的创作导向，“人民既是历史的创造者、也是历史的见证者，既是历史的‘剧中人’、也是历史的‘剧作者’”⑤。以人民为历史创造者彰显了人民至上的价值取向，就是要坚持人民的主体地位，顺应人民对美好生活向往的需求。

在毛泽东为人民服务的文化思想基础上，“二为”方向指明文化建设的方向，社会主义先进文化的评价标准和“三贴近”写作根源，以及习近平的以人民为中

---

① 《毛泽东选集》第 2 卷，人民出版社 1991 年版，第 857 页。

② 《邓小平文选》第 2 卷，人民出版社 1994 年版，第 209 页。

③ 《江泽民文选》第 3 卷，人民出版社 2006 年版，第 400 页。

④ 胡锦涛：《在中国文联第九次全国代表大会 中国作协第八次全国代表大会上的讲话》，http://culture.people.com.cn/GB/87423/16359530.html。

⑤ 习近平：《在文艺工作座谈会上的讲话》，载人民网 http://cpc.people.com.cn/n/2015/1015/c64094-27699249.html。

心的创作导向,无一不是围绕人民进行文化建设,体现了共产党人对文化建设规律认识的不断深化。这也启示我们要认识到人民群众中蕴藏着巨大的潜力、智慧和能力,要充分调动人民群众参与文化建设的积极性,发挥他们的主体性与首创精神。人民群众对精神食粮的需求一直是文化建设工作的出发点,在唱响弘扬主旋律的同时提倡多样化,才能满足人民对美好生活的向往。

三、 始终把文化建设放在中国共产党战略布局中的重要地位

回顾我们党的文化建设史可以发现,我们党历来重视文化建设在战略布局中的地位。在新民主主义革命时期,主要的社会矛盾是人民大众与帝国主义、封建主义和官僚资本主义的矛盾,党的主要任务是推翻“三座大山”,争取人民解放建立新中国。毛泽东把人类全部社会生活分为经济生活、政治生活和精神生活三大类,并强调文化对于政治经济起着“伟大的影响和作用”。因而强调要用文化来宣传革命理想,唤醒民众的革命热情,鼓舞广大人民群众团结起来为实现革命目标而奋斗。

在新中国成立之初,我们党把文化建设放在重要地位。毛泽东在《新民主主义论》中阐述了文化、经济、政治三者之间的辩证关系,并指出:“新民主主义的政治、新民主主义的经济和新民主主义的文化相结合,这就是新民主主义共和国,这就是名副其实的中华民国,这就是我们要造成的新中国。”①从中可以看出“三位一体”总体布局的雏形。实际上,共产党人认为文化教育事业在整个社会主义事业布局中占有重要的地位。

改革开放初期,邓小平认为文化建设是社会主义现代化建设顺利进行的重要保证。提出要在建设高度物质文明的同时,建设高度的社会主义精神文明。这是党中央第一次把“两个文明”一起抓作为建设社会主义的战略方针提了出来。“经济、政治、文化协调发展,两个文明都搞好,才是有中国特色社会主义。”②

① 《毛泽东选集》第2卷,人民出版社1991年版,第709页。

② 《江泽民文选》第2卷,人民出版社2006年版,第258—259页。

这充分体现了文化建设已上升到重要的战略高度。

党的十三大第一次提出了社会主义初级阶段这个概念，把经济、政治、文化作为奋斗目标。党的十五大提出在这三方面的社会主义建设，是处于社会主义初级阶段必须遵循的原则，并提出有中国特色社会主义的文化，是凝聚和激励全国各族人民的重要力量，是综合国力的重要标志。这一科学论断，第一次明确地把文化提到“综合国力”的高度。

在2005年，胡锦涛指出：“中国特色社会主义事业的总体布局，更加明确地由社会主义经济建设、政治建设、文化建设三位一体发展为社会主义经济建设、政治建设、文化建设、社会建设四位一体”。①在“四位一体”的总体布局中，四个方面的建设是既相互联系又相互促进的，文化建设在中国特色社会主义事业总体布局的位置更加明确。

步入新时代，习近平指出，“建设中国特色社会主义，总依据是社会主义初级阶段，总布局是五位一体，”②，全面落实经济建设、政治建设、文化建设、社会建设、生态文明建设“五位一体”总体布局。这是新一届党中央领导集体不断总结社会主义建设经验，对经济社会协调发展认识的不断深化，不断完善的总体布局。文化建设仍然处于总体布局的重要位置，体现了中国共产党在文化建设和发展方面一以贯之的理念。

从“三位一体”到“四位一体”到如今的“五位一体”，党和国家领导人始终坚持文化发展与经济社会的发展统筹推进，是中国共产党人以马克思主义世界观、方法论为指导，结合当代中国发展的实际情况，不断加深对社会主义文化建设规律的认识，自始至终把文化建设放在社会主义事业的总体布局的重要位置。正是由于这一布局的正确性，我国的文化产业整体规模和实力不断提升，中国主要文化产品和文化服务规模已位居世界前列。③这同样启示我们，任何时候都要高度重视文化建设，文化建设是中国特色社会主义文化建设不可或缺的一部分，应始终与社会主义其他建设任务一起统筹推进，根据不同历史阶段的中心任务，不

---

① 《胡锦涛文选》第2卷，人民出版社2016年版，第274页。

② 习近平：《紧紧围绕坚持和发展中国特色社会主义学习宣传贯彻党的十八大精神》，载共产党员网 http://syss.12371.cn/2015/05/15/ARTI1431672893775413.shtml。

③ 欧阳雪梅：《改革开放40年中国文化建设的成就》，《国家行政学院学报》2018年第6期。

断推进文化建设工作。

四、注重思想道德建设，保障文化建设的正确方向

思想道德建设是文化建设中的一个重要方面，面对每一次社会思想的变迁，中国共产党总是自觉或不自觉地运用马克思主义基本原理结合当时的实际形势提出对策，保证社会总体思想往社会主义正确的道路上前进。

中国共产党一开始就是按照马列主义建党原则建立起来的党，初始就特别注重思想的先进性。十分注重马克思主义理论教育和宣传工作，以及党员理论水平和思想觉悟的提高。面对共产国际的错误指导，思想建设遭受到挫折，出现了严重的理论与实际相脱节的错误倾向。通过整风运动，逐步确立了实事求是的思想路线，开展正确的批评与自我批评，肃清各种非无产阶级思想的影响。

新中国成立之初，毛泽东要求继续地“保持谦虚、谨慎、不骄、不躁的作风，务必使同志们继续地保持艰苦奋斗的作风”①。“文化大革命”期间，社会主义的道德风尚受到了严重的损害。党的十一届三中全会之后，为促进社会风气的进步，进行了实践是检验真理的唯一标准的讨论，恢复了解放思想、实事求是的思想路线。面对姓“资”姓“社”的争论，“三个有利于”标准的提出，及时解决了人们思想上的困惑，对扩大开放，深化改革，经济腾飞起了巨大推动作用。党的十二届六中全会第一次明确地论述了精神文明建设在社会主义现代化建设总体布局中的战略地位，明确了马克思主义在精神文明建设中的指导作用，对物质文明建设起了推动作用。反映出党中央对现代化建设在思想文化领域方面的进一步深化认识。改革开放期间，针对抓经济建设一手比较硬、抓思想政治建设一手比较软的现象，邓小平要求“思想战线不能搞精神污染”②，“加强党的思想工作，防止埋头经济工作、忽视思想工作的倾向”③。

现代化建设取得一些成绩后，出现了拜金主义、享乐主义等腐朽思想文化的影响，我们党在全国领导干部中用整风精神开展“讲学习、讲政治、讲正气”教育，

① 《毛泽东选集》第3卷，人民出版社1991年版，第1438—1439页。

② 《邓小平文选》第3卷，人民出版社1993年版，第37页。

③ 同上书，第48页。

着重解决党员思想道德方面存在的突出问题。这是继承和发扬我们党在长期革命和建设事业中形成的好传统、好作风,坚持真理、坚持原则的体现。此外,江泽民认为要坚持不懈地加强社会主义道德建设,以德治国。要把依法治国同以德治国结合起来,为社会保持良好的秩序和风尚营造高尚的思想道德基础。以德治国将道德建设提到了一个新的更高的境界。

社会主义核心价值观承载着中华民族的信念和理想,蕴含着中华民族最优秀的道德和精神品质。社会主义核心价值观明确回答了在国际文化竞争激烈的今天要用什么样的价值观引领我国的思想文化建设走在时代前列的重大问题。这些指导思想起了积极的作用,社会形成了良好的道德风尚。

从过去思想道德建设成功与失败的经验来看,思想道德是社会的基础,是维护社会稳定的重要保证。建设具有共同理想、价值观念和道德规范的社会,有利于防止和遏制腐朽思想和丑恶现象的滋生蔓延,提升人民道德素质。在新时代要实现中华民族伟大复兴的中国梦,必须加强社会主义思想道德建设,为民族复兴提供强大精神力量和有力道德支撑。

五、 高度重视科教, 扎实推进社会主义文化建设

建党初期,大部分民众在长期的封建思想及资产阶级的统治和压迫下文化水平低下,知识分子寥寥无几。在这种艰苦的条件下,我党开展文化建设工作十分困难。毛泽东指出:文艺作品较为简单易懂,更容易被人民群众所接受,因而文艺作品成了宣传党的路线方针的好帮手。另一方面,党在革命时期非常重视干部及民众教育。通过提升他们的政治觉悟和文化素养推动劳动、生产效率的提高,实现人民教育与生产之间的紧密联合,为革命取得最后的成功打下了坚实的基础。

新中国成立初期,人民群众中有数亿人是文盲,社会主义建设面对极大的困难。毛泽东曾说:我们的教育方针,应该使受教育者在德育、智育、体育几方面都得到发展,成为有社会主义觉悟的、有文化的劳动者。①新中国于 1952 年及 1956

---

① 《毛泽东文集》第 7 卷,人民出版社 1999 年版,第 226 页。

年曾掀起两次扫除文盲的高潮，取得了很大的成就。但“文化大革命”期间，文化教育事业遭到了极大的破坏。

“文化大革命”刚结束重提实现现代化历史任务时，邓小平提出要从科学和教育着手，国家才能赶上世界先进水平。他首先恢复高考，通过高考选拔出优秀人才为现代化建设贡献力量。其次，他提出：“一定要在党内造成一种空气：尊重知识，尊重人才。要反对不尊重知识分子的错误思想。”①使党的知识分子政策重新走上了马克思主义的正确轨道。培养什么人，是教育的首要问题。党的十二大提出社会主义精神文明建设的目标是培育“四有”新人，即有理想、有道德、有文化、有纪律的社会主义公民。邓小平指出要把教育放在优先发展的地位，提出了“三个面向”的战略方针，强调要加强对民众的教育。这些政策都为社会主义建设提供人才打下了良好的基础。1988 年，邓小平指出：“马克思说过，科学技术是生产力，……科学技术是第一生产力。”②江泽民指出：综合国力的竞争，越来越表现为经济实力、国防实力和民族凝聚力的竞争。无论增强其中哪一个方面的实力，教育都具有基础性的地位。1995 年，党中央首次提出在全国实施科教兴国的战略，全面落实邓小平科学技术是第一生产力的思想。胡锦涛在十八大报告中也提出，应扎实推进社会主义文化强国建设。在党正确的科技文化思想的指导下，我国全面实现了九年免费义务教育，教育事业蓬勃发展，并在诸多科技领域达到或接近世界先进水平。

党的十九大报告提出优先发展教育事业。习近平在报告中指出：“建设教育强国是中华民族伟大复兴的基础工程，必须把教育事业放在优先位置，深化教育改革，加快教育现代化，办好人民满意的教育。”如今，科学技术日新月异，传统经济正向知识经济过渡，科教显得非常重要。从我国科教过去的经验来看，科教兴则国家兴，科教强则国家强。不重视科教的国家是无法立足于世界强国之列。我国当前的目标是尽快培养出担当民族复兴大任的时代新人，这是与建设科教强国紧密相连的。只有科教兴旺发达，才能源源不断地培养出符合社会主义价值观的能挑时代重任的时代新人，中华民族复兴的中国梦才指日可待。

---

① 《邓小平文选》第 2 卷，人民出版社 1994 年版，第 41 页。

② 《邓小平文选》第 3 卷，人民出版社 1993 年版，第 274 页。

六、坚持对文化的继承与创新，繁荣社会主义文化

中华民族历史悠久，有着丰富的文化遗产。对于传统文化及外国文化，我们该持有什么样的态度？建党之初，在半殖民地半封建性质的社会里，在五四运动激烈反传统的背景下，部分共产党人将传统文化等同于封建文化，采取了否定与排斥的态度。但在革命时期，共产党人逐渐运用马克思主义理论与中国实际相结合，理性看待传统文化，认为要“承继这一份珍贵的遗产”。毛泽东在《新民主主义论》谈到新文化是民族的，这种文化是带有我们民族的特色，中国过去的思想，要剔除其封建性的糟粕，批判地接受，吸收其民主性的精华。中国文化决不能和任何别的民族的帝国主义反动文化相结合，但并不排斥外国的进步文化，而是大量吸收外国的进步文化和外国的思想作为自己文化食粮的原料，根据具体条件加以采用，使之适合中国的实际。这在新中国成立后被毛泽东转化为“古为今用、洋为中用，批判继承，推陈出新”的方针指导文艺。他认为发展民族新文化是提高民族自信心的必要条件。

中国共产党带领人民走过百年后的今天我们有足够的文化自信。这种文化自信是对自身文化民族性的肯定和认同，也就是坚持发扬我们民族的优秀传统文化。优秀传统文化是我们民族生命力、凝聚力及创造力的源泉。习近平指出：“中华优秀传统文化是我们最深厚的文化软实力，也是中国特色社会主义植根的文化沃土。”①共产党人不断从中华优秀传统文化中发掘历史智慧、汲取政治智慧，在革命时期形成革命文化，在社会主义建设时期形成社会主义先进文化。正是这些构成了具有中国特色社会主义文化。无论哪个时期，无论是革命文化还是社会主义先进文化，都是从优秀传统文化中汲取能量，成为新时期鼓舞人民前进的精神力量，这正是我们在社会主义建设实践中得到的宝贵经验。

改革开放初期，人们对待外来文化的态度有分歧，有人主张全盘西化，又有人担心资本主义的东西都是洪水猛兽，对此邓小平提倡我们要不断地扩大对外

① 参见《关于社会主义文化建设论述摘编》，中央文献出版社 2017 年版。

文化交流,借鉴和学习一切进步的和优秀的东西。“任何一个民族、一个国家,都需要学习别的民族、别的国家的长处,学习人家的先进科学技术。”①同时,他也指出:“属于文化领域的东西,一定要用马克思主义对它们的思想内容和表现方法进行分析、鉴别和批判。”②为此,江泽民强调应“扩大对外开放,加强国际科技交流和合作,积极引进国外先进技术,博采众长,为我所用”③。面对世界大发展大变革大调整时期,胡锦涛指出:“谁占据了文化发展制高点,谁拥有了强大文化软实力,谁就能够在激烈的国际竞争中赢得主动。”④改革开放 40 多年来我们正是不断学习钻研,吸收人类社会创造的优秀文明成果,才取得了辉煌的成就。

在新时代,我们面临进一步深化改革,建设文化强国的战略目标,更应加强对优秀传统文化思想价值的挖掘,借鉴吸收人类优秀文明成果,坚守着中华民族共同的理想信念,实施文化走出去战略,讲好中国故事,不断增强中华文化国际影响力和竞争力。习近平指出:“提高国家文化软实力,关系我国在世界文化格局中的定位,关系我国国际地位和国际影响力,关系‘两个一百年’奋斗目标和中华民族伟大复兴的中国梦的实现。”⑤

综观我们党和国家的文化建设思想,无一不是以马克思主义为指导,以高屋建瓴的时代视野,不断深化对社会主义文化发展规律的认识,从理论和实践的结合上系统回答了什么是中国特色社会主义文化、为什么要发展中国特色社会主义文化、怎样发展中国特色社会主义文化的问题。不仅使社会主义文化建设取得巨大成就,也为繁荣和发展中国特色社会主义文化提供了理论武器和科学指南。

(作者为中共上海市委党校副教授)

---

① 《邓小平文选》第 2 卷,人民出版社 1994 年版,第 90 页。

② 《邓小平文选》第 3 卷,人民出版社 1993 年版,第 44 页。

③ 《江泽民文选》第 1 卷,人民出版社 2006 年版,第 432 页。

④ 胡锦涛:《坚定不移走中国特色社会主义文化发展道路,努力建设社会主义文化强国》,《求是》2012 年第 1 期。

⑤ 习近平:《建设社会主义文化强国着力提高国家文化软实力》,《人民日报》2014 年 1 月 1 日。

图书在版编目(CIP)数据

从历史中汲取力量:上海市社会科学界第十九届学术年会文集.2021年度/上海市社会科学界联合会编
.—上海:上海人民出版社,2021
(东方学术文库;第55卷)
ISBN 978-7-208-17444-3

Ⅰ.①从… Ⅱ.①上… Ⅲ.①社会科学-中国-文集
Ⅳ.①C53

中国版本图书馆CIP数据核字(2021)第224117号

责任编辑 郭敬文
封面设计 范昊如 夏 雪

东方学术文库·第五十五卷
从历史中汲取力量
——上海市社会科学界第十九届学术年会文集(2021年度)
上海市社会科学界联合会 编

出 版 上海人民出版社
(201101 上海市闵行区号景路159弄C座)
发 行 上海人民出版社发行中心
印 刷 上海商务联西印刷有限公司
开 本 720×1000 1/16
印 张 30
插 页 2
字 数 464,000
版 次 2021年11月第1版
印 次 2021年11月第1次印刷
ISBN 978-7-208-17444-3/C·641
定 价 128.00元